Monika Grill

Mit der

SEHNSUCHT

um die Welt

Monika Grill:
Mit der Sehnsucht um die Welt

ISBN 3-902345-47-0

© Seebenstein 2004
   by Verlag Renate Bosmanszky
   Alle Rechte vorbehalten

2. Auflage

Einbandgestaltung: Monika Grill

Druck: Verlag Dr. Kurt Bosmanszky
       A-2824 Seebenstein

Für Doris

und Petra

Verträumt nicht euer Leben
sondern lebt eure Träume
(Manfred von Ardenne)

Brief an meine Töchter

Liebe Doris,

liebe Petra!

Immer wenn mein Blick am Horizont verweilte, wo die unendliche Weite des Meeres und der Horizont scheinbar miteinander verschmolzen, trug ich mich mit dem Gedanken, unsere Geschichte aufzuschreiben. Die paar Jahre unseres Lebens, die du Doris als sechs- bis neunjähriges Kind erleben durftest und die du Petra, als Baby, unbewusst in deinem Gedächtnis gespeichert hast und die unsere Familie und unser künftiges Leben prägten. Die Jahre einer Reise mit einem kleinen Boot, voll von Eindrücken jeglicher Art, seien es schöne, romantische, oder traurig furchtsame gewesen, so waren es doch immer Gefühle, geprägt von Extremen und Gegensätzen, so wie Himmel und Meer, Wellental und Wellenberg, Tag und Nacht.

Doch es sollte Jahre dauern, mein Vorhaben in die Tat umzusetzen. Der Alltag und die Wiedereingliederung in unsere Gesellschaft forderten ihren Tribut. Inzwischen seid ihr beide schon junge Damen geworden und bevor auch meine Erinnerungen verblassen, versuche ich sie in ein Buch zu bannen. Erinnerungen, unterstützt von vielen kurzen Aufzeichnungen meines Tagebuches, entstanden zwischen Kochen, Windelwechseln und Seekrankheit.

Und so soll ein Buch entstehen - für meine beiden Töchter.

Eure, euch liebende Mutter

Inhalt

Seite

Kapitel 1

Sehnsucht

„Hauruck!", „Vorsichtig!"

„Langsam, nicht so schnell, noch ein Stückchen nach rechts". Ein buntes Gewirr von Männerstimmen und ungewöhnliches Gepolter erfüllte den Holzmarkt von St. Veit, einem kleinen Ort inmitten von Österreich. Trotz der unfreundlichen Temperaturen dieses Februartages im Jahre 1982 lugten die Bewohner aus ihren Häusern. Es bot sich ein ungewöhnlicher Anblick. Mehrere Männer waren eifrig bemüht, ein weißes, wackeliges Etwas von einem einachsigen Anhänger auf Pfosten zu verlagern und abzustützen. Im ersten Augenblick dachte man, es handle sich um eine überdimensionale halbe Eischale, und die Neugierde erwachte. Manch einer verließ sein Domizil um näher am Geschehen zu sein. Die Männer hatten Schweiß-perlen auf der Stirn. Sie hoben, stemmten und fluchten. Nach viel Mühe erhielt dieses Etwas Stabilität. Die Nachbarn, zu denen sich auch etliche Schaulustige gesellten, standen nun mit mehr oder weniger skeptischem Blick davor.

„Was is denn des?", fragte die runzelige, alte Nachbarin von vis-a-vis.

„Ein Schiffsrumpf", antwortete Heino, euer Vater, der die Verantwortung dieses ganzen Unternehmens trug.

„Was?"

„Das wird ein Schiff!"

„A Schiff?", ungläubig schüttelte sie den Kopf „A Schiff!"

Die buschigen Brauen zogen sich noch tiefer in das faltige Gesicht. „A Schiff, des kann nix werdn, des wird nix werdn", murmelte sie vor sich hin und schlurfte davon.

Das Gespräch mit der anderen Nachbarin war konstruktiver. Heino erzählte ihr, dass wir bei einer Werft den Bau einer Ausbauschale in Auftrag gegeben hatten. Die Anzahlung wurde geleistet und der Bau begonnen. Es war gerade eine zwei Millimeter dicke Polyesterschale in der Form, als die Firma den Konkurs anmeldete. Heino sah seinen Traum in der Konkurs-masse untergehen, deshalb organisierte er den sofortigen Heimtransport.

„Und daraus wollen Sie jetzt ein Segelschiff bauen?"

„Ja können Sie das überhaupt?"

„Wie wollen Sie das denn anstellen?"

„Sie? - Ganz alleine?"

Er war diesem Fragenansturm nicht gewachsen und seine anfängliche Euphorie ging in der allgemeinen Skepsis unter.

Langsam löste sich die Menge auf, ich lehnte mit verschränkten Armen an der Hausmauer. Wir sahen einander an.

„Und, was machen wir jetzt?", fragte ich. „Ich weiß es nicht, Monika, ich weiß es wirklich nicht." In seiner Stimme klang Ratlosigkeit.

Schweigend betrachteten wir noch eine Zeitlang die Form. Es begann zu nieseln, ich fröstelte.

„Ich schau mal, ob es bei Mama Kaffee gibt", sagte ich und verschwand.

Heino blieb allein zurück, den Nieselregen spürte er nicht. Er schritt einige Male um das Boot, betrachtete es von allen Seiten, die Falten auf seiner Stirn vertieften sich. Die anfängliche Verzweiflung wich, machte einer Entschlossenheit Platz und er dachte: „Ich werde es schaffen, ich baue daraus ein Boot, ein richtiges Segelboot!"

„Ich schaffe es", verkündete er mir, als ich ihn zum Kaffeetrinken holte.

Tage vergingen, Wochen vergingen. Heino kam immer wieder zu seinem Boot, mal nur mit nachdenklicher Miene, mal mit Maßstab, Bleistift und Zettel.

„Wie baue ich meine Yacht?", las ich eines Tages am Titelblatt eines Taschenbuches. Einige Zeit später erschien er mit einem dicken Schmöker: „YACHTBAU" stand mit großen Lettern am Umschlag. Es wurde konkreter. Die Skizzen und Zahlen nahmen Formen an und im Sommer des Jahres 1982 stand der Tatkraft nichts mehr im Wege.

Das Freibord wurde erhöht, um Stehhöhe im Schiff zu erreichen. Das Deck gab dann der Eischale das Aussehen eines Bootes. Innen, außen, oben und unten, überall wurden noch Lagen von Glasfasermatten und Polyester gerollt, sodass ich oft die Befürchtung hatte, aus diesem Schiff könnte noch ein Eisbrecher werden.

„Es ist zu kurz!" Heino war nicht zufrieden. „Zu kurz und zu plump!" Die jetzige Form entsprach nicht seinem Schönheitssinn.

„Ich verlängere es einfach um zwei Meter. Das bringt auch noch eine höhere Rumpfgeschwindigkeit".

„Wollten wir nicht ein Schiff für den Neusiedler See?", wandte ich ein.

„Ach was, Neusiedler See! Wir bringen es ans Meer, nach Jugoslawien, Italien, Griechenland,..." seine Stimme hatte etwas Schwärmendes an sich. Sämtliche Einwände, zu groß, zu teuer, zu viel Arbeit fruchteten nicht. Nach Wochen zierte eine Achterkajüte, verbunden mit einlaminierten Holzbalken und seitlichen Bandeisen, das lange, schlanke Schiff. Es hatte nun eine endgültige Länge von 10 Metern erreicht.

Im Februar 1983 belegte Heino einen Kursus, der sich mit den theoretischen Kenntnissen der Schiffsführung und Navigation befasste und mit dem *„Jugoslawischen Küstenpatent"* abschloss. Mit stolz erhobener Brust bestieg er nun als Kapitän sein halb fertiges Schiff. Träumend saß er im Cockpit und gedankenverloren steuerte er sein Schiff. Das stabile Niro-ruderblatt bewegte sich in der Luft, ohne den Kurs zu ändern. Die Ungeduld war übergroß: Schwimmt es, oder schwimmt es nicht? Er wollte es endlich wissen.

„Im September lassen wir es zu Wasser", beschloss er, „es fehlen nur noch Mast und Rigg und der Kiel. Dann bauen wir noch eine provisorische Inneneinrichtung, fahren nach Jugoslawien und verbringen dort unseren Urlaub am eigenen Segelboot."

Gesagt, getan. Diesen Sommer hörte man ihn fast täglich bis tief in die Nacht hinein schleifen, sägen und hämmern. Es war laut, staubte und stank. Die Nerven der Nachbarn wurden strapaziert, auch Heinos Nerven waren zum Zerreißen gespannt. Seine Sorge bestand aus vier Buchstaben: MAST. Zwar hatten wir eine Firma gefunden, die fähig und willig war auf unsere Zufallskonstruktion einen Mast, Rigg und Segeln zu berechnen und zu organis ieren, doch der Mast musste in England bestellt werden. Und jetzt streikten sie, die Dockarbeiter in London. Der Urlaub rückte näher, der Mast blieb fern.

„Wir fahren trotzdem", beschloss der Kapitän trotzig, „Wir haben ja den Motor." Gemeint war ein alter Außenbordmotor, saniert und wieder zum Leben erweckt.

Der Kranwagen kam rechtzeitig und hob das Boot auf einen alten LKW. Bei dieser Gelegenheit montierte Heino den Kiel, einen Flügelkiel, beste-hend aus zwei dicken Eisenplatten, die in der Form eines Kopf stehenden T´s zusammengebolzt wurden. Der Vorteil dieser Konstruktion war auf jeden Fall eine gute Standfestigkeit am LKW und die erlaubte Höhe beim Straßentransport, sowie geringer Tiefgang bei genügend Ballast. Und außer-dem erlaubte diese Konstruktion das Schiff auf die gewünschte Wasserlinie in Längsrichtung zu trimmen.

Der Tag der Abreise rückte näher. Immer emsiger arbeiteten wir. Zwischen Sägespänen, Leim- und Farbtöpfen zappelte ein kleines, strubbeliges Mäd-chen herum: Doris. Sie war natürlich mit dabei, bei der Jungfernfahrt der Sehnsucht. Ja tatsächlich: S E H N S U C H T pinselten wir ans Heck. Offiziell getauft, so mit Sektflasche und allem drum und dran, sollte es erst nach dem Stapellauf werden.

SEHNSUCHT - das Schiff hatte einen Namen. ES wurde eine SIE.

SEHNSUCHT war nicht nur ein Name für uns. Es barg eine Fülle von Gefühlen, Wünschen und Träumen. Der Drang nach Ferne, Freiheit, Abenteuer und gleichzeitig das Gefühl von Heimat und Geborgenheit. Das Suchen nach Sinn und das Hoffen auf Erfüllung - einfach die Sehnsucht nach LEBEN.

„Du hast Sehnsucht nach der Ferne", Heino summte eine Zeile aus einem alten Schlager. „Und in weiter, weiter Ferne, hast du Sehnsucht nach zu Haus", vollendete ich den Text. Wie sehr diese Sätze unsere Gefühle widerspiegelten, sollten wir erst viel später erfahren.

Die Gurte strafften sich über dem Bauch des Schiffes, der Kran schwenkte und die SEHNSUCHT baumelte über dem nassen Element. Nervös beobachteten wir, wie der Fuß des Kiels blubbernd verschwand, bis schließlich der Rumpf von glucksenden Wellen umspült wurde. Es schwamm, genau auf der Wasserlinie. Die erste Runde war gewonnen. Heino stieg auf sein nun wackeliges Schiff, um es auf Dichtheit zu überprüfen. Fingerdick schoss das Wasser zwischen Batterie- und Motorkasten heraus. Was tun Landratten in diesem Fall? Sie pressen den Finger auf die lecke Stelle. In dieser Stellung, vor dem Motorkasten kniend, fand ich Heino, und aufgeregt gab ich seine Anordnung weiter, das Schiff wieder hoch zu heben. Der zweite Anlauf glückte und wir konnten unser neues Domizil beziehen.
Doch der Urlaub war eine Pleite. Wie begossene Pudel kamen wir frühzeitig zurück. Seeunerfahrenheit, schlechtes Wetter, Wasser von oben, Wasser von unten und der unzuverlässige Motor, der immer dann aufhörte zu brummen, wenn wir ihn am nötigsten brauchten, ließen die Jungfernfahrt sprichwörtlich ins Wasser fallen. Euphorie und Selbstbewusstsein erlitten einen Tiefschlag und Sätze wie: „Wo habt ihr denn euren Mast verloren?" und „Der hat Sehnsucht nach einem anderen Schiff - ha, ha!" waren wie Wasser auf unserer Glut.
Irgendwann beendeten die Dockarbeiter in England ihren Streik. Und mit dem Mast kam auch die Begeisterung zurück. Den Kopf voller Ideen mit Verbesserungen und Änderungen ging die Arbeit weiter.
Die Sommer 1984 und 1985 erfüllten die Erwartungen. Mit Mast und Segeln durchpflügte der Bug der SEHNSUCHT die Küste der jugoslawischen Adria. Wir starteten von der Insel Krk nach Rab, ankerten in der Bucht von Sv. Marija, umrahmt von duftenden Pinienwäldern, vor dem Bug ein herrlicher Strand. Wir kreuzten zur Sandinsel Susak, wetterten einen zünftigen Borasturm ab, lagen im Hafen des Seeräuberstädtchens Male Losinj, pendelten entlang der schroffen Küste Dugi Otoks und eroberten die Inselkette der Kornaten, die wie riesige Perlen im klaren Wasser ruhten. Jeden Abend brummte der alte Mercedes-Diesel, ein Automotor, von Heino marinisiert und schob uns in einen sicheren Hafen oder eine Marina. Kapitän, Mannschaft und Schiff waren glücklich und zufrieden. Zwischen den Urlauben brachte der klapprige, alte LKW die SEHNSUCHT zurück nach Österreich, wo sie ihren Winterschlaf hielt.

Kapitel 2

Die Entscheidung

Es war wieder ein kalter, trüber Wintertag, der das Leben unserer Familie in andere Bahnen lenkte. Draußen regnete es und, obwohl erst früher Nachmittag, war es schon fast dunkel. Das Deckenlicht tauchte das Wohnzimmer in ein fahles Zwielicht. Wir saßen am Sofa, jeder in seine Lektüre vertieft. *„Taboo - Eines Mannes Freiheit"* von Wolfgang Hausner hieß die eine. Die tropischen Inselträume exotischer Länder und Männerabenteuer nahmen Heinos Denken gefangen.

„Ach, einmal eine Reise um die Welt", seufzte er, „mit dem eigenen Segelboot!"

„Stell dir vor, der Wind bläst dir um die Haut, zerzaust dir das Haar, bläht die Segeln auf, und vor dir - ein weißer Sandstrand, Palmen soweit das Auge reicht."

Heino holte tief Atem.

„Und dann unsere SEHNSUCHT - im türkisfarbenen Wasser gleitet sie lautlos an bunten Korallenbänken vorbei auf der Suche nach einem schönen Ankerplatz", er machte eine Pause, „Wie wäre das?"

„Mhmm!" meine Gedanken waren woanders. Ich blätterte in einem Strickmodenheft für Babys.

„Und dann werfen wir den Anker in das glasklare Wasser, springen hinterher, tauchen und schnorcheln,..."

„Schau mal, ist das Baby nicht süß?" unterbrach ich seinen schwärmerischen Monolog und hielt ihm die Zeitschrift unter die Nase. Sein Luftschloss zerplatzte.

„Du immer mit deinen Babys!" entfuhr es ihm heftig.

„Ja, ich weiß, du willst noch ein Kind. Aber, wenn wir jetzt noch eines bekommen, dann dauert es noch länger bis wir endlich weg können, bis wir endlich frei sind." Seine Gesichtszüge verhärteten sich.

„Wenn ihr nicht wärt, wäre ich schon lange fort."

„Wo wärst du dann?"

„Na irgendwo im Süden, mit meinem Schiff, weit weg von hier, von diesem grauen, kalten Europa."

„Du immer mit deiner Weltreise!"

„Wie stellst du dir das denn vor?", schrie ich, „Das sind ja idiotische Spinnereien! Du gehst mir auf die Nerven mit deinen ewigen Träumereien."

Heinos Gesichtsausdruck erstarrte, bedrückendes Schweigen legte sich über uns, die Familienharmonie war gestört. Jeder stierte in seine Lektüre, betrübt über die heftige Auseinandersetzung.

Lange dauerte die Stille, draußen wurde es dunkel. In meinem Kopf kreisten die Gedanken. Es war eine verfahrene Situation. Ich wünschte mir nichts sehnlicher als so ein kuschelndes, süßes Baby, und Heino verspürte einen Freiheitsdrang, den er, wegen der Verantwortung seiner Familie gegenüber, unterdrückte. Eine Verantwortung, die ihn zwang, sich dem Alltagstrott hinzugeben, dem er so gerne entflohen wäre. „Wenn ihr nicht wärt", seine Worte hallten in meinem Kopf wider.

„Verdammt, du kannst doch nicht dein ganzes Leben lang nur träumen!", entfuhr es mir heftig.

„Du versäumst doch die Gegenwart, wenn du immer nur in der Zukunft schwebst", lenkte ich sanfter ein.

Keine Reaktion.

„Wie wäre es, wenn wir einen Kompromiss schließen würden?" Ich kniff die Augen zusammen und fixierte Heino.

„Wir bekommen ein Baby", sagte ich ganz vorsichtig, „nehmen uns beide Karenzurlaub und segeln für ein Jahr weg. Vielleicht, in die Karibik?"

Heinos Gesicht blieb ausdruckslos.

„Es ist doch besser dem Alltag für ein Jahr zu entfliehen, als gar nicht", meine Stimme wurde unsicher, „Meinst du nicht auch?"

„Tja, Karenzurlaub wäre im Gendarmerie-Dienstrecht schon vorgesehen, aber..." Langsam und zaghaft begann das Gespräch, der Plan erhielt ein wackeliges Gerüst mit wenn und aber, mit wäre und würde. Alle Möglichkeitsformen wurden erwogen und in der Theorie entstand allmählich ein Aussteigerplan auf Zeit.

„Gibt es heute kein Abendessen? Ich habe Hunger!"

Doris unterbrach unsere Unterhaltung und holte uns in die Realität zurück.

Im Frühjahr des folgenden Jahres arbeiteten wir wieder fleißig an der SEHNSUCHT. Der Plan wurde in die Tat umgesetzt und sah folgendermaßen aus: Baby - Karenzurlaub für ein Jahr - Stapellauf in Genua - Fahrt durchs Mittelmeer bis Gibraltar - Kanarische Inseln - Atlantiküberquerung - Karibik - und zurück über den Nordatlantik.

Teil eins des Plans ging bereits seiner Erfüllung zu. Ich schob ein dickes Bäuchlein vor mir her und rollte über die Leiter am Heck des Schiffes hoch. Die SEHNSUCHT wurde „fahrtenseglerisch" um- und ausgebaut.

„Wir brauchen mehr Stauraum", stellte ich als zukünftige Bordfrau fest.

„Wo soll ich all die Windeln unterbringen? Und die Kinderbadewanne? Vielleicht in der Achterkajüte?"

„Die brauche ich für mein Werkzeug und für Ersatzteile!" entgegnete der Kapitän.

„Aber die Bärbel, meine Puppe, muss auch mit, mit all ihren Kleidern, ja und Märchenbücher brauche ich auch, und..." Doris war bei der Planung voll dabei.

So jonglierten wir mit jedem Zentimeter, um jeden Winkel zu nutzen. Unter Schweiß, Spänen und heißen Diskussionen entstand eine neue Inneneinrichtung. Aber auch außen wurde gearbeitet. Bessere Beschläge, stärkere Reling, am Kajütdach ein Holzdeck und überall frische, klebrige Farbe.

„Wir brauchen Schiffspapiere!" Heino machte Dipl. Ing. Richard Anzböck ausfindig, ein staatlich befugter und beeideter Zivilingenieur für Schiffstechnik, der kompetent war, Seebrief sowie Messbrief und Ausrüstungszeugnis für die SEHNSUCHT zu erstellen, das hieß, die Segeljacht „SEHNSUCHT" laut Seeschifffahrtsgesetz zur Seeschifffahrt zuzulassen.

Gespannt und nervös erwartete ihn Heino.

„Ja, es sieht sehr stabil und solide gebaut aus", meinte er, „ich sehe keinerlei Hindernisse, es ist hochseetüchtig."

„Wo haben sie den Plan?"

„Plan?" stotterte der Bootsbauer, „ich habe keinen."

„Dann zeichnen sie eben einen."

Die Auf-, Ansicht sah dann folgendermaßen aus:

Länge:	9,85 m
Breite:	2,50 m
Tiefgang:	1,39 m
Verdrängung:	7,27 t

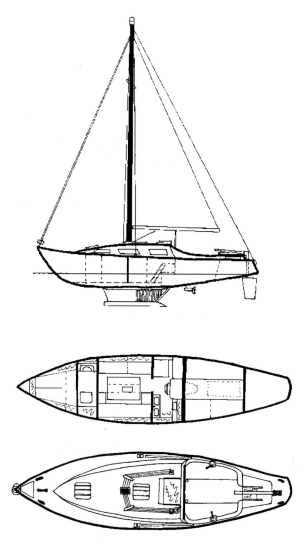

Eines Morgens wachte ich mit Schmerzen auf, die Wehen hatten eingesetzt. Ein paar Stunden später hielt ich ein gesundes, dickes, rotbackiges Mädchen mit dunklen Locken im Arm: Petra. Voll Vertrauen schlummerte es in meinen Armen, nichts ahnend von den Plänen seiner Eltern.

Glücklich, dass alles so gut gegangen war, konnte jetzt der Abreisetag fixiert werden. Oder doch nicht? Ein wichtiges Schreiben fehlte, nämlich die Bewilligung des Karenzurlaubes vom Landesgendarmeriekommando, Heinos Arbeitgeber.

„Was machen wir, wenn der Urlaub abgelehnt wird?" fragte er sorgenvoll. Wie ein schwarzer Schatten schwebte diese Frage über den Reisevorbereitungen, die schon hektische Formen angenommen hatten. Immer mehr hilfreiche Hände waren rund um die SEHNSUCHT, und immer mehr Schaulustige trafen ein, die ihre Bewunderung oder ihr Missfallen zum Ausdruck brachten:

„Das ist toll, braucht ihr noch einen Matrosen?", „ Ich fahre sofort mit!" Oder: „Das ist doch unverantwortlich von euch, wie könnt ihr euren Kindern so etwas antun?"

Die Extremisten unter ihnen: „Ihr Kindesmörder!"

Die Lästerer: „Da kannst du noch so viel Farbe draufschmieren, das wird nie ein Schiff."

Und immer wieder tauchte die Frage auf: „Was macht ihr, wenn einer von euch krank wird?"

Heino pflegte dann zu antworten: „Monika ist der Arzt der Familie, sie macht das schon."

Ich versuchte so gut ich konnte eine Reiseapotheke zusammenzustellen und Vorsorgemaßnahmen zu treffen. So verwirklichte ich auch mein Impfprogramm und rammte ohne Erbarmen die Nadeln in Heinos Hinterteil, der sich natürlich keine Zeit für einen Arztbesuch nahm.

Eine andere Standardfrage, die immer wieder gestellt wurde, war: „Habt ihr keine Angst?"

Angst, das ist ein Gefühl, das blockiert, das hatte keinen Platz in dieser anstrengenden Zeit der Vorbereitungen und so ließen wir es erst gar nicht aufkommen.

„Wir müssen einen Abreisetermin festlegen, Felix muss seinen Urlaub anmelden." Felix war ein Kollege von Heino. Er hatte sich bereit erklärt, den LKW wieder zurück nach Österreich zu bringen. So einigten wir uns auf den 15. September 1987.

Endlich war es soweit. Das Schreiben vom Landesgendarmeriekommando lag im Postkasten.

„Mach schon auf!", forderte ich ungeduldig.

„Ihrem Ansuchen vom 22. 1. 1987 um Gewährung eines Karenzurlaubes am 1. 9. 1987 in der Dauer eines Jahres, um in einer Segeljacht eine Weltumsegelung unternehmen zu können, wird gemäß § 75 Beamten-Dienstrechtsgesetz (1979, BGBl. Nr. 333) keine Folge gegeben."
Heino schluckte. Wir sahen uns an, keiner wagte ein Wort zu sagen. Das durfte doch nicht wahr sein! So kurz vor der Erfüllung des Traumes sollte alles zerplatzen wie eine Seifenblase? Alles aus? Alle Vorbereitungen umsonst? Arbeit, Zeit, Geld, enormer persönlicher Einsatz, das ganze Denken und Tun eines Jahres steckte in diesen Reisevorbereitungen.
„Ich kündige!", sagte Heino verbittert.
„Aber Schatz, du willst wirklich?" ich vollendete den Satz nicht, handelte es sich doch bei einer Kündigung um eine nicht wieder rückgängig zu machende Entscheidung. „Denk doch noch mal nach, schlaf noch eine Nacht darüber."
Wir schliefen nicht, wir redeten und redeten bis zur Morgendämmerung des nächsten Tages. Die Entscheidung stand fest. Heino setzte sich zur Schreibmaschine:
„An das Landesgendarmeriekommando!" tippte er,
„Ich erkläre meinen freiwilligen Austritt aus dem Beamtendienstverhältnis und begründe dies wie folgt:" In diese Begründung steckte er all seine Enttäuschung und seinen Zorn. Etwas gekürzt schickte er es dann ab.

Es war der 10. September.
„Hallo?"
„Ja! Was sagen Sie?"
„Abgeschickt vor vier Wochen?" fragte Heino uns sah den Telefonhörer ungläubig an.
„Sie sind schon am Zoll in Österreich?"
„Liegengeblieben, meinen Sie?"
Es handelte sich um die Seekarten, die, sorgfältig für die geplante Route zusammengestellt und in Deutschland bestellt, fünf Tage vor der Abreise noch immer nicht angekommen waren.
Heino telefonierte mit der Zollbehörde. Mit der Antwort nicht zufrieden, überzeugte er sich persönlich am Zollamt in Wien. Deprimiert kehrte er zurück. Es war unmöglich aus den Tausenden von Kisten, Schachteln und Paketen unsere Seekartenrolle herauszufinden.
Die Reise musste ohne Seekarten starten.

Wir arbeiteten bis zur letzten Minute an unserer SEHNSUCHT. Trotzdem fehlte noch vieles, und dieses oder jenes war noch nicht fertig.

18

„Das machen wir während der Reise, da haben wir genügend Zeit", war unser Standardsatz. Doris wich die letzten Tage nicht von unserer Seite. Sie fürchtete wohl, wir würden die Reise ohne sie antreten. Hektik und Reisefieber nahmen uns gefangen und verdrängten die Traurigkeit. Traurigkeit darüber, Eltern, und Großeltern sowie unseren Schäferhund Axl zu verlassen.

Kapitel 3

Genua - Kein Platz zum Verweilen

„Seid ihr endlich fertig?", fragte Felix und schaute nervös auf seine Uhr. „Ich will heute noch über die Grenze kommen."
Er wollte nur noch weg von hier. Schmerzvoll bewusst war ihm noch die unbequeme Nacht im Führerhaus des LKWs, geparkt im Zollbezirk des Hafens von Genua, direkt unter der Autobahnbrücke, sowie die strapazvolle 1000 km Fahrt von Österreich nach Genua über den Brenner, wo die zwei Männer etliche Male des dampfenden Kühlers wegen halten mussten. Dann verloren sie auch noch das Begleitfahrzeug, in dem seine Frau Ingrid, die Großeltern und ich mit den Kindern fuhren.

Im riesigen Hafen von Genua, wo Hunderte von Kränen ihre stählernen Hälse gegen den Himmel reckten, schien es keinen Kran zu geben, der die SEHNSUCHT ins Wasser heben konnte. Das Kranen im Yachtclub war nicht möglich, gab der Capitano des Clubs in gebrochenem Englisch zu verstehen. Die Einfahrt in den Yachthafen war für unseren Transporter unpas-sierbar. Doch er wusste Rat und organisierte einen Autokran. Dieser hatte eben den Mast gestellt und Heino war redlich bemüht, Vor- und Achterstag zu spannen. Die Sonne kletterte höher und eine unerträgliche Hitze breitete sich aus.
„Brauchst du noch etwas aus dem LKW? Oder können wir endlich fahren?"
Felix wurde ungeduldig. Heino seufzte, wischte sich den Schweiß von der Stirn und machte noch eine Kontrollrunde um das Auto. Danach verab-schiedete er den Freund mit Handschlag.
„Na dann - gute Reise - und - viel Glück!"
„Danke, das brauchen wir." Es wäre ihm wohler gewesen, wenn er die Nabelschnur zum Land noch nicht hätte kappen müssen. Noch ein paar Stunden, um alle Seeventile auf Dichtheit zu prüfen, eine Proberunde zum Testen von Motor und Getriebe zu drehen, um - doch da brummte bereits der LKW Diesel und pufte eine dicke, schwarze Rauchwolke in den heißen Vormittagshimmel. Heino starrte auf das Heck des Wagens, jedoch das verschwand hinter der Lagerhalle und das Brummen verschmolz mit dem Getöse der Hafenanlagen. Er gab sich einen Ruck und schaute zur SEHNSUCHT. Sie schaukelte zuversichtlich an der Kaimauer. So fixierte er noch alle Wanten, dann verabschiedete sich auch der Autokran, doch erst nachdem der Fahrer lautstark und gestenreich um den Preis gefeilscht hatte.
„Hier können wir nicht liegen bleiben, wir müssen am Schwimmponton im Yachtclub festmachen."

Heino betätigte den Anlasser, der Motor sprang willig an.

„Ich will mit!", forderte Doris lautstark.

„Du kommst mit Oma und Opa nach."

In dem Chaos, das im Cockpit herrsche, hatte ein zappeliges Kind keinen Platz mehr.

„Will mit", kreischte Doris, als die SEHNSUCHT vom Kai weg die ersten paar Meter ihrer großen Reise antrat.

Die Großeltern, mit heulender Doris und quengeligem Baby, standen bereits am Steg und beobachteten unser ungeübtes Anlegemanöver. Dann luden wir das restliche Gepäck aus dem Auto. Bald türmten sich Schachteln, Bündeln und Säcke am Steg. Wir verstauten krampfhaft die Fracht an Bord, räumten von Steuerbord nach Backbord, von Vorn nach Achtern und schickten dieses oder jenes gute Stück wieder auf die Heimreise. Doris hüpfte aufgeregt in ihrem neuen Zuhause herum, begutachtete das Schapp mit Spielsachen, Petra machte in ihrem Gitterbettchen ein wohlverdientes Schläfchen.

Es war später Nachmittag.

„Monika!"

Die Eltern standen am Steg.

„Wir werden jetzt fahren, wir suchen uns außerhalb der Stadt ein Zimmer zum Übernachten."

„Ihr wollt schon weg?" Ich konnte meine Enttäuschung nicht verbergen.

„Ja, wir müssen, wir können,..." mein Vater fand keine Worte. Verstohlen wischte er sich eine Träne weg, als er mich umarmte. Sie wollten weg von hier, dem lauten, schmutzigen Handelshafen, weg, die Trennung hinter sich bringen. Es fiel ihnen schwer, die Kinder und Enkelkinder für eine so lange Zeit zu verabschieden, auf eine ungewisse Reise zu entlassen. Die Umarmungen waren kurz, keiner wusste, was er sagen sollte. Nur das „Tschüs, Oma! Tschüs, Opa!" von Doris klang fröhlich und unbesorgt. Verbissen arbeiteten wir weiter und ließen uns bei Sonnenuntergang todmüde in die Kojen fallen.

Am nächsten Morgen, sechs Uhr früh, riss uns Petras Forderung nach einer Mahlzeit aus einem traumlosen Schlaf. Zur selben Zeit warf die nahe Werft ihre Maschinen an und ein ohrenbetäubender Lärm erfüllte die Morgenluft. Wir brauchten Minuten, um uns zu orientieren und den gestrigen Tag ins Gedächtnis zu rufen.

„Ach ja", dachten wir, „kein Strom, kein Wasser, keine Seekarten."

Das gute österreichische Quellwasser endete im Kühler des LKWs, die Seekarten lagen am Zoll in Wien, und der Generator funktionierte nicht.

In der Theorie sah alles so wunderbar aus: Kochen mit 220 Volt, gespeist vom eingebauten Generator in der Achterkajüte, der zu diesen Zeiten gleich die Batterien laden sollte. Doch die Kühlung war nicht ausreichend und durch den Hitzestau starb der Generator nach kurzer Zeit wieder ab. Ich schaffte es am Vorabend gerade noch eine Dose zu wärmen. Nur gut, dass Petras Nahrung immer bereit und wohltemperiert in meiner Brust lagerte. Doch schon bald tönte es auch aus dem Vorschiff: „Habe Hunger!" und Heino machte sich auf die Suche nach Wasser um Tee kochen zu können. Am Nachmittag warfen wir uns in das Getümmel der Stadt, bewaffnet mit einer Liste lebensnotwendiger Ausrüstungsgegenstände. Der Weg vom Yachthafen zur Stadt führte einen Kilometer unter den Brücken der Stadtautobahn durch, vorbei an Fabriken und Werften, die sich an Lärm und Gestank übertrafen. Übertönt wurde das ständige Donnern und Tosen vom Sirengeheul der Einsatzfahrzeuge, die über unseren Kopf hinwegbrausten. Wie betäubt taumelten wir weiter, bis wir zum Ausgang des Hafengeländes kamen, wo noch eine Fischfabrik die Nasennerven reizte. Und dann hieß es: Augen auf, um nicht ein *Alt* mit einem *Avanti* zu vertauschen und unter die Räder eines der Tausenden von Autos oder Mopeds zu kommen. Die einzige Ausbeute unserer Exkursion war ein Stadtplan und eine Flasche *Aqua minerale* von einem Kiosk, sowie die Adresse eines Seekartenbüros. Niedergeschlagen und müde saßen wir beim Abendessen im Salon und verzehrten das letzte Stück frische Brot aus Österreich. Petra nuckelte an der Brust, Doris plapperte vor sich hin und erwartete eine Antwort. Als sie diese nicht erhielt, unterbrach sie ihren Redeschwall und fragte ganz erstaunt: „Warum heult ihr denn alle zwei?"

Am nächsten Tag, noch bevor die Sonne ihre ganze Kraft entfalten konnte, begab ich mich alleine auf den Leidensweg zur Stadt. Auf dem Weg zu meinem Ziel, der Via Della Fontane, dem Seekartenbüro, entdeckte ich auch viele Yachtausrüstungsläden. Ich erstand die heiß ersehnten Seekarten, von Genua nach Benidorm. Das war der Ort in Spanien, wo das Reisebusunternehmen Krumay unsere bis dorthin hoffentlich gelieferten Seekarten, hinterlegen wollte. Vollgepackt mit den Kartenrollen, frischem Brot, Obst und drei dicken Steaks kehrte ich zum Schiff zurück. Jetzt sah die Welt schon etwas freundlicher aus und die Hoffnung, von Genua wegzukommen, stieg.

Der Capitano des Yachtclubs kam zu Besuch. Er fragte nach unseren Reiseplänen.
„Gibraltar – Atlantik –Karibik", antwortete Heino. Die Unterhaltung wurde auf Grund von Sprachschwierigkeiten in Stichworten geführt.

„No possible – nicht möglich!" und er gestikulierte seine Gründe: Schiff zu klein, Meer zu groß, Bambini zu jung, Wellen zu hoch, Wetter zu schlecht. Als er merkte, dass seine Argumente nicht fruchteten runzelte er die braungebrannte Stirn, hob die flache Hand zum Sonnenschutz an die Augen und sagte: „Look, look, look!" wobei er mit der zweiten Hand einen großen Bogen über den Meereshorizont zog. Doch er war sehr hilfsbereit. Er organisierte einen langen Wasserschlauch zum Füllen der Tanks, einen Stromanschluss und er verrechnete keine Liegegebühren.

Die Arbeit am Schiff, erschwert durch den starken Schwell im lärmenden, stinkenden Hafen sowie die unzähligen Gelsen ging mühsam weiter und allmählich löste sich das Chaos auf, wobei man von Ordnung und Bordroutine noch lange nicht sprechen konnte. Aber immerhin, die SEHNSUCHT und ihre Crew fühlte sich mutig genug, die Hafenmauern zu verlassen. Jetzt war nur noch eine Frage offen: Wo bekommen wir das Permit, also die Fahrterlaubnis?

Heino fragte den Capitano.

„Nicht nötig, alles o. k., ihr könnt fahren", meinte dieser. Heino, von Natur aus misstrauisch und nur mit den Gepflogenheiten von Jugoslawien vertraut, glaubte ihm nicht.

Kapitän und Crew machten sich daher auf den Weg zum Hafenbüro. Doris war vom Laufen schon müde, Petra protestierte vor Hunger, so erklommen wir verschwitzt und abgekämpft mit dem Kinderwagen, die viel zu engen Treppen zum ersten Stock des Hafenbüros, wo uns verblüffte, weiß uniformierte und nur italienisch sprechende Beamte empfingen, die dachten, wir hätten uns in der Tür geirrt. Händeringend erklärten wir unser Anliegen und ließen uns nicht abweisen.

„Momento, momento", sagte der eine Beamte und holte aus dem Nebenraum seinen jüngeren, englisch sprechenden Kollegen. Mit unserem Schulenglisch wiederholten wir unser Begehren. Der Mann, der es normalerweise nur mit Hochseefrachtern und Passagierdampfern zu tun hatte, bewahrte seine Haltung und ging humorvoll an das Problem heran. Es war keine Routinearbeit. Nach eineinhalb Stunden schweißtreibendem Warten mit unseren zwei zappelnden Kindern war es soweit, die Formulare ausgefüllt. Es mussten nur noch die Gebühren entrichtet werden, natürlich in einem anderen Büro. Als wir in dem riesigen Gebäude die besagte Amtsstube endlich fanden, war Mittagspause, bis nachmittags um drei. Also gönnten wir uns auch eine und kehrten in eine kleine Hafenkneipe ein. Pünktlich um drei erschienen wir und brachten auch dieses Mal unser Anliegen vor. Nach einer halben Stunde, vermutlich fehlte dem Beamten die Routine für so geringe Bruttoregistertonnen, multiplizierte er auf einem Schmierzettel drei Zahlen, dessen Endergebnis wir per Erlagschein auf der Post einzahlen sollten. Das Schild „*chiuoso*" an der verschlossenen Tür des Postgebäudes beendete unseren Spießrutenlauf und wir kehrten zum Yachthafen unter der Autobahnbrücke zurück.

Am nächsten Tag, mit bezahltem Beleg, ging alles ganz schnell. Vielleicht, um diese verrückte Familie endlich loszuwerden, drückte man uns einige Formulare, versehen mit dekorativen Stempeln, in die Hände.

Zur Mittagszeit verließen wir Genua. Keine Böllerschüsse, keine Trompetenfanfaren ertönten, als die SEHNSUCHT vom Steg des Yachtclubs ablegte. Es stand nicht eine Menschenseele am Kai und winkte. Nur das unwillige „Tuuut" eines Passagierdampfers wies das kleine Segelschiff in seine Grenzen, als es mit stolz erhobener Nase zur Hafenausfahrt schipperte, einer ungewissen Reise entgegen.

Frei – endlich befreit von den Klauen des schrecklichen Hafens fühlte sich Schiff und Mannschaft. Eine leichte Landbrise blähte die blütenweißen Segel, der Bug teilte sanft das Wasser und der Rumpf setzte sich zaghaft in Bewegung. Der Kompass zeigte 270° West. Langsam schob sich die Silhouette der vielen Fabriken und Werften an uns vorbei. Der Lärm des Hafens war nur noch wie das Summen einer Biene zu hören, eine wohltuende Stille lag wie Balsam über dem Meer. Deutlich hörte ich die zufriedenen, tiefen Atemzüge des Kapitäns. Er genoss den Frieden und die erste Freiheit.

„Wann sind wir denn endlich daaaa?" Doris knautschige Stimme durchschnitt die Stille. Das Log zeigte genau 1,7 Meilen.

„Wann kommen wir endlich an einen Strand?", fragte sie fordernd. Heino seufzte gequält.

Nach zehn Meilen war es dann soweit. Wir legten im Hafen von Arenzano an, und zehn Minuten später war Doris an einem wunderschönen Strand, voll von feinen Kieselsteinen. Ein heißer Sommertag ging zur Neige. Es war Ende September, die große Reise startete und gleichzeitig verabschiedete sich das schöne Wetter.

Kapitel 4

Riviera – bittersüße Erfahrungen

„Heino, Petra weint, sie hat Hunger!"

Ich saß am Ruder, die SEHNSUCHT surfte ins Wellental hinab, das Log stieg auf 12 Knoten. Heino stand im Cockpit und schaute wie gebannt auf das Meer. Der Wind pfiff mit sechs Beaufort aus Nordost, in den Böen kletterte der Windmesser auf acht. Von achtern rollten die Wellen heran, zwei bis drei Meter hoch, mit weißen Schaumkronen. Alle paar Minuten kam eine noch höhere angebraust und forderte den Rudergänger.

Geschont wurde die Crew der SEHNSUCHT in den letzten zwei Wochen nicht. Seit einiger Zeit gab es Ostwind. Nur in kleinen Etappen, von Hafen zu Hafen oder von Marina zu Marina kamen wir weiter. Die Schule war hart, das Meer gab keine Schonfrist. Dabei sah es beim Auslaufen am Morgen so wunderbar aus: Leichter Wind, niedrige Wellen, gute Wettervorhersage. Denkste! Nach einer viertel Meile hatten wir wieder eine volle Mütze Wind und hohe Wellen. Doris wollte sich zum Spielen im Cockpit niederlassen, aber eine raumschots anlaufende Welle überflutete dieses. Wie ein begossener Pudel zog sie ab. Die für die Gemütlichkeit ausgebreiteten Decken waren klitschnass. Ölzeug und Schwimmwesten mussten wieder hervorgeholt werden.

Meine Arme und Beine schmerzten. Seit zwei Stunden saß ich konzentriert an der Pinne, zog diese mit aller Kraft an mich. Das Schiff zeigte eine extreme Luvgierigkeit. Der Grund dafür war, dass sich das beim Auslaufen voll aufgezogene Großsegel nicht mehr reffen ließ. Die Reffleinen waren nicht richtig eingezogen. So hatte Heino, um die Segelfläche zu verkleinern, nur die Fock zusammengerollt. Ich bemühte mich krampfhaft das Heck im Wind zu halten. Gelang mir das nicht, so wie eben, kamen wir quer, die Wellen drückten das Boot zur Seite, die Fahrt wurde gestoppt und wir hatten Mühe, wieder auf Kurs zu kommen, was oft nur mit Hilfe des Motors gelang.

„Heino, das Baby schreit. Du musst es wickeln und füttern!" meine Stimme war laut und unwirsch. Sie riss Heino aus seiner Starre. Ich war auf See eine sehr schlechte Mutter, nicht imstande das Kind zu wickeln oder zu stillen. Viel schneller als ich hinunterstieg um mich über Petra zu beugen flitzte ich wieder hoch und hing über der Reling. Seekrankheit nennt man dieses Phänomen, hervorgerufen durch die Unstabilität des Schiffes. Es begann bei einer Wellenhöhe von ungefähr einem Meter. Ein eigenartiges Kribbeln im Magen. Er kribbelte solange, bis er Purzelbäume schlug und das Unterste zu

Oberst kehrte. Nach außen hin sichtbar war Seekrankheit durch meine fahle, graugrüne Gesichtsfarbe. Jeder, der das einmal gesehen, vielleicht sogar selbst erlebt hat, kann ein Lied davon singen. Meine Therapie war das Steuern. Durch den Blick nach vorne, die Konzentration auf den Kurs und viel frische Luft bekämpfte ich diesen unglücklichen Zustand. So musste eben Heino in den Bauch des Schiffes hinabsteigen, um die Kinder zu versorgen. Doris und auch dem Baby machte es nichts aus, im Gegenteil, je mehr das Schiff schaukelte, desto wilder wackelte das kleine Püppchen über dem Bett hin und her und desto aufgeregter quietsche Petra und versuchte danach zu greifen. Heinos neuer Job war nicht einfach. Das Fläschchen zu kochen mit genau dosiertem Milchpulver und Wassermenge war bei hohem Seegang ein Akrobatenkunststück. Und die andere Aufgabe, das Wickeln, war auch seinen Magennerven nicht egal, besonders dann, wenn man den Inhalt schon bis ins Cockpit riechen konnte. Doch er schaffte beides vorbildlich.

Die Höllenfahrt ging weiter, Richtung St. Tropez. Die Sicht wurde immer schlechter und bei beginnender Dunkelheit tastete sich die SEHNSUCHT in den Golf von St. Tropez hinein. Wir steuerten den Punkt an, wo die meisten Lichter waren, in der Hoffnung es sei St. Tropez. Endlich geschafft. Wir starteten den Motor und fuhren in den Hafen ein. Doch plötzlich stotterte dieser, brummte kurz unwillig auf und starb ab. Ein erneuter Startversuch misslang. Das Schiff trieb steuerlos bei Nacht und Nebel ins total überfüllte Hafenbecken. Die Hektik war groß, was tun war die Frage. Zum Manövrieren mit Segeln war zu wenig Platz, außerdem gab es einen Schotensalat durch die verwickelten Reffleinen und das hastige Segelbergen. Doch wir hatten Glück im Unglück. Der Wind trieb uns geradewegs auf einen freien Liegeplatz zu. Durch Abstoßen und Verholen an den anderen Booten gelang es uns festzumachen, ohne Schaden anzurichten. Heino zitterte vor Anstrengung, ich vor Kälte. Beim Aufklarieren wurde die Unglücksursache klar: eine von diesen unnützen Reffleinen hatte sich um die Schiffsschraube gewickelt. Doch das Tagesetmale von 64 Seemeilen war das beste bisher erzielte.

Die nächsten Tage pfiff der Wind über das Schiff, orgelte mit den Wanten sein immerwährendes Konzert. Zeitweise regnete es. Die Familie igelte sich ein. Der Schiffshaushalt funktionierte bereits recht gut, besonders dann, wenn Stromanschluss an Land vorhanden war.
Am ersten Tag spielte es harmonische, friedliche Bordidylle. Das Backrohr strahlte eine wohlige Wärme aus. Jedermann ging seiner Lieblingsbe-

schäftigung nach. Heino spielte Gitarre, Doris hatte ihre Legosteine im Vorschiff aufgebaut, ich schrieb Briefe und Petra schlief.

Am zweiten Tag wurde es bereits turbulenter. Heino öffnete den Motorkasten, er suchte eine Lösung für die immer wieder versagende Motorkühlung. Ich bereitete ein aufwändiges Menü zu und Doris hatte ihr Spielrevier in den Salon verlegt.

Am dritten Tag holte Heino sein Werkzeug aus der Packkiste, bald steckte er fluchend kopfüber in der Maschine. Doris baute im Salon einen Kaufmannsladen auf. Ich wollte Petra baden. Doris wollte auch baden. Als der Salontisch unter dem Gewicht der Kinder und der Badewanne zusammenzubrechen drohte, war das Chaos perfekt.

An diesem Tag schrieb Heino in sein Logbuch: *Hafentag, Sturm, Regen, ohne eine Chance zu entfliehen. Die Kinder schaffen es spielend, das subjektive Gefühl der Enge zu objektivieren.*

Am vierten Tag flüchteten wir aus dem Inneren des Schiffes. Petra kam in den Tragesack, umhüllt vom weiten Anorak. Zipp zu, so war das Baby windgeschützt und auf ging es warm vermummt Richtung Land, nach St. Tropez, der verrückten Stadt.

„Schau Mama, der Mann da hat einen Zopf geflochten mit seinem Bart. Und die Frau da, hat die ein komisches Kleid an." Doris war beeindruckt. Wir erforschten die Stadt und oft wurde ich wegen meines dicken Bauches betrachtet. Doch wenn die Leute ein Löckchen oder die blauen Kulleraugen sahen, lächelten sie. Der Weg führte uns zur Zitadelle. Sie bot einen weiten Ausblick auf den Golf von St. Tropez, wo die tiefliegenden, schwarzen Wolken träge hingen. Der stürmische Wind kämpfte gegen sie an, versuchte sie in Fetzen zu reißen und peitschte das Meer zu wilden Wogen auf.

Am nächsten Morgen beruhigte sich das Wetter, einzelne Sonnenstrahlen blinkten durch die Wolkendecke. Ein Mann stand am Steg.

„Privee", meinte er und gab uns zu verstehen, dass wir den Liegeplatz räumen müssten.

„Was meinst du, wie viel Grad hat das Wasser?"

„Na ja, Lufttemperatur haben wir 15°, das Wasser ist vielleicht ein Grad wärmer. Warum fragst du?"

„Weil ich jetzt da runter tauchen muss." Heino deutete auf das ölige, schmutzige Hafenwasser.

„Die Reffleine von der Schraube schneiden – Scheiße!"

„Iiih, pfui", kommentierte Doris, als Heino untertauchte und regenbogenfarbene Kreise hinterließ. Zum Glück hatte er einen Taucheranzug mit.

Zur Mittagszeit lag der Hafen von St. Tropez achteraus.

„Macht nichts, dass wir weg mussten", stellte ich fest, „das Klo ist ohnedies schon voll."

Das war nach der Stromversorgung Problem Nummer zwei an Bord. Es existierte nur eine chemische Toilette. Bei einer vierköpfigen Crew, wobei hier nur drei Köpfe zählten, ist eine doch gering dimensionierte Muschel binnen drei oder vier Tagen voll. Nun stand dem Kapitän und Hausherrn die Pflicht und Schuldigkeit zu, den Schmutz über Bord zu schaffen. Diese Tätigkeit war bei Schönwetter und ruhiger See zwar keine angenehme, jedoch durchaus mögliche Sache. Bei hohem Seegang jedoch, war das Entleeren des Schmutzbehälters ein Ding der Unmöglichkeit. Zum Ersten, weil der denkbare Fall bestand, dass Rasmus die „Scheiße" nicht annahm und postwendend wieder ins Cockpit spuckte, zum Zweiten, er dazu neigte, den ganzen Behälter zu verschlingen und in seine Tiefen zu zerren und zum Dritten es ganz und gar unerträglich war. Kurzum, der Behälter füllte sich, die Toilette wurde unbenutzbar und verbreitete trotz Chemie einen nicht angenehmen Geruch im Schiff.

„Bei der nächsten Gelegenheit bauen wir ein Pumpklo ein", brummte Heino, als er am Achterschiff stehend seine lästige Pflicht erfüllte.

Um beim Thema zu bleiben: Selbst wenn die Toilette benutzbar war, artete das Verrichten der kleinen Notdurft auf See zu einer akrobatischen Höchstleistung aus, der selbst Heino, als halbwegs durchtrainierter Sportler, nicht gewachsen war. Fazit: Halbe, halbe, was hieß, halb in die Muschel, halb in die Hose, was wiederum Probleme für die Hausfrau aufwarf, weil sie die Schmutzwäsche besorgte.

„Setz dich nieder wie ein normaler Mensch oder piss über die Reling!", schimpfte ich. Doch das eine war ihm zu weiblich, das andere zu kalt.

Und Doris hatte, dank ihrer Größe, die ihr wenig Möglichkeit gab sich festzuhalten oder zu verkeilen, ebenfalls ihre Probleme. Des öfteren wurde sie bei hohem Seegang entthront. „Die Scheiß-Welle hat mich vom Klo geschmissen, " klang es dann unfein aus dem Rumpf des Schiffes.

Mit wenig Wind, teils unter Segeln, teils unter Motor liefen wir in Port de Cavalaire ein und legten in der Marina an. Ein netter, sauberer Ferienort empfing uns. Im Nebenschiff wohnte eine französisch sprechende, polnisch-englische Familie. John mit Frau und drei kleinen Kindern war für drei Wochen mit einem Charterschiff unterwegs.

„Ihr habt es gut, wir müssen in einer Woche wieder nach Hause." John beneidete uns, so unendlich viel Zeit zu haben. Die Kinder spielten am Steg, sie verstanden sich auch ohne Sprachkenntnisse. Die Sonne schien von einem strahlend blauen Himmel. Ich hing die gesamte klamme Wäsche zum Trocknen auf und genoss hier sogar den Luxus einer Waschmaschine. Die

Tage waren schön, gekrönt von Abendspaziergängen mit der Nachbarsfamilie. Die Mädchen gingen Hand in Hand und sangen: *„Sur le pont d'Avingon,..."*

Die Kinder und ich, wir waren zufrieden. Doch der Kapitän schrieb grimmig in sein Logbuch: *Herrlicher Segelwind aus NO, tolles Wetter. Aber: Die Aufrechterhaltung des Haushaltes, sprich Wäsche waschen, klammes Bettzeug trocknen, verschiedene Sachen reparieren, erfordert so viel Energie, dass zum Segeln keine übrig bleibt.*

8. Oktober: ich feierte meinen 30. Geburtstag.

Doris hüpfte kurz nach Sonnenaufgang aus dem Vorschiff.

„Alles Gute zum Geburtstag, Mama!"

Sie zappelte vor Aufregung und hielt mir ein kleines zerknittertes Päckchen unter die Nase.

„Mach schon auf, Mama!"

„Gefällt es dir Mama?"

Ich blinzelte verschlafen. „Es ist ja noch so früh!"

„Hab ich selbst gezeichnet, und du hast es gar nicht bemerkt", freute Doris sich über die gelungene Überraschung. Petra meldete sich ebenfalls zu Wort. Mit der Nachtruhe war es vorbei. Ich faltete die Zeichnung auseinander und ein paar Männchen lächelten mich an.

„Das ist ja wunderschön!"

„Wirklich? Gefällt es dir?"

„Ja, ganz toll!"

„He du, wach auf, heute bin ich an der Reihe länger zu schlafen, ich habe Geburtstag." Ich boxte meinen Ehemann in die Rippen.

„Auu aah!", brummte dieser „Alles Gute Schatz!", drehte sich zur Seite und schlief weiter. Seufzend gab ich auf und begab mich an meine Mutter- und Hausfrauenpflichten. Ich musste an einen Schulaufsatz aus meiner Jungmädchenzeit denken. Das Thema: „Mein 30. Geburtstag". „Damals schrieb ich, ich würde meinen Geburtstag an der Côte d'Azur feiern, mein Mann würde mir einen kostbaren Ring und 30 rote Rosen schenken und meine zwei Kinder das Frühstück ans Bett bringen", erzählte ich.

„Stimmt doch, oder?", entgegnete eine verschlafene Stimme.

„Stimmt doch?", fauchte ich und deutete in die Kombüse. „Die Realität ist: ein Berg schmutziges Geschirr, zwei hungrige Kinder und ein fauler Ehemann."

„Dafür sind wir gesund, glücklich und haben uns lieb." Heino stand auf und drückte mir einen Kuss auf meinen Schmollmund.

„Du weißt doch selbst, dass wir kein Geld haben." Hilflos zuckte er mit den Schultern.

Bald saßen wir friedlich um den Frühstückstisch.

„Weißt du, was ich mir zum Geburtstag wünsche?"

„Was denn?"

Ich zögerte. „Dass wir noch einen Tag hier liegen bleiben."

Das entsprach aber ganz und gar nicht den Plänen des Kapitäns. Schuldbewusst argumentierte er und tröstend deutete er auf den leeren Liegeplatz neben uns: „Schau, John und seine Familie sind auch schon ausgelaufen."

„Leinen los", ertönte bald darauf das Kommando. Eine leichte Brise und strahlender Sonnenschein fing die SEHNSUCHT ein. Einige Stunden schöne Fahrt, zum Teil mit Motorhilfe, war der Crew beschert.

Dann stellte sich *Monsieur de Mistral* vor, genauso, wie er im Buche stand, das Heino schon so oft gelesen hatte:

Aus dem Nichts taucht der Sturm auf. Eine unsichtbare Hand öffnet eine unsichtbare Schleuse. Wie ein Wasserfall donnern die Luftmassen übers Meer. Die Mannschaft eines Segelschiffes befindet sich urplötzlich in einer Sturmsituation.

Der Windmesser schnellte von null auf sechs Beaufort. Der Kapitän schrie nur: „Mistral!", und wir warfen die Schoten los. Die SEHNSUCHT drehte sich brav in den Wind und wartete mit schlagenden Segeln, bis ihre noch ungeübte Crew die richtigen Leinen zum Reffen fand. Die Wellen bauten sich rasch auf, der Wind fegte das Wasser der Schaumkronen waagrecht davon und verpasste der aufgeregt manövrierenden Mannschaft oft eine unfreiwillige, kalte Dusche. Stark gerefft, dritte Reffreihe am Groß, kleine Fock, nahm das Schiff wieder stampfend Fahrt auf: Gegenan!

Wir mussten, wie schon so oft, unser gestecktes Ziel ändern. Diesmal wollten wir nach Bandol, doch dann liefen wir im Hafen der Insel Porquerolles ein. Ich, die wieder einmal von Seekrankheit gepeinigt wurde, erwischte die Muring nicht und der Wind drückte die SEHNSUCHT quer zum Steg. Mit einem unangenehmen, knirschenden Geräusch polterten wir an das Nachbarboot. Heino wandte all seine Kräfte auf um uns längsseits zu ziehen und vorschriftsmäßig einzuparken. Erst dann nahmen wir die wunderbare Umgebung war. Ein Hafen inmitten von Wäldern und das Duftgemisch von Meer und Nadelbäumen stieg uns in die Nase.

Doris holte einen Laib Brot aus der Kombüse. Sie hatte einen Schwarm Fische entdeckt und begann zu füttern. Bald darauf nahm Heino seine Angel und hing den Haken, gespickt mit geknetetem Brot, dazwischen. Eine Möwe gesellte sich zu ihnen und startete ein lautes Gezeter, womit sie ihren Kindern mitteilte, dass hier reichlich Futter zu holen war. Die jungen, süßen Küken schwammen munter über den großen Fischschwarm und schnappten bloß nach den Brotstücken und nicht, wie es ihre Mutter beabsichtigt hätte, nach den Fischen. Ein Küken erwischte dann doch ein kleines Fischlein, flog damit zum Steg, wo es das zappelnde Ding umständlich verschlang. Heino hatte weniger Glück, er zog seinen Haken immer wieder blank gefressen aus dem Wasser.

Doris war von dem Schauspiel begeistert. Sie fütterte und fütterte.

„Was macht ihr denn da?" Ich schaute den beiden über die Schulter. Doris zerteilte das letzte gute Stück Brot in große Bissen für die Möwen und in kleine für die Fische.

„Und, was essen *wir* jetzt zum Abendbrot?"

Der Kapitän rollte seine Angel ein. „Wisst ihr was, ich lade euch zum Essen ein!"

Fröhlich kehrten wir zum Schiff zurück um uns landfein zu machen. Nur gut, dass Seekrankheit so schnell wie sie kam, auch wieder verschwand.

Kapitel 5

Golf de Lion – im Rachen des Löwen

„Bum – Bum!"
Ein dumpfes Poltern vom Vorschiff ließ den Rumpf erzittern.
„Was war das?"
Ich hockte zitternd im Cockpit, vermummt mit dickem Pullover, Anorak, Regenanzug und Schwimmweste. Heino horchte in die Finsternis hinein. Es schien auf einmal totenstill zu sein, wir hörten nicht das Pfeifen des Sturmes, das Rauschen des Meeres und das Knarren des Schiffes. Wir nahmen nur mehr das dumpfe Poltern am Schiffsrumpf wahr.
„Sitzen wir schon auf Grund?", ging es Heino durch den Kopf. Wir befanden uns vor der Rhonemündung, einem flachen Seegebiet, und ein stürmischer Wind aus Süden drückte uns unbarmherzig gegen das Land, das in der Dunkelheit versteckt vor uns lauerte. Nur das immerwährende Blinken der Leuchtfeuer war ein Hoffnungsschimmer.
Tagelang schon warteten wir darauf, Monsieur de Lion zu überlisten, um die gefürchtete Rhonemündung, ein Gebiet, wo für 60 Seemeilen kein Unterschlupf vorhanden ist, zu überqueren. In der Finsternis wollten wir uns an den Klauen des Löwen vorbei stehlen. Der Mistral machte gerade Atempause, der Wetterbericht sagte für die nächsten 24 Stunden Ruhe voraus und so traf der Kapitän die spontane Entscheidung: „Heute Nacht segeln wir südwestlich bis Port Vendres, dann haben wir mit einem Schlag den Golf hinter uns und nur noch einen Katzensprung bis Spanien, wo es vermutlich auch viel billiger sein wird", meinte er optimistisch. Mangelnde Erfahrung, das Fehlen großmaßstäblicher Seekarten und das andauernde, schlechte Wetter ließ uns immer wieder nur in Landnähe segeln, uns fehlte der Mut, uns aufs offene Meer zu wagen.
Die wunderbare Silhouette des Chateau d'Ifs, beleuchtet von der tiefstehenden Nachmittagssonne, leichter Ostwind und ruhige See steigerten unseren Mut, als wir Marseille verließen. Zwei Stunden währte die Freude am Segeln, bis der Löwe erwachte und zu knurren begann. Zuerst schickte er Ostwind mit sechs Beaufort. Die Crew wollte stark bleiben und ihren Kurs beibehalten. Da ließ er den Wind drehen und gab noch zwei Windstärken dazu. Das zwang uns in die Knie, und wir steuerten Port Camargue an der Rhonemündung als Rettungshafen an.
Noch einmal polterte es am Rumpf. Dann war das Rasseln einer Kette zu hören.
„Der Anker!", durchfuhr es Heino wie ein Blitz und er raste nach vorne. Hilflos sah er zu, wie die letzten Meter der Ankerleine durch den Bug-

beschlag rauschten und in die schwarze Tiefe verschwanden. Das Ende war nicht belegt gewesen und der Bolzen, der den Anker sicherte, musste sich gelöst haben.

„Vielleicht war es gut so", dachte Heino, „denn, wäre die Leine belegt gewesen, hätte der Anker bei dieser geringen Wassertiefe gegriffen. Dann wäre es jetzt noch schlimmer", tröstete er sich selbst. Er war froh, dass wir noch nicht auf Grund saßen.

Der Kapitän konzentrierte sich auf die Navigation, holte immer wieder die Karte heraus und verglich die eingezeichneten Leuchtfeuer mit den vorhandenen. Die rot-grünen Lichter der Hafeneinfahrt von Port Camargue waren schon zu sehen. Jetzt mussten wir nur noch entlang der Schwimmbojen, welche die Durchfahrt kennzeichneten, segeln. Doch die Schwimmbojen waren wegen der hohen Wellen nur selten sichtbar. Heino kniff verbissen die Augen zusammen. Nur ab und zu gab er kurze Anweisungen an mich. Ich, die verkrampft, wie ein Häufchen Elend, an der Pinne saß.

Schon glaubten wir die Einfahrt gefunden zu haben, als sich hinter uns eine nachlaufende Welle plötzlich zu enormer Höhe aufbaute, der Kamm zu brechen begann, und rund um uns der ohrenbetäubende Lärm der Brandung toste. Ich starrte angsterfüllt nach hinten, es schien mir, als würden die Krallen des Löwen uns jeden Augenblick durchbohren.

„Heino, tu doch was!" schrie ich.

„Halse!" brüllte er, warf die Fockschoten los und startete den Motor. Ich zog mit aller Kraft die Pinne an mich, der Baum schlug krachend auf die Steuerbordseite. Die SEHNSUCHT drehte sich quer zur Welle, die uns und das kleine Schiffchen zu verschlingen drohte. Wir duckten uns, als sich das weißschäumende Wasser über und in das Boot ergoss. Aber es ließ sich nicht unterkriegen und schaukelte auch schon wieder im Wellental. Der Motor heulte auf und mit vollen Touren wurde die nächste Welle bezwungen. Geschafft! Das Dröhnen der Brandung rückte in die Ferne. Wir fuhren noch einige Zeit gegen den Wind aufs offene Meer, bis der heiße Motor uns zwang, wieder Kurs zur Hafeneinfahrt zu nehmen. Wir steuerten auf das Leuchtfeuer zu, wo dahinter, deutlich sichtbar, das Rot und Grün der Einfahrt war.

„Das muss die letzte Schwimmboje sein", ortete der Kapitän die Position. Zum Glück umrundeten wir diese vermeintliche Schwimmboje westlich, denn im Dunkeln verbarg sich hinter diesem Licht eine 200 Meter lange Molenmauer, die auf unserer Seekarte nicht verzeichnet war. Wir spürten diese „Beinah-Katastrophe" nicht. Wir merkten nicht, dass ein paar Meter weiter östlich das Ende unserer Reise gewesen wäre. Vermutlich auch das Ende von Schiff und Mannschaft. Unser Schutzengel hatte alle Hände voll zu tun, um uns dem Rachen des Löwen zu entreißen. Unsere beiden

Leichtmatrosen dampften währenddessen selig schlummernd in ihren Kojen dahin, unberührt von all diesen Problemen. Die Leuchtfeuer der Einfahrt glitten an uns vorbei. In der Sicherheit der Hafenmauern war auch der Wind nicht mehr so stark zu spüren. Heino barg die Segel und wollte den Motor starten. Der Starterknopf riss ab. Müde und apathisch ließen wir uns zu den leeren Schwimmpontons der Marina treiben und machten fest.

„Wir schaffen das nie", schluchzte ich und lehnte meine Stirn an Heinos Schulter. Von der Nase tropfte das Salzwasser. Oder waren es Tränen? Ich wusste es selbst nicht. Monsieur de Lion schaffte uns: finanziell, körperlich und moralisch!

Zwei Tage pfiff der Wind noch über das Deck. Wir versuchten uns gegenseitig Mut zu machen. Kapitulieren, das konnten und wollten wir nicht.

„In Spanien", trösteten wir uns, „wird das Wetter bestimmt besser."

„Und es ist hoffentlich alles billiger."

„Wenn wir erst einmal in Bededorm sind und unsere Seekarten haben", fügte der Kapitän hinzu, „dann können wir auch größere Schläge machen." Heino holte zum ersten Mal das Dingi und den Außenbordmotor hervor. Er wollte die depressive Stimmung überwinden und seine Crew ablenken. Mit Doris fuhr er in der winterleeren Marina Slalomrennen. Sie entdeckten Miesmuscheln, die reichlich an der Unterseite der Schwimmpontons wuchsen. Sie pflückten einen großen Topf davon und wir bereiteten ein feudales Abendessen zu.

Die Sonne lachte wieder, als wir bei leichtem Nordwestwind Port Camargue verließen. Trotzdem brauchten wir wegen Schlechtwetters noch fünf Tage und zwei Häfen, bis wir Port Vendres an der spanischen Grenze erreichten, glücklich, endlich wieder Berge zu sehen. Wir sind ja doch *Mountainsailors*, wie ein Segelkollege einmal scherzhaft feststellte.

Die Statistik von Genua bis Port Vendres sah traurig aus. In 29 Tagen sind wir 435 Seemeilen gesegelt, waren davon 15 Tage auf See, wobei an acht Tagen mehr als fünf Beaufort Windstärke verzeichnet wurde. Von den 14 Hafentagen verbrachten wir 13 zwangsweise wegen Schlechtwetters.

Kapitel 6

Barcelona – auf den Spuren von Kolumbus

Heino stand am Bug der SEHNSUCHT. Sein Blick ruhte auf der SANTA MARIA, die 100 Meter vor uns an der Kaimauer von Barcelona lag. Der Nachbau jenes Schiffes, mit dem Christoph Kolumbus vor beinahe genau 500 Jahren die Reise zu den Karibischen Inseln unternahm. Hinter der hohen, schmutzigen Kaimauer ragte eine 60 Meter hohe Säule empor, die das acht Meter große Denkmal von Kolumbus trägt, der, stolz erhobenen Hauptes, seinen Arm in Richtung neue Welt ausstreckt. Die Palmen rund um das Denkmal ließen einen Hauch von Karibik erahnen.

Dem rauen Atem des Löwen waren wir glücklich entkommen, als wir Cap Bear umrundeten und bald darauf die spanische Flagge hissten. Wir segelten langsam an der schönen Küste der Costa Brava entlang, vorbei an schroffen, steil abfallenden Felswänden, wo unzählige herrliche Buchten zum Ankern lockten und geheimnisvolle Höhlen auf Entdeckerabenteurer warteten. Wir mussten diesem Verlangen widerstehen. Das Wetter war zwar besser als bisher, aber dennoch unberechenbar. Hatte man vor einem Kap leichten Nordwestwind und Sonnenschein, so wartete hinter dem Kap starker Südostwind und Regen.

Es war schon dunkel als wir Barcelona ansteuerten. Vor der Stadt lagen unzählige Schiffe vor Anker, so hell erleuchtet, dass die Leuchtfeuer fast nicht zu erkennen waren. Der Hafen von Barcelona ist zweieinhalb Seemeilen lang, so dass wir eine halbe Stunde brauchten, ihn zu durchqueren. Gespensterhaft tauchten unzählige Ladekräne vor uns auf, schüchtern schoben wir uns an den vielen Riesenfrachtern vorbei. Eine untypische Stille lag über dem nächtlichen Hafen. Plötzlich gab es einen Höllenlärm. Eine Horde von großen und kleinen Fischerbooten raste auf der gesamten Breite des Hafens auf uns zu und drängte uns an den Rand. Das Pfeifen und Schreien dieser wilden Bande mischte sich mit dem Aufheulen der Motoren. Es wurde uns bange bei diesem Überfall. Doch der Spuk war schnell vorbei. Schreiend und winkend verschwanden die Fischer, die ihren Spaß daran hatten, das kleine Segelboot zu erschrecken. Nach einer nicht enden wollenden Mole tauchte die Statue von Christoph Kolumbus auf, und wir konnten es gar nicht glauben, genau vor der SANTA MARIA gab es einen Liegeplatz für die SEHNSUCHT.

Nach unseren Einklarierungserfahrungen in Italien und Frankreich, wo der Zollbeamte nur meinte: „Schön, dass sie da sind" und Heino ignorierte, befolgten wir bei diesem Grenzübergang den Rat eines Segelkollegen: „Ich fahre schon zehn Jahre hier im Mittelmeer und habe mich noch nie beim Zoll gemeldet." und taten dasselbe.

„Papa, komm, zieh dich um, wir wollen doch in die Stadt gehen." Doris hüpfte nach vorn und zupfte ihren Vater am Ärmel. Sie hatte sich bereits landfein gemacht. Die Geräusche der Stadt lockten die Crew an Land. Aber, um an Land zu kommen, musste erst einmal die hohe Kaimauer erklommen werden. Als Aufstiegshilfe diente ein alter Lastwagenreifen, ein Fender für die Großschifffahrt. Heino kletterte als erster, Doris wurde hochgehoben und gezogen, dann hievten wir den Kinderwagen hoch, und als nächster Balanceakt folgte das Baby. Nun war ich an der Reihe, doch ich schaffte den Aufstieg nicht und so kletterte Heino wieder bergab um mir die Räuberleiter zu machen An meinem Hinterteil kräftig angeschoben erreichte auch ich die ebene Erde und wir klopften uns den Staub aus den Kleidern.

„Ach Heino, schau dir deine schmutzigen Schuhe an", ich betrachtete die ausgefransten Salzwasserränder an seinen Lederschuhen. „Ich putzte sie dir schnell."

„Kommt nicht in Frage!" Ich sah in die Tiefe und gab mein Vorhaben auf.

„Lasst uns gehen!"

Unser erster Programmpunkt war die Besichtigung der SANTA MARIA. Ein kleines, plumpes Holzschiff, bewundernswert in seiner Einfachheit und primitiven Machart. Heino stand am Achterschiff und schaute über das Deck, er war beeindruckt. „Das müssen mutige Burschen gewesen sein, so einfach ins Ungewisse zu segeln."

„Mut, ja den brauchen wir auch!"

„Bestimmt wollte er sich auch seinen Traum erfüllen, so wie wir."

„Nur werden wir bestimmt nicht so berühmt werden".

„Papa, Papa, ich hab eine Superidee!" Doris hatte alle Winkeln des Schiffes erkundet und hüpfte auf uns zu.

„Wir tauschen die SEHNSUCHT gegen die SANTA MARIA ein."

„Warum das denn?"

„Da gibt es so ein schönes Himmelbett und da möchte ich schlafen." Sie zerrte uns unter Deck, um ihre Entdeckung herzuzeigen.

„Das ist aber das Bett des Kapitäns", sagte Heino.

„Der lebt ja nicht mehr, oder?"

„Aber dann bin ich der Kapitän und mir steht das Recht zu, darin zu schlafen. Du bist nur Crew, du hast den ganzen Tag hart zu arbeiten, bekommst nur Bohnen zu essen, faules Wasser zu trinken und wenn du schlafen willst, musst du dir einen Platz an Deck suchen."

Doris widersprach lautstark.

„Und wer meine Befehle missachtet", fuhr der Kapitän mit finsterem Blick fort, „bekommt die Peitsche zu spüren und wird kielgeholt. Hast du verstanden Crew?"

Doris konnte es nicht lassen, das letzte Wort zu haben: „Ich bin ja gar keine Crew, ich bin nur so eine Art Crew."

Ab diesem Zeitpunkt war Doris unsere „Art-Crew".

Fröhlich wanderten wir weiter über die Rambla, Richtung Altstadt.

„Por va por Seniore!"

Ein junger Spanier blieb vor Heino stehen, setzte sich mit einem Hocker vor ihm hin, klappte seine Holzkiste auf, stellte Heinos Fuß darauf, so dass dieser Mühe hatte, das Gleichgewicht nicht zu verlieren und putzte in Windeseile den halben Schuh auf Hochglanz. Der Überraschungseffekt war auf seiner Seite. Höflich grinsend fragte er jetzt, ob er die Schuhe putzen darf. Mürrisch antwortete Heino, dass er mit halb geputztem Schuh noch blöder aussehe, als mit den schmutzigen und damit war das Geschäft perfekt. Der Schuhputzer schaffte es mühelos, die Salzwasserränder zu entfernen und Hochglanz auf die Schuhe zu bringen. Mit dem Preis war Heino durchaus nicht einverstanden, doch der Kerl ließ nicht mit sich handeln, holte seinen Gewerbeschein samt Preisliste hervor und erklärte unverständlich wortreich, dass alles seine Richtigkeit hätte.

Wir setzten, um 400 Peseten ärmer, unseren Bummel durch die Altstadt fort, durch enge Gassen, vorbei an alten Gebäuden im gotischen Baustil.

„Heino, deine Schuhe!" entsetzt starrte ich auf Heinos Füße. Das schwarze Leder war grauweiß geworden und hatte tiefe Risse, es schien sich aufzulösen.

„Dieser Mistkerl!" Heino war wütend. Das waren seine besten, weil einzigen schönen Schuhe. „Den kauf ich mir!"

Zurückgekehrt zur Rambla, war natürlich vom Schuhputzer weit und breit nichts mehr zu sehen. In einem Cafe spülten wir unseren Ärger hinunter. Am Nachbartisch wurde mit Rauschgift gehandelt.

„No, no!" Heino lehnte entschieden ab und hielt misstrauisch sein Portemonnaie fest, als der Dealer näher kam um etwas anzubieten.

Ausgeruht und gestärkt machten wir uns auf den Weg zur Metro. Eine Sehenswürdigkeit wollten wir nicht versäumen, den Templo de la Sagrada Familia – die unvollendete Kirche. Nachdem wir die richtige Linie gefunden und Fahrkarten erstanden hatten, reihten wir uns in die Menschenschlange ein, Heino mit Doris vorne, ich mit Petra und Kinderwagen hinten.

„Heino, Hilfe, ich stecke!" rief ich verzweifelt, „der Kinderwagen ist zu breit."

Mühsam kämpfte sich Heino gegen den Menschenstrom zu mir zurück und half mir aus der Falle. Doch auch mit zusammengeklapptem Wagen blieben wir stecken. Das Verkehrschaos, das wir verursachten, war enorm. Erst beim dritten Versuch gelang es uns, den Wagen, hoch über den Köpfen schwebend, durch die Absperrung zu bringen. Die Mühe lohnte sich. Wie ein riesiger, unfertiger Termitenbau stand die Kirche vor uns. Vor mehr als hundert Jahren wurde mit dem Bau begonnen. Die Kirche sollte 12 Türme von über hundert Meter Höhe und eine 160 Meter hohe Kuppel bekommen. Vorerst waren die Krypta und das Ostportal mit acht Türmen vollendet. Doris und Heino erklommen die 250 Stufen bis zur Spitze eines der Türme und wurden mit einem wunderschönen Ausblick belohnt, ich blieb auf halber Höhe kniezitternd, mit Petra am Arm zurück.

„Für die Rückfahrt nehmen wir uns ein Taxi", forderte ich und Doris jammerte: „Meine Zehen fühlen sich an, als ob sie Watte wären."

Barcelona war schön, doch wie jede Großstadt laut und schmutzig. Am nächsten Morgen war das ganze Deck mit einer schmutzigen Sandschicht bedeckt.

„Auf Wiedersehen in der Karibik", verabschiedeten wir uns von Christoph Kolumbus und, obwohl das Wetter trüb und nebelig war, durchquerten wir den langen Hafen Richtung Meer. Doris war fasziniert von den arbeitenden Kränen und betrachtete ehrfürchtig die Riesendampfer.

„Ich möchte bloß wissen, woher diese hohe Dünung kommt, es war doch schon längere Zeit kein stärkerer Wind mehr", meinte der Kapitän missmutig. Wir dümpelten auf offener See dahin, der Motor musste wieder wegen Überhitzung abgestellt werden. Der Nebel war an der Wasseroberfläche dicht, wurde nach oben hin aber lichter, sodass die Sonne durchstach und ein schmerzendes Zwielicht verursachte. Das Nebelhorn von Barcelona ließ seinen nervenaufreibenden immer wiederkehrenden, tiefen Ton durch die Unklarheit dringen. Die Segel schlugen untätig herum, das Schiff fiel bei jeder Welle teilnahmslos von einer Seite zur anderen, ohne auch nur einen Knoten Fahrt zu machen. Es war schwül, die Mannschaft fand keinen ruhigen Platz, wir waren alle gereizt, Petra weinte, Doris knautschte. Sie stand mit ihrem Märchenbuch im Cockpit, niemand wollte ihr vorlesen. Also litt sie wieder an ihrer neuen Krankheit. Ich nannte sie „Hafenweh!". Die Symptome zeigten sich meist, sobald wir ausliefen, bekamen einen akuten Schub, wenn wir an einem Hafen vorbeifuhren und endeten erst abends beim Einlaufen. Einzige Therapie war das Märchenbuch der Gebrüder Grimm, dreimal täglich mindestens eine Geschichte.

„Scheiß Motor!" Heino fluchte. Das Übel an dem marinisierten Automotor war, dass durch die Schiffsbewegungen immer wieder Luftblasen in das Schlauchsystem der Kühlung kamen und diese dann versagte. So musste Heino immer wieder einige Schlauchklemmen öffnen, die Luftblasen raus lassen, Kühlwasser nachfüllen, und, wenn er Glück hatte, dann funktionierte er. Endlich klappte es. Der Diesel brummte, und mit der Fahrt entspannte sich die schlechte Stimmung an Bord. Das Nebelhorn verklang in der Ferne, die Kinder schliefen, der Nebel wurde schwächer. Nur Flaute und Dünung blieben.

Zwei Tage später waren wir unterwegs zum Naturhafen Puerto de l'Estany, ein ehemaliges Seeräuberversteck, laut Hafenhandbuch sehr schön, aber nur bei Tag zu finden. Doch wie schon so oft, waren wir erst am späten Vormittag ausgelaufen und um diese Jahreszeit war es um 18 Uhr bereits dunkel.

„Die echten Seeräuber sind auch nachts reingefahren", zerstreute Heino meine Bedenken.

Es war stockdunkel in dieser mondlosen Nacht. Ich stand am Bug und leuchtete mit dem Halogenscheinwerfer zur Küste. Eine Reihe kleiner, unbeleuchteter Häuser wurde sichtbar.

„Na hoffentlich landen wir nicht in der Garage eines Privathauses!"

Dann kam eine Felswand und dahinter fanden wir die schmale Einfahrt. Geschafft! Doch die Runde mit dem Lichtstrahl zeigte, es war voll belegt und - rums, wir saßen mitten in der Bucht auf Grund. Damit die Spannung noch stieg, zeigte die Temperaturanzeige des Motors 120°. Heino gab Vollgas retour. Langsam gab der Schlammboden den Kiel wieder frei.

„Wir machen dort bei dem verfallenen Steg, neben dem Wrack fest." Heino vollführte einen Balanceakt am schrägen, glitschigen Kajütdach des gesunkenen Schiffes, kletterte dann auf dessen Reling und mit einem Sprung landete er auf dem wackeligen Steg. Oberhalb befanden sich einige solide, alte Eisenringe im Felsen, die sicherlich schon manchem Seeräuberschiff dienten. Daran wurde die SEHNSUCHT nun befestigt. Zwei Fender zum Schutz gegen die scharfen Kanten des Wracks, so lagen wir vorerst recht gut.

Nach Sonnenaufgang betrachteten wir unsere neue Eroberung. Eine ovale, kleine Bucht an der Mündung eines schmalen Flusses, umrahmt von sanften Hügeln, auf denen verstreut einige Wochenendhäuser lagen. Diese waren genauso verlassen, wie die Boote, die die Bucht füllten. Wir beschlossen, für einige Tage eine wohlverdiente Pause einzulegen, die Einsamkeit und Ruhe zu genießen sowie die Tatsache, dass niemand kam um für den Liegeplatz Gebühren einzuheben. Eine Seltenheit im Mittelmeer, wo man ständig zur Kasse gebeten wurde.

Heino versuchte als Jäger den Pflichten des Familienernährers nachzukommen. Mit Harpune bewaffnet begab er sich in die Meeresjagdgründe. Nach einiger Zeit kam er mit seiner Beute zurück.

„Schlammschleimfisch", bezeichnete ich naserümpfend das Ergebnis. Doris schloss sich meiner Meinung an.

„Fang doch einen Fisch mit der Angel", riet sie ihrem Vater. Dabei war er des Öfteren schon erfolgreich, dank der guten Teamarbeit mit seiner Tochter. Doris fütterte die Fische, Heino folgte ihr mit der Angel. Oft hörte ich sie dann erbost schreien: „Na geeeh! Immer verscheuchst du mir die Fische!"

Beim Ausnehmen seiner jetzigen Beute verging ihm allmählich ebenfalls der Appetit. Die streunende Katze an Land freute sich über das Festmahl.

„Wir haben Hunger!", waren Vater und Tochter einer Meinung.

„Verfressene Gesellschaft!" Ich war nicht gewillt, meine Lektüre zur Seite zu legen.

„Was gibt's denn zum Abendessen?"

Auch Baby Petra hatte ihr Nachmittagsschläfchen beendet, stützte sich auf ihre Händchen hoch und guckte mich über den Bettrand fragend an.

„Ah Brrr!", war ihr Kommentar zu diesem Thema, dann verließen sie ihre Kräfte und das schwere Köpfchen plumpste hinunter. Demonstrativ steckte sie die Faust in den Mund und saugte schmatzend daran.

„O. k.!" Seufzend legte ich das Buch zur Seite und begann das Fläschchen zu kochen. Die Muttermilch war zu meinem Leidwesen nun endgültig versiegt. Heino und Doris steckten kopfüber in der Packkiste und diskutierten über die Zusammensetzung des Menüs.

„So können wir nicht weiter kochen", stellte ich fest, während ich mit dem kleinen, instabilen Campingkocher hantierte. Heino hatte inzwischen den 220 Volt Generator an Deck befestigt. Dort funktionierte er zwar, aber bei Betrieb vibrierte das ganze Schiff und es fühlte sich an, als ob ein Presslufthammer an Deck arbeiten würde. Deshalb zog ich den einflammigen Ersatz-Campingkocher vor, platziert am Motorkasten, meiner Herdplatte. Und dann geschah es. Das Wasser für Petras Fläschchen brodelte, Doris hampelte am Niedergang herum und der Topf, samt heißem Wasser polterte talabwärts. Doris brüllte, sie hatte einige Spritzer an Ober- und Unterschenkel abbekommen, die sich sofort rot färbten.

In der nächsten großen Stadt montierte Heino dann einen zweiflammigen Gasherd mit Topfhalter. Eine 20 kg große Gasflasche wurde in der Cockpit-Packkiste verstaut. Dieses Problem war gelöst.

„Peniscola – das Vorbeifahren ist unentschuldbar" schrieb das Hafenhandbuch.

So verließen wir das idyllische Plätzchen Puerto de l'Estany und begaben uns auf See. Hohe Dünung empfing uns, der Ostwind blies sich wieder ein. Der Wind wurde im Laufe des Tages immer stärker. Schon von weit war das malerische, alte Städtchen zu sehen, das sich um und auf einen felsigen Berg schmiegte. Die Einfahrt in den kleinen Fischerhafen war etwas schwierig bei dem starken Ostwind. Wir mussten ein gutes Stück quer zu den Brandungswellen laufen, die mit enormem Getöse, vom Sand braun gefärbt und weiß schäumend an die Felswand polterten.

„Kommen wir da durch?", fragte sich der Kapitän, holte tief Luft und drückte den Gashebel herunter. Der Motor heulte auf, dann zogen wir alle Schoten dicht. Die SEHNSUCHT legte sich tief zur Seite. Ein paar bange Sekunden, die wie Minuten schienen und wir waren hinter der schützenden Mole.

„Puh, bin ich froh, 65 PS im Kasten zu haben." Dass die Temperaturanzeige wieder im roten Feld war, beachtete er diesmal gar nicht. Der Fischerhafen war voll belegt, so machten wir kurzerhand am Molenkopf der Kaimauer fest, wo wir zwar etwas unruhig lagen, aber wo uns niemand wegjagte.

Heino wurde in dieser stürmischen Nacht oft wach und kontrollierte die Festmacherleinen. Das Schiff tanzte im Hafenschwell auf und ab und die Leinen scheuerten an den rauen Mauern. Er band alte Fetzen darum, um ein Durchscheuern zu verhindern, verkürzte oder verlängerte einmal die Vor-, einmal die Achterspring, um die abrupten Bewegungen einzudämmen.

Sein Tun machte eine Polizeistreife misstrauisch.

„Passport!", forderte der eine Beamte. Der andere stieg ins Cockpit und leuchtete den Salon mit seiner Taschenlampe aus. Er fand nur eine Mutter mit ihren Kindern, die in ihren Kojen selig schlummerten. Jetzt senkte er seine Stimme zum Flüsterton. „Der Liegeplatz hier ist schlecht, gehen sie doch längsseits an eines der Boote". Mit diesem Rat verabschiedeten sich die Beamten, von der Unschuld dieser Familiencrew überzeugt.

Der Sturm hielt an. Sogar die Fischerboote blieben im Hafen. Frauen und Männer saßen am Kai und flickten die Netze. Durch die engen Gassen der Altstadt stiegen wir hinauf zur Festung. Die Palmenkronen beugten sich der Macht des Windes. Auch unsere Mannschaft hatte Mühe, dem Sturm standzuhalten, der durch die Zinnen pfiff. Wir blickten in die Tiefe. Auf der einen Seite breitete sich ein weiter Strand aus, gesäumt von einem Hotelkomplex nach dem anderen. Zur anderen Seite lagen treppenartig die roten, flachen Dächer der Stadt sowie der kleine Hafen mit den blau-weißen, hochbordigen Fischerbooten und der einzigen Segelyacht, die von hier oben wie ein Spielzeugschiffchen aussah.

„Schau, sie kommen schon zurück".

Wir saßen in einem kleinen Café und beobachteten das Einlaufen der Fischerboote. Trotz stürmischem Wetter waren sie zum Fischfang hinausgefahren. Wild wurden sie von den Brandungswellen hin und her gerissen, die Boote verschwanden für Sekunden aus unseren Augen, bevor sie aus der nächsten Welle wieder auftauchten.

„Kommt, das schauen wir uns aus der Nähe an". Der Lärm der Menschen lockte uns in den Hafen. Hochstimmung herrschte unter den Mannschaften und Einheimischen, die zahlreich gekommen waren. Es dürfte ein guter Fang gewesen sein. In hektischer Eile wurden auf den Booten die zappelnden Fische in Plastiksteigen aussortiert und auf einem zweirädrigen Handkarren zur Fischhalle transportiert. Man hatte das Gefühl, jeder wollte der Erste sein. Einen Teil vom Fang verkauften die Frauen direkt am Kai. Zum Wiegen benutzten sie eine primitive Waage, bestehend aus zwei Blechschüsseln, die auf Schnüren an einem waagrechten Balken gebunden waren. In der Mitte dieses Balkens befand sich, gelenkig verbunden, ein senkrechtes Holzstück.

„Wie wär's mit Seezunge heute Abend?" fragte die Bordfrau. Doch vor lauter Schauen und Staunen versäumten wir beinahe den Verkauf.

„*Tres – deste*", ich zeigte auf die Plattfische.

„*Sole*", antwortete die Frau und gab drei Stück davon in eine Schüssel. In die andere legte sie einige Gewichte, hielt die Waage in Augenhöhe, gab ein Gewichtsstückchen wieder heraus, ein anders hinein, legte die Ware noch abschätzend in ihre Handflächen und nannte den Preis. Ich war mir nicht sicher, welche Wiegemethode die genauere war. Lächelnd erklärte mir die Frau, wie ich die Seezunge zubereiten musste und deutete mit einem Messer in der Hand das richtige Schuppen und Filetieren an.

„*Mmmh – bene*", schnalzte sie mit der Zunge um anzudeuten, wie gut es schmecken werde.

„Lass uns zur Fischhalle gehen", sagte Heino und wir folgten den Menschenmassen und vielen Handkarren. Ein buntes, bewegtes Bild bot sich. Am Boden der Halle waren die Steigen mit den noch zappelnden nach Luft schnappenden oder kriechenden Tieren aufgestellt.

„Was ist das? Und das?", Doris wollte alle Arten benannt haben.

„Das ist ein Thun, ein Marlin, ein Rochen", Heino erkannte nur einige davon.

„Und das?"

„Das sind Scampi und das Tintenfische."

„Schau Papa, das da!", schrie Doris, hüpfte erschreckt ein Stück zurück und zeigte vor sich auf den Boden. Ein achtarmiges, sich windendes Seeungeheuer versuchte zu fliehen und kroch am Boden dahin.

„Das ist eine Krake", erklärte Heino.

„Igiiit!" Doris nahm ihren Vater an der Hand und zog ihn weiter. Mit Lautsprechern wurde verkauft und versteigert. Es gab elektronische Waagen und Computerbildschirme, moderne Technik neben traditioneller Arbeitsweise. Nach und nach wurden die Steigen in Kühlwagen verladen. Die Fischhalle leerte sich.

Wir wanderten langsam, beeindruckt von diesem Erlebnis, zurück zur SEHNSUCHT.

„Was soll das?", rief ich entsetzt. Die Fischer schrubbten ihre Decks und warfen dabei Hunderte von Fischen zurück ins Wasser. Nicht etwa nur kleine, sondern auch große, ein Kilo schwere, hauptsächlich Meeräschen und Brassen. Die Tiere waren zum Teil noch lebendig, zappelten, schwammen aber mit der Bauchseite nach oben im Hafenbecken herum.

„Warum drehen sie sich nicht um und schwimmen davon?" Doris begriff es nicht.

„Wahrscheinlich ist ihnen die Schwimmblase geplatzt", vermutete Heino.

„Aber warum? Das ist doch unsinnig, zuerst fangen sie die Fische, dann werfen sie sie wieder zurück ins Meer." Wir schüttelten die Köpfe.

„Sind die vielleicht nicht genießbar?"

„Glaub ich nicht, wir haben solche Arten schon selbst gefangen und gegessen."

Ein Mann stand abseits vom Geschehen und reparierte einen Außenborder. Auf unsere Frage zuckte er nur mit den Schultern, zeigte auf die Fischer und tippte sich an die Stirn.

„Vermutlich wollen sie nur die Preise nicht verfallen lassen", mutmaßte Heino.

In der Dämmerung fischte er verstohlen einige Exemplare aus dem Wasser. Sie mundeten vorzüglich.

Unmengen kreischender Möwen waren Nutznießer. Lange noch sahen wir im Schein des Mondes die silbrig glänzenden Fischleiber an der SEHNSUCHT vorbei, ins offene Meer treiben. Das aufgeregte Gekreische der Möwen war bis in die späte Nacht hinein zu hören.

Kapitel 7

Wohnhaft: Rio Jucar

„Och, ihr seid sicher nächstes Frühjahr auch noch da", sagte Hans und nippte an seinem Weinglas.

„Nein, nein, wir fahren in zwei Tagen weiter", antwortete Heino bestimmt.

Hans lebte mit seiner Frau Christine schon einige Jahre hier, er war der Eigner des geräumigen, gemütlichen Hausbootes, an dem die SEHNSUCHT längsseits lag. Die Betonung lag eher bei Haus als bei Boot. Doris fragte ganz unbefangen: „Kann das Ding denn überhaupt fahren?"

Aber Hans, ein gemütlicher Deutscher in den Vierzigern, erwies sich als Retter in der Not. Vor einigen Tagen motorte die SEHNSUCHT den Hochwasser geschwängerten Rio Jucar hinauf. Die Mannschaft hatte Mühe das Schiff bei der starken Strömung zu manövrieren. Langsam schoben wir flussaufwärts, bis vor die Stadt Cullera. Etliche Boote lagen entlang des rechten Ufers. Unsere Crew entschloss sich notgedrungen und unglücklicherweise am linken Ufer festzumachen. Der Kapitän hatte gerade den Bug an einem Baum fixiert, als sich das Schiff quer drehte und das Heck ans Ufer drückte. Das Ruderblatt traf auf die Uferböschung, ein Gemisch aus Treibholz, Steinen und Schlamm, und das unangenehme Knirschen schmerzte Heino. In aller Eile machte er das Beiboot samt Außenborder klar, um einen Heckanker auszubringen. Doris ließ ihr „Pony Bär und Abendstern"-Bilderbuch ins Wasser fallen. Es wurde von den braun-grauen Fluten sofort verschlungen.

„Mein Pony Bär", schluchzte sie untröstlich. Petra brüllte ebenfalls, sie hatte Hunger. Heino kämpfte gegen die Strömung an, warf den Anker, zog sich zum Schiff zurück und holte die Ankerleine stramm. Das Heck rührte sich nur wenig vom Ufer weg, dann begann der Anker zu rutschen, fand im schlammigen Grund keinen Halt, und er zog ihn mitsamt einem Schlammklumpen zwischen den Zinken wieder heraus. Schlamm an Deck, Schlamm im Dingi, Schlamm an der Hose. Alles wieder von vorne.

Die Meuterei in der Kajüte wurde unerträglich. Ich verschwand im Inneren, um die kleinen Mäuler zu stopfen. Heino kämpfte alleine weiter. Nach mehrmaligen Versuchen unter Beihilfe des großen Bugankers, gelang es ihm endlich, die SEHNSUCHT parallel zum Ufer zu halten. Für die Nacht lagen wir recht gut.

Doch am nächsten Morgen begann der Westwind zu blasen und drückte den Rumpf unbarmherzig gegen das Ufer.

„Und jetzt fängt die ganze Scheiße wieder von vorne an", brummte Heino.

„Kommt doch rüber und legt euch längsseits." Ein Mann stand am Boot des gegenüberliegenden Ufers und winkte. Das ließen wir uns nicht zweimal sagen. Rasch knüpften wir drei Leinen zusammen und brachten sie über den Fluss. Bald war das Manöver beendet, nur einmal durch ein flussabwärts fahrendes Fischerboot unterbrochen.

„Wir fahren weiter", wiederholte Heino und stellte sein Glas energisch auf den Salontisch.

„Nee, nee, dat glaub ich nicht", lachte Hans, „dat sagen alle hier und dat sagen sie jede Saison. Und alle sind schon Jahre hier und wollen jedes Jahr weg."

„Sie träumen von den Kanaren und der Karibik, aber keiner kommt je hin", erzählte er weiter.

„Aber warum denn?", fragte ich. Hans zuckte mit den Schultern.

„Na, guck mal den an, nebenan. Einige Stürme auf die Mütze gekriegt, Schaden gehabt, musste ihn reparieren. Na dann war's Winter, dann kam er hierher. Seitdem ist er hier."

„Ja, aber warum?" Ich konnte es nicht verstehen.

„Keen Geld mehr, keen Mut, wat weiß ich."

In der Tat, es herrschte am Rio Jucar eine Art Schrebergartenidylle. Und der Nachbar von nebenan hatte sich bereits häuslich eingerichtet: eine Land-brücke, einen kleinen, aus Treibholz zusammengezimmerten Vorgarten-zaun. Es fehlten nur noch die Rosenstöcke und das Gemüse. Und in der Tat, es war eine angenehme, ruhige Gegend. Zur einen Seite des Flusses war Cullera, eine nette, moderne Stadt. Sie lag am Fuße des Sierra de Cullera, einem kleinen Berg, auf dessen Spitze ein altes, hübsches Kloster stand. Ein in Serpentinen angelegter und mit Steinen befestigter Weg, lud zum Aufstieg ein. Zur anderen Seite befanden sich Mandarinen- und Orangen-haine, wo zwischen den saftig grünen Blättern manch halb reife Frucht schimmerte. Es verlockte auch das milde Klima zum Bleiben. Von Sturm und Wellen, vor allem von der Salzwasserfeuchtigkeit des Meeres war nichts zu spüren. Man lag herrlich ruhig und vor allem gratis. Ich fühlte mich wohl, nicht zuletzt durch die Wäscherei und den preisgünstigen Supermarkt in der Nähe. Noch dazu hatte Christine ihr Auto aus Deutsch-land mitgebracht und chauffierte uns in der Stadt umher. Wir nutzten ihre guten Ortskenntnisse und sie machte mir Mut, den schon lange rebellieren-den Zahn behandeln zu lassen.

„Nombre?"

„Monika Grill." Ich stand im Vorzimmer des Zahnarztes.

"Residente?"

"Austria."

"No, no", sie deutete mit dem Finger nach unten. *"en ésta, Espanol!"*

„Yacht SEHNSUCHT, am Rio Jucar."

„Rio Jucar!", wiederholte die Dame im weißen Mantel und schrieb in die Spalte der Adresse tatsächlich Rio Jucar.

"Uno momento." Sie lächelte freundlich und verwies mich ins Wartezimmer. Bald saß ich am Marterstuhl und trotz Freitag dem 13. und Sprachschwierigkeiten ging alles gut. Ich war meine Zahnschmerzen los.

„Wohnhaft: Rio Jucar", ging es mir durch den Kopf und so drängte auch ich zur Weiterfahrt.

„Habt ihr es euch gut überlegt? Es ist nicht so schön in der Karibik, wie ihr glaubt." Wir verabschiedeten uns von unseren Freunden. Hans warf die Leinen los.

„Gute Reise!" Beide standen an Deck und winkten. Rasch schwamm die SEHNSUCHT, getrieben durch die starke Strömung, wieder ihrem Element, dem Meer entgegen.

Mit Benedorm, dem magischen Ziel vor Augen, wo unser Köfferchen von zu Hause, vollgepackt mit Seekarten, nautischen Unterlagen und, wie wir am Telefon mit den Eltern erfahren hatten, auch einigen Überraschungen auf uns wartete, setzten wir die Segel. Der leichte Wind von achtern schob die SEHNSUCHT mit vier Knoten gegen Süden. Die ruhige See, Sonnenschein und herrliche Fernsicht ließen diesen Segeltag zum Vergnügen werden. Der Verlockung eines ruhigen Lebens am Rio Jucar entkommen, atmeten wir die klare Seeluft ein. Voraus ragte mächtig und wunderschön das Cabo de San Antonia auf. Wir wurden von der Schönheit der Küste verzaubert. Langsam schob sich das Kap an Steuerbord vorbei und der kleine, hübsche Hafen Javea tauchte auf. Dann kam das etwas niedrigere, aber genauso wilde Schwesternkap Cabo de la Nao. Zwischen den beiden Kaps war plötzlich Windstille und dann kam ziemlich stürmisch Wind von vorne. Dazu Strömungen von allen nur möglichen Richtungen und kreuz und quer laufende Kabbelsee. Bei Sonnenuntergang kreuzten wir am ehrfurchtsvollen Mons calpe vorbei, der sich senkrecht, 300 Meter hoch, aus den Tiefen des Meeres erhob und steuerten in die Bucht von Altea ein.
Benedorm besaß keinen Hafen, deshalb machten wir sechs Meilen vorher Halt. In der Flut von hell erleuchteten Häusern, Straßreklamen und blinkenden Leuchtreklamen suchten wir ohne Erfolg die Leuchtfeuer der Hafeneinfahrt. Kurz vor der Molenmauer entdeckten wir ein zaghaftes, grün blinkendes Lichtlein. Das rote funktionierte nicht. Müde, mit brennenden

Augen, aber glücklich, kuschelten wir uns in die Kojen, voller Vorfreude auf unseren Koffer.

„So, und wo ist jetzt unser Koffer?" Doris schaute sich fragend um. Mit einem Autobus legten wir die zehn Kilometer über Land von Altea nach Benedorm zurück und standen nun im Zentrum, umgeben von unzähligen Hochhausgiganten. Von den wenigen Einheimischen, die zwischen den vielen Touristen zu finden waren, ernteten wir nur ein Schulterzucken auf die Frage nach dem Hotel Rivalta.

„Wir machen es wie professionelle Touristen", meinte Heino. „Informationsbüro – Hotelliste – Stadtplan!"

Natürlich befand sich das Hotel Rivalta am anderen Ende der Stadt. Das bedeutete einen langen Fußmarsch, vorbei an sonnenhungrigen Leibern, die am Strand lagen, Hotelkomplexen, Bars, Restaurants und Souvenirläden, Autos und Menschenmassen.

An der Rezeption stand eine junge Dame. Heino begann umständlich mit seiner vorbereiteten Rede auf Spanisch.

„Sie holen den Koffer ab? Herr Grill aus Berndorf, nicht wahr?", antwortete sie fließend auf Deutsch und schleppte einen riesigen Reisekoffer aus dem Nebenraum heran. Ein Taxi brachte die Crew samt Koffer zurück zum Schiff. Das Auspacken war ein Familienfest, schöner als Weihnachten und Ostern zusammen. Wie kleine Kinder freuten wir uns über Kekse, Schokolade und Briefe. Für Doris waren natürlich auch einige Geschenke dabei. Sie war selig. Und endlich die Seekarten: Kanarische Inseln, Karibik, wie wunderschöne Bilder erschienen uns die Skizzen, ein Tor öffnete sich. Jetzt konnte es weitergehen!

Ein Problem war gelöst, ein anderes wurde aufgeworfen. Wohin mit dem großen, sperrigen Koffer? Er passte weder in die Packkisten, noch in die Achterkajüte. Im Salon wurde er von einer Seite zur anderen geschoben, ständig stolperte jemand darüber. Kurz entschlossen schnappte ich den Koffer und ging auf eine Gruppe von englischen Yachties zu.

„Do you know somebody, who needs a suitcase?"

„Hhm!" Stirnrunzeln, Bartkratzen.

„How much do you want for it?"

„Nothing, I have no place to store it".

Lächeln.

„Oh yes, yes."

Das Köfferchen verschwand im Rumpf eines 14 Meter langen Zweimasters. Kurz darauf schaute das lächelnde Bartgesicht zum Salon der SEHNSUCHT herein. Er hielt uns eine Dose roter Bohnen entgegen.

„For your journey!" Wir fühlten uns wie Hans im Glück. Die Bohnendose blieb das Andenken an den Koffer und wurde erst lange nachdem wir die Karibik schon verlassen hatten geöffnet.

Alicante – das Domizil der Überwinterer im Mittelmeer. Der Hafen war überfüllt von Yachten, zum Teil vergammelten, abgewrackten Schiffen. Der Anker verschwand gerade im trüben Hafenwasser, als ein Dingi vom Nachbarboot angerudert kam.

„Passt auf, hier wird viel gestohlen", warnte uns der ungepflegte Typ.

„Neulich haben sie von einem abgesperrtem Schiff die ganze Elektronik heraus gestohlen, und ein andermal,...." Er erzählte eine Kriminalgeschichte nach der anderen. Wir nahmen ihn nicht ganz ernst, doch vom ersten Augenblick an hatten wir ein ungutes Gefühl auf diesem Ankerplatz. Der Typ ruderte mit seinem schwarzen Dingi zurück zu seinem schwarzen Schiff. Stunden saß er im Cockpit und schaute zur SEHNSUCHT herüber. Schob er Wache, oder wartete er auf einen günstigen Augenblick? Auch die Bettlaken, die am Großbaum hingen und die Wäschestücke an der Reling, sogar die Unterhosen waren schwarz. Vermutlich hatte er auch eine schwarze Seele. Als Vorsichtsmaßnahme gingen wir nur getrennt an Land, wobei immer ein Auge auf dem am Steg liegenden Dingi ruhte. Und unser Blick schweifte ständig zum schwarzen Schiff. Wir blieben nur kurz, obwohl Alicante eine sehenswerte Stadt war, wo schön und hässlich nur eine Straße auseinander lagen. Voll Selbstbewusstsein liefen wir diesmal aus, unberührt vom Schicksal hängen gebliebener Weltumsegler.

Bei kräftigem Halbwind flogen wir mit acht Knoten Fahrt Richtung Süden, Cabo de Palos voraus. Der Bug durchschnitt die ruhige See, es war herrlich. Die Euphorie, schnell vorwärts zu kommen erfüllte die Mannschaft. Cabo de Palos war achteraus, als schon der nächste Schlag die Hochstimmung dämpfte. Kurswechsel - und der kräftige Halbwind wurde zum stürmischen Gegenwind. Die See, befreit von der Landabdeckung, ließ die hohen, kreuz und quer laufenden Wellen los. Der Wind erfasste die Wellenkämme und peitschte sie durch die Luft. Regenböen prasselten nieder, die Sicht war schlecht. Nur mit Hilfe des Motors machten wir etwas Fahrt voraus und schafften es bis Cartagena, wo wir wieder verurteilt waren, die Schlechtwetterfront abzuwarten.

Kapitel 8

Gib, the Rock – Sprungbrett zum Atlantik

„Welcome to Gibraltar!" Die bullige Gestalt des englischen Zollbeamten erfüllte den kleinen Raum des Hafenbüros für Yachten. Mit breitem Lächeln schob er dem Kapitän der SEHNSUCHT die Schiffspapiere und Zollformulare entgegen. „Vielen Dank, Sir!" Heino war glücklich über den freundlichen Empfang. „So stell ich mir Beamte vor, da weiß man wenigstens, woran man ist", sagte er zu mir. Wir legten vom Einklarierungssteg ab und fuhren zur Marina.

Über spanische Zollbehörden hörten wir in letzter Zeit einige Schauergeschichten. Von Überfällen nach Piratenmanier, von Nacht- und Nebelaktionen und Schiffsdurchsuchungen. So erzählte uns ein österreichischer Pensionist, dass er von einem Zollboot geentert und wie ein Verbrecher vom Schiff gebracht wurde. Seine Frau blieb vor Angst schreiend an Bord zurück, wo die Beamten alles auf den Kopf stellten. Unsere Crew hatte nur ein kurzes Erlebnis mit einer Küstenpatrouille, jedoch bei strahlendem Sonnenschein. Mit rasender Geschwindigkeit kam das Motorboot auf die Backbordseite der SEHNSUCHT zu, fuhr knapp am Heck vorbei, drehte um 90 Grad und blieb stehen. Ich saß an der Pinne.

„Was soll ich jetzt tun?"

„Kurs beibehalten und winken", antwortete Heino. Das taten wir dann auch, aber nur so lange, bis die Bugwelle des Motorbootes die SEHNSUCHT packte und wild herumwarf. Der Großbaum krachte auf die andere Seite, die Mannschaft verlor das Gleichgewicht. Die Männer im Zollboot lachten, winkten zurück und verschwanden.

„Vielleicht haben sie uns für Spanier gehalten." Die rot weiß rote Flagge wurde öfters mit der spanischen rot gelb roten verwechselt.

Eigentlich wollten wir die Südküste Spaniens mit einem Schlag bezwingen. Doch das Mittelmeer ließ das nicht zu. Bei Schönwetter war man auf Land- und Seebrise angewiesen. Die Zeit dazwischen, also die Stunden um Mittag und Mitternacht, saß man in der Flaute. So betrachteten wir einen Tag lang die Silhouette der schneebedeckten Sierra Nevada, die stillzustehen schien. In der Nacht bewunderten wir die unzähligen, leuchtenden Sterne am schwarzen Firmament, von dem ab und zu ein heller Streifen zur Erde fiel. Es war trotzdem anstrengend, weil ständig einer von uns an der Pinne sitzen musste. So saß ich müde und verschlafen am Morgen des zweiten Tages im Cockpit. Ein gellender Schrei weckte Heino aus seiner Freiwache. Ohne Vorwarnung waren zwei Delfine knapp neben der SEHNSUCHT aus dem

Meer gesprungen und klatschend und prustend wieder darin verschwunden. Die erste Begegnung mit diesen liebenswerten Meeresbewohnern endete mit einem Schock. Bei der nächsten Flaute steckte der Kapitän widerwillig seinen Kopf in den Motorkasten. Der Keilriemen war gerissen. Meine Strumpfhose wurde zweckentfremdet verwendet. Am Abend motorten wir in die Marina Almeriamar.

Der zweite Versuch, nonstop nach Gibraltar zu segeln, misslang ebenfalls. Der glatte, ruhige Meeresspiegel, in dem sich viele Delfine tummelten, wurde um Mitternacht durch steigenden Ostwind in eine raue, unfreundliche See verwandelt. Die nachlaufenden Wellen trieben mit dem Boot ihr hässliches Spiel. Unter Deck war kein Schlaf zu finden. Alles schien in Bewegung zu sein und Lärm zu machen: Knarr, Tschin, Bum, Paff, Krach, Wum, Blubber, Plätscher, Polter, Schepper,... Aber nicht ein Geräusch nach dem anderen, nein, alles gleichzeitig. Heino reffte die Segel, verabsäumte es aber, den Großbaum zu fixieren. Durch eine Unkonzentriertheit am Steuer krachte dieser von Backbord nach Steuerbord, Heino genau an den Schädel. Von dem Schlag getroffen, fiel er hin und blieb für einige Sekunden liegen. Als ich hinaus kam um nachzusehen, rappelte er sich gerade wieder hoch und brachte das Schiff auf Kurs. Heino hatte rasende Kopfschmerzen, ich war seekrank. So liefen wir den nächstgelegenen Hafen, Malaga, an.

Doch in Malaga, einem Industrie- und Fischereihafen, waren Yachten nicht willkommen. Dreimal schickte uns die Hafenpolizei von einem Liegeplatz weg, bis wir im dreckigen, stinkenden Fischerhafen landeten. Es schwellte. Egal, wir wollten nur schlafen. Doch schon nach kurzer Zeit wurden wir unsanft geweckt. Fischer banden das Segelboot los und knüpften es kurzerhand woanders fest. Sie brauchten Platz um ihre Netze zu verladen. Die Bordwand krachte an die Kaimauer. Wütend korrigierte Heino die Festmacherleinen und verlegte die Fender. Zurück in der warmen Koje wollte er seinem schmerzenden Kopf Ruhe gönnen. Doch schon krachte es wieder. Der Ostwind war stärker geworden, der Druck des Schiffes ließ einen Fender platzen. Fluchtartig verließen wir auch diesen Liegeplatz und legten uns trotzig an die verbotene Leeseitenmole. Als das ganze Manöver vorbei war, war es Tag und die Kinder wach. Sie hatten friedlich durchgeschlafen. Zwei Rucksacktouristen kamen zum Schiff. Sie suchten eine Mitfahrgelegenheit nach Gibraltar.

„Wir warten erst den Oststurm ab", erklärte ihnen Heino.

„Das versteh ich nicht, einen so schönen Segelwind nicht auszunützen", erwiderte der eine altklug.

„Idiot!", brummte Heino und ließ die beiden stehen.

Zwei Tage später sahen wir den „Rock" vorm Bug. Eine starke Strömung erfasste uns und schob uns in die Straße von Gibraltar hinein. Kurz nach dem Felsen fuhr der Wind Karussell mit dem kleinen Schiff. Fallböen kamen von allen Seiten. Wir bargen die Segel und motorten auf unser erstes großes Etappenziel zu: Gibraltar!

„Typisch Mountainsailors", spottete der Mann, der am Schwimmsteg der Sheppard's Marina stand. Die SEHNSUCHT drehte noch eine Runde und startete das zweite Anlegemanöver.

„Können nicht einmal am Steg anlegen." Wie ein schlaues Bäuerchen sah er aus, mit seiner stämmigen Gestalt, dem deutlich sichtbaren Bauch, seinen roten Backen und dem breiten Grinsen, würden nicht die typisch amerikanischen Shorts, das T-Shirt sowie die Schirmkappe seine Herkunft verraten. Dietmar machte gerade „Happy-time". In der Hand hielt er seinen Seemannsmug, dessen Inhalt von einem halben Liter man nur erahnen konnte. „Natürlich Tee", war seine Standardantwort. Daneben kläffte eine Hündin, noch etwas hässlicher und unförmiger als ihr Herrchen. Das war Elli, die treue Begleiterin von Dietmar, einen emigrierten Deutsch-Amerikaner, der mit seinem Rennboot GRETCHEN-DIETER zur Winterzeit den Nordatlantik überquerte.

„Dat möchte ich nicht mehr haben", war sein Kommentar zu dieser Überfahrt. „Hatte nur noch ein Schnupftuch am Mast und machte 200 Meilen am Tag. Nee, dat war ein Sturm. Eine Welle füllte mir das ganze Cockpit voll. Da war die Elli am Schwimmen. Da packte ich sie schnell und schmiss sie in die Kajüte. Nee, dat war ein Sturm, den möcht ich nicht mehr haben."

Elli war ein Hofhund, in diesem Fall ein Deckshund und gut erzogen. „Wenn man sich an dein Aussehen gewöhnt hat, kann man dich direkt lieb haben". Ich streichelte Ellis eckigen Kopf und erntete dafür einen feuchten Hundekuss.

Einen herzlichen Empfang erfuhren wir durch die Mannschaft der PINCOYA, die wir schon im Mittelmeer kurz kennen gelernt hatten. Die fünfjährige Felicitas und die dreijährige Hanna begrüßten Doris voller Überschwang und schon bald hüpften die Mädchen über die schwingende Schot zum Takt des Kinderliedes: „Henriette, gold'ne Kette, gold'ner Schuh, wie alt bist du? eins, zwei, drei,...", bis der gesamte Schwimmsteg der Sheppards Marina erzitterte und die Luft von Kinderlachen widerhallte. Die nächsten Tage hörte man das ständige Plappern der zwei Schwabenmädchen, und Doris wurde von ihrem Dialekt angesteckt.

„Ich muss mal biesele", mit diesen Worten stieg sie ins „Bötele" und zog ihr „Hösle" runter.

Die Eltern, Ulli und Edeltraud frönten der alternativen Lebensweise.

„Füttere doch dem Baby nicht das chemische Pulverzeugs da", riet sie mir und gab Tipps zur natürlichen Babyernährung. Doch ich war froh, dass Baby Petra so gut gedieh und so gesund war und lehnte Ernährungsexperimente ab. Deshalb wanderte ich zu Fuß zurück über die Grenze nach Spanien, um die altbewährte, schon bekannte Pulvermilch zu kaufen.

„Geht ihr auch zu den Kanaren?" Diese Standardfrage klang kreuz und quer durch die Marina. Die fieberhaften Vorbereitungen auf den großen Schlag zu den Kanarischen Inseln ergriff auch die Crew der SEHNSUCHT. Oft marschierten wir durch die viel zu engen Straßen der Stadt, die, vorweihnachtlich geschmückt und vollgestopft mit Menschen und Autos waren. In der Main Street wurde man von einer Menschenmasse erfasst und durchgeschoben.

„Ist eigentlich Weihnachten oder Carneval?", fragte ich mich oft. Ich fand keinen Gefallen an den überladenen, bunt glitzernden Auslagen und dem Straßenschmuck.

Heino konzentrierte sich auf die technische Verbesserung des Schiffes, was einen häufigen Gang zum Marinegeschäft oder zum Schrottplatz nach sich zog. Er montierte ein Spritzverdeck über den Niedergang, die Reling erhielt ein Netz und im Bereich des Cockpits einen Spritzschutz. Das Dingi rüstete er zu einem rettungsinselähnlichen Gefährt um, wofür zum sofortigen Aufblasen des Bootes eine mit Druckluft gefüllte Gasflasche am Achterdeck fixiert war.

Diese Gasflasche und eine in der Achterkajüte verstaute, pinkfarbene Boje, ein Geschenk eines Freundes aus der Heimat, erregte eines Nachts Aufsehen. Starker Wind mit stürmischen Fallböen pfiffen vom „Rock" und drückten die Yachten der Marina an den Steg. Die Bordwände knirschten und knarrten am Holz. Es wurde lebendig in der Marina. Jedermann klemmte Ersatzfender und aufgeschossene Schoten zwischen Schiff und Steg, während die gegenüberliegenden die Festmacher verstärkten. Heino holte seine Riesenboje aus der Achterkajüte und schloss die Druckluftflasche an. Das kurze Zischen übertönte sogar das Pfeifen des Windes. Alle starrten auf Heino, die Flasche und die pinkfarbene, immer größer werdende Boje, die selbst einem Containerschiff getrotzt hätte. Dem kurzen Moment der Verblüffung wich ein schallendes Gelächter.

Dietmar hielt sich seinen Bauch: „Dat sind wirklich Mountainsailors, dat kann ich euch sagen."

Die Nacht endete im Schiffsrumpf der PINCOYA, wo Franzosen, Amerikaner, Deutsche und wir zwei Österreicher bei Brandy und Tee zusammensaßen und dem Sturm trotzten.

„Wir brauchen noch eine Selbststeueranlage." Diese Sorge teilte Heino jedem umliegenden Segelschiff mit und wurde dadurch auf ein kleines Zettelchen am schwarzen Brett aufmerksam gemacht. Der Katamaran PETER-PETER bot eine Aries–Selbststeueranlage an, jedoch ohne Ruder und Windfahne. Wir machten uns auf die Suche nach PETER-PETER und fanden einen großen, jedoch nicht sehr vertrauenerweckend aussehenden Katamaran. Heino klopfte an den Rumpf. Ein struwweliges Bartgesicht schaute aus dem Niedergang hervor und hörte sich unser Anliegen an. Er deutete uns an Bord zu kommen. Wir duckten uns, um durch die niedrige Luke zu gelangen. Stickige Luft empfing uns, unsere Augen brauchten einige Zeit um sich an das Dunkel im Schiffsinneren zu gewöhnen. Drei weitere Männer mit dubiosem Aussehen saßen herum. Sie nahmen von uns keine Notiz. Ich fühlte mich nicht wohl auf diesem Schiff und drückte mein Baby enger an mich. Zwei Männer flüsterten miteinander, worauf sie einem Dritten ein Zeichen gaben. Dieser kramte aus einer Packkiste einige unzusammenhängende Teile heraus und legte sie vor Heinos Füßen auf den Boden. Danach vergrub er sich wieder in seine Lektüre. Heino und der erste Mann versuchten nun, die Trümmer ihrer Funktion entsprechend zusammenzustellen.

„Wie?"

„Wo?"

„Aha ja, ich verstehe."

Das Gespräch war äußerst wortkarg.

„Wie viel kostet es?"

„375 Pfund!"

„Wieviel Schilling sind das?", fragte Heino zu mir gewandt, da ich für die Finanzen zuständig war. Ich überschlug den Preis.

„O.k. wir nehmen sie", sagte er ohne zu zögern.

„Aber...", versuchte ich einzuwenden, ich fühlte mich bei diesem Handel nicht wohl.

„Keine Sorge, Schatz", unterbrach mich Heino mit Kennermiene, als würde er täglich Selbststeueranlagen einkaufen, „die ist in Ordnung. Das Ruder lasse ich mir bei Sheppards schweißen und für die Windfahne finde ich sicherlich ein Stück Holz auf dem Müllplatz." So war es dann auch.

RESI, so nannten wir die Windsteuerung liebevoll, lenkte das Schiff all die Tausende von Meilen sicher und präzise über die Ozeane. Es war, als wäre ein weiteres Besatzungsmitglied an Bord gekommen. Um dieses Gefühl auch auszudrücken, malte Heino etwas später auf den Kanarischen Inseln ein lächelndes Mädchengesicht mit blauen Augen und blonden Zöpfen auf die Windfahne. Unermüdlich senkte sie ihr Köpfchen auf und ab und ebenso unermüdlich zog sie mit den beiden Ketten die Pinne hin und her.

Ob wenig Wind oder Sturm, ihr heiteres Lächeln strahlte unerschütterlich von achtern.

Ein kleines Handfunkgerät war das letzte Ausrüstungsstück, das die Crew besorgte.

„Es hat zwar nur eine Reichweite von 10 Meilen, aber es ist besser als keines", meinte der Kapitän, „auf jeden Fall fühle ich mich jetzt sicherer."

„Drei Pfund für die Marina!"

Die hagere, große Gestalt des marokkanischen Marina-Angestellten wanderte täglich von Yacht zu Yacht, um die Liegegebühren einzuheben. Drei Pfund ohne, vier Pfund mit Stromanschluss. Der sonst recht sympathische Mann, der als Mädchen für alles die Wünsche der Yachtleute erfüllte, war jeden Morgen mit seiner Umhängetasche unterwegs. Er war von keinem gerne gesehen, wenn er, den Block in der Hand und den Bleistift gezückt, hartnäckig, aber dabei immer freundlich seine drei Pfund forderte. Wichtig war ihm auch „the key for the shower", der Schlüssel für die Dusche. Denn Wasser war rar in Gibraltar und es durften nur diejenigen duschen, die zahlende Gäste der Marina waren. Er erinnerte uns sooft an den Schlüssel, dass wir bei der Abreise tatsächlich vergaßen, ihn zurückzugeben.

Viele Crews waren mürrisch, warteten ungeduldig auf das Auslaufen, auf den großen Schlag zu den Kanaren. Doch das Schlechtwetter und die Tiefs über den Atlantik hielten alle in Gibraltar fest. Die Ungeduldigen unter den Seglern liefen zwar aus, kamen aber abends wieder zurück. Westwind und Strömung machten es jedem kleinen Segelboot unmöglich, aus der Straße hinaus zu kommen. Man musste auf Ostwind und auslaufende Tide warten. Jede Wolke vom Atlantik blieb am Felsen hängen und entleerte ihren nassen Inhalt. Als Hausfrau hatte ich ein neues Spiel: Wäsche auf, Wäsche ab, ein tagesfüllendes Programm. Das feuchte, ungemütliche Klima war unerträglich, und das lange Warten erzeugte Spannungen.

Wir machten eine Wanderung auf den Affenberg. Doch die versprochenen Tiere bekamen wir nicht zu Gesicht. Ein streuender Hund kreuzte unseren Weg.

„Da ist einer!" Auf den freudigen Ausruf folgte Enttäuschung.

„Der Hund hat aber tatsächlich wie ein Affe ausgesehen", verteidigte sich Doris.

Kapitel 9

Auf zu den Kanaren – der erste große Schlag

„Auf ihr müden Krieger, regt eure Glieder!", drang Ullis Stimme bis in die warme Koje der SEHNSUCHT. Wir blinzelten verschlafen in die zarte Morgensonne.

„Wat denn, ihr liegt noch im Bett? Ich dacht ihr wollt auf die Kanaren?", dröhnte Dietmars Stimme in unser wach werdendes Bewusstsein.

Die Wetterlage hatte sich gebessert, mäßiger Ostwind blies aus dem Mittelmeer in den Atlantik. Der Tag der Abfahrt war gekommen, es war der 16. Dezember 1987. Plötzlich wurde es hektisch in und um die SEHN-SUCHT. So vieles schien noch zu tun. Ich meinte, ich bräuchte noch frisches Obst und Gemüse, Heino hatte plötzlich zu wenig Treibstoff an Bord und schleppte noch einige Kanister Diesel an. Dann wurde alles verpackt und verstaut und „seefest" gemacht. Auf der PINCOYA herrschte ähnliche Hektik und ohne Verabschiedung oder Adressenaustausch liefen sie eine Stunde früher als die SEHNSUCHT aus.

„Wir sehen sie in ein paar Tagen wieder", tröstete ich die unglückliche Doris. Doch es sollten zwei Jahre werden, bis wir sie in Venezuela zufällig wieder trafen.

Um 16 Uhr war es dann soweit, die Tidenströmung drehte nach Westen. Der Motor brummte und Heino zog die Festmacherleinen ein. Dietmar stand wieder am Steg, seinen Seemannsmug in der Hand. Er nahm einen kräftigen Schluck und winkte. Elli wedelte mit dem Schwanz.

„Ich wünsch euch wat – viel Glück ihr Mountainsailors."

Der Steg der Sheppards Marina war fast leer geworden. Dietmar blieb zurück, sein Weg führte in die andere Richtung, ins Mittelmeer.

Gibraltar achteraus, schwenkten wir in die Straße ein. Der mäßige Ostwind füllte die Segel, die Strömung erfasste das Schiff, die SEHNSUCHT nahm rasch Fahrt auf.

„Jetzt werden wir es gleich wissen." Erwartungsvoll werkte Heino an der Selbststeueranlage herum.

„So jetzt kannst du loslassen." Heino hing die Kette der Aries an die Pinne. Ich schaute ungläubig auf die Windfahne, sie kippte auf und ab, die Kette ruckte und zuckte und bewegte die Pinne wie von unsichtbarer Hand geführt hin und her. Und tatsächlich, die SEHNSUCHT blieb auf Kurs. Wir freuten uns, das langweilige Steuern hatte ein Ende.

Langsam versank die rotglühende Sonne im weiten, tiefen Ozean und wir segelten vor dem Wind auf der europäischen Seite weiter, bis in die Höhe von Tarifa. Dann ließ der Wind nach und wir querten auf Tanger haltend das Verkehrstrennungsgebiet der Straße. Die ganze Nacht leuchtete uns das Feuer von Cap Espartel, und der Atlantik begrüßte uns mit unendlich langer und hoher Dünung.

„Mir ist soooo schlecht!" Müde kroch ich aus der Koje. Es war schon vier Uhr morgens, als Heino mich weckte. Er hatte die ganze Nacht über Wache gehalten, war fasziniert von dem tanzenden Lichterreigen der vorbeifahrenden Schiffe, von den, aus dem Schwarz der Nacht auftauchenden, grandiosen Wellenbergen und Tälern und daher viel zu aufgeregt gewesen, um zu schlafen. Jetzt brannten seine Augen, er wollte sich etwas Ruhe gönnen. Doch ich hing die ganze Zeit über der Reling und meine unangenehmen Geräusche ließen ihn keinen Schlaf finden. Dann ging die Sonne auf und die Kinder waren wach.

Den ganzen zweiten Tag auf See sahen wir auf der Backbordseite die afrikanische Küste, hielten den Kurs von 220° direkt auf unser Ziel und erreichten ein stolzes Tagesetmal von 77 Seemeilen.

Am dritten Tag fiel das Barometer und schwarze Wolken zogen auf. Der Wind kam aus Südwest und stieg im Laufe des Tages auf fünf Beaufort, in Böen auf sieben. Heino band ein Reff ins Groß und verkleinerte das Vorsegel. Hart am Wind kämpfte sich die SEHNSUCHT durch die Wellen. RESI wurde auch mit den neuen Bedingungen spielend fertig, aber ich, die sich scheinbar von der Seekrankheit erholt hatte, bekam durch den veränderten Seegang einen fürchterlichen Rückfall. Heino wurde zwischen Fläschchen und Essen kochen, Windeln wechseln, Kurs korrigieren und Navigation hin und her gerissen. Gegen Mitternacht nahm der Wind neuerlich zu, die heran rollenden Wellen mit ihren brechenden Kämmen schlugen über das Deck, füllten das Cockpit. Heino starrte auf das Leuchtfeuer von El Aaraich, das alle 15 Sekunden seine hellen Blitze zur SEHNSUCHT schickte. Er war am Ende seiner Kräfte, hatte er doch die letzten drei Tage weniger als sechs Stunden geschlafen.

„Wir laufen in El Aaraich ein, Monika." Heino steckte den Kopf in die Kajüte, doch ich konnte nicht reagieren, ich war wie gelähmt vor lauter Seekrankheit.

Tief in meinem Inneren wusste ich, dass es die falsche Entscheidung war. Ich erinnerte mich an die abendlichen Gespräche in der Sheppards Marina, wo von der Gefährlichkeit der afrikanischen Küste die Rede war. Doch Heino hatte das Schiff bereits vor den Wind gedreht und Kurs und Segeln neu eingestellt. Mit sechs bis acht Knoten Fahrt brausten wir dem Land entgegen, einer unbekannten, schwarzen Küste, an die das wild gewordene

Meer ihre drei bis vier Meter hohen Wellen peitschte und von der wir kein kleinmaßstäbliches Kartenmaterial besaßen, geschweige denn Hafenhandbücher.

„Tu das nicht, du machst einen Fehler", erwiderte ich schwach. Doch meine Stimme ging im Sturmgetöse unter.

„Nicht meinetwegen, dreh wieder um, fahr weg von der Küste, bitte!"

Heinos Gesicht, vor kurzem noch verzweifelt und hilflos, war jetzt ausdruckslos und leer. Mit tiefen schwarzen Ringen unter den Augen starrte er auf einen Punkt in der Seekarte, markiert durch ein Leuchtfeuer: El Aaraich, 15 sec 24 M. Ich verfiel wieder in mein Halbkoma. Wir waren noch acht Meilen von der Küste entfernt. Acht Meilen. Also in einer, vielleicht eineinhalb Stunden, dachte ich, würden wir das Land erreichen. Und in Gedanken sah ich, wie uns die Wellen erfassten und wie einen Spielball an Land warfen.

„Lieber Gott", betete ich, „lieber Gott, bitte hilf uns!"

Es waren Minuten oder auch nur Sekunden vergangen, ich weiß es nicht mehr. Plötzlich wurde es still. Nein, es war keine Einbildung. Auch Heino hob den Kopf und lauschte. Der Wind war weg und Sekunden später hob er wieder an, pfiff erneut, doch diesmal aus Nordost, genau von der anderen Richtung. Zehn Minuten dauerte dieses Intermezzo. Gottlob verstand Heino die Hilfestellung unseres Schutzengels. Und, als der Wind wieder seine alte Richtung einschlug, ging er auf Steuerbordbug und wir fuhren auf die offene See hinaus. Es begann zu regnen. Müde ließ sich Heino in die Koje fallen und schlief ein, tief und fest. Die SEHNSUCHT, gesteuert von der RESI, suchte sich alleine ihren Weg durch das Meer. Von da an wusste ich, unsere Reise stand, trotz aller widrigen Umstände unter einem guten Stern.

„A brr, ba-ba!" Petra kündigte den Morgen an. Heino erwachte aus seinem traumlosen Schlaf. Er brauchte einige Sekunden um sich an die gestrige Nacht zu erinnern und sprang ins Cockpit. Sein Blick wanderte einig Male im Kreis, nur Wasser – Wasser – Wasser, soweit das Auge reichte. Doch noch bevor er sich Gedanken über den Standort machen konnte, forderte Petra ihr Recht. Also kochte er Fläschchen und machte für seine restliche Crew das Frühstück. Auf der Seekarte fand er nur einen ungenauen Koppelort. Der Wind war gleich geblieben, dicke Wolken zogen über den Himmel, die Sonne blieb verschollen, der Sextant im Koffer. Heino konnte seine theoretischen Astronavigationskenntnisse nicht in die Praxis umsetzen. Am Nachmittag querte ein Frachtschiff unseren Kurs.

„Wozu haben wir das Funkgerät?", fragte der Kapitän, wählte Kanal 16 und fragte nach dem Standort. Widerwillig erhielt er Antwort. Egal, Hauptsache wir wussten, wo wir waren und konnten weiterkoppeln.

In den nächsten Morgenstunden drehte der Wind etwas, kam aus Nordwest mit nur zwei Beaufort und wechselte dann auf Nordost. Die Stimmung an Bord stieg, meine Seekrankheit blieb. Ich lehnte an der Kojenwand, das Teeglas in der Hand und tauchte nur ab und zu die Lippen ein, ohne einen Schluck zu machen.

Die Sonne sandte wieder ihre Strahlen zur Erde und Heino balancierte mit dem Sextanten an Deck. Zwischen Kajütaufbau und Wanten verkeilt, immer wieder versuchend, die Schiffsbewegungen auszugleichen, maß er den Winkel zwischen Sonne und Horizont und las die genaue Zeit auf seiner Armbanduhr ab, die seit Gibraltar auf UTC, also Weltzeit gestellt war. Mit diesen beiden Parametern, dem nautischen Jahrbuch, den nautischen Tafeln, zwei dicke blaue Schmöker, genannt HO 249, sowie einem geschätzten Schiffsort, rechnete und rechnete er, wobei immer wieder das handliche Buch „Astronavigation" von Bobby Schenk zu Rate gezogen wurde. Das Endergebnis war eine Linie, auf der wir uns irgendwo befinden sollten. Der zweite Schritt war das Messen der Mittagsbreite, was etwas einfacher war, da die Sonne für vier Minuten scheinbar auf der gleichen Stelle steht, also den gleichen Winkel zum Horizont aufweist. Ein paar Zahlen addiert und subtrahiert und Heino zeichnete eine waagrechte Linie auf die Karte, die einen Schnittpunkt mit der vorherigen ergab. Berücksichtigte man jetzt die gesegelte Strecke zwischen den beiden Messungen, wussten wir genau wo wir waren. Zur Sicherheit legte Heino noch eine Nachmittagsstandlinie dazu.

Aus Übermut über den ersten genauen astronomischen Standort setzte er bei drei Beaufort die zweite Fock und riggte die Passatbäume. Die SEHN-SUCHT brauste unter Doppelfock und Selbststeueranlage, wie eine richtige Fahrtenyacht, den Wind 30° von achtern, mit fünf bis sechs Knoten Fahrt dahin. Wonne und Hochstimmung beim Kapitän, durch die veränderten Schiffsbewegungen ein neuerliches Tief bei mir.

Die nächsten Tage hatte uns der kräftige Nordost-Passat erfasst, die Tagesetmale stiegen über 100 Seemeilen. Heino schrieb in sein Logbuch: *Das ist wirkliches Segeln!* Trotz totaler Übermüdung starrte er verzückt ins Rigg und jubelte mir, die grün im Gesicht in der Koje lag, immer wieder in euphorischen Anfällen zu:„Schon wieder über 10 Knoten!", wenn die SEHNSUCHT ins Wellental hinunter surfte. Doch ich hatte kein Verständnis für die tolle Geschwindigkeit, ich lag apathisch im Bett, mir war alles egal. Ich kümmerte mich nicht mehr um das Baby, nicht einmal mehr um mich selbst. Ich wollte zwar nicht sterben, doch es wäre mir egal gewesen, mein Körper und auch mein Geist hatten keinen Lebenswillen mehr. Wenn ich über Bord gefallen wäre, hätte ich mir nicht einmal die Mühe gemacht, zu schwimmen. Es war eine Art Halbkoma. Ich bekam die Geschehnisse rundum mit, mir fehlte aber die Energie darauf zu reagieren. Heino und Doris machten sich allmählich ernste Sorgen. Er zwang mich ein paar Bissen zu essen, was ich ihm mit einem Krampfanfall meines Magens dankte. Der Flüssigkeitsverlust wurde allmählich bedenklich.

„Mama, du musst etwas essen!" Doris streichelte mich.

„Du stirbst sonst." Heino holte aus unserm Notpaket Traubenzucker. Doris steckte mir winzige Brocken davon in den Mund, immer wieder und immer wieder. Gegen Abend hatte sich mein Zustand tatsächlich etwas gebessert und ich war in der Lage, zwei Nachtwachen zu übernehmen.

Die Verhältnisse blieben gleich. Die Kinder waren brav. Doris beschäftigte sich mit ihrem dicken, in Gibraltar erstandenen *Christmas-Fun-Book*, malte, zeichnete und löste Rätselaufgaben. Petra brüllte alle vier Stunden. War der Bauch voll und die Hose trocken, schlief sie wieder ein. Ich kotzte und Heino war unsagbar müde. Ein Weihnachten auf See zeichnete sich ab, trotz toller Tagesetmale.

„Klo über Bord!", brüllte Heino und scheuchte mich aus dem Bett. Beim Entleeren des Fäkalienbehälters hatte sich der Knoten gelöst und die heiß geliebte und verhasste Toilette schwamm achtern. Der Kapitän leitete das Bergungsmanöver ein und nach zehn Minuten Stress war der Behälter wieder an Bord. Es war der 23. Dezember.

„Und du sagst, wir haben heuer keinen Weihnachtsstress!" Ich war verbittert über das verpatzte Weihnachtsfest. Noch dazu hatte der Wind ziemlich zugelegt. Heino musste die Doppelfock zusammenrollen. Die nachfolgenden Wellen wurden beunruhigend hoch und streckten ihre Gischtfinger vereinzelt bis ins Cockpit. Im Laufe des Abends barg Heino die Passatsegel. Vor Top und Takel machte die SEHNSUCHT immer noch fünf Knoten Fahrt und RESI steuerte auch ohne Segel. Mit kleingerefftem Groß begann das Starkwindsegeln vor dem Wind.

„Ein ganz tolles Spiel, wenn man die erste Angst überwunden hat", meinte Heino. Eine Welle von vielleicht fünf Meter Höhe rollte von hinten an. Die SEHNSUCHT hob ihr Hinterteil, nahm eine Stufe nach der anderen, das ganze Schiff befand sich auf Aufstieg. Am Wellenkamm nahm es eine Höllenfahrt auf, dann lief die Welle unter dem Schiff durch und es tanzte mit seitlichen Bewegungen ins Wellental hinunter, das Vorschiff meist überflutet. Immer wieder wiederholte sich dieses Spiel, unzählige Wellenberge, abgelöst von Wellentälern rollten heran, wir wurden mürbe gerollt.

Weihnachten auf See.

Doris war etwas beunruhigt, sie machte sich Sorgen, ob das Christkind sie auch am Meer finden würde. Gegen Mittag holte Heino die Geschenke aus der Achterkajüte. Der Christbaum blieb ungeschmückt dort, der Seegang war zu stark.

„Ich hab mir schon gedacht, dass da etwas nicht stimmen kann mit dem Christkind", stellte Doris nüchtern fest, als sie ihren Vater beobachtete. „Endlich bin ich hinter das Geheimnis gekommen."

Die Freude über die neuen Spielsachen übertönte die Enttäuschung. In meinem Päckchen war ein Lidschatten.

„Den hast du derzeit nicht nötig, du hast ohnehin grün gelbe Ringe unter den Augen", scherzte Heino. Doch er konnte mich nicht aufmuntern, es erübrigt sich zu beschreiben, wie es mir, wo ich dieses Fest so liebevoll in Gibraltar vorbereitet hatte, in diesem Moment ging. Dabei waren es nur noch 150 Meilen bis Lanzarote.

30 Meilen vor Lanzarote.
Immer wieder suchte Heino den Horizont ab. Man musste doch endlich Land sehen, es sind doch hohe Inseln. Die Minuten vergingen wie Stunden. Er nahm Messungen vor, zeichnete Standlinien, rechnete und grübelte. Zweifel an der Richtigkeit seiner Navigation tauchten auf, wurden fast zur Gewissheit.

10 Meilen vor Lanzarote: Totalzusammenbruch.
Heinos Kräfte versagten. Neun Tage lang alleine das Schiff zu führen und obendrein drei Personen zu versorgen war einfach zu viel gewesen. Er hatte, verursacht durch permanente Übermüdung, Halluzinationen, sah rundherum Land, das sich immer wieder im Wasser auflöste. Am Kartentisch brach er zusammen und heulte. Tief betroffen darüber raffte ich mich auf, stieg mit zitternden Knien ins Cockpit und übernahm die Ausschau. Einige Zeit später konnte ich die erfreuliche Meldung nach unten rufen: „Land in Sicht!"

Ganz nah vor uns tauchte im Dunst der Roque del Este auf, ein 59 Meter hoher Felsen und bald darauf sahen wir die Nordspitze von Lanzarote, ebenfalls im Dunst verborgen.

In Landnähe glätteten sich die Wellen, eine starke Strömung erfasste die SEHNSUCHT und gegen Abend legten wir im Hafen von Arecife, längsseits einer französischen Yacht an. Nach neun Tagen auf See landeten wir glücklich und punktgenau. Rückblickend gesehen, war es die schwierigste Überfahrt auf unserer Weltumsegelung.

Kapitel 10

Islas Canarias – Hundeinseln voll Herrlichkeit

„Du siehst ja aus, als kämst du direkt aus dem Konzentrationslager". Ich hatte mich zum Waschen ausgezogen und mein Ehemann betrachtete mich von oben bis unten. Ich war abgemagert, die Haut hing faltig an meinem Körper.

„Es war schlimmer als ein Konzentrationslager, dieses Sklavenschiff", konterte ich.

„Wie schwer warst du, als wir wegfuhren?"

„58 oder 60 kg etwa."

„Und jetzt", er hob mich abschätzend in die Höhe, „sind es vielleicht 45. Gute Abmagerungskur."

„Du Sklaventreiber." Ich trommelte gegen seine Brust, um loszukommen.

Nach der ersten Nacht im sicheren, ruhigen Hafen, mussten wir erst das Chaos an Bord beseitigen. Schmutzwäsche lag am Boden, vollgesaugt mit Bilgewasser, vermischt mit aufgeweichten Keksen und Spielzeug. Alles war schmutzig und stank. Endlich konnten wir uns waschen, Petra planschte vergnügt in der Badewanne.

Am Abend schmückten wir den Weihnachtsbaum und sangen Weihnachts-lieder. Doch die richtige Stimmung fehlte. Zwei Tage später landete das Nadelbäumchen, das eingepflanzt in einem Blumentopf war, neben der Mülltonne, wo wir beobachten konnten, dass es bald einen neuen Besitzer fand.

„Was soll ich euch zum Frühstück bringen?" Jeden Morgen stellte uns Heino diese Frage, setzte sich dann ins Dingi, motorte zur nahen Bäckerei und versorgte seine Familie mit den leckersten Sachen. Allmählich kam ich wieder zu Kräften.

Wir lagen jetzt vor Anker im Außenteil des Hafens, der gespickt war mit Riffen, die bei Ebbe aus dem Wasser ragten. Mit Dingi und Außenborder kamen wir einfacher in die Stadt als zu Fuß über die lange Außenmole und die alten Festung. Arecife war eine nette, kleine Stadt, mit einem Touristen-viertel, Strandpromenade, schönen grünen Parkanlagen und Geschäfts-straßen. Wir taten das, was alle Touristen tun: faulenzen, schlemmen und einkaufen.

„Rent a car". Diese Aufschrift gab es in Arecife oft zu lesen. Das Landes-innere lockte, also beschlossen wir so ein kleines Vehikel zu mieten. In den meisten Büros erhielten wir die Antwort:

„No possible". Doch in einem schien es möglich zu sein:

„Morgen um 11 Uhr", sagte die Dame.
Mit Kindern, Kinderwagen, Picknickkorb, Fläschchen und Windeln erschienen wir um 11 Uhr.
„Um 12 Uhr", sagte die Dame. Wir gingen spazieren und warteten.
„Um 13 Uhr", sagte die Dame und lächelte. Wir blieben im Büro sitzen. Die Kinder quengelten.
„Um 14 Uhr", sagte die Dame, lächelte und schaute weg.
Um 14 Uhr, als von einem Auto noch immer keine Spur zu sehen war, verlor ich die Geduld:
„Kriegen wir jetzt ein Auto oder nicht?", fauchte ich die ewig lächelnde, immer wegschauende junge Frau an.
„In 10 Minuten", sagte die Dame.
Und tatsächlich, in 10 Minuten hatten wir die Schlüssel in der Hand und ein kleines, blaues Auto mit einer Beule am Kotflügel, stand vor der Tür. Rasch setzten wir uns hinein und fuhren los.
Bald vergaßen wir den Ärger, denn die Landschaft dieser Insel war einzigartig schön und abwechslungsreich, karg und öde, saftig grün und blühend zugleich. Eine wunderbare Welt, eine Welt wie im Märchen öffnete sich vor unseren Augen. Blühende, mit Palmen und Kakteen bewachsene Oasen, umgeben von kahlen, öden Vulkanlandschaften. Dazwischen kleine Ansiedlungen mit weiß getünchten Häusern und Flachdächern, davor Siesta haltende Einheimische in liebevoll angelegten Vorgärten mit blühenden Pelargonien und Orchideen.
Die Straße führte uns ins Land des Timonfaya, des Vulkans dieser Insel. Der Berg, schwarz mit rötlich schimmerndem Lavagestein, ragte vor uns auf. Die Spitze des Vulkans war mit dem Auto oder mit Kamelen erreichbar. Wir zogen das stabile blaue Gefährt vor und lösten unsere Eintrittskarten. Es war beeindruckend. Zwei tiefe Löcher gaben den Blick in das Innere der Erde frei.
„Das sieht aus, wie der Eingang zur Hölle." Doris deutete auf die Stufen vor einer Lücke. Als Schauspiel für Touristen warf man trockenes Gebüsch auf die heiße Erde, das sofort zu brennen begann. Ein Kübel voll Wasser wurde zum speienden Geiser. Wir betraten die Raststätte und staunten. Über einem tiefen Loch hatte man einen Griller gebaut, auf dem duftend einige Hähnchen brieten. Ich wollte einen direkten Blick in das Erdinnere wagen, aber die Hitze war zu groß und ich wich rasch zurück. Ein dumpfes Grollen und Beben ging durch dieses Lokal, so als wäre ein Erdbeben. Nicht ungern verließ ich diese Lokalität.
Wir behielten das Auto einen zweiten Tag. Da führte uns die Fahrt zur Nordseite der Insel und wir kamen aus dem Staunen nicht heraus. Hellbraune, dann schwarze oder rote Erde und graues Gestein, dazwischen

latschenähnliche Büsche, Wiesen mit blauen und gelben Alpenblumen. Immer wieder machten wir Halt und wanderten durch die Landschaft. An der Nordspitze standen wir plötzlich vor einem Abgrund und unter uns leuchtete ein gelber Sandstrand, umspült vom türkisfarbenen Meer. Die untergehende Sonne tauchte die Landschaft in ein glühendes Rot. Wir waren beeindruckt, und in meinem Tagebuch steht mit großen Buchstaben: *GRANDIOS!*

Aber wir wären keine Fahrtensegler, wenn wir den Luxus eines Autos nicht auch praktisch genutzt hätten. Wir hielten beim großen Supermarkt außerhalb der Stadt und stopften das kleine, blaue Auto mit Proviant voll. Die 100 Liter Mineralwasser in fünf Liter Kanistern zwangen das Gefährt in die Knie. Die Versorgung für die nächsten Wochen war gesichert. Vor allem das Trinkwasser war schon knapp geworden. Der Versuch, auf Lanzerote Wasser zu holen, endete auf der öffentlichen Toilette, was einen Streit mit der dortigen Klofrau zur Folge hatte.

Zehn Tage verweilten wir auf dieser schönen Insel, das Silvestertreiben beobachteten wir mit einem Glas Sekt in der Hand vom Cockpit des Schiffes aus, und der Drei-Königs-Umzug mit zwar falschen Königen, aber echten Kamelen beeindruckte Doris.

Ruhig segelte die SEHNSUCHT mit achterlichem Wind, ihrem nächsten Ziel, Fuerteventura entgegen. Die Crew war versammelt an Deck und die Kinder freuten sich über die vielen Delphine, die das Schiff begleiteten. Sie prusteten und pusteten einmal steuerbords, dann backbords.

„He, was ist da los?" RESI lief plötzlich aus dem Kurs, das Segel stand back. Verständnislos blickte der Kapitän zur Selbststeueranlage.

„Hört auf ihr Biester!" Heino brach in schallendes Gelächter aus. Zwei besonders freche Gesellen stupsten das Ruder der Anlage mit ihren Nasen hin und her, die Windfahne kippte, die Kette ruckte.

„Nicht mit mir!" Heino hing die Kette aus und übernahm das Ruder.

Nur langsam zog die Kulisse von Fuerteventura vorüber. Die Sonne versank hinter den Dünen und bevor wir den Hafen von El Castillo erreichten, war es stockfinster in dieser mondlosen Nacht. An Land leuchteten hell die Lichter des Hafens, dessen Einfahrt auf der Nordseite mit Riffen gespickt war, die knapp unter der Wasseroberfläche lagen. Heino starrte auf die handgezeichnete Skizze, die gefährliche Zacken, eine halbe Meile ins Meer reichend, zeigte.

„Wir machen einfach einen großen Bogen darum, dann kann nichts schief gehen", meinte der Kapitän. Ich hatte, wie immer bei solchen Manövern meine Bedenken, aber eine Nacht auf See schien ebenso wenig verlockend.

Wir steuerten also einen Halbkreis um das verborgene Riff und vorsichtig drehten wir nun in Richtung Hafeneinfahrt. Plötzlich war alles hell erleuchtet. Kaum zwanzig Meter entfernt schaltete ein Auto seine Scheinwerfer ein. Im gleichen Augenblick krachte und kratzte es unter dem Kiel, ein Beben ging durch das Schiff. Vollgas retour, die SEHNSUCHT zitterte kurz und war wieder frei. Wir hatten einen viel zu großen Bogen gemacht und waren ganz nah am Strand. Kurz nach dem zweiten Einfahrtsversuch rumste es wieder.

„Wir finden da nie hinein", klagte ich deprimiert.

„Radio El Castillo, Radio El Castillo, hier ist SEHNSUCHT, SEHNSUCHT, wir brauchen einen Lotsen für die Einfahrt." Heino drückte auf die Sprechfunktaste.

Wenig später motorte ein Dingi einer französischen Yacht auf uns zu und zeigte uns den Weg. Und siehe da, die Lichter der Hafeneinfahrt, die vorher verstreut blinkten, bildeten mit dem richtigen Kurs eine Linie. Einfach, wenn man gewusst hätte wie und vor allem, wenn wir gute Karten gehabt hätten. Im vollen Hafen machten wir an der Backbordseite einer schwedischen Yacht fest. Und dann erblickte ich sie: eine Dusche! Nach vier Wochen konnten wir endlich wieder warm duschen.

Der nächste Morgen brachte eine nette Überraschung, ein Wiedersehen mit LIMBO DANCER. Sabine, eine junge Tirolerin und ihr italienischer Freund Cesare, waren zur gleichen Zeit wie wir von Genua aufgebrochen. „Wir dachten, ihr seid schon längst in der Karibik?", begrüßten wir sie. Doch sie hatten im Mittelmeer Pech gehabt und waren vor der französischen Küste aufgelaufen, wobei ihr Ruder in Brüche ging.

„Wir wollten schon einige Male aufgeben", sagte Sabine, die in Genua so voll Optimismus an ihre Weltumsegelung gegangen war. Ob sie ihr Ziel erreichten, weiß ich nicht, nach Gran Canaria sahen wir sie nie wieder, nur in der Karibik hörten wir einmal von ihnen.

„Ein Zug – ich möchte mitfahren!" Doris hüpfte vor Freude auf und ab. Ein verkleidetes, kleines Auto zog Waggons hinter sich her und chauffierte die Leute durch das Touristendorf. Als unsere Crew erfuhr, dass dieser Transport kostenlos war, genossen wir oft diesen Luxus und schmuggelten so manchen Beutel Schmutzwäsche zur nahen Wäscherei.

Die SEHNSUCHT lag in der Muelle Deportivo in Las Palmas auf Gran Canaria, dem traditionellen Sprungbrett für Atlantiküberquerer. „Das was jetzt noch vor euch liegt, ist nur noch eine ausgefahrene Autobahn." Paule nahm einen Schluck aus der Bierdose. Er saß schon seit Stunden im Salon der SEHNSUCHT und „snackte". Heino gegenüber nickte, wenn auch mit wenig Überzeugung. Wir bewunderten Paule, 46 Jahre alt, einst Jagdflieger bei der Bundeswehr und seit sechs Jahren in Pension, der jetzt mit seinem Schiff PUSTEBLUME durch die Gegend segelte. Aufmerksam lauschten wir seinen Erzählungen von dem berühmt berüchtigten *Fastnet-Race*, wo viele Yachten gekentert waren und etliche Menschen ertranken. Wenn Heino seine Bewunderung kundtat, meinte er nur: „Nee, wir hatte alle 'ne Scheißangst!" Er teilte uns seine Erfahrungen von Mastbrüchen und Rettungsinseln mit.

„Das Schiff verlassen?", er schüttelte seinen Kopf, „Nee, niemals!"

„In einer Rettungsinsel bist du früher tot, Rettungsinsel brauchst du keine." Das nahm Heino das schlechte Gewissen der Verantwortungslosigkeit, weil die SEHNSUCHT wegen Geldmangels keine solche besaß. Paule setzte sich auch mit meiner Seekrankheit auseinander, er sah sie nicht als hysterisches, eingebildetes Frauenleiden, sondern vertrat die Meinung, es handle sich tatsächlich um eine schwere Krankheit, bedingt durch eine Störung im Gleichgewichtsorgan.

„Ich bringe dir ein paar Scopoderm", sagte er. Das waren kleine, runde Pflaster, die man sich hinters Ohr kleben musste. Sie enthielten ein Nervengift, welches, durch die Haut aufgenommen, die glatte Muskulatur lahm legte.

„Du wirst sehen, es wird dir helfen."

Nach acht Stunden verließ er unser Schiff und es war ihm gelungen unser Selbstbewusstsein zu stärken.

„Ich glaube, wir sollten hinübersegeln."

„Ja, versuchen wir es." Wir beschlossen unsere Reise fortzusetzen.

Vom allgemeinen Fieber angesteckt, wurde nun so manche Taxifahrt, Taxis waren sehr billig, in die Stadt nötig: neue Fockschoten, Gaskartuschen, das nautische Jahrbuch 1988 und jetzt schon zum zweiten Mal die Fahrt zur Post, um die angekündigten Weihnachtspäckchen von Omas und Opas in Empfang zu nehmen.

„*Nada – mañana!,* " sagte der Postbeamte und blickte in traurige Kinderaugen.

Mañana gingen wir wieder hin, ohne viel Hoffnung. Doch da warteten tatsächlich drei Päckchen auf uns. Doris johlte und hüpfte und wir klatschten in die Hände, was selbst dem ernsten Postbeamten ein Lächeln abrang. Doris wollte alle drei Pakete alleine tragen, was reichlich komisch aussah und misslang. Beim Auspacken kam neue Weihnachtsfreude auf und nach der ersten Euphorie packte sie ihre Sachen wieder ordentlich zusammen, um dann ein Spielzeug nach dem anderen hervorzuholen. Im Laufe der Reise war Doris etwas ruhiger geworden. Sie begriff allmählich, dass alles, was am Schiff nicht sofort verstaut wurde, verschwand oder kaputt ging.

Die Muelle Deportivo, wo sich die Yachten für die Atlantiküberquerung vorbereiteten, war voll von „Mitseglern", also Leuten, die als unbezahlte Crew, „Hand gegen Koje", eine Möglichkeit zur Überfahrt suchten. Täglich klopfte jemand an den Rumpf und bot seine Dienste an. Im Allgemeinen übertrafen sie sich an Segelkönnen und Segelerfahrung. Doch Heino lehnte prinzipiell ab. Nur einmal kam er ins Wanken, als der österreichische Franz am Kai stand und im vertrauten Wiener Dialekt nach einer Mitfahrgelegenheit fragte. Er bat ihn an Bord und sie plauderten miteinander. Er war sympathisch, doch der unterschwellige Alkoholgeruch und die zittrigen Hände warnten. Und als Doris angeekelt sagte: „Von dem Glas da, wo der da getrunken hat, trink ich nie wieder!", blieb es besser beim Nein. Die Mädchen unter den Mitseglern hatten es leichter ein Schiff zu finden, waren sie doch viel zu oft der „Sexproviant" für die männliche Mannschaft.

Es war Mitte Jänner, das Wetter schlecht, regnerisch und kühl mit starkem Wind aus Nordwest. Wir warteten und warteten aufs Auslaufen. Sollten wir gleich von hier starten oder noch zur Südspitze segeln oder nach Gomera? Unruhe und Unmut breitete sich aus, wir waren schon viel zu lange hier. „Weißt du, die Leute führen ein Leben wie Zigeuner." Ein Touristenpärchen unterhielt sich vor unserem Boot. „Sie haben keine Heimat und wandern in der Welt herum, von einem Ort zum anderen." Hatten sie recht? Es stimmte mich nachdenklich.

„Fahren wir Regatta?" Paule stand am Heck der PUSTEBLUME und zog seine Festmacherleinen ein.
„Wir sind bereit", antwortete Heino kampflustig. Die SEHNSUCHT war bereit zum Auslaufen, ein frischer Wind aus Norden wehte.
„Wir werden eventuell Schwierigkeiten mit der Boje bekommen." Heino hatte Bedenken, denn das Nachbarschiff hatte sein Heck nun als Dritter im Bunde an die Muring gebunden und somit die Boje unter Wasser gezogen. Wir baten den Nachbarn uns mit einer Leine zu sichern, bis wir den Knoten gelöst hatten. Es war Flut und der Zug so stark, das hielt die Boje und den Knoten unerreichbar unter Wasser.
„Was soll ich tun?", rief ich um Hilfe.
„Schneid die Leine einfach ab." Heino hatte das Regattafieber gepackt und außerdem hatte er keine Lust in das kalte, schmutzige Hafenwasser zu springen. Ich säbelte wie verrückt und dann klatschte die abgeschnittene Leine ins Wasser und zur gleichen Zeit schmiss unser hilfreicher Nachbar

das Sicherungsschot ins Wasser. Die SEHNSUCHT trieb rasch auf die verschnürte Boje zu. Heino wollte schnell mit dem Motor freikommen, aber nach einigen Umdrehungen verfing sich schon eine von den vielen losen Schnüren, die unnütz an der Boje baumelten, im Propeller. Der Motor erstickte, das Schiff hing hilflos an der verhexten Unterwasserboje. Sämtliches Hin- und Herziehen half nichts. Heino ging baden. Aber um den Propeller völlig frei zu bekommen, waren einige Stunden Arbeit im und unter Wasser nötig. Die Regatta war verloren, noch vor dem Start, die Abfahrt auf nächsten Tag verschoben.

„Gehen wir ein bisschen spazieren." Ich wollte den Tag noch etwas verschönern. Wir machten uns landfein und verließen das Boot. July, ein kleines dreijähriges Mädchen, mit dem Doris schon öfters gespielt hatte, hüpfte fröhlich die Mole entlang. Die beiden Mädchen liefen scherzend umher. July kletterte auf die Molenmauer und sie liefen, einer oben, einer unten, weiter. Plötzlich beugte sich July zu Doris hinunter um sich von ihr, wie von einem Erwachsenen auffangen zu lassen und fiel, eineinhalb Meter tief mit dem Kopf voraus auf den Beton, ohne sich abzustützen. Einen Moment dachten wir sie wäre tot. Heino stürzte hin und hob den kleinen Körper auf. Erst jetzt begann July zu weinen. Das Blut floss über ihr Gesicht, es sah fürchterlich aus. Sabine von LIMBO DANCER beobachtete die Szene und brachte July zu ihren Eltern, die mit dem Mädchen ins Krankenhaus fuhren. Betroffen und still saßen wir am Schiff. Drei Stunden verbrachten wir in Angst und Sorge, bis ihr Vater kam und uns sagte, dass July keine inneren Verletzungen habe. Die Platzwunden waren genäht, das kleine Gesichtchen aber grün-blau verschwollen. Am nächsten Tag brachten wir Kekse und Doris schenkte ihr ein kleines Püppchen. Sie hampelte schon wieder vergnügt umher.

Erleichtert verließen wir Las Palmas. Starker Wind fast auf die Nase und hoher Seegang, Wellen bis zu vier Meter Höhe, empfingen uns. Stark gerefft und mit Motorhilfe kämpften wir uns von der Küste frei, drehten dann nach Süden und hatten den Wind raumer. Nach 15 Meilen kamen wir in Landabdeckung und segelten bei wenig Seegang aber gleichem Wind. Mit Schmetterlingsbesegelung glitt die SEHNSUCHT dahin, durchpflügte das tiefblaue Meer mit sechs bis acht Knoten Fahrt. Ein schönes Segeln, doch unsere Crew konnte es nicht genießen. Heino hatte Kopfschmerzen und war nervös. Ich kotzte wieder, nachdem ich Petra unter Deck versorgt hatte. Die Seekrankheitspflaster wollte ich mir für die lange Reise aufheben. In der Höhe von Maspalomas fuhren wir an wunderschönen Sanddünen entlang, und gegen Abend erreichten wir Pasito Blanco. PUSTEBLUME lag dort.

„Regatta eindeutig verloren", kommentierte Paule unser Kommen.

Puerto Mogan, der südwestlichste Hafen von Gran Canaria sollte das Sprungbrett für unsere Atlantiküberquerung sein. Der Wind kam von achtern mit fünf Beaufort, es war wenig Seegang. Heino riggte die SEHNSUCHT daher mit ihren Passatsegeln auf. Er zog in die zweite Nut des Rollreffs das zweite, gleich groß geschnittene Genua, rollte die Segel übereinander und steckte die Spibäume in die Schothörner. Dann entfaltete er vorsichtig die Segel, die Fockschoten einmal steuerbords, einmal backbords windend. Der Wind blähte die weißen Segel und wie eine Möwe begann die SEHNSUCHT zu schweben.

„Spann deine Flügel auf, flieg IKARUS", sangen wir. Es war eine Freude zu sehen, wie das Land vorbeizog. Kurz vor Mogan, bei Kap Tauro, hörte der Wind plötzlich auf. Heino rollte die Genuas zusammen und einen Augenblick später blies der Wind von vorn. So fuhren wir das letzte Stück mit Motor. Es empfing uns eine nett aussehende Marina, und dahinter am Berg gebaut, der alte Ort. In der Kajüte gab es das übliche Einlaufkonzert unserer schreienden Crew.

„Die Mannschaft meutert", meinte unser neuer Bootsnachbar. Versöhnt wurden die Kinder mit einem Spaziergang zum Strand, wo wir schwarzen, feinen Sand vorfanden. Es war warm. Petra krabbelte im Sand umher, fiel auf die Nase und allmählich war sie paniert mit schwarzem Sand und sah aus wie ein kleiner Rauchfangkehrer. Zurück an Bord steckte ich beide in die Badewanne.

„Einen Tag rasten wir uns noch aus, dann fahren wir, einen Tag noch." Das Kribbeln im Bauch bei Skipper und Mannschaft wurde immer größer.

„Zwei Tiefdruckkeile drücken den Passatgürtel weit nach Süden", sagte der Wetterbericht.

„Ich würde noch warten, bis die vorbei sind", sagte der eine Bootsnachbar.

„Worauf wollt ihr noch warten, die Saison ist bald vorbei", sagte der andere Bootsnachbar.

Die Wetterkarte in der Marina versprach für die nächsten fünf Tage gutes Wetter.

„Der Start ist günstig", meinte der Angestellte von der Marina, „aber das Schiff ist zu klein", gab er zu bedenken.

Für die letzten Peseten kauften wir noch frisches Obst, Käse und Wurst. Wir füllten die Wassertanks voll und stellten uns ein letztes Mal unter die kalten Duschen.

Kapitel 11

Atlantiküberquerung – oder:
Die längsten 21 Tage im Leben der Monika G.

Am 24. Jänner war es soweit. Nach einem kräftigen Frühstück und einem sorgfältig hinter mein Ohr geklebtes Seekrankheitspflaster lösten wir für lange Zeit und viele, viele Meilen die Landverbindung.

„Halt, noch nicht, warte noch einen Moment!" Ich fingerte nervös an der verschnürten Pinne herum. Doris hatte mit ihren „Papa-ärger-dich-Knoten" der Pinne ihre Bewegungsfreiheit geraubt. Geschafft, jetzt konnte es losgehen. Der Motor brummte und die SEHNSUCHT schob sich aus der Parklücke. Plötzlich ertönten von überall Nebelhornfanfaren und begleiteten uns aus dem Hafenbecken. Wir waren überglücklich und winkten allen Leuten zum Abschied zu. Petra saß in ihrem Kindersitz im Cockpit. Sie ahnte nichts vom Vorhaben der Eltern und sah gelassen ihrer ersten Atlantiküberquerung entgegen. Weniger der Kapitän. Er blickte sorgenvoll achteraus, wo Puerto Mogan allmählich verschwand.

15 Meilen hatten wir den Wind genau auf die Nase, sodass wir am guten Start schon zweifelten. Dann drehte er und kam raumschots. Langsam, ganz langsam wurde Gran Canaria kleiner. Die schneebedeckte Spitze des Mount Teide von Teneriffa sahen wir noch lange aus der Wolkenwand hervor leuchten.

Nach der ersten Nacht war das Land verschwunden. Wir sahen wieder nur Wasser, Wasser, Wasser, rundherum, ein kleines Schiffchen inmitten einer großen Wasserscheibe.

3. Tag auf See.

Wir hatten den Passatwindgürtel erreicht. Wellen von vier bis sechs Meter Höhe rollten heran. Sie bildeten eine buckelige Wasserwelt. Größere und kleinere Wellenhügel, dazwischen Täler, alles ineinander versetzt. Die SEHNSUCHT war ein Spielball dieser Wellen, die Tag und Nacht unbarmherzig heran rollten. Das Heck des Schiffes kletterte so einen kleinen Berg hoch, bis zur Spitze, wo man kurze Zeit einen unendlich weiten Horizont bewundern konnte, bis es wieder ins Wellental hinab surfte, was das Log zum Anschlag auf 12 Knoten brachte und die Schiffsschraube trotz eingekuppeltem Getriebe kreischend drehen ließ. Kam so ein Wellenberg nicht genau von achtern, dann legte sich das Boot beachtlich zur Seite. Alles was nicht niet- und nagelfest war, flog durch die Kajüte.

Und unsere Crew? Jeder hatte so seine Probleme. Vom stillen Örtchen ertönte Doris wütende Stimme mit einem unfeinen Aufschrei: „Scheiß

Wellen!". Petra war in der Doppelkoje. Sie trainierte ihre neu erworbenen Krabbelkünste und fixierte mit den Augen das Spielpony ihrer Schwester. Mühevoll robbte sie hin und grapschte danach, doch dieselbe Welle, die Doris vom Klo warf, schleuderte das Baby gegen die Bordwand. Ihr Brüllen war zwar unverständlich, aber genau so wütend, wie das ihrer Schwester. Auch ich fluchte. Dank Seekrankheitspflaster war ich wieder „voll" einsatzfähig und verbrannte mir gerade die Finger beim Versuch, den Babyreis in das Fläschchen zu füllen. Und an Deck balancierte der Skipper mit Lifebelt gesichert und Sextanten in der Hand und versuchte krampfhaft den kleinen hüpfenden Sonnenball auf den bewegten Horizont zu zaubern. Beim Kochen musste man sich zwischen Motorkasten und Spüle verkeilen. Die Gerichte waren einfach, meist nur ein Gang. Gegessen wurde aus einem Topf, der trotz feuchter Tischunterlage festgehalten werden musste und manchmal wurde sogar die Suppe vom Löffel geschleudert. Nach jeder durchgeführten Tätigkeit zog ich es vor, mich wieder in die Waagrechte zu begeben. So kam es, dass wir uns untertags meist zu dritt in der großen Koje aufhielten, wo ich die Kinder gleich bei der Hand hatte, und wir miteinander spielten oder Märchen lasen. Das Vorschiff war bei dem hohen Seegang unbewohnbar. Nachts schlief Doris quer zu unseren Füßen, Petra gegenüber in ihrem Gitterbettchen, das allmählich zu klein für sie wurde. Ein mühevolles, anstrengendes Leben!

5. Tag auf See.
Bei der Abfahrt von den Kanaren hatte Heino Kurs 200°, also Richtung Kap Verde-Inseln eingeschlagen, um bei einem eventuellen Zusammenbruch seiner Frau Land anlaufen zu können. Doch ich hielt mich erstaunlich gut, hatte zwar immer ein flaues Gefühl im Magen, aber er schlug keine Purzelbäume mehr. Ich war sozusagen nach außen hin „seefest". So ließ er es geschehen, dass unsere treue und fleißige RESI auf 230° gedreht hatte, immer den Passatwind im Rücken. Somit machten wir eine große Rechtskurve und passierten die Kap Verden 120 Seemeilen nördlich. Der Wind kam beständig mit vier bis sechs Beaufort aus Nordost und drehte allmählich auf Ost. Kaum Wolken bedeckten den strahlenden Himmel. Seit dem dritten Tag hatten wir kein Schiff mehr gesehen und auch die Kondensstreifen der Flugzeuge fehlten am Himmel. Wir fühlten uns, als wären wir die einzigen Menschen auf dieser Welt. Ein paar Seevögel und fliegende Fische teilten mit uns diese Wasserwüste.
„Siehst du, das ist unser Schutzengel, er begleitet uns", erzählte ich meiner großen Tochter als wir einen kleinen, weißen Seevogel beobachteten, der schon den ganzen Tag über in unserer Nähe einsam fischte. Täglich suchte Doris den Horizont nach ihrem Schutzengel ab. Und es sah tatsächlich so

aus, als ob uns ein und derselbe Vogel die ganzen 2.800 Seemeilen begleitet hätte.

7. Tag auf See.

Ich beschloss, das Baby zu baden. Petra war seit einigen Tagen etwas verschnupft und sah fürchterlich verschmiert aus. Wir „opferten" drei Liter Süßwasser und holten die Babybadewanne hervor. Vergnügt planschten die Kinder und freuten sich ausnahmsweise über die wilden Schiffsbewegungen, die ihr Badewasser in einen stürmischen See verwandelten. Petra fühlte sich sichtlich wohler nach dem Bad. Ich konnte nicht widerstehen und setzte mich auch hinein. Zuletzt folgte Heino unserem Beispiel. Drei Liter Badewasser für die ganze Familie.

„Und ich natürlich als letzter", maulte der Kapitän, als er die trübe Brühe betrachtete.

8. Tag auf See.

Der Skipper saß bei den Berechnungen seiner Standlinien. Er sah stirnrunzelnd auf die Karte, raufte sich die Haare, schüttelte den Kopf und zündete sich schließlich eine Zigarette an.

„Stimmt etwas nicht?"

„Das ist es ja eben, es stimmt zu genau. Vormittagsstandlinie, Mittagsbreite, Nachmittagsstandlinie, versegelte Strecke, das passt alles genau zusammen, da muss irgendwo der Hund drinnen sein!". Die Segelstellung, die SEHNSUCHT lief unter Passatsegel, war seit Tagen nicht mehr geändert worden, die Selbststeueranlage nicht nachreguliert. Das Schiff lief tatsächlich wie auf einer Autobahn dahin. Ja aber auf einer mit verdammt vielen Schlaglöchern!

Eine gewisse Bordroutine hatte sich eingestellt. Jeder übernahm seine Aufgaben. Für Schiffsführung und Navigation war Heino verantwortlich. Kinderbetreuung und Kochen war meine Aufgabe, der Abwasch und das Aufräumen wurde geteilt und bedurfte ständiger neuer Verhandlungen.

Die Nächte waren zweigeteilt. In der ersten Hälfte machte Heino seine „Schlafwache", die zweite Hälfte ich. Das hieß, wir schliefen alle, und jede halbe Stunde sah der „Schlafwachhabende" nach, ob der Kurs noch stimmte, ein Schiff zu sehen und ob alles in Ordnung war. Die Stimmung der Nacht empfand ich immer als recht mystisch. Tiefschwarz breitete sich das Meer rund um das Schiff aus. Nur entlang der Bordwand und in der Bugwelle konnte man vereinzelt Seefeuer erkennen. Bei Mondschein lag ein fahler, tanzender Glanz auf der sich immer bewegenden Wasseroberfläche. Es waren ständig unheimliche Geräusche zu hören, die meine Phantasie beflügelten. Ich hörte die Schreie von ertrunkenen Seeleuten genauso wie das liebliche Singen von Meerjungfrauen und starrte oft lange Zeit auf einen Punkt, von wo das vermeintliche Geräusch kam. Dann spielten mir die Augen einen Streich. Aus den Tiefen des Meeres kamen Seeungeheuer oder Geisterschiffe, die sich mit der nächsten Welle in Wasser auflösten. In mondlosen Nächten gab es einen herrlichen Sternenhimmel zu bewundern. Immer wieder und überall funkelten Sternschnuppen über das schwarze Firmament. Und da: Ich hielt den Atem an. Eine Sternschnuppe mit einem riesigen, grünen Schweif stürzte sich vom Himmel. Wie ein verirrtes Feuerwerk, für mich ganz alleine.

10. Tag auf See.
Die Tagesetmale waren gut, sie beliefen sich auf 130 bis 150 Meilen. Doch heute hatten wir ein Traumetmal: 170 Meilen in 24 Stunden gesegelt. Vermutlich befanden wir uns inmitten des Nordäquatorialstroms, der mit einem halben bis einem Knoten Richtung Westen lief. Auf Grund der guten Navigationsergebnisse vereinfachte Heino das Verfahren. Die HO 249 Tafeln blieben im Kartentisch und er bediente sich neben der Mittagsbreite der sogenannten Mittagslänge. Das hieß, für die Längenbestimmung maß er zwei gleiche Höhen. Er musste die Sonne zu einem Zeitpunkt messen, wo sie noch kräftig stieg und dann mit dem Sextanten in der Hand warten, bis die Sonne den gleichen Winkel beim Herabsinken erreichte. Für beide Messungen war die genau Zeit erforderlich. Addierte man beide Zeiten und halbierte diese, wusste man sekundengenau, wann sich die Sonne an ihrem höchsten Punkt, also auf der Schiffslänge befand. Das war gleichzusetzen mit dem Bildpunkt der Sonne, was wiederum im Nautischen Jahrbuch nachzuschlagen war. Ganz einfach - oder? Nachzulesen bei Bobby Schenk: Astronavigation, ohne Formeln, praxisnah. Auf jeden Fall, nach zehn Minuten jonglieren mit dem Sextanten, addieren und dividierten von Zahlen und einem kurzen Blick ins Jahrbuch zeichnete Heino ein kleines Kreuz auf die Seekarte. Und diese Kreuze wanderten Tag für Tag gegen Westen.

13. Tag auf See.
„Petra nein!" Ich starrte vor Schreck auf das Baby. Petra stand breitbeinig in ihrem Bettchen, hielt sich am viel zu niedrigen Rand fest, wackelte gefährlich hin und her und grinste dabei stolz wie ein kleiner Erdapfel. Endlich war es ihr gelungen aufzustehen. Und das mitten am Atlantik. Ich stürzte zu ihr hin und beförderte sie wieder in die Waagrechte, bevor die nächste Welle sie aus dem Bett katapultieren konnte. Auf diese unfreiwillige Beendigung ihrer neu errungenen Fertigkeit folgte lautstarker Protest, aber Petra blieb unbeirrt und versuchte es immer wieder. Eine Ironie, hatten doch die Erwachsenen Mühe, bei diesem gigantischen Seegang aufrecht durch das

Schiff zu gehen. So bekam unsere Crew eine neue Beschäftigung dazu. Nämlich bei jeder nur möglichen und unmöglichen Gelegenheit zum Gitterbett zu rasen und Petra aufzufangen, bevor die nächste abrupte Schiffsbewegung sie wegfegte. Doris war besonders besorgt, vermutlich stand sie noch unter dem Schockerlebnis von July's Sturz.

15. Tag auf See.

„Wie lange noch?" Täglich quälten wir unseren Skipper mit dieser Frage. Drei Tage hörten wir nun schon dieselbe Antwort: „10 Tage noch". Aber heute, nach einem herrlichen Tagesetmale von 150 Meilen antwortete er: „Vielleicht noch acht Tage".

Die Zeit schien einfach stehen zu bleiben. Die Tage und Nächte wurden immer länger. Verstärkt wurde dieses subjektive Gefühl durch den Umstand, dass wir nach Westen mit der untergehenden Sonne fuhren und die Zeitverschiebung allmählich bemerkbar wurde. So war an diesem Tag erst um 15 Uhr Weltzeit der Schiffsmittag, die Sonne sank um 21 Uhr 30. Die letzten beiden Nächte waren wirkliche Nachtwachen. Das Klima hatte sich geändert. Der Passatwind war in Richtung und Stärke gleich geblieben, aber die Luftfeuchtigkeit hatte rapide zugenommen. War die Luft im Osten des Atlantiks trocken wie in der Wüste, so war sie im Westen feucht und warm, die Tropen nahten. Die Folge waren häufig anrollende Regenwalzen und darin verborgen, Sturmböen, oft mit doppelter Windstärke. Wir mussten ständig auf der Hut sein und den achterlichen Horizont beobachten, um rechtzeitig die Segelfläche zu verkleinern. Der Anblick dieser regengeschwängerten, schwarzen Riesenwolken versetzte Heino jedes Mal in Panikstimmung, hatten diese Phänomene doch so mancher Segelyacht den Mast gekostet. Das Problem verstärkte sich des Nachts, da die Stärke der Regenwalzen schwer zu beurteilen war und sie noch bedrohlicher aussahen. Trotz Klimaänderung waren die Wellenhöhen und somit die Schiffsbewegungen gleich geblieben. Ein ewiges Auf und Ab, Hin und Her. Wir waren längst mürbe gerollt. Petra war sehr raunzig und schlief äußerst wenig unter tags. Doris war zum „Pollenputzen à la Biene Maya" langweilig und sie quengelte täglich: „Spielst du mit mir?" „Liest du mir etwas vor?" Aber dennoch, sie dürfte es eher akzeptieren, dass wir noch 10 Tage auf See sind, als ich. Mein Körper war übersät mit blauen Flecken, ich wäre am liebsten ausgestiegen wenn ich nur gekonnt hätte. Aber die SEHNSUCHT rollte und rollte ohne Erbarmen. Wir versuchten unseren Humor aufrecht zu halten und so stimmten Doris und Heino immer wieder das für mich gedichtete Lied an, gesungen nach der Melodie von „Hoch auf dem gelben Wagen!":

Hoch auf den weißen Wogen
sitz ich beim Steuerrad.

Lustig die Fischlein springen,
die Moni, die hängt über Bord.
Die wilden Winde, sie blasen
und treiben uns immer fort.
Ja, sie wäre so gern ausgestiegen,
aber die SEHNSUCHT, die rollt.

Die Mahlzeiten, die Hauptmahlzeit wurde der Hitze wegen auf den Abend
verlegt, waren immer die Höhepunkte des Bordalltags, obwohl das Kochen
ein von Fluchen begleitetes Akrobatenkunststück blieb. Lange Zeit ver-
brachten wir mit der Planung des Menüs.
„Machen wir Bratkartoffel mit Zwiebel und Ei?"
„Oder Reis mit Tomatensauce?"
„Besser wären Kartoffeln mit einer Dose Corned beef", meinte der Kapi-
tän, kein Freund fleischloser Kost.
„Ich hätte lieber Spaghetti mit Sugo", konterte das Crewmitglied.
„Omeletten mit Champignons wären auch fein", gustierte die Bordfrau.
Irgendetwas kam immer auf den Tisch und bei einer Wellenhöhe von über
vier Metern gab es dann ein phantasievolles Dosenfertiggericht.

18. Tag auf See.
Die Stimmung an Bord war miserabel. Wir waren gereizt und aggressiv und
dazu hundemüde. Heinos Kräfte schwanden allmählich. Er flüchtete immer
öfter ins Cockpit, welches die ganze Reise über sehr ungemütlich war, denn
immer wieder kam Spritzwasser über. Er geriet beim Anblick jeder Wolke
aus der Fassung. Dank der ständig anrollenden Regenwalzen hatte er ein
tagesfüllendes Programm: Reffen, Ausreffen, Reffen, Ausreffen und wieder
von vorne. Die dadurch bedingten Kursänderungen mussten ebenfalls korrigiert werden.
„Monika, komm, geh ans Steuer", lautete der Befehl des Kapitäns.
Ich hing die Kette der Selbststeueranlage aus, reagierte aber zu langsam.
Das Segel schlug back.
„Gegensteuern!", kam die Anordnung. „Krach" – das Segel schlug zurück
und durch diese Kraft brach der Spinnakerbaumbeschlag.
„Bumm!" Der Spinnakerbaum krachte auf das Deck. Gott sei Dank fiel er
nicht ins Wasser. Heino schimpfte und fluchte. Wir mussten die Passatsegel
zusammenrollen, und, damit das Schiff Fahrt hatte und auf Kurs blieb, das
Großsegel setzen. Bis zur Dunkelheit konnte Heino den Beschlag proviso-
risch reparieren und wir rollten die Passatsegel wieder aus. Ein anderes
Problem machte ihm seit einigen Tagen große Sorgen. Das Motorfundament
war durch das ewige Rollen locker geworden. So fürchtete er, dass das

Getriebe sich ebenfalls verschieben könnte, was einen Wassereinbruch zur Folge hätte. Nervös beobachtete er einmal Rigg und einmal Bilge und schimpfte und fluchte bei jeder Lappalie. Bei den weiblichen Crewmitgliedern flossen die Tränen schon bei der kleinsten Kleinigkeit. Doris klagte über Heimweh, wollte unbedingt zur Oma. Sie fühlte sich vernachlässigt, weil Petra mit ihrem „Aufstehwahn" so viel Aufmerksamkeit bekam. Oft hörte sie den Befehl: „Doris, pass auf Petra auf!", womit sie aber überfordert war. Verstärkt wurde dieser Druck auch noch, als Petra einmal das Gleichgewicht verlor und kopfüber zu Boden fiel. Ein blauer Fleck auf ihrer Stirn erinnerte uns ständig an diese Schrecksekunde.

„Durchhalten, Kinder, durchhalten. Hinter dieser Wasserwüste wartet ein Paradies auf uns, ein mit Palmen übersäter Sandstrand – Barbados!", sagten wir uns immer wieder vor. Barbados war das meist gesprochene Wort in diesen Tagen.
Drei Tage noch, vielleicht nur mehr drei Tage und drei Nächte.

20. Tag auf See.
Nach der Mittagsnavigation, erst um 16 Uhr Weltzeit, stand es fest: noch 110 Meilen bis Barbados. Herrliches Wetter, Sonnenschein, klare Luft. Die Stimmung an Bord stieg. Am Horizont zeigte der Himmel eine grünliche Färbung. In unserer Phantasie sahen wir bereits Land. Es musste Land sein! „Barbados – wir kommen!"
Nur noch einen Tag und eine Nacht.

21. Tag auf See.
Sonnenaufgang – es graute, es wurde hell. Wir hatten erwartet Land zu sehen und starrten zum Horizont. Da, dort vorne musste doch Land sein, da, genau vor uns. Aber nichts! Nur Wasser, Wasser, Wasser.
Die Stunden vor Landsicht waren die schlimmsten. Euphorie und Depression gaben sich die Hand. Unser Skipper wurde nervös. Stimmte die Navigation? War der Sextant in Ordnung? Wo waren wir, wo? Fragen, lauter Fragen ohne Antworten. Ich verzog mich enttäuscht in die Kajüte, Petra hatte Hunger. Heino blieb auf seinem Posten und hielt Wache. Eine Stunde lang starrte er Richtung Westen. Plötzlich sah er es. Ein schmaler, grüner Streifen am Horizont. Die SEHNSUCHT sank ins Wellental, der Streifen verschwand, wurde aber am nächsten Wellenberg wieder sichtbar. Von Minute zu Minute war es gewisser, die Halluzination wurde Realität. Als er ganz sicher war, konnte er es nicht mehr für sich behalten.
„Laaaaand in Siiiicht!", brüllte unser Kapitän aus vollster Kehle. Doris und ich hüpften gleichzeitig hoch und stürmten zum Niedergang hinaus. Baby

Petra wurde achtlos liegengelassen und fing zu heulen an. Tatsächlich, wirklich, ganz genau vor dem Bug der SEHNSUCHT, im Dunst leicht verborgen, aber bereits deutlich erkennbar: Land! Wir fühlten uns wie Christoph Kolumbus.

Barbados, recht voraus, das musste Barbados sein. Ein Jubeln, Schreien, Lachen. Wir hüpften vor Freude im Cockpit. Ein Ende der ewigen Schaukelei war in Sicht. Ein Ende des ewigen Hin und Hers. Die Karibik, das Paradies lag vor dem Bug.

Es dauerte aber noch Stunden, bis wir den Anker fallen lassen konnten. Diese Zeit wurde uns aber durch die Vorstellung der Fische und Vögel verkürzt. Schwärme fliegender Fische flogen von Welle zu Welle. Große und kleine Leiber, vielleicht waren es Thunfische, tanzten um uns herum. Vervollständigt wurde die Szene noch vom Lufttanz der Seevögel und Möwen, die sich am reich gedeckten Tisch bedienten.

„Lass uns die Schleppangel ausbringen." Heino kramte unterm Kartentisch nach dem Angelzeug, welches nach einigen Misserfolgen tief in der Versenkung verschwunden war. Die Leine war bei Segelmanövern prinzipiell im Weg gewesen, beziehungsweise unsere Crew vergaß des Öfteren, sie vor einer Hafeneinfahrt einzuholen, weil ja sowieso nie etwas angebissen hatte. Er ließ das kleine silberne Plättchen mit den zwei Haken an der dünnen Nylonschnur im Kielwasser tanzen. Es tauchte immer wieder unter, um dann, wie ein fliegender Fisch über einen Wellenkamm zu hüpfen. Es dauerte nicht lange, die Leine spannte sich und mit einem kurzen Pfiff riss die Schnur und das Angelzeug war futsch.

„Der war wohl eine Nummer zu groß", meinte der Kapitän ohne Gram. Die fliegenden Fische, die sich während der Reise vereinzelt an Deck verirrt hatten, waren immer eine Nummer zu klein, wobei es sich nicht lohnte, die Bratpfanne hervorzuholen.

Wir bargen die Passatsegel und umrundeten mit Halbwind die Südspitze von Barbados. Eine dicke Regenwalze begleitete uns mit ihrem stürmischen Wind und peitschte uns das Wasser ins Gesicht. Egal, die Charlisle Bay tauchte auf, tatsächlich, eine echte Landschaft, kein Foto.

„Schalt das Echolot ein."

„17 Meter", las ich von der Anzeige ab.

„Das funktioniert schon wieder nicht, ich kann schon den Grund sehen", ortete Heino. Den Motor starten wagten wir der lockeren Fundamente wegen nicht, so segelten wir noch an einigen ankernden Yachten vorbei, dann löste Heino die Ankerkette und der Danfort rasselte 15 Meter in die Tiefe. Es war 17 Uhr Weltzeit, die Charliesle Bay und Bridgetown, die Hauptstadt von Barbados lagen vor uns, überdacht von dicken, schwarzen

Regenwolken, doch in diesem Moment für uns der schönste Ort der Welt. Nach 21 Tagen und fünf Stunden und 2.800 Meilen hatten wir es geschafft. Wir sahen und wir rochen wieder Land.

„Ja, was machen wir jetzt, wir wollten doch ganz was Verrücktes tun, wenn wir in der Karibik ankommen?"

Als gleich darauf die ersten dicken Regentropfen fielen, holte ich das Haarshampoo und unter Kreischen und Lachen seiften wir uns von Kopf bis Fuß ein. Der kräftige Regenguss war aber zu kurz und so standen wir mit Seifenhaaren dumm dreinschauend da.

„Juhuu!", mit einem Urschrei köpfelte sich Heino in das türkisfarbene, klare, warme Karibikwasser und die anderen folgten mehr oder weniger elegant seinem Beispiel.

Danach tanzten wir nach heißen Reaggie-Rhythmen von Radio Barbados, bis uns der Atem ausging. Petra sah dem Geschehen mit großen, blauen Kulleraugen zu. Sie verstand die Welt noch nicht und so beschloss sie, mitzukreischen und sich auch zu freuen.

„Wenn alle lachen, so lache ich auch", dachte sie vermutlich.

Die Sonne war kaum hinter dem Horizont verschwunden, da lagen wir schon in unserem frisch überzogenen Bett. Schlafen, endlich schlafen. Ohne Segelschlagen und Windpfeifen, ohne Knarren und Wassergeplätscher, ohne Schaukeln und Rollen und ohne Nachtwachen. Nur noch schlafen und beim Abendgebet dankten wir unserem wachsamen Schutzengel für die gute Ankunft.

Die schwersten 21 Tage und fünf Stunden meines Lebens waren überstanden.

Kapitel 12

Barbados – ein Traum wurde Wirklichkeit

Die ersten Sonnenstrahlen weckten uns. Wir krochen aus der Koje und schauten nach, ob wir nicht doch geträumt hatten. Nein, wir lagen tatsächlich in der Charlisle Bay.

Am Abend vorher hissten wir die gelbe Flagge um den Behörden unsere Ankunft mitzuteilen, was aber keine Reaktion auslöste. So beschlossen wir, mit dem Dingi an Land zu gehen. Fein angezogen, die Damen mit Kleid, der Kapitän mit frischer Jean und weißem T-Shirt, so setzten wir uns ins Dingi und motorten zum Strand.

„Ich steige aus und ziehe euch an Land", rief ich und rutschte über den Rand des Dingis ins vermeintlich knöcheltiefe Wasser. Doch, schon wie beim Ankerwerfen hatten wir uns in der Wassertiefe gründlich verschätzt und ich stand bis zur Mitte im klaren Nass. Das Kleid schwebte wie beim Tanz um mich herum. Vor Verblüffung einer Reaktion unfähig, hob die nächste Brandungswelle das Dingi hoch und surfte damit zum Strand. Die nächste schwappte mit Getöse über das Heck und bescherte unserem Kapitän ein nasses Hinterteil. Das Baby, am Boden sitzend, begann wegen des plötzlichen Wassereinbruchs zu brüllen. Doris, am Bug des Dingis blieb verschont und kam als einzige trocken an Land.

„Schau, der schöne Strand!" Voll Begeisterung, endlich wieder Land unter den Füßen zu spüren, fing sie an zu laufen. Aber ihre Seebeine machten dabei nicht mit und patsch-bum, lag sie auf der Nase, das Kleid nass und paniert mit Sand. Der zweite Versuch ihren 21-tägigen Bewegungsmangel aufzuholen, schlug ebenfalls fehl, sodass sie sich besann und ganz vorsichtig einen Fuß nach dem anderen auf die Erde setzte.

„Typisch Mountainsailors!", hörten wir in Gedanken Dietmar spotten, hätte er unsere Strandung beobachtet.

Mit triefenden, sandigen Kleidern wollten wir uns den Behörden nicht zeigen, deshalb schickten wir unseren Skipper mit nassem Hosenboden alleine weg und genossen das „Beachlife". Nach zwei Stunden kam der Arme erschöpft und mit Blasen an den Füßen zurück, und brachte nur die Nachricht mit, wir müssten mit Schiff und gesamter Crew zum Einklarieren in den Tiefwasserhafen.

Armer Kapitän. Er zog den 30 Kilogramm schweren Anker aus 15 Meter Tiefe und wir motorten zum Hafen, wo wir am Pier festmachen wollten. Es herrschte ein fürchterlicher Schwell, was dieses Manöver erschwerte. Die übergroßen Gummiballen, zum Abfendern von Containerschiffen gedacht, drückten bei jeder anrollenden Welle die Relingstützen gefährlich nach

innen und donnerten ständig an die Winsch, die dank der langen Einklarierungszeremonie aus ihrer Verankerung riss.

Hafenbüro: Formulare ausfüllen, Crewliste, Waffe und Munition abgeben.

Gesundheitsbehörde: Formulare ausfüllen, Crewliste.

Einwanderungsbehörde: Formulare ausfüllen, Crewliste, Pässe.

Nach einigen Stunden war die Prozedur vorbei und es nahte die Dunkelheit. Bei diesem Schwell wollten wir nicht bleiben, so beschlossen wir zurück zur Charlisle Bay zu fahren.

„Wie habt ihr denn das Schiff hierher gebracht?", fragte ein österreichischer
Tourist, auf dessen Bauch ein Photoapparat baumelte und der, mit einer
Gruppe den Hafen besichtigte, unseren Kapitän. Heino schaute ihn verblüfft
an, ohne eine Antwort zu wissen.

„Habt ihr es in einem Containerschiff herübergeschafft?"

Barbados – Karibik. Diese zwei Worte sind in Las Palmas in jedermanns
Mund gewesen. Fast alle Yachten, die über den Atlantik segelten, selbst die
großen Regatten steuerten diesen Ort an. Und hier hieß es: „Fahrt schnell
wieder weiter, es gibt viel Schöneres und Billigeres in der Karibik als
Barbados." Wir wollten uns aber selbst davon überzeugen und erkundeten
in den nächsten Tagen die Insel. Von der Landschaft her war sie etwas kahl
und karg. Sie verknüpfte britische Tradition, Barbados war drei Jahr-
hunderte in britischer Herrschaft gewesen, mit einer Volkskultur afrikanischen Ursprungs. Seit 1966 unabhängig, beherbergte sie zu 90 Prozent
Schwarze, die zum großen Teil recht arm waren. Bridgetown, die Hauptstadt, war eine laute, hektische, heiße Stadt. Viele, links fahrende Autos
verstopften die Straßen. Unzählige Taxis warteten auf Kundschaft und
wurden an jeder Straßenecke angeboten. Unser Weg führte zum Markt, um
unseren Lebensmittelvorrat aufzubessern. Das Angebot war enttäuschend
und die Preise horrend. Prinzipiell zahlte man für jedes Stück Obst einen
Barbadosdollar was damals umgerechnet zirka sieben Schilling waren. Versuchte man zu handeln, erklärte uns jedermann, dass alles importiert werden
müsse und wie schwierig das Ökosystem ihres Landes sei, und außerdem
sei der weiße Mann ohnedies reich. Die Menschen waren Fremden gegenüber zurückhaltend, sogar etwas ablehnend.

„Wozu braucht ihr unser Brot, ihr könnt doch im Hotel essen", meinte ein
alter Mann hinter seinem Ladentisch und gab nur widerwillig einen Sandwich her.

Und die alte schwarze und äußerst hässliche Frau, die am Markt am Boden
saß, beleidigte mein Mutterherz zutiefst. *„She looks like a monkey, ha ha
ha!"*, sagte sie und zeigte auf Petra, die, eine Banane essend, auf Heinos
Rücken in ihrem Tragegestell saß.

Und der Ankerplatz? Das herrliche türkisfarbene warme Wasser war ständig in Bewegung: Schwell, Schwell, Schwell!

Ich war - noch geschwächt von der Überfahrt - nicht fähig, Hausarbeiten zu verrichten, ohne seekrank zu werden. Die Schmutzwäsche brachten wir daher in die nahe Wäscherei. Doch am übernächsten Tag bekamen wir die Hälfte gewaschen und die Hälfte ungewaschen, aber alles klitschnass, mit der Begründung, es wäre zu viel Arbeit, zurück. Und alles roch schlecht. Wir hatten Mühe sie halbwegs trocken zu bekommen von sauber war keine Rede.

Wir flüchteten täglich an Land und legten am Steg des „Bootyard", eines Marina – Bar - Restaurants an, wo es auch Wasser und Duschen gab und auf dessen Eingangsschild „Visitors welcome" stand. Es war der Segler-treff, wo man jene wieder sah, die man auf den Kanaren verabschiedet hatte. Und so hörten wir viele Geschichten von Überfahrten und Schicksale von Mannschaften, und wir kamen zu dem Schluss, dass wir eine gute, schnelle und problemlose Atlantiküberquerung hatten. Dort lernten wir auch Walter kennen, einen 60 jährigen Einhandsegler, der mit der alljährlichen Regatta über den Atlantik mitgesegelt war. Ursprünglich hatten auch wir geplant, mit dieser Regatta zu fahren, aber wir waren viel zu spät auf den Kanarischen Inseln angekommen, denn sie startete bereits im November. Walter hatte Pech und gleich zu Beginn der Überfahrt Mastbruch. 61 Tage brauchte er bis Barbados und erhielt trotz Funkverbindung keinerlei Hilfe von der Regattaführung.

„Ich wäre fast gestorben", schloss er seine Erzählung.

Viele Stunden verbrachten wir plaudernd im schattigen Gastgarten, so manches Sandwich wurde bestellt und so manches eisgekühlte Cola wan-derte in unsere durstigen Kehlen und viele Barbadosdollars in die Restau-rantkasse. Doris aalte sich unterdessen im klaren, warmen Wasser und die uns als Schwell so störenden Wellen bereiteten ihr das größte Vergnügen. Sie liebte es, den Brandungswellen entgegen zu laufen und sich hinein zu werfen. Endlich, endlich nach monatelangem Leben auf See, konnte sie nach Herzenslust baden.

„Hallo, seid ihr auch schon da?", hörten wir plötzlich rufen und die „orange Hose" stand vor uns. Jetzt allerdings mit türkisem Rock, da die Hose ihren Geist aufgegeben hatte. Das Mädchen hatte auf Las Palmas auf der Yacht NEPUMUK angeheuert und dort des Öfteren mit Doris gespielt. Da wir ihren Namen nicht kannten, war sie für uns, nach ihrer ständigen Beklei-dung die „orange Hose". Antje, so hieß das 20 jährige deutsche Mädchen, sah blass und mitgenommen aus. Krankheit und Streit auf ihrem Schiff hinterließen Spuren. Der Kapitän wollte jetzt seine Crew loswerden, was sich wegen der strengen Einwanderungsbehörde als äußerst schwierig erwies. Nur wer ein gültiges Flugticket hatte, durfte von der Crewliste gestrichen werden. Sie erzählte viel und keine schönen Dinge über ihre Reise hierher und sie tat uns leid. Als sie uns fragte, ob wir sie nach Martinique mitnehmen könnten, willigten wir nach einigem Hin und Her doch ein. Eine Bedingung war, dass sie genug Geld hat, um sich in Martinique selbständig zu machen. Sie versprach, fleißig mitzuhelfen, Doris zu beschäftigen und Baby zu sitten. Das war verlockend für uns, waren wir doch seit einem halben Jahr nicht ausgegangen. So hatten wir, entgegen unseren Vorsätzen eine Mitseglerin. Zwei Tage später, nachdem ihre Geldüberweisung aus Deutschland angekommen war, kam sie zu uns an Bord. Nach ebenso langen Ausklarierungsformalitäten im Tiefwasserhafen, wo auch der Kapitän der NEPUMUK zur Crewübergabe anwesend sein musste, verließen wir die Insel Barbados.

Kapitel 13

Martinique – oder ist es doch St. Lucia?

„Vielleicht ist es doch die Südspitze von Martinique?"
„Nein, das ist St. Lucia!"
„Wollen wir wetten?"
„Ja, wetten wir", antwortete ich mit der Sicherheit eines Siegers.
„Wenn ich recht habe, lädst du mich zu einem Drink ein, wenn nicht, bezahle ich."

Ziemlich unbeschwert schipperten wir von Barbados Richtung Martinique. Wir setzten die Passatsegel und steuerten, wie schon die ganze Atlantiküberfahrt zwischen 270° und 290°. Erst als nach Mitternacht ein Leuchtfeuer zu sehen war, dessen Kennung wir laut unseren Seekarten nicht zuordnen konnten, wurde der Kapitän nervös. Wir waren einige Zeit im Zweifel, ob wir eine Inseldurchfahrt, oder das Land selbst ansteuerten. Zu allem Überfluss wurde der Wind stärker. Wir mussten die Passatsegel wegnehmen und das Groß setzen. Die Lichter des Flugplatzes, die ein landendes Flugzeug aufnahmen, brachten dann die Gewissheit, dass wir uns vor der Südspitze von St. Lucia befanden und genügend freier Seeraum vor dem Bug war. Die Strömung hatte uns weit nach Süden versetzt. Beim Morgengrauen konnten wir die beiden Pitons, die Wahrzeichen dieser Insel erkennen.
„Vielleicht ist es doch Martinique", meinte unser Skipper mit einem Fünkchen von Hoffnung in der Stimme, damit er seinen Navigationsfehler vor seinem neuen Crewmitglied nicht zugeben musste. Dieses hatte, so wie unsere Kinder, geschlafen wie ein Murmeltier. Jetzt nach Sonnenaufgang regte es sich in der Hundekoje.
Langsam, im Lee der Insel bei ruhiger See, zogen die ehrfürchtigen Gipfel der Pitons an uns vorbei und beim Frühstück scherzten wir noch über die Navigationspleite.
„Ist das St. Lucia oder Martinique?", rief Antje einer vorbeifahrenden Yacht zu. Gott sei Dank verblies der Wind ihre Worte.
Palmenbestandene Sandstrände zogen an uns vorbei, der Duft tropischer Vegetation stieg uns in die Nase. Einstimmig beschlossen wir, dass Martinique noch warten konnte und wir steuerten die Marigot Bay an, eine Traumbucht, wo einst der Film „Dr. Doolittles" gedreht wurde. Beinahe unsichtbar war die schmale Einfahrt in die von Mangrovenwäldern umgebene Bucht. Eine schmale Landzunge, mit Palmen übersät, trennte sie vom Atlantik. Wir glitten durch herrlich ruhiges Wasser zu unserem Ankerplatz und waren überwältigt vom Anblick dieses Fleckens Erde. Hinter den Man-

groven vervollständigte ein steil ansteigendes, zerklüftetes, dicht mit tropischem Regenwald bewachsenes Vulkangebirge das Bild.

„Stellt euch vor, ich hab das Paradies gesehen", so beschrieb Heino im Brief an seine Eltern diese Bucht.

„*Hey, man, you need Bananas?* " Ein schwarzer Jugendlicher ruderte mit seinem Surfbrett zum Schiff. Überall in der Bucht herrschte rege Verkaufstätigkeit und wir hatten erst Ruhe, nachdem eine Staude Bananen am Achterstag hing.

Die Einklarierung im netten, weiß-blau gestrichenen Holzhaus mit einem höflichen Beamten darin war einfach und unkompliziert.

Der Tag neigte sich dem Ende zu, kein Schwell störte, wir schliefen herrlich ruhig. Am nächsten Morgen wurden wir vom Gezwitscher tausender Vögel geweckt. Die ersten Sonnenstrahlen durchdrangen den aufsteigenden Dunst, sie blinzelten durch das Dickicht der steil aufsteigenden Berge und gaben diesem Plätzchen etwas Paradiesisches und Friedliches. Alle schliefen noch, ich genoss diese Ruhe und das Zusammenspiel der kühlen Morgenluft mit den ersten wärmenden Sonnenstrahlen. Langsam erwachte die Bucht, die schwarzen Jungs gingen an die Arbeit und boten allen Yachten Bananen, Papayas und Gemüse an. Die Vögel kamen zum Frühstück und pickten unsere Bananen an. Sie waren aber so anständig und fraßen erst eine auf, bevor sie mit der nächsten begannen. Auch meine Crew erwachte allmählich zum Leben und forderte ihr Recht.

Die nächsten Tage waren erholsam und wir konnten in Ruhe die Spuren unserer Atlantiküberquerung beseitigen, ohne seekrank zu werden. Antje machte mit Doris viele Ausflüge an Land. Sie fanden schnell Kontakt zu den Einheimischen, besonders zu den jungen Männern, die Antje alle „*happy*" machen wollten, vermutlich wegen ihres kurzen Röckchens. Die beiden Mädchen verstanden sich recht gut, hatten viel Spaß miteinander, aber genauso oft stritten sie, wie Geschwister. Ich wurde das Gefühl nicht los, ein drittes Kind an Bord zu haben. Petra fasste zu unserem neuen Crewmitglied nur langsam Vertrauen. Aber eines Abends, als die Reaggy-Rhythmen vom nahen Hurrcane Hole Hotel zur SEHNSUCHT drangen, hielten wir es nicht mehr aus an Bord und überließen Antje die Kinder. Ausgelassen tanzten wir den ganzen Abend und schlürften an der Bar ein Glas Pinacolada, ein typisch karibisches Mixgetränk aus Rum, Ananassaft und Kokosnuss.

„Ihr habt offensichtlich schon lange nicht mehr getanzt", meinte ein Bargast bei der Beobachtung unserer übermütigen Bewegungen.

Lohnend war der Aufstieg zum Dorf. Von dort genoss man einen herrlichen Blick auf die Bucht sowie auf die tropischen Regenwälder ringsum. Ich staunte über Pflanzen, wie Gummibäume, Philodendron oder Dieffenbachia, die zu Hause mühsam im Blumentopf gezogen, hier wie Unkraut wucherten und im Straßengraben zu finden waren. Drehte man sich um, sah man die ärmlichen Hütten der Einheimischen. Beim Einkauf im einzigen Geschäft dieses Ortes hatte ich das Gefühl, ich würde den Menschen hier etwas wegnehmen, vielleicht verstärkt durch die Unfreundlichkeit der Verkäuferin. Der Großteil der Leute war aber freundlich und aufgeschlossen und unsere Kinder waren meist Anlass zu einem Gespräch.

Um Antje eine Freude zu machen, fuhren wir nach Castries, der Hauptstadt von St. Lucia. Es gefiel uns aber allen nicht, der Schwell in der Bucht war stark und die Liegegebühren am wackeligen Holzsteg des Yachtclubs sehr hoch.

„Fahren wir wieder in die Marigot Bay", war der einstimmige Beschluss. Jeder wollte noch einmal die herrliche Einfahrt genießen. Wir wurden aber von einem Wolkenbruch überrascht und fanden die Einfahrt nur, weil wir die Landmarken genau kannten. Jetzt konnte ich mir gut vorstellen, dass während der britisch-französischen Kämpfe um St. Lucia sich die britische Flotte hier versteckt hielt, ohne entdeckt zu werden. Indem sie ihre Riggs mit Palmenblättern getarnt hatten, waren die Schiffe von See aus nicht zu erkennen gewesen. Bei strömendem Regen absolvierten wir das Ankermanöver. Der Anker war im modrigen Boden versunken, der Spuk vorbei und die Sonne blinkte wieder aus den Nebelschwaden. Zurück blieb eine triefende Crew, die ihre Kleider auswrang. Bald darauf, kamen die schwarzen Jungs: *„Papayas, I bring you Papayas!"*, bot David mit krächzender Stimme an. Er stand auf seinem Surfbrett, hielt sich an der Reling fest und palaverte. Zu einem Drink sagte er nicht nein und als eine halbe Flasche Rum leer war, zog er ab um uns Papayas zu bringen. Wir sahen ihn nie mehr.

Einmal musste ein Ende sein, das Wasser ging zur Neige, ebenso die Lebensmittel. Die Batterien bedurften dringend einer Ladung und wir hofften unsere Bedürfnisse auf Martinique günstig befriedigen zu können. Hart am Wind holperten wir gegen Norden. Die Abdrift war enorm, so dass wir es nicht mit einem Schlag schafften und aufkreuzen mussten. Zwölf Stunden dauerte die Überfahrt. Der „Rocher du Diamant", die einsame felsige Zinne vor Martinique, leuchtete in der untergehenden Sonne und trug den Namen zu Recht. Bei Nacht fuhren wir in die große Bucht von Fort de France ein und ankerten vor der hell erleuchteten Stadt auf der Rade de Flammands.

Der erste Landgang ließ euphorische Stimmung in uns aufkommen. Die Zivilisation hatte uns wieder: Geschäfte, Lokale, Großstadtgetriebe, Waren und Lebensmittel jeglicher Art und alles in Hülle und Fülle. Alles was das Herz begehrte gab es hier. Supermärkte mit europäischem Angebot ließen unsere Packkisten wieder voll werden und bereicherten den Speisezettel.

Die Einklarierungsformalitäten waren einfach und unbürokratisch. Ein gelangweilter Beamter saß in einem Containerbüro und schob uns ein Formular entgegen. Auf die Frage, ob ein Crewmitglied von der Crewliste gestrichen werden könne, erhielten wir nur ein Achselzucken.

Martinique, ein Departement Frankreichs, war ein Stück Europa in der Karibik. Eine wohlhabende, zivilisierte Insel, mit überwiegend schwarzer Bevölkerung, die aber oftmals europäische Züge aufwies, besonders die jungen Mädchen. Sie waren Fremden gegenüber freundlich bis teilnahmslos. Wir ankerten inmitten von zirka 200 Yachten, einer Großstadt eben. Nach den ersten Tagen voll Entdeckungen herrschte nur mehr ein Thema auf der SEHNSUCHT und ließ uns stundenlang diskutieren: „Was nun?"

Es war März und um wie geplant über den Nordatlantik zurück zu segeln, müssten wir allmählich mit den Vorbereitungen beginnen. Der Gedanke, diese Strapazen für nur acht Wochen Aufenthalt in der Karibik ausgehalten zu haben, deprimierte mich. Aber an eine nochmalige Atlantiküberquerung mochte ich nicht einmal theoretisch denken. Das Schiff verkaufen, war bei der Menge Yachten *„for sale"* und *„a vendre"* bestimmt nicht einfach, wenn nicht sogar unmöglich. Oder Arbeit suchen und die Reise verlängern? Was und wo?

Unsere Mitseglerin hatte sich in der Großstadt ebenfalls gewandelt. Sie war nächtelang unterwegs, meist mit unserem Dingi, und trieb sich mit merkwürdigen Typen herum. Oft kam sie beschwipst, und meist nur zum Essen und Schlafen aufs Schiff. Wir fühlten uns ausgenutzt.

„Lasst euch nur Zeit mit dem Einkaufen, Doris kann bei uns bleiben, ihr könnt sie dann am Abend abholen, meinte Saras Mutter, die mit ihrem italienischen Freund unterwegs war. Doris war froh, wieder eine Spielkameradin in ihrem Alter gefunden zu haben und verabschiedete sich von uns. Ich war ebenfalls froh, denn die vorherigen Male blieb Sara zum Spielen bei uns am Schiff und da die beiden Mädchen den gleichen Dickkopf besaßen, gab es oft Streit. Der letzte endete damit, dass meiner alten Puppe Bärbel, die ich Doris vermacht hatte, ein Arm ausgerissen wurde.

„Unreparierbar", diagnostizierte Heino und so verstaute ich sie traurig in der tiefsten Packkiste. Wir erledigten unsere Einkäufe und bei Sonnenuntergang fuhr Heino mit dem Dingi los um unser Kind abzuholen. Nach kurzer Zeit kam er zurück.

„Monika, das Schiff ist weg!" Mir lief die Gänsehaut über den Rücken.

„Das gibt es nicht, es ist ja da drüben gelegen". Er fuhr noch einmal etliche Runden, es wurde immer dunkler. Panik erfasste uns. Wir befragten alle umliegenden Yachten, keiner wusste etwas. Keiner achtete auf den anderen. Wenigstens erfuhren wir den Schiffsnamen. Wir drehten das Funkgerät auf und funkten ununterbrochen, erhielten jedoch keine Antwort. In der Zwischenzeit setzte ich mich in das Beiboot und kurvte wie verrückt zwischen den 200 Yachten und dem Anlegesteg umher. Saß jemand an Deck, blieb ich stehen und fragte nach dem italienischen Schiff. Ich bekam zum Teil ablehnende zum Teil mitfühlende Antworten. Angst und Panik steigerten sich. Mein Kind war fort. Gestohlen. Verkauft. Vergewaltigt. Ermordet. Meine Phantasie schlug Purzelbäume. Nach drei Stunden erfolglosen Suchens beschlossen wir, an Land zu gehen und Anzeige zu erstatten. Dort angekommen, standen Doris, Sara und ihre Mutter am Kai und warteten schon auf uns. Wo sie gewesen seien? Tja, ihr Freund habe unbedingt in die Carenage Bucht zur Werft gewollt. Doris zurückbringen? Dazu sei keine Zeit gewesen, sonst wäre ihr Freund böse geworden. Die Antworten auf meine barschen Fragen kamen unschuldig über ihre Lippen. Auf die Idee, das Funkgerät aufzudrehen, waren sie nicht gekommen. Meine Angst wandelte sich in Zorn, ich hätte dieser Frau beinahe die Augen ausgekratzt.

„Darf Doris morgen wieder zum Spielen kommen?" fragte sie mit einem süßen Lächeln. Ich fauchte nur ein „Nein" und schubste Doris ins Dingi. Dem Zorn wich nun Erleichterung und Freude. Ich drückte mein Kind schluchzend an mich.

„Hör endlich auf mit dieser Abschmuserei", war bloß ihr Kommentar.

Nach dieser Aufregung kam Antje mitten in der Nacht nach Hause. Wir hörten sie mit jemandem wispern und kichern. Nachdem das fremde Dingi weg war, setzte sie sich in unseres, startete den Motor und fuhr weg. Heino sprang aus dem Bett, wollte sie zurückholen, weil kaum noch Benzin im Tank war. Zu spät. Sie hörte uns nicht mehr. Jetzt verbrachten wir schlaflose Stunden aus Angst, sie könnte, betrunken wie sie war und ohne Motor vom starken Passatwind erfasst und in die weite karibische See getrieben werden.

„Jetzt ist Schluss, morgen schmeiße ich sie raus." Heino hatte genug. Nach Stunden tuckerte sie endlich an. Es war ein Wunder, dass der Treibstoff noch gereicht hatte.

Am nächsten Tag kam es zu einer heftigeren Auseinandersetzung als uns lieb war.

„Das passiert mir immer wieder. Zuerst mag man mich und dann werde ich rausgeschmissen", meinte Antje unter Tränen.

Wir brauchten Tapetenwechsel, überquerten die Bucht von Fort de France und ankerten in Anse Mitan. Am Ponton du Bakoua, einer kleinen Marina, konnten wir Wasser tanken und die Batterien laden. Dort lernten wir auch Toni und Moni kennen, die eine Wende in unsere Pläne brachten.

„Gegen Heimweh kannst nix machen, da muasst nur heim", meinte Toni, der als Skipper auf dem Charterschiff NANCY hier in der Karibik arbeitete.

„Da siagst nix Schens mehr, da is nix mehr schen, da kannst tuan wast willst", so beschrieb Toni seinen Gemütszustand. Jetzt, nach einigen Jahren Karibik plagte ihn das Heimweh und er wollte seinen Job aufgeben. Die NANCY sowie das Schiff GEORGIA gehörten einem Österreicher namens Georg. Heino sah darin eine Chance die Reise zu verlängern. Toni riet uns von dem Job ab und erzählte Horrorgeschichten vom Charterbusiness. „Alles bringst net zam, alles kannst net haben!", war sein Leitspruch. Aber er versprach, mit Georg zu reden, dessen Ankunft bald erwartet wurde.

Die Ankerbucht Anse Mitan, umrandet von einem Strand, zwar etwas schmutzig und am Wochenende immer überfüllt, war für Doris wieder ein Spielparadies. Wir verbrachten die Nachmittage am Strand, wo sie immer wieder Kinder zum Spielen fand. Interessiert beobachtete ich, dass bei Kindern die Sprache eine untergeordnete Rolle spielt. Sie schauten sich nur an, einer fing zu laufen an und der andere lief hinterher und schon hatte sie wieder einen Freund gefunden. So war es auch mit dem kleinen Franzosen Clement. Nach so einem Spielnachmittag merkten wir, dass sein Boot direkt neben unserem ankerte. Am nächsten Morgen schwamm er zu uns, kam an Bord, setzte sich mit nasser Hose auf unsere Pölster, räumte das Spielzeug aus, gab Petra einen Kuss auf die Wange, und war wie ein Wirbelwind in unser Leben getreten. Abends stand er am Deck und rief herüber: *„Doriiiis, I love you!"*

„Was soll ich jetzt tun, soll ich ihn heiraten?", fragte sie ratlos.

Hier in der Bucht von Anse Mitan lernte Doris richtig gut schwimmen und tauchen. Jetzt konnte sie endlich unbeaufsichtigt an Deck spielen.

Petras Gitterbett entsorgten wir und ersetzten es durch ein höheres Gitter entlang der ganzen Kojenfront, so konnte sie jetzt unbekümmert aufstehen ohne, Gefahr kopfüber hinaus zu fallen, und ihre neu erworbenen Krabbelfähigke iten üben, die am Strand perfektioniert wurden.

Mehrmals täglich kam die Fähre von Fort de France nach Pte. de Bout. Sie brachte fürchterliche Schwellwellen mit sich, sodass alles im Schiff durch die Gegend geschleudert wurde. Deshalb hielten wir immer ein Auge darauf, und auf das Kommando „Fähre!" brachten wir alle losen Gegenstände in Sicherheit. Wir benutzten dieses Gefährt aber auch für unsere Einkaufsfahrten in die Stadt, weil es einfacher war, als den Anker zu lichten und selbst hinüber zu segeln. Bei der Überfahrt konnte man immer wieder die Surfer beobachten, welche die Bucht von Fort de France querten. Die spitzen, bunten Segel sahen von der Weite wie lauter kleine, über die Wellen hüpfende Zwerge aus.

George kam. Er müsse es sich noch überlegen, meinte er. Wenn er zurückkäme von seinem Chartertörn, würde er uns Bescheid sagen.

Also warteten wir wieder und segelten nach St. Anne, im Süden von Martinique, vorbei am Diamant Rock. Wir betrachteten den steilen Felsen und konnten uns nicht vorstellen, dass die Engländer während der Eroberungskriege fünf Kanonen, Vorräte und 110 Mann auf diesem einsamen Steinpfeiler platzieren konnten. Sie verteidigten 17 Monate lang die Insel gegen die Franzosen. Sie betrachteten den Rock als ihr Schiff und man sagt, die Navy-Schiffe salutieren heute noch, wenn sie daran vorbeikommen.

Das lange Aufkreuzen gegen Wind und Strömung wurde belohnt. Weißer Sand, kristallklares Wasser und tropische Vegetation leuchteten uns entgegen. Heino und Doris schnorchelten am nahen Riff und kamen mit Begeisterungsstürmen von ihrem Tauchgang zurück. Petra, die zurzeit sehr raunzig war, gönnte mir auch kurz dieses Vergnügen. Eine neue Welt tat sich vor mir auf. Um und über einem Korallenstock, der an Schönheit einen Kristalluster übertraf, tummelten sich leuchtend bunte Fische wie in einem Ballsaal zum Tanz. Blaue, silberne, gelbe, rote Roben trugen sie und bewegten sich elegant im Takt der Wellen. Ich kam aus dem Staunen nicht heraus, obwohl die undurchdringliche Tiefe am Rande des Riffs mir noch Furcht einflößte.

Wir zogen es vor, die Nächte in Cul de Sac Marin zu verbringen, einem sicheren Ankerplatz, auch als Hurricane Hole geeignet. Dort brach ich mir an einem, im Sand verstecktem Stein den Zeh. Es war sehr schmerzhaft und ich jammerte.

„Mach kein Drama daraus", sagte mein mitfühlender Ehemann.

„Das hab ich auch schon einmal gehabt. Der gebrochene wird einfach an den mittleren Zeh geklebt und somit fixiert." Mit diesen Worten holte er aus dem Kartentisch ein rotes Isolierband und wickelte es um meinen blau verfärbten, geschwollenen Zeh.

Am Tag des „Zehdramas" gab es auf der SEHNSUCHT auch noch eine „Zahntragödie". Die Vorgeschichte: Doris hatte ihren ersten Wackelzahn, den keiner anrühren durfte. Petra, die eben zwei Zähnchen bekommen hatte, trat ihrer Schwester beim stürmischen Spielen einen Zahn aus. Die Tragödie dabei war, dass es nicht der Wackelige war sondern sein Kumpane daneben. Der Wackelzahn stand noch quer im Mund, wo er trotz gutem Zureden so lange stand, bis er von selbst ausfiel.

Bei der Rückfahrt nach Anse Mitan hatten wir Wind und Strömung mit uns. Treffen mit George und neue Verhandlungen. Einigung auf Gehalt, fünftausend Schilling (nach damaliger Währung) ohne und zehntausend mit Chartergästen. Standort sollte Union Island sein, da wir nicht in Martinique bleiben wollten. In Union Island gab es einen Yachtclub und George kannte dort einen schwarzen Angestellten, Mr. Laurence, der uns bei der Arbeit behilflich sein konnte. Die Aussicht auf ein Einkommen ließ uns die Reise um mindestens ein Jahr verlängern. Doch der Gedanke, noch ein Jahr in der Fremde zu verbringen, ließ mein Heimweh wachsen und ich sah jedem Flugzeug, das gegen Osten flog, sehnsüchtig nach. So beschlossen wir, dass ich mit den Kindern Heimaturlaub machen und dabei eine Verlängerung des Karenzurlaubes für weitere zwei Jahre beantragen sollte.

Heino fuhr mit Toni und seinem neuen „Arbeitsplatz" GEORGIA, einer schönen, 14 Meter langen Segelyacht vom Typ Formosa, nach Union Island. Wir blieben drei Tage alleine. Ein Vorgeschmack auf spätere Zeiten.

Mit dem Inselhüpfer kamen sie zurück und dann starteten wir mit unserer SEHNSUCHT und Toni und Moni mit ihrer NANCY Richtung Süden und eroberten die Perlen des Karibischen Meeres.

Kapitel 14

Inselhüpfen – auf zur neuen Heimat

„Warum isst du den guten Camembert, wenn du ihn in einer Stunde sowieso wieder über Bord spuckst?", fragte mich mein liebender Ehemann. Ich hielt kurz beim Kauen inne, dann nahm ich mir demonstrativ noch ein Stück. Wir saßen beim Frühstück mit Baguette und französischem Käse und hatten alles für die Fahrt nach Union Island in den Grenadines vorbereitet. Die Packkisten voll mit Leckereien aus den gut sortierten Supermärkten von Martinique, Wasser und Diesel waren gebunkert und die Batterien aufgeladen. Ich freute mich auf den bevorstehenden Segeltörn, hatte doch Heino, der diese Fahrt schon einmal gemacht hatte, von den Schönheiten der südlich gelegenen Inseln geschwärmt.

Als wir aus dem Lee von Martinique kamen war es mit der Freude vorbei. Der Wind kam gegenan und das ziemlich stark, die See war rau. Die starke Schräglage und das holprige Fahren taten ihr Werk und so spuckte ich den guten Camembert früher als mir lieb war über Bord. Langsam, sehr langsam bolzte unsere SEHNSUCHT dahin, gebremst auch noch von dem starken Unterwasserbewuchs. Nach zwölf Stunden Fahrt fuhren wir nicht wie geplant in die Rodney Bay ein, sondern steuerten im Dunkeln die Marigot Bay an, wo wir die Gegebenheiten, das Leuchtfeuer von Castries und die hell erleuchteten Tanks nördlich der Bucht, bereits kannten. Erleichtert wurde die Einfahrt durch eine hell erleuchtete Luxusyacht.

1. Insel: St. Lucia

„Hey man, do you want Papayas?", krächzte am nächsten Morgen eine Stimme.

„ I have Papayas for you, good for the kids, a good price for you!"

„Are you David?", fragte ich von der Relingabdeckung hervorschauend.

„You know me?", kam es erstaunt zurück. Diese krächzende Stimme war unverkennbar, schließlich hatte er, bei unserem letzten Besuch, eine halbe Flasche Rum verdrückt mit dem Versprechen, Papayas zu bringen, die wir allerdings nie sahen. Auch jetzt konnte er zu dem angebotenen Gläschen nicht nein sagen, rauchte dazu eine Zigarette und palaverte. Wir ließen uns überreden, von ihm Bananen zu kaufen, die er ganz frisch von der Plantage „organisieren" wollte. Nach einer Stunde kam er tatsächlich zurück und hatte eine Staude auf seinem Surfbrett. Ich war auf hartnäckiges Feilschen eingestellt, aber als plötzlich ein anderer Bursche auf unser Schiff zugerudert kam, akzeptierte er sofort den von mir sehr tief angesetzten Preis und so schnell konnten wir gar nicht schauen, war er weg. Den Grund dafür

erfuhren wir sogleich. Er hatte uns Plantinas, also Kochbananen angedreht. Die Staude machte uns so manches Kopfzerbrechen. Zu schade zum Wegwerfen, versuchten wir, sie in allen Variationen zu kochen, aber sie schmeckten uns einfach nicht. Eines schworen wir uns: Nie wieder Geschäfte mit David!

Noch am selben Tag fuhren wir zurück zur Rodney Bay. Gleich bei der Einfahrt sahen wir Antje stehen und winken. Sie war als blinder Passagier mit einer Yacht auf die Insel gekommen und lebte nun im Dorf, hatte aber noch keine Arbeit gefunden. Sie kam zu Besuch auf die SEHNSUCHT, wo wir uns zwar wieder versöhnten, aber die unbeschwerte Stimmung wollte nicht mehr aufkommen. Es war das letzte Mal, dass wir sie trafen. Ich weiß nicht, wie bei so vielen anderen Bekanntschaften, was aus ihr geworden ist.

Unsere nächsten Freunde waren der Grund dafür, dass wir nicht nur eine Nacht, wie geplant, sondern drei Tage in der Rodney-Bay blieben. Tom, Dee und die kleine Carry trafen wir am Swimmingpool des Yachtclubs. Sie waren mit ihrem Schiff ENCOUNTER bereits sieben Jahre unterwegs. Beide waren Lehrer und obwohl Heino und ich noch nicht so gut Englisch sprachen, konnten wir uns herrlich mit ihnen unterhalten. Sie merkten sofort, wenn wir etwas nicht verstanden, verwendeten andere Vokabel und unterstrichen das Gesagte mit Mimik und Gestik. Doris und Carry schlossen Freundschaft und sie fühlten sich im Süßwasserbecken besonders wohl. Dee, eine Sportlehrerin, zeigte Doris die Technik des Kopfsprungs, den sie in dieser kurzen Zeit perfekt erlernte. Zuerst sah er aus wie ein Froschsprung, also ein Bauchfleck mit angezogenen Knien, dann sprang sie ins Wasser wie ein Stier, der in ein rotes Tuch läuft, Kopf zwischen die Hände, Anlauf, platsch, doch plötzlich gelang er, mit Absprung und gestreckten Beinen. Perfekt.

Wir waren kein einziges Mal am Strand. Die Umgebung der Rodney Bay war nicht sehr schön, kahl und öde, schäbige Häuser, zwischen denen Ziegen und Schweine liefen. Die Einfahrt in die Bucht, von einem großen Wellenbrecher geschützt, war sehr schmal, doch im Inneren fand man herrlich ruhiges, jedoch schlammiges Wasser vor. Dieses musste sehr phosphorhältig sein, denn jede Bewegung ergab ein gewaltiges Seefeuer. Man konnte beobachten, dass die Dingis in der Nacht alle einen Lichterschweif hinter sich herzogen, was uns natürlich veranlasste, zum Spaß so manche Runde durch die Bucht zu drehen.

Wir wären gerne länger geblieben, doch die Pflicht rief, der Job auf Union Island wartete.

2. Insel: Bequia.

Wir beschlossen, einen Nachttörn zu unternehmen, um Bequia bei Tageslicht zu erreichen. Die SEHNSUCHT plagte sich diesmal bei wenig Wind, 60° von vorne, langsam dahin und wir erreichten nicht wie geplant am Vormittag, sondern erst am Abend die Admirality Bay.

Die Bucht lag vor dem Hauptort Port Elisabeth, einem hübschen Plätzchen, wo uns ein netter Beamter im Einklarierungsbüro empfing. Die Formalitäten waren rasch erledigt. Bequia gehörte politisch zu St. Vicente and Grenadines, landschaftlich war es im Vergleich zu den anderen Grenadines-Inseln viel üppiger, vermutlich durch mehr Regen, und die tropische Vegetation gedieh dementsprechend. Zwischen Palmen und exotischen Pflanzen gab es einige nette Restaurants, darunter eine gute Pizzeria und eine originelle Walfischbeinbar. Wir entdeckten eine kleine Imbissbude, wo es günstig ein Einheimischengericht, das sogenannte „Roti" gab, ein in Teig eingebackenes Curryhuhn, bald das Lieblingsgericht von Doris. Die Häuser, hatten hier einen eigenartigen Stil und waren größtenteils aus Holz gebaut. Die hübsche Kirche, die auch als Schule fungierte, war das Zentrum. Bequia war meiner Meinung nach nach Fort de France der zweite Treffpunkt der Weltumsegler. In der Admirality Bay tummelten sich unzählige Fahrtensegleryachten und es war recht eng am Ankerplatz.

Bequia war früher eine Zeitlang das Walfangzentrum und beherbergte gute Fischer und Seeleute. Auch jetzt konnte man noch Bootsbauaktivitäten beobachten. Sogar die Kinder übten sich in diesem Gewerbe und bauten kleine Segelboote aus Kokosnussschalen mit bunten Segeln darauf. Einmal wehte der starke Passatwind so ein Bötchen an der SEHNSUCHT vorbei.

„Papa, schnell, hol mir das Segelboot!", bettelte Doris. Es wurde für einige Zeit ein nettes Spielzeug für unser Kind, bis der Wind es wieder erfasste und es weiterzog.

Bei unseren Landgängen lernen wir zwei Typen von Menschen kennen: Die einen waren nett und höflich, froh über den Tourismus, die anderen, frech und fordernd und auf Ausbeutung aus. So wie die „Dingijungs", meist eine Bande schwarzer Buben, deren Anliegen es war, auf die am Landesteg angebundenen Beiboote aufzupassen.

„One Dollar for watching the Dingi!" war ihr Preis. Zahlte man nicht, so musste man befürchten, dass das Beiboot Schaden nahm. Zahlte man, riss es zwar kein Loch ins Boot, dafür ins Portmonaie.

„Gib ihnen doch den Dollar!", meinte so mancher Chartergast. Kein Problem für einen Urlauber, der sich ein oder zwei Tage auf der Insel aufhielt, doch für Fahrtensegler ohne Einkommen wohl.

Dann gab es grimmig, furchterregend aussehende Rastamänner, mit ihren verfilzten Rastalocken und bunten Kappen, die Gemüse oder selbst gemachten Schmuck verkauften. Bei meiner ersten Fototour auf der Insel wurde ich von so einem Typen angepöbelt. Er forderte für das Fotografieren seiner Person Bezahlung. Ich war nicht gewillt dem Folge zu leisten, befand er sich doch nur zufällig in meiner Schusslinie.

3. Insel(n): Tobago Cays:
Diese fünf Inseln, vier davon eingebettet vom Horseshoe Reef und die fünfte begrenzt vom World's End Reef, waren die Perlen der Grenadines. Fünf unbewohnte Inseln inmitten von türkisfarbenem Wasser, umrahmt von palmenbestandenen, weißen Sandstränden, durften von keiner Segelyacht ausgelassen werden. Dementsprechend voll waren auch die Ankerplätze, was der Schönheit dieses Gebietes keinen Abbruch tat. Wir warfen den Anker zwischen der Insel Petit Ramenau und Petit Bateau.
„Was sind denn das für eigenartige Steinberge?", fragten wir uns. Neugierig ruderten wir an Land. Es waren keine Steine, sondern Berge von Conch-Muscheln, die wie Abfall am Ende des Sandstrandes lagen, zum größten Teil verwittert, nur die jüngsten noch glanzvoll, jedoch alle zerstört.
„Wenn es hier so viele Muscheln gibt, finden wir vielleicht auch eine." Das war der Beginn meiner Muschelsuchsucht. Wir schnorchelten und schwammen im herrlichen Wasser und Heino wurde tatsächlich fündig. Er brachte mir eine wunderschöne rosafarbene Conch aufs Schiff. Meine Freude war groß.
Weniger Freude hatte ich mit seinem nächsten Fang.
„Monika, komm schnell mit dem Dingi her!", prustete Heino einige Meter vom Schiff entfernt. Er war mit seiner Harpune auf Jagd und schleppte etwas Großes, Undefinierbares hinter sich her.
„Was um Himmels Willen ist das?" Er konnte die Beute nicht ins Dingi hieven und zog das Seeungeheuer bis zur SEHNSUCHT. Mit dem Großfall gelang es uns, den Fang an Bord zu ziehen. Es war ein Stachelrochen, ein Weibchen, das auch noch einige Junge in seinem Bauch hatte.
„Er hat mich einfach angegriffen", verteidigte Heino den Abschuss, „ich hatte keine andere Wahl." Der Stachel am Ende des Schwanzes war wirklich beeindruckend.
„Was machen wir jetzt mit dem Riesending?"
„Versuchen wir einmal, wie er schmeckt." Also gab es zum Mittagessen Stachelrochenfilets. Es schmeckte nicht besonders, war aber genießbar. Den ganzen restlichen Tag zerteilten wir das Tier.
„Wie werden wir diese Mengen Fisch bloß los?", war unsere Sorge. Also hausierte Heino mit den Filets und teilte sie auf den anderen Yachten aus, während ich versuchte, die Stücke in Gläser einzukochen. Es war eine ganze Menge Arbeit.

Der junge Skipper einer amerikanischen Motoryacht kam am Abend mit einem Becher Schokoladeeis als Gegengeschenk vorbei. Oh, welch ein Luxus! Die Kinder freuten sich. Er war angestellt, reiche Chartergäste durch die Karibik zu schippern, auf einem Schiff ausgerüstet mit Tiefkühltruhe und Waschmaschine. Wir beneideten ihn wegen seiner luxuriösen Yacht mit allem Komfort und er beneidete uns wegen unseres einfachen, freien Lebens, auf einem kleinen Segelschiff.
„This is my dream!" erklärte er uns.

4. Insel: Mustique:
Die frischen Lebensmittel waren ausgegangen, und das war Grund genug, wieder östlich zu segeln und der Insel Mustique einen Besuch abzustatten. Bei gutem Wind hart von vorne, teilweise unter Mithilfe des Motors, schafften wir die 20 Seemeilen in einer guten Zeit. Der Ankerplatz in der Grand Bay erinnerte an Barbados: Schwell, dass Teller und Tassen vom Tisch flogen. Wir erhielten unser Brot und Obst und da der nächste Tag ein Sonntag war, beschlossen wir einen Familienausflug zur berühmten Sandy Bay zu machen, um das Schiffswrack des ehemaligen Luxusliners ANTIL-LES" zu besichtigen, welcher 1971 mit voller Fahrt zwischen Single Rock und Double Rock auf einem nicht verzeichnetem Riff strandete und vollkommen ausbrannte. Alle Passagiere und Besatzungsmitglieder konnten jedoch gerettet werden.
Mit Kinderwagen und Picknickkorb bewaffnet ruderten wir, der Außenborder funktionierte wieder einmal nicht, zum Anlegesteg.
„Was steht denn da drauf?" Doris hatte oft Gelegenheit zu dieser Frage, denn es gab überall auf der Insel Hinweistafeln, Bekanntmachungen oder verkehrszeichenähnliche Schilder.
„Der Primeminister dieser Insel dürfte eine Schwäche für Tafeln haben."
Wir passierten die ärmlichen Hütten des Fischerdorfes und kamen zu einer hübschen Schule, hinter der sich ein kleiner Flugplatz zeigte. Unser Weg führte uns den Berg hinan, an gemauerten Häusern vorbei und zu gepflegten, parkähnlichen Anlagen mit vereinzelten Teichen, die alle mit blühenden Seerosen geschmückt waren. Palmenwälder, eine Bar mit strohbedeckten Sonnenschirmen und schöne Ferienhäuser, alle mit der Aufschrift: *„Private ".* Als wir das Hotel am Fuße eines alten Forts passierten, näherten wir uns allmählich der Sandy Bay. Schon von weitem erblickten wir das furchteinflößende Wrack des Luxusliners ANTILLES inmitten von zerklüfteten, eindrucksvollen Riffen. Es rostete dort seit zehn Jahren dahin und gab der luvseitig gelegenen Bucht einen Hauch von Schrecken, eine Ahnung der Naturgewalten und Ehrfurcht vor der See. Gewaltig brausten die Wellen von den Riffen zwar stark gebremst in die Bucht auf den Strand. Er bestand

aus einem Streifen von herrlich weißem Sand, wo wir unser Picknicklager aufschlugen. Vor uns lag dieses Schauspiel wilder Natur, hinter uns ein zierliches, romantisches, jedoch verlassenes Ferienhaus mit Swimmingpool. „Gehen wir ins Wasser!" Doris stürzte sich gegen die Wellen, ich tat es ihr gleich. Doch diese waren stärker und warfen uns einem Stück Treibgut gleich wieder an Land. Heino schaffte es weiter ins Wasser und planschte in den warmen Fluten, als senkrecht vom Himmel ein Riesenseevogel auf ihn zuflog. Heino duckte sich erschrocken. Der Vogel schnappte sich knapp neben ihm einen Fisch und erhob sich wieder schwerfällig in die Luft. Nach einer Schrecksekunde mussten wir lachen: „Und ich dachte er hat es auf dich abgesehen."
Wir packten unseren Picknickkorb aus und genossen die einsamen Stunden am Strand.

Beim Nachhauseweg wollten wir uns noch einen kühlen Drink in der einladenden Poolbar des Hotels gönnen. Das Cola wurde in langstieligen Gläsern serviert, mit viel Eis. Es waren bloß ein paar Schluck darin, die unseren Durst nicht löschten. Also bestellten wir noch einmal dasselbe. Doch als die Rechnung kam, wurde uns peinlich bewusst, dass wir zu wenig Geld hatten. Eine Cola kostete sechs EC Dollar, dazu kam „Service and Tax", das machte eine runde Summe von 40 EC Dollar, rechnete uns höflich, aber bestimmt der Kellner vor und es sei kein Irrtum, meinte er beleidigt. Heino ließ uns in der Bar als Pfand sitzen und machte sich alleine auf den Weg zum Schiff.

„Stellt euch vor, jemand wollte unser Dingi klauen", mit dieser Hiobsbotschaft kam er nach einiger Zeit zu uns zurück.

„Was, das Dingi ist weg?", fragte ich erschrocken.

„Gott sei Dank nicht, ich habe es gerade noch erwischt." Heino begann die Geschichte zu erzählen: „Als ich den Berg hinab zum Anlegesteg gekommen war, ruderte ein Schwarzer seelenruhig mit unserm Dingi davon. Ich begann zu laufen, legte einen Sprint entlang des langen Steges hin, köpfelte ins Wasser, schwamm hinterher, tauchte das letzte Stück unter, hechtete über das Heck des Dingis, packte den Typen an den Beinen und warf ihn kopfüber ins Wasser. Im Beiboot blieb ein großer Schraubenzieher zurück. Der Schwarze war völlig überrascht und sah entsetzt zu mir, als ich den Schraubenzieher voller Zorn neben seinem Kopf ins Wasser schleuderte." Ob der Bursche damit auf Diebestour gehen oder bloß Conch-Muscheln aufbrechen wollte? Wir werden es nie erfahren. So hatten wir das sprichwörtliche Glück im Unglück und uns war nicht mehr leid um das Geld, das wir für den übererhöhten Preis der Getränke bezahlen mussten.

Die Zerbrechlichkeit unserer Sicherheit wurde uns wieder schmerzlich ins Gedächtnis gerufen. Ohne Dingi wären wir mit Kleinkind und Baby an Land oder an Bord gefesselt gewesen.

5. Insel: Union Island – unsere neue Heimat.

Bei gutem Wind und schneller Fahrt mit Ausnahme bei den beiden Caps bei Canouan und Mayero erreichten wir Union Island; nur unter Segeln, denn der Motor wollte wegen der leeren Batterie nicht anspringen. Dabei war der Kapitän selbst schuld daran, weil er nur so aus Jux die Fische mit dem Suchscheinwerfer anlockte und dann vergaß, den Schalter abzudrehen und somit die ganze Nacht das Toplicht, das mit dem Suchscheinwerfer gekoppelt war, brannte. Wir umrundeten die Bojen vor der Einfahrt in den riffgeschützten Ankerplatz und nach einem tollen Aufschießer genau vor Thomson Island fiel der Anker in das türkise, klare Wasser und grub sich in den Sand. Ein gutes Manöver, Kapitän und Mannschaft waren zufrieden.

Gespannt betrachteten wir unsere neue „Heimat". Es sah recht eindrucksvoll aus: Rund um uns das in allen Farben glänzende Wasser, von den Brauntönen bei den überfluteten Riffs über das Hell- und Dunkeltürkis des überfluteten Sandes bis hin zu den tiefen Blauschattierungen. Vor uns das von einem hellgelben Sandstrand umgebene Thomson Island mit dem bunten Zelt und der roten Fahne darauf und hinter uns ein traumhafter Palmenstrand. Anschließend reihten sich die Gebäude des Anchorage Yacht-Clubs. Ich war begierig, an Land zu kommen. Heino betätigte sich als Fremdenführer. Vom Dingianleger des Yacht-Clubs aus passierten wir den schmalen Steig zwischen Meer und Haibecken, in dem sich ungefähr zehn Exemplare von braunen Sandhaien tummelten. Der Weg führte ein Stück über weichen Sand, „verziert" mit angeschwemmtem Müll, zum Hauptanleger, wo der große Müllcontainer stand. Dahinter befand sich ein einstöckiges, gelbes Gebäude mit zwei grünlich gestrichenen Eingängen, die eher einer Stalltüre glichen.

„Das hochoffizielle Office mit einem Beamten", erklärte uns Heino, „Eintritt nur mit T-Shirt und gesenktem Kopf erlaubt." Es war das Zollbüro, Postamt und erfüllte gleichzeitig die Funktion sonstiger offizieller Ämter. Dann gab es noch einige Läden, den Grand Supermarkt, das Shoppingcenter der Insel, der nicht viel, aber dafür teure Sachen anbot. Im Preis übertroffen wurde er noch vom Gemüsemarkt. Hinter dem Ort stieg die Straße den Berg hinan bis zum Krankenhaus der Insel, welches wir an einem andern Tag besuchten. Von dort hatte man einen herrlichen Ausblick auf die riffumsäumte Bucht und auf Palm Island. Zurück gingen wir die Straße entlang, vorbei an der öffentlichen Mülldeponie, die hinter dem Flugplatz endete. Dann musste man über das Flugfeld, wo vor jedem Start und jeder Landung schnell noch alle Hühner, Schafe, Ziegen und oft sogar Kühe weggetrieben wurden. Oft beobachteten wir während unseres Aufenthaltes die Landungen der kleinen Inselhüpfer, die steil, bedingt durch den nahen Berg, die Landebahn anflogen, und des Öfteren wieder durchstarteten. Nicht jede Landung gelang in der Vergangenheit, das sah man an den verbeulten Wracks am Ende des Flugfeldes.

Im Areal des Hotels und Yachtclubs angelangt, stellte uns Heino Mr. Lauwrence vor, einen Mitarbeiter des Yachtclubs, der von Georg beauftragt war, uns bei technischen Problemen behilflich zu sein. Der hünenhafte Schwarze in seiner Yachtclubuniform sah recht eindrucksvoll und kompetent aus und sprach gutes Englisch.

„Auf gute Zusammenarbeit!", verabschiedeten wir uns.

Umgeben von bunten Blumen und Palmen entspannten wir uns auf der Sonnenterrasse, mit ihren weißen Tischen und den blaugestreiften Sonnenschirmen. Der Blick fiel auf die ankernden Yachten, den blauen, mit Passatwolken verzierten Himmel und wir sogen die kühle Luft und den Duft der Blüten ein, der den heißen Staub und den Geruch von Unrat ablöste. Bei einer kalten Cola versuchte ich die Eindrücke, die dieser Kontrast ergab, zu verarbeiten.

Kapitel 15

Arbeitsalltag – Arbeitsstress

„Ich hasse sie!"
Meine Worte verloren sich im Pfeifen des Passatwindes. Ich saß im viel zu schweren, mit Wasserkanistern voll beladenen Dingi und fuhr zurück zur SEHNSUCHT. Meine Augen brannten, das Salzwasser schwappte mit jeder Welle über den Bug, ich konnte nichts mehr sehen. Der Motor von der GEORGIA lief schon, der erste Anker war eingeholt.

„Heino kommt sicher noch einmal zurück zur SEHNSUCHT, um mir bei den schweren Kanistern zu helfen", dachte ich. Doch er schien uns vergessen zu haben, im Gegenteil, er fuhr mich fast über den Haufen. Er hatte alle Hände voll zu tun, um mit der ungeübten Chartercrew zurechtzukommen. Jetzt stand ich da, klitschnass und mit 100 Liter Süßwasser im Dingi.

„Er läuft aus!", schluchzte ich, das Salzwasser vermischte sich mit meinen Tränen.

Die letzten drei Wochen auf Union Island zogen durch mein Gedächtnis. Sie waren alles andere als schön gewesen. Nachdem wir Toni und Moni verabschiedet hatten, blieb auch das zweite Charterschiff, die NANCY in unserer Obhut. Die GEORGIA lief eine Woche nach unserer Ankunft auf der Insel ein, aber nicht wie geplant mit dem Schiffseigner, sondern mit einem Franzosen namens Allain an Bord, einem unsympathischen Typen. Georg hatte ihn als zweiten Skipper für die NANCY angeheuert, doch er wollte die GEORGIA behalten. Aufregung – Telefonate mit Österreich – Ärger und Stress. Letztendlich übersiedelte er murrend mit Unmengen von Flaschen Alkohol auf die NANCY. Übrigens, um die Geschichte über das Schicksal des Schiffes NANCY gleich zu beenden: Nach einem Jahr Segelns zwischen Karibik und Venezuela ward Skipper und Schiff nie wieder gesehen!

GEORGIA blieb vergammelt zurück, die Batterie war leer und einiges musste repariert werden. Die ersten Chartergäste waren für den 8. Mai angemeldet. So bereiteten wir alles vor, füllten sogar noch den Wassertank und kauften Lebensmittel fürs Frühstück ein. Doch die Anerkennung blieb aus. Die Gäste waren verärgert über das schlechte Angebot und die hohen Preise, schimpften und murrten und weigerten sich, uns das Wasser zu bezahlen. Jetzt erst wurde uns bewusst, wie sehr sich unsere Lebenseinstellung bereits verändert hatte, in der Form, dass Alltägliches nicht mehr selbstverständlich war. Und obwohl die Chartergäste ganz „normale", nette Leute waren, hasste ich sie wegen ihres fordernden Konsumverhaltens bezahlender Urlauber.

„Jetzt hör endlich auf zu heulen!", holte die Stimme meiner großen Tochter mich schroff in die Realität zurück. Um mein Elend zu zeigen, deutete ich schluchzend auf die schweren Wasserkanister. Sie konnte übertriebene Gefühlsduselei nicht leiden. „Denk dir halt etwas Gutes aus!"
Die Mahnung tat mir gut.
„Was soll's, wir müssen eben alleine zurechtkommen in diesem Kaff." So verschnürte ich die Kanister zu Paketen und hob sie mit dem Großfall, über den Großbaum gesichert an Bord.

Sehnsüchtig erwartete ich das abendliche Rendezvous über Funk. Pünktlich um sechs Uhr tönte es aus dem Funkgerät: „GEORGIA! GEORGIA, ruft SEHNSUCHT!"
„Ja, hallo, hier ist SEHNSUCHT! Wir hören dich gut."
Doch als Antwort erhielt ich immer nur: „GEORGIA, ruft SEHNSUCHT!"
Sie waren nur drei Seemeilen entfernt in Mayero, da durfte es doch keine Probleme geben. Ich ging mit dem Funkgerät an Deck: „Hier SEHN-SUCHT, Heino hörst du mich?"
„Vielleicht ist die Batterie zu schwach", mutmaßte ich und fuchtelte mit dem Kabel herum, bis es mir gelang, es an die Bordbatterie anzuschließen. Doch ich hörte immer nur:
„GEORGIA, ruft SEHNSUCHT!" in immer länger werdenden Zeitabständen.
„Scheiße, Scheiße, Scheiße!", schrie ich in das Funkgerät. Es blieb erbarmungslos.

Die Sonne sank, Dunkelheit legte sich über die Bucht. Die Kinder schliefen. Ich beobachtete einige schwarze Burschen an Land.
„Vielleicht haben die schon bemerkt, dass ich alleine bin?" Angst kroch in mir hoch, ich suchte Heinos Revolver und legte ihn unter den Kopfpolster. Auf den Niedergang platzierte ich den wackeligen Deckel der Keksdose, so-dass keiner unbemerkt einsteigen konnte. Unruhig, von Angstträumen gepeinigt, schlief ich ein. Am nächsten Morgen beschloss ich, uns für die nächsten Tage einzuigeln. Dazu musste ich noch einmal an Land um einzukaufen. Die Hoffnung auf Post von zu Hause trieb mich zu dem „hochoffiziellen Office."
Empfangen wurden wir von einem Jugendlichen mit Walkie-Talkie im Ohr, dem hochoffiziellen Beamten, der gerade mit Briefmarkenordnen beschäftigt war.
„Haben Sie einen postlagernden Brief für mich?", frage ich höflich auf Englisch und reichte meinen Pass durch das kleine Schalterloch. Behutsam blätterte er das Dokument von hinten nach vorne durch, immer mit den

Hüften im Rhythmus einer für uns unhörbaren Musik schwingend. Endlich, als er beim ersten Blatt meines Passes angelangt war, sagte er kühl: „No", und reichte ihn mir zurück. Ärger stieg in mir hoch. So schnell gab ich nicht auf.

„Kommt die Post täglich nach Union Island?", bohrte ich, immer noch höflich weiter. Große, schwarze Augen schauten mich gelangweilt an, der Körper schaukelte weiter im Takt. Allmählich drang meine Stimme durch das Walkie-Talkie in sein Ohr.

„What?", er hielt sein verstopftes Trommelfell gegen den Schalter. Ich kochte bereits vor Wut und hätte ihm am liebsten eine Ohrfeige gegeben, dass die Stöpsel aus den Ohren flögen. Doch geduldig wiederholte ich meine Frage.

„Yehhh!", war die Antwort. Ich resignierte.

„Dann komme ich morgen wieder."

„Nein, erst am Donnerstag", beeilte er sich jetzt mich zu korrigieren.

Ich fühlte mich dieser himmelschreienden Arroganz und Gleichgültigkeit wegen gefrotzelt.

Der nächste Weg zum Gemüsemarkt besserte kaum meine schlechte Laune. Ein Kilo Tomaten kostete (damalige) siebzig Schilling, ein Kilo Fisolen satte achtzig und ein verwelktes, trauriges Köpfchen Kraut dreißig. Billiger waren Bananen und Grapefruits. Ich entschied mich für drei Tomaten und einen Paprika, das würde ein leckeres Letscho mit Reis ergeben sowie für viele Bananen, Babys Lieblingsobst. Vollbepackt wie ein Esel, Petra hampelnd und zappelnd am Rücken tragend, schleppte ich mich zurück zum Schiff, immer wieder mit dem stockenden Dingimotor kämpfend.

Das Tagebuch der nächsten Wochen ist voll von täglichen Aufzeichnungen dieser einsamen Tage. Ich erspare dem Leser die langweiligen Einzelheiten, die seitenlang lauten: Wäsche gewaschen, Küche geputzt, Packkisten gesäubert und Lebensmittel sortiert, Deck geschrubbt. Ich versuchte mich auf diese Weise krampfhaft zu beschäftigen. Dazwischen lese ich: Mit den Kindern schwimmen gegangen, Strandspaziergang, Sandburg gebaut, Doris vorgelesen – die Kinderbücher kannten wir inzwischen alle auswendig - und dazwischen immer wieder die Sätze: „Heino, du fehlst mir so sehr!" sowie: „Immer noch keine Funkverbindung". Die Einsamkeit tat weh.

Vielmehr möchte ich von der Freundschaft zwischen Doris und Viviet, einem 13-jährigen, schwarzen Mädchen erzählen. Wir lernten sie am Strand beim Schwimmen kennen. Vievet war anders als ihre Spielkameraden, die scheu und zurückhaltend, oft etwas feindselig, den Kontakt zu Weißen mieden. Vielleicht, weil sie für ihr Alter etwas zurückgeblieben war. Sie befand sich ihrem Verhalten nach auf der Stufe einer Siebenjährigen, hatte aber das Auftreten und Aussehen einer Dreizehnjährigen. Die beiden sprachen nicht miteinander, verstanden sich aber mit Hilfe ihrer Gestik blendend, schwammen und planschten fröhlich im seichten Wasser.

Eines Tages nahm Viviet Doris mit zu sich nach Hause. Mein Beschützerinstinkt verlangte, den Mädchen zu folgen. Wir kamen zu einem kahlen Haus, rundherum liefen Hühner, Ziegen und Schweine inmitten von Müll und Unrat. Wir betraten das Haus. Größer konnte der Kontrast nicht sein. Staunend betrachtete ich den Raum, der als Wohnzimmer diente: Eine Sitzgarnitur, zwei Fauteuils, ein Esstisch mit vier Sesseln, an den Wänden Stilmöbel, eine alte Nähmaschine, das alles gedrängt auf fünf mal fünf Meter. Überall gab es Plastikblumen, Plastikobst, kleine Figuren und Tiere und so mancher Zierrat füllte den Raum. Die Krönung für mich war ein geschmückter Plastikweihnachtsbaum mitten im Mai. Kunstvolle Häkeldeckerl lagen auf dem Tisch und den Stühlen, die Türen und Fester waren mit rot-weißen Spitzenvorhängen versehen. Den Boden schmückten schöne Teppiche. Alles war nett, ordentlich und sauber. Viviet führte mich auf die Terrasse zu ihrer Mutter und bot mir einen Fruchtsaft an. Wir saßen im Schatten, betrachteten die Bucht und das Meer und plauderten. Viviets Mutter hatte fünf Kinder, sie arbeitete im Restaurant des Yachtclubs als Küchenchefin. Der Vater der Kinder lebte und arbeitete in Trinidad. Sie sahen einander nur in den Ferien. Die Kinder führten den Haushalt. Mitten im Gespräch stand sie plötzlich auf und verabschiedete sich. Ich fühlte mich verpflichtet zu gehen, konnte aber den viel zu süßen Fruchtsaft nicht auf einmal austrinken. Die großen Mädchen im Hintergrund beobachteten mich und kicherten. In meiner Unsicherheit verließ ich überstürzt das Haus und zog Doris mit mir. Viviet bat mich, uns am nächsten Tag am Boot besuchen zu dürfen. Erfreut stimmte ich zu, wir verabredeten uns für drei Uhr Nachmittag.

„Wann kommt sie denn endlich?", raunzte Doris. Sie stand schon seit einer Stunde an der Reling und hielt Ausschau nach ihrer Freundin. Nach eineinhalbstündiger Verspätung standen drei Mädchen am Steg, winkten und liefen den Strand entlang. Hinter den verlassenen Bungalows durften wir sie an Bord nehmen. Viviet hatte zwei von ihren Schwestern mitgebracht, niemand vom Ort sollte sehen, dass sie eine Yacht besuchten. Besonders Christine, die Sechzehnjährige, genierte sich mit Weißen zusammen gesehen zu werden und war sehr zurückhaltend. Viviet dagegen machte sich ungeniert in unserem Boot zu schaffen, betrachtete alles genau, öffnete Schapps und Packkisten. Nach kurzer Zeit siegte auch die Neugierde bei Christine. Sie interessierte sich besonders für die Kosmetiksachen, probierte fröhlich Lippenstift und Lidschatten und hielt nachdenklich einen Tampon in der Hand.

„What's that?", offensichtlich konnte sie damit nichts anfangen. Ich erklärte ihr den Gebrauch und als sie begriff, legte sie ihn betroffen wieder zurück. Das kleine Mädchen saß nur ruhig da, es sah sehr kränklich aus. Ich bewirtete die Mädchen mit Palatschinken, unserem *„Austrian national food"*, das ihnen, ihren Gesichtern nach zu schließen, nicht mundete. Danach mussten alle aufs Klo. Dieses peinliche Thema auf der SEHNSUCHT bestand seit geraumer Zeit aus einer zweckentfremdeten Rührschüssel, die genau in die Öffnung unserer chemischen Toilette passte. War diese voll, wurde sie diskret, meist bei Dunkelheit, über Bord entleert. Die Kleine hatte fürchterlichen Durchfall. Eine diskrete Entleerung war nun nicht mehr möglich, außerdem weigerte sie sich, Klopapier zu benutzen. Sie wollte eine Schüssel mit Wasser zum Waschen. Ich war verzweifelt. Petras Badewanne zur Verfügung zu stellen, weigerte ich mich, sah ich doch als besorgte Mutter überall Infektionsgefahr für mein Baby. Und sonst gab es außer Kochgeschirr keine passenden Gefäße. Endlich griff Christine ein und putzte ihrer kleinen Schwester den Po mit Papier. Die Situation war gerettet. Doris zeigte nun ihre Schätze an Barbie-Puppen. Verständnislos betrachteten die Mädchen die vielen Kleider und dazupassenden Schuhe, besaßen sie doch selbst kaum welche. Doch bald spielten alle begeistert und Christine zeigte ihre Künste als Friseurin. Im Nu hatten alle Puppen und auch Doris kleine, zarte Negerzöpfchen.

Der Nachmittag ging dem Ende zu. Beim Einsteigen ins Dingi rutschte Christine aus und fiel ins Wasser. Sie weigerte sich mit nassem Kleid nach Hause zu gehen und so opferte ich ein Kleid von mir und war froh, diesen anstrengenden Besuch wieder los zu sein. Doris jedoch war selig, hatte sie doch endlich Spielkameraden gefunden.

Wir waren zum Lunch geladen. Die Mädchen führten uns ins Wohnzimmer, wo für zwei Personen gedeckt war. Doris und ich nahmen Platz und Christine servierte uns Linsenreis mit Fisch. Ungläubig schaute ich in die Schüssel, wo mich große Fischaugen anstarrten. Ich hatte den Fischkopf bekommen, der laut einheimischem Gaumen das beste Stück vom Fisch sein soll. Doris erging es besser, sie bekam den Mittelteil und ließ es sich schmecken. Mit Petra am Schoß nahm ich also den Kampf mit dem Fischkopf auf. Die Mädchen standen da und beobachteten uns, tuschelten und kicherten. Immer wieder kamen neue Gesichter, lauter Jugendliche und Kinder, schauten uns kurz zu, grüßten, sagten gar nichts oder nahmen sich in der Küche nebenan etwas zu essen. Ein schon etwas größeres Mädchen hatte einen Besen in der Hand und kehrte, den Blick immer zu Boden gesenkt. Als sie fertig war, begann sie wieder von vorne. Eine Unterhaltung brachte ich nicht zustande, die Stimmung empfand ich als gespannt, nur Doris schmatzte unbefangen vor sich hin. Es waren die Kinder, die den Haushalt führten, ihre Mutter war zur Arbeit.

Nach dem Lunch wollten die Mädchen zum Ashton Harbour schwimmen gehen und luden Doris dazu ein. Petra war jedoch schon hundemüde, sie brauchte ihr Mittagsschläfchen, als o ließ ich Doris in ihrer Obhut zurück. Wieder an Bord machte ich mir Vorwürfe: „Hoffentlich passiert Doris nichts!" Nach endlos scheinenden Stunden saß sie am Strand und winkte. Inmitten einer Schar lachender, lärmender schwarzer Kinder planschte sie fröhlich im Wasser. Als ich mit dem Dingi kam um sie abzuholen, war auch ich mittendrin, Kinder in und um das Dingi spritzen mich voll. Meine Angstzustände waren unnötig. Warum konnte ich mein Misstrauen nicht abbauen? Ich schämte mich und fühlte mich so mies.

Und wieder keine Funkverbindung.

Es war Sonntag und Doris begleitete Viviet in die Kirche. Neugierig kam ich vor Ende des Gottesdienstes zur Kirche. Einladende, schattige Stufen führten zu dem schlichten Gotteshaus, wo ohrenbetäubender Lärm zu hören war und Leute aus und ein gingen. Mit Mikrofonen wurde in dem kleinen Raum, nicht größer als ein Klassenzimmer, gepredigt und gesungen. Männer, Frauen und Kinder, alle in schönem Sonntagsstaat, frisch geflochtenen Zöpfen und Maschen im Haar saßen oder standen, hoben die Arme, schrieen, sangen, klatschten in die Hände. Es klang so, als wollte jeder einzelne die drei Prediger übertönen. Wie in Ekstase brüllten alle zwanzigmal „Halleluja!". Bei den uns bekannten Antworten der Gläubiger schien hier jeder seine eigene Meinung zu haben. Für mich klang es eher wie ein außer Kontrolle geratenes Rockkonzert als wie eine heilige Messe. Mit sausenden Ohren verließen Petra und ich nach kurzer Zeit den Saal.

„Der Papa kommt!" rief ich aufgeregt in die Kajüte. Doris spielte weiter, verschwendete nicht einmal einen Blick in Richtung ihrer verrückten Mutter.

„Die GEORGIA läuft ein!", versuchte ich sie zu überzeugen, „Wirklich!"
Heino war wieder da. Er hatte sich wegen der fehlenden Funkverbindung Sorgen gemacht und die Route geändert, um nach uns zu sehen. Die Welt war wieder himmelblau.

Am Abend saßen wir alle auf der GEORGIA zusammen. Der Alkohol floss reichlich. Ein paar Stunden miteinander Kuscheln auf der SEHNSUCHT war uns vergönnt, dann riss uns ein fürchterlicher Schrei aus dem Schlaf.

„Heinz, wir sinken!", dröhnte es vom Nachbarschiff herüber. So verließ er uns wieder um sein am Vorstag schwingendes, betrunkenes Crewmitglied in die Koje zu bugsieren.

Am nächsten Morgen sah ich zu, wie die Segel der GEORGIA immer kleiner wurden und die schmerzende Einsamkeit erfasste mich wieder.

„Touristen sind Wesen, die eine hübsche Stange Geld in eine kurze Zeit mit hohen Erwartungen investieren, wobei das Geld meist nicht reicht und die Erwartungen sich nicht erfüllen. Aber: es ist die schönste Zeit im Jahr. Wobei je nach Charakter und Mentalität jeder anders mit dieser Situation fertig wird. Der eine mit übertriebener Aktivität, der andere mit Passivität, oft verbunden mit dem Griff zur Flasche", philosophierte ich in meinem Tagebuch.

Sonst lauteten die Aufzeichnungen wie immer: Kartoffeln mit Spiegelei gekocht, Küche geputzt, Spaziergang am Flughafen, Schwimmen bei Thomson Island. Bewuchs von der SEHNSUCHT geschrubbt: „Hilfe! Krebse und Würmer!" Unmengen von Kleingetier tummelten sich in meinen Haaren, besonders in den Schamhaaren, und nur mit Mühe konnte ich diese Plage wieder loswerden.

Und: nur noch vier Tage.

Um der Langeweile zu entgehen und um eventuell auch einmal ein Gespräch mit einem Erwachsenen führen zu können, besuchte ich mit den Kindern fast täglich den Yachtclub. Doch die Gäste waren meist Yachtcharterer, die Union Island nur einen kurzen Besuch abstatteten. Und Mr. Laurence versprach immer wieder, uns zu seiner Familie einzuladen sowie frisches Gemüse zu besorgen. Es waren aber nur leere Versprechungen.

Einen Tag vor Ankunft der GEORGIA lese ich im Tagebuch:

Heute ist ein herrlicher Tag. Klare, wunderbare Farben, tiefblauer Himmel. Nach Norden hin sieht man die Gipfel von St. Vincente und nach Süden hin die von Granada. Palm Island ist zum Greifen nahe. Der Wind weht mit einer angenehmen Brise. Ich habe Heimweh und gleichzeitig Fernweh, zumal die Boote rundherum auslaufen und das Bewusstsein hier gefangen zu sein steigt. Morgen, morgen kommt er ja schon. Länger würde ich es nicht mehr aushalten. Es ist erstaunlich, wie sehr wir uns aneinander gewöhnt haben, wie sehr sich unsere Liebe vertieft hat. Alleine bin ich nur ein halber Mensch, ich lebe zwar, aber es ist alles eintönig und öde. Ich sehe die herrliche Landschaft, kann mich aber darüber nicht freuen, ich spüre die kühle Luft, aber sie erfrischt nicht.

Endlich: Rückkehr der GEORGIA, Abflug der Gäste. Ankunft der neuen Gäste. Doch diese hatten das Schiff ohne Skipper gemietet. Das Telefonat mit dem Eigner bestätigte es. Die GEORGIA lief aus. Heino blieb. Gott hatte meine Gebete erhört. Wir waren wieder eine Familie, vereint auf der SEHNSUCHT.

Der Weg zum Flughafenbüro, wo wir unsere Heimreise für den 12. Juni buchten, brachte meine kleine Welt wieder total in Ordnung.

Es war Mitte Mai.

Wir gönnten uns ein paar Tage „Urlaub", setzten die Segel und mit raumem Wind zischten wir in die Freiheit. Die Schleppangel war nach ein paar Meilen erfolgreich und ein schöner Hornhecht erfrischte unseren Speisezettel. Die fünf Meilen entfernte Hotelinsel Petite St. Vicente, kurz PSV genannt, war unser Ziel. Die SEHNSUCHT nahm die Passage zwischen dem riffgespickten Sandhaufen Punaise und der wunderschönen Sandinsel Mopion, die durch ihren dekorativen Palmenschirm Postkartenberühmtheit erlangte. Nach einem gekonnten Aufschießer fiel der Anker im seichten Wasser südlich von PSV. Ein Hauptgebäude im Zentrum der Hotelanlage umfasste Restaurant, Bar und Büro, und intime Bungalows lagen dezent über der Insel verstreut. Ein sauberer, weißer Sandstrand und klares Wasser umgaben das kleine Stück Paradies. Täglich wurde der Strand von einem Angestellten, der bewaffnet mit Kübel und Rechen seine Runden tat, vom achtlos weggeworfenen und dem von der Weite des Atlantik angeschwemmten Müll, gereinigt. Eine Augenweide, nach den schmutzgetränkten Stränden Union Islands. Die parkartige Hotelanlage mit ihren Sonnenschirmen und Hängematten lud zum Faulenzen und Erholen ein und durfte auch von den Yachtleuten genutzt werden. So konnte man auch mit kleinem Portemonnaie den Luxus dieses Hotelparadieses genießen. Wir lagen am Strand in den Hängematten, mit Blick auf Mopion, der kleinen Sandinsel mit dem Palmenschirm und auf Petite Martinique, der Insel, die nur einige hundert Meter entfernt war, jedoch nicht besucht werden durfte, da es bereits anderes Staatsgebiet war. Wir schwammen, schnorchelten, spielten im Sand, baumelten mit der Seele und freuten uns über unsere Reise. Unser Ernährer kletterte auf Kokospalmen und versorgte uns mit Trinknüssen. Am Nachmittag erstatteten wir der Hotelbar einen Besuch und verwöhnten uns mit Bananatouch und Pinacolada. Am Abend saßen wir im Cockpit, einen „Sundowner" (Orangensaft mit Karibikrum) in der Hand, besahen den Sternenhimmel und lauschten Wolfgang Ambros Stimme: „Schön langsam wachs'ma zam!"

Die Tage vergingen wie im Fluge, doch jedes Schöne hat sein Ende und wir segelten zurück nach Union Island, um das Charterschiff wieder zu übernehmen.

„Es ist alles in Ordnung", meinten die Gäste. Nach ihrem Abflug kam die böse Überraschung. Sie waren auf ein Riff aufgelaufen und der Kiel war aufgeplatzt. Das Segeln in der Karibik durch riffgespickte Gewässer bedurfte entweder guter Ortskenntnisse oder sorgfältiger Sichtnavigation. Denn bei hoch stehender Sonne waren die Wassertiefen durch die verschiedenen Färbungen eindeutig erkennbar. Auch die beste Kartennavigation eines gut ausgebildeten Seglers wurde bei der starken Abdrift und den vielen verschiedenen Strömungen zwischen den Inseln hinfällig.

Telefonate, Schadensmeldung, Ärger – die GEORGIA musste auf den Slip. Eines stand fest, ein angenehmer Job war das nicht. Die Fahrt nach Martinique stand bevor.

Vorher machten wir noch eine Probefahrt mit dem Motor nach Mayero, um die Tragweite der Beschädigung festzustellen. Wir übersiedelten mit Sack und Pack auf die GEORGIA und fuhren los. Gott sei Dank drehte sich die Schraube und es kam kein Wasser ins Schiff.

In der Salt Whistle Bay von Mayero, im Segelhandbuch als schönster Ankerplatz der Grenadines bezeichnet, fiel der Anker. Eine hufeisenförmige Bucht mit herrlich ruhigem Wasser ohne jeglichen Schwell, im Inneren ein wunderschöner, geschwungener Sandstrand mit einem kleinen Hotel und seitlich verlockende Riffe zum Tauchen hießen uns willkommen. Die Bucht lag an der Stelle, wo die Insel nur einige Meter breit ist und bot dadurch ein ungewöhnliches Bild: Luv- und Leeküste auf einem Blick. An der stürmischen, wilden Luvküste lagen angeschwemmte Baumstämme, darunter ein riesiger Teakholzstamm, vermutlich aus Afrika. Die hohen Atlantikwellen, zwar etwas gebremst von den Riffen der Tobago Cays, brachen sich und das schäumende Wasser spritzte hoch in die Luft. Ließ man den Blick schweifen, sah man die friedliche Leeküste, wo das spiegelglatte Wasser sich nur selten kräuselte. Ein Paradies für uns. Wir erkundeten dieses Stück Land, erfanden zu dem interessanten Strandgut unsere Geschichten und beobachteten die Pelikane, die im Sturzflug in den aufgewühlten Fluten nach Fischen jagten. Die Beute verschwand in einem Stück in ihren breiten Schnäbeln und danach hoben sie sich wegen ihrer Leibesfülle sehr schwerfällig in die Lüfte. Während ich mit den Kindern am Strand spielte, versuchte Heino seine Künste als Surfer, da die GEORGIA den Gästen zwei Surfbretter anbot. Immer wieder fiel er ins Wasser, aber er gab nicht auf. Hartnäckig stieg er so lange auf das Brett, bis er es bezwang. Mit sich und der Welt zufrieden, kam er zurück an Bord.

Ein Pfad führte zum 124 Fuß hohen nördlichen Berg der Hufeisenbucht und lud uns zu einer Wanderung ein. Petra, sie saß mit nacktem, hellen Po auf Papas braunen Schultern, hatte die beste Aussicht, die grandios war. Beeindruckt drehten wir uns im Kreis und betrachteten im Norden die Insel Cannouan, im Osten die Riffe und Inseln der Tobago Cays, im Süden Union Island, das aus dieser Perspektive wundervoll aussah. Im Westen, gegen die tiefstehende Sonne, spiegelten sich gigantischen Felsformationen, mit Namen wie Catholic Rock oder Ellen Rock.

„Was ist in dieser Hütte drin?" Doris blickte neugierig durch die schmale Öffnung. Wir betraten vorsichtig das Innere des fensterlosen Raumes und versuchten uns an die Dunkelheit zu gewöhnen, um etwas zu erkennen.

„Aaahhh!", schrieen wir alle gleichzeitig und duckten uns, als über unsere Köpfe hinweg einige aufgescheuchte Fledermäuse flogen. Vorsichtig, mit klopfendem Herzen gingen wir einige Schritte weiter, auf unliebsame Überraschungen gefasst. Wir fanden jedoch nur ein schmutziges Lager vor, umgeben von leeren Flaschen und Unrat.

„Hier wird geraucht!", diagnostizierte Heino den eigenartigen Geruch dieser Hütte.

„Gehen wir besser wieder."

6. Juni 1988

„Heute habe ich Geburtstag!", jubelte Doris seit dem frühen Morgen. Zurückgekehrt von Mayero feierten wir dieses wichtige Fest in Union Island. Doris war sieben Jahre alt geworden. Ich buk eine Torte, verzierte sie mit sieben Kerzen und besorgte von unserem Nachbar auf Thomson Island eine aus Muscheln gefertigte Haarspange. Ein für europäische Kinder dürftiges Geschenk, war es für uns aus Mangel an Geld und Gelegenheit eine Kostbarkeit.

„Happy birthday", sangen wir, versammelt am Saloontisch der GEORGIA, „happy birthday, liebe Doris, happy birthday to you!"

Sie strahlte, blies die Kerzen aus und ich überreichte das Geschenk. Kurze Zeit hielt sie die Spange nachdenklich in der Hand, doch dann zeigte ihr Gesicht Freude und Zufriedenheit.

Noch am selben Tag lichteten wir den Anker Richtung Martinique. Die SEHNSUCHT blieb gut vertäut mit zwei Ankern und einer selbstgebauten Muring bestehend aus ins Meer geworfenen Gerätschaften wie einem alten Motorblock, verbunden mit anderen schweren Eisenteilen, die gehäuft am Ende des Flugfeldes im seichten Wasser zu finden waren, in Clifton Harbour zurück.

Die erste Station war Bequia, es folgte die Marigot Bay, wo wir nur die Nächte verbrachten, dann segelten wir nach Fort de Franc. Vor St. Lucia kamen wir in eine Regenwalze, in der so viel Wind steckte, dass die GEORGIA mit fest angezogenen Segeln flach auf das Wasser gedrückt wurde. Der Wind, zuerst hart von vorne, kam plötzlich raumschots.

„Anluven, anluven!", schrie Heino mir zu. Ich kurbelte am Steuerrad und drehte somit das Schiff um 180°. Auf die Idee, die Segel loszuwerfen, kamen wir wegen des Überraschungsmoments erst als wir merkten, dass wir wieder nach Süden fuhren. Man lernt eben nie aus. Selbst in Gebieten, wo man verwöhnt war, dass der Wind regelmäßig aus derselben Richtung blies, sollte man auf solche Unregelmäßigkeiten gefasst sein.

Der erste Weg in Fort de France nach dem Einklarieren führte uns zum Air France Büro. Nun hatte ich es schwarz auf weiß: wir fliegen für drei Monate in die Heimat. Die Tage verflogen mit Reisevorbereitungen meinerseits und Reparaturvorbereitungen seinerseits.

Der Zeitpunkt der Abreise kam. Heino brachte uns zum Flughafen. Unter Tränen nahmen wir Abschied voneinander und ich stieg das erste Mal in meinem dreißigjährigen Leben in ein Flugzeug. Die Vorfreude auf die Heimat übertönte die Angst und den Abschiedsschmerz, zumal wir beschlossen hatten, dass Heino, wenn irgendwie möglich nachkommen werde.

Petra brüllte fürchterlich, als wir endlich unseren Platz im Flugzeug hatten. Unsere Nachbarn ließen sich daraufhin einen anderen Platz zuweisen. So hatten wir die ganze Sitzreihe für uns und die Kinder konnten bequem schlafen. Am nächsten Morgen landeten wir in Paris. Nun hatten wir einen ganzen Tag Zeit, bis der Zug nach Wien abfuhr und ich musste diesen mit einem Kleinkind, das dank der ungewohnten Schuhe eine blutige Ferse hatte, einem Baby mit Fieber, Gepäck und ohne Geld totschlagen, nach einer durchwachten Nacht und fürchterlichen Kopfschmerzen und die mir unbekannte Strecke vom Flughafen zum Bahnhof mit öffentlichen Verkehrsmitteln zurücklegen. Nach einer Auseinandersetzung mit der Klofrau, die mir verbot, ohne Gebührentrichtung das Baby zu wickeln, setzte ich mich auf unseren Gepäckswagen und heulte. Menschenmassen gingen an uns vorbei, stiegen fast über uns, aber keiner kümmerte sich um dieses heulende Häufchen Elend.

„Die Zeit in der Metro und am Bahnhof war brutaler als die gesamte Atlantiküberquerung", schrieb ich später in einem Brief.

Der Empfang in der Heimat war großartig. Alle warteten schon auf uns. Wir fühlten uns beinahe wie exotische Tiere und ich musste erzählen, erzählen, erzählen. Doris genoss den Rummel um ihre Person, Petra durfte jedoch niemand anreden, sonst brach sie in Tränen aus, sie hing wie ein kleines Äffchen an mir.

Ich erledigte Amtswege und Arztbesuche, das heißt, ich verlängerte meinen Karenzurlaub um weitere zwei Jahre, meldete Doris zum häuslichen Unterricht an, besorgte Schulbücher, ließ Petra impfen und Doris die Polypen entfernen. Petra begann, dank der stabilen Erde kurz nach ihrem 1. Geburtstag zu laufen. Dann wurde das Fotomaterial ausgearbeitet und bald erhielt ich die Nachricht, dass Heino auf dem Weg in die Heimat war. Auch ihn hatte die Sehnsucht übermannt und er nützte die vier Wochen, welche der Schiffseigner in der Karibik Urlaub machte. Nach seiner Ankunft begann das Erzählen von vorne und wir organisierten Diavorträge, die einiges an freiwilligen Spenden brachten, sowie Werbung für Chartergäste sein sollten, mit der Hoffnung in der nächsten Saison möglichst viel zu verdienen

Kapitel 16

One way ticket – zurück zur Karibik

„Wann fahrt ihr wieder?"
Diese hundertmal gestellte Frage führte zu einem verhängnisvollen Irrtum.
„Am 28. August", war die geduldige Standardantwort. Dieses Datum hatte sich in unser Gedächtnis geprägt und wurde irgendwann nicht als das Datum der Zugabfahrt, sondern als Flugdatum von Paris aus, gespeichert. Also fanden wir uns am 27. August am Bahnhof ein. Kurz vor Linz kam der Schaffner und erklärte uns, dass unsere Reservierungen falsch seien. Noch nichts ahnend behaupteten wir selbstbewusst, dass der Irrtum beim Ticketkauf passiert sein müsse. Verschämt besah ich dann das Flugticket: Abflug: 29. August, Paris Orly. Wir waren einen Tag zu früh gefahren. Nun hatten wir zu viert nur einen Schlafplatz. Nachdem der erste Ärger vorbei war, sahen wir es positiv. Hätten wir sonst den Eiffelturm und Notre Dame gesehen?
Der Flug von Paris nach Martinique war geschafft. Die Flugzeugtüren öffneten sich. Feuchtheiße Luft blies uns entgegen. Ich dachte, das sei die Abluft von den Turbinen, doch nein, es war der Karibikwind, der uns den Atem nahm. Hatte man sich während der langen Überfahrt allmählich an das Klima gewöhnt, empfand man es jetzt als Ohrfeige. Schweißtreibendes Warten folgte in der überfüllten Gepäckshalle. Kein Wagen war aufzutreiben. Also schleppten wir unsere überschweren Säcke (in einem befand sich ein Gaskühlschrank gefüllt mit Wegwerfwindeln) durch die wartende Menschenmenge hinaus in die warme Sommernacht. In dem Trubel landeten wir in einem Bus und wegen Verständigungsschwierigkeiten schließlich samt unserem Gepäck bei einer Mietwagenfirma. Egal, wir füllten den Mietvertrag aus und fuhren Richtung Anse Mitan, wo am Ponton du Bakoua die NANCY auf uns warten und nach Union Island bringen sollte. Doch weder von NANCY noch von Allain war eine Spur zu sehen. Im kleinen, vollbepackten Auto konnten wir nicht schlafen, also waren wir gezwungen, ein Hotelzimmer zu nehmen. Zum Glück hatte das Zimmer eine Kochnische und so konnten wir uns wenigstens versorgen, damit das Loch im Reisebudget nicht noch größer wurde. Doch Doris genoss den Swimmingpool.
Die Suche nach einem Fahrtensegler, der uns günstig hätte nach Süden bringen können, blieb erfolglos. Günther von der ZIGEUNER LADY wollte in zwei Wochen abreisen. Das war uns zu spät, aber er erklärte sich bereit, unser sperriges Gepäck (zum Kühlschrank gesellte sich noch eine Schiffstoilette) nachzubringen. Somit blieb uns keine andere Wahl, als in einen kleinen Inselhüpfer zu steigen und das Fliegen „live" zu erleben.

„Habt ihr zu viel Gepäck?", diese Frage stellte ein deutsches Ehepaar am Flughafen von Lamentin mit Blick auf unsere riesigen Segelsackpakete. „Stellt es mit auf die Waage, wir haben nur eine kleine Tasche." Dankbar nahmen wir ihr Angebot an, da wir mit Sicherheit Übergewicht mitführten und somit Extragebühren sparten.

Wir nahmen in dem zwanzig Passagiere fassenden Flugzeug Platz. Eine geöffnete Schiebetüre trennte die Fluggäste vom Cockpit und ließ die Sicht zum Piloten frei. Eine neue Welt tat sich für mich auf, eine Welt aus einer anderen Perspektive. Verzückt betrachteten wir Buchten und Küsten, die wir mit der SEHNSUCHT abgeritten waren, und der Anblick des vielfarbigen Meeres, in dem die Inseln wie grüne Perlen schwammen, beeindruckte mich so, dass ich alle Angst vergaß. Bloß bei den Landungen und den neuerlichen Starts, auf den schmalen, holprigen Landebahnen, saß ich verkrampft im Sessel und wünschte jedes Mal, es wäre die Letzte. Vermutlich war der Wunsch so groß, dass bei der vorletzten Insel, Cannouan, der Motor des backbordseitigen Propellers streikte. Bewaffnet mit Schraubenschlüssel, bekleidet mit blütenweißem Hemd und tadelloser blauer Hose und bei vollständig versammelter, zuschauender, einheimischer Menschenmenge, verschwand der Pilot im Motor des linken Propellers.

Beim neuerlichen Startversuch stockte dieser noch ein paar Mal, dann brummte die Maschine wieder und wir überwanden die letzten Meilen bis Union Island. Unsere Landung gelang, Gott sei Dank, auf Anhieb.

Union Island – Welcome to the Anchorage Yachtclub stand über dem Immigrationsbüro, einem nach der Seite hin offenen Holzgebäude. Ein hohes Pult trennte den Raum dahinter, wo mit strenger Amtsmiene der *Immigrationsofficer* saß.

„How long do you stay?"

Er betrachtete unser "One way ticket."

"When do you leave?"

Wir erklärten ihm, dass unser Segelschiff hier vor Anker liege und wir noch nicht wüssten, wann wir abreisen werden. Das warf ihn etwas aus seinem Amtsalltag. Er gab sich erst zufrieden, als wir ihm ein genaues Abreisedatum nannten, erst dann erhielten wir den amtlichen Stempel im Reisepass.

Wir bedankten uns bei dem deutschen Ehepaar.

„Macht ihr hier Urlaub?"

„Nein, wir suchen unser Segelboot."

„Wie kann man ein Segelboot verlieren?"

„Wir haben es nicht verloren, wir haben es verschenkt", antwortete Kaija mit mitleidigem Blick.

„Tja, eigentlich haben wir es auf Ratenzahlung verkauft, doch bis heute keine müde Mark gesehen." Otto erzählte ihre traurige Geschichte: Einige

Jahre vor uns starteten sie mit ihrem Sohn und ihrem Schiff CAMARGUE zu einer Weltumsegelung. Nach der Atlantiküberquerung nahm die Reise ein abruptes Ende. Otto bekam Nierenschmerzen und musste ins Krankenhaus. Nierensteine war die Diagnose. Etliche Tage Aufenthalt im Krankenhaus, der die Bordkassa enorm schmälerte, waren ohne Heilerfolg und eine Operation wurde nötig. So flog die Familie wieder zurück nach Europa. Sie fanden auch bald einen Käufer für ihr Schiff und vereinbarten schriftlich Teilzahlungen. Mit diesem Vertrag in der Tasche und voller Vertrauen kehrten sie nach Deutschland zurück.

„Gesehen haben wir von der Karibik nur Martinique", schloss Otto seine Erzählung.

„Und ihr habt nie wieder etwas von ihm gehört?"

„Wir haben ihn jetzt schriftlich aufgefordert, das Schiff zurückzugeben, doch sobald er das Schreiben erhielt, verschwand er", antwortete Kaija.

„Er sei in Union Island, sagte man uns, er wird hier überall Schmuggler Rainer genannt. Habt ihr schon von ihm gehört?"

„Gehört haben wir schon von ihm, aber noch nicht gesehen." Heino witterte einen interessanten Fall und seine kriminalistische Spürnase juckte.

Die beiden hatten keine Unterkunft gebucht und stellten mit Schrecken fest, dass sie hier keine DM wechseln konnten. So luden wir sie ein, da derzeit ohnedies keine Chartergäste erwartet wurden, auf der GEORGIA zu wohnen. Dankbar nahmen sie an.

Union Island war von einem zarten Grün überzogen. Die Hurrikansaison und somit die Regenzeit hatte bereits begonnen.

Wir betraten den Yachtclubsteg. SEHNSUCHT und GEORGIA schwellten friedlich am Ankerplatz, von der CAMARGUE war keine Spur.

In den nächsten Tagen fragten wir die verschiedensten Leute, etliche davon kannten das Schiff samt der Crew, eine Familie mit drei erwachsenen Söhnen. Sie brachten Waren aus Venezuela und verkauften sie in der Karibik. Aber sie klarierten nirgends ein oder aus. An offizieller Stelle waren sie nicht verzeichnet. Mr. Laurence half bei den Behördengängen. Otto erstattete Anzeige bei der örtlichen Polizei und verteilte Steckbriefe.

Auf unseren Schiffen war wenig Komfort zu bieten. Es gab kein Wasser, kaum Lebensmittelvorräte, doch sie waren zufriedene und nette Gäste. Wir hatten viel Spaß miteinander und wir lauschten gerne ihrem Dialekt.

„So blöd muss ma amal sein", bemerkte Otto bayrisch, mit tschechischem Akzent, „a Boot herschenken."

„Des is zwar a arme Familie, aber des geht halt amal net", verteidigte sich Kaija in rein bayrischem Dialekt, „wir ham a arbeiten müssen dafür, versteht's?"

Und immer wieder die Mahnung der beiden: „Unternehmt's nichts, die ham Waffen, die schießen gleich, versteht's?"

So verbrachten wir so manch netten Abend bei Schiffskost und Himbeersaft. Doris hatte in Kaija ein dankbares Opfer gefunden, die geduldig mit ihr plauderte.

„Warum sagst du immer: verstehst's?" fragte Doris während eines Gesprächs.

Doch sie verstanden sich prächtig und spielten und schwammen im warmen Wasser miteinander.

Unverrichteter Dinge verließen sie Union Island und flogen zurück nach Martinique.

Welch ein Hohn! Gegen Mittag des nächsten Tages lief die CAMARGUE ein. Sie fuhr auf der Suche nach einem Ankerplatz ganz nahe an uns heran und warf dann doch weit entfernt den Anker. Wir waren uns nicht hundertprozentig sicher, deshalb suchte Heino Mr. Laurence auf und dieser verständigte Zoll und Polizei. Zu viert fuhren sie zu dem Schiff und dabei stellte es sich heraus, dass es sich tatsächlich um Schmuggler Rainer auf der CAMARGUE handelte. Sie hatten natürlich keine Einklarierung. Die Behörden machten es sich leicht. Sie stellten ein Ausklarierungsformular aus, hoben die Gebühren ein und verwiesen die Leute nach Martinique, wo sie vielleicht oder auch nicht hingefahren sind. Auf jeden Fall lichteten sie sofort den Anker und verschwanden. Heino war erschüttert über die Arbeitsweise der karibischen Behörden und zornig über seine Hilflosigkeit.

Wir schrieben sofort an Otto und Kaija und erhielten einen Monat später Antwort.

Liebe Monika, lieber Heinz!

Inzwischen kam auch ein Brief von Rainer N. Er war zynisch geschrieben und eine einzige Gemeinheit. Er schreibt, wenn wir die Anzeige nicht zurückziehen, wird er mit unserem Schiff U-Boot spielen. Er sagt, ihr hättet ihn in Union festnehmen lassen, aber er wurde wieder freigelassen, weil er unschuldig ist. Was uns jetzt große Sorgen macht, ist, dass er angedroht hat, sich bei euch zu rächen. Bitte seid vorsichtig, passt auf Euch, die Kinder und das Schiff auf.

Wir haben unseren Anwalt kontaktiert und Strafanzeige gestellt. Das ganze liegt jetzt beim Landesgericht. Das Schreiben lassen wir dann übersetzen und schicken es an alle Hafenkapitäne, Interpol wird dann tätig werden. Es braucht eben alles seine Zeit.

Wir danken Euch herzlich für Eure Hilfe, Ihr seid o.k., aber bringt euch nicht in Gefahr.

Eure Kaija und Otto

Vielleicht hat die Geschichte einmal ein Ende.

Wir hatten sie liebgewonnen die zwei, aber nach ihrem Abflug überhäuften uns unsere eigenen Probleme: Zwei fahruntüchtige Schiffe, das hieß zwei kaputte Motoren, leere Batterien, kein Geld, keine Lebensmittel. Da unser Plan nicht aufgegangen war, in Martinique, einem Stück Europa, wo man ohne Probleme österreichische Schillinge wechseln konnte und es ein riesiges Sortiment an Waren aller Art gab, alles zu erledigen, befanden wir uns jetzt in dieser fatalen Situation. Und wer konnte wissen, dass bei beiden Schiffen der Motor nicht mehr funktionierte?

Nachdem wie durch ein Wunder der Motor der GEORGIA ansprang, lichteten wir sofort den Anker, fuhren aus dem engen Ankerbecken und segelten die zehn Meilen nach Carriacou, das zum Staatsgebiet von Grenada gehört. Auch hier verwendete man EC-Dollars und wechselte nur US-Dollars, aber man akzeptierte die Visa-Karte und wir erhielten Bargeld. Da wir ohne Aus- und Einklarieren unterwegs waren, blieben wir die Nacht vor Sandy-Island, das uns, umgeben von einem schönen Riff, ausgiebig zum Schnorcheln einlud.

„Wann beginnt endlich die Schule?", wurde Doris allmählich ungeduldig, und zurückgekehrt nach Union Island, kam endlich der ersehnte erste Schultag.

Mit Schulheften und Büchern, die alle sorgfältig mit DORIS beschriftet, und vom ewigen Anschauen, schon etwas schmuddelig und zerknittert waren, saß sie nun am Tisch und sah mich erwartungsvoll an.

„Wir beginnen jetzt mit einer Zeile Striche." Ich malte einen senkrechten Strich zwischen die Zeilen.

„Strich, Strich, Strich", Doris war fertig. „Und jetzt?"

„Noch eine Zeile davon."

„Wozu, das kann ich ja schon."

„Na dann eben eine Zeile Striche, die nach vorne fallen und eine Zeile Striche, die nach hinten fallen."

„Strich, Strich, Fertig! Wann lernen wir endlich einen Buchstaben?"

Ich hatte mir von einer Freundin Ratschläge über Unterrichtsmethoden geholt und erklären lassen, wie wichtig Vorübungen seien.

„Erst schreiben wir noch Kreise und Bogen."

„Ich will Buchstaben lernen!" Nach fünf Minuten Unterricht drohte mir dieser zu entgleiten. Ich seufzte. „Na gut, dann lernen wir eben das M."

Zu dem M gesellte sich das I und am ersten Schultag schrieben wir Mimi, im....

„Wenn sie mit diesem Eifer weiterlernt, machen wir in zwei Jahren die Matura", erzählte ich Heino, als er ölverschmiert von der SEHNSUCHT kam.

Doch der Leser braucht sich keine Sorgen zu machen. Wir hatten ein ganz normales Kind. Nach drei Tagen war der Eifer vorbei und das Unterrichten entwickelte sich zur Schwerstarbeit während unserer Reise. Seit dieser Zeit habe ich Achtung vor dem Beruf Lehrer, der, gut ausgeübt, bestimmt einer der belastendsten Berufe unserer Gesellschaft ist.

Kapitel 17

Hurrikansaison – die Vertreibung aus dem Paradies

„Hurrikanalarm!" tönte es quer durch die Ankerbucht. Es war der 9. September. Die offizielle Saison hatte bereits im Juni begonnen und endete im Oktober, aber bis jetzt waren wir verschont geblieben. Alle Yachties waren nervös, Hektik breitete sich rund um die ankernden Schiffe aus, manche verließen fluchtartig Clifton Harbour. Unsere Bucht war zwar durch ein Riff gut geschützt, das aber einem starken Sturm nicht standhalten sollte. Das nächste Hurrikanhole befand sich 10 Meilen südlich auf Carriacou, die Careenage, ein Seitenarm der Tyrell Bay.

„Dort kriegt ihr sowieso keinen Platz mehr", meinte ein Segelkollege, „da muss man schon rechtzeitig dort sein."

Nördlich von uns gab es nur die über 80 Meilen entfernte Margot Bay, die Hurrikanschutz bot. Die Frage des Wegfahrens stellte sich für uns nicht, waren doch beide Schiffe noch immer fahruntüchtig. Zuerst sahen wir dem Schauspiel fasziniert zu, dann beschlossen wir, auch etwas zu tun. Wir holten alle Anker, die wir auf der GEORGIA noch finden konnten und legten sie aus, dann entfernten wir alles, was Wind fangen könnte und verstauten es unter Deck. Heino brachte Leinen zu den Murings jener Schiffe aus, welche die Bucht verlassen hatten.

Nachdem wir mit unseren Vorbereitungen fertig waren, begann eine schlimme Zeit: Warten. Warten und Wetterbericht abfragen. Alle paar Stunden fuhren wir zum Yachtclubbüro.

„Gilbert kommt entweder diese Nacht, oder morgen früh."

Gilbert: „Er" hatte also schon einen Namen. Die für diese Zeit typischen Passatstörungen entwickelten sich zu den unangenehmen Tropicals, diese wurden Hurrikans, deren Zugbahnen nie genau vorhersehbar waren, und ab einer gewissen Windstärke wurden sie getauft. Jedes Jahr begann man mit A, also war Gilbert heuer schon die siebente tropische Störung im karibischen Meer. Auf die schlaflose Nacht folgte am Morgen kräftiger Wind mit viel, viel Regen und starkem Schwell. Gilbert hatte abgedreht, war nördlich von Martinique vorbeigezogen und verwüstete Jamaika. Er hatte uns verschont.

Flaute folgte auf den Sturm. Jetzt kamen Tausende von Moskitos vom Land zum Schiff. Es war unerträglich schwül. Die trockene Erde konnte das viele Wasser nicht aufnehmen, die sonst staubigen Wege verwandelten sich zu Morast, wo man knöcheltief versank und schlammverschmiert und bespritzt herauskam. Nach zwei Tagen Starkwind mit Regen und Schwell, der mich auch vor Anker seekrank werden ließ, kehrte wieder Ruhe beziehungsweise der vorherrschende Passatwind ein.

Auf die Normalisierung folgte der Arbeitsalltag: Reparatur des Dieselmotors auf der SEHNSUCHT und abwechselnd auf der GEORGIA. Die Arbeiten gingen mühsam voran oder stagnierten tagelang, wenn ein anderes Problem auftauchte und der Erfolg blieb aus. Immer wieder brachte Heino die leergestarteten Batterien zum Yachtclub, um sie am Inselgenerator aufzuladen. Das war nicht nur zeit-, sondern auch geldaufwändig. Deshalb hatte Heino die Idee, sich einen Windgenerator zu bauen. Er war Meister im Improvisieren, nervte jedoch damit die ganze Familie und, trotz Rückschlägen, gab er nicht auf. Deshalb war ich glücklich, als Janos, unser Bootsnachbar, der Heinos Bemühungen beobachtet hatte, herüberrief: „I have an old windbugger for you!" Wir begutachteten und testeten ihn. Tatsächlich, nach einem Tag hatte die Batterie wieder zwölf Volt. Kapitän Janos war Grieche und verdiente sich seinen Unterhalt auf seinem Schiff HURRICANE mit Tageschartergästen. Er hatte Verträge mit Hotels, und jeden Tag kamen Flugzeugladungen voll Touristen mit dem Inselhüpfer, die dann in den großen, hässlichen Motorsegler verladen wurden und eine Rundfahrt zu den Tobago Cays und PSV absolvierten. Dazu wurde „Careebien food" (Langusten und Fische) sowie Cocktails serviert. Er war nett, doch peinlich darauf bedacht, keine Konkurrenz aufkommen zu lassen, denn Tagescharter, war ein gutes Geschäft mit wenig Aufwand.

Der Wind wurde stärker. Die Böen ließen die Windflügel laut surren.

„Ich muss den Generator besser fixieren", sagte Heino und Sekunden später krachte es ganz fürchterlich. Der Windflügel hatte sich durch die starke Böe im Kabel verfangen und war in tausend Teile zersplittert.

„Jetzt müssen wir ihn kaufen", stellten wir verzweifelt fest, und zögerten es noch einen Tag hinaus, nach dem Preis zu fragen.

„200 US-Dollar!", forderte unser Nachbar. Das wäre zwar günstig für einen funktionierenden Windgenerator, aber für einen kaputten? Doch wir waren selbst schuld und er stundete uns das Geld, bis wir wechseln konnten, wofür wir ihm dankbar waren. Eine Pechsträhne verfolgte uns.

„I-i-n mei-mei-neem K-koof-fer iiist eiein K...." Doris las.

Jetzt waren wir schon mehr als drei Wochen in Union Island. Wir saßen im Cockpit. Das Schiff schwojte, mein Blick fiel auf Thomson Island.

„In meieinem Koofer ist ein Kr, ein Kro..."

Und da waren sie wieder diese widersprüchlichen Gefühle. Diese Verzauberung beim Anblick von Thomson Island vor dem Bug, am Heck die sanfte grüne Hauptinsel und seitlich die roten Klippen von Red Island. Dahinter die Gruppe der Tobago Cays, wo weiße Wolkenberge aus dem Meer stiegen, dazwischen tauchten die Segel eines kleinen Bootes auf. Der frische Passatwind, der die Haare zerzauste, die Fahnen flattern und die Wanten singen ließ. Er umstrich die Haut, ich atmete die frische Meeresluft ein und wusste, ich befand mich auf einem der schönsten Flecken der Erde. Und doch war da eine Leere, eine Öde in mir und eine unbändige Sehnsucht erfüllte meine Seele: Weg, nur weg von hier, fort! Ich wollte entweder weiterfahren oder nach Hause. Das Leben hier empfand ich als triste und langweilig. Ich fühlte mich eingesperrt auf ein paar Quadratmetern Wohnfläche, und der Tagesablauf schien immer der gleiche zu sein: Kinder beschäftigen und unterrichten, kochen, putzen, schlafen. Keine Abwechslung in Sicht. Keine Abwechslung: kein Kino, kein Fernsehen, keine Schaufenster, nicht einmal Zeitungen. Keine Freunde zum Plaudern und Diskutieren, keine Omas, die mir einmal die Kinder abnahmen.

„Vielleicht würde es mir ohne Kinder besser gehen?", dachte ich. „Da könnte ich lesen, schreiben, mich geistig beschäftigen. Aber vielleicht würde ich dann wiederum sagen: Hätte ich nur Kinder, dann wäre es abwechslungsreicher."

„...ist ein Krok, Kroko, Krokodil! Mama hörst du mir überhaupt zu?"

Beschwerte ich mich bei meinem Ehemann, hörte ich die Antwort: „Geht doch an Land!" Er war mit seinen technischen Problemen beschäftigt und schien oft damit zufrieden zu sein. Doch was erwartete uns an Land? Schlammige Wege, wo man bis zu den Knöcheln versank, tausende von Moskitos, die nur darauf warteten uns zu stechen, schwarze Kinder, die immer die selben Fragen stellten, Frauen die immer wieder mein blondes Baby betatschen mussten: „Kille, kille, kille!" Ich fragte mich, wie sie sich fühlen würden, wenn jeder weiße Tourist kneifend fühlen würde, ob die schwarze Farbe echt ist? Ja und dann war da der abwechslungsreiche Weg vom Strand zum Flugplatz, zum Supermarkt und zurück, verziert mit Müll.

„Keine Kultur", hörte ich Hiltrud sagen, eine Fahrtenseglerfrau, die das Glück hatte, mit genügend finanziellen Mitteln ihre Reise zu unternehmen.

„Petra, NEIN!", schrie Doris, „Du zerreißt mir meine Puppe!", und verschwand im Salon. Jäh wurde ich aus meinen Gedanken gerissen, der Unterricht war hiermit beendet. Heino kam über und über ölverschmiert von der SEHNSUCHT zurück.

„Ich komme mit dem Kettenspanner nicht zurecht." Er klang verzweifelt. Und ich merkte, er hatte es auch nicht einfach. Und ich? Im Grunde meines Herzens war ich doch glücklich. Glücklich meine Kinder, meinen Mann, eine Familie zu haben. Und zufrieden? Zufrieden zu sein, war schwer, so furchtbar schwer. Jetzt, wo wir einen Traum erfüllt hatten, sehnte ich mich nach dem Berufsleben, nach Information, nach Aktivitäten außerhalb der Familie. Später, „klirr, bum, krach", Petra hatte den Aschenbecher kaputt

118

geschlagen, später werde ich mich wieder nach diesem Leben sehnen, nach diesem engen, einfachen Leben, nach dem Duft des Meeres, nach dem Streicheln des warmen, tropischen Windes und dem Blick auf dieses farbenprächtige Eiland.

„Juhuu, Chicken Schorsch mit seiner ARIES läuft ein!", jubelte Heino. Chicken Schorsch, er hatte seinen Namen, weil er so gerne Hähnchen aß, war Automechanikermeister, gerade der richtige Mann für uns. Schorsch brachte uns unsere sperrigen Pakete, die er von der ZIGEUNER LADY übernommen hatte. Er wollte aber nicht bleiben. Hurrikan Helene war im Anmarsch. Er segelte weiter nach Carriacou ins Hurrikan-hole. Seine Nervosität steckte uns an, aber die Technik nahm uns die Entscheidung ab. Wir mussten bleiben.

„No problem", meinte Mr. Laurence und wettete mit Heino um ein Bier. Seit 27 Jahren gab es keinen Hurrikan auf Union Island. Hatte er auf uns gewartet? Wir verzurrten wieder alles und warteten. Helene baute sich immer mehr auf, wurde stärker und stärker. Die Zugbahn kam genau auf uns zu. Die Yachties standen beim Wetterfax und diskutierten. Wir spähten nach Osten. Dort hinter dem herrlich blauen Horizont und den weißen harmlosen Passatwolken, 200 Meilen vor uns, tobte ein fürchterlicher Sturm.

„86 Knoten Systemwind", meldete der Wetterbericht.

„Das ist verdammt viel", meinten die erfahrenen Karibiksegler.

Wir warteten bei strahlend schönem, klarem Wetter. Doch dann kam die erlösende Nachricht: Helene drehte ab, machte schließlich eine Schlaufe im Atlantik und verlief sich. Gott sei Dank gewann Mr. Laurence sein Bier.

Schorsch mit seiner ARIES kam zurück und ankerte neben uns. Er erklärte sich bereit, Heino bei der Motorreparatur der SEHNSUCHT zu helfen. Hätte er es nur nicht getan. Die beiden Männer waren erst einen halben Tag beschäftigt, als erfreulicherweise eine russgeschwärzte Rauchwolke aus dem Auspuff drang und das dumpfe Brummen des Mercedesmotors zu hören war. Einen Moment später durchdrang ein markerschütternder Schmerzensschrei die Bucht. Den Grund erfuhr ich sogleich, als Heino mit dem blassen Schorsch zur GEORGIA kam. Der Schlauchbinder des Kühlschlauches hatte sich gelöst und das kochende Kühlwasser ergoss sich über Schorschs Unterleib. Er hatte schwere Verbrennungen, besonders am heikelsten Teil eines Mannes. Betroffen standen wir um ihn herum, hilflos sahen wir in sein schmerzverzerrtes Gesicht. Schuldbewusst, da er unseretwegen einen so schweren Unfall erlitten hatte. Ich holte nasse Tücher, wollte sie ihm auf die verbrannte Stelle legen, doch das schmerzte noch mehr. So drückte ich sie auf seine schweißperlende Stirn, die weiß wie eine Wand war. Oh Gott, wann ist die Pechsträhne endlich zu Ende?

„Ich steig nie wieder in einen Maschinenraum, wo es nur Murks gibt", war sein zorniger Kommentar.

Wir versuchten Schorsch gesund zu pflegen, bekochten und verwöhnten ihn. Eine Infektion im Ohr und nicht vertragene Medikamente, die ihm Brechdurchfall verliehen, verschlimmerten seine Situation noch mehr.

„Was willst du morgen zum Abendessen? Vielleicht ein gebratenes Hühnerhaxerl?"

„Huhn ist nie verkehrt", war seine verschmitzte Antwort. Und Huhn war das einzige Fleisch, das es auf der Insel zu kaufen gab. Allmählich ging es ihm besser und sein Gesicht bekam wieder etwas Farbe.

Zwei Tage später. Das Erdäpfelgulasch für den Abend brutzelte im Topf.

„Hallo SEHNSUCHT, wollt ihr Fisch?" Die ZIGEUNER LADY ankerte in der Bucht und Günther hielt einen riesigen Thunfisch in der Hand.

„Ja, gerne, wollt ihr Erdäpfelgulasch?" Und so landete der Fisch in der Pantry der GEORGIA und alle luden sich zum Abendessen ein.

Schorsch, Ebbo, ein deutscher Weltenbummler, der, von der Südsee kommend, durch den Panamakanal in die Karibik, immer gegenan segelte, und Günther, der den jungen Mitsegler Joe mitbrachte. Doris fand sofort Gefallen an dem Burschen und um sich zu profilieren zeigte sie ihre Fertigkeiten beim Knüpfen von Seemannsknoten. Joe konnte keinen Palstek.

„Ein so ein großer Bub, und kann noch keinen Palstek", meinte sie verächtlich. Diese Äußerung kränkte die Ehre des jungen Mannes und er übte so lange, bis er das Hindernis des Linkshänders überwand. Oft dachte man, er wolle einen gordischen Knoten produzieren, doch am Ende des Abends hatte er es geschafft und zeigte allen stolz seinen perfekten Palstek.

Der Thun schmeckte vorzüglich und Heino war froh dem wurstlosen Erdäpfelgulasch entkommen zu sein, das jetzt als Beilage diente. Wir saßen zusammen im Cockpit der GEORGIA und philosophierten über das Fahrtensegeln.

Schorsch, der schon sieben Jahre unterwegs war, flog immer im Winter nach Deutschland zurück, um sich wieder an Kälte und graue Nebelsuppe zu erinnern.

„Wir sind doch alle schon für Deutschland verdorben."

„Wenn ich nach Deutschland komme", sagte Ebbo, der schon zehn Jahre unterwegs war, „dann sagen die bloß, wat sollen wir mit dir! Hier, wir verlängern dir deinen Pass und hau mal wieder ab."

„Schreibt ihr ein Buch über eure Reise?", fragte ich in die Runde.

„Was mich an den Bücherschreibern so stört ist, dass sie sich auf der ersten Seite schon dreimal überschlagen haben", meinte Ebbo zu diesem Thema.

„Und was die über Sturm schreiben! Sturmtaktik. Wat soll dat! Da schmeiß ich die Gardinen runter und zieh den Kopp ein."

„Und eure Pläne, was habt ihr vor?"

Schorsch träumte von den Philippinen, er fühlte sich in der Karibik nicht mehr wohl.

„Da ist man an einem der schönsten Plätze der Welt und nicht zufrieden."

Günther sehnte sich nach einer Partnerin und ab und zu einem Chartergast.

„Ich geh nach Gibraltar", erzählte Ebbo, „und dann beginne ich das alles noch mal von vorne, aber diesmal mit Planung."

Er war es auch der von der Südsee schwärmte, von Atollen, von freundlichen Einheimischen, von billigen Inseln, einem Leben im Überfluss. Und so palaverten wir bis in die Nacht hinein, während Doris und Joe eifrig Seemannsknoten knüpften.

„Warum machen wir eigentlich gerade *diese* Reise?", fragte ich Heino in der Dunkelheit der Koje.

„Puh, ich weiß es nicht, es hat sich halt so ergeben", war die erste spontane Antwort.

„Um den Alltag zu unterbrechen. Der Gedanke, dreißig Jahre der gleiche Trott bis zur Pension, das erschreckt", kam nach einer kurzen Pause.

„Um fremde Länder und Leute kennen zu lernen, die Natur zu erleben und der schlechten Jahreszeit zu entgehen." Wir wetteiferten, Gründe zu finden.

„Um unser Schiff, das ja doch viel Geld gekostet hat, richtig auszunützen."

„Um mit der Familie zusammen zu sein, kein Dienst, keine Arbeit." Gerade dieser Punkt, das Familienleben pur, war es, das uns oft zu viel wurde und das sich in kurzen aber heftigen Emotionen entlud:

Heino: „Ich hab nur lauter Halbidioten an Bord!"

Monika: „Das halt ich nicht mehr aus, ich setze mich ins nächste Flugzeug und flieg nach Haus!"

Doris: „Ihr seid böse Eltern, ich will zur Oma!" Dann zeichnete sie Teufel und Krampusse, die sie mit unseren Namen versah.

Petra: „Bäähh! Mamam Mama!"

„Meinst du, sind sie glücklich?", fragte ich nach einer Gedankenpause.

„Wer?", kam es verschlafen zurück.

„Na die anderen Fahrtensegler. Sind sie glücklicher als wir?"

„Hm, weiß nicht recht, auf jeden Fall sind alle auf der Suche."

Seit dieser Zeit begann ich, Menschen zu beobachten, nach Ursache und Wirkung von Glück zu forschen.

Es waren schöne Abende mit den Segelfreunden, die durch die Abwesenheit der Chartergäste und durch die ständige Bedrohung der lauernden Stürme enger aneinander rückten. Sie ließen uns unsere Probleme zeitweise vergessen.

Doch sie waren da, die Probleme. Wir traten weiterhin auf der Stelle. Da der GEORGIA-Motor mit den guten Batterien von Schorsch problemlos ansprang und trotz stundenlangem Laden beim nächsten Startversuch wieder alles weg war, lag es mit Sicherheit an der Energieversorgung. Wir brauchten neue Batterien. Aber woher nehmen und nicht stehlen? In Union Island gab es keine zu kaufen, wegfahren konnten wir nicht. Ein Teufelskreis, aus dem wir scheinbar nicht herauskamen. Aber es waren nicht nur die Motoren, ständig war irgendetwas kaputt. Seit fünf Wochen schuftete Heino und jetzt riss auch noch in einer Starkwindböe die Kette von der Muring. Stundenlanges Tauchen folgte. Am Abend saßen wir bei Kerzenschein, draußen pfiff der Wind in immer höher werdenden Tönen durch die Wanten und wir warteten auf das Tropical, das bereits ein Tropischer Sturm war und genau auf uns zukam.
„Wird es ein Hurrikan?", fragten wir uns ängstlich.
„Ich pfeif auf alles", sagte Heino, „ich schmeiß die GEORGIA hin und wir fahren nach Venezuela und leben dort so lange, bis das Geld alle ist." Vom billigen Venezuela hörten wir schon so viel, aber es schien uns unerreichbar weit entfernt.
„Leider haben wir im September genau so viel ausgegeben, wie wir verdient haben."
Die Preise waren unmenschlich, zahlte man sogar für einen Liter Wasser einen Schilling. Nicht zu sprechen von den Lebensmitteln. Und wir waren gezwungen, hier einzukaufen.
„Wir können nicht wegsegeln", meinte der Kapitän. „Wir kommen beim Riff nicht vorbei." In der Tat, das tiefe Wasser zwischen den Riffen war nur einige Schiffslängen breit und wir waren von lauter Dauerliegern umgeben.
„Stell dir vor, wir müssen zwischen den Yachten aufkreuzen. Das schaffen wir nie, da sitzen wir sicher auf dem Riff wenn wir das versuchen."
Und die Verantwortung gegenüber den Kindern war da. Sie waren nicht das eigentliche Problem, sie verschlimmerten die Situation nur enorm durch ihren kindlichen Egoismus, mit dem sie Alltägliches forderten und dem totalen Unverständnis gegenüber elterlichen Problemen. Die vielen unterschiedlichen Interessen, Heinos Technik, Doris Spielwut und Petras Drang alles zu entdecken sowie ihre lebhaften Lauf- und Kletteraktivitäten konnten nicht unter einen Hut beziehungsweise unter ein Deck gebracht werden.
Endkommentar für den Monat September: Alles Scheiße!
Am 1. Oktober brach das Tropical Isaak knappe hundert Meilen vor Union Island in sich zusammen. Es war wie ein Wunder.

„Wir müssen weg, wir haben kein Geld mehr." Diese Tatsache bewog uns, Mr. Laurence zu bitten, uns beim Wegsegeln zu helfen.

„*No problem*", war wie immer sein Kommentar. Der Wind war kräftig und wir zogen noch vor Anker liegend die Segel auf. Dann kam der kritische Moment. Wir lösten die Muringleine, legten Ruder und zogen die Segel fest. Langsam nahm die GEORGIA Fahrt auf und gleichzeitig driftete sie bedenklich nahe an das Riff heran.

Wir flippten beinahe aus.

„*Slowly, slowly, keep cool man!*", sagte Mr. Laurence mit sonorer Stimme. Er war ja schließlich nicht verantwortlich für dieses Scheißschiff. Doch die GEORGIA war ein schnelles Boot und wir kamen glimpflich an den spitzen Korallenköpfen vorbei. Noch eine Wende und wir hatten es geschafft. Laurence jagte uns dann noch einen Schrecken ein. Er sprang zu schnell in sein nachgezogenes Dingi, das kenterte und drohte sofort zu sinken. Mit einer Hand hielt er sein Boot fest mit der anderen ruderte er verzweifelt. Einen Moment zögerten wir und wollten zwischen den Riffen wenden, aber sein „*Go, go!*" und ein Fischerboot, das zu seiner Rettung abbog, hielt uns davon ab. Wir legten Kurs auf Bequia, weil wir dort viele unserer Segelkollegen vermuteten, denn keiner blieb lange in Union Island. Es war ein ruhiger Törn, nur Petra recht zornig, da der Seegang sie beim Laufen hinderte. Zeitaufwändig kreuzten wir in die weite Admirality Bay und bei Sonnenuntergang warfen wir den Anker. Endlich ein anderes Panorama, ein Bequia viel grüner und blühender als bei unserm ersten Besuch.

Ich schreibe jetzt auf einem Blatt, das mir meine Tochter zum Geburtstag geschenkt hat. Ein großzügiges Geschenk, wenn man bedenkt, dass sie fast keine Zeichenblätter mehr hat. Ein selbstgebackener Kuchen, eine gestohlene Orchidee, zwei Zeichnungen und einen Tag später ein Abendessen in der Pizzeria von Bequia. Rückblickend ein schöner Geburtstag. Diese Zeilen lese ich im Tagebuch auf einem vergilbten, etwas schmuddeligen Blatt Papier. Sie rufen mir wieder in Erinnerung, wie sich die Wertigkeiten der Dinge auf unserer Reise geändert hatten.

„Kennt ihr schon das alte Fort von Otmar?", fragte uns Günther.

„Nein? Dann kommt mit, ich habe morgen dort zu tun."

Wir starteten zu der anstrengenden, aber wunderschönen Wanderung, oft steil bergan, hinauf auf den Mt. Pleasant, umgeben von immer wieder neuen Aussichten und duftendem Blütenreichtum. Quer über die Insel, fast bis zur Atlantikseite schleppten wir uns, Heino auch noch Petra am Rücken, bis wir unser Ziel erreichten.

„Das ist ja eine richtige Burg", rief Doris entzückt. In der Tat, vor unseren Augen tauchte ein altes Fort mit Türmen, gegliederten Dächern und Terrassen auf. Daneben gab es eine große Zisterne. Die Türme waren mit bunten Fahnen geschmückt. Rundherum ein parkähnlicher Garten mit Palmen, Obstbäumen und Zitrusfrüchten. Dazwischen grünte und blühte es in allen Farben. Und da es an der Spitze des Mt. Pleasant lag, 130 Meter über dem Meer, belohnte eine Rundumaussicht auf de grenadinischen Inseln, einschließlich Grenada.

„Schau, ein Schaf!", Doris entdeckte die Tiere: Hunde, Schafe, Ziegen, Esel, Katzen, Hasen und sogar zwei Pfaue.

Otmar und Sonja, zwei Lehrer aus München, hießen uns willkommen. Sie hatten drei Kinder im Alter von vier bis acht Jahren. Doris war glücklich. In der Kinderrunde aufgenommen, ward sie diesen Tag nicht mehr gesehen.

„Das war einst ein befestigtes Gutshaus mit Zuckermühle!", erzählte Otmar. „Man sagt es ist 200 Jahre alt, wahrscheinlich aber älter."

Wir saßen auf der Terrasse, eine kühle Brise wehte vom Atlantik her. Die Ruhe und der Friede dieses Ortes erfasste uns. Wir fühlten uns rundherum wohl.

„Ein traumhaftes Plätzchen habt ihr euch da geschaffen", lobten wir.

„Ja, wir haben einen einsamen Flecken gesucht, weit weg von Lärm und Umweltverschmutzung. Das nächste Haus ist 300 Meter entfernt."

Otmar und Sonja, 40 und 45 Jahre alt, hatten das 30 Acre große Anwesen was etwa zwölf Hektar entspricht, 1979 erworben und 1984 mit der liebevollen Restaurierung und Rekonstruktion begonnen. Nach drei Jahren Arbeit boten sie den Besuchern vier Appartements an, drei im Hauptturm, eines im kleinen Turm, alle mit separaten Zugängen, Schattenplätzen und Terrassen. Im Südtrakt waren ihre Privaträume und die drei Meter hohe Halle mit dem Kamin. Das Ferienhaus lag inmitten der Ringmauer der ehemaligen Mühle, was ihm einen familiären Charakter verlieh. Die einen halben Meter dicken Steinmauern sorgten für ein angenehmes, kühles Wohnklima. Wasser sammelten die großen Zisternen, und das, was der Himmel während der Regenzeit freigab, reichte für das ganze Jahr.

„Und damit das Wasser sauber bleibt, haben wir Fische in die Tanks gegeben." Es gab eine Fischart, die alle organischen Substanzen fraß und somit blieb das Wasser frisch und wurde nicht faul.

„Ihr trinkt es gerade, schmeckt es?" Es mundete tatsächlich und war fast so kalt wie Quellwasser.

Günther und Otmar erledigten ihre Geschäfte, wir schauten uns auf dem Anwesen um. Die Kinder kletterten auf den Bäumen herum und schaukelten. Gerne wären wir die Klippen hinabgeklettert und hätten die Grotten und Sandbuchten zwischen der Steilküste besucht.

„Wollt ihr Kaffee?", lockte uns Sonjas Frage zur Terrasse.

„Ja, danke, sehr gerne."

Nach einer Weile tönte es aus der Küche: „Otmar, ich habe keine Milch mehr, gehst du die Ziegen melken?" Die Familie versorgte sich fast selbst mit Obst, Gemüse und Fleisch und der Gast wurde mit kulinarischen Köstlichkeiten der Hausfrau verwöhnt. Die Preise für Wohnen und Essen waren zwar hoch, aber in Anbetracht der einzigartigen Atmosphäre gerechtfertigt. Eine großartige Leistung der Familie, die hier einen Garten Eden geschaffen hatte.

Bei nettem Geplauder wurde es Abend und bei Dunkelheit tasteten wir uns zurück zum Schiff. Das „Old Fort" von Bequia wird uns immer in Erinnerung bleiben.

Wieder mit Bargeld in der Tasche segelten wir zurück nach Union. Heino hatte die Schleppangel ausgelegt.

„Wir haben etwas gefangen", rief er erfreut und holte die gespannte Leine ein. Doch welch Enttäuschung. Ein gelber, wassergefüllter Plastiksack hing am Haken. Doris zerkugelte sich vor Lachen und brachte das Erlebte sofort zu Papier: Kleine Männchen am Heck stehend, dahinter ein überdimensionaler Angelhaken und ein knallgelber Sack.

Das Anlegen in Union Island in unserer Ankerbucht wäre einfach, so dachten wir. Wir segelten bei raumem Wind ein, drehten in den Wind, fischten die Boje unserer Muring und fixierten die Leine. Ein gelungenes Manöver. Doch dann begann die GEORGIA zu driften, driftete Richtung SEA ROSE. In meiner Panik, das Schiff dürfe keinen Kratzer abbekommen, stürmte ich Idiot nach Backbord und versuchte uns abzufangen. Dabei klemmte ich meinen Unterarm zwischen die Reling des Nachbarbootes und unseren Außenborder. „Krrch!" machte es.

„So, jetzt hab ich mir die Hand gebrochen", dachte ich kühl und ließ mich langsam im Cockpit nieder. Heino kämpfte verzweifelt mit Anker und Dingi und zog uns allmählich nach vorne. Dann erst fingen die Schmerzen an, und die waren nicht ohne. Betroffen stand Doris neben ihrer schluchzenden Mutter und streichelte mir übers Haar. Heino, der es erst nicht glauben wollte, holte Verbandszeug und schiente mir den Unterarm.

Wie sich später herausstellte, hatte die SEA ROSE unsere Muring beim letzten Hurrikanalarm benutzt und Hurrikan John, der starke Abwinde über Union fegte, verlegte dadurch unseren Fixblock weit nach hinten. In Bequia war von John, außer ein paar stärkeren Fallböen, nichts zu spüren gewesen. Die Schmerzen blieben. Wir wollten das Inselkrankenhaus aufsuchen.

„Geht nicht dorthin", warnte man uns im Yachtclub, „da ist deine Hand verpfuscht. Außerdem haben sie keinen Röntgenapparat."

„Und noch dazu verlangen sie dort ein Schweinegeld." Das bewog uns schließlich doch umzukehren.

Kapitel 18

Venezuela – Reise ins Schlaraffenland

„Dreimal Steak mit Kartoffeln und Gemüse!" Wir saßen im Restaurant Trimar und Heino gab die Bestellung auf.
„Dazu frischgepressten Orangensaft!" Hungrig warteten wir und gierig stürzten wir uns über das Menü. Endlich wieder Fleisch, frisches Obst und Gemüse in Hülle und Fülle. Wir schlemmten, dass die Bäuche standen und letztendlich konnten wir uns nicht mehr rühren.
„Darf ich ein Eis haben?" Ein Eis ging auch noch.
„Herr Ober, zahlen!" Wir waren angenehm überrascht, für dieses Schlemmermahl löhnten wir nur 200 Bolivars, also knappe 100 Schilling nach damaliger Währung.

Einer spontanen Entscheidung folgend nutzten wir die Flaute, die auf eine tropische Störung folgte und schoben die GEORGIA mit dem Dingimotor aus der Ankerbucht von Union. Die Flauten in der Karibik sind nur kurz, so dachten wir. Doch wir wurden eines Besseren belehrt. 57 Stunden trieben wir bei Windstille mit kaputtem Motor im karibischen Meer. Der arme Kapitän zweifelte an seiner Navigation. Gute Sicht ließ das nahe Festland erkennen, jedoch unser Ziel, die Insel Margarita nicht. Noch dazu besaßen wir nur die Überseglerseekarte im großen Maßstab. Heino flippte aus, er befürchtete, dass uns die Strömung weit nach Westen versetzt hatte. Endlich erreichten wir die nur von Fischern zeitweise bewohnte Insel Los Testigos, wo wir bei starker Strömung, ebenfalls mit dem Dingimotor in einem Bauchwehmanöver das Schiff vorbei an Riffen zum Ankerplatz der Isla Langoleta manövrierten. Wir wollten hier auf Wind warten. Wir hatten zwar fast nichts mehr zu essen an Bord, weil wir dachten, ohnedies in 30 Stunden bei normalerweise raumem Wind in Venezuela zu sein, wo es viel billigere Lebensmittel gab. Doch die Schönheit der Landschaft und der herrliche Sandstrand entschädigten uns. Wir verbrachten die Tage an Land in der Nähe eines verlassenen Fischercamps.
Nach dreitägigem Warten kam Wind und wir zischten nach Pampatar auf der Isla Margarita und legten unter Segel im überfüllten Hafenbecken an. Es gab keinen Anlegesteg für unser Dingi und starker Schwell erschwerte die Landung. Dafür gab es Jimmy, einen Schwarzen, dessen herunter hängender Schnauzbart uns an Tschinges Kahn erinnerte, der verlässlich Hilfestellung leistete. Die Einklarierungsformalitäten in der Shore Base waren schnell erledigt und jetzt saßen wir hier zufrieden und glücklich im Restaurant und hielten uns die vollen Bäuche. Endlich wieder einmal so richtig satt.

„Senora Monica Tschil?" Ich saß im überfüllten Krankenhaus der Insel Margarita. Der Arzt begutachtete mein Röntgenbild. Auf Englisch erklärte er, ich müsse noch einmal geröntgt werden, er könne den Bruch nicht deutlich sehen.

„Was kostet das?", fragte ich sehr kleinlaut.

„Gar nichts, die Behandlung im Krankenhaus ist frei." Erleichtert atmete ich auf. Am zweiten Bild erkannte man ganz deutlich eine Linie, der Unterarm war gebrochen, aber es war ein einfacher Staubruch. Die Hand wurde gestreckt und in kurzer Zeit legte mir ein Pfleger die feucht-kalten Gipsbandagen von den Handwurzeln bis zum Ellbogen an. Nachdem der Arm so ruhig gestellt war, ließen auch die Schmerzen allmählich nach. Von Doris bekam ich bald wunderschöne Bilder aufgemalt. Nur einen Nachteil hatte der Gipsverband: Wurde er nass, fing er fürchterlich zu stinken an.

Die folgenden Tage waren ausgefüllt mit Einkaufen. Wir verfielen dem Shoppingfieber. Täglich chauffierte uns das Sammeltaxi in die Stadt nach Polarmar, wo wir gierig das tolle, billige Angebot aufsogen und alles nur erdenklich Brauchbare besorgten. Wenn wir durch Straßen und Supermärkte schlenderten, fühlten wir uns wie im Schlaraffenland. Alles war spottbillig, so zahlte man für ein Kilo Mehl zwei, für ein Kilo Karotten drei und eine Palette Eier bekam man um (damals) zehn Schilling. Diesel und Benzin kosteten pro Liter einen Schilling. Zu meiner Freude war eine Papierwindel um einen und zu meinem Missfallen ein Packerl Zigaretten um umgerechneten drei Alpendollar zu erhalten. Im Durchschnitt war es um das Zwanzig- bis Dreißigfache billiger als in der karibischen Welt und ließ uns frohlocken. Außerdem leisteten wir uns oft den Luxus eines Restaurants und saßen am Abend im Trimar, einem Treff für Fahrtensegler, schlemmten, trafen viele Menschen und lauschten deren Geschichten. Die Abende waren etwas kühl und am Morgen war Tau am Deck des Schiffes.

Heino ersetzte die leeren Batterien der GEORGIA durch nagelneue. Da der Motor weiterhin Probleme machte, kam ein Mechaniker an Bord. Er steckte einige Stunden schwitzend im Motorkasten. Ob er etwas zu trinken wolle, fragten wir ihn, eine Cola vielleicht? Doch er lehnte ab und nahm nur ein Glas Wasser an. Wir erinnerten uns an Union Island, wenn wir Laurence ein Cola anboten, fragte er bloß: „Und, wo ist der Rum dazu?" Die Bevölkerung in Venezuela, ein dunkelhaariger, schwarzäugiger Menschentyp, den Spaniem ähnlich, erlebten wir als ausgesprochen nett und hilfsbereit sowie äußerst kinderlieb. Petra wurde vor allem ihrer blonden Haare und blauen Augen wegen von den jungen Männern oft gefeiert, was Doris manchmal eifersüchtig werden ließ. Viele Fischerboote mit dicken Außenbordern

kreuzten in der Bucht, doch keiner versuchte Geschäfte mit den Yachties zu machen. Eine Wohltat nach den fordernden Einheimischen der Karibik.
Mit schnurrendem Motor fuhren wir die kurze Strecke nach Polarmar in die Marina. Diese bestand aus einigen etwas wackeligen Holzstegen, aber eine Wohltat für Doris, sie konnte jederzeit an Land gehen. Wir erklärten die nächsten Tage zu Ferien, denn es waren jede Menge Kinder hier. Am nahen Strand spielten sie nach Herzenslust und bauten Sandautos in denen Rennen gefahren wurden. Die Buben besaßen alle ihre eigene Angel und fischten. Nacheifernd ließ sie sich von ihrem Vater Rute und Haken geben. Das Angelglück war ihr hold. Bald zappelte ein kleiner Hornhecht an der Angel. Stolz zeigte sie den Fang ihrem Vater. Dieser war etwas neidisch, badete er schon stundenlang erfolglos seinen Angelhaken. Doris schuppte den Fisch, nahm ihn aus, überwachte penibel das Braten in der Pfanne und zum Leidwesen von Heino aß sie ihn auch ganz alleine auf.
Der zweite herrliche Vorteil der Marina war Wasser. Wir hatten Wasser in Hülle und Fülle. Wasser zum Baden, Wasser zum Wäschewaschen, Wasser zum Putzen. Und das direkt aus dem Schlauch. Wir füllten alle Tanks und Kanister, die wir finden konnten.
Ein rotes Mietauto, das wir uns für zwei Tage borgten, brachte nicht nur den Proviant für das nächste halbe Jahr an Bord, sondern wir besichtigten auch die Insel. Die Landschaft erinnerte uns, genau wie die Menschen, an Spanien. Das Wasser war nicht mehr so kristallklar, der Sand nicht mehr weiß, sondern bräunlich. Das Auto führte uns auch zum längsten Strand in dieser Gegend. Ein zehn Meilen langer Sandstrand, weiter als das Auge reichte, voll mit vielen, vielen Muscheln empfing uns, und einige, besonders schöne Exemplare wanderten in meine Tasche. Die raue See, deren Wellen ungebremst heran rollten lud nicht zum Schwimmen ein. Dem langen Strand folgte ein ebenso großes Sumpfgebiet, La Restinga, laut Reiseführer ein Vogelparadies. Wir besuchten dieses Mangrovengebiet, wo uns, zwar keine Vögel, dafür aber hunderte von Winkerkrabben begrüßten. Mit der einen überdimensional großen Schere versuchten die Männchen Weibchen anzulocken. Es sah lustig aus, wenn sie aus ihren Löchern im schlammigen Boden kamen, winkten und wieder verschwanden. Eine Bootsfahrt führte uns ins Innere der Mangrovenwälder und wir waren froh, einen Führer zu haben, denn die Navigation in den Kanälen war schwierig.
Ein Monat war vergangen und Union Island und das Charterbuisness riefen. Schweren Herzens nahmen wir Abschied von Venezuela, nachdem wir noch schnell einmal *Shoppen* gingen. Neben Badeanzug und T-Shirt gab es Plastiktannenbäume, Christbaumschmuck und Kunstschnee, was uns daran erinnerte, dass bald das große Fest gefeiert wurde, so dass wir nun neben Kleidungsstücken, auch Weihnachtsgeschenke unser eigen nannten.

Starker Wind mit Kurs hart am Wind empfing uns. Mit Hilfe des Motors, oh welch eine Freude, steuerten wir vorerst Los Testigos an, um eine bessere Ausgangsposition zurück in die Karibik zu haben. Hart am Wind und das bei Atlantikwellen, ich lag halbtot, weil seekrank, in der Koje. Heino musste das Schiff alleine führen. In der Nacht hatte er eine Begegnung mit einem dubiosen Boot. Es sendete SOS Lichtzeichen. Auf den Funkruf erhielten wir keine Antwort. Heino änderte den Kurs und steuerte das Licht an. Wir kamen näher und plötzlich hörten die Signale auf, das Schiff nahm Fahrt auf und kam Richtung GEORGIA. Wir hatten schon so manche Schauergeschichte von Piratenüberfällen hier in der Karibik gehört. Deshalb zog der Kapitän es vor, die Flucht zu ergreifen. Mit Motor auf Vollgas und voller Besegelung rauschten wir davon. Ob es Piraten, ein Notfall oder bloß Fischer waren, die eine Languste verkaufen wollten, wir werden es nie erfahren. Doch in solchen Situationen auf hoher See ist einmal feig sein besser, als einmal zu mutig.

Am nächsten Morgen sahen wir Land, Grenada, wir steuerten die Nordspitze an.

„Heino, gibt es südlich von Grenada noch Inseln?"

„Nein, wie kommst du darauf?", kam es aus der Kajüte.

„Da sind aber welche."

„Nicht möglich!"

„Heino, Grenada sieht aus wie St. Vincente."

Es war St. Vincente und im Süden zeigte sich Bequia, also drehten wir ab und liefen die Admirality Bay an. Später erfuhren wir, dass es kaum ein Segelschiff schaffte von Margarita aus Grenada zu erreichen. Man musste schon froh sein, Bequia mit einem Schlag anzulaufen, viele kamen in St. Lucia oder Martinique an. Die durch Gegenwind verursachte Abdrift war einfach zu groß.

Die Zollbehörden kamen an Bord. Schiffe, die von Venezuela kamen, hatten meist Schmuggelware dabei. Warum waren wir so ehrlich gewesen und verrieten unseren Abfahrtsort? Sie stellten alles auf den Kopf, errechneten, dass wir zwei Paletten Bier und eine Palette Cola zuviel an Bord hatten, für die wir dann Zoll zahlen mussten und der Kapitän bekam eine Rüge, da er keine genaue Aufstellung der an Bord vorhandenen Dinge vorzuweisen hatte. Schmuggeln von Venezuela zur Karibik wäre ein lohnendes Geschäft, doch für eine Familie empfanden wir es als zu gefährlich.

Kapitel 19

Saisonstart in der Karibik

Strahlender Sonnenschein, flockige Passatwolken, grüne und blühende Inseln erwarteten uns. Der Nordostpassat war eingezogen, die Regenzeit und Hurrikansaison vorbei. In Union Island begann wieder der Alltag. Die SEHNSUCHT musste rasch flott gemacht werden. Aber mit neuer Batterie und neuer Pumpe, die das Kühlwasser direkt durch den Mercedesmotor pumpte, waren die Probleme bald behoben. Ein neuer Gasherd zierte die Pantry, da der alte bereits ein Rosthaufen war. Der Kühlschrank wurde eingebaut, nur die Toilette wartete noch darauf. Dafür mussten wir aus dem Wasser. Durch die Regenzeit war überall Schimmel. Ich putzte wie verrückt und bald konnten wir wieder auf die SEHNSUCHT übersiedeln, die Packkisten voll mit Proviant.

Doch mit dem intakten Motor auf der GEORGIA waren deren Probleme nicht zu Ende. Jetzt kam von einem Leck ständig Salzwasser ins Schiff, von der kaputten Salzwasserpumpe, wie sich nach langem Suchen herausstellte. Der Autopilot gab seinen Geist auf und ein Segel war zu flicken. Letztendlich schufteten wir nur die nächsten zwei Wochen.

„Wie bekomme ich meinen Gips herunter?", diese Frage stellte sich, als die sechs vorgesehen Wochen vorbei waren.
„Ich schneid ihn ganz einfach runter", meinte mein Ehemann. Zum hiesigen Krankenhaus hatte ich kein Vertrauen und so überließ ich meinen Unterarm seinem Schicksal und legte ihn mit geschlossenen Augen auf den Kartentisch, wo Heino mit Seitenschneider und Säge bewaffnet saß. Ohne einen Kratzer entfernte er den bereits sehr mitgenommenen und dreckigen Gips, und hervor kam eine weiße Haut, so weiß, wie ein Mitteleuropäer im Winter.

Die nächsten Chartergäste wurden am 8. Dezember in Martinique erwartet. Heino fuhr mit der GEORGIA ab. Wir waren wieder alleine.
Den stagnierten Unterricht von Doris wollte ich wieder forcieren. Doch ich hatte die Rechnung ohne meine Schülerin gemacht: „Ich will nicht!"
So griff ich an diesen „Ich will nicht Tagen" tief in meine Trickkiste, um sie zu motivieren. Die Großbuchstaben waren die Mütter, die ihre Kleinbuchstaben an den Händen nahmen. Beim ungeliebten Minusrechnen wurde der Bleistift zum Zauberstab, der die Lösungen herbeizauberte. Sie konnte alle Aufgaben locker lösen, wenn sie wollte und meist wollte sie nur, wenn der Unterricht aus Spielen und Rätseln bestand, was für mich nicht immer leicht

war. Klein Petzi tat das ihre dazu. Sie schlief unter Tags nur noch kurze Zeit. War sie wach, störte sie permanent den Unterricht.

„Dut, dut!", grinste sie vom Schot hervor, kraxelte im Schiff herum, räumte alles aus, war überall am Schaden, was natürlich die Konzentration von Doris stark beeinträchtigte, ja meist in einem Streit zwischen den Geschwistern endete. Petra war bei diesen Kämpfen nicht gerade zimperlich, was die ältere Schwester oft zum Weinen brachte. Zum Glück waren wir mit dem Lehrplan noch in der Zeit, da der Eifer am Beginn des Unterrichts so groß war. Den meisten Erfolg erzielte ich, wenn wir die Schreibübungen in einen Brief verpackten und zu den Großmüttern schickten. Und Vorschläge wie „Basteln wir einen Adventkalender?", brachten richtige Höchstleistungen bei meinem Kind hervor und obwohl sie ihre selbstgezeichneten Bilder alle kannte, brach sie beim Öffnen jedes Fensters in Entzücken aus.

Zum Nikolaus kramte Doris, der ihre Badeschuhe zu klein schienen, die Regenstiefel ihrer Eltern aus der Packkiste. Sie versah sie mit Namen und stellte sie am Abend in den Niedergang. Dank unseres Reichtums aus Venezuela waren sie am Morgen gefüllt. Jubel und Freudenschreie weckten mich an diesem Tag.

Nach der Übersiedelung auf die SEHNSUCHT hatten wir plötzlich ein anderes Problem, nämlich zu wenig Platz. Da Petra sowieso ständig aus ihrem Gitterbettchen kletterte, versuchte ich sie in die Hundekoje zu legen. Dort gab es aber keine eigene Lüftung und somit war es viel zu heiß, das Baby konnte nicht einschlafen. Also quartierte ich sie bei Doris im Vorschiff ein, was zuerst Trotz und Tränen hervorrief. Doch bald lagen sie eng aneinander gekuschelt und schlummerten friedlich vor sich hin.

Die technischen Schiffsprobleme holten aber auch die reine „Frauencrew" ein. Erst riss der Starterknopf, dann der Keilriemen vom Motor, sodass ich täglich mit Schraubenzieher und Zange bewaffnet herumlief. Der Salzwassereinlass war verstopft, was einen mir unbeliebten Tauchgang unter das Schiff bescherte. Zu Tage beförderte ich ein kleines Fischlein ohne Kopf, das dieses Loch wohl trügerischerweise als Schlupfwinkel benutzt hatte. Der Kopf kam später zerquetscht aus dem Wasserhahn.

An Deck war Petra in ihrem Element. Alles was zwischen ihre Finger kam wurde zum Niedergang hinauf an Deck befördert und ins Wasser geworfen. Zwar hatte sie noch nicht den ganzen Hausrat über Bord geschmissen, aber doch schon einigen Schaden angerichtet. Wenn wir von den Nachbarbooten die Worte „Über Bord!" hörten, wussten wir schon was los war.

„Plup macht, he, he, he!", rief sie mit grinsendem Gesicht. Es war Doris Aufgabe, die im Gegensatz zu mir gut tauchen konnte, nachzuspringen und das Verlorene heraufzutauchen oder wenn es davon trieb, hinterher zu schwimmen. Anfangs machte es ihr Spaß, doch allmählich überwog der

Zorn und eine kräftige Ohrfeige landete in Petras höhnischem Gesicht. Petra nicht faul, zwickte Doris in die Nase oder haute mit dem Kochlöffel drein. Ich war bei diesen Kämpfen nur immer darauf bedacht, dass Doris die Kleine nicht ins Wasser schmiss, denn sie ging unter wie ein Kartoffelsack. Petra machte keine Anstalten von Schwimmbewegungen.

Der Briefverkehr mit der Heimat florierte. Endlich erhielten wir Briefe und waren ständiger Gast beim unfreundlichen Postbeamten im hochoffiziellen Office. Wir hatten selbst einen Fehler gemacht und Union Island als Hauptzeile bei der Adresse angegeben, was aber St. Vincente und die Grenadines heißen musste. Die Eltern zu Hause waren in Sorge, da in den Medien von einem verheerenden Wirbelsturm zu hören war, von dem wir aber nichts merkten. Anderseits machten wir uns Sorgen, als wir von Vaters Magenoperation erfuhren und trotz funktionierenden Brief- und Telefonkontakten wurde uns immer wieder bewusst, wie weit wir voneinander entfernt waren.

Die einsamen Nachmittage verbrachten wir am Strand. Da in der Heimat jetzt Winter war, baute Doris einen Schneemann aus Sand, mit Besen, Nase und Hut, und anstatt der Kohleknöpfe erhielt er Muschelschalen. Ein karibischer Schneemann eben. Die schwarzen Kinder sahen uns zu und bald begann ein allgemeines Sandmannbauen. Es kamen immer wieder Kinder zum Spielen zu uns, jedoch Viviet war immer seltener dabei. Christine, ihre Schwester, hatten wir seit unserer Rückkehr nie mehr gesehen.

Fünf Tage war Heino fort. Ich saß am Strand und beobachtete die Kinder beim Spielen. Ein Flugzeug war im Anflug. Ich träumte, Heino säße darin, die Leute hätten ihn nicht gebraucht und er würde zurückkommen. Lange versank ich in diesen Traum und schaute sehnsüchtig zum Steg, wo er bald stehen würde. Aber es erschienen nur lauter unbekannte Gesichter.

„Na ja, es war ja nur ein Traum."

Mein Tagtraum wurde wahr. Am Abend des nächsten Tages lief die GEORGIA ein. Heino verließ das Schiff. Georg hatte es für sieben Wochen ohne Skipper verchartert. Sie brachten ihn nach Union, damit er sich die Flugkosten erspare. Heino war sauer. Kein Charter bedeutete kein Geld. Er empfand es als unfair. Georg war auch in Martinique angekommen. Er wollte auf der NANCY Urlaub machen. Doch die NANCY war verschollen. Indirekt machte er Heino dafür verantwortlich, was seinen Ärger noch verstärkte.

„Bin ich nur der Trottel von dem?", sagte Heino zornig. Die Drecksarbeit kann ich machen, für einen Hungerlohn und dann wenn's ans Verdienen geht, werde ich nicht gebraucht."

„Noch dazu zahlt er nicht regelmäßig", warf ich ein. Heinos Vater, der unsere Konten in der Heimat verwaltete, musste ihn öfters anrufen und auffordern, das Geld zu überweisen. Gründe genug, den Job hinzuschmeißen. Die Entscheidung war gefallen.

Doch Georg wollte seine Surfbretter, die sich auf der GEORGIA befanden.

„Die bringen wir ihm noch und dann machen wir gleich klar Schiff."

Gesagt getan. Wir luden die riesigen Surfbretter auf unsere kleine SEHN-SUCHT und zurrten sie an der Reling fest. Auf drei Etappen wollten wir in Martinique sein. Eine Nacht verbrachten wir in der Admirality Bay, die nächste war in der Marigot Bay geplant. Es war schon Nacht als wir uns St. Lucia näherten. Ein riesiger Vollmond stand am Himmel.

„Das gibt's nicht! Schau einmal Heino, ein Regenbogen." Tatsächlich reichte das Licht des Mondes, einen fahlen Bogen mit ganz blassen Farben vom Meer zum Land zu spannen.

„Könnt ihr ein paar Dosen brauchen?" Diese Frage kam von Bodo, einem deutschen Skipper von WHITE SWAN, einer Yacht mit schwedischer Flagge, die neben uns in der Marigot Bay lag.

„Habt ihr welche zu verkaufen?"

„Nein abzugeben", war die Antwort.

„Essbares können wir immer gut gebrauchen", antwortete ich und dachte dabei an meine ewig hungrige Meute. Was dann folgte, übertraf alle unsere Vorstellungen. Einen Tag lang pendelten wir zwischen den zwei Schiffen, bis wir allen Proviant von WHITE SWAN zur SEHNSUCHT umgeladen hatten, die dann einige Zentimeter tiefer im Wasser lag. Bodo erzählte uns seine Geschichte: Die Crew hatte die Aufgabe, das Schiff von Teneriffa nach St. Lucia zu überstellen. Der Computer stellte den Proviant für 30 Tage, sieben Mann und drei Mahlzeiten zu je drei Gängen zusammen. Es waren aber dann bloß sechs Mann und 21 Tage, denn die Computerkalkulation bedachte nicht Seegang, Seekrankheit, sowie die Tatsache, dass nach zehn Tagen das Gas alle war. Die Folge dieser Umstände waren viel zu viele Lebensmittel an Bord. Das Schiff musste aber im ausgeräumten Zustand übergeben werden. Glück für uns. Als Revanche schmissen wir eine Runde in der Doolittle-Bar und luden sie für den nächsten Morgen, vor ihrem Abflug zum Frühstück ein. Alle sechs nahmen, eng aneinander gedrängt um den Saloontisch Platz, freuten sich besonders über den heißen Kaffee und langten tüchtig zu. Es war eine Freude, die sechs zu bewirten, es waren liebe Leute. Außerdem taten sie mir leid, nach den Strapazen der Überfahrt und nur drei Tagen Karibikaufenthalt, wieder in das kalte Deutschland zurück zu fliegen. Erst später beim Ordnen der Packkisten konnten wir das

Ausmaß der uns geschenkten Sachen erkennen. Bestimmt hundert Dosen von schmackhaften Fertiggerichten aus Deutschland und Spanien, Früchtedosen, Gläser mit saurem Eingemachten, herrlich, etliche Kilo Kaffee, Suppen, Erdnüsse, Fruchtsäfte, Knäckebrot, Käse, Spaghetti und Grundnahrungsmittel, wie Zucker, Mehl, Milch und nicht zu vergessen Küchenrollen und Klopapier. Interessant waren die Verpflegungspakete, die auch das deutsche Bundesheer erhielt. Sie eigneten sich vorzüglich als Notpaket, denn sie konnten auch kalt gegessen werden und enthielten eine Tagesration für eine Person.

„Die Fertiggerichte heben wir uns gleich für die Pazifiküberfahrt auf", meinte der Kapitän.

„Denn in Venezuela sind diese Dosen auch teuer." Ich stutzte, waren doch unsere Zukunftspläne bis dato unausgesprochen geblieben. Aber an solchen Tagen sah man hoffnungsvoll und ohne Sorgen in die Zukunft. Die scheidende Crew eines Charterschiffs entsorgte dann noch eine herrliche Staude Bananen auf der SEHNSUCHT.

Heino zitierte darauf den Spruch aus der Bibel: „Und der Herr sorgt für sein Volk!"

Die Fahrt nach Martinique stand bevor. Georg wartete auf seine Surfbretter. Starker Wind aus Nordost wehte mit sechs bis acht Beaufort. Im Durchschnitt vier Meter hohe Wellen überfielen uns nach der Landabdeckung. Scheiß Surfbretter! Wir wären normalerweise nie bei so starkem Wind gesegelt. Stark gerefft, hart am Wind bolzten wir gegenan, das Laufdeck ständig unter Wasser, die Wellen spritzten über die ganze Kajüte ins Cockpit. Wir blieben fast auf der Stelle und schalteten den Motor zu, der uns schieben half. Zu allem Überfluss lockerten sich die Wanten und der Mast bog sich bedenklich. Heino zog das letzte Reff ein. Es war ein Teufelsritt und ich verfluchte Georg. Doch ein tolles Erlebnis, das ich noch heute genau vor Augen habe, entschädigte für die Strapazen. Eine von den noch größeren Wellen lief unter dem Schiff durch, wir befanden uns im Wellental, einige Meter entfernt eine sechs Meter hohe Wasserwand. Und von diesem Wellenkamm sprangen fünf silbern glänzende, glatte Leiber wie Turmspringer in die Tiefe und tauchten unter die SEHNSUCHT. Eine Delphinschule hatte uns entdeckt. Sie schwamm eine Zeit lang mit uns, bis sie in den wilden Wassergebirgen verschwand. Schade, dass ich keinen Fotoappa-rat zur Hand hatte.

Vor Sonnenuntergang kamen wir in die Bucht von Fort de France und als wir die Fock wegrollten um gegenan zu motoren, war der Diesel alle und lästiges Kreuzen in die überfüllte Bucht blieb uns nicht erspart.

Georg holte die Surfbretter ab. Wir aßen gemeinsam zu Abend. NANCY war noch immer nicht anwesend. Georg sauer. Er gab wieder Heino die Schuld daran. Dieser fand daraufhin den Mut zu kündigen. Das verschlechterte die Laune zusehends. Doch er zahlte uns die Ausgaben von den Reparaturen an der GEORGIA, aber Gehalt für Dezember gab es keines mehr. Er mietete ein fremdes Charterschiff und fuhr ab. Um das Ende der Geschichte vorwegzunehmen: Als wir ihn am Ende seines Urlaubs wieder trafen, hatte er schon wieder einen Skipper aufgetrieben und wir gingen versöhnt auseinander.

Kapitel 20

Weihnachtsbaum „Creole"

„Krach!" Ein fürchterlicher Lärm ging durch die Kajüte. Die Mastunterstützung war gebrochen. Heino hatte die losen Wanten nachgespannt und da war das bereits Befürchtete passiert.

„Sie war viel zu schwach dimensioniert", diagnostizierte der Kapitän seinen Konstruktionsfehler. „Wir müssen uns einen dickeren Pfosten besorgen." Seine Suche war erfolgreich. Er kam mit einem kräftigen Mahagoniholzstamm zum Schiff zurück.

„Der wäre in Österreich unbezahlbar", meinte er stolz zu seinem günstig erworbenen Stück. Der Pfosten musste noch gehobelt und abgerundet werden, das dauerte seine Zeit. Und Weihnachten stand vor der Tür.

„Wir brauchen einen Weihnachtsbaum, es ist Heiligabend heute", forderte ich. Bei aufgeräumter Kajüte (für wie lange wohl?) verließen wir am späten Nachmittag das Schiff auf der Suche nach einem passenden Baum. Wir schlugen einen Weg ein, der uns in üppige tropische Vegetation führte.

„Tja, welches Gewächs sieht wohl einem Tannenbaum am ähnlichsten?" Nach einigem Zögern, das eine war zu groß, das andere zu dünn, jenes hatte Dornen, das andere roch nicht gut, entschlossen wir uns für ein kleinblättriges, farnähnliches Gebilde, das am Wegrand stand, umschlungen von Schlingpflanzen, bestückt mit orchideenartigen Blüten. Sorgfältig pulten wir einige Stämme davon aus und trugen es andächtig zum Schiff. Das sollte unser Christbaum werden.

Zurück an Bord, banden wir das Kraut um die gebrochene Maststütze. Die Kinder wurden ins Vorschiff verbannt und wir schmückten es mit goldenen und silbernen Girlanden.

„Sieht aus wie Unkraut, riecht wie Unkraut, ist Unkraut!", sagte Heino lakonisch. Trotzdem, wir hatten einen Baum, einen Weihnachtsbaum „à la Creole!" Das Glöckchen läutete, und die Wunderkerzen am „Baum" funkelten. Doris stürmte jubelnd in die Kajüte und Petra kletterte staunend hinterher.

„Da, Mama, da, da!", stammelte sie mit leuchtenden Augen, mit dem Finger auf die Sternenfunken zeigend. Heino nahm seine Gitarre und stimmte ein Lied an.

„Jingle bells, jingle bells,.." Doris spielte mit dem Babywürfel den Glockenklang dazu und ich schlug mit zwei Löffeln den Hufschlag.

„Oh, what fun it is to ride, on a one horse open sleigh, hey!" Petra klatschte wieder den Takt mit ihren kleinen Händen und kreischte. Auf einmal wusste ich, was der Sinn von Weihnachten ist, der Sinn, nach dem ich jahrelang gesucht hatte, lag klar vor meinen Augen: FREUDE! Einfach sich freuen. Schließlich ist Weihnachten doch kein ernster Anlass, es ist ein Geburtstagsfest. Wir feiern den Geburtstag von Jesus Christus. Wozu braucht man da Besinnlichkeit? Wie lässt sich diese zwanghafte Ruhe und Andächtigkeit mit Vorbereitungen, Geschenken und gutem Essen vereinbaren? Zu dieser Hektik passt doch viel besser Freude und Fröhlichkeit. Wie bedrückend ist doch diese künstliche Frömmigkeit in unseren Breiten. Hier wurden Raketen abgeschossen, liefen die Menschen laut lärmend durch die Straßen, die jungen Mädchen mit Goldgirlanden in den Haaren. Hier wurde auch Weihnachten gefeiert, aber nicht so besonnen, wie bei uns zu Hause. Alle Wunderkerzen waren verglüht, jetzt begann die Schlacht mit den Packerln. Die schönste Überraschung brachte das große Paket von den Eltern, das uns Georg aus Österreich mitgebracht hatte. Beim Öffnen schnupperten wir plötzlich den Duft von Tannenzweigen, selbstgebackenen Keksen und Lebkuchen. Wir freuten uns über Briefe, in denen manch Weihnachtsfranc steckte, über die leckeren Sachen und die Kinder jubelten, denn es kamen eine Barbiepuppe, Bausteine und Malsachen zum Vorschein. Petra war fasziniert von dem blauen Pinguin, der zappeln konnte. Bald sah es aus, als hätte eine Bombe eingeschlagen. Nach Sonnenuntergang klappte unser „Weihnachtsbaum" die Blätter zusammen und war am nächsten Tag verwelkt.

Am ersten Weihnachtsfeiertag übernahm Heino die Zubereitung des Festmahles. Es gab gegrillte Lammkeule und der Schiffskoch entpuppte sich wieder einmal als Meister des Improvisierens. Die Grilltasse befestigte er am Heckkorb, als Grillspieß wurde der Harpunenspeer zweckentfremdet, und zur Halterung verwendete er zwei Angelhaken, mit Draht an die Reling gezwirbelt. Dann drehte er geduldig zwei Stunden den Spieß und der Rauch der Kohlen trug den leckeren Duft des gegrillten Fleisches zu den anderen Yachten. Es mundete vorzüglich, ein großes Lob für unseren Koch.

Zu Silvester hatten wir uns mit der GEORGIA-Crew in der Rodney Bay verabredet. So kam etwas Stress auf, weil Heino ohne intakte Maststütze nicht auslaufen wollte. Also verließen wir Martinique erst am Morgen des 31. Dezember und erreichten am späten Nachmittag St. Lucia. Die Crew erwartete uns zur Silvesterfeier. Wir brachten die Kinder zu Bett, aber Petra wachte wegen des Lärms immer wieder auf und weinte. So wagten wir uns nicht von Bord und verschliefen letztendlich die Ankunft des neuen Jahres. Schreckensbilder von weinenden, alleine gelassenen Kindern, die auf der Suche nach ihren Eltern über Bord fallen und ertrinken, ließen uns auf eine gesellige Silvesterfeier verzichten. Ich wagte es einfach nicht, meine Kinder aus den Augen zu lassen, selbst wenn sie tief und fest schliefen.

Frei von Verpflichtungen genossen wir die nächsten Tage in der Rodney Bay, einer künstlich angelegten Bucht mit Marina. Lag man nicht an den Stegen sondern vor Anker in der schlammigen Bucht, brauchte man nicht zu bezahlen, konnte aber das Marinagehege ohne Einschränkung benutzen. Es war ein Gebiet für sich, nicht hübsch und nicht hässlich, trübes Schlammwasser erinnerte an den Neusiedler See, aber es war ein Platz zum Verweilen, ein „Weißen-Yacht-Getto" mit Duschen, Restaurant und Swimmingpool. Und gerade dieser Swimmingpool war das Zentrum, wo sich alle trafen, besonders die Fahrtensegler mit Kindern.

„Da gibt es rundherum schönstes Meer und wir sitzen hier am kleinen Pool", meinte ein neuer Atlantikübersegler.

„Aber es ist so schön für die Kinder zum Spielen", verteidigte sich seine Frau. Und in der Tat, oft tummelten sich bis zu zehn Kinder in dem kleinen Pool. Für die Kleineren unter ihnen war es auch angenehmer, keine Wellen, die sie umschmissen, kein Salzwasser brannte in den Augen. Wie gesagt, es war ein Weißen-Getto, noch dazu die Hälfte davon deutsch sprechend, da eine österreichische Charterfirma hier ihren Sitz hatte. Und um ehrlich zu sein, wir empfanden es als angenehm, mit niemandem „Geschäfte" machen und ständig angebotene Ware abzulehnen zu müssen. Dafür gingen die Dollars für Drinks drauf.

Wollte man Kontakt zu den Einheimischen, wanderte man quer über eine Almwiese, wo alle Arten von Getier, wie Schweine, Pferde, Kühe, und Ziegen weideten zu dem nahegelegenen Dorf Gros Islet. Von dort führte uns ein Bus für einen EC Dollar nach Castries, der Hauptstadt, die zu dieser Zeit noch weihnachtlich mit goldenen Palmenbäumen geschmückt war. Am Ende der Einkaufstraße befand sich die rot-blau gestrichene Lagerhalle und dahinter im Freien der hässliche, schmutzige Gemüsemarkt. Ich hatte immer Probleme mit den schreienden Marktweibern und zahlte mein Obst und Gemüse meist viel zu teuer.

Doris lernte in der ruhigen Bucht das Dingifahren. Sie startete den Motor selbst und kurvte in der Gegend herum, oft belächelt von den anderen Yachties. Es sah auch süß aus, ein kleiner Zwerg in einem großen, roten Dingi, das einen Seefeuerschweif hinter sich herzog. Jetzt hatte sie, die mich beim Wassersport mit elegantem Kopfsprung und Tauchgängen bis zu drei Metern, im Können bereits weit überholt hatte, mich auch beim Dingifahren eingeholt. Ich überließ ihr dankbar den von mir ungeliebten Außenborder und ließ mich von meiner Tochter chauffieren.

„So, nachdem der seinen Anker in mein Cockpit geschmissen hat, muss ich mir wohl oder übel eine Hose anziehen", murrte Heino. Wir waren wieder in der Marigot Bay, die unbarmherzig überfüllt war.

„Vor einem Jahr hast du begeistert deinen Eltern geschrieben: Stellt euch vor, ich habe das Paradies gesehen", spottete ich.

„Jetzt kommt es mir vor wie eine Autobahnraststätte." Wir lagen das fünfte Mal in dieser bezaubernden Bucht, die derzeit von einer extremen Unruhe erfüllt war, einem ständigen Kommen und Gehen.

Anker runter, Anker rauf, eine Nacht oder nur ein paar Stunden, die Marigot Bay muss bei jedem Chartertörn abgehakt werden. Heino war auch unruhig. Der Grund dafür war eine Schlamperei unsererseits. Da wir Martinique so überstürzt wegen der geplanten Silvesterfeier verlassen hatten, vergaßen wir unsere Bootspapiere am Zoll. Die Crew der GEORGIA, die von der Rodney Bay wieder nach Martinique gesegelt war, wollte sie uns in die Marigot Bay nachbringen. Jetzt warteten wir schon fünf Tage, doch sie kam nicht. Das Warten machte missmutig und übellaunig.

Um uns aufzuheitern fuhren wir mit dem Kollektivtaxi, das von dem Ort Marigot abfuhr, nach Castries. Wir wanderten über den Berg dorthin. Ein kleines, wohlgenährtes Schwein rannte uns über den Weg.

„Schau, Papa, so ein liebes Schweinchen." Heino bekam leuchtende große Augen und in seinem verklärten Blick konnte man Spanferkel sehen. Das Wasser lief ihm sichtlich im Mund zusammen als er sagte: „Jaa, schöön, gegrillt mit Senf und Ketchup." Der ständige Fleischmangel rief bereits Wunschträume hervor. Da hast du Glück gehabt, armes Schwein, denn wärst du ihm auf freier Wildbahn begegnet, wäre es um dich geschehen. Heino hätte Schweinejagd à la Asterix und Obelix gemacht.

Die Fahrt mit dem Taxi brachte keine Abwechslung. Bei der Rückfahrt war es derartig überfüllt, dass wir, wegen der Gliederverrenkungen Muskelkrämpfe bekamen. Ich saß mit einer Backe auf der Bank, die andere hielt ich in der Luft, um nicht auf dem alten schwarzen Mann neben mir zu sitzen und balancierte Petra auf einem Schenkel. Dabei versuchte ich die Schlaglöcher und Kurven auszugleichen. Heino und Doris ging es nicht besser. Dazu hatte es einen erbärmlichen Gestank in dem Auto. Wir kamen gerädert und total verschwitzt zum Schiff zurück.

„Wo ist mein Taucheranzug?" Heino hatte ihn zum Trocknen über die Reling gehängt, wo er nicht mehr war. Er fragte einige einheimische Bananenverkäufer. Keiner hatte ihn gesehen.

„Ich zahle 100 Dollar dafür!", ließ er vermelden. Und, so schnell konnten wir gar nicht schauen, war der Anzug wieder da.

„100 Dollar", forderte der Schwarze frech. Wir waren sauer. Nach einigem Handeln gab er ihn uns für 80 Dollar wieder zurück.

„Aus, Schluss, wir segeln nach Martinique!" Wir hatten genug vom untätigen Warten. Ein sorgenvoller 12. Jänner folgte. Hoffentlich versäumten wir die GEORGIA nicht. Schreckensvorstellungen, in der Fremde ohne Schiffspapiere zu sein, quälten uns. Nach acht Stunden Überfahrt ankerten wir in Anse Mitan. GEORGIA war nicht da. Am nächsten Morgen wechselten wir nach Fort de France. Mittels Wörterbuch hatte ich mir eine französische Rede zurechtgelegt, um den Zollbeamten unser Problem darzulegen. Mit stotterndem Französisch und klopfendem Herzen trug ich unser Anliegen vor.

„Voilà!", meinte der nette Beamte grinsend und mit einer schwungvollen Handbewegung reichte er die Papiere über das Pult. Wir atmeten erleichtert auf. Ich war stolz auf mein „perfektes" Französisch. Übermütig investierten wir dann noch fünfhundert Franc in Camembert, harte Wurst, Joghurt und Äpfel und verließen fluchtartig die ewig schwellende Reede de Flammands von Fort de France. Nach St. Lucia wollten wir noch nicht, war doch Freitag, der 13., ein Tag also, an dem kein Segelschiff auslaufen sollte. Deshalb zogen wir es vor, nach Grand Anse Arlet zu fahren. Ein herrlicher, ruhiger Ankerplatz, so ruhig und schön, dass wir noch einen Tag länger blieben und dann noch einen Tag. Heino befreite das Unterwasserschiff von sämtlichem Getier und Gestrüpp, Doris schwamm und tauchte mit Begeisterung daneben, Baby planschte in der Kinderbadewanne, Mutter wusch Wäsche. Eine zufriedene Familienidylle.

„Mama, schmeiß mir etwas ins Wasser, ich tauch's, wieder rauf!", prustete Doris.

„Gut, den alten roten Gummistraps." Baby gefällt das Spiel und wupp – waren Schraubenzieher und Schwimmflügerln im Wasser. Die Kluppen ereilte das gleiche Schicksal.

„Nein, Petra, nein, das darf man nicht!" Petra schaute mich verständnislos an, sie verstand die Welt noch nicht. Es begann für sie jetzt die Zeit, in der sie die Welt außerhalb des Schiffsrumpfes zu entdecken begann. So sah sie diesen Abend bewusst den großen, vollen Mond. Sie war total aus dem Häuschen:

„Da, Mama, da!", gestikulierte sie halb lachend, halb weinend um ihre Entdeckung kundzutun. Sie klammerte sich ängstlich an mich.

„Das ist nur der Mond, der tut dir nichts", beruhigte ich sie.

So wie der Mond Petra aus der Fassung gebracht hatte, so warf mich das Baby am nächsten Tag aus dem Gleichgewicht. Sie war schon seit zwei Wochen recht unruhig und raunzig, hatte öfters leichtes Fieber und schlechten Appetit. Ich schob diese Symptome auf die Zähne. Meines Irrtums schmerzlich bewusst wurde ich erst, als Petra im Schiff einen Haufen verlor, der davonzulaufen drohte, weil sich unzählige Würmer darin wanden.

O Schreck! Baby hatte Würmer! Das war also auch die Ursache ihres zornigen Kratzens an den Genitalien. Nur reichten ihre kurzen Ärmchen nicht bis nach hinten und so hatte sie sich immer vorne gekratzt. Nach dem ersten Schreck und Ekel machten wir uns auf die Suche nach einer Apotheke. Wieder mit Wörterbuch bewaffnet versuchte ich die peinliche Situation zu erklären. Nach der Reaktion der Apothekerin zu schließen, waren Würmer in der Karibik Routinesache, das mussten wir aber erst am eigenen Leibe erfahren. Wir erhielten das richtige Medikament, gleich für die ganze Familie, und einen Tag nach der Entwurmung ging es Petra bedeutend besser. Vier Tage später erfreute sie sich wieder besten Appetits und ich war froh, die Ursache ihres Unwohlseins gefunden zu haben. Seit diesem Vorfall wiederholten wir diese Prozedur regelmäßig alle paar Monate.

Kapitel 21

Abschied von der Karibik – das Paradies hält uns fest

„Die Pitons möchte ich noch so gerne einmal aus der Nähe sehen." Diesen Wusch eröffnete ich dem Kapitän auf der Überfahrt von Martinique nach St. Lucia. In sage und schreibe nur fünf Stunden, dank des sauberen Unterwasserschiffs und des optimalen Segelwindes, erreichten wir die Rodney Bay. Von Martinique hatten wir uns endgültig verabschiedet. Wieder im Besitz unserer Schiffspapiere fühlten wir uns auf dieser Überfahrt frei, frei von allen Verpflichtungen. An der Rodney Bay vorbeizufahren hätte uns Doris nicht verziehen, doch die Marigot Bay ließen wir diesmal backbords liegen und steuerten die eindrucksvollen Pitons an. Ruhiges Segeln bei Raumschotkurs im Lee der Insel, das tropische Paradies zog langsam an uns vorbei. Sogar unser Log, nun befreit von Korallen, funktionierte wieder.

„Zu den angegebenen 5.646 Seemeilen zähle ich ungefähr 1.500 dazu, dann stimmt meine Rechnung wieder."

„Dann ziehst du aber 10 Prozent wieder ab, weil das Log falsch misst", korrigierte mich der Kapitän. Das war mir dann doch zu kompliziert und da sich der Impeller am Unterwasserschiff immer wieder festfuhr, gab ich es allmählich auf, die Meilen zusammenzuzählen.

An der ruhigen Leeküste bei herrlichem Wind dahinzusegeln war ein Traum. Schon zwei Seemeilen vor dem Ankerplatz wurden wir von den „Festmacherhelfern" überfallen. Die Konkurrenz unter den jungen Burschen war groß und die Chance auf einen Job größer, je früher sie mit den Verhandlungen begannen. Es waren zwei höfliche Burschen, die erst um Erlaubnis baten, bevor sie an Bord kletterten. Der fünfzehnjährige Servana und der zwölfjährige Toni waren von da an unsere ständigen Betreuer. Anse des Pitons kam näher. Beeindruckende Felswände mit steil abfallendem Meeresgrund umschlossen im Norden die kleine Bucht, die im Süden etwas flacher, aber ungeschützter war. Wir warfen den Heckanker in das tiefe Wasser und die beiden Burschen brachten mit ihrem Boot die Festmacherleinen vom Bug aus zum Land und befestigen sie an einer Palme. Die Bucht war am Abend bereits überfüllt und wir hatten keine große Auswahl an Ankerplätzen. So kam es, dass uns am nächsten Morgen der seitliche Wind gefährlich ans Land drückte. Wir wechselten schleunigst den Ankerplatz, um nicht am Riff zu enden. Beim ersten Anzeichen eines Manövers kamen unsere zwei Beschützer sofort zu Hilfe. Wir legten uns in die Nordecke der nun beinahe leeren Bucht und hatten somit den Wind genau von vorne. Der Anker griff Gott sei Dank gleich beim ersten Mal. Die zwei Burschen fühlten sich sichtlich wohl bei uns an Bord und besuchten uns öfters ohne übertriebene Gehaltsforderungen.

Die Attraktion dieses Platzes war ein Elefant. Schon am Abend vorher hatten wir den Dickhäuter vom Schiff aus beobachtet.

„Er tut keinem etwas, er ist ganz zahm", erzählte man uns. Als wir uns zum Landgang fertig machten, hielt ich Ausschau nach ihm. Er war nicht zu sehen. Doch als wir den Anlegesteg verließen, trabte der Riese freudig aus dem Dschungel auf uns zu. Es war ein mulmiges Gefühl, von einem Elefanten begrüßt zu werden. Zur Vorsicht riss ich etwas Gras aus und hielt es ihm entgegen. Ein langer grauer Rüssel umfing meine Hand und dicht bewimperte Augen sahen mich neugierig an. Doris war sofort begeistert. Petra fühlte sich nur auf meinem Arm sicher und grabschte nach dem Rüssel.

Doris bot ihm sofort dieses und jenes Kraut zum Fressen an, doch er wählte sorgfältig aus und ließ das meiste wieder fallen.

„Er ist ein Feinschmecker!" Am liebsten nahm er die ihm angebotenen Bananen. Doch damit war Baby Petra nicht einverstanden, sie teilte ihre geliebten Bananen nicht gerne.

Doch was machte ein Elefant auf einer karibischen Insel? Wir erfragten sein Schicksal. Er sollte die Attraktion eines Hotels werden und wurde deshalb nach St. Lucia gebracht. Das Hotelprojekt wurde nicht verwirklicht, der Elefant blieb. In der Bucht befand sich eine Kokosnussplantage, und die Gebäude der ehemaligen Zuckermühle am Berghang dienten als Stall für unseren Freund. Außerdem gab es noch Pferde, Kühe und Hühner, die ihm Gesellschaft leisteten. Vermutlich ging es ihm besser ohne Hotel und wir waren froh, diesen Platz in seiner ursprünglichen Schönheit und Wildnis zu erleben. Hoffentlich wird es nie gebaut. Es war ein großartiges Erlebnis für uns, die Nähe eines freilebenden Elefanten so hautnah zu spüren.

Die Wildheit der Landschaft setzte sich unter Wasser fort und wir bewunderten die Unterwasserwelt beim Schnorcheln rund um das Schiff.

Abends füllte sich die Bucht, der Kampf um gute Ankerplätze begann. Die Anker der Charterschiffe wurden kreuz und quer geworfen, was bei der Abfahrt oft Probleme hervorrief. Solche Aktionen waren besonders für unseren Kapitän oft interessanter als Fernsehen.

Der Wind pfiff böig von den steilen, schwarzen Felswänden der fast 800 Meter hohen Gipfel herunter und kräuselte das Wasser. In unserer Koje spürten wir bei jeder Böe, wie die SEHNSUCHT an Festmacher und Ankerkette ruckte, dass uns angst und bange wurde. So beschränkten wir unseren Aufenthalt auf zwei Tage.

„...wird der anstrengende Aufstieg zum Duvernette Rock mit einer phantastischen Aussicht belohnt", las ich aus dem Karibikführer vor.

„Den müssen wir uns auch noch ansehen", forderte ich, obwohl Heino nicht begeistert war, weil die anderen Segler von St. Vicente weniger gute Sachen erzählt hatten. Trotzdem befanden wir uns jetzt auf der Überfahrt nach Young Island mit dem vorgelagerten Duvernette Rock, einer kleinen Insel an der Südspitze von St. Vicente. Eine ruhige See, bei vier bis fünf Beaufort Halbwind bescherte uns einen schönen, flotten Segeltag. Die Kinder spielten mit einem Kübel Wasser im Cockpit, unsere Windfahne RESI steuerte mit lachendem Gesicht und ich war nicht seekrank. Das NICHT ist im Tagebuch unterstrichen, da eine Seltenheit. Bei den kurzen Überfahrten zog ich es vor, keine Seekrankheitspflaster zu nehmen. So war es eine Selbstverständlichkeit, dass ich die Segelstrecken zwischen den Inseln, wo die Atlantikwellen unbarmherzig durchrollten, meist liegend, grau im Gesicht und mit flauem Magen verbrachte. Für Heino war es ebenso selbstverständlich, dass er für die ganze Segelarbeit und Kinderversorgung verantwortlich war. Doch an diesem Tag kochte ich sogar für meine Lieben eine Suppe.

Wir ankerten vor Young Island. Nur wenige Yachten waren hier. Wir fuhren mit dem Dingi zum Duvernette Rock, der nur durch Riffe mit Young Island verbunden war und bestiegen den 70 Meter hohen Berg. Unser kleiner Zwerg kletterte aus eigener Kraft die über hundert Stufen hinauf. Das alte Fort war nur mehr eine Ruine, doch die Kanonen noch gut erhalten. Die versprochene schöne Aussicht war durch diesiges Wetter getrübt. Ein dubioser Typ mit Glatze stand in einem Loch und klopfte Steine. Er sah aus, als sei er ein gerade aus dem Gefängnis entkommener Massenmörder. Wir fühlten uns nicht wohl unter seinen Blicken, also verließen wir fluchtartig den Berg und besuchten Young Island, das ein nettes Hotel beherbergte. Doch bevor wir uns hinsetzten, betrachteten wir die Preisliste. Es war, wie vermutet, nicht unsere Kategorie. Deshalb schlenderten wir nur durch das palmenreiche, blühende dschungelartige Gelände, in dem jeder Tisch unter einem eigenen strohgedeckten Pavillon stand.

„Hallo!" Doris stand vor einem Papageienkäfig.

„Challo!", krächzte der Vogel zurück. Wir lachten und jeder von uns probierte es mit diesem „Hallo!" Dann versuchten wir es mit anderen Worten in verschiedenen Sprachen, doch er antwortete immer nur mit „Challo!"

In einem Salzwasserkanal lagerten unzählige Langusten mit zusammengebundenen Fühlern. Einerseits taten sie mir leid, andererseits wünschte ich mir so ein Exemplar für meinen Kochtopf. Doch wir wurden ständig und misstrauisch vom hiesigen Personal beobachtet.

Zum Ankern in der Blue Lagoon konnte ich den Kapitän nicht mehr überreden. Schwierige Einfahrt, schlechter Ankergrund und vermutlich hohe Preise waren seine Begründung.

Deshalb segelten wir weiter nach Bequia.

„Als Entschädigung für die Blue Lagoon, lade ich euch in die Pizzeria ein", versprach der Kapitän. Wir hatten keine EC Dollars mehr, es war Samstag, die Bank geschlossen und die Pizzeria überfüllt. Doch Heino schaffte es mit US Dollars zu einer Pizza zu kommen und wir aßen sie an Bord.

„Wir müssen uns noch von Othmar und Sonja verabschieden." Wir wanderten zur Burg und boten ihnen Bier an, welches wir noch aus Venezuela gebunkert hatten und das zum Verkauf für die Chartergäste gedacht war. Dafür wurden wir für am nächsten Tag zum Mittagessen eingeladen. Bei Lammkotelett saßen wir in der hohen Halle mit Blick auf den Kamin, schlemmten und plauderten. Wir erfuhren die neuesten Tratschereien von Bequia und sie erzählten von ihren Problemen mit den Hausangestellten. Ich hatte den Eindruck, dass ihr selbstgeschaffenes Paradies Sprünge aufwies und sie doch nicht so glücklich waren, wie wir bei unserem ersten Besuch vorausgesetzt hatten.

„Monika hat mir Gott sei Dank spontan ausgeholfen", erzählte Sonja. Monika war eine neunundzwanzigjährige Journalistin aus München und als Mitseglerin in der Karibik gelandet. Jetzt war ihr Freund Michael, 32 Jahre alt und EDV-Spezialist, gekommen, um sie zu holen und sie wollten in ein paar Wochen wieder zurückfliegen.

„In Union Island war ich noch nie", stellte Monika fest, als sie nach unserem nächsten Ziel fragte.

„Dann segelt doch einfach mit und fliegt mit dem Inselhüpfer wieder zurück", sagte Heino spontan. Wir saßen in Liegestühlen im Garten, im Schatten eines dicht belaubten, knorrigen Baumes. Die Kinder kamen mit Hibiskusblüten und steckten sie den Erwachsenen ins Haar. Michael mit seinem schwarzen Haar und dichtem Bart sah besonders fesch damit aus. Wir mochten die beiden auf Anhieb, die Mitfahrt war bald beschlossene Sache.

Nächsten Morgen kamen sie mit einer Menge Proviant an Bord. Wir lichteten den Anker und segelten los. Während der Fahrt erzählten wir von den schönen Plätzen der Karibik und beschlossen spontan, die Salt Whistle Bay von Mayero zu besuchen. Sie übernachteten im Cockpit. Wir gaben die Bretter vom Niedergang über die Sitzflächen, suchten alle entbehrlichen Polster zusammen und so hatten sie ein passables Nachtlager. Aus dem geplanten Tagestörn wurden fünf Tage, welche sie bei uns im Cockpit campierten. Regnete es, zogen sie die Zeltplane über den Großbaum. Unser „asozialer" Haushalt funktionierte prächtig. Kochen und Spülen wurde kameradschaftlich geteilt, sogar die Männer arbeiteten mit. Das Kochen machte in Gesellschaft viel mehr Spaß und der Speisezettel wurde durch neue Ideen bereichert. Die sanitären Angelegenheiten waren etwas problematisch und erledigten sich über die Reling. Michael, der für die SEHN-SUCHT zu groß gewachsen war, schlug sich ständig den Kopf am Echolot.

„Aua!"

„Echolot!", war das Echo der übrigen Crew.

Es waren lustige Tage, und wir lachten und diskutierten viel. Endlich hatten wir jemanden zum Plaudern, dessen Horizont nicht nur aus Schiffen und Segeln bestand. Monika, die eine freie Meinung über Partnerschaft hatte, regte uns immer wieder zu Grundsatzdiskussionen an.

So brachte sie Mr. Laurence, der nach neunmonatigem Versprechen endlich mit einem Sack Gemüse vorbeikam, aus dem Gleichgewicht, als sie ihn direkt fragte, wie viele uneheliche Kinder er habe.

„Sieben", war die Antwort.

Ob er wohl für sie sorge?

„Ja, ein Geschenk zu Weihnachten." Die Fragen waren ihm unangenehm und er verließ nach nur einem Glas Cola-Rum, fluchtartig unser Schiff.

Doris dagegen nervte unsere Gäste mit ihren „Warum?" Fragen.

„Warum ziehst du dieses T-Shirt an?"

„Warum gehst du ins Wasser?" Sie bemühten sich immer um korrekte Antworten, was natürlich die nächste Warum-Frage nach sich zog.

„Mit Kindern werde ich wohl noch etwas warten", war Monikas Reaktion auf Grund der intensiven Beschäftigung mit unseren beiden.

„Nana!", forderte Petra. Ich gab ihr etwas zu essen.

„Wieso hast du jetzt gewusst, was sie wollte?", fragte Michael erstaunt.

„Ist ja ganz logisch", erklärte ich ihm, „Nana kommt von Banane. Banane kann man essen, folglich ist alles, was man essen kann ein Nana."

„Genauso wie Goga. Goga kommt von Coca Cola. Folglich heißt Goga: Ich habe Durst."

„Dann heißt Ischi wohl Fisch", folgerte Michael, als Petra aufgeregt ins Wasser zeigte.

„Du lernst schnell die Babysprache", neckte ich ihn.

„Petra sag Doris!", mischte sich unsere Große in das Gespräch. „Doooriiis!" Doch da schüttelte sie nur den Kopf.

Michael kritisierte auch unseren Babybekleidungsstil. Oben T-Shirt unten ohne.

„Das T-Shirt ist Schutz gegen Wind und Sonne", erklärte ich ihm, „und was glaubst du, wie viele Windeln ich durch dieses Unten-ohne spare."

„Das mag ja praktisch sein", sagte er, aber es gefiel ihm sichtlich nicht.

„An nackte Mädchenpopos musst du dich auf diesem Schiff gewöhnen, ich hab's schon getan", meinte Heino.

Zu Anfang beneidete ich Monika, ihre Selbstständigkeit und Unabhängigkeit, wie sie, ohne Anhang durchs Leben gehend, keinerlei Verpflichtungen hatte. Ich würde gerne mit ihr tauschen, dachte ich. Doch diesen Wunsch verwarf ich nach einer beobachteten banalen Situation, die zwischen den Partnern zum Streit führte.

„Michael, was machen wir?", fragte sie.

„Weiß ich nicht, sag du."

„Immer nur ich, ich soll etwas sagen, entscheiden, hast du überhaupt keine eigene Meinung? Das nervt mich so an dir,..." Dieser Kleinigkeit folgte eine Grundsatzdebatte.

So etwas gab es bei uns in der Familie nicht. Die Kinder mit ihren Forderungen und Ansprüchen diktierten, was zu tun war. Gab es Krach zwischen uns, war dieser kurz und bündig. Die Kinder füllten das Leben aus, stellten banale Probleme in den Schatten. Und mir wurde wieder bewusst, wie schön es war, für so kleine Menschlein zu sorgen. Für die Liebe, die man gibt, wird man vielfach belohnt. Die stürmischen oder zärtlichen Umarmungen, die spontanen Küsse, die kuscheligen, weichen Kinderkörper. Ich glaube, ich wäre um vieles ärmer, hätte ich meine Familie nicht.

Wir verabschiedeten Monika und Michael und waren traurig. Ein Jahr später erhielten wir einen Brief:

Ich war mit euch zwischen Bequia und Union...... Erinnerung? Na ja, dann bin ich mit Michael..... Erinnerung? nach Deutschland. Besonders lang ging das nicht gut – er wird demnächst Vater und ich arbeite inzwischen in Stuttgart. Bin unendlich gespannt, wohin es eure SEHNSUCHT verschlagen hat, wie's euch geht. Beim Schreiben packt mich wieder das Fernweh. Mit einem Jahr Abstand ist alles so wildromantisch. Die Sehnsucht kommt wieder, kennt ihr das? Vielleicht nicht, vielleicht muss man erst wieder im grauen Nordeuropa zwischen Ehrgeizlingen und Scheuklappen sitzen....

Mehr erfuhr ich nicht von den beiden, doch Monikas schriftstellerischer Rat ist mir bis heute eine große Hilfe: „Wenn du es auch nicht verkaufen kannst, schreib's für dich, schreib für deine Kinder. Lass den Zwang der guten Formulierungen, schreib einfach so, wie du denkst." Und wenn ich nicht mehr weiter weiß, erinnere ich mich oft dieser Worte.

„Scheiß Union!" Das sagte ich zum xten Male. Der starke Schwell und Wind mit sechs Beaufort machten uns zu schaffen. Und jetzt sollten wir noch eine Woche dableiben, weil wir auf das schuldige Geld von Laurence warteten. Wir brachten ihm Ware aus Venezuela mit, doch er vertröstete uns mit der Bezahlung nun schon zwei Monate. Es handelte sich um eine Summe von 300 EC Dollar, darauf konnten und wollten wir aber nicht verzichten. Er eröffnete ein eigenes Lokal, doch es lief nicht so wie geplant und er hatte riesige finanzielle Probleme.

Heino nahm eine Reparatur am Schiff HURRICANE bei Kapitän Janos an, das brachte zwar Geld, hielt uns aber wieder hier fest. Das Gefühl der Leere und des Hängenbleibens war wieder da und parallel dazu kam das Heimweh. Nach Hause oder weiter!

„Es ist etwas Fürchterliches passiert." Mit betroffenen Gesichtern standen Herbert und Ivo in ihrem Beiboot bei der SEHNSUCHT. Neben ihnen Doris, pudelnass.

„Stellt euch vor, sie ist ins Haifischbecken gefallen."

„Haben sich die Haie eh nicht geschreckt?", sagte Heino sarkastisch. Die Familie konnte nicht darüber lachen, der Schock saß noch zu tief.

Herbert, Ivo und die kleine Stefanie waren von dem österreichischen Schiff DINO, das in unserer Nähe ankerte. Doris wurde eingeladen, mit Stefanie zu spielen. Sie machten einen Spaziergang an Land und Doris betätigte sich als Fremdenführerin. Voller Stolz prahlte sie mit ihren Lokalkenntnissen, hampelte und zappelte am schmalen Pfad zwischen Meer und Becken herum und schwups lag sie auch schon zwischen den Haien. Wer sich mehr erschreckt hat, die Familie, die Haie oder Doris selbst, ist nicht bekannt. Herbert zog Doris heraus und brachte sie gleich zu uns zurück.

„Macht euch keine Gedanken darüber", tröstete Heino sie, „Sandhaie fressen nicht gerne Kinder."

Doris äußerte sich am gleichen Tag nicht zu ihrem Erlebnis, nur am nächsten Morgen erklärte sie uns: „Ich bin nicht hineingefallen, das habe ich nur geträumt."

So banal wir dieses Erlebnis in der Karibik empfanden, so groß war das Echo in der Heimat, da ich diese Geschichte in einem Brief erzählte. Oh Gott, das arme Kind in einem Becken voller Haie, eine grauenvolle Vorstellung für Omas und Tanten.

Mit der Crew der DINO planten wir ein Barbecue am Strand. Wir kauften Fische und machten Feuer. Es wäre sehr nett geworden, wenn nicht plötzlich eine Horde jugendlicher Schwarzer aufgetaucht wäre.

„Give me!", war das einzige, was wir dauernd hörten.

„Give me the head, give me salad, coke, beer, give me!", schnorrten sie uns ständig an. Wie eine Horde Hunde machten sie sich über die Fischköpfe und Abfälle her, die Situation hatte wenig Menschliches an sich. Auf meine Aufforderung, sie könnten sich doch selbst Fische fangen, ein Feuer machen und sie braten, brachen sie in allgemeines Gelächter aus. Betteln ist vermutlich nicht so anstrengend wie arbeiten.

Einer wollte den Abfall entsorgen. Für drei EC Dollar. Wir lehnten ab, darauf forderte er einen Dollar. Auf die Frage: *„Why?"* erhielten wir die Antwort *„I am hungry!"*

Wir waren allmählich allergisch auf die Forderungen der meisten Einheimischen hier in der Karibik und freuten uns schon auf Venezuela.

Am 2. Februar 1989 gab es nur einen Satz im Tagebuch: Laurence hat 200 EC bezahlt. Wenigstens etwas. Die Welt war wieder in Ordnung. Wir gingen ein letztes Mal die Straße zum Flughafen, weiter an der Müllhalde vorbei bis zum hochoffiziellen Office, dem Immigrationsbüro, um auszuklarieren. Damit warfen wir die Leinen los und verließen nach fast einem Jahr unsere Wahlheimat, Union Island. Froh und zugleich etwas wehmütig war uns zumute, zumal wir uns von einigen sehr netten Menschen verabschiedeten, die offensichtlich doch bedauerten, dass wir wegfuhren: die Verkäuferin vom Supermarkt, Cruise vom Yachtclub, der eigentlich Joseph Franklyn hieß und Cruise wegen seiner Reiseaktivitäten genannt wurde und von Engine, der immer vor sich herschimpfende *„Shit!"*, der aber, kannte man ihn genauer, auch einmal ein freundliches *„Hello!"* bereit hatte. Nur Karla vom Office sagte auf unser ‚*Good buy!"* mit ihrem immer gleich aussehenden faden Gesichtsausdruck: *„It's o. k.!"*

Wir waren mächtig nervös, als wir die Maschine starteten und den Anker hochzogen. Jeder von uns hatte Angst, irgendetwas könnte noch passieren und Union würde uns mit ihren Korallenkrallen festhalten. Als ich dann, am Steuer sitzend, etwas knapp bei der Boje vom OKAM vorbeifuhr, raste Heino nach achtern, riss mir die Pinne aus der Hand, legte das Ruder und stieß beinahe an das Heck der SANARA. Außerhalb der Bucht, als Union Island allmählich achteraus verschwand, legte sich unsere Nervosität. Wir beschlossen, in Saline Island, einer kleinen, unbewohnten Insel südlich von Carriacou zu ankern, da wir Grenada nicht mehr bei Tageslicht erreichen konnten. Wir brauchten länger als eine Stunde für die eineinhalb Meilen von der Südspitze der Insel Carriacou nach Osten hin zu Saline Island. Der starke Strom drückte uns erbarmungslos nach Südwesten. Der Segelführer versprach einen ruhigen Ankerplatz, doch wir wurden vom Schwell die ganze Nacht durchgebeutelt. Regenschauer und starke Windböen vereitelten einen Landgang. Die Stimmung an Bord war schlecht. Petra bekam Fieber, alle anderen waren verkühlt. Bei dem Törn nach Grenada kam der Wind von achtern, das wäre gut gewesen, doch wir hatten die Passatbesegelung nicht aufgezogen. Trotzdem fuhren wir die 30 Seemeilen in sechs Stunden und ein riesiger Thunfisch zappelte an der Schleppangel. Bei der Einfahrt in das Hafenbecken passierte die SEHNSUCHT die eindrucksvolle Kulisse von St. George, der Hauptstadt von Grenada und steuerte durch den schmalen, aber gut betonnten Kanal in The Lagoon, das Domizil der Yachten. Es waren verhältnismäßig nur wenige Schiffe hier und wir ankerten entgegen den Empfehlungen in der Lagoon, da uns die Marina zu teuer war. Wir hatten Glück, der Anker hielt auf Anhieb.

Die Bratpfanne wartete auf den Thun. Heino schuppte den Fisch an Deck. Die Zwiebeln lagen im Cockpit, um geschnitten zu werden. Doch Petra hatte etwas anderes damit vor. Sie nahm die Zwiebeln und – plupp – warf sie eine nach der andern ins Wasser. Wie im Gänsemarsch schwammen sie achtern davon. Doris kam zur Rettung herbei. Sie lieferte eine filmreife Zwiebelrettungsaktion mit dem Dingi, an der die ganze Bucht Anteil nahm. Viele Augenpaare warteten gespannt, ob sie die Zwiebeln mit ihren kurzen Armen erwischte, oder ob das Dingi sie wieder wegstupste. Genauso fand sie allgemeine Anerkennung, als sie zehn Fünfliterkanister Wasser von der öffentlichen Wasserstelle holte. Dazu hatte sie auch einen kleinen schwarzen Helfer aufgetrieben. Doch bat man sie, einen Löffel zu bringen, verweigerte sie die Hilfe. Verstehe das Kind mal einer! Vielleicht brauchte sie immer Publikum? Auf jeden Fall war es ein Leichtes, mit unseren Kindern Bekanntschaften zu schließen, so wie jetzt mit einer kanadischen Familie: Sascha und Paul mit ihren Mädchen Moreva und Aisla.

Am Abend hatte auch mich die Verkühlung eingeholt und ich lag die nächsten Tage mit Fieber in meiner Koje.

Nachdem Petra und ich wieder gesundet waren, erkundeten wir unsere neu eroberte Insel und fuhren mit dem Dingi ins Zentrum. St. George ist eine schöne Stadt, ganz unterschiedlich zu den anderen Städten der Karibik. Sie hatte vom Baustil her eher europäischen Charakter. Eine Befestigung zum Meer auf der einen Seite und das Hafenbecken The Carenage auf der anderen Seite, war umrundet von einer Kaimauer, die in eine Pier überging, wo Luxusdampfer und Frachter anlegten. Erst The Lagoon war ohne Befestigung. Über all dem thronte ein altes Fort, das die schmale Einfahrt bewachte und als Sitz des Polizeihauptquartiers diente. Die Häuser waren im alten englischen Kolonialstil erbaut, ein- bis zweistöckig und es gab viele, viele Kirchen. Auffallend war das Kanalnetz und die Straßenkehrer, somit war die Stadt wesentlich sauberer als andere Städte der Karibik. Auch fuhren schöne Autos in den Strassen. Der wenige Verkehr wurde von einem Polizisten geregelt, der sonnengeschützt in einer überdachten Hütte stand. Nach der Gestik, mit der er die einzelnen Fahrzeuge zurechtwies, sah er eher aus, als dirigiere er ein Orchester und nicht den Verkehr. Wir querten die Stadt und erklommen die angrenzenden Hügel. Hier wurden die Häuser kleiner und schäbiger und die tropische Vegetation üppiger. Der Blick hinunter in die Stadt und das Hafenbecken erweckte den Eindruck, als wäre man im Mittelmeer, gäbe es nicht Palmen und Hibiskusblüten zwischen den Gebäuden. Leider war unsere Entdeckungstour, da zu fuß, begrenzt und wir mussten bald umkehren. Wir erhielten bloß eine Ahnung von der Schönheit und dem Pflanzenreichtum dieser Insel, die zu Recht Gewürzinsel genannt wird. Die Versorgung war besser und etwas billiger als auf den Inseln der Grenadines und die Geschäfte mit auffälligen Straßenschildem gekennzeichnet. Der Großteil der Leute begegnete uns freundlich, die Frauen fanden Gefallen an Petra und nannten sie „dolly". Nur wenige befanden sich auf der „Give-me-tour", vielleicht auch deshalb, weil der politisch unruhigen Geschichte Grenadas wegen weniger Touristen in der Vergangenheit diese Insel besuchten.

Wir saßen im Grenada Yacht Club vor einem Drink. Ein dickes Gästebuch lag einladend da und wir blätterten darin. Viele Fahrtensegler hatten sich im Laufe der Jahre verewigt.

„Die SEHNSUCHT gehört auch dazu", meinte der Kapitän. So stand bald in dem alten Buch: „Grüße von der Crew der SEHNSUCHT auf ihrer Reise um die Welt!" Es war das erste Mal, dass wir von einer Weltumsegelung sprachen und es kam mir verrückt vor.

Verrückt war auch der Busch vor der Terrasse des Clubs. Gerade noch war er dürr und jetzt sah er aus, als sei er mit unzähligen weißen Blüten überzogen. Wir wollten das Wunder genauer betrachten, da erhob sich die blühende Pracht und flog in den Himmel. Es waren lauter kleine, schneeweiße Vögel gewesen. Dieses Schauspiel konnten wir mehrmals am Tag beobachten und oft rief Doris: „Mama, der Baum blüht wieder."

Am Morgen des 6. Februars wurden wir durch Schüsse in unserer Frühstücksruhe gestört.

„Da kommt ein großes Schiff und schießt auf ein kleines", schrie Doris aufgeregt. Die Neugierde ließ uns hinausstürmen. Ein Kriegsschiff lief in den Hafen ein. Ein beeindruckendes Bild, als es feuernd an der Kulisse des alten Forts vorbeifuhr. Eine neue Revolution? Die bewegte, junge Vergangenheit Grenadas ging mir durch den Kopf. Doch es waren bloß Böllerschüsse, und das Schiff der Kriegsmarine nahm an der 15-Jahr-Feier der Unabhängigkeit teil. Am 7. Februar war Independence Day, ein nationaler Feiertag. Die ganze Stadt war mit gelb-grün-roten Fähnchen, den Nationalfarben, geschmückt.

Kostenloses Wasser – und das in der Karibik. Das mussten wir ausnutzen. Den ganzen Vormittag war Heino mit Dingi und Wasserkanistern unterwegs gewesen, um unsere Tanks zu füllen. Dabei lernte er einen Einheimischen kennen, der versprach, am Abend zu uns an Bord zu kommen und „local food" zu kochen. Tatsächlich kam er mit Kochbananen und Brotfrüchten, stellte sich in die Küche und begann zu kochen: grüne Bananen, Brotfrüchte, alles geschält und geschnitten, etwas Porree und frischer Rosmarin, Salz, Pfeffer und quer durch unsere Gewürzstellage, eine

Zwiebel und ein ganzes Häuptel Knoblauch. Das alles ließ er eine Stunde kochen. So entstand eine scharfe Gemüseeintopf-Suppe. Gespannt warteten wir mit dem Löffel in der Hand und kosteten. Doris verzog den Mund, es war fürchterlich scharf. Es schmeckte nicht schlecht, beachtete man das Brennen am Gaumen nicht. Der bärtige Typ, leider weiß ich seinen Namen nicht mehr, war recht nett, hatte aber fürchterliche Schweißfüße. Während des Gesprächs entpuppte er sich als kommunistischer Rasta. Die Rastalocken hatte man ihm im Gefängnis abgeschnitten, deshalb nahm er auch seine Kappe nicht ab. Er bombardierte uns mit seinen politischen und religiösen Reden und prophezeite uns in den nächsten sechs Monaten einen politischen Umsturz. Es war recht interessant ihm zuzuhören und gleichzeitig erschreckend. Für den nächsten Tag plante er „local food" mit Süßkartoffeln. Süßkartoffeln mochten wir nicht, außerdem wollten wir nicht wegen politischer Komplizenschaft das Gefängnis der Insel kennen lernen, und so zogen wir es vor, schleunigst abzureisen.

Kapitel 22

Wieder in Venezuela – verlorenes Schlaraffenland

„Schau, wie schön wir segeln."

Ich konnte dem Satz nichts abgewinnen, es ging mir schlecht. Der Wind kam von achtern, die Passatsegel waren gebläht, die SEHNSUCHT pflügte durch die See.

„Wann sind wir da?"

„Los Testigos ist schon zu sehen."

Wir freuten uns auf die kleinen unbewohnten Inseln, die wir von unserem ersten Besuch in guter Erinnerung hatten, den unberührten Sandstrand auf dem schmalen Landstreifen beim Ankerplatz der Isla Langoleta. Doch der damals ruhige Ankerplatz empfing uns mit Schwell. Starker Schwell, der nervte. Und dazu kam, dass der Motor nicht mehr anspringen wollte. So steckte Heino zwei Tage zwecks Reparatur im Motorkasten.

Ein Landgang, bei dem wir das Innere der Insel erkunden wollten, sollte die Bordstimmung heben. Wir schlugen den schmalen Pfad ein, der den Hügel empor führte. Hinter dem buschigen Waldstück war eine Wiese, auf der einige Pferde grasten. Ein Pferd löste sich von der Herde und kam auf uns zu.

„Bist du ein schönes Tier." Wir streichelten es voll Selbstsicherheit, nichts Böses ahnend, waren wir vor kurzem doch erst mit einem Elefanten auf Tuchfühlung. Ich hatte Petra am Arm. Es war ein schöner, brauner Hengst. Plötzlich schnaubte er aus seinen Nüstern, begann zu tänzeln, rammte uns und warf uns zu Boden. Gerade als ich wieder Halt fand, ging er zum zweiten Angriff über.

„Heino, hilf mir!", schrie ich in meiner grenzenlosen Angst. Heino rannte auf uns zu und schrie den Hengst an, um ihn von uns abzulenken. Mit hoch erhobenen Vorderläufen attackierte er nun unseren Retter. Einen Moment dachte ich, das Pferd erschlägt ihn, doch Heino rollte sich zusammen und ließ sich in das dornige Gebüsch fallen. Dort fand er einen morschen Stock, damit hielt er das Tier etwas auf Distanz. Somit konnten wir die Flucht antreten. Durch laute Schreie und das Drohen mit dem Stock ließ sich der Hengst letztendlich verjagen und Heino folgte uns Richtung Strand.

„Wo ist Doris?" Wir sahen sie nicht. Als wir den Strand erreichten, fanden wir sie zitternd und heulend am Dingi sitzen. Sie hatte das einzig Richtige getan. Als sie merkte, dass es brenzlig wurde, zischte sie davon und brachte sich in Sicherheit.

Betroffen saßen wir am Strand. Heino sah aus, als sei er halbseitig gegeißelt worden. Der Busch, in den er geflüchtet war, bestand nur aus Dornen und

Kakteen. Langsam erholten wir uns von dem Schock und zogen Resümee. Ein verlorener Badeschlappen, ein ramponierter, blutiger Zeh, viele kleine schmerzende Stiche und das Gefühl, den Kampf gegen ein Pferd verloren zu haben. Es war aber auch ein unfairer, nicht vorhersehbarer Kampf gewesen. Außerdem hatte das Biest keinerlei Zaumzeug, wo es hätte festgehalten werden können.

„Vermutlich hat er sein Revier verteidigt", mutmaßten wir. Aber wer konnte schon in eine Pferdeseele sehen?

Die Lust, Los Testigos zu erforschen, war uns gründlich vergangen. Noch am selben Abend verließen wir die Insel und segelten Richtung Isla Margarita und ankerten vor Pampatar.

Von See aus bot der Strand und die Stadt einen vertrauten Anblick. Doch als wir an Land gingen, spürten wir die Veränderung. Die Menschen waren nicht mehr fröhlich, die Geschäfte zum Teil geschlossen, zum Teil halb leer, die Preise deutlich höher, als wir in Erinnerung hatten.

Odin Walter klärte uns über die aktuelle politische Situation von Venezuela auf: Carlos Andrés Pérez von der AD Partei wurde mit überwältigender Mehrheit vom Volk ein zweites Mal zum Präsidenten gewählt. Sein Wahlversprechen war Wohlstand für alle und gerechte Vermögensverteilung. Das wollte er durch sein neu eingeführtes Sparprogramm, mit dem er die Staatsverschuldung von 40 Milliarden Dollar drastisch zu senken beabsichtigte, erreichen. Doch die Folge dieses Sparens waren Preiserhöhungen von 100 bis 150 Prozent und das nicht nur bei Luxusgütern, sondern auch bei den Grundnahrungsmitteln wie Brot. Hamsterkäufe der Bevölkerung verschlimmerten die Inflation und führten zu Engpässen. Die Volksseele gärte. Es kam zu Demonstrationen, Unruhen, Plünderungen, Aufstand gegen die Regierung, was wiederum Ausgangssperre und Versammlungsverbot nach sich zog.

„Bis jetzt hat es schon 116 Tote und 500 Verletzte gegeben, das Volk, der kleine Mann wehrt sich. Kein Wunder, mehr als die Hälfte der Leute lebt unter der Armutsgrenze und dabei hat er ihnen das Blaue vom Himmel versprochen", beendete Walter seine Erzählung.

Wir standen hilflos dieser neuen Situation gegenüber.

„Das ausgerechnet jetzt, wo wir da sind", sagten wir traurig.

„Bis jetzt ist die Isla Margarita noch verschont geblieben, die blutigen Unruhen waren nur in Caracas", informierte uns Walter weiter.

Wir versuchten uns selbst ein Bild zu machen. Die Supermärkte hatten halbleere oder leere Regale, Brot war kaum zu bekommen, meist nur versteckt unter dem Ladentisch und man zahlte das Fünffache dafür.

„Damals gab es sogar Erdbeertörtchen", sagte ich enttäuscht, heute waren fast alle Bäckereien geschlossen. Wir fanden kaum Mehl, Zucker oder Reis und auch keine einzige Packung Höschenwindeln. Letzteres traf mich fast am härtesten. Die Stoffwindeln waren schon zerschlissen. Nun mussten Geschirrtücher und Putzfetzen herhalten und der besseren Saugkraft wegen kam ein Wettextuch dazwischen.

Walter lud uns auf sein Schiff BIANCA zu einer echten deutschen Erbsensuppe ein. Sie mundete vorzüglich und sein Rezept fand sofort Aufnahme in meiner Schiffsküche. Wir hatten ihn und seinen Hund Bianca schon in Barbados kennen gelernt. Er war es, der nach einem Mastbruch am Atlantik beinahe draufgegangen wäre. Im Krieg U-Boot-Fahrer, war er nun zweifacher Witwer und verlor seine Tochter durch einen Autounfall.
Walter war ständig auf der Suche nach Mädchen und machte keinen Hehl daraus. Es zeigte uns ein Fotoalbum mit seinen Eroberungen, die nicht oder sehr fragwürdig bekleidet waren.
„Wenn das nicht mehr geht, kannst du dich gleich begraben lassen", war sein Leitspruch, was ihm unter den Yachties den Spitznamen „geiler Walter" einbrachte. Doris, die offensichtlich der Unterhaltung folgte, machte ihn mit ihrem altklugen Ratschlag verlegen: „Wenn du dir ein Mädchen mit an Bord nimmst, musst du aufpassen, dass du keine Kinder kriegst."

„Ist das die PINCOYA?" Tatsächlich, wir trafen unsere alten Freunde von Gibraltar wieder. Ein großes Hallo und eine herzliche Begrüßung folgte auf diese Entdeckung und der Nachmittag verging mit Plaudern. Sie waren von den Kanarischen Inseln auf die Kap Verden und weiter nach Brasilien gesegelt, wo sie lange Zeit geblieben waren und jetzt planten sie nach Deutschland zurück zu kehren.
Doris hatte wieder Spielkameraden, Felicitas und Hanna, und wir trafen oft zusammen. Ulli und Edeltraud erzählten von ihren Erfahrungen, die sie auf der Reise gesammelt hatten und über die Lebenseinstellung ihrer alternativen Lebensweise.
„Wir können es den Kindern gegenüber nicht verantworten, sie brauchen eine gute Ausbildung und gutes Material." So verpönten sie nicht nur Dosenfutter, sondern auch Plastikspielzeug. Die Kinder durften nicht damit spielen und Doris musste ihre Barbiepuppen im Schiff lassen. Unsere Diskussionen endeten meist damit, dass sie uns mit Nachdruck ihre Vorstellungen darüber, was richtig und falsch ist, einreden wollten und wir uns bemüßigt fühlten uns zu verteidigen. Besonders empfindlich war ich, was das Unterrichten betraf, da ich doch selbst immer die Sorge hatte, ich würde es nicht schaffen. Unser ohnehin noch wackeliger Entschluss in die Südsee zu segeln, geriet ins Wanken. Das Zusammensein wurde nervenaufreibend für mich.

„Ich habe es satt, mich dauernd zu verteidigen, wegen meiner Verantwortungslosigkeit der Welt und den Kindern gegenüber", sagte ich abends zu Heino.

„Ach, lass sie doch!" Er empfand es nicht so und vertrat unseren Lebensstil mit viel mehr Selbstsicherheit als ich.

Ich war erleichtert, als sie sich verabschiedeten und wir verlegten die SEHNSUCHT in die Marina nach Polarmar. Wasser und Strom hatten wir dringend nötig, Wäschewaschen stand ebenfalls auf dem Programm. Heino wurde krank. Alle Kakteenstacheln von Los Testigos, die an der Hautoberfläche abgebrochen waren, entzündeten sich. Es schmerzte sehr.

In der Marina trafen wir die Kanadier von Grenada wieder. Sascha, die Lehrerin war, unterrichtete ihre acht Jahre alte Tochter ebenfalls selbst und wir klagten uns gegenseitig unser Leid. Sie hatte dieselben Probleme mit Moreva wie ich mit Doris, das war beruhigend. Aisha feierte Geburtstag und wir nahmen an einer richtigen Kindergeburtstagsparty teil. Wir harmonierten mit der Familie, die Konversation auf Englisch klappte so gut, dass wir sogar über unsere Späße lachen konnten.

Sascha hatte eine Nähmaschine an Bord. Eine alte Singer-Nähmaschine mit Goldverzierungen und einem Handrad zum Drehen. Da wir schon lange ein neues Sonnendach planten, nutzten wir die Gelegenheit und borgten uns das antiquare Stück. Stoff gab es im Gegensatz zu Lebensmitteln noch zu kaufen. So wurde das Cockpit der SEHNSUCHT zur Schneiderwerkstätte. Heino und Doris spielten Motor, drehten abwechselnd und geduldig am Rad und ich schob die steifen Stoffteile unter die schnurrende Nadel. In einer Woche zierte ein neues grünes Sonnendach, das vom Mast bis zum Achterstag reichte und herab klappbare Seitenteile besaß, unser Schiff. Es war wie ein Zelt und der Wohnkomfort wurde damit enorm gehoben, da sich der gesamte Außenbereich im Schatten befand und somit den ganzen Tag genutzt werden konnte.

Neben der SEHNSUCHT lag die ERIKA mit Pasqual Paradies, einem französischen Maler und seiner Freundin, die sich, wie er es selbst formulierte, „auf den Spuren von Paul Gauguin" befanden. Sie hatten nicht nur zwei Hunde mit an Bord, sondern auch einige Bildbuchbände von den Pazifikinseln, besonders den Marquesas, und gemeinsam schwelgten wir in Südseeträumen. Besonders faszinierte mich das Buch, in dem die wunderschönen Muscheln und Schnecken des Pazifiks abgebildet waren und unsere Reisepläne bekamen wieder Festigkeit.

„Schon alleine der schönen Schneckengehäuse wegen nehme ich noch eine Überfahrt in Kauf", hörte ich mich zum Staunen von Heino sagen.

Pasquale hatte zwei Kinder, die bei seiner geschiedenen Frau lebten. Liebend gerne hätte er sie auf seine Reise über den Pazifik zu den Marquesas mitgenommen. Doch seine Exfrau willigte nicht ein und kein Gericht der Welt würde ihm, einem Fahrtensegler mit wackeligem Wohnsitz, das Sorgerecht für Kinder zusprechen, hatte ihm sein Anwalt mitgeteilt.

„Das ist ungerecht", meinte er, „ihr reist doch auch mit euren Kindern, und keinen Menschen kümmert es." Er schwärmte davon, welch Bereicherung so eine Reise für Kinder wäre. Er tat mir leid, ich konnte aber seine Exfrau auch gut verstehen.

Pasquale hatte außer den wunderschönen Bildbänden auch sämtliche Seekarten vom Pazifik an Bord. So kam es, dass Heino eines Tages mit einem Stapel Seekarten unterm Arm zum Copygeschäft marschierte. Damit wir für alle Eventualitäten gerüstet waren, machte er Kopien beginnend vom Panamakanal bis nach Australien. Klingende Namen wie „Fatu Hiva und Hiva Oa" prangten von den Vulkaninseln der Marquesas und auf den Ringen der Atolle standen Namen wie Manihi, Apataki oder Toau die in unserer Phantasie mit grünen Palmen bewachsen waren.

Am 28. Februar 1989 gab es die ersten Demonstrationen in Polarmar. Schaufenster wurden eingeschlagen, Geschäfte geplündert. Die Bevölkerung hatte zwar 50 Prozent Lohnerhöhungen erhalten, aber das half wenig bei den enormen Preiserhöhungen. Die Deutsche Welle sprach schon von 220 Toten und 1000 Verletzten in Venezuela. Wir begannen uns Sorgen zu machen und drängten auf eine Entscheidung. Ein Werftaufenthalt war für die SEHNSUCHT unumgänglich. Aber wo? Sollten wir in Venezuela bleiben? Die Schweizer Bryan und Silvia von der LUCINA rieten uns, nach Chacachacare, einem kleinen Nest an der Südküste der Isla Margarita zu fahren, denn dort gäbe es eine billige Werft. Unser geplanter Großeinkauf fiel ins Wasser. Es gab kaum Lebensmittel, nur leere Regale. Beim CM-Markt war Ölausgabe. Eine lange Schlange wartete schon, und die Kartons wurden unter Polizeischutz!!! gebracht und verteilt. Dollars wechselte keiner mehr. Zum Glück hatten wir die Kreditkarte, die noch akzeptiert wurde. Farbe sowie Antifouling für das Unterwasserschiff und andere technische Artikel, die wir für die Restaurierung benötigten, waren noch zu finden.

So gut es ging verproviantierten wir uns. Die Packbuben im Supermarkt warfen die fünf Bolivars Trinkgeld zu Boden und forderten mindestens dreißig. Der Taxifahrer verlangte 100 im Voraus.

Ein verrücktes Land – ein brotloses Land!

Kapitel 23

Chacachacare – glückliches Leben im Müll

„Mama schau, die haben hier gar keine Wäscheleinen, die hängen ihre Wäsche am Baum auf", sagte Doris. Ich sah genauer hin. Tatsächlich konnte man meinen, es wären Wäschestücke, die im frischen Passatwind wehten. Doch nein, es waren Plastiksäcke, Bänder, Fetzen, mit einem Wort Müll, der sich an den dürren Sträuchern gefangen hatte und oft groteske Figuren formte.

Nach vier Wochen Aufenthalt vor den Städten Pampatar und Polarmar lösten wir endlich die Landleine. Bei der allgemeinen Aufbruchstimmung rutschte Petra unter der Relingbespannung durch und plumpste ins Wasser. Es verging nicht einmal eine Schrecksekunde und ich sprang hinterher. Wie ich das anstellte, weiß ich nicht mehr, auf jeden Fall sprang ich so, dass ich mit dem Kopf nicht unter Wasser kam, jedoch Petra mit der Stirn gegen die Bordwand schlug. Fazit: Eine Beule auf Babys Köpfchen und Schürfwunden auf meinen Oberschenkeln, dank des riffbesetzten Unterwasserschiffes. Es war das passiert, was ich in meinen Angstvorstellungen oft erlebt hatte, was aber in Wirklichkeit nicht passieren durfte. Deshalb war mein Sprung ins Wasser keine überlegte Handlung sondern eine Reflexreaktion gewesen, was zur Folge hatte, dass ich vermutlich früher als Petra im Wasser war, da wir beide trockene Haare hatten.

Wir setzten Segel und brausten mit achterlichem Wind und starker Strömung nach Westen. Die SEHNSUCHT war schneller als die Wellen. Die letzten sechs Meilen mit Halbwind, wieder gegen Norden, brauchten wir länger als die 19 Meilen davor.

„Unser Mädchen hat die Eigenschaften eines Rahseglers, wie mir scheint", meinte der Kapitän.

Wir hielten uns an die Beschreibung von Bryan, umrundeten Pta. Mangle und steuerten die Bahia Mangle an. An der Ostseite dieser Bucht befand sich das kleine Fischerdorf Chacachacare. Wir fuhren hinter die Hafenmole und warfen den Anker. Der Ankergrund war schlecht. Doch der Hafen war voll besetzt und der Versuch, uns hinter die innere Molenmauer zu legen scheiterte, da die Ankerleinen der Fischerboote kreuz und quer verliefen und wir immer wieder hängen blieben. Außerdem war der starke Wind gegen uns und das heiße Getriebe ließ sich nicht mehr schalten. Also blieben wir die Nacht über vor Anker und ließen uns vom starken Schwell durchbeuteln.

Am nächsten Tag konsultierte Heino den Werftbesitzer. Wir bekamen einen Termin für den Slip am nächsten Donnerstag. Mit ausgekühltem und wieder schaltfähigem Getriebe verlegten wir uns tief ins Hafeninnere, ganz in Strandnähe mit Buganker und Landleinen an die Molenmauer. Hier war es herrlich ruhig. Das Wasser, wegen des schlammigen Bodens sehr trüb, war nicht tief genug und so saßen wir bei Ebbe immer wieder auf. Doch das war wegen unseres Flügelkiels und des weichen Meeresbodens nicht weiter tragisch.

Chacachacare – das Ende der Welt, wo die Zeit stehen geblieben war. Ein langgestrecktes Dorf, besser gesagt ein Nest, wie in einem schlechten Westernfilm. Der starke Nordost-Passat fegte den Sand über die schäbigen Häuser und auch den Müll, den es hier mangels Müllabfuhr in rauen Mengen gab. Wochentags war es relativ ruhig, außer den Geräuschen von der Werft hörte man nichts, es wirkte fast ausgestorben. Welchen Zweck die vielen Fischerboote hatten, die hier, nach den Spuren zu urteilen, schon lange Zeit vertäut waren, konnten wir nicht herausfinden. Nur am Sonntag kam etwas Leben in den Ort. Kinder waren am Strand und badeten, Fußballspiele wurden abgehalten und von der nahen Bar dröhnten die Anfeuerungsrufe des sonntäglichen Hahnenkampfes. Gut mit Lebensmitteln ausgerüstet ließ es sich hier leben und vor allem kehrte Ruhe ein. Der Shoppingstress von Polarmar fiel von uns ab und die politischen Unruhen waren, obwohl nur wenige Meilen entfernt, für uns weit weg, da keine Nachrichten durchdrangen. Wir widmeten uns den Arbeiten am Schiff. Angeregt wurde unsere Tätigkeit von den ständigen, jedoch nicht hektischen Werftgeräuschen. Das gemütliche Hämmern, Schleifen und Bohren eiferte uns an. Endlich nach eineinhalb Jahren montierte ich die Zierrahmen an den Fenstern. Geschliffen und lackiert hatte ich sie bereits in Österreich, als Petra noch in meinem Bauch gewesen war, und jetzt half sie mir bereits beim Zuschneiden und zerkratzte dabei die Rahmen. Heino beschäftigte sich mit den Relingstützen, restaurierte die Winden und widmete sich zu meinem Leidwesen wieder dem Windgenerator. Er schloss ihn an die Lichtmaschine an, doch sobald diese zu laden anfing, wurde er abgebremst. Der erwünschte Erfolg blieb aus.
Störend an Chacachacare war der häufig auftretende Modergeruch des Schlammbodens. Bei bestimmten Wetterbedingungen stank es zum Himmel. Doch hatte man sich einmal an den Geruch und den Müll gewöhnt, konnte man es hier direkt schön finden. Die Ebene im Vordergrund, in der Mitte die kleine Palmengruppe als grüne Oase und das nahe Gebirge im Hintergrund boten ein herrliches Landschaftsbild. Die Passatwolken, aufgestaut von den hohen Bergen bildeten oft bizarre Formen und täglich erlebten wir einen herrlichen, farbenprächtigen Sonnenuntergang. Vor der kleinen Palmengruppe wohnte ein alter Mann in einem kleinen Häuschen. Rund um

das Haus bis hinunter zum Strand war alles gepflegt und sauber und wurde regelmäßig gekehrt. Er auffallender Kontrast zum üblichen Ortsbild. Chacachacares Ruhe wurde täglich von der markanten Melodie des Eis- wagens unterbrochen. Ertönte seine herannahende Musik, kam Hektik an Bord auf.

„L-Laufen, laufen, Eis k-kaufen!", stotterte Petra aufgeregt. Doris ließ jegliche Beschäftigung fallen, schnappte das Portmonee, hüpfte ins Dingi, zog sich an der Landleine zur Mole, sprang hinauf und stoppte winkend den Eiswagen. Petra dagegen stand an der Reling, schaute zur Straße und plapperte andauernd: „La-la, la-la, Eis, gut, la-la, gut,..." bis ihre Schwester mit zwei Stielen zurückkam. Dann wurde geschleckt und geschmatzt, bis die Eistropfen am dicken Bauch herunterliefen.

Die gesamte Versorgung von Chacachacare spielte sich mit kleinen Liefer- wägen ab. Es gab einen für Gemüse, einen mit Hühnern, einen mit Brot. Das Problem daran war nur, dass es keinerlei Regeln gab, wann welcher Wagen fuhr, sodass ich mich oft vergeblich an Land schiffte wenn irgendwo ein Hupton erklang. Die meisten verständigten sich durch Hupen, nur wenige hatten Lautsprecher und leider war keiner so charakteristisch wie der Eiswagen mit seiner Melodie. Wurden die Lebensmitteln knapp, war es etwas mühsam, sich zu versorgen, da die Fahrten in die nächsten Städte, nach Boca del Rio oder Polarmar, umständlich waren. Zuerst musste man zwei Kilometer zu Fuß laufen, eine glühende, schattenlose Straße entlang, gesäumt von Kakteen, Sand und den überall verstreuten Abfällen, um dann an der Hauptstraße ein Sammeltaxi zu erwischen, das, hatte man Glück, stehen blieb. War man zu einer Zeit unterwegs, wo keiner zur Arbeit musste, konnte das oft sehr lange dauern.

Boca del Rio bot nicht viel mehr als Chacachacare, doch es hatte ein Postamt, *Il postal* genannt. Es war ein halb verrosteter Wohnwagen, darin saß eine Frau hinter einem leeren Schreibpult. Nur eine große Waage zierte ihren Arbeitsplatz. Mein Brief nach „Austria in Europe" brachte die arme Person total aus der Fassung. Die Briefaufgabe dauerte eine halbe Stunde. Sie holte Stempel und Marken aus den Schubladen, studierte Tabellen und versuchte immer wieder vergeblich den Brief auf der großen Waage, die bis zu fünf Kilo trug, abzuwiegen. Der Zeiger bewegte sich keinen Millimeter. Doch wir verließen das Postamt mit einem perfekt ausgefüllten Aufgabe- schein und der Hoffnung, der Brief würde seinen Weg in die Heimat finden. Er kam tatsächlich 14 Tage später an.

Das Slippen verzögerte sich. Täglich gingen oder fuhren wir zum Werft- gelände. Während so einer Dingifahrt lehnte sich Petra zu weit über den Rand, rutschte aus und fiel kopfüber in die trübe Brühe. Wie ein Kartoffelsack ging sie unter und ward nicht mehr gesehen. Ich war vor Schreck gelähmt. Aber Heino, geistesgegenwärtig, griff sofort nach, erwischte sie noch am Zipfel des T-Shirts und zog unser triefendes Baby aus dem Schlammwasser. Das Gerücht, dass Babys automatisch schwimmen, traf auf unser Kind nicht zu. Sie sank wie ein Stein und wir hatten nie die Nerven auszuprobieren, ob sie von alleine auftauchen würde.

Auf unserem täglichen Weg zur nahen Werft entdeckten wir eine Dusche. Das war ein mit schwarzem Schimmel besetzter, kleiner Betonraum mit einer morschen Holzbank, jedoch ohne Türe. Aber es kam klares, frisches Wasser aus der Leitung. Wir konnten gratis duschen und Wäsche waschen, das hob das Lebensgefühl enorm. Dort lernten wir auch eine englische Familie kennen, Bob und Elisabeth mit ihren zwei Buben, Hallam, ein Jahr alt und dem vierjährige Gus, der eigentlich Joseph August hieß. Ihr 60 Jahre altes Holzschiff VIDA war schon seit zwei Monaten am Trockendock. Gus war fasziniert von Doris, die des Öfteren zum Spielen auf den Strand vor der Werft kam.

„Deine Tochter spricht gut englisch", sagte Elisabeth eines Tages.

„Das kann nicht sein", erwiderte ich, da ich trotz oftmaliger Aufforderung Doris noch nie dazu gebracht hatte, ein englisches Wort zu sagen. Nicht einmal „Thank you!"

Wir schlichen uns an die spielenden Kinder heran. Tatsächlich, ich traute meinen Ohren nicht. Doris kommandierte die Kinder in englischer Sprache herum. Dank des kleinen Gus, der seiner Muttersprache selbst noch nicht sicher war und leicht stotterte, hatte Doris ihre Hemmungen überwunden. Wir staunten über ihren enormen Wortschatz, der jetzt, vermutlich über lange Zeit gespeichert, zu Tage kam.

Nach einer Woche war es soweit. Die SEHNSUCHT wurde aus dem Wasser gezogen. Die Handlung des so einfach hingeschriebenen Satzes dauerte einen halben Tag. Heinos eigenwilliger Kiel brachte die Arbeiter der Werft aus dem Gleichgewicht. Etliche Male tauchte einer unter und versuchte, das Schiff abzustützen und festzubinden. Die SEHNUCHT kippte immer achtern nach unten.

„Wenn wir kein passendes Stück Holz finden um das Heck abzustützen, können wir das Schiff nicht herausziehen", erklärte uns der Werftbesitzer kühl. Uns wurde heiß und kalt. Hatten wir jetzt vielleicht umsonst zwei Wochen hier gewartet? Endlich war es soweit. Langsam, ganz langsam wanderte die SEHNSUCHT an Land. Ein langer, dicker Zottelbart überzog das Unterwasserschiff. Eine Alge hing herab, die bestimmt einen Meter lang war. Höchste Zeit für einen neuen Anstrich. Feierabend! Das Waschgerät wurde weggeräumt. Heino erwischte den Chef in letzter Minute.

„Sie haben mir versprochen, das Unterwasserschiff zu reinigen, morgen ist doch Feiertag!" Seufzend drehte sich Loui, der Werftbesitzer um und verhandelte mit seinen Arbeitern.

„Ja, morgen kommt jemand", versprach er uns. Hoffentlich, denn unser Schiff sah aus wie ein lebendiges Riff, zwar schön anzusehen, aber bei dem Gedanken, Algen, Muscheln, Schlamm und vor allen Dingen Krebse und zwickendes, krabbelndes Getier mit einer kleinen Spachtel herunterzuschaben, grauste es uns. Doch am nächsten Morgen, wie versprochen, um punkt acht Uhr startete die Druckwasserpumpe. Nach zwei Stunden sah der Rumpf relativ sauber aus. Das Abschleifen der hartnäckigen Korallen und Muscheln blieb uns trotzdem nicht erspart.

Es waren vier harte Tage. Schleifen, streichen, schleifen, streichen. Dreimal das Unterwasserschiff, einmal über Wasser. Heino bohrte Löcher, montierte die neue Toilette, polyesterte, zerlegte den Propellerantrieb und das Getriebe, überholte das Ruder, und, und, und. Aber wir schafften unser Arbeitspensum in der vorgegebenen Zeit. Zwar konnte ich meine Hände nicht mehr heben, hatte Blasen und Wunden an den Fingern, aber bald glänzte unsere SEHNSUCHT stolz und sauber auf einer Werft, wo man vor lauter Misthaufen die Schiffe übersah. Mit den Kindern, die in der Crew der VIDA tolle Spielkameraden fanden, war es optimal. Dank der Tatsache, dass wir während der Osterfeiertage am Trockenen waren und dadurch auf der Werft nicht gearbeitet wurde, konnten sie ohne Aufsicht am Gelände herumstrolchen und im seichten Wasser plantschen. Gus war „*in love with Doris*", er betete sie an. Und Doris, die Große spielte die Anführerin und gab englische Befehle.

„*Go, and get water!*"

„*Yes Doris!*" Gus bückte sich um Seewasser in seine Flasche zu füllen.

„*No Gus, from the shower!*"

„*Yes, Doris!*", sagte er und lief glücklich zur Duschkammer.

„Die zwei erinnern an ein altes Ehepaar", kommentierte Heino das lustige Paar.

„Gus ist eher wie ein dressiertes Hündchen", meinte Elisabeth.

„Dowi mit!" Baby Petra zappelte überall hinterher. Sie flog zwar andauernd über sämtliche Holz- und Eisentrümmer oder Steine und Erdfurchen und hatte zerschundene Beinchen, aber sie musste mit. Auch sie sprach englisch: „*No!*", erwiderte sie auf die Befehle ihrer Schwester. Der kleine Hallam saß mittendrin und schaute dem Geschehen mit großen Augen zu. Sie hatten ihren Spaß, unsere Müllkinder und sie fanden immer wieder neues Spielzeug am Misthaufen. Ein Mitteleuropäer wäre schockiert gewesen. Am Abend waren sie so schmutzig, dass wir sie nicht mehr erkannten. So schnappte Elisabeth die Buben und ich die Mädchen und wir steckten sie gemeinsam in die Dusche. Dann holte jeder von uns das Abendessen und wir setzten uns nach Feierabend auf der Werft zusammen, aßen und plauderten. Die Schiebetruhe mit einem Brett darauf diente als Tisch, umgedrehte Kisten waren die Sitze. Auch feierten wir zusammen das Osterfest, indem wir uns gegenseitig kleine Geschenke versteckten. Wir saßen mitten im Müll und waren zufrieden und glücklich. Nachts war es ratsam die Leiter an Bord zu holen, denn da wurde der Müll lebendig, Ratten und Kakerlaken erwachten. Die VIDA, das alte Holzschiff voller Ritzen und Verstecken, war von Kakerlaken übersät. Arme Elisabeth, sie hatte den Kampf mit dem Ungeziefer schon aufgegeben. So schön dieses Schiff auch sein mochte, wir beneideten sie nicht darum.

Wie geplant, waren wir am Abend des 27. März fertig. Am nächsten Morgen kamen die Arbeiter. Heino musste noch die Opferanode befestigen und bat um eine Stunde Zeit,

„Jetzt können wir zurück ins Wasser", sagte er.

„Geht nicht", war die Antwort, „jetzt ist der Chef nicht da, und ihr habt noch nicht bezahlt."

Also standen wir noch einen Tag am Trockenen. Die Arbeiter feierten das Nichtvorhandensein des Chefs. In Gruppen saßen sie zusammen im Schatten und hielten Siesta, nur einer arbeitete. Er grub einen Graben, damit das Wasser zum Meer hin abfließen konnte. Aber nicht, wie der Leser vermutet, in einer geraden Linie, sondern um seine fünf Kameraden herum, die unter einem Schiff im Schatten saßen und miteinander plauderten.

Die Chefin kam nächsten Tag. Wir bezahlten, es war nicht wenig. Die Inflation hatte auch Chacachacare erreicht. Die SEHNSUCHT glitt ins Wasser.

„*Where, where, where are you going?*", stotterte Gus angstvoll. Er befürchtete, wir verließen ihn schon. Doch die Crew der VIDA war der Grund, dass wir unsere Abreise noch lange hinauszögerten und uns ewig mit dem Deckstreichen Zeit ließen.

Schon am nächsten Morgen stand Gus an der Mole und rief nach Doris. Sie spielte Fährmann und zog das Dingi an der Landleine hin und her.

„*The ferryman is falling in the water, water*", hörte man die beiden oft singen, denn sie waren ständig unterwegs zwischen VIDA und SEHNSUCHT. Ich erklärte die Zeit zu Ferien, denn an Unterricht war nicht zu denken.

Auf unserem sauberen, frisch gestrichenen Schiff fühlten wir uns nun richtig wohl und die neue Toilette war ein Luxus. Und obwohl unser Visum bereits abgelaufen war, zögerten wir die Abreise hinaus.

Wir luden die Familie zum Essen ein, wurden eingeladen, fuhren mit Bob's Motorrad nach Boca del Rio in ein Restaurant und feierten Gus und Hallams Geburtstag mit einer Werftparty, zu der wir eine tolle selbstgebastelte Einladung erhielten.

Eines Tages passte uns Elisabeth auf die Kinder auf und Bob borgte uns sein Motorrad. Wir konnten einmal alleine wegfahren. So beschlossen wir, unseren 10. Hochzeitstag vorzufeiern und kurvten über den gebirgigen, kahlen Westteil der Insel. Ich saß am Rücksitz, klammerte mich an Heino und genoss den frischen Fahrtwind und die berauschende Geschwindigkeit. Es war einfach toll. Oder um es mit Elisabeths Worten zu sagen: *„It's incredible, I can't believe it."* Und Bob würde sagen, indem er sich seinen leicht ergrauten Rauschebart kratzte: *„It is lovley, it is nice, isn't it lovely?"* Punktum: *„They were lovley, they were nice, they were incredible!!!"*

Mein Angebot, einmal einen Abend auf ihre beiden Buben aufzupassen, lehnte Elisabeth aber ab, sie wollte mir nicht zumuten, den Abend in Gesellschaft von Millionen von Kakerlaken zu verbringen.

Der Starter ging kaputt, doch wir waren nicht traurig darüber, weil wir dadurch die Abreise noch weiter hinausschoben. Zwei Tage dauerte die Reparatur des Magnetschalters, Heino erwies sich wieder als Meister des Improvisierens. Und ich nützte die Zeit um noch Vorhänge und neue Vorratsnetze zu montieren. Dazu löste ich eine Leiste in der Küche.

„Hiiilfeee! Heino, komm, schau, schnell!", rief ich aufgeregt.

„Was ist?", fragte Gus, der gerade im Vorschiff mit Doris spielte.

„Kakerlaken, hier sind Kakerlaken!"

„Ach so", Gus verstand meine Aufregung nicht. Kakerlaken waren für ihn ganz normal. Hysterisch besprühte ich die Insekten und hoffte es wären die einzigen gewesen.

Doch eines Tages war es so weit, die Abreise war unaufschiebbar, denn unser Visum war nun bereits seit fünf Tagen abgelaufen.

Wir hatten sie liebgewonnen, die Crew der VIDA, und es gab Tränen auf beiden Seiten beim Abschied. Die Kinder ließen sich nur mit dem Versprechen beruhigen, dass uns die Familie in Österreich besuchen würde.

Kapitel 24

Los Roques - Los Aves – Bonaire: zaghaft gegen Westen

Als Chacachacare achteraus lag, wussten wir, dass wir gute Freunde zurück-
gelassen hatten und kamen zu der Erkenntnis, dass uns etwas auf dieser
Reise sehr fehlte, nämlich Freunde.
„Ich vermisse sie jetzt schon", sagte ich auf dem Achtmeilentrip zur Insel
Cubagua.
Ein Wrack rostete auf der Nordspitze des Eilands dahin, der Ankerplatz
empfing uns mit starkem Schwell. Nach der Ruhe mussten wir uns an das
Schaukeln des Schiffes erst wieder gewöhnen. Cubagua war unbewohnt, bis
auf ein Fischercamp. Dabei gab es hier die erste europäische Siedlung zur
zeit Christoph Kolumbus. Der Grund waren Perlenvorkommen vor der
Küste. Indianer wurden als Sklaven genommen und gezwungen, nach den
Perlen zu tauchen, wobei viele von ihnen starben.
„In einem Jahr exportierte Cubagua 820 Pfund Perlen", las ich aus dem Reiseführer vor. Es gefiel uns hier nicht, starker Wind und Schwell verleideten
einen Landgang. Noch dazu trieb unser Dingi davon. Wir merkten es aber
erst, als es uns Fischer zurückbrachten. Das war ein Riesenschreck und wir
waren heilfroh, unser Beiboot wieder zu haben.
Auf der Fahrt nach Puerto Mochima, einem Naturschutzgebiet am Festland
von Venezuela, hatten wir schönen Segelwind und waren schnell unterwegs. Wir wählten dieses Ziel, weil wir von VIDA einige Briefe für ein
anderes Schiff mitgenommen hatten und weil viele Segler von diesem
Gebiet geschwärmt hatten. Ein vier Meilen tiefer fjordartiger Einschnitt
umfasste dieses Naturschutzgebiet mit steilen Küsten aus rotem Felsen und
tiefem Wasser. Wir waren eigentlich von der Landschaft nicht so ergriffen,
da sie uns bekannt vorkam, weil sie starke Ähnlichkeit mit der jugoslawischen Küste aufwies.
„Da kann ich auch zu Hause bleiben", war Heinos Kommentar.
Doch der Ankerplatz im Inneren der nun dicht bewaldeten Bucht vor dem
kleinen Ort Mochima war herrlich ruhig und lud zum Bleiben ein.
Doris, die wir aus einer liebgewonnen Umgebung gerissen hatten, quälte
uns mit ihren Launen und ihrer Unzufriedenheit. Manchmal benahm sie sich
wie ein Baby, dann wieder glaubte man sie wäre schon im Pubertätsalter,
nur selten war sie ein Kind von acht Jahren. Wie sollte man da als Eltern
mit solchen Gemütsschwankungen mitkommen? Sie reizte mich an diesem
Tage so sehr, dass ich sie am liebsten ins Wasser geschmissen hätte.
„Warum nicht?", dachte ich, „Es gibt hier keine Wellen, keine Strömungen
und offensichtlich auch keine Haie." Und so schnappte ich sie und warf sie

über die Reling. Rabenmutter! Das Überraschungsmoment war auf meiner Seite, nicht auf Heinos, der sich unbeteiligt in der Nähe aufhielt. Instinktiv sprang er hinter seiner Tochter her, nachdem sie prustend und brüllend aufgetaucht war. Erst im Wasser wurde er sich seiner Handlung bewusst. „Was mach ich denn da?", fragte er sich selbst und kam wieder an Bord ohne die vor Zorn kreischende Doris zu beachten.

Petra realisierte die Trennung noch nicht. Für sie war es nur wichtig, dass die Familie beisammen war. Fehlte jemand, fragte sie ständig: „Mama, Papa, Dowi? Mama da? Papa da? Dowi da?"

Die Briefe von VIDA wurden wir nicht los. Das gesuchte Schiff war nicht anwesend und sonst wollte sie keiner annehmen. Also fuhren sie mit, entlang einer kahlen und öden Küste nach Puerto La Cruz, wo wir sie wieder zurückschickten.

Puerto la Cruz, eine moderne, große Stadt mit vielen Hochhäusern führte uns wieder in die Zivilisation. Doch die Möglichkeiten waren begrenzt, die unstabile politische Situation holte uns wieder ein. Wir hatten vor, größere Mengen Proviant zu bunkern. Doch der nahe Supermarkt wies viele leere Regale auf und so mussten wir in den besser bestückten kleinen Geschäften unseren Bedarf decken. Das war eine Schlepperei. Säckchenweise und stückweise wurden Nudeln, Reis, Mehl und Dosen organisiert. Ja nicht zu viel auf einmal. Die prüfenden Blicke der Einheimischen waren nicht freundlich gesinnt. Viele von ihnen litten Hunger und wir befürchteten Schwierigkeiten, wenn wir mit zu vollen Einkaufstüten durch die Straßen gingen. So klapperte einmal Heino, einmal ich die Gegend nach kleinen Lebensmittelgeschäften ab. Das war sehr zeitaufwändig und mühsam. Noch dazu begleitete uns in diesem krisengeschüttelten Land die ständige Angst vor einer Polizeikontrolle, da wir keine Aufenthaltsgenehmigung mehr hatten. Doch wir konnten fast alles besorgen, erhielten Post aus der Heimat und bekamen zu unserer Freude von einem Schweizer Schiff deutschsprachige Bücher geschenkt.

Bei der Überfahrt zur Isla Borracha sank die Spannung und die Angst vor einer Kontrolle fiel von Heino ab. Bizarre, eindrucksvolle Felsformationen trafen wir auf dieser Insel an und eine Kanadische Yacht mit Maggi an Bord, die das Visaproblem folgendermaßen löste: „Unser Visum ist schon lange abgelaufen. Wenn wir das Zollboot hören, paddeln wir einfach an Land und warten bis es vorbeifährt."

Los Roques – ein Riff- und Inselgebiet 25 mal 14 Meilen groß, vom Seglervolk geliebt und gefürchtet zugleich.

„Passt gut auf die Strömungen auf", diese Warnung hörten wir von vielen Seglern. Geschichten von Yachten, die bei Nacht am Riff gestrandet und gesunken sind, wurden erzählt. Erfahrungen mit der Strömung blieben auch uns nicht erspart. Bei zuerst wenig Wind und dann Flaute bekamen wir die angesteuerte Insel Tortuga nie zu sehen, da wir zu weit nach Süden abgetrieben wurden. Wir änderten gegen Morgen dann den Kurs und steuerten die Insel Orchilla an. Nachdem uns der Nordost-Passat mit seinem starken Wind und hohen Seegang erfasste, nahmen wir wieder Kurs Richtung Los Roques auf. Ich war natürlich fürchterlich seekrank. Gegen Abend dieses Segeltages sahen wir Los Roques das eigentlich südlich liegen sollte, nördlich von uns. Die Strömung hatte uns wieder zehn Seemeilen nach Süden versetzt. Wir warfen bei Nacht an der Südseite der größten Insel, Sebastopol, in der Nähe des Leuchtturms den Anker, da wir uns in das riffverseuchte Innere nicht hineinwagten. Der Schwell war umwerfend, im wörtlichen Sinne.

Sobald der Sonnenstand es am nächsten Tag erlaubte, segelten wir in die Einfahrt und quer durch die Lagune mit ihrem vielfarbigen, glatten Wasser und zahlreichen Korallenköpfen nach Westen und hielten nach einem schönen, einsamen Ankerplatz Ausschau. Die Wahl fiel auf eine geschwungen längliche Insel, die von einem Sandstrand umgeben war und auf der nur wenige Büsche wuchsen. Sie hieß Bequevé und es waren eigentlich zwei Inseln, Bequevé und Elbert Cay, verbunden durch eine Sanddüne. Das östliche Ende der Insel umgab ein breiter, unter der Wasserlinie liegender Riffgürtel, im Südwesten war ein großes, seichtes Becken aus Sand und Seegras. Dazwischen gab es nur einen schmalen, befahrbaren Kanal bis zum Strand der Insel, mit einem herrlich ruhigen Ankerplatz. Schuld an den Bewegungen des Schiffes war nur der starke Passatwind, der die SEHNSUCHT immer wieder zum Tanzen aufforderte.

Einsam, unbewohnt, nur ein Stückchen Land, viel kristallklares Wasser, Himmel, Wolken und wir mit unserer SEHNSUCHT. Ein Fleckchen unberührte Natur, daliegend in der Schönheit der Farben: weißer Strand, eine Gruppe von grünen Büschen, umrundet von hell bis dunkeltürkisem Wasser, das sich dort, wo es Riffe bedeckte, braun färbte und in der Ferne plötzlich tiefblau wurde. Und über all dem das himmelblaue Firmament mit seinen weißen Passatwolken, in denen sich manchmal die vielen Farben des Meeres spiegelten. Im Wasser tummelten sich unzählige Fische, schimmerten in allen Farbtönen und umtanzten die teils zierlichen, teils wuchtigen Korallenköpfe. Die Luft beherrschten die Vögel, massenhaft Vögel, wir zählten bis zu zehn verschiedene Arten auf einmal. Manche von ihnen bauten im Gras ihre Nester und brüteten die Eier aus. Die flauschigen, schwarz und weiß gefärbten Jungtiere saßen, als wir uns näherten, verlassen darin, über uns aufgeregt kreischend ein Elternpaar. Ein wunderbares

Naturschauspiel, das sich uns bot. Besitzergreifend streiften wir über die Insel, über „unsere" Insel. Die Einsamkeit übte eine Faszination auf uns aus. „*I am free!*", schrie Heino und lief mit erhobenen Händen durch den Sand.

Wir schlugen am Strand unser Lager auf, bauten den Kindern ein Zelt mit Beibootpaddeln und Sonnendach. Sie planschten im seichten Wasser, spielten im Sand und suchten nach Schätzen. Heino tauchte. Er war in seinem Element. Mit Taucheranzug und Harpune bewaffnet, ging er auf Fischjagd und sorgte für unser Abendessen. Meist waren es schmackhafte Fische, doch manchmal freute ich mich nicht über seinen Fang. So kam er einmal mit einer Muräne an Bord, die sich in seinen gespeerten Fisch verbissen hatte.

„Sie hat nicht mehr losgelassen, was sollte ich tun?" verteidigte sich Heino. Muränen konnte man wohl essen, aber wir hatten keine Ahnung wie man sie zubereiten sollte. So trockneten wir den geschnittenen Fisch und warfen ihn letztendlich weg. Dann kam er mit einem dick aufgeblasenen Kugelfisch als Beute an Bord. Den Kugelfisch verweigerte ich.

„Der ist doch giftig!"

„Nein, in Japan wird er gegessen, das soll sogar eine Delikatesse sein."

Wie ich später erfuhr, duften nur entsprechend ausgebildete Köche einen Kugelfisch zubereiten, weil ein Organ das tödliche Gift enthielt und dieses ohne Verletzung entfernt werden musste.

Wie ich später erfuhr – oft vermisste ich auf dieser Reise mein zwölfbändiges Lexikon, das mir so manche Antwort auf meine Fragen gegeben hätte. Wie gerne hätte ich Bestimmungsbücher gehabt, die vielen Arten von Fischen und Vögeln mit ihren Namen benannt. Doch bei unserer Abreise standen praktische Dinge im Vordergrund. Der ständige Zugriff zu Informationen ist in der Zivilisation eine Selbstverständlichkeit, in dieser Einsamkeit jedoch, ein nicht vorhandenes Gut.

Beim Abenteuer mit einem Barrakuda zog Heino den Kürzeren. Der Jäger wurde selbst zum Gejagten. Er speerte einen großen Barrakuda. Doch der war zu kräftig, riss die Leine ab und verschwand mitsamt dem Speer. Heino, der diesen Verlust nicht akzeptieren wollte, tauchte hinterher und fand sich plötzlich einem Schwarm von Barrakudas gegenüber, die ihn nicht freundlich gesinnt mit ihren großen Augen anglotzten, zum Angriff bereit. Da zog er es vor, das Weite zu suchen und rettete sich ins Dingi.

Dingi – der Verlust dieses unverzichtbaren Gefährtes wäre bald Realität geworden. Heino war mit Doris am Strand. Petra und ich auf der SEHNSUCHT. Das Dingi war nicht weit genug an Land gezogen und begann durch die sanften Wellen hin und herbewegt aufzuschwimmen. Der kräftige Passat trieb es nun herrenlos in Richtung des Schiffes. Ich sah es langsam an der Steuerbordseite vorbeischwimmen. Ich stieg ins Wasser und wollte es holen. Doch dieses Vorhaben wurde unmöglich, da eine starke Windböe das Boot erfasste und seine Geschwindigkeit steigerte. Noch dazu bekam ich die Panik, weil Petra aus dem Salon geklettert war und sich gefährlich über die Reling beugte, um ihrer Mutter nachzusehen. Ich stand vor der Entscheidung: Dingi oder Baby. Ich schrie in Richtung Strand, wo Heino und Doris fröhlich spielten. Doch der Wind verschluckte meine Worte und ich schluckte Wasser. So kehrte ich um, kletterte wieder an Bord und schrie und gestikulierte aus Leibeskräften vom Bug aus. Endlich reagierte Heino. Als er sah, dass das Dingi schon weit achteraus davontrieb, schwamm er rasch zum Schiff. Ich hatte den Motor bereits gestartet. Wir ließen die Ankerleine einfach fallen und mit Vollgas rasten wir dem Dingi nach. Einmal saßen wir kurz auf, rumpelten über eine seichte Stelle, doch wir erwischten letztendlich unser rotes Schlauchboot. Wieder zurück am Ankerplatz fanden wir am Strand eine verzweifelte, laut heulende Doris vor. Es musste ein Schock für sie gewesen sein, zuzusehen, wie das Schiff und die Eltern plötzlich verschwanden und sie mutterseelenallein auf der einsamen Insel zurückblieb. Fazit dieses Schreckens waren wieder einmal leere Batterien, da wir vergaßen, die Zündung und somit das Toplicht abzuschalten.

Trotzdem, wir genossen die Zeit auf unserer einsamen Insel. Als eines Tages ein Fischerboot in der Nähe ankerte meinte Doris ganz empört: „Was machen die auf unserer Insel?"

Doris war friedlich, der Schulbetrieb bekam wieder Regelmäßigkeit. Besonders freute sie sich auf den Turnunterricht, der vom Vater geleitet wurde. Am Strand gab es Leichtathletik. Zehn-Meter-, 100-Meter-Läufe mit Stoppuhr, Weitsprung, Hochsprung, Kugelstoßen mit Steinen. Sie erzielte gute Leistungen und die Begeisterung steigerte sie täglich.

Die meiste Zeit lagen wir im weichen Sand und baumelten mit der Seele.

„So stelle ich mir das Leben vor", schwärmte Heino. Ich wurde von seiner Faszination angesteckt, solange er bei mir war, fühlte ich mich sicher und wohl. Sobald er aber in seiner Unterwasserwelt, die mir verborgen blieb, verschwand, stieg in mir eine gewisse Unruhe und Unsicherheit auf. Ich wurde mir dieser Einsamkeit in meiner Hilflosigkeit bewusst. Erschreckend war für mich die Tatsache, schutzlos dieser rauen Natur, Wind und Wellen ausgeliefert zu sein. Mir, der ich immer so selbstbewusst meiner Umwelt gegenüber stand, mit dem Wissen, selbst meinen „Mann" stellen zu können, mit mir und meinen Kindern auch allein zurechtzukommen, wenn die Umstände es erfordern sollten. Aber hier in der Rohheit und Wildheit der Natur wurden meinen körperlichen Fähigkeiten klare Grenzen gesetzt und die geistigen dadurch blockiert. Meine Schwäche als Frau war mir deutlich bewusst. „Was ist wenn,...? Ich könnte nicht einmal den schweren Anker hochziehen..." Solche Gedanken schwirrten mir durch den Kopf und ich schaute ängstlich über die Wasseroberfläche, wenn Heinos Tauchgänge zu lange dauerten. Und die unterschwellige Angst vor dem noch Kommenden wie der Pazifiküberfahrt nahm langsam aber sicher von mir Besitz und ich sehnte mich in diesen Momenten nach Hause. Und das in dieser herrlich schönen Naturlandschaft, es war absurd. Heinos Ängste wiederum drückten sich in anderer Form aus. „Werden wir genügend Geld haben? Wird das Schiff den Beanspruchungen standhalten?" *„Hoffentlich kann ich oder können wir diese Angstgefühle bald überwinden, denn sie zerstören das Schöne, das wir erleben. Wir müssen eben alles so akzeptieren wie es ist, ohne wenn und aber",* lese ich in meinem Tagebuch. Unsere Gefühle fielen von einem Extrem in das andere.

Los Aves Barlovento war nur 29 Meilen von uns entfernt und es sollte an Schönheit mit Los Roques mithalten. Das war der Grund für unsere Weiterfahrt. Der starke Passatwind mit seinen hohen Wellen trieb uns schnell voran. An der Schleppangel zappelte es. Erfreut holte Heino sie ein. Doch es war dann doch nicht so einfach. Der große Fisch wehrte sich und der Kapitän hatte seine liebe Not, ihn an Bord zu hieven. Vorsichtig, ganz vorsichtig, damit er sich nicht losreißt. Durch dieses Manöver waren wir unvorsichtig und unsere treue, jedoch blinde RESI steuerte auf Los Aves zu. Erst als unsere SEHNSUCHT wie ein wildgewordenes Pferd um sich warf, merkten wir, dass wir schon ganz nahe am Riffgürtel waren. Die ohnedies hohen Passatwellen schoben sich durch das nahe Land enorm zusammen, wurden steil und brachen. Wir starteten den Motor, wechselten den Kurs, und mit Halbwind, voller Motorleistung und quer zu den Wellen hatten wir Mühe, aus dem Sog des Wassers hin zu den Riffen wieder freizukommen. Einige solcher Brecher stiegen ins Cockpit und spülten uns fast fort. Die Wellen hatten eine Riesenkraft und drückten das Schiff enorm zur Seite, das Rauschen der Brandung drang beängstigend an unser Ohr. Da bekamen wir eine reale Vorstellung von einer Strandung. Der schöne Fang war verloren, doch das kränkte jetzt niemanden, wir waren froh, heil in das ruhige Innere der Inselgruppe zu segeln und warfen am erstbesten Platz neben vielen anderen Yachten unseren Anker.

Die Insel Isla Sur bestand nur aus Mangrovenwäldern mit hohen Bäumen, in denen viele, viele Vögel hausten. Bis zu 80 verschiedene Arten, sollte es hier geben. Wir beobachteten fasziniert die Nester mit den Jungtieren, die von den Eltern gefüttert wurden und ihre ersten, tollpatschigen Flugversuche machten. Mit dem Dingi ruderten wir am Rande der Wälder entlang.

Viele Vögel ließen sich ganz aus der Nähe beobachten und fotografieren. Sie betrachteten uns nicht als Eindringlinge, kaum welche flogen davon. Es war toll. Doch einen Nachteil hatte der Ankerplatz. Es schwellte und man konnte nicht an Land. Das war für die Kinder unakzeptabel. So machten wir uns auf die Suche nach einem anderen Ankerplatz und steuerten die westlichste Insel dieser Gruppe, die riffgespickte Isla Oeste an. Mit der sogenannten „eyeball-navigation" fuhren wir zwischen Korallenköpfen hindurch und fanden ein Fleckchen Sand für unseren Anker. Hier lag man, eingeschlossen von Riffen und einigen kleinen Inselchen einigermaßen ruhig und wir waren wieder alleine. Nur einheimische Fischer kamen kurz zu Besuch und fragten ganz erstaunt, wie wir hier mit dem großen Boot hereingekommen seien:

„Überall nur Roques, Roques, Roques", meinten sie mit einer ausladenden Gestik unterstrichen. Sie boten uns eine Languste an, ein Riesenvieh, von den Fühlerspitzen bis zur Schwanzflosse bestimmt einen Meter lang. Da wir keine Bolivars mehr besaßen, boten wir zum Tausch eine Flasche Rum an. Unser Gegenwert kam uns gering vor, doch die Fischer bedankten sich überschwänglich. Wir dachten wohl daran, wie hoch der Kilopreis Languste in Europa war. Doch die Fischer waren glücklich und wir auch. So, nun hatten wir das Monster an Bord, das in keinen Kochtopf passte und noch dazu noch lebte. Ich überließ Heino die Zubereitung und sorgte nur für frisches Weißbrot und pikanter Sauce.

„Esche, esche!", rief Petra, am Saloontisch wartend, mit der Gabel in der Hand. Bald wurde geschmatzt und geschlemmt und Panzer und Fühler des Tieres stilgerecht mit der rostigen Rohrzange geöffnet. Es war ein feudales Abendessen, das jedem Gourmetrestaurant Konkurrenz machen konnte, in einer Kulisse, die nicht so schnell Gleiches fand.

In diesen Gewässern entdeckten wir auch viele Conch-Schnecken. Da gab es aber große Meinungsverschiedenheiten an Bord. Ich interessierte mich für das wunderschöne Gehäuse, Heino für das essbare Innere. Doch wir beherrschten die Technik der Fischer nicht, die einfach ein Loch an einer bestimmten Stelle der Schale hineinschlugen und den Muskel der Schnecke durchtrennten, um dann problemlos das Fleisch herauszuziehen. So gingen die Gehäuse immer zu Bruch. Nachdem Heino ein ganz seltenes Exemplar, mit außergewöhnlicher weißer Farbe gefunden hatte, bestand ich darauf, die Schale zu behalten. Eine Zeitlang kämpfte er mit dem Vieh, bis er die Geduld verlor und die Schale zerschlug. Das habe ich ihm bis heute nicht verziehen. Außerdem schmeckte das Conch-Fleisch nur dann gut, wenn es gut geklopft einen Tag in Zitronensaft eingelegt wurde und frische Zitronen waren nach langen Seetagen eine Rarität und an Bord der SEHNSUCHT nicht vorhanden.

„Petra brav!" Klein Petzi setzte sich freiwillig auf den Topf und machte hinein.

„Schau Heino, wie brav dein Töchterchen war. Und sie ist erst ein Jahr und neun Monate alt", lobte ich und hielt ihm den vollen Topf unter die Nase. „Kein Wunder, du hast sie ja oft genug dazu genötigt." Da hatte er Recht. Da ich keine Papierwindeln mehr bekam, organisierte ich in Venezuela einen schönen, roten Plastiktopf, der seitdem neben unserer Toilette stand. Zeigte Petra mit irgendeiner Mimik an, dass sie ihre Notdurft verrichten musste, drückte ich sie hartnäckig aufs Töpfchen. Das zeigte jetzt Erfolg, ich war stolz auf mein kleines Mädchen und lobte sie über alle Maße.

Bei hohem Sonnenstand schummelten wir uns aus den riffverseuchten Gewässern wieder heraus und steuerten die 12 Meilen entfernte zweite Inselgruppe von Los Aves, Los Aves Sotavento, an. Es gab wenig Wind und wenig Wellen.

„Mama, was ist das?" Doris zeigte aufs offene Meer, wo etwas Braunes, Ovales schwamm. Ich dachte zuerst an Müll, doch dieses Etwas bewegte sich aktiv in unsere Richtung.

„Eine Schildkröte, da schwimmt eine Meeresschildkröte!" Sie ließ sich nur kurz bewundern, dann verschwand sie in die Tiefe.

Auf der Hauptinsel, Isla Larga, waren wieder Mangroven und viel zu viel Schwell, so warfen wir nicht einmal den Anker sondern steuerten gleich die kleinen nordwestlichen Inseln an. Wir wählten Saki Saki, die Insel mit dem Leuchtturm. Ein kleines entzückendes Eiland, umrandet mit weißem Sand und umgeben von klarem Meer, das eine herrliche Unterwasserwelt beherbergte, geschützt von einem hufeisenförmigen Riff. Heino ging wieder auf Jagd. Er hatte sich, da sein bester und einziger Pfeil mit dem Schwarm Barrakudas verschwunden war, aus einer Gewindestange einen neuen Pfeil gefertigt. Doch der taugte nicht viel und er musste sich mit den langsamen, aber weniger guten Rifffischen begnügen und konnte die weit schnelleren und vorzüglicheren Raubfische vergessen. Der Misserfolg bei der Jagd und die Mahlzeiten mit Kartoffeln, Reis und Nudeln als Hauptgericht sowie Nudeln, Reis und Kartoffeln als Beilage, schlug sich nicht gerade positiv auf seinen Gemütszustand. Dann brach noch ein Fenster vom Salon, die Wasserpumpe vom Motor streikte, ein Beschlag beim Großbaum ging kaputt und beim Dingi platzte eine Naht. Doris bekam wieder ihre „Nein-ich-will-nicht-Phase", in welcher alles nach ihrem Kopf gehen musste und sie uns sogar vorsagte, was wir zu sagen hätten. Petra, das Echo ihrer Schwester, quälte mit Hyperaktivität. Und dann war noch dazu das Wetter nicht schön, bewölkt und kühl, eine Seltenheit in dieser Jahreszeit.

Das war wieder typisch für unsere ganze Reise: Von himmelhochjauchzend in Los Roques bis zu Tode betrübt in Los Aves, beides Gebiete, an Schön-

heit gleich und doch fielen wir von einem Extrem in das andere. So schrieb Heino, der unter dem intensiven, nicht entrinnbaren Familienleben litt, in einem Brief: *„Wir stecken allesamt in einer seelischen Krise, die kleinen Schicksalsschläge wollen zur Zeit nicht abreißen."* In meinem Tagebuch lese ich:
Es ist ein Übel wenn:

> *man ein Boot hat, an dem immer etwas zu reparieren ist,*
> *man ständig zu wenig Geld zur Verfügung hat,*
> *man ein Schulkind unterrichten muss,*
> *man ein Baby sicher an Bord verstauen soll.*

Treffen aber alle Übel zusammen, dann ist man einem Nervenzusammenbruch nicht mehr fern.

Bonaire lockte. Nach drei Wochen Einsamkeit sehnten wir uns nach etwas Zivilisation. Es war ein schöner Segeltag mit gemäßigtem Wind und ebensolchen Wellen und wir brauchten acht Stunden für die 47 Seemeilen. Bonaire ist im Norden hügelig und im Süden ganz flach, knapp über dem Meeresspiegel, sodass wir das Land fast übersahen und ganz nahe an die Küste kamen. Die Zollformalitäten waren streng. Ein Beamter stieg an Bord, er war aber sehr nett und begnügte sich damit, überall hineinzuschauen und die Waffe mitzunehmen.

Bonaire gehörte wie Curacao und Aruba zu den Leewards Inseln, die unter holländischer Regierung standen. Die Bevölkerung war gemischt, schwarz, weiß und braun und man sprach größtenteils spanisch oder ein Gemisch aus holländisch und spanisch.

„Oh a dutch baby!", rief eine amerikanische Touristin aus, als sie Petras blonden Lockenkopf erblickte, denn der Reiseführer versprach blonde holländische Kinder auf der Insel.

„We are from Austria", musste ich sie leider enttäuschen.

Bonaire, eine flache, trockene Insel mit vielen Kakteen, bot landschaftlich nicht viel. Die berühmten Flamingos bekamen wir wegen mangelnder Fortbewegungsmöglichkeit nicht zu sehen. Wir beschränkten uns auf die Hauptstadt Kralendijk. Auf der Bank benötigen wir fast einen ganzen Tag, bis wir Bargeld erhielten. Dann warfen wir uns in das Stadtgetümmel. Bonaire bot alles, was das Herz begehrte, doch zu doppelten europäischen Preisen.

„Schau, der schöne Badeanzug!", seufzte ich.

„Hm, neue Flossen und eine Taucherbrille wären ein Hit!"

„Jöh, schau Mama, das schöne rote Kleid mit den Rüschen!"

Meine Badeanzüge waren bereits verschlissen, Heinos Taucherbrille undicht, die Flossen geklebt, Doris Kleider hatten Flecken. Aber, bei einem Monatsbudget von damals fünftausend Schilling war Außerordentliches nicht inbegriffen. Restaurants gestrichen. Etwas niedergeschlagen kamen wir zurück an Bord. Sollte der Wunsch zu konsumieren so groß sein? Es sagte sich so leicht: „Wozu brauche ich das?" Und doch war es so schwer, an den verlockenden Schaufenstern vorbei zu gehen.

„Konsumdenken: Man kann über die primitiven Konsumenten lächeln, wenn man entweder auf einer einsamen Insel lebt, oder wenn man genügend Geld hat", lese ich in meinem Tagebuch. Jedes Ding hat eben seinen Preis. Jung sein und Geld haben, ist eben zu viel verlangt.

Doch die Kinder wurden entschädigt. Wir entdeckten einen wunderschönen Spielplatz. Für Petra eine Premiere, doch sie war sofort begeistert und kletterte alleine den drei Meter hohen Turm hinauf und rutschte herunter. Doris trieb es zu bunt. Sie stürzte und schlug auf zwei Meter Höhe einen Salto, besser gesagt einen Kopfstand-Überschlag und landete zum Glück wieder geschickt auf der Rutsche. Die Kinder ignorierten den Vorfall, ich brauchte lange, um mich von dem Schreck zu erholen.

Der Ankerplatz vor der Hauptstadt war schlecht. Tiefes, jedoch klares Wasser umgab uns und Schwell, den ganzen Tag nervenaufreibender Schwell.

„Klirr!" der Spiegel im Badezimmer fiel zu Boden. Bereits der zweite und keiner konnte etwas dafür, ein Tribut an die See.

„Ein kaputter Spiegel, das bedeutet doch sieben Jahre Pech", sinnierte ich.

„Eigentlich sind das jetzt vierzehn Jahre."

„Na hoffentlich hebt der eine den anderen auf."

Wir versuchten trotzdem Vorbereitungen für die Fahrt nach Panama zu treffen. Die Inseln Curacao und Aruba zu besuchen, verwarfen wir, nachdem wir Bonaire kennen gelernt hatten.

„Da ist es genauso teuer wie hier", sagte Walter von BIANCA, den wir wieder trafen. Und so investierten wir unser Geld in Lebensmitteln und ignorierten die anderen schönen Dinge.

Kapitel 25

San Blas und Cuna-Indianer –
Entdeckung einer unbekannten Welt

„Pfeifen wir drauf, der Schwell ist sowieso unerträglich, da können wir gleich draußen auf See sein", meinte der Kapitän. Seit Tagen warteten wir vergeblich auf weniger Wind. Wir kontaktierten das Zollbüro, holten unsere Schrotflinte wieder an Bord und liefen aus.

„Piraten lauern vor der Küste Kolumbiens." Diese Warnung hörten wir von vielen Seglern.

„Haltet euch von der Küste fern, sie überfallen mit Vorliebe Yachten." Heino war froh, die Waffe am Schiff zu haben und legte sie griffbereit in die Hundekoje.

Nachdem wir das Lee der Insel Bonaire verlassen hatten, ritten wir bereits auf den Wellen dahin. Drei bis vier Meter hohe Monster brausten aus Osten heran, erfassten die SEHNSUCHT und machten sie zu ihrem Spielball. Die übergekommenen Wellen füllten nicht nur das Cockpit, sondern liefen auch in den Salon. Eine Welle schlug sogar bis zu unserer Schlafstatt. Der Boden schwamm ständig, alles wurde nass, bald fehlte uns die Energie um Ordnung zu machen. Zum Glück hatte ich mir rechtzeitig meine Seekrankheitspflaster hinters Ohr geklebt und so hielt ich mich recht gut. Doch der Seegang ließ sich trotzdem nur liegend ertragen, jede Bewegung war irre anstrengend. Petra litt auf dieser Überfahrt am meisten. Sie schlief untertags kaum, konnte ihren Bewegungsdrang nicht ausleben, war raunzig und grantig und vor allem sehr aggressiv. Sie ließ ihren Zorn an mir aus, kratzte und biss, schlug und zwickte. Sie weigerte sich den Topf zu benutzen und machte ständig ins Bett.

Heino hatte alle Hände voll zu tun, um die SEHNSUCHT zu führen und auf Kurs zu halten. Und im Nacken saß die Angst vor Piraten, und so hielten wir rund um die Uhr Wache. Obwohl bei diesem hohen Seegang ein Überfall unvorstellbar war, suchten wir ständig den Horizont nach anderen Schiffen ab. Doch einen Vorteil hatte der starke Wind, wir kamen rasch gegen Westen - bis 100 Seemeilen vor Panama.

100 Meilen vor Panama. Ein starkes Gewitter mit schwarzen Wolken, baute sich vor uns auf. Der Wind kam plötzlich von vorne, wir hatten gerade noch genug Zeit, die Passatsegel zu bergen. Es war ein fantastisches Schauspiel. Der Sturm, der urplötzlich von vorne startete, glättete die riesigen Passatwellen, fegte das Wasser der hohen Wellen in einem Gischtregen waagrecht davon. Ein Kampf der Giganten, Gewittersturm gegen Passatwind und in der Mitte eine kleine Nussschale, unsere SEHNSUCHT.

Als das Schauspiel vorbei war, kamen Flaute und umlaufende Winde und der Himmel bewölkte sich. Das nun folgende Navigationschaos zerstörte die Moral unseres Kapitäns. Zwei Tage sahen wir keine Sonne und hatten somit keinen Standort, die letzte gemessene Standlinie stimmte mit der Kurslinie nicht überein. Vor uns tauchte allmählich die Skyline des Festlandes auf, ohne greifbare Anhaltspunkte. Wo waren wir? Das Meer wurde trüber. Treibgut, Algen und Seegras schwammen um die SEHNSUCHT. Meilenweit fuhren wir an einer Linie, bestehend aus abgestorbenen Pflanzen, entlang. Östlich davon hatte das Meer eine blaue Färbung, westlich davon eine grau-grünliche. Eine Grenze, die wir lange Zeit nicht zu überqueren wagten. Strömungen, deren Verlauf nicht einzuschätzen war, erfassten uns. Verzweiflung breitete sich an Bord aus. Nach einer schlaflosen, durchwachten Nacht eröffnete ich Heino: „Ich fahre nicht über den Pazifik." Wortlos nahm er es zur Kenntnis.

Wir waren ratlos, immer wieder blickten wir auf die Überseglerkarte und wussten nicht, wo wir waren. Es war ein hoffnungsloses Unterfangen, die Erhöhungen am nahen Festland mit den nicht eingezeichneten Bergen auf unserer Seekarte zu vergleichen. Die Bezeichnung *Discoloured water*, die auf unsere Umgebung zutraf, zog sich aber über hundert Meilen.

„Eigentlich müssten wir ja viele Frachtschiffe sehen, die in den Panamakanal einfahren", mutmaßten wir, doch es war nichts zu sehen. Wir waren mutterseelenallein.

Am Abend des 22. Mai tauchte eine palmenbestandene Insel auf. Waren das die San Blas Inseln? Wir steuerten auf das kleine Eiland zu. Die Sonne ging bereits unter, die respektvolle Brandung zeigte deutlich an, dass rund um die Insel Riffe waren. Heino stieg auf die erste Saling:

„Da ist eine Durchfahrt hinter die Insel!", rief er mir zu. Am Mast stehend deutete er mir am Ruder den Weg. Und so schwindelten wir uns zwischen den Brandungswellen einen Riffkanal hindurch, um in das Lee der Insel zu gelangen. Doch die Hoffnung auf einen ruhigen Ankerplatz wurde zerstört, die nur flache Bucht bot keinen Schutz vor dem Schwell und war riffgespickt. Wir brummten auch glatt auf und warfen, aus Ermangelung eines Sandgrundes, unseren Anker einfach auf die Korallenköpfe. Die SEHNSUCHT wurde kräftig durchgeschüttelt, aber wir machten keine Anstalten wieder wegzufahren, weil wir moralisch am Ende waren, es uns zu gefährlich erschien und wir fürchten, die schmale Einfahrt in der einbrechenden Dunkelheit nicht mehr zu finden.

Hundemüde betrachteten wir unsere Umgebung. Die kleine Insel, umrahmt von weißem Sand, war über und über mit im Wind sanft wiegenden Palmen bestückt. Die Abenddämmerung lag mit einem matten Glanz auf der Landschaft. Wir standen alle staunend da und waren überwältigt. Uns fehlten die

Worte, dieses uns unbekannte und nicht erwartete Land zu begreifen. Petra kletterte nach dem Ankermanöver an Bord. Sie blieb mit großen Augen und offenem Mund stehen und sagte nur aufgeregt: „Paaah, pahhh!" Das war die richtige Beschreibung unserer Empfindungen. Wir fühlten uns wie Entdecker einer neuen Welt. Doch nach der ersten Euphorie wurde uns etwas mulmig. Dunkle Gestalten, die zwischen den Palmen herumstrichen, wurden sichtbar, zeigten sich jedoch nicht am Strand. Flammen loderten plötzlich zwischen den Palmen auf. Stimmen in einer uns unbekannten Sprache drangen zum Schiff. Es wurde allmählich ganz finster. Kein elektrisches Licht, kein Zeichen einer Zivilisation zeigte sich. Rund um die SEHNSUCHT schwirrten geisterhafte Leuchtquallen und bildeten bizarre Formen. Hinter dem Heck rauschte die Brandung. Wir waren gefangen, fühlten uns plötzlich wie in einer Mausefalle. Wer waren die Gestalten auf der Insel? Piraten, die uns überfallen wollten? Oder Kannibalen, die schon das Feuer für den Kochtopf schürten? Unsere übermüdete Phantasie ging mit uns durch. Wie mochten sich die alten Seefahrer und Entdecker nach einem solchen Landfall gefühlt haben? Vermutlich genauso wie wir jetzt. Die Gänsehaut lief uns über den Rücken, während wir immer wieder ängstlich zum Land blickten. Wir wagten kaum zu schlafen, es war eine unruhige Nacht, ständig lauschten wir nach fremden und feindlichen Geräuschen.

Endlich stieg die Sonne über den Horizont, erhellte und erwärmte unsere Gemüter. Und wir lebten noch. Die dunklen Gestalten der Nacht nahmen menschliche Formen an. Die Einwohner dieser Insel ruderten mit ihren Einbäumen auf uns zu. Es waren Indianer, klein von Wuchs, dunkelhäutig, mit derben Gesichtszügen, aber freundlich lächelnd. Unsere Angst schwand. Wir verstanden ihre Sprache nicht, doch nach der erstaunten Mimik konnten wir die Fragen deuten: „Was macht denn eine Yacht hier, mitten am Riff?" Wir versuchten es mit ein paar Brocken Spanisch. Die Insel, wo wir gestrandet waren hieß Isla Ronda, oder so ähnlich.

„Wo liegt Colon?" fragte ich. Erstaunte Blicke der Männer. Einer deutete nach Westen.

„Wie viele Meilen noch?" Lächeln, Blicke wechseln, Kopfschütteln.

„Dos dias!" war die exakte Antwort. Zwei Tage.

Also zwei Tage von Colon, der Einfahrt des Panamakanals, unserem eigentlich angesteuerten Ziel, entfernt. Zwei Tage mit dem Kanu oder zwei Tage mit einer Yacht? Wir wussten es nicht, wir wussten nur, dass wir nach Westen mussten und dass wir uns enorm vernavigiert hatten.

Wir verließen den Ankerplatz und fuhren die Küste entlang. Kleine Inseln und viele Riffe spickten das Meer. Wir waren in dem Gebiet gelandet, wo auf unserer großmaßstäblichen Seekarte nur hellblaues Wasser mit vielen, kleinen Punkten zu sehen war. Die Strömung hatte uns, wie wir später eruierten, zuerst nach Norden und dann weit nach Süden in Richtung Kolumbien versetzt.

„Heino, schau eine Yacht!" Am Horizont leuchteten deutlich die weißen Segel eines Bootes auf.

„Vielleicht wissen die, wo sie sind." Wir schöpften Hoffnung und versuchten sie über Funk zu erreichen. Doch ihnen erging es nicht besser und sie wollten von uns die genaue Position wissen. Sie besaßen aber ein besseres Funkgerät und wurden von einem unsichtbaren Schiff, das vor Anker im Hollandese Cays lag, geleitet. So packten wir die Gelegenheit beim Schopf und segelten hinterher. Sie waren aber wesentlich schneller als wir und unsere Bitte bei der Riffeinfahrt zu warten, wurde überhört. Die Sicht war schon schlecht, das Wasser trüb, aber der Wunsch nach einem ruhigen Ankerplatz und einer ungestörten Nacht war größer als unsere Vorsicht. Heino stieg wieder auf die erste Saling, ich saß am Ruder und er rief mir Anweisungen zu. So schafften wir mit Bauchweh die Durchfahrt. Eigentlich war es ganz einfach, wenn man wusste, wie und wo. Vier Yachten lagen in der ruhigen Bucht des Hollandese Cays, einem Ankerplatz komplett umrundet von Inseln und Riffen. Herrlich ruhiges Wasser und Sandgrund empfingen uns. Wir warfen den Anker und konnten endlich schlafen, ruhig schlafen.

San Blas Inseln - wir waren in ein uns unbekanntes Gefilde vorgedrungen, hatten weder Karten noch Informationsmaterial von diesem Gebiet, ungeplant entdeckten wir Neuland.

Die Inselgruppe, bestehend aus 365 Inseln, liegt im Karibischen Meer, in Sichtweite der panamesischen Küste. Nur wenige der Inseln sind bewohnt, aber wenn, dann sehr dicht. Sie sind fest im Besitz der Cuna Indianer, einem autonomen Volk, das ihre Unabhängigkeit von Panama nach einer Rebellion im Jahre 1925 erhielt. Und so bildeten sie einen kleinen eigenständigen Staat im Staat. Sie lebten hier urtümlich, ohne jegliche Zivilisation, zahlten keine Steuern und hatten ihre eigene Sprache, eigene Gesetze und Gerichtsbarkeit. Sie lebten von den Früchten der Inseln und lieferten Kokosnüsse an Kolumbien. Der Fischfang, mit Netzen und Leinen von ihren kleinen Kanus aus war ebenfalls eine wichtige Einnahmequelle ebenso die Molas, kleine Kunstwerke aus Stoff, in vielen Lagen übereinander von zarten Fingern der Indianerfrauen mit Tausenden von feinen Stichen zusammengenäht. Sie zeigten farbenprächtige Motive aus der Indianer-Mythologie, hauptsächlich Blumen und Vögel. Sie waren ein stolzes Volk, sonderten sich zwar nicht ab, waren aber sehr bedacht, ihr Territorium zu bewahren.

Auf dem Hollandese Cays, gab es nur eine bewohnte Insel, auf der drei Familien lebten. Am Abend kam ein Kanu zum Schiff und eine Frau bot eine Schüssel voll Früchte an, um sie gegen Öl zu tauschen. Tauschhandel mit Yachten war ein Beitrag dazu, ihren Bedarf an Grundnahrungsmitteln zu decken. Nicht ganz gerne kramte ich aus der Packkiste eine Flasche Öl hervor, erinnerte ich mich doch daran, wie mühevoll wir den Proviant in Venezuela an Bord geschleppt hatten. Die Freude an frischen Nahrungsmitteln wurde durch den Gedanken getrübt, dass spätestens morgen Abend bei diesem tropischen Klima ein Teil davon wieder verdorben war.

Mr. Robinson, der Häuptling dieser Insel, kam mit seinem Kanu vorbei und lud uns ein. Wir ruderten an Land, wo wir ins Gästehaus geführt und dort von ihm empfangen wurden. Das Gästehaus war ein kleines Holzhaus mit zwei Sitzbänken, gedeckt mit Palmblättern.

Mr. Robinson sprach sehr gut Englisch und so erfuhren wir einiges von den Cuna Indianern. Stolz erzählte er uns von ihrer Unabhängigkeit, von ihren eigenen Ärzten und Lehrern. Ich zweifelte etwas an dieser totalen Unabhängigkeit, da sie doch das Trinkwasser vom Festland beziehen mussten sowie Schulen und Krankenhäuser von Panama für die Ausbildung ihrer Lehrer und Ärzte heranzogen. Doch Mr. Robinson und seine Familien schienen glücklich hier zu leben. Er war ein kluger Kopf, gut informiert und jederzeit bestrebt sich weiterzubilden. So machte ihm unser Heimatland Kopfzerbrechen.

„Wo liegt Österreich?", fragte er und war mit unserer Antwort: „In Mitteleuropa!", unzufrieden. Schließlich ging er und holte eine Landkarte. Als wir unser Land herzeigen wollten, staunten wir. „Großdeutsches Reich" stand quer über Mitteleuropa. Er hatte noch eine Karte aus der Zeit des 2. Weltkrieges. Doch dann erstaunte uns dieser kleine, drahtige Mann mit seinem Wissen:

„Kurt Waldheim, der ehemalige UN Generalsekretär ist der Präsident von Österreich:" Überrascht sahen wir ihn an und beschämt zugleich, da wir bis vor einigen Tagen noch nicht einmal von der Existenz der Cuna Indianer gewusst hatten.

Mr. Robinson hatte ein Gästebuch, das er stolz herzeigte und wo wir uns eintragen durften.

Dann verabschiedete er uns. Ich spähte neugierig zu seinem Haus, einem auf Stelzen gebauten Holzhaus, wo die übrigen Familienmitglieder, Frauen und Kinder waren. Die Frauen glichen ihre derben Gesichtszüge mit zarten Tätowierungen an Armen und Beinen, sowie mit hübschen Perlenketten und bunten Gewändern aus. Zu gerne hätte ich mich auf der Insel umgesehen und so fragte ich Mr. Robinson, ob sie auch Molas herstellten.

„Wollt ihr welche kaufen?", fragte er.

„Ja!", erwiderte ich, „Nein" antwortete Heino. Das besondere bei diesen Indianern ist, dass die Gesellschaft zwar ein Patriarchat ist, in der Familie jedoch das Matriarchat herrscht, so ignorierte Mr. Robinson Heinos Antwort und führte uns den Strand entlang zu einer ebenerdig gebauten Holzhütte, die ebenfalls mit Palmblättern gedeckt war. Eine junge Frau mit einigen kleinen Kindern kam heraus und zeigte uns ihre wunderschönen Molas. Ich war begeistert, wir mussten jedoch, als die Preise genannt wurden, ablehnen. Mr. Robinson ließ uns alleine. Leider konnten wir uns nicht verständigen, schüchtern stand die Frau herum, die Kinder hingen an ihr und schauten uns mit ihren großen Augen an. Auffallend war ein Bub, er hatte helle Haut, rötliches Haar, farblose Augen und sah ausgesprochen hässlich aus. Der helle Körper war über und über mit Mückenstichen bedeckt. Das war ein Fall von dem hier häufig auftretenden, erblich bedingten Albinismus und von ihnen stammten die Legenden der Indianer mit weißer Hautfarbe. Früher wurden diese Kinder angeblich nach der Geburt getötet. Ich fragte die junge Frau, ob sie Kleidung für ihr kleines Mädchen brauche, das sie genau wie ich Petra, am Arm hielt. Sie nickte nur. So ruderte ich später noch einmal an Land und brachte ein Kleidchen, aus dem Petra herausgewachsen war, als Geschenk. Im Stillen hoffte ich, eine nur klitzekleine Mola zu erhalten, doch ich war genauso erfreut, als am gleichen Abend die junge Frau zum Schiff gerudert kam, das kleine Indianermädchen am Schoss, mit Petras getupften Kleidchen an. Es sah gleichzeitig entzückend und befremdend aus. Sie brachte ein paar Avocados. Leider verweigerte meine Crew den ungewohnten Geschmack dieser Frucht.

Das waren die einzigen Begegnungen mit den Cuna-Indianern. Die meiste Zeit verbrachte Heino mit Tauchen und Jagen, was nicht ganz ungefährlich war, da es hier viele Haie gab.

„Erst vor kurzem hat ein Hai einem Einheimischen beim Tauchen den Arm abgebissen, als er mit gespeerten Fischen unterwegs war", erzählte man sich. Doch Heino kümmerte das wenig. Die Mädchen und ich verbrachten die Zeit am Strand auf der vor unserem Bug liegenden unbewohnten Insel. Sie teilten bereits meine Leidenschaft des Muschelsuchens. Auch Petra hob schon jedes Schneckengehäuse auf. Sie hatte Pech, eines davon war von einem frechen Einsiedlerkrebs bewohnt, der die Störung nicht duldete und unser Baby in den Finger zwickte. Aufgeregt und ganz rot vor Zorn im Gesicht lief sie zu mir:

„Mu-Muschel, pfickert, Fingi pfickert, da, da!", stotterte sie. „Dau mal, pfickert, RRRebs Fingi pfickert!" Erbost zeigte sie mir zwei rote Flecken auf den kleinen Händchen. Ab diesem Zeitpunkt hob sie die Gehäuse vorsichtig auf, kam ein Krebs zum Vorschein, wurde er mit dem Aufschrei „Fickerrebs!" weit weg geworfen. Der Name „Fickerkrebs" blieb in unserm Sprachgebrauch, was später zu manchem Irrtum Nichtwissender führte.

Drei Dinge trübten den Aufenthalt auf den San Blas Inseln: Zum einen das Wetter, die meiste Zeit war es trüb und es regnete häufig, dann waren es die

Unmengen von Moskitos, die vor allem Petra arg zusetzten. Eines Morgens zählte ich sechzehn Mückenstiche alleine in ihrem Gesicht. Zum dritten waren da unsere unendlichen, zermürbenden Diskussionen über die Zukunft unserer Reise. Südsee, ja oder nein. Die Aussicht, ein halbes Jahr bei diesem Wetter herum zu tümpeln, lockte nicht sehr. In dieser Situation lernten wir wieder nette Freunde kennen. Die Schwedenbrüder Oreon und Staphan sowie dessen Freundin Helen mit ihrem Schiff MARCO POLO. Die drei waren auf dem Weg zur Südsee. Begeisterung und Reisepläne dieser Crew steckten uns an und wir beschlossen, mit ihnen wenigstens nach Colon und durch den Panamakanal zu fahren, dann würden wir weitersehen. Gleichzeitig lichteten wir den Anker und segelten zum Limon Cays. MARCO POLO benutzte uns als *Deph-sounder,* da ihr Echolot ausgefallen war und die Wassertiefe dieses trüben Wassers schwer zu schätzen war. Der Limon Cays war nicht so schön und viel schmutziger als unser letzter Ankerplatz.

Heino ging mit den Männern der MARCO POLO zum Riff tauchen. Dort erfuhren die drei, dass die Haigeschichten doch Realität waren. Ein graubrauner Riese näherte sich ihnen.

„So schnell habe ich noch nie einen Menschen ins Dingi hüpfen sehen", erzählte Heino von Staphan, der es vorzog, die Flucht zu ergreifen.

Wir verließen den Limon Cays am nächsten Morgen und verabredeten uns auf einem Ankerplatz zirka zehn Meilen vor Colon, wo wir die Nacht verbringen wollten. Es herrschte Flaute und Gegenströmung. Das Getriebe ächzte und krachte und wir konnten nicht die ganze Zeit mit dem Motor fahren, obwohl uns MARCO POLO mit 30 Liter Diesel ausgeholfen hatte. Und so wurde es dunkel und wir erreichten den Ankerplatz nicht mehr. Mangels genauer Seekarten waren wir auf Sichtnavigation angewiesen. Also wieder eine verhasste Nachtfahrt! Wir kreuzten von der Küste weg, waren jedoch mitten im Großschifffahrtsverkehr. Frachter, hell erleuchtet, fuhren von und zur Einfahrt des Panamakanals, das bedeutete durchgehende Nachtwachen. Ich war natürlich wieder fürchterlich seekrank und kotzte. Bei Tagesanbruch steuerten wir Colon an und brauchten noch bis zum frühen Nachmittag bis wir ankamen. Flaute und Gegenströmung, das war eine nette Mischung. Den ganzen Vormittag beobachteten wir die Frachtschiffe, die, wie auf einer Autobahn die Strecke vom und zum Kanal befuhren.

Wir näherten uns der Einfahrt zum Tiefwasserhafen von Colon. Zwei riesengroße Wellenbrecher gaben die 700 Meter breite Einfahrt frei, gesäumt von hohen Leuchttürmen aus Stahl. Und gerade bei dieser Einfahrt geschah etwas Entscheidendes: Ich sah in Heinos Gesicht, in dem sich Faszination und tiefste Enttäuschung mischten. Dahinter, grau in grau, regenwolkenverhangen der Atlantik und vor dem Bug das Panorama des Isthmus von Panama, das Tor zum Pazifik, mit blauem Himmel und weißen Federwolken verziert.

„Das Schlimmste ist, dass ich hier wieder rausfahren muss!", sagte Heino deprimiert. Da wusste ich, das konnte ich ihm nicht antun, so kurz vor dem Pazifik das Handtuch zu werfen. Vermutlich würden mich ewige Vorwürfe plagen. Ich sah den blauen Himmel als gutes Omen und wollte die Weiterfahrt wagen. Als auf der Atlantikseite ein Wolkenbruch niederging und die Pazifikseite einen grandiosen Sonnenuntergang bot, fielen endgültig die Würfel:

„Wir segeln weiter - immer der untergehenden Sonne nach!"

Kapitel 26

Panamakanal – das Tor zum Pazifik

„Schaut, MARCO POLO ist schon da."
Obwohl später von den Limon Cays ausgelaufen, lag das Schiff bereits vor
Anker im Hafen von Colon, in der Stadt San Cristobal, der Einfahrt zum
Panamakanal auf der Atlantikseite. Eine graubraune, große Haifischflosse
begleitete uns beim Ankermanöver, kreiste um die Yachten und verschwand
wieder. Das Wasser war schmutzig-trüb. Lange saßen wir im Cockpit und
beobachteten begeistert die Frachter, die offensichtlich ohne anzuhalten in
die Schleusen fuhren. Am Abend hatten wir das Gefühl, von Diskotheken
umgeben zu sein. Überall blinkende grüne, rote und weiße Lichter, der
Hafen für die Großschifffahrt mit den zahlreichen Kränen, das Dock zur
Dieselübernahme, alles lag im hellen Flutlicht. Nach den stockfinsteren San
Blas Inseln, wo nur die Sterne leuchteten, ein neues, ungewöhnliches Gefühl.
Am nächsten Morgen sahen wir unserer weiteren Reise wieder gelassener
entgegen. Der Familienentschluss stand fest: „Wir gehen durch den Kanal."
Auf der Streife durch den gut ausgerüsteten Yachtclub entdeckte ich eine
Wäscherei mit Waschmaschine und Trockner. Was für ein Luxus! Die Stadt
Colon, die wir daraufhin erkundeten, versetzte uns eher in Depression. Sie
gliederte sich in zwei Hälften: Den einen Teil mit den ganzen Amtsgebäu-
den - hier wimmelte es nur so von bewaffneten Wächtern und Polizisten -
und den anderen, dem Wohnviertel. Bewohnt wurden die dreckigen, vom
Verfall bedrohten Häuser hauptsächlich von Schwarzen. Es waren richtige
Slums, die Menschen vegetierten auf der Straße. Erschreckend empfand ich
ihre Gesichtsausdrücke: Sie waren tot. Weder Hass noch andere Gefühlsre-
gungen erblickte man in ihren Gesichtern, nur emotionslose Hoffnungslos-
igkeit, ein Leben ohne Zukunft. In der Karibik begegneten wir oft Jugendlichen, die uns hasserfüllt betrachteten, die ihren Neid zum Ausdruck brachten: „Du hast Geld!" Hier sahen sie uns mit einem Blick an, der sagte: „Hast
du mehr als 50 Cent in der Tasche? Zahlt es sich aus, dir den Hals durch-
zuschneiden?" Die Angst war begründet, alle Yachties, die aufs Durch-
schleusen warteten, erzählten ihre Leidensgeschichten.
„In Colon herrscht das Recht des Stärkeren, demzufolge Mord und Tot-
schlag!" Jeder wurde irgendwann einmal überfallen, bestohlen oder man
hatte es wenigstens einmal versucht. Wir hatten Glück bei unserem unschul-
digen Trip durch die Stadt, wir wurden weder belästigt, noch überfallen.
Vielleicht verdankten wir es dem Umstand, mit Kind und Kegel und schon
ziemlich schlecht gekleidet unterwegs gewesen zu sein, oder war es unser

mangelndes Wissen über die Gefährlichkeit unseres Stadtbummels, sodass wir einfach angstfrei durch die Straßen schlenderten?

Dieser Umstand bewog uns zu der Entscheidung, dass unser Kapitän alleine oder zusammen mit anderen Yachtkollegen die Durchschleusformalitäten erledigen sollte.

„Am besten fahrt ihr mit dem Taxi", war der wohlgemeinte Rat. Das wussten natürlich auch die Taxifahrer und baten dementsprechend zur Kasse.

Das Martyrium dauerte drei Tage und bestand zuerst aus der Einklarierung im Yachtclub, dann kam die Vermessungsstelle im Kanalbüro an die Reihe, wo Heino einem Behördenhai in die Hände fiel, der versprach, alles für uns zu erledigen. Er versuchte es mit dem Typen, entließ ihn nach kurzer Zeit jedoch wieder. Nach dem Kanalbüro musste unser Kapitän zur Immigration in die Stadt zum Hauptimmigrationsbüro, wo er 30 US$ für die Visa ließ. Am *Konsulare navis* fehlte ein Formular, das man nur am *Atarki,* am Zoll, erhielt. Also zum Zoll. Dann wieder retour zum *Konsulare navis,* dort löhnte Heino 30 US$ für die Navigationserlaubnis. Der Lotse, der für die Kanalfahrt engagiert werden musste, kostete noch einmal 95 US-Dollar. Das Lotsenbüro war auch für die Vermessung zuständig. So kam es, dass der Vermesser früher bei uns an Bord war als Heino. Ich war verwirrt, da ich nicht wusste, was ich mit dem Typen anfangen sollte. Er öffnete seine Aktentasche, holte eine Menge Papiere hervor und stellte fürchterlich viele Fragen über technische Details, was bei unserer SEHNSUCHT Marke Eigenbau nicht einfach zu beantworten und oft nur zu schätzen war. Danach gab er mir etliche Formulare zum Unterschreiben.

„Ich bin nicht der Kapitän", warf ich ein.

„Für mich sind sie der Kapitän!", antwortete der Vermesser. Da er recht sympathisch und vertrauenserweckend aussah, unterschrieb ich, doch besonders die Blancoformulare mit einem mulmigen Gefühl.

Aber alles hatte seine Richtigkeit und der Schleusentermin wurde für den 13. Juni 1989 fixiert.

„Ist das eh nicht mein Geburtstag?", fragte Doris misstrauisch, die sich seit Tagen im Geburtstagsfieber befand. Wir beruhigten sie und organisierten dann eine richtige Geburtstags-Schiffparty für sie. Mangels gleichaltriger Kinder luden wir die Crew der MARCO POLO dazu ein. Die drei Erwachsenen nahmen rege an den Kinderspielen teil, so als wäre es für sie die normalste Sache der Welt. Im Gegenteil, sie brachten noch ihre eigenen Ideen ein, es wurde ein lustiges Fest. Doris war selig, war sie doch der Mittelpunkt des Tages. Die Party fand in englischer Sprache statt. Für gewonnene Spiele gab es einen kleinen Preis. Darunter befand sich auch ein herrlich saftiger Apfel. Seit ich ihn gekauft hatte, um einen US-Dollar das gute Stück, sog ich seinen Duft ein und widerstand dem Versuch, einfach hineinzubeißen. Ich schwebte in der Hoffnung, dass ich ihn gewinnen oder wenigstens einige Bissen davon abbekommen würde. Doch ich wurde enttäuscht. Oreon war der Sieger und er aß ihn zu meinem Entsetzen mit Butz und Stingel sofort auf. Diese kleine Geschichte zeigte mir wieder einmal, wie arm wir eigentlich waren und das Alltägliche nicht alltäglich für uns war.

Oft fragten wir uns, wie wohl diese noch junge Crew ihre Reise finanzierte, da sie offensichtlich etwas lockerer mit ihrem Budget umging und Ausflüge, wie Reiten oder Golfen unternahm. „Bankraub?", scherzte Heino. Vermutlich waren wir nur etwas neidisch, obwohl sie uns in ihrer netten, freundschaftlichen Art keinen Grund dazu gaben.

„Wohin fahren wir?", fragte Doris ihren Vater, der gerade den Anker hochzog.

„Zuerst zum Dieseltanken und dann an den Yachtclubsteg."

Das Manöver war gut besprochen, die Festmacherleinen lagen bereit. Im weiten Bogen fuhr die SEHNSUCHT schwungvoll an den Dieseljetty heran, um dann mit dem Retourgang abzubremsen. Der Schalthebel bewegte sich, aber keine Reaktion. Heino drückte den Hebel energisch nach hinten, der Motor heulte auf, doch wir reduzierten keine Geschwindigkeit, der Jetty verschwand achteraus. Nochmals das Ganze. Kurz angefahren – retour – nichts! Heino öffnete den Getriebedeckel um den Retourgang von Hand aus einzuschalten. Nichts! Das Getriebe ließ sich nicht schalten. Panik und Hektik verbreitete sich an Bord. Ohne Diesel zu tanken motorten wir dann langsam zum Yachtclub und verholten uns an den Steg.

„Nur noch zwei Tage bis zum Transit und wir haben keinen Retourgang!" Der Kapitän war verzweifelt. Die nächsten zwei Tage zeigte sich ein uns bald wohlvertrautes Bild: Heinos ölverschmierte Fußsohlen, da der Rest von ihm, ebenso ölverschmiert, kopfüber im Motorkasten steckte und immer nur kurzzeitig auftauchte, um ein nicht jugendfreies Vokabular abzulassen.

Die Kinder hielten sich am Steg und im Yachtclubgelände auf und spielten. Das Clubgelände war mit einem hohen Stacheldraht umgeben und mit bewaffneten Wächtern gesichert. Auch saßen immer einige Indianerfrauen in der Nähe, die ihre kunstvollen Molas zum Verkauf anboten, so wagte ich, die Kinder unbeaufsichtigt spielen zu lassen. Ich versuchte die Zeit dank Waschmaschine und Trockner zu nützen, um sämtlichen Wäschevorrat zu säubern und die SEHNSUCHT für den Kanaldurchgang auf Hochglanz zu bringen.

Wir waren drei Schiffe, die gemeinsam den Kanal passierten. Das Päckchen für den Transit, bestand außer der SEHNSUCHT aus der MARCO POLO sowie einem kleinen Boot, der PEN COAT mit den Franzosen Bernadette und Laurent an Bord. Sie waren sehr nett und sprachen gut englisch, Laurent hatte nur einen Fehler, er war vermutlich rauschgiftsüchtig. Zu unserer Freude befand sich am Steg auch noch die Yacht ERIKA, neben der wir bereits auf der Insel Margarita lagen. Isabell und der Künstler Pasquale Paradies sowie ihre zwei Hunde Roco und Pollo gingen erst einige Tage nach uns durch den Kanal. Pasquale wollte die Prozedur ohnedies kennen lernen und erklärte sich freudig bereit, mit uns als Leinenhalter zu fahren.

Die Formalitäten waren alle erledigt. Zehn Formulare lagen am Kartentisch bereit und die SEHNSUCHT war stolze Besitzerin einer *Ship Identification Number,* der Nummer 302261, die für alle folgenden Durchfahrten galt.

Doch die Vorschriften für den Transit waren streng. Außer dem Papierkram waren vier Leinen mit je 100 Fuß Länge Pflicht an Bord, sowie vier Leinenhalter. Da wir aber im Päckchen durchgeschleust werden sollten, brauchten wir vermutlich nur zwei Leinen sowie zwei Leinenhalter. Wir besaßen nur ein Schot dieser Länge und eines konnten wir uns von MARCO POLO ausborgen. War der Pilot, der uns zugeteilt wurde aber stur und berief sich auf die Vorschriften, so hieß das 300 US-Dollar Strafe. Für uns bedeutete dies: Ende der Reise. So entschlossen wir uns nach langem Hin und Her dann doch noch zwei Leinen für 70 US-Dollar zu kaufen und zwei Leinenhalter zu engagieren. Der Dollar rollte. Für die Verpflegung des Piloten und der Leinenhalter mussten wir ebenfalls aufkommen. Und so drehten wir jeden Dollar dreimal um und überlegten jede Ausgabe gründlich.

Heino reparierte verzweifelt, doch ohne Erfolg. Schließlich gab er es auf und wir beschlossen, das Risiko einzugehen und den Piloten über den technischen Mangel im Unklaren zu lassen. Die Yachtkollegen kannten unser Problem und erklärten sich bereit für uns gegebenenfalls zu bremsen.

„Jetzt gibt es kein Retour mehr, mit oder ohne Retour!", meinte Heino am Abend des 12. Juni.

13. und 14. Juni 1989 – Kanaldurchfahrt!

Allgemeine Nervosität am Yachtsteg. Jetzt würde es sich entscheiden, ob wir den Pazifik sehen oder ob wir auf unser Schiffchen *for sale* schreiben würden. Die Piloten ließen sich Zeit. Die Leinenhalter saßen seit dem frühen Morgen da. Das Kartoffelgulasch schmorte am Herd. Frisches Brot und eine Menge an Getränken waren gebunkert. Erst um halb Zehn erschienen drei Typen am Steg. Der eine, der mit seiner kurzen Hose und seinem grün weißen, ärmellosen T-Shirt aussah wie ein Fußballstar rief: „SEHNSUCHT!" und schwang sich sportlich über die Reling.

„Zu viele Leute für so ein kleines Boot", waren seine ersten Worte und deutete den zwei schwarzen Leinenhaltern, dass sie gehen sollten. Sie meuterten und so gab Heino ihnen je zehn Dollars für ihr Kommen. Murrend zogen sie ab. Die beiden anderen Schiffe mussten alle Leinenhalter mitnehmen. Offensichtlich hatten wir Glück mit unserem Piloten.

Der Motor sprang problemlos an, das war schon mal ein gutes Omen. Mit dem Anker zogen wir uns dann hinaus und so brauchten wir nur mehr den Vorwärtsgang einkuppeln. Die ersten vier Meilen vor der Gatun Schleuse brausten wir dahin. Dann kam der Befehl, die Boote zusammenzuhängen. MARCO POLO, das größte Schiff kam in die Mitte, PEN COAT an Backbord und wir an die Steuerbordseite.

„Ein Stück zurück", befahl der Pilot. Heino bewegte zwar den Schalthebel und Staphan, der Kapitän der MARCO POLO reagierte sofort und fuhr ein Stück vorwärts. Bravo! Das erste Täuschungsmanöver war geglückt. Langsam näherten wir uns der ersten Schleuse. Die Spannung stieg, je näher die steilen Betonwände herankamen. Vier Männer würden von der hohen Mauer Seile herabwerfen und Pasquales und meine Aufgabe war es, die Seile zu fangen und unsere langen Halteleinen daran zu binden. Der Pilot flüsterte mit Heino und blickte dabei immer zu mir nach achtern. Ganz diskret gab er die Anweisung, dass die achterliche Leine von der Besatzung der MARCO POLO bedient werden sollte. Offensichtlich hielt er mich für ungeeignet, wagte es aber nicht laut zu sagen. Doch ich war erleichtert, hatte mich doch die Angst begleitet, ich könnte versagen. Nun konnte ich das Geschehen besser beobachten und fotografieren. Die Männer an der Mauer riefen uns zu und schwangen wie ein Lasso ihre Wurfleinen. Es waren ganz dünne Seile an deren Ende ein kleiner Ball geknotet war. Sie warfen so perfekt, dass der Ball genau aufs Vorschiff fiel und obwohl ihn Pasquale auch nicht gefangen hatte, dort liegen blieb. Die Boote wurden in der Mitte der Schleuse straff belegt, dann schloss sich das Tor hinter uns. Damit gab es kein Zurück mehr. Wasser wurde eingepumpt und langsam stiegen wir 30 Fuß hoch. Die Leinen holten die Kanalarbeiter dicht.

„Das ist ja gar nicht so spannend", meinte Doris, der wir es nun erlaubten, an Deck zu kommen. Doris war tagelang vorher von uns präpariert worden, nur ja keinen Mucks von sich zu geben, zu folgen und auf die kleine Schwester aufzupassen. Sie hatte sich vorgestellt, dass das Wasser in der Schleuse Riesenwellen und Strudel verursachen würde und war offensichtlich enttäuscht.

Als wier komen get das Tor auf und hinter uns wieder zu und wier sind in einen krosen Beken. Es war nicht so schpanent, lautete ihr Aufsatz über die Kanaldurchfahrt.

In der Schleuse vor uns war ein riesiges Containerschiff, das sich am ersten Blick wie ein Hochhaus ausmachte. Die Containerschiffe oder sogenannten Panamaschiffe, sind so gebaut, dass sie genau in die 1.000 Fuß lange und 110 Fuß breite Schleusenöffnung hineinpassen, das entspricht einem Maß von ungefähr 330 zu 33 Metern. Die großen Schiffe dürfen nicht mit eigener Maschinenkraft fahren, sie werden von Lokomotiven auf Gleisanlagen rechts und links der Schleusen gezogen. Unsere Leinenhalter mussten die ganze Strecke über mitlaufen.

Das Schleusentor öffnete sich, wir fuhren nun in den zweiten Teil der dreiteiligen Gatun-Schleuse. Nach der erfolgreichen Erklimmung der ersten 30 Fuß, legte sich die nervöse Spannung. Von der MARCO POLO ertönte Discomusik. Lustiges Geplauder und Geplänkel auf den Schiffen und den Arbeitern am Dock begann.

„Ein Cola für die Männer", rief der Pilot. Heino warf einige Dosen hinüber. Die andern Schiffe folgten unserem Beispiel. Bier und Coladosen flogen durch die Gegend. Ein Hallo auf beiden Seiten. Die Stimmung bei den nächsten Schleusengängen war ausgelassen.

„Ich mag kein Cola ohne Eis", forderte unser Pilot. Wir hatten zwar den Kühlschrank aktiviert um kühle Getränke anbieten zu können, aber Eiswürfel gab es auf der SEHNSUCHT nicht. Ein kurzes Funkgespräch und am Anfang des Gatunsees erwartete uns ein kleines Motorboot und lieferte einen Kübel Eiswürfel.

„Ich mag auch kein Thunfisch-Sandwich, hoffentlich gibt es keinen!" So ein Knochen, er stellte eine Forderung nach der anderen. Aber wir mussten ihn schön bei Laune halten, schließlich war es von ihm abhängig, ob wir durchgeschleust wurden oder nicht. Amerikanische Schiffe servierten angeblich immer nur Thunfisch-Sandwich.

„Ein amerikanischer Kapitän meinte, wenn ich keinen Thunfisch mag, solle ich es sein lassen", erzählte er uns, „Daraufhin ließ ich mir ein Lunchpaket kommen. Kostet 80 US-Dollar!" so unterstrich er seine Drohung gegenüber dem Kapitän. Die weibliche Crew scheuchte er immer hin und her.

„Monika, one Coce please", und er setzte sein charmantestes Casanovalächeln auf und zwinkerte mit den Augen *„with ice, please!"* Und Monika sowie Doris, die voll Begeisterung mit den ihr seltenen Eiswürfeln hantierte, beeilten sich, ihn zu bedienen. Er flirtete ungeniert mit mir. Ich genoss es, denn mit seiner schwarzen Mähne und dem muskulösen, braunen Körper sah er nicht übel aus. Es tat mir gut, einmal aus meiner Mutterschlumpf-Rolle herauszuschlüpfen. Und Heino nahm es zähneknirschend zur Kenntnis und konnte nichts dagegen tun.

Ohne Kritik aß er dann jedoch unser Erdäpfelgulasch auf der Fahrt durch den Gatunsee. Ein künstlicher Stausee, gestützt durch den Gatun-Staudamm und gespeist vom Chagres River, bedeckt er eine Fläche von 163 Quadratmeilen. Den Damm konnten wir leider nicht sehen, aber mit seinen beiden Flügeln hatte er eine Länge von eineinhalb Meilen und war lange Zeit der größte Staudamm und Stausee der Welt. 23 Meilen waren von den Gatunschleusen bis zum Nordende des Gaillard -Cuts zurückzulegen.

„Wir fahren durch den verbotenen Banana-Kanal", ordnete unser Pilot an, „da sparen wir fünf Meilen und sind abseits der Großschifffahrt." Viele Inseln mit tropischer Vegetation begegneten uns auf dieser Fahrt. Das Fahrwasser war mit Bojen gekennzeichnet. Außerhalb davon gab es immer wieder abgestorbene Baumstümpfe von ehemaligen Urwaldriesen. Die Inseln waren dicht mit tropischer Vegetation bewachsen, oft erhaschten wir einen Blick zu verborgenen Wasserläufen zwischen den dichten Inseln, wo geheimnisvoll ein strohgedecktes Dach einer Hütte hervorlugte und man meinte, auf einem riesigen Süßwasserfluss mitten im Urwald zu sein.

„Es gibt Alligatoren im See", erzählte unser Pilot Doris. Daraufhin hielt sie angespannt Ausschau. Am Abend ankerten wir am Ende des Gatunsees. Der Pilot ließ sich abholen und ging von Bord. Heino war offensichtlich erleichtert und das Schlafproblem gelöst. Wir verbrachten einen gemütlichen Abend mit Pasquale, der es sich dann in unserer Hundkoje bequem machte.

Da wir zu Doris Enttäuschung noch immer keine Alligatoren gesichtet hatten, nahmen wir am nächsten Morgen ein Süßwasserbad. Ein Motorboot brauste heran, unser Pilot schwang sich an Bord und wir lichteten den Anker. Jetzt kamen wir in den eigentlichen Kanal, den handgegrabenen Teil durch den gebirgigen Isthmus. Achteinhalb Meilen meißelte man aus Felsen und Schiefer, erschwert durch verwüstende Erdrutsche und durch Malaria und Gelbfieber. Tausende Menschen ließen ihr Leben. Zuerst hieß dieser Teil des Kanals Culebra-Cut, wurde aber zu Ehren des technischen Leiters, Colonel David Gaillard in Gaillard-Cut umbenannt. Ursprünglich war der Kanal nur 300 Fuß breit und erhielt erst von 1957 bis 1971 die jetzige Breite von 500 Fuß. Wegen der drohenden Erdrutsche wurde zu dieser Zeit auch der Gold Hill um 20 Meter abgetragen, um ihn zu stabilisieren.

Interessant ist die Geschichte des Panamakanals: Bereits 1534 ordnete der Spanier Charles V. die Vermessung für einen eventuellen Kanalbau an. Doch dies war jenseits ihrer technischen Fähigkeiten und so pflasterten die Spanier Maultierpfade mit Kopfsteinpflaster, um die Tonnen von Gold von Peru nach Spanien über den Isthmus zu transportieren. Erst 1903 begannen die Amerikaner mit dem Bau, nachdem die Franzosen gescheitert waren. Der Franzose Ferdinand de Lesseps, der nach dem Triumph seines Suez-Kanal-Baus den Panamakanal plante, verkaufte Anleihen an Millionen von Franzosen, um damit das Werk zu finanzieren. Doch die französischen Bauleute kamen mit den geographischen Gegebenheiten und den Krankheiten nicht zurecht und Misswirtschaft brachte sie in den Ruin. Die Amerikaner schlossen dann mit den Panamesen einen Vertrag, in welchem sie sich verpflichteten, einen *Interoceanic ship canal* zu bauen und damit alle Rechte erwarben. Es dauerte 10 Jahre und kostete 400 Millionen Dollar sowie die Arbeitskraft von 75.000 Männern und Frauen, um den Bau zu beenden. Die Erbauer standen noch nie da gewesenen Problemen gegenüber, die sich nicht nur auf die Geologie und die Krankheiten beschränkte. Es bestand die Notwendigkeit, ein umfassendes Versorgungssystem aufzubauen. So kam es, dass es dem Teamwork zu verdanken war, dieses Vorhaben zu beenden und es somit viele Namen zum Gelingen des Baus zu nennen gäbe. Am 15. August 1914 öffneten sich die Schleusen für den öffentlichen Verkehr und seit dieser Zeit gab es mehr als 700.000 Transits.

Wir passierten eine kleine im Felsen eingelassene Gedenktafel, die an die Opfer und ihre Tragödien erinnerte. Große Schiffe kamen uns entgegen oder überholten uns. Die Matrosen, hoch über uns, winkten uns zu.

„Heute gibt es Thunfisch-Sandwich", neckte Heino unseren Piloten, „extra nur für Sie!"

Der Pilot kniff die Augen zusammen, schaltete sein Funkgerät ein und faselte etwas Unverständliches auf Spanisch. Als Heino das Wort *„Lunch"* hörte, rief er aufgeregt: „Nein, nein, das war nur Spaß!"

Der Pilot grinste, 1:0 für ihn. Doch das Geplänkel zwischen den beiden Männern, in welchem der Pilot sein Missfallen gegenüber Yachties preis- gab, ging die ganze Fahrt weiter, während er wieder ungeniert mit mir flir- tete und sich wie ein Pascha bedienen ließ.

PEN COAT konnte den anderen Schiffen nicht folgen und so nahmen wir sie in Schlepptau, damit alle drei Schiffe gleichzeitig bei der Pedro-Miguel- Schleuse waren. Wir gingen wieder aufs Päckchen und wurden in der Schleuse belegt. Die 30 Fuß hinunter ging es wesentlich schneller. Das Fieren der Leinen ging zu langsam, sie waren bedenklich gespannt. Dann fuhren wir noch einige hundert Meter über den Miraflores See bis zu den letzten beiden Miraflores Schleusen, wo sich die Prozedur wiederholte. Von weitem sahen wir schon die Riesenbrücke, die den Kanal von Balboa über- spannte. Wir sanken die 60 Fuß hinab. Das letzte Schleusentor war, bedingt durch den extremen Tidenhub des Pazifiks, das höchste des ganzen Kanals und lag eindrucksvoll vor uns. Dann der Moment: Das Tor öffnete sich – und wir sahen den Pazifik. Wir hatten es geschafft! Ein Hochgefühl über- kam uns. Wie ein Triumphbogen spannte sich die „Brücke von Amerika" vor unseren Augen über die Bucht und wie die Sieger einer Schlacht fuhren wir unter ihr durch.

Der Pilot wollte am Schwimmsteg des Balboa Yachtclubs aussteigen. Heino fuhr an den Steg heran ohne, mangels Retourgang, stehen zu bleiben.

„Kapitän, was machen Sie?", rief er.

„Ich kann nicht stoppen, mein Retourgang ist kaputt, Sie müssen springen." Heino grinste schadenfroh, der Punkt ging an ihn.

Kopfschüttelnd sprang er an Land, sein Missfallen gegenüber Yachten war durch uns bestimmt noch ein bisschen gestiegen. Ich stand am Heck und er flüsterte mir noch ein paar Worte zu bevor er verschwand.

„Hat der jetzt zu dir *see you later!* gesagt?" fragte Heino misstrauisch. Ich zuckte mit den Schultern und grinste. Das Spiel schien unentschieden ausgegangen zu sein.

Der Balboa Yachtclub bestand aus Bojen und durchreisende Yachten waren nur geduldet. Er war teuer, wir bezahlten zwei Nächte und, da sich niemand um uns kümmerte, blieben wir vier. Der Club hatte einen Dingitaxidienst, stationiert am einzigen Schwimmsteg, der ungefähr fünf Meter Tidenhub zu überwinden hatte. Wenn man an Land wollte, winkte, pfiff oder schrie man. Die besser ausgerüsteten Yachten funkten. Doch es war egal, was man tat. Hatte man Glück, wurde man sofort geholt, ansonsten erst nach zwanzig Minuten. Pasquale fuhr mit dem Expressbus noch am gleichen Abend zurück. Heino begleitete ihn, um für sein Schiff den Leinenhalter zu machen. Ich war mit den Kindern allein. MARCO POLO lud uns ein, mit ihnen eine Stadtrundfahrt zu machen. Balboa und Panama City. Hier war alles riesengroß und weitläufig, aber alles sauber und gepflegt, ein Unterschied zu Colon wie Tag und Nacht. Doch zu Fuß war man hoffnungslos verloren.

„Hubrrrauber, Mama, Hubrrrauber!" Klein Petzi klammerte sich ängstlich an meine Beine.
Es war ein unruhiger Ankerplatz. Petra machten die Hubschrauber nervös, die ständig über den Kanal patrouillierten und über Balboa ihre Schleifen zogen.
„Die Amerikaner verstärken ihre Militärpräsens", erfuhren wir, „sie haben Angst, dass Noriega an die Macht kommt." Als Stabschef übernahm Noriega diktatorische Vollmachten, ließ die Präsidentschaftswahlen annullieren, und ein gegen ihn gerichteter Putschversuch schlug fehl.
„Die Geräusche klingen wie Maschinengewehrfeuer", mutmaßten wir. Aber die amerikanischen Streitkräfte marschierten erst im Dezember dieses Jahres in Panama ein, nahmen Noriega fest und verurteilten ihn in Amerika wegen Drogenhandels und Geldwäsche zu lebenslanger Haft.
„Außerdem fürchtet Amerika, dass es Unruhen gibt, wenn Panama die Führung des Kanals übernimmt", erzählten unsere Segelfreunde, die besser mit Nachrichten versorgt waren als wir.
Der 1903 geschlossene Vertrag war von Panama 1977 angefochten und neu verhandelt worden. 1979 einigte man sich, dass der Kanal bis Ende 1989 unter amerikanischer Führung und danach unter panamesischer Führung

stehen würde, bis er letztendlich Ende dieses Jahrtausends an Panama fallen sollte. Dieser Führungswechsel stand unmittelbar bevor.

Heino kam mit der ERIKA zurück. Diesmal ohne Kapitänsverantwortung konnte er die Durchfahrt durch den Kanal genießen und alles noch einmal erleben.

Die schwierige Aufgabe des Verproviantierens für die Pazifiküberfahrt stand vor uns. Wir erfuhren, dass es eigene Taxidienste gab, die wussten, wo es Gas zu füllen gab, Kerosin zu kaufen, das frischeste Gemüse, die besten Eier, den billigsten Rum und Zigaretten. Wir erwischten einen tüchtigen Taxifahrer. Für sein Wissen und sein Auto kassierte er 40 US-Dollars. Es stimmte, mit seiner Hilfe schafften wir es, unseren Bedarf an Proviant und sonstigen Dingen an einem Tag zu decken. Er war aber fürchterlich hektisch, ließ mir keine Zeit zum Gustieren und trieb mich immer zur Eile an.

„Nicht mehr Gemüse?", fragte er skeptisch, als ich mich am Gemüsemarkt nur mit Kartoffeln, Zwiebeln und Knoblauch begnügte.

„Andere Yachten kaufen sooo viel Gemüse." Er machte eine ausladende Geste. Ich ließ mich nicht beeinflussen, denn meine Erfahrung hatte mich gelehrt, dass frisches Gemüse ohnehin nur maximal drei Tage bei diesen Temperaturen hielt und ich bei einer Überfahrt ohnedies nicht fähig war, großartig zu kochen. Heino aß nicht gerne Gemüse und war nicht bereit es zuzubereiten. Und außerdem: Gemüse muss geputzt, gewaschen und geschnitten werden. Wer das schon einmal bei hohem Seegang auf einem wackeligen Schiff gemacht hat, weiß wovon ich spreche. Da war es wieder, mein schlechtes Gewissen, ich würde meine Kinder nicht richtig ernähren. Stattdessen kauften wir Unmengen von Fruchtsäften mit künstlichen Vitaminen angereichert. Hier gab es herrliche Apfelsäfte und wer unsere Reise über den Pazifik verfolgen will, braucht nur nach den leeren Flaschen am Meeresgrund Ausschau zu halten.

Das Taxi lud unser Hab und Gut am Schwimmsteg ab. Da standen wir nun mit Gasflasche, Kisten und Schachteln. Das Dingitaxi schipperte alles zur SEHNSUCHT, wo wir das Cockpit damit füllten. Dann machten wir einen fatalen Fehler. Anstatt Stück für Stück auszupacken und nach Insekten zu untersuchen und wasserdicht zu verpacken, ließen wir viele Sachen im Karton und verstauten sie überstürzt in den Packkisten. Das war die Geburtsstunde unserer Kakerlakeninvasion.

Am Sonntag wollte die erste Yacht, PEN COAT, ihre große Fahrt über den Pazifik starten. So saßen alle spontan bei einem Abschiedsfest im Restaurant des Yachtclubs zusammen. Laurent, der einen Rauschgiftnachschub erhalten hatte, mit großen Augen, seine Frau Bernadette, ein Engländer, der auf Geldüberweisung wartete um durch den Kanal in den Atlantik zu kommen, die schwedische Crew der MARCO POLO, die Franzosen Isabelle und Pasquale und wir, eine österreichische Familie. Pasquale saß neben mir und philosophierte über die deutsche Sprache. Er studierte diese in Frankreich, konnte zwar Goethe zitieren, zog aber bei der normalen Unterhaltung Englisch vor.

„LEBEN und LIEBEN" meinte er, „das klingt so wunderschön. Viel schöner als *la vie* und *l'aimer*". Petra saß auf meinem Schoß und versuchte gerade die Eiswürfel aus dem Colaglas zu fischen.

„LEBEN und LIEBEN", meinte er theatralisch, „das ist dasselbe."

„Nein, das ist nicht dasselbe", antwortete ich, die literarische Bedeutung seiner Worte missverstehend und gerade dabei, das Colaglas vor dem Umschmeißen zu sichern.

„Oh diese Frauen!", rief er aus und fasste sich mit schmerzverzerrtem Gesicht ans Herz.

„Diese Frauen! Sie sind so realistisch!" Und dann erzählte er mir von seiner realistischen Freundin Isabelle, die ihre Hunde mehr liebte, als ihn.

Heino, mir gegenüber, plauderte und redete ohne Unterbrechung. Und das auf Englisch. Vermutlich fürchtete er, die nächsten 40 Tage mit keinem Fremden mehr kommunizieren zu können.

So ist das Leben, *that's life, c'est la vie*! Es trug die unterschiedlichsten Typen mit den verschiedensten Geschichten auf den außergewöhnlichsten Plätzen zusammen. Solche Stunden machten das Segler-Zigeunerleben lebenswert.

Kapitel 27

Schatzinsel Cocos – Geheimnis im Pazifik

„Monika, ich fürchte wir müssen die Insel Cocos aufgeben", meinte unser Kapitän betrübt, „Ich kann sie nicht finden."
Wir waren bereits neun Tage auf See, unsere Landbestimmungen entpuppten sich alle als Wolkenberge. Regen, schlechte Sicht, Nebel und wieder Regen machten eine korrekte Astronavigation unmöglich. Die legendäre Schatzinsel war auf der Überseglerkarte nur ein winziger Punkt, umgeben von einem schmalen, blauen Ring, beschriftet mit Isla de Coco. Ein kleines Eiland zu Costa Rica gehörend und schon auf der Seekarte nur am zweiten Blick auffindbar, erschien es mir doch mit 45 km² Fläche und 911 Metern Höhe als groß. Wir müssten es doch finden.
„Sind wir schon vorbei?", fragte ich verzweifelt.
Diese Überfahrt begann nicht gut. Zwar hatten wir für zirka ein halbes Jahr von einem Dreimonatsbudget Lebensmitteln an Bord, Seekarten fast bis Australien, genügend Wasser und auch ausreichend Diesel, doch die seelische Einstellung einer langen Überfahrt war noch nicht da. Wir lösten unsere Leine vom Yachtclub, um zur bloß 25 Seemeilen entfernten Insel Otoque zu segeln, wo wir uns mit ERIKA treffen wollten. In den Abendstunden warfen wir auch an der Nordostseite der Insel den Anker, doch der von Westen aufkommende Wind drehte nach Norden, was den Schwell unerträglich werden ließ. So holten wir nach dem Abendessen den Anker wieder ein. Da die ERIKA nicht anwesend war und auch kein Funkkontakt zustande kam, beschlossen wir, gleich Kurs auf die Insel Cocos zu nehmen.
„Der Wind ist sehr günstig", verteidigte der Skipper die Entscheidung. Es blieb auch so und unter Passatsegeln rauschte die SEHNSUCHT die ganze Nacht dahin. Doch morgens flaute der Wind ab, drehte nach Westen, um dann auf Süden zu schwenken und wieder nach Westen zu drehen. Also umlaufende Winde, mit denen wir Cabo Mala gegen Abend umrundeten. Dann kam Südwestwind und wir mussten Kreuzkurs Richtung Morro Puercos anlegen. Wir benötigten für die 60 Seemeilen fast zwei Tage. Nach dem dritten Tag auf See sahen wir immer noch Land. Am vierten Tag sichteten wir die Insel Jicarita. Flaute und Flaute gegenan und immer wieder Regen. Nur unter Mithilfe des Motors schafften wir ein Tagesetmale von 60 Seemeilen. Erst am siebenten Tag wehte achterlicher Wind, der uns 155 Meilen weitertrieb, um dann wieder zu drehen und uns voll mit drei bis sechs Beaufort auf die Nase zu blasen. Die Sicht war schlecht, Regen und wieder Regen und keine Standortbestimmung.

„Papa, da ist Wasser unter meinem Vorschiff", meldete Doris dem Kapitän. Ich schaute nach.

„Heino!" schrie ich, „Wasser, wir haben Wassereinbruch!"

Der Kapitän reagierte kühl: „Süß- oder Salzwasser?" Ich kostete. Noch einmal und noch einmal.

„Ich glaube es ist Süßwasser", gab ich Entwarnung. Der Wassertank im Vorschiff hatte ein Leck. Ich war erleichtert und die Tatsache, dass unser Süßwasservorrat erheblich schrumpfte, machte mir im Moment keine Sorgen, kamen doch zurzeit Kübel voll vom Himmel. Und auf der Insel Cocos sollte es jede Menge Quellen und Bäche geben. Hauptsache wir würden nicht sinken. Auch die Fenster waren undicht und es tropfte auf unser Bett, es gab keinen trockenen Platz mehr am Schiff und bald waren wir alle verschnupft.

„Es stinkt so nach Diesel", diagnostizierte der Kapitän. Er ging seiner Nase nach und öffnete den Motorkasten.

„Scheiße!", war sein Kommentar. Die Kraftstoffleitung war leck und die gesamten 60 Liter Diesel vom kleinen Tank schwammen in der Motorbilge.

„Das darf doch nicht sein, erst Wasserbruch, dann Diesel!"

Am neunten Tag glaubten wir die Insel Cocos nicht mehr zu finden und gaben den Plan auf. Meine Verzweiflung war groß. Ich saß während einer Regenpause im Cockpit und suchte verzweifelt den Horizont ab. Doch alles was ich sah, war unmittelbar neben der SEHNSUCHT ein langer silbriger Rücken, gefolgt von einer riesengroßen Flosse.

„Ein Wal!" Ich suchte und suchte die Wasseroberfläche ab, doch keine Wasserfontäne schoss empor. Vielleicht war es doch nur ein großer Fisch gewesen. Ich sah zum Himmel und da gab es etwas viel Erfreulicheres: Die Silhouette der Sonne war sichtbar.

„Heino die Sonne!" rief ich zum Kartentisch, wo der Kapitän über der Seekarte brütete. Der Sextant war griffbereit neben ihm und schon balancierte er an Deck und maß den Sonnenwinkel. Jetzt hatten wir wenigstens eine Standlinie. In Heinos Logbuch findet sich folgende Eintragung: *Da ich zwei Tage nur gekoppelt habe, sind auf dieser Standlinie zwei Punkte möglich, die aber mehr als 30 Seemeilen auseinander liegen und Cocos ist genau in der Mitte. Da die Sicht unter 10 Meilen liegt, probiere ich zunächst eine Möglichkeit.*

Doch die eine Möglichkeit schlug fehl. Wir gaben Cocos in Gedanken auf.

„Probieren wir noch Möglichkeit zwei", bettelte ich. Nach zirka 10 Meilen auf diesem Kurs glaubten wir Land zu sehen. Dieses vermeintliche Land löste sich jedoch als Regenwolke am Horizont auf. Die Stimmung an Bord fiel ins Bodenlose.

„Ich setze jetzt den Kurs auf die Galapagos ab", sagte Heino.

„Aber dort ist es viel zu teuer, da können wir nicht hin."

„Wir brauchen Süßwasser, das ist Grund genug Land anzulaufen." Mit diesen Worten stieg er ins Cockpit und stellte unsere RESI neu ein. Der Kurs wich nur 20° von unserem bisherigen ab. Nach einer Stunde stand Heino wieder draußen und beobachtete den Horizont.

„Ich glaube ich sehe Land!"

Das hatten wir jetzt schon so oft gedacht und immer wieder hatte sich die geheimnisvolle Insel in Regen aufgelöst. Der einzige Lichtblick waren die vielen Delphine, die immer wieder neugierig unseren Kurs kreuzten.

„Ihr wisst bestimmt, wo die Insel Cocos ist", sagte ich zu meinen Freunden, „warum verstehen wir eure Sprache nicht?"

„Da kreuzt ein Containerschiff unseren Kurs!", rief der Kapitän kurze Zeit später. Wir funkten unsere einzige Hoffnung an und erfragten die Position. Heino saß am Motorkasten, schon neun Tage nicht rasiert und gewaschen, noch pudelnass von der letzten Regenböe und aus dem Funkgerät tönte eine angenehme Stimme:

„Here is your position, Sir!" Dieses „Sir" klang wie ein Hohn, erinnerte unser Kapitän eher an einen französischen Clochard, als an einen englischen Gentleman.

„87° 55' W und 4° 33' N."

Also zirka 30 Meilen genau vor uns auf Kurslinie lag Cocos. Überschwänglich bedankten wir uns. Jubel an Bord. Das könnte bedeuten, dass wir bereits am nächsten Tag vor Anker liegen!

Wir erinnerten uns an eine Seglergeschichte, die am letzten Abend vor unserer Abfahrt erzählt wurde: Ein Einhandsegler hatte infolge fehlender Astronavigation die Insel Cocos nicht gefunden. Er gab die Suche auf, steckte den Kurs zu den Marquesas ab und legte sich schlafen. Als er aufwachte und ins Cockpit stieg, segelte er geradewegs in die Chatham Bay hinein. Es blieb ihm gerade noch so viel Zeit, die Segel loszuwerfen und den Anker zu schmeißen.

„Seglerlatein!", so kommentierten wir die Geschichte, die für uns beinahe Wahrheit geworden wäre.

Es wurde bald dunkel und so verkleinerte Heino die Segelfläche, um erst bei Tageslicht anzukommen und öffnete zur Feier des Tages eine Dose mit deutschem Linseneintopf, verfeinert mit Geselchtem, noch aus dem Bestand unserer Karibikwohltäter. Wir waren mit der Welt wieder zufrieden. In der Nacht kamen wir der Insel Cocos so nahe, dass wir beidrehen mussten. Ich übernahm die Nachtwache und Heino legte sich in die Koje. Als der Tag graute, nahm ich Kurs Richtung Chatham Bay auf. Nebelschwaden zogen an den üppig grünen Berghängen hinauf, wie ein Schleier lüftete die zauberhafte Insel ihr Geheimnis. Als wir näher kamen, erkannten wir unzählige kleine Bäche, deren klares Wasser über die Felsen ins Meer stürzte, wobei sich überall glitzernde Wasserfälle bildeten. Eine senkrecht abfallende Klippenküste umgab die Insel, nur an der Nordseite von zwei ständigen Wasserläufen unterbrochen. Ihre Mündungstrichter bildeten die Wafer Bay und die Chatham Bay. Der Anker fiel nach zehn Tagen auf See in der Chatham Bay, wo noch drei weitere Boote lagen. Die Bucht zierte ein riesiger Sandstrand, der aber bald vor unseren Augen verschwand. Die Flut, es gab hier einen Tidenhub von drei Metern, hatte ihn überspült und machte an diesem Tag einen Landgang unmöglich.

Eine ruhige Nacht lag vor uns. Heino war gerade fünf Minuten eingeschlafen, da sprang er hoch, stürmte ins Cockpit und rief mit aufgeregter Stimme: „Land! Land!"

Seine gesamte Muskulatur war gespannt, seine Arme in Abwehrstellung, so als wollte er gegen einen unsichtbaren Gegner kämpfen. Ich eilte ihm nach, weil ich um seinen Verstand bangte und sagte:

„Reg dich nicht auf, da ist nichts, der Anker hält, wir sind nicht gedriftet."

„Na siehst du nicht, da ist Laaaaand!", herrschte er mich an. Ich zuckte mit den Schultern.

„Na und?", etwas Gescheiteres fiel mir nicht ein.

Plötzlich kehrte seine Erinnerung wieder zurück.

„Ach ja, wir liegen ja vor Anker." Sein Körper sackte zusammen, als würde jeder Muskel erschlaffen. Er schlurfte den Niedergang hinunter, legte sich ins Bett und schlief sofort weiter. Meine Nachtruhe stellte sich lange nicht ein.

Sonnenstrahlen weckten uns am Morgen. Wir betrachteten unsere neue Welt. Die relativ flache Bucht Chatham war umgeben von steil abfallenden, dicht bewachsenen Bergen und wurde von klaren Wasserläufen geteilt. Dichtes, grünes Moos bedeckte teilweise die Klippen. Einige hohe Kronen von Kokospalmen überwucherten das dichte Buschwerk. Westlich unseres Ankerplatzes gab es eine ungastliche Insel, deren blanker steiler Fels senkrecht aus dem Meer ragte, wo aber in den Felsspalten und Mulden üppiges Grün wucherte. Albatrosse kreisten über der Insel.

In Thor Heyerdahls Buch „Kontiki" las ich, dass der englische Kapitän Lionel Wafer im Jahre 1685 zu den allerersten Besuchern gehörte. Er beschrieb die Insel folgendermaßen: *Kleine Insel, aber hübsch. In der Mitte ein steiler Berg, ein Plateau rundherum, das zur See steil abfällt. Diese ebene Fläche und besonders das Tal, in dem man an Land geht, sind dicht mit Kokospalmen bestanden, die dort herrlich gedeihen, weil die Erde so reich und fruchtbar ist. Sie wachsen auch an den Säumen des Bergkegels, in der Mitte der Insel und stellenweise an den Hängen sehr hübsch. Was aber am meisten zur Annehmlichkeit des Fleckchens beiträgt, ist, dass eine Fülle von Quellen klaren süßen Wassers von den Bergen in ein tiefes Becken oder einen Teich strömt; er ist rings von Hängen umgeben, und die Wasser finden daher kein Bett, durch das sie abfließen könnten wie in einem Bach oder Fluss, sie laufen an verschiedenen Stellen über den Rand des Beckens und rieseln in vielen lieblichen Rinnsalen zu Tal. An einigen Stellen sind die Felswände überhängend, da bildet sich ein Wasserfall, als käme ein Schwall aus einem Eimer, sodass hinter der Traufe ein trockener Platz ausgespart bleibt mit einem Vorhang aus Wasser. Dies und der liebliche Anblick, die herandrängenden Kokospalmen, sowie die Frische, die die sprühenden Wasser der Luft in dem heißen Klima geben, machen diesen Platz reizvoll und köstlich für mehrere Sinne zugleich. "*

Der Reichtum an idyllischen Kokoshainen war so groß, dass er diesem vulkanischen, von steilen Klippen umkränzten Inselchen den Namen gab. Die Änderung des Vegetationsbildes seit Wafers Besuch vor 300 Jahren, war so gewaltig, dass man beinahe vermutete, er hätte eine andere Insel besucht, schrieb Heyerdahl. Er vertrat auch die Ansicht, dass die Palmen von Menschenhand gepflanzt worden seien und die Insel von seefahrenden Eingeborenen des nächstgelegenen Festlandes bewohnt oder doch zumindest regelmäßig aufgesucht wurde.

„Es war ein Stück Paradies - dann kamen die Seeräuber und vergruben ihre Beute. Durch die Schlechtigkeit und Habgier der Menschen wurde das Paradies zerstört!", zitierte ich dramatisch mein Weltbild.

„Gott und die Natur wehren sich!"

Wir warteten auf die nächste Ebbe und ruderten mit unserem kleinen Ersatzschlauchboot an Land. Unser rotes Dingi hatte ein Leck und lag gut verstaut in einer Packkiste. Es war etwas mühsam, den relativ weiten Weg zum Strand zu rudern. Wir wurden nicht enttäuscht. Zwei größere Bäche mit herrlich warmem Süßwasser flossen aus dem Dschungel hervor, wir badeten wie in einer Badewanne in ihren kleinen Vertiefungen.

„Was steht denn da auf dem Stein?" Wir sahen uns um und staunten. Wir standen vor einem Einklarierungsbüro à la Fred Feuerstein: Zahlreiche Schiffe hatten ihren Namen samt Jahreszahl in die Steine am Strand und entlang der Bäche eingraviert.

„Schaut mal, was da steht: TIARE 1984."

„Und hier: Yacht HOLY 1963/64." Wir rannten wie Kinder über den Strand, um die Inschriften zu lesen. Manche waren ganz deutlich zu sehen, andere schon verwittert. Wir wetteiferten, die ältesten Inschriften zu entdecken.

„B. Mary Frazier J. L. Smith 1843." Diese Inschrift wurde geschlagen von: „SHIP ATA LA C. WINSHIP BOSTON 1817."

Auch Jaques Cousteau weilte offensichtlich hier. Seine Inschrift zierte ein wunderschönes Relief. Doch wir fanden keinen uns bekannten Schiffsnamen.

Wir entdeckten bei unserem Landgang eine Feuerstelle für Müllverbrennung. Es war auffallend sauber am Strand, kein Mist, kein Strandgut.

Der Wettergott meinte es gut mit uns. Er schickte drei regenfreie Tage, eine Seltenheit in diesem Gebiet. Das erlaubte uns, das Schiff und seinen Inhalt trocken zu legen. Bei Ebbe verbrachten wir eine schöne, ruhige Zeit am Strand. Ich wusch die Schmutzwäsche mit übermäßig Süßwasser, der große Stein mit der Inschrift TIARE eignete sich hervorragend als Waschstein, die kleinen Teiche wurden zum Schwemmen missbraucht und Heino montierte mir eine Wäscheleine zum Trocknen. Die Kinder spielten mit Begeisterung mit den zahlreichen Einsiedlerkrebsen. Petra, die aus ihrer schlechten Erfahrung mit den „Fickerkrebsen" gelernt hatte, berührte die Schneckengehäuse nie mehr an der Öffnung. Die Mädchen sammelten Kolonien von ihnen, bauten Hindernisse, damit sie nicht davonlaufen sollten und suhlten sich immer wieder, splitterfasernackt in den warmen Bächen. Heino erfüllte seine Einklarierungspflichten. Unsere Gravur findet man, da wir ja „Mountainsailors" sind, am höchsten Felsen westlich vom großen Fluss.

„SEHNSUCHT 1989" meißelte er drei Tage lang.

„Warum machst du die Schrift so tief?", fragte ich ihn.

„Dass wir sie finden können, wenn wir nach zwanzig Jahren wiederkommen."

„Ich glaub, die kann man nach 200 Jahren noch lesen!"

Kam die Flut, wurde man vom Strand an den Dschungelrand gedrängt und musste zurückrudern.

„Ischi, Ischi!", rief Petra.

„Iiigit päh, pfui!", folgerte ihre Schwester.

Wunderschöne bunte Fische tummelten sich um die SEHNSUCHT. Der Grund war das morgendliche Ritual ihres Vaters, das mit dem Betätigen der Klopumpe endete. Sämtlicher Unrat wurde auf der Stelle von diesem bunten Schwarm aufgefressen. Sie kamen in Scharen und innerhalb kurzer Zeit, war das Wasser wieder komplett sauber. Als Heino kurz darauf mit seiner Harpune auf Jagd ging, meinte Doris: „Fang aber ja keinen von diesen Klofischen, den esse ich nicht!"

Der Fischreichtum rund um die Insel Cocos war gigantisch, nicht nur in seiner Vielfalt, sondern auch in seiner Größe: Riesenschildkröten, Makrelen in Menschengröße, Rochen und Delphine, die ihre Show in der Bucht zeigten. Und viele Haie. Heino kam immer schon nach kurzer Zeit mit seiner Beute zurück. Daher gab es auch täglich Fisch. Wir schnitten für uns die guten Filetstücke heraus, mit den Abfällen fütterten wir die Haie. Es war schon ein Ritual. Zerlegte Heino einen Fisch, waren sie auch schon da und kreisten um das Schiff, braune Leiber in allen Größen.

„Das ist aber für den Babyhai." Doris versuchte die Stücke gerecht aufzuteilen und auch den kleinen Fischen etwas zukommen zu lassen, was aber selten gelang. Die Großen waren schneller und das ärgerte sie.

Für mich war diese Unterwasserwelt zu gigantisch. Ich wagte mich nicht ins Meereswasser.

Die Bewohner unserer Nachbaryacht hatten direkt vor Anker mit der Angel einen großen Wahoo gefangen. Sie boten uns einen Teil davon an. Weil ein Wahoo einer der bekömmlichsten Fische war, die wir jemals gegessen hatten, stimmte ich freudig zu. Ich stieg ins Schlauchboot und ruderte mit Doris an Bord hinüber. Auf halber Höhe kam auf einmal eine Riesenflosse auf mich zu.

„Ein Hai!", durchfuhr es mich. Nach der Größe der Rückenflosse war er bestimmt fünf Meter lang, schätzte ich. Und er zielte genau auf uns zu, die wir in einem schwabbeligen, kleinen Schlauchboot saßen. Panik ergriff mich. Ich begann wie wild zu rudern. Ich hatte in diesem Moment Todesangst. Die Frau am Nachbarschiff bemerkte meine Panik.

„Es ist nur ein Rochen, ein Rochen!", rief sie mir zu. Doch das konnte ich aus meiner Perspektive nicht sehen. Einen Meter vor uns verschwand die Flosse unterm Schlauchboot. Mein Herz klopfte, meine Knie zitterten. Ich nahm die Fischstücke entgegen und hatte kaum noch Kraft zurückzurudern. Auf der SEHNSUCHT brach ich schluchzend zusammen.

Unser Kapitän und mein Ehemann hatte kein Verständnis für diese Ängste. Er war in einem El Dorado, frönte seiner Tauchleidenschaft und ging täglich auf Jagd.

„Stell dir vor Monika", erzählte er mit Begeisterung. „heute habe ich mit einem Hammerhai gemeinsam gejagt, es war toll."

„Bist du wahnsinnig?"

„Wieso, ich hab ihm nichts getan und er mir nicht, wir haben uns die besten Beutestücke zugespielt." Das war für mich unbegreiflich.

Des Öfteren ruderten wir mit unserem Fang an den Strand und machten ein richtiges Barbecue. Auf offenem Feuer gebraten und auf den glatten Steinen serviert schmeckten die Fische besonders gut.

Zu den anderen ankernden Yachten hatten wir kaum Kontakt.

„Vielleicht sind sie alle auf Schatzsuche und wollen nicht gestört werden", mutmaßten wir. Angeblich sollte der Piratenkapitän Morgan seine Schätze auf Cocos vergraben haben. Kurz darauf wurde die Mannschaft hingerichtet bis auf den Matrosen Thompson, der am Sterbebett das Versteck preisgab. Kapitän Gißler suchte den Ort jahrelang ab, ob er etwas fand, ist unbekannt.

Außerdem gab es laut einer Karte aus dem Jahre 1854 hier in der Chatham Bay auch noch das Gold der Inkas zu finden, und das Lima-Gold aus dem Jahre 1823. In der Wafer Bay versteckte 1823 Benito Bonito einen Silberschatz.

„Wir gehen auf Schatzsuche!", mit diesen Worten wollten wir die Kinder für eine Wanderung begeistern. Ich blickte noch einmal auf unsere auf Butterbrotpapier abgepauste Detailkarte der Insel, wo jedoch kein geheimer Hinweis zu finden war.

„Vielleicht sind wir die Glücklichen, die den verborgenen Schatz finden." Voller Vorfreude starteten wir unsere Exkursion. Ins Landesinnere konnte man nur über einen der Flussläufe gelangen. Wir phantasierten, welche Schätze wir finden würden.

„Auch Perlenketten?", fragte Doris und kletterte tapfer flussaufwärts. Doch es war ein kurzes Unternehmen. Es begann zu regnen, die Steine wurden glitschig. Heino, der Petra am Arm trug, rutschte aus. Doris flog gleich hinterher und rutschte mit dem Hinterteil bergab. Die Beulen auf Babys Hinterkopf und Heinos Schienbein wetteiferten in ihrer Größe. Beide Kinder brüllten. Ich kroch nur mehr auf allen Vieren daher. Die Lust auf Schatzsuche war uns gründlich vergangen, wir kehrten um.

„Wozu brauchen wir einen Schatz?", dachte ich und betrachtete liebevoll Petras goldene Locken, die in der Sonne glänzten und sah Doris in ihre tränennassen Augen, die wie Smaragde leuchteten.

„Wir haben doch den größten Schatz den es gibt: Uns! Und unsere Kinder! Und viel Zeit füreinander!"

Kapitel 28

Pazifischer Ozean – verloren in Raum und Zeit

„You don't want to arrive!"
Ich blickte auf die Insel Cocos, die so geheimnisvoll wie sie erschienen war in den Wolken auch wieder verschwand. Die Abschiedsworte, der in unserer Nähe ankernden Yacht hallten in meinen Ohren wider. Ich hatte zwar durch die Ruhe und unberührte Natur der letzten Tage die innere Einstellung für eine weitere Überfahrt gefunden, aber ich sehnte schon jetzt den nächsten Landfall herbei. Am Tag vor unserer Abfahrt füllten wir noch sämtliche Wasserkanister am Wasserfall mit dem scheinbar klaren, sauberen Trinkwasser. Doch bei genauerer Betrachtung war es voll von Schwebstoffen, kleinen Blättchen und vermutlich auch Tierchen. So füllten wir das Wasser nicht in den Tank, sondern ließen es in den Kanistern, als eiserne Reserve. Wir wollten nun doch versuchen, zu den Galapagos-Inseln zu kommen, wenn auch nur für einen kurzen Stopp, denn die Einreisebedingungen waren streng und mit hohen Kosten verbunden.
Drei Tage hielten wir den Kurs Richtung Galapagos. Der Wind kam von vorne, die SEHNSUCHT segelte einen harten Kurs gegen an, jedoch bei schönem Wetter. Am dritten Tag wurde der Wind stärker, die Wellen höher. Trotzdem feierten wir Petras „Burzeltag". Ich buk einen Kuchen aus einer Backmischung, der sich nicht aus seiner Form stürzen ließ. Heino steckte zwei Kerzen hinein und zündete die Lichter an. Petra klatschte begeistert in die Hände als ihr „Happy Birthday" erklang. Gemeinsam löffelten wir den Kuchen aus dem Reinderl, der am schrägen Salontisch stand. Das kleine Püppchen war in Abfallpapier gewickelt und mit einem dünnen Bändsel verschnürt. Die Freude war trotzdem groß.
Am vierten Tag brachte die Mittagsbreite eine deprimierende Erkenntnis: Der starke Perustrom und der Wind aus Südwest hatten uns extrem nach Nordost versetzt. Galapagos entfernte sich immer mehr.
„Setzen wir Kurs zu den Marquesas!", entschied unser Kapitän. Wassermangel würde es keinen geben, denn die kurzen aber kräftigen Regengüsse füllten unseren Wassertank ständig nach. Nachdem Heino die RESI neu eingestellt hatte, das Schiff viel ruhiger lief und doppelt so viel Fahrt machte, war ich froh über diese Entscheidung. 3.275 Meilen lagen vor uns. Also mindestens 25 Tage auf See. Gleich nach Petras folgte Heinos Geburtstag mit frisch gebackenem Brot und Schinken aus der Dose. Das Wetter war herrlich, das Tagesetmal betrug 130 Meilen.
„Ist das nicht herrlich? Das Segeln, die Sonne, die Wellen!", schwärmte unser Kapitän.

„Ja!"

„Die Segel, schau wie schön die Segel stehen."

„Ja!"

„Und die Fahrt, schau nur, mit sechs, sieben Knoten zischen wir dahin."

„Ja", antwortete ich monoton.

„Versuch eher einem Tauben zu erzählen, wie schön eine Amsel an einem Sommerabend singt", murrte Heino, „das wird dir eher gelingen als einem Seekranken zu erzählen, wie schön segeln ist."

Am sechsten Tag unserer Überfahrt lese ich im Tagebuch: *Die Kinder sind erstaunlich brav, sie zeichnen und malen, schauen Bilder an. Doris liest viel. Doch kommt einer unerlaubt in das Revier des anderen, dann hacken sie aufeinander ein, beißen, zwicken und kratzen. Sie erinnern mich an die Kampfhähne von Venezuela. Und ich fauche wie eine Katze dazwischen, weil ich mich auf meinem Leidenslager gestört fühle.*

Ein kalter Wind kam aus Süden, der Perustrom führte dazu noch kaltes Meereswasser Richtung Äquator, die Sonne stand jetzt im Norden. Wir hatten Winter. In der Nacht wurde es unangenehm kühl. Ich kramte warme Sachen für die Kinder aus den Tiefen der Schapps.

„Rrumpfhose und Lollover anziehen!", Petra war begeistert von ihrer neuen Bekleidung.

Zweite Woche auf See:

Wir kamen in den Süd-Ost-Passatwind. Schnelle Fahrt, bei wenig Seegang. Heino hatte die Passatsegel geriggt und ausgebaumt, zusätzlich das Groß voll stehen und auch noch die Sturmfock am Babystag hochgezogen. Das war möglich, weil der Wind nicht direkt von achtern kam, sondern leicht von backbord. Die SEHNSUCHT hatte eine stabile Lage und nur 5° Krängung. Und ich war **nicht** seekrank! Volle drei Tage ging es mir gut.

„Da könnte man Segeln direkt schön finden", sagte ich zum Kapitän.

„Soll ich das auf den Mast schreiben?", fragte Heino in Ermangelung eines Rauchfangs.

Tatsächlich, es waren schöne, harmonische Tage auf See. Wir nahmen ein Bad im Cockpit. Heino holte geduldig Eimer um Eimer Seewasser herauf und machte uns eine Dusche. Das Wasser war zwar kühl, aber wir fühlten uns herrlich erfrischt danach. Nur Baby verweigerte das Bad: „Magn' badi!" sagte sie bestimmt.

Die Kinder hatten eine neue Beschäftigung entdeckt. Hinter zugezogenem Vorhang spielten sie Doktor. Teddy und Puppen kamen in die Ordination und kehrten mit Verbänden wieder.

„Dog, Dog pielen, Pritze kriegt, weh, weh!", erzählte mir Petra aufgeregt und hielt sich ihr Hinterteil. Sie war zurzeit richtig süß.

Plappermäulchen Doris quatschte den ganzen Tag. Sie stellte Fragen über Fragen. Ihr Hauptproblem war die Schule: „Was wird sein, wo, warum, wann, was ist wenn,...?"
Das zweite Problem, das sie intensiv beschäftigte, war: „Werde ich einen Mann finden? Wo, wie, wann? Bekomme ich auch einmal Kinder? Wie viele, Bub oder Mädchen?"
Dann kam das doch noch nicht vergessene Konsumdenken: „Wenn wir zu Hause sind, bekomme ich dann Ohrstecker, Rollschuhe, Ponyschloss oder doch lieber ein Pferd zum Reiten?"
Erstaunlicherweise machte Doris freiwillig und selbständig Schule. Wir hatten die neuen Bücher für die zweite Klasse hervorgeholt. Sie schrieb und las was ich ihr auftrug, nur die Rechenarbeiten verweigerte sie.

„Heino, Hilfe! Kakerlaken!!!", tönten meine Schreie durch das Schiff. Ich hatte gerade eine Packkiste geöffnet und damit eine Schar Babykakerlaken aufgescheucht, die nun in alle Richtungen davon zischten.
„Vermutlich haben wir die in Panama gebunkert!" Nur leider besaßen wir keinen Insektenspray an Bord und so viele wir auch erklatschten, es entkamen etliche und vermehrten sich lustig weiter.
„Lakaklaka. Lakalaka!", tönten Babys Schreie, angesteckt von den hysterischen Ausbrüchen ihrer Mutter von nun an durch das Schiff. Die Plage sollte uns ein ganzes Jahr lang begleiten.
Am elften Tag auf See stellte sich unserem Navigator die Frage: Sind wir über dem Äquator oder nicht? Die Mittagsbreite ergab 14 Minuten Nord oder Süd? Er konnte sich nicht entscheiden.
„Na ja, morgen wissen wir mehr." Angesichts der unendlichen Wasserwüste tangierten unseren Kapitän die 14 Seemeilen auf oder ab nicht.
Die nächste Navigation ergab eine Breite von 0° 57' Süd, also hatten wir den Äquator bereits unbemerkt überquert.
„Heute morgen habe ich einen dicken schwarzen Strich gesehen", neckte Heino uns.
„Warum hast du ihn mir nicht gezeigt", sagte Doris vorwurfsvoll.
„Papa macht nur Spaß, den Äquator sieht man nicht."
„Nein, wenn Papa das sagt, dann stimmt es auch."
Wir standen an Deck und starrten auf die weite Wasserfläche auf der Suche nach dem Äquator. Eine unendliche Fläche und doch sah sie aus unserem Blickfeld so klein und begrenzt aus.
„Wir müssen uns einmal vor Augen halten, dass der weite Pazifik keine glatte Ebene ist, sondern eine vollständige Halbkugel mit gleicher Wölbung nach allen Richtungen. Ein primitiver Hochseefahrer erlebt sich stets im

Mittelpunkt einer horizontalen Wasserscheibe, wohin immer er sich zu bewegen versucht", schrieb einst Thor Heyerdahl.

Die Tage vergingen. Raum und Zeit verschmolzen ineinander. Die einzige Realität war das kleine Schiff mit seiner Mannschaft inmitten der Wogen des großen Pazifiks, als ständiger winziger Mittelpunkt einer riesigen, runden Wasserfläche. Die Wirklichkeit war hier und jetzt auf diesen zehn Quadratmetern, den Tagesablauf bestimmten Sonne, Mond und Sterne.

„Was wären einige Tage oder eine Woche mehr auf See?", dachte ich. Bei der Atlantiküberquerung noch eine Katastrophe, würde es die Crew am Pazifik kaum bemerken.

„You don't want to arrive!" Ich stimmte dem Satz zwar nicht zu, konnte aber jetzt seine Bedeutung verstehen.

„Werden wir zu Hause ein elektrisches Klo haben oder müssen wir da auch pumpen?"

Diese Frage zeigte, dass das Alltagsleben für die Kinder in weiter Ferne war. Das kleine Schiff, ihre unmittelbare Umgebung war ihre Wirklichkeit, die SEHNSUCHT ihre Welt.

Dritte Woche auf See:
Der Wind wurde stärker, die Wellen höher und ich seekrank. Ich stand am Kartentisch und bettelte wie eine Drogensüchtige um ein Seekrankheitspflaster, die Heino gut verwahrte und für mich einteilte. Auch dem Kapitän ging es nicht gut, er hatte geschwollene Drüsen.

Noch zwei Wochen auf See.
„Wenn ich bedenke, vier Wochen, das ist der gesamte Jahresurlaub, eine verdammt lange Zeit."

Die Kinder akzeptierten den Zustand. Für Petra galt die Devise: Aus den Augen aus dem Sinn. Sie sah kein Land, hatte also auch kein Verlangen danach. Sie wurde zurzeit von einer Spielwut erfasst. Sofort nach dem Aufwachen und dem Fläschchen hieß es: „Pielen, pielen!" Bausteine wurden ausgeleert, Bücher durchgeblättert und Puppen versorgt. „Puppi reit, Mami!", mit diesen Worten nahm sie die Puppen tröstend auf den Arm. Und das: „Schau mal, Mama, schau mal, Papa!", hörten wir den ganzen Tag. Mit ihrer Schwester waren Mutter-Kind-Spiele in Mode. Petra konnte die Rolle des Babys noch perfekt, doch beim Rollentausch hatten wir immer etwas zum Lachen.

Ein herrlicher Thun hing an der Schleppangel. Endlich war uns das Anglerglück hold und die Dosen blieben für drei Mahlzeiten in der Packkiste.

Der Wind legte noch etwas zu. Heino konzentrierte sich wieder voll auf das Segeln und die Navigation. Vom Kartentisch kamen Erfolgsmeldungen: 150, 158, 160 Seemeilen Tagesetmale.

„Papa ich habe eine gute Idee, wie du dir das Navigieren leichter machen kannst", meinte Doris eines Tages, „du schaust ganz einfach nach, wie viele Meilen wir gefahren sind und zirkelst sie auf der Karte ab." Sie war begeistert von ihrer Idee.

Am 24. Juli, also am 19. Tag auf See, stand im Tagebuch: *„NUR" noch 1.100 Seemeilen. Mag nicht mehr, will nicht mehr, es reicht mir!!!!*

Die Nächte waren genauso lang wie die Tage. Wir hatten wieder unseren Wach-Schlaf-Rhythmus eingenommen, was hieß: Bis zwei oder drei Uhr morgens hielt Heino seine Schlafwache, dann ich. War der Himmel wolkenlos, zog sich ein unendlicher Sternenhimmel über das Firmament. Besonders faszinierte mich eine Sternenkombination: das Kreuz des Südens. Es hatte etwas Magisches an sich.

In der Nacht vom 19. auf den 20. Tag auf See hatte Heino ein unheimliches Erlebnis. Die SEHNSUCHT glitt mit voller Besegelung sechs Knoten dahin, als sich plötzlich der Bug in die Wellen grub, die Geschwindigkeit sich reduzierte, so als hätte irgendjemand die Bremse gezogen. Er lief zum Bug, konnte aber nur undurchdringliche Dunkelheit erblicken. Kein Wal, kein sichtbares Hindernis. Vermutlich waren es irgendwelche Strömungen, die gegen uns gerichtet waren.

„Es war richtig unheimlich, so als wäre die SEHNSUCHT von Geisterhand festgehalten worden", endete seine Erzählung.

Mein Erlebnis in der Dunkelheit war nicht unheimlich, doch dafür faszinierend. Als ich hochstieg um Ausschau zu halten, sah ich rund um die SEHNSUCHT blau glänzende, leuchtende Punkte und Flecken. Ein wunderschönes Blau, so als tanzten tausend kleine Feen um uns. Vielleicht waren es die Tintenfische, die aus der Tiefsee zur Paarung an die Oberfläche kamen und ihr fluoreszierendes Licht leuchten ließen. Die Vorstellung von Seeungeheuern in dem zwei bis viertausend Meter tiefen Ozean ließ mir oft die Gänsehaut über den Rücken laufen und besonders nachts spielten die Sinne verrückt.

Die nächtliche Suche nach Positionslichtern von Schiffen war jedoch die gesamte Pazifiküberfahrt erfolglos. Wir begegneten keinem einzigen. Wir waren mutterseelenallein.

Vierte Woche auf See:

„Bei der Atlantiküberfahrt brauchten wir 21 Tage, und jetzt haben wir noch 1000 Meilen vor uns. Wie soll man das aushalten?" Die Verzweiflung erfasste mich, die Stimmung an Bord war schlecht. Heinos Flüche wurden immer schlimmer und häufiger.

„Nimm dich doch zusammen!", forderte ich von ihm.

„Nimm du dich doch zusammen", fauchte er zurück, „Den ganzen Tag höre ich nur, mir ist schlecht! Das ist ja kein Rülpsen mehr, du grunzt ja nur den ganzen Tag."

„Ich wünsche dir, dass du seekrank bist!" Der Streit ging weiter bis die Tränen rollten und sich jeder in seine Schmollecke zurückzog.

Auch die Kinder stritten oft fürchterlich miteinander: „Blöd, Dowi!" „Blöd, Petzi!" klang es durch das Schiff. Wo war die Höflichkeit der ersten Seetage hingekommen? Als jeder bedacht darauf war, jeden Handgriff mit Bitte und Danke zu honorieren? Vermutlich war es normal, dass es einmal zur Entladung kommen musste, die Crewmitglieder waren wie Magnete: Auf der einen Seite zogen sie sich an, auf der anderen Seite stießen sie sich ab. Wir konnten uns nicht mehr sehen, sahen wir uns aber einige Minuten nicht, suchten wir einander nervös. „Dowi aufpassen!", rief Petra ihrer Schwester nach, wenn sie nach draußen ging. „Passt der Papa auf die Petra auf?", fragte Doris wieder nervös. Und eines Nachts wachte sie plötzlich auf, sprang ins Cockpit und schrie hysterisch: „Papa, Papa!" Sie hatte geträumt, ihr Vater wäre über Bord gefallen. Die Angst, es könnte geschehen, saß ständig im Nacken. Das Bewusstsein, innerhalb kurzer Zeit von den Wogen der stürmischen See verschluckt zu werden, wurde täglich gestärkt, wenn wir unseren Müll, den man unmöglich wochenlang bei tropischen Temperaturen lagern konnte, über Bord warfen. Auch schwimmender Abfall war nur für einige Sekunden an der Wasseroberfläche sichtbar, nicht anders wäre es einem kleinen Kinderkopf ergangen.

Ein Bad mit Seewasser würde uns gut tun. Der Kapitän kam meiner Forderung nach. Hatte er uns vor zwei Wochen noch zärtlich das Wasser über den Kopf geleert, so stülpte er jetzt den Kübel über uns, so als wollte er den schlammbeschmutzten Anker abspülen. Das zeigte deutlich die veränderten Gefühle seiner Crew gegenüber.

Von Doris, der es körperlich offensichtlich am besten von uns ging, verlangten wir etwas Mithilfe und so wurde sie einmal täglich zum Geschirrspülen eingeteilt, was ihr überhaupt nicht zusagte. Ebenso artete das Aufräumen von Spielzeug oft zu einem Trauerspiel aus:

„Das hat Petra hergeräumt, das war nicht ich!"

Dann gab es fast täglich eine Tragödie wegen der Schreibutensilien. Die Kinder holten sich das Schreibzeug vom Kartentisch, das dann nach dem Gebrauch formlos im Spielzeug, unter den Polstern und den Packkisten verschwand. Heino bekam täglich einen Tobsuchtsanfall, wenn er seine Navigation machen wollte und meist weder Bleistift noch Kugelschreiber vorfand. Leider war der Kartentisch ein beliebter Schreib- und Zeichenort sowohl für Doris als auch für Petra. Baby saß dann mit „Leistifti" oder „Kubelreiber" mit der Miene eines Staatsbeamten da und zog ihre Kreise und Striche. War zufällig das Blatt Papier zu Ende, dann zierten, zum Entsetzten des Kapitäns, ihre Kopffüßler auch die Seekarten.

„Petra, das schöne Kleid darfst du jetzt nicht anziehen, wir heben es auf, wenn wir an Land gehen", sagte ich zu meinem Töchterchen. Land! Das war das Stichwort, das ich besser vermieden hätte.

„Land! Land!", schrie sie und fing zu weinen an. Die Erinnerung daran, dass es außer den Planken der SEHNSUCHT auch noch anderen festen Boden gab, dürfte in ihr erwacht sein. Nur schwer ließ sie sich beruhigen. Und in Doris Tagebuch finde ich folgende Zeilen:

Doris hat heimwe
Doris lent sich an der Mastschtze an.
Doris Weint.
Doris ist trurig.
Dan trofen die trenen auf Mamas oberschenkl.

Wind und Wellen beruhigten sich und so beruhigte sich auch die Stimmung an Bord. Am Abend lagen wir unter einem herrlichen Sternenhimmel im Cockpit. Himmel und Ozean verschmolzen ineinander so wie die Spannung und Unstimmigkeit zwischen uns schwand.

„Ich werde ein Herzerl in die Seekarte einzeichnen", meinte Heino befriedigt und glücklich über den unerwarteten Ausgang des Abends.

Und über uns leuchtete das Kreuz des Südens.

Es war der 23. Tag der Überfahrt.

„Kinder, kommt raus und schaut, da kommen Delphine!", mit diesen Worten lockte uns der Kapitän aus der Koje. Wir schauten nach œhtern. Eine Unzahl silbriger Leiber schwamm hinter uns her. Es waren große und vermutlich ältere Tiere. Bei manchen konnte man Narben und Verletzungen sehen, andere hatten Flecken und Pilotfische an ihren Körpern. Sie hielten unbeirrt den Kurs und überholten die SEHNSUCHT allmählich auf beiden Seiten. Dann kamen die Jungtiere sowie die Mütter mit ihren Kindern. Das war ein Spaß. Sie sprangen und hüpften übermütig, vollführten Luftsprünge und Saltos und klatschten in Rückenlage oder mit der Breitseite zurück ins Wasser. Sie schienen sich des Lebens zu freuen, und wir freuten uns mit ihnen. Die Kinder lachten und jauchzten, es war herrlich. Das Wasser brodelte nur so vor lauter Leben.

„Das sind bestimmt hundert oder zweihundert Delphine", schätzten wir. Zählen konnte man sie nicht, dazu waren sie zu übermütig. Die Nachhut wurde dann wieder von älteren, großen Tieren gebildet. Mit dem Delphinschwarm dürfte auch ein Thunschwarm unterwegs gewesen sein. Ein Fisch biss an, riss aber die Leine ab und verschwand samt Köder. Es dauerte

Stunden, bis uns die gesamte Gesellschaft wieder verlassen hatte. Der Tag war wie im Flug vergangen.

Noch drei Tage!
„Goka, Mampa!", Petra forderte etwas zu trinken. Sie sprach zur Sicherheit gleich beide Elternteile an, da die Mutter sich oft nicht von ihrem Leidenslager erhob. Diesmal gelang es ihr nicht. Ich hatte Kopfschmerzen und war seekrank. Eine Kombination, die mich flach im Bett liegen ließ. Auch Heinos Kräfte schwanden allmählich, er war gereizt. Er machte eine Standlinie, verrechnete sich und wurde nervös. Diesmal kam die Nervosität schon 370 Meilen vor dem Landfall, denn es lag ein Riff mit vier Metern Höhe genau auf unserer Kurslinie.

„Das gibt der Ansteuerung erst die richtige Würze", versuchte ich ihn aufzuheitern und schnippte mit den Fingern.

„Ha, ha!" Sein verächtlicher Blick und seine höhnische Stimme verrieten, dass der Spaß nicht angebracht war. Es war auch wirklich zu dumm, immer in Landnähe wurde die Bewölkung dicht, die Navigation dadurch schwierig.

Noch zwei Tage!
Die Zeit wollte nicht vergehen, die Laune war fürchterlich schlecht. Immer wiederkehrende Regenböen erschwerten die Arbeit.

Letzter Tag:
Noch 120 Seemeilen bis Fatu Hiva, der südlichsten Insel der Marquesas. Und 105 Seemeilen davor war das Riff: Motu Nav! Laut Seekarte reichten seine Felszacken vier Meter aus dem Wasser. Heino rechnete sich aus, dass wir unter fünf Knoten Fahrt machen müssten, damit wir dem Riff bei Tageslicht begegnen würden. Er kürzte die Segel, doch der Wind wurde stärker und das Log zeigte sechs, sieben, acht, einmal sogar achteinhalb Knoten Fahrt, beinahe schon vor Top und Takel. Heino änderte den Kurs etwas nach Norden, damit sollte das Riff nicht auf direkter Kurslinie liegen. Aber was, wenn der letzte Standort nicht exakt war? Eine schlaflose Nacht stand bevor. Eine Regenwalze nach der anderen folgte von achtern, raubte jegliche Sicht. Heino tat kein Auge zu. Mit Regenanzug bekleidet stand er die ganze Nacht am Bug und starrte in die Finsternis. Zwei Stunden vor Sonnenaufgang konnte er nicht mehr. Seine Augen brannten, ich zwang mich in den Regenanzug und löste ihn ab. Ich nahm die Stellung am Bugkorb ein. Jetzt trug ich die Verantwortung. Ich starrte in die Dunkelheit. Wie weit konnte man sehen? Vielleicht fünf oder zwanzig Meter? Es war stockdunkel, bis auf das Seefeuer der sich brechenden Wellen. Der Wind heulte, Regenböen stürzten herab. Die Wellen rauschten, sie kamen wie

riesige Ungeheuer hinter uns her, so als wollten sie sagen: „Wir können euch verschlingen, wenn wir nur wollen!" Und dann tauchte in meiner Phantasie das Riff auf, ein kahles, scharfkantiges Monstrum und die Wellen drückten uns dagegen, eine nach der anderen. Jede brechende Welle vor dem Bug verursachte mir einen Schreckensstich bis in die tiefste Magengrube und die Angst kroch mir den Rücken hinab wie das Regenwasser, das sich allmählich kleine Bächlein im Regenanzug suchte. Ich fing halblaut zu beten an: „Vater unser, der du bist im Himmel,...", immer und immer wieder, bis die Angst allmählich schwand und die Krämpfe in den Gliedmaßen sich lösten. „Es geht alles gut, wir werden auf den richtigen Kurs geführt", dachte ich immer wieder.

Endlich, es dauerte eine halbe Ewigkeit, endlich fing es an zu grauen, die Sicht wurde besser. Als es hell genug war, suchten wir den Horizont nach Land ab. Wir mussten uns noch etwas gedulden, da etliche Regenböen die Sicht verschleierten. Dann endlich, nach 3.275 Seemeilen und 28 Tagen erhob sich backbord voraus die Kulisse von Fatu Hiva, zuerst noch ganz zart in Nebel gehüllt, aber eindeutig und nur noch zehn bis fünfzehn Meilen von uns entfernt. Dem Riff Motu Nav waren wir nicht begegnet, es blieb im Dunkeln verborgen. Wir hatten es geschafft. Wir standen vor den Marquesas, den Trauminseln der Südsee. Noch einmal zeigte sich die See von ihrer rauen Seite. Nach der Kursänderung segelten wir mit halbem Wind und wurden von den heranrollenden Wellenbergen kräftig zur Seite gedrückt. Nur irgendetwas stimmte nicht mit unserer Vorstellung überein: Wir liefen eine Südseeinsel an und Heino saß pudelnass und frierend im Cockpit und schlürfte eine heiße Suppe bei acht Beaufort und Sturmbesegelung.

3.275 Meilen lagen hinter uns, gesegelt in 28 Tagen. Das entsprach einem durchschnittlichen Etmal von 117 Seemeilen pro Tag und einer durchschnittlichen Geschwindigkeit von 4,9 Knoten.

„Eine gute Leistung für unser Mädchen", lobte der Kapitän sein Schiff, und unsere brave Windfahne RESI lächelte dazu.

„Jetzt waren wir bestimmt zehn Tage auf See", sagte Doris beim Betrachten des Landes. Ich beneidete die Kinder wegen ihres unbefangenen Zeitgefühls.

Im Lee der Insel beruhigte sich die See und sofern es nicht regnete genossen wir die letzten Meilen vor dem Landfall.

„Eine wunderschöne Insel, so sanfte Hügel und Berge", schwärmte Heino.

„Für mich sieht sie eher bedrohlich aus", meinte ich, „schau mal der Berg, der sieht aus wie ein schielendes Riesenmonster."

„Ah ja, und das daneben sind die Beine mit den Krallen dran", sagte Doris.

„Und der Felsen da unten ist der schiefe Mund, den wird er jetzt gleich aufmachen und uns auffressen!", scherzte der Vater.

„Was machen wir denn dann?", fragte Doris besorgt.

„Schnell den Motor starten und davonfahren", schlug ich vor.

„Wenn es uns aber nachläuft?", bohrte Doris weiter.

„Hört endlich auf mit dem Blödsinn", meinte der Kapitän, „schaut lieber was da zum Vorschein kommt, ein Schloss!" Im Nebelgrau waren die gezackten Berggipfel des Pte. Motahumu gespensterhaft zu erkennen.

„Siehst du Doris, das ist kein böses Monster, sondern ein gutes. Es bewacht das Märchenschloss mit dem Prinzen darin."

„Mit der Prinzessin!", korrigierte mich meine Tochter.

Die Einfahrt in die Bucht Hanavave war dann wirklich märchenhaft und wir fühlten uns wie in Spielbergs Welt der „Unendlichen Geschichte" versetzt und unfähig, diese herrliche Kulisse zu beschreiben. Ich zitierte nur die Worte unseres Freundes Pasquale, der immer sagte: *„Show me the picture!"*

Kapitel 29

Fatu Hiva – Ankunft im Märchenland

„Willkommen auf der Insel!" Bernadette und Laurent von PEN COAT ruderten sofort zur SEHNSUCHT und begrüßten uns überschwänglich, gleich nachdem der Anker dreizehn Meter tief in das fast schwarz gefärbte Wasser gefallen war. Wir waren tief beeindruckt von der uns umgebenden Kulisse.

An der Backbordseite steil abfallende schwarze Felsen, dazwischen üppige tropische Vegetation, unterbrochen von grünen, wiesenartigen Flächen und vielen Kokospalmen, die sich im tiefstehenden Sonnenlicht wiegten. Und über den Palmenkronen leuchteten die Zacken der Felsen wie Burgzinnen, die ein verborgenes Schloss umgaben. Vor uns ging die enge Bucht in ein schmales Tal über, der schwarze Strand beherbergte einige Auslegerkanus. Zwischen den Palmen hinter dem Strand lugte die Spitze der Dorfkirche hervor. Die Steuerbordseite zeigte einen etwas sanfteren Anstieg vom Meer aus, der nach dem Palmenhain in steile Felsen und dessen Sohle in ein zerklüftetes Tal überging. Und im Hintergrund das über alles wachende, dunkle Vulkangebirge. Zu müde um sofort an Land zu gehen, ließen wir diesen Tag im Cockpit sitzend ausklingen. Die untergehende Sonne gab der Landschaft einen märchenhaften Glanz.

„Bucht Hanavave!"

„Auf Fatu Hiva!", ließen wir die Worte auf der Zunge zergehen.

Fatu Hiva – eine Insel aus Träumen geboren. Aus den Träumen einer endlosen Überfahrt.

„Die Strapazen haben sich gelohnt, alleine für einen Augenblick dieses gigantischen Anblicks!", war unsere einstimmige Meinung. Genauso umwerfend wie unser Ausblick pfiffen die Fallböen von den hohen Bergen.

„Hoffentlich hält der Anker!" Diese Sorge holte uns in die Realität zurück.

Fatu Hiva, eine von Gott gesegnete Insel. Flüsse, Bäche, Quellen sowie kräftige Regengüsse gaben der üppigen Vegetation ihre Feuchtigkeit und ließen Früchte in Hülle und Fülle wachsen. Bei unserem ersten Landgang sahen wir nicht nur die uns schon vertrauten Kokosnüsse, sondern auch wild wachsende Zitronen-, Orangen-, Mandarinen- und Pampelmusenbäume sowie Bananenstauden und andere exotische Früchte. Auch die Tiere schienen ohne Begrenzungen zu existieren. Hunde, Hühner, Pferde liefen frei herum. Und im Dickicht sollte es Wildziegen und Wildscheine in Hülle und Fülle geben. Wir wanderten die mit glatten Steinen gepflasterte Dorfstraße entlang, die Kinder konnten ihren vier Wochen lang unterdrückten Bewegungsdrang endlich ausleben. Petra zappelte hinter ihrer Schwester her, stolperte andauernd und blieb des Öfteren auf der Strecke. Doch wir hatten alle unsere Probleme und so erklommen wir mühevoll mit wackeligen Seebeinen die erste Steigung. Die vereinzelten Häuser des Dorfes waren teils aus Ziegeln gemauert, teils aus Holz gebaut. Ein Auto und eine traktorähnliche Baumaschine sahen wir in einem Unterstand.

„Bei den Straßen bleibt das Auto sicherlich in der Garage", meinten wir, die unregelmäßigen Kopfsteine betrachtend. Die Straße führte den Berg hinan, die Vegetation wurde immer dichter.

„Da wachsen die Zitronen auch wild", stellten wir fest, wagten aber trotzdem nicht sie zu pflücken. Die einheimische Bevölkerung lächelte uns freundlich entgegen, besonders die Kinder. Doch keiner sprach uns an, wir wurden nur schüchtern beobachtet. Die erste Frage, die uns ein Polynesier stellte war: „Habt ihr ein Gewehr an Bord?"

Wir hatten etwas Verständigungsprobleme, da außer der Landessprache, nur Französisch als Amtssprache gesprochen wurde. Jean-Claude, der Besitzer der Schweizer Yacht NAUTICUS, der neben SEHNSUCHT und PEN COAT in der Bucht ankerte, half uns bei der Konversation und so kam es, dass Heino zur Ziegenjagd eingeladen wurde. Mark, so hieß der Typ, nahm uns daraufhin mit in sein Haus. Er hatte sechs Kinder, im Alter von ein bis sechs Jahren, lauter Buben, eine stolze Produktion. Beschenkt mit Früchten und Crevetten, gefischt aus den klaren Bächen der Insel, kehrten wir zur SEHNSUCHT zurück. Die Leute hier hatten eine eigenartige Sitte: zuerst wurde man beschenkt, und dann fragten sie nach Tauschware. Mark wollte für seine Frau eine Halskette haben.

„Eine Silberkette habe ich noch", sagte ich zu Heino, „du weißt schon, die wäre für die Frau von Laurence gedacht gewesen."

„Ach ja, auf Union Island, die Einladung, die nie zustande gekommen ist."
So bedankten wir uns für die Geschenke mit einer Silberkette.

Am nächsten Morgen kam ein Auslegerkanu mit einem kleinen Außenborder an der Verbindungsstange zwischen Boot und Ausleger fixiert und holte Heino samt Gewehr und Patronen ab. Weitere Boote, mit ernst dreinblickenden Männern und vielen Hunden an Bord warteten auf ihn und bald brausten sie aus der Bucht. Mit sorgenvoller Miene blickte ich ihnen nach, wenig Vertrauen, weder den Männern noch den Booten entgegenbringend. Immer wieder hielt ich Ausschau und suchte die Berghänge nach ihnen ab, konnte aber weder etwas sehen, noch irgendwelche Schüsse hören. Endlich, gegen Abend brachten sie uns unseren Kapitän zwar müde und abgekämpft, aber heil zurück.

„Wo in aller Welt seid ihr gewesen?"

„Wir waren auf der Luvseite der Insel, puh, das war nicht ohne!", so erzählte er uns, dass sie mit den kleinen Booten durch die hohen Brandungswellen in eine kleine Felsenbucht fuhren, und vom Boot auf die Klippen sprangen. Durch Dschungel und schroffe Vulkanabbrüche erkletterten sie die Berge auf der Suche nach den Wildziegenherden. Einige Männer und die Hunde trieben die Tiere durch die Lavastraßen zu Tal, wo sie in unmittelbarer Nähe des Meeres erlegt wurden. Es war ein gefährliches Unterfangen. Die Männer warfen die toten Tiere einfach ins Wasser und die wartende Bootsmannschaft sammelte sie in einem halsbrecherischen Manöver auf. Früher jagten die Einheimischen ihre Beute mit Macheten, das forderte viele Opfer bei den Hunden und oft auch viele Verletzte bei den Menschen. Doch jetzt bevorzugten sie die Schrotflinten der Fahrtensegler.

„Sieben Ziegen haben wir erlegt", beendete er seine Erzählung. „Morgen können wir uns Fleisch abholen, so viel wir wollen."

Heino fuhr alleine an Land und half den Männern, die Ziegen zu zerlegen und erntete Anerkennung. Ein Weißer, der ein Tier erlegen kann und auch noch fachmännisch zerteilen, war offensichtlich eine Seltenheit.

Am Strand lag die Beute, gehäutet und zerlegt, als er mich und die Kinder holte. Die Hunde saßen in einiger Entfernung, auf leckere Abfälle wartend. Wir suchten uns einen schönen Schlögl aus und verbrachten den Rest des Tages mit Kochen und Essen. Ziege, gebraten mit Soße und Nockerl, es schmeckte herrlich. Endlich wieder einmal Frischfleisch, eine willkommene Abwechslung nach den vielen Tagen von Dosenfutter. Unser Kapitän schlemmte, dass ihm der Bauch stand. Am zweiten Tag stand Ziege gekocht mit Nudeln am Speisezettel, am dritten Tag Ziegengulasch mit Reis, am vierten Tag wieder Ziege mit Ziege.

„Ich glaube, jetzt werden wir bald zum Meckern anfangen. Määähhh!"

Eines Tages kam ein Boot und brachte von einer anderen Insel frisches Brot. Fazit: wir kamen mit sieben Broten, alles Gastgeschenke der Einheimischen, zur SEHNSUCHT zurück. Diese Erfahrung begleitete uns die gesamte Reise durch die Südsee. Entweder es gab von einem Lebensmittel eine unbezwingbare Menge oder man hatte es gar nicht.

„Gibt es keine Eier?", fragte ich mich, „es laufen so viele Hühner herum."

Bernadette von PEN COAT erzählte uns voller Stolz, dass sie ein Nest voll mit Eiern gefunden hätte. Die frei laufenden Hühner, legten irgendwo im Gebüsch ihre Eier ab. Wurden sie gefunden, durfte man sie einfach nehmen. Leider hatten wir nie dieses Glück.

„Ich bringe euch welche", versprach Christian, der schon seit Stunden bei uns am Boot saß, als Gastgeschenk einige Früchte brachte und bereits eine halbe Flasche Rum verdrückt hatte. Je leerer die Rumflasche, desto größer wurden seine Versprechungen, aber auch seine Forderungen. So wollte er

außer Essbarem, wie Popcorn auch Medikamente von uns. Doch ich war nicht bereit, unsere Bordapotheke zu verschenken und war froh, als er endlich nach Hause wankte. Tagelang sahen wir ihn nicht mehr. Abgemagert und krank kam er uns eines Tages entgegengewankt. Er hatte Ciguatera, eine in der Südsee weit verbreitete Fischvergiftung, durchgemacht. Zwar hatten wir schon davon gehört, waren aber nun enttäuscht, schon auf der ersten Insel damit konfrontiert zu werden. Die Vergiftung war sehr häufig und selbst die Einheimischen wussten nicht hundertprozentig, welcher Fisch davon betroffen war oder nicht. Theoretisch konnte es jeder sein, also „opferte" sich einer der Inselbewohner und kostete ein Stück vom Fisch. Wurde er innerhalb der nächsten zwölf Stunden krank, warf man den Fisch weg, ansonsten konnte er gegessen werden. Eine Faustregel war: Alle auf hoher See gefangenen Exemplare konnte man ohne Bedenken genießen. Fische, die aber rund um eine Insel gefangen wurden, durften maximal dreißig Zentimeter sein, bei allen größeren lief man Gefahr, sich eine Fischvergiftung einzuhandeln. Zu Todesfällen kam es hauptsächlich bei Kindern und alten Leuten. Für gesunde Erwachsene, so hörten wir, war die Krankheit zwar sehr schmerzhaft, verbunden mit argen Gelenksschmerzen, die acht bis fünfzehn Tage anhielten, doch man überlebte sie. Als Therapie bekamen die Menschen nur Vitamin-B-Präparate und schmerzstillende Medikamente. Die Wissenschaftler rätselten über die Ursache. Später erfuhren wir, dass die Fische durch den Verzehr einer gewissen Algenart giftig wurden und je größer der Fisch, desto mehr Gift war in seinem Fleisch gespeichert.
Gott sei Dank und auch dank der Ziegen hatte Heino noch keinen Fisch gespeert und wir unterließen es auch, denn keiner von uns wollte sich „opfern."

Nach zehn Tagen auf Fatu Hiva war unsere anfängliche Euphorie gedämpft. Das Wetter war schlecht, ständiger Regen, Fallböen und Schwell in der Bucht verschlechterten die Laune. Noch dazu kam eine französische Yacht mit einem ehemaligen Militärflieger an Bord, der es mit den Vorschriften sehr genau nahm, an. Er machte uns Angst, weil wir nicht einklariert hatten. Fatu Hiva, eine von den zehn Vulkaninseln der Marquesas, zu Französisch Polynesien, einem französischen Überseeterritorium gehörend, hatte kein Einklarierungsbüro. Dazu müssten wir nach Nuku Hiva segeln, wo der Verwaltungssitz der Marquesas war. Französisch Polynesien verlangte von den einlaufenden Yachten ein Pfand in der Höhe eines Rückflugtickets in die Heimat. Das mochte für einen Amerikaner nicht so hoch sein, aber für uns vier Europäer war es unerschwinglich. Deswegen wollten wir uns davor drücken oder es wenigstens solange wie möglich hinausschieben.

Zu allem Übel lief auch noch ein Militärboot ein. Wir sahen uns schon alle im Gefängnis, das Schiff beschlagnahmt, aber es geschah nichts. Oder doch. In der Nacht drehte eine Fallböe unser Dingi um. Der Motor hing nur noch an einer Leine tief im Wasser, Schoten, Schuhe, Paddel und der kleine Anker waren weg. Wir hatten vergessen das Dingi auszuräumen. Außer dem Anker, den Heino aus dreizehn Meter Tiefe herauftauchen konnte und dem Motor, der nach langer mühevoller Reparatur wieder lief, war alles fort. Solche Dinge passierten immer dann, wenn die Stimmung am Tiefpunkt war.

„Ich segle direkt von hier nach Suvarov", erzählte uns der Schweizer Jean Claude, „ich will mit den Behörden hier nichts zu tun haben." Wir saßen im Salon der NAUTICUS mit seiner Frau Erna und seinem Sohn Allain. Die Crew hatte einige Hühner von den Einheimischen geschenkt bekommen und uns zum Abendessen eingeladen.

„Ich glaube, die Hühner sind mit dem Schrotgewehr geschossen worden", mutmaßte Erna, „beim Kochen habe ich einige Kugeln herausgefischt." Es roch herrlich im Schiff, doch die Hühner erwiesen sich als „Gummiadler". Wir hatten Mühe, das Fleisch zu schneiden und zu kauen, und immer wieder kamen Bleikugeln zum Vorschein.

„Ich wette, das sind keine Hähnchen", sagte Jean Claude, „das sind garantiert Fregattvögel." Es wurde ein lustiger Abend.

Unvergesslich wurde uns Fatu Hiva, als wir Fredo kennen lernten. Das kam so: Heino sagte nach der Ziegenjagd, dass sein Gewehr eigentlich nicht mehr zu brauchen war, da wir keine Patronen mehr besaßen. Dieser Ausspruch sprach sich schnell herum und Heino wurde immer wieder von Männern bestürmt, die das Gewehr haben wollten. Eines Morgens kam uns Fredo entgegen.

„Ich kaufe dein Gewehr, was kostet es?", fragte er mit strahlendem Gesicht.

„Aber", wandte Heino zögernd ein, „das geht nicht, weil,..."

„Macht nichts", unterbrach ihn Fredo lachend. Es begann in Strömen zu regnen und wir flüchteten unter einen Dachvorsprung und plauderten weiter mit ihm. Seine optimistische Lebenseinstellung und sein sonniges Wesen machten ihn auf Anhieb sympathisch. Es schien wieder die Sonne und er lud uns in sein Haus ein um uns seine „Rosenzucht" zu zeigen. Die Männer standen bewundernd vor dem Blumenbeet, das meiner Meinung aus mehr Unkraut bestand als aus Rosen. Seiner Frau Veronique waren wir bereits begegnet. Sie saß im Post Office, einem kleinen Häuschen an der Dorfstraße, wo wir, weil es kein Telefon gab, ein Telegramm in die Heimat abgeschickt hatten und wo es das einzige Funkgerät der Insel gab. Sie hatten vier Kinder miteinander, zwei weitere stammten von Fredos erster Frau.

„Sie war herzkrank", erzählte er uns seine Lebensgeschichte, „sie wurde zur Operation nach Paris gebracht, und zurück kam nur mehr der Sarg", klang es sehr emotionslos aus seinem Mund.

„Zwei Wochen später sah ich Veronique und stahl sie einem anderen Mann". Veronique lächelte und wenn sie lächelte, verwandelte ihr Strahlen sie in eine Schönheit. Sie war, wie alle Frauen hier, eine korpulente Mami, mit wunderbaren, langen schwarzen Haaren. Die Frauen trugen alle bunte Pareos, die jungen, schlanken als Kleid gewickelt, die molligen unter ihnen als Rock mit T-Shirt.

„Was war denn so besonderes an den Rosen? Da war ja nur Unkraut", sagte ich später zu Heino.

„Na hast du das gar nicht gesehen? Er hat dort seine Marihuanaplantage angelegt."

Nein, das hatte ich nicht mitgekriegt, dazu war ich zu naiv.

Es entwickelte sich eine herzliche Freundschaft zwischen Fredo, Veronique und uns. Oft saßen wir vor ihrem Haus und aßen Mandarinen und Pampelmusen direkt von den Bäumen. Die Kinder spielten miteinander und kletterten auf den Bäumen herum.

Wir erfuhren, dass Fredo die Hotelfachschule in Papeete besucht hatte und eine Zeitlang in einem Hotel auf den Tuamotus gearbeitet hatte. Daher kamen auch seine Sprachkenntnisse. Wir unterhielten uns auf Englisch und er sprach auch einen Satz deutsch: „Jawohl Herr General!" Den brachte er bei jedem möglichen und unmöglichen Thema unter.

Wovon er jetzt lebe, fragten wir eines Tages. „Von Kopra", meinte er und allmählich erfuhren wir, dass beinahe die halbe Insel ihm gehörte und er auch auf anderen Marquesas-Inseln sowie in Papeete Land besaß. Also war er ein reicher Mann und wir dachten, nach seinem Wohnstil zu schließen, er wäre arm. Sein Zuhause bestand aus zwei kleinen Holzhäusern, einem Wohn- und einem Schlafhaus. Wasserleitung gab es im Hof, wo auch das Geschirr zum Abwaschen hingebracht wurde. Andere Häuser hatten bereits außerhalb, vom Fenster aus erreichbar, eine Abwasch installiert. Die Einrichtung im Wohnhaus bestand aus einem Tisch, einer Bank zum Sitzen und einer Kredenz. Einziger sichtbarer Luxus waren ein Fernseher, eine Stereoanlage und ein Kühlschrank. Doch das Menü, das uns Veronique und Fredo eines Abends zauberten, war köstlich. *„Es gab als Vorspeise Krautsalat, Spargel und Brotfrucht mit Butter, als Hauptspeise Hühnerkeulen gegrillt mit Gemüsereis und Salat und als Nachspeise Eiscreme! Herrlich! Endlich wieder einmal Salat und Gemüse!",* steht in meinem Tagebuch.

Doch Doris war zornig. Die Kinder wurden nämlich vorgefüttert, und mussten dann das Haus verlassen, damit die Erwachsenen ungestört essen konnten. Das wollte sie nicht akzeptieren.

Fredo erzählte von seinen Zukunftsplänen. Er wollte auf Fatu Hiva Gemüse züchten. Es gab zwar Früchte in Hülle und Fülle, aber kein Gemüse. Die Erde war fruchtbar, Wasser gab es genügend. Wir versprachen, von Österreich aus Samen zu schicken. Vielleicht gibt es jetzt schon österreichische Karotten und Fisolen auf der Insel?

Neben seinem „Jawohl Herr General!" kannte Fredo noch ein deutsches Wort, nämlich „Bumsen" und wir erhielten Aufklärungsunterricht à la polynesisch:

„Bumsen bei Vollmond – Mädchen, bumsen bei Neumond – Bub!"

„Mama, ea ea, Papa, ea, ea, lalala,..." Der Mond stand schon hoch über der Bucht Hanavave, er verlieh dem Meer einen hellen, romantischen Glanz. Heino und Fredo zupften abwechselnd die Gitarre und österreichische und polynesische Volkslieder klangen durch die Nachtluft.

Veronique schenkte uns eine Tapa. Ein Stück Rinde vom Baum geschnitten, wurde so lange geklopft, bis es dünn wie Papier war und darauf zeichneten die Einheimischen dann marquesische Motive. Der Name kam von „tap, tap", dem Klang der Schläge. Angeblich waren 10.000 Schläge pro Tapa notwendig. Ich war riesig stolz über dieses Geschenk, es war eine große Ehre für einen Gast, dieses zu erhalten und alle Yachten, die zu diesem Privileg kamen, prahlten damit. Unsere Tapa zeigte drei Eidechsen, bewacht von einer Maske.

Fatu Hiva bekam Telefon. Das neue Post Office wurde eingeweiht. Veronique als das Postfräulein war mit den Vorbereitungen betraut. Sie schmückte das Posthäuschen und pflanzte entlang des Weges dorthin Hibiskussträucher, indem sie einfach Zweige von großen Büschen abschnitt und in die Erde steckte. Sie versicherte uns, dass sie bald Wurzeln bilden und blühen würden. Ganz einfach, so einfach wie ihr Leben.

Mit einer großen Motoryacht kam der Postminister aus Tahiti. Das ganze Dorf war aufgeregt auf den Beinen, die Frauen geschmückt mit Kränzen, die hier hauptsächlich aus Kräutern, wie Dille und Basilikum und nur wenigen Blüten bestanden. Veronique flocht auch für Doris einen Kranz, sie sah hübsch damit aus und trug ihn stolz wie ein junges Fräulein. Wir hielten uns im Hintergrund, war doch mit dem Minister die örtliche Polizei von der Nachbarinsel mit.

„Keine Sorge", meinte Fredo, „der Polizist ist mein Bruder, er meldet euch nicht." Und tatsächlich, es fuhren alle wieder ab, ohne uns zu beachten. Am nächsten Tag war das Telefonieren gratis. Wir stellten uns natürlich auch an, doch wir erhielten nach Europa natürlich keine Freileitung. Einen Tag später klappte es anstandslos. Oma Annis Stimme meldete sich verschlafen:

„Wie geht es euch, seid ihr alle gesund?" Es waren immerhin elf Stunden Zeitverschiebung und wir hatten sie aus dem Schlaf geläutet. Die Verständigung war zwar gut, aber es dauerte eine gewisse Zeit, bis unser Telfonpartner unsere Worte zu hören bekam und so war das Gespräch hauptsächlich ausgefüllt mit den Sätzen: „Wie geht es euch?" und „Was hast du gesagt?" Es dauerte drei Minuten und kostete uns ein Vermögen von umgerechnet 350 Schilling.

Heinos Tabakvorrat war zu Ende. Leidvoll teilte er es Fredo mit.

„Kein Problem!", hörten wir Fredos Lieblingsworte und er telefonierte mit einem Freund auf der Nachbarinsel. Am nächsten Tag lieferte das Taxiboot Tabak.

„Die Überfahrt zu den Tuamotus ist gerettet", sagte Heino glücklich.

Vis a vis von Fredo wohnte Patrice mit seiner Familie. Auch er wollte von uns das Unmögliche erreichen und uns die Schrotflinte abkaufen.

Heinos Satz: „Das darf ich nicht, das ist verboten", akzeptierte er nicht und jedes mal, wenn er uns begegnete beschenkte er uns. Nach Pampelmusen, Baguette, Wildschweinkeule, Bananen und wieder Pampelmusen zog ich schließlich in Ermangelung anderer Tauschgeschenke meine Ohrstecker aus den Ohrläppchen und schenkte sie seinen Töchtern, wobei jede einen davon bekam. Neben Schmuck waren auch Parfum, Zigaretten und Alkohol beliebte Tauschobjekte.

„Wir müssen bald fahren, sonst tauschen wir noch unser Boot", meinte der Kapitän.

Ein Abschiedsessen auf der SEHNSUCHT war geplant. Wir wollten uns mit der Einladung für die Gastfreundschaft bedanken. Die Crew der NAUTICUS kam ebenfalls. Es war eng an Bord, dafür gemütlich. Fredo, mit blumenbekränztem Haar hatte seine Ukulele mitgebracht, Heino zückte die Gitarre und gemeinsam sangen und spielten wir.

„Seemann, lass das Träumen, Seemann fahr hinaus..." klang es durch die Bucht, gleichzeitig auf Französisch und Deutsch.

„Deine Heimat ist das Meer, deine Freunde sind die Sterne,..." sangen sie, so lange bis Mond und Sterne am Himmel glänzten.

Kapitel 30

Tuamotus – Perlen, Kinder und Mormonen

„Hei, da sind ja lauter Inseln mit Palmen drauf!" Doris war aufgewacht und kletterte aus der Kajüte.

„Wo?", fragte ich erschrocken und kniff die Augen zusammen um besser zu sehen und konnte mit Mühe Land erkennen. Für mich sah es wie Wellen aus.

„Ich fahre noch einmal auf ein Riff, wenn ich meine Brillen nicht trage", dachte ich schuldbewusst.

„Ich nehme etwas Segelfläche weg, wir sind noch zirka 20 Meilen vor Takaroa", mit diesen Worten des Kapitäns hatte ich die Wache übernommen, und seit dem Morgengrauen saß ich nun da und schaute mir die Augen nach dem Atoll aus. Laut Log hätten wir noch zehn Meilen zu segeln, doch der Strom versetzte uns vermutlich nach Nordwesten und wir segelten gerade nördlich von Takaroa vorbei.

Es war eine ruhige Überfahrt gewesen. Nach einem langen Abschiedsbesuch von Fredo, der unser Schiff mit einer Staude Bananen, einem Sack Orangen, Mandarinen, Zitronen, Papayas, uns unbekannter Stachelfrüchte und vor allem Pampelmusen voll füllte, die leicht einen Halbjahresbedarf deckten, segelten wir erst bei Dunkelheit aus der Bucht Hanavave. Der Mond ließ uns im Stich, er versteckte sich hinter einer dunklen Regenwolke. Trotzdem war die Silhouette der Insel deutlich zu erkennen, und, da keine versteckten Riffe zu umfahren waren, gab es auch keine Probleme. Gemäßigter Wind und mäßige Wellen brachten zwar keine Spitzenetmale, doch wir schafften die 460 Seemeilen in fünf Tagen. Drei Fische zappelten am Haken, obwohl wir nur mehr einen winzigen Köder von ein paar Zentimeter Länge besaßen. Vielleicht war gerade diese Tatsache das Geheimnis unseres Anglerglücks. Unsere früheren Köder lockten zu große Fische an, die vermutlich zu stark für unsere Angelleinen waren und oft mit Köder verschwanden. Der dritte war ein leckerer Wahoo, der vorzüglich mundete. Auf jeden Fall wurde der Proviant in unserer Packkiste geschont. Die Hochseefische konnten wir unbedenklich genießen und sie waren eine willkommene Abwechslung nach der üppigen Fleischkost auf den Marquesas.

Eine ruhige Überfahrt? Ein großes Problem gab es doch. Heinos Zigaretten waren aus. Die letzten Tage sammelte er schon die Kippen, holte die letzten Brösel Tabak heraus und zerschnitt unsere Bücher um sich Neue zu drehen. Zigaretten aus Stummeltabak und Romanheftchen. Dem süchtigen Kapitän war nichts heilig. Am letzten Tag vor dem Landfall war auch die letzte Zigarette geraucht.

„Das wäre eine gute Gelegenheit sich das Rauchen abzugewöhnen." Heinos feindlicher Blick in meine Richtung bedurfte keiner Gegenworte. Tabaklos steuerten wir Takaroa an.

Der herrliche Duft von Blüten wehte uns plötzlich entgegen. Die Insel vor unserem Bug sah grün und blühend aus. Wir suchten das Panorama nach der Einfahrt ab. Sie war leicht zu finden, da sie gleich neben der Village Teauaroa lag und diesen Ort zierte ein hoher Kirchturm. Beim Näherkommen konnten wir auch schon die Bojen des Passe Teaumonae deutlich erkennen.

Wir tasteten uns vorsichtig in den Pass, von dem wir nicht wussten, in welche Richtung die Strömung laufen würde. Wir sahen zwei Yachten an der Koprapier liegen, die Leute riefen uns etwas zu. Wir verstanden nur das Wort „difficult". Wir sollten näher kommen, deuteten sie uns, doch da wir keinen Retourgang besaßen, mussten wir in dem schmalen Kanal wenden um in Rufweite der Yachten zu kommen.

„Ihr müsst an der Pier festmachen, der Ankerplatz ist schlecht, zu tief und zu viele Korallenköpfe", meinten die Crews der beiden amerikanischen Boote.

Wir erklärten ihnen, dass wir keinen Retourgang haben und baten um Hilfe beim Anlegen. Also motorten wir wieder hinaus und machten Leinen und Fender klar. Die Strömung führte in die Lagune, dadurch war unsere Geschwindigkeit zu hoch und wir mussten wieder wenden um abzubremsen. Wir warfen die Leinen und mit Hilfe unserer Yachtkollegen lagen wir bald, mit dem Bug zwar nach außen zeigend, aber gut vertäut an der Koprapier.

Wir hatten Glück, denn in den Pässen, die oft riffgespickt waren, herrschte, je nach Tide, ein- oder auslaufende Strömung. Oft war diese Strömung so stark, dass man einige Stunden vor dem Pass auf Slack-Tide warten musste, also die Zeit, wo die Strömung umschlug und das Wasser kurze Zeit stillstand.

Takaroa – das erste Atoll auf unserer Reise. Dieses ringförmige Gebilde, das von Korallen auf den Rändern eines Vulkankraters gebaut wurde, ragte nur um Palmenhöhe aus dem Meer empor.

„Man kann sie eher riechen denn sehen", dieser Ausspruch der Segler hatte etwas Wahres an sich. Der Duft von Frangipaniblüten erfüllte die Luft.

Eine Stunde nach unserer Ankunft kam ein Polizist an Bord.

„Noch nicht einklariert?", fragte er, „das ist nicht erlaubt." Wir erzählten, dass wir direkt von Panama kämen. Ob er es uns abgenommen hatte, glaubte ich nicht so recht, sah er doch die vielen Früchte im Schiff hängen.

Wir müssten unbedingt nach Tahiti segeln, meinte er. Er nahm die Daten von uns auf.

„Na ja, fünf Tage Aufenthalt auf Takaroa wird genehmigt", sagte er freundlicher, weil er unsere enttäuschten Gesichter sah, aber dann müssten wir uns unbedingt in Papeete melden, um das Pfand zu bezahlen. Wir versprachen es hoch und heilig.

„Ihr habt keinen Sat Nav?", fragte er beim Abschied. „Das ist aber gefährlich hier in den Tuamotus." Er führte die Hand zum Mund und blies in die Finger, so als hätte er sich verbrannt. Es war offensichtlich ein heißes Gewässer hier, man sah es an den vielen Schiffwracks. Takaroa allein hatte drei, abgesehen von denen, die gleich gesunken sind, denn das Meer an der Riffaußenseite fiel sofort steil in die Tiefe ab. Es zahlte angeblich auch keine Bootsversicherung, wenn man ohne Satellitennavigator die Tuamotus befuhr.

Froh, die erste Behördenkontrolle in Französisch Polynesien gut überstanden zu haben, machten wir uns landfein, um die Insel zu erkunden. Hinter der Koprapier, auf der zwei große schmucklose Lagerhäuser standen, kam der Ort Teavaroa zum Vorschein, der sich als gepflegt und nett entpuppte. Schöne Häuser von Gärten umrundet, voll von Hibiskus und Fragipanibüschen ließen einen gewissen Wohlstand vermuten. Im Ortskern eine neu gebaute, liebevoll hergerichtete Kirche, strahlend weiße Mauern, türkise Verzierungen, ein rotes Dach auf dem Haupthaus und dem hohen Turm, der aus drei Etappen bestand. Die Vorderfront hatte auch rechts und links noch ein kleines Türmchen. Heino hatte keinen Blick für die Schönheiten des Platzes. Er war auf der Suche nach Tabak. Wir entdeckten ein kleines Geschäft.

„Tabak? Ich verkaufe keinen, ich bin Mormone." Auf Heinos verständnislosen Blick fügte er hinzu: „Wir rauchen und wir trinken nicht."

Auch im zweiten und im dritten Laden erhielt er dieselbe Antwort. Die ganze Insel schien aus Mormonen zu bestehen.

„Das darf doch nicht wahr sein", schimpfte Heino, „ausgerechnet wenn ich keine Zigaretten mehr habe, müssen wir auf eine tabaklose Insel kommen."

Ein viertes Geschäft entdeckten wir noch, doch das hatte geschlossen. Überall wo wir hinkamen, wurden wir gefragt, woher wir kämen. Und überall hörten wir, dass auf der Insel ein Mann aus *„Autriche"* lebte. Heino setzte alle Hoffnung auf ihn.

„Ein Österreicher, der nicht raucht und nicht trinkt, den gibt es nicht", war seine Meinung.

Am Abend blieb ihm nichts anderes übrig, als nach Tabakbröseln im und um den Kartentisch zu suchen und so wuzelte er seine allerletzte Zigarette.

Auch Manfred, der Österreicher, hatte schon von unserer Ankunft gehört und stand am nächsten Tag an der Koprapier.

„Trinkst du eine Tasse Kaffee mit uns?", lud Heino ihn ein.

„Nein danke, ich trinke keinen Kaffee, ich rauche und trinke auch nicht, ich bin Mormone." Heino schaute ihn fassungslos an.

„Ja, ich bin der Bischof dieser Gemeinde!" Das haute unseren Kapitän um. Trotzdem erzählte Heino sein Leid. Manfred hatte Mitleid mit dem verirrten Schäfchen und da er seine schwarzen Schafe kannte, verriet er den Ladentisch, wo es Zigaretten gab. Mit einer Einladung für den nächsten Tag verabschiedete sich Manfred. Bald kam unser Kapitän den blauen Dunst zufrieden vor sich herblasend wieder zur SEHNSUCHT zurück.

Kinder kamen neugierig zum Schiff. Wir ermutigten sie, an Bord zu kommen. Doris, die unter Freundesmangel litt, freute sich über den Besuch. Zuerst sahen sie sich nur scheu um, doch allmählich fühlten sie sich wie zu Hause. Wir verteilten unsere Früchte von Fatu Hiva. Das sprach sich herum, denn auf der Insel wuchsen diese nicht. Es wurden immer mehr Kinder. Sie brachten Muscheln, Fische, Blütenkränze. Der Salon war voll von lustigen Kindern und Blüten in allen Farben.

„Und ich hatte Angst, dass unser Obst verderben wird", sagte ich, nachdem der Vorrat geschrumpft war. Manchmal war der Kindersegen so reichlich, dass es selbst Doris zu viel war. Einmal zählte ich zwanzig Köpfe. Petra litt an der Invasion, weil die älteren Mädchen sie immer verschleppen wollten. *„No, no!"*, hörte ich sie dann schreien, ihr erstes französisches Wort.

Manfred holte uns mit seinem kleinen Lieferwagen ab. Sein Zuhause war auf der nächsten Insel, die mit der Hauptinsel durch eine Brücke verbunden war. Eine dicke Staubwolke wirbelte hinter dem Auto her. Wir bogen in einen kleinen Seitenweg ein und kamen zu einem Haus, das mit Palmen umsäumt war und dahinter schimmerte türkisfarben die Lagune. Das Haus war geräumig, eine große Küche ging in ein Wohn- und Esszimmer über. Vor dem Haus gab es unter schattigen Palmen einen Sitzplatz mit Blick auf die Lagune. Ein Steg, an dem ein kleines Motorboot lag, führte zu einem kleinen Häuschen, das, wie wir später erfuhren das Operationshaus für die Austern war. Manfred hatte zwar die französische Staatsbürgerschaft, war aber im Herzen Österreicher geblieben und freute sich offensichtlich über unseren Besuch. Als ehemaliger Fremdenlegionär kam er nach Tahiti, wo er seine Frau kennen lernte und sich in Takaroa ansiedelte. Zusammen hatten sie sechs Kinder, vier Mädchen und zwei Buben. Von seiner Frau, einer polynesischen Mami, wurden wir herzlich aufgenommen und bewirtet. Wir fühlten uns auf Anhieb wohl. Es gab gegrillte Hühnerhaxerl und Salat.

Herrlich! So verwöhnt, wie in letzter Zeit wurden wir noch nie. Wir plauderten viel, er erzählte uns von seinem früheren Leben und seinem jetzigen. Neben seiner Pension als Fremdenlegionär, er war 50 Jahre alt, betrieb er mit seiner Frau einen Laden im Ort, der für Inselverhältnisse gut sortiert war. Außerdem begann er mit einer Perlenzucht von schwarzen Perlen. Bevor wir hier ankamen hatten wir keine Ahnung davon, dass in dem Atoll Perlen gezüchtet wurden, und jetzt weihte uns Manfred in die Geheimnisse der Perlenzucht ein.

„Die Austerneier werden mit feinmaschigen Girlanden aufgefangen und bleiben dort, bis sie zirka fünf Zentimeter groß sind", erzählte uns Manfred. „Dann holt man sie raus, säubert sie, bohrt ein Loch hinein und fädelt sie auf Schnüren auf. Die Austern kommen dann auf eine zirka 200 Meter lange, waagrecht gespannte Schnur, die auf sieben Meter Tiefe verankert wird. Wenn die Austern zehn Zentimeter Durchmesser haben, können sie operiert werden."

„Operiert?" fragte ich unverständlich.

„Ja, da wird ihnen eine runde Kugel eingesetzt."

„Eine Glaskugel?"

„Nein, eine exakt rund geschliffene Perle, die von einer Süßwassermuschel aus dem Mississippi hergestellt wird. Gleichzeitig wird ein totes Stück Muschelfleisch eingesetzt."

„Machst du das selber?"

„Nein, das ist ganz schwierig, das können nur wenige. Dazu kommt ein Spezialist aus Japan, der mit seiner Erfahrung einen Erfolg von dreißig Prozent erreicht. Das heißt, in dreißig von hundert Muscheln befindet sich eine Perle. Die anderen spucken den Fremdkörper wieder aus oder sterben ab."

„Also ist der Aufwand groß, sowohl der finanzielle als auch der Arbeitseinsatz", folgerte Heino.

„Und der Erfolg ist ein Glücksspiel, denn je nach Größe und Perfektion bringt eine Perle zwischen hundert und viertausend Dollar."

„Wie lange dauert es, bis so eine Perle entsteht?" fragte ich.

„Ein Jahr braucht die Auster, um die eingesetzte Perle mit ihrer Perlmuttschicht zu überziehen. Längeres Wachstum bringt die Gefahr mit sich, dass die Perlen nicht mehr exakt rund sind."

Im Jänner wird es Manfreds dritte Ernte werden und erst dieses Mal ein Reingewinn. Und er schätzte, dass die Zucht noch einige Jahre möglich sein werde, dann wird das natürliche Gleichgewicht in der Lagune durch die viel zu vielen Austern gestört sein und die Perlenzucht zu Ende, wie derzeit schon in Manihi.

„Viele werden dabei reich und so mancher bankrott", schloss er seine Erzählung. Jetzt wurde uns auch klar, warum das Ankern in der Lagune unerwünscht war, da aus verständlichen Gründen die Austernschnüre nicht gekennzeichnet waren.

Er zeigte uns einige Perlen aus seiner Zucht, die er für seine Töchter zu Ketten verarbeiten ließ. Das erste Mal in meinem Leben sah ich schwarze Perlen, sie sahen wundervoll aus; jede einzelne hatte einen anderen glänzenden Farbschimmer, ein eigenes Feuer auf ihrem schwarzgrauen Untergrund.

„Und aus den Schalen werden auch Schmuckstücke gefertigt", erzählte er weiter.

„Die müssen toll aussehen", meinte ich und seine Frau führte mich in den Schuppen neben dem Haus, wo die Schalen gelagert wurden. Jede war anders, jede hatte einen anderen Schimmer, von gelb über rosa, silbern oder bläulich. Ich durfte mir einige aussuchen und war glücklich. Und wenn ich ehrlich bin, ich fand sie viel schöner als die Perlen.

Manfred besaß einen Kompressor und erklärte sich bereit, Heinos alte Flasche zu füllen. Ich hatte kein gutes Gefühl dabei, war die Flasche doch gefundenes Strandgut und nicht getestet. Doch die Männer hatten keine Bedenken.

„Die Flasche kommt beim Füllen in ein Blechfass, selbst wenn sie zerreißt, kann nichts passieren", versicherten sie mir. Mit voller Flasche und Dingi verschwand Heino zum Außenriff, das senkrecht in die Tiefe fiel, um zu tauchen.

„Toll!", war sein einziger Kommentar, als er nach mir unendlich erscheinender Zeit wiederkam.

Waren wir nicht in Manfreds Haus zu Gast, plauderten wir mit unseren amerikanischen Yachtkollegen, saßen Stunden zusammen. Da war TERRA mit Chris und Hiller, ein etwas älteres Ehepaar, das schon zehn Jahre am Schiff lebte. Wir feierten den Geburtstag von Chris. Doris schmückte sie dazu mit einem Blütenkranz. Dann war da noch SWEET DREAM mit Mike und Shellie aus Kalifornien, die erst seit zweieinhalb Monaten unterwegs waren.

„Wir wollen nur eine kurze Reise machen", erzählte Shellie, „und dann einige Kinder."

„Zwei", korrigierte Mike sie, „und dann machen wir eine lange Reise."

So kam es, dass Shellie uns immer beobachtete, wie es sich mit zwei Kindern, wobei eines fast noch ein Baby war, auf einem Schiff leben ließ. Sie lächelte, wenn Petzi ihre schmutzigen Hände an meinem T-Shirt abwischte, Doris den Kaffee umschüttete, das Baby ihre Schuhe oder das Gewand verkehrt anzog oder nicht schlafen wollte und immer wieder aus dem

Bettchen krabbelte und Doris Gespenster im Dunkeln sah. Für sie war das alles lustig.

„Warte nur Shellie, bis es deine eigenen sind, dann vergeht dir das Lachen", sagte ich am Abend, als wir gemütlich im Cockpit zusammen sitzen wollten und die Kinder keine Ruhe gaben.

„Was macht ihr denn da?", fragten Mike und Shellie. Heino und ich saßen an der Koprapier mit einer Packung Spaghetti und brachen jede Nudel auseinander.

„Wir holen das Fleisch aus den Spaghetti", antworteten wir. Sie sahen uns nur unverständlich an. „Ja, wir haben in Panama nicht nur Kakerlaken gebunkert, sondern auch kleine Käferchen."

„Die sind süß, die sehen aus als hätten sie einen Rüssel", sagte Doris auf hoher See als wir sie entdeckten. Und weil sie so süß aussahen, wollte sie auch niemand erschlagen. So vermehrten sich diese Rüsselkäfer, wie wir sie nannten, lustig weiter, fraßen sich durch Nylonverpackungen und legten ihre Eier in ziemlich genauen Abständen in die langen Nudeln. Aus den Eiern wurden weißliche Maden. Zuerst bemerkte ich sie gar nicht, doch beim Kochen brachen die Spaghetti an der Stelle ab, wo die Made war und zwei winzige Augen sahen mir, zwar schon tot, aber unverkennbar, entgegen. Mit Sugo übergossen, schmeckte es meiner lieben Familie trotzdem und ich schwieg, da ich die hungrigen Mäuler ja irgendwie satt bekommen musste. Seekrankheit war meine Ausrede auf die Frage, warum ich nichts esse.

Deswegen saßen wir jetzt am Pier und nahmen uns jede Nudel einzeln vor, brachen die Made heraus und fütterten damit die Fische. Der Reis war ebenfalls Brutstätte der Rüsselkäfer geworden und ich sortierte jedes Reiskorn aus, aus dem mir zwei Augen entgegensahen. Auch das Mehl, das noch in unseren Packkisten lagerte, war verdorben. Schuld war der Wassereinbruch vor der Insel Cocos Diesas und das feuchte Mehl war von Schimmel befallen. Wir entfernten diesen Teil der Packung, aber der Schimmelgeschmack zog sich durch das ganze Kilo. Auf Takaroa wäre es zwar möglich gewesen, Lebensmittel zu kaufen, aber die Preise waren unerschwinglich, zirka doppelt so teuer wie in der Karibik. Für ein Ei zum Beispiel zahlten wir umgerechnet sieben Schilling und fünfzig Groschen.

„In Französisch Polynesien zahlen wir zwar keine Steuer, aber dafür kommen auf alle Importartikel einhundert Prozent Einfuhrsteuer", erklärte uns Manfred. „Es ist ein Land für die Reichen."

Allmählich verstanden wir auch den Sinn der Vorschrift, dass jede Yacht ein Pfand zu bezahlen hatte. Die Polynesier waren ein äußerst gastfreundliches Volk. Ein Fremder könnte das ausnützen und ohne weiteres lange

Zeit auf Kosten der Einheimischen leben. Um solche „Einwanderer" fe rnzu-
halten, hatten die Behörden diese strengen Bestimmungen eingeführt. Auch
durfte sich kein Fahrtensegler in der Cyklonsaison im Staatsgebiet aufhalten, da es keine zyklonsicheren Häfen gab.

Eines Nachmittags zeigte uns Manfred das Wrack der COUNTRY OF
ROXBURGH, einem Stahlsegelschiff, Viermaster. Wir fuhren durch das
trockene Landesinnere, bestehend aus harten Korallen mit wenig Sand
dazwischen, bewachsen mit viel Gestrüpp zwischen den Palmen. Beeindruckend groß lag der verrostete Stahlrumpf am Riff, wo er 1906 bei einem
Cyklon strandete. Gerettet wurden all jene Leute, die am Schiff geblieben
waren, jene die ins Wasser sprangen ertranken.

„Es war luxuriös ausgestattet", erzählte uns Manfred, „und die Inselbewohner haben es total demontiert. Du findest in jedem Haus einen Einrich-
tungsgegenstand von diesem Schiff."

Getrübt wurde unser Ausflug durch ein schlechtes Erlebnis. Manfreds
kleinster Sprössling, zwei Jahre alt, begleitete uns. Er schlief im Auto ein
und wir ließen ihn dort liegen, als wir das Wrack besichtigten. Irgendwann
wachte er auf, und lief einfach davon, obwohl wir nicht weit vom Auto
entfernt waren. Ich war schockiert, doch Manfred meinte, er sei nach Hause
gelaufen. Er dürfte aber die Orientierung verloren haben und in die falsche
Richtung gelaufen sein, wo ihn fremde Leute fanden. So war er nicht zu
Hause, als wir dort ankamen und es dauerte einige Stunden, bis er von den
Leuten gebracht wurde und weinend in Mamas Armen lag. Ich fühlte mit
ihr, es war das einzige Mal, wo ich diese ewig lächelnde Frau mit einem
traurigen Gesichtsausdruck sah. Der kleine Kerl beruhigte sich saugend an
der Brust.

„Deine Frau stillt noch?", fragte ich.

„Meine Frau hat Milch, seit ich sie kenne", antwortete Manfred. Sein
ältester Sohn war vierzehn, und in Tahiti auf der Schule, und dann kam alle
zwei Jahre ein Baby. Es schien hier alles so einfach zu sein, das Großziehen
der Kinder, der Haushalt; sie strahlte so viel Ruhe aus, wie es eine europäische Frau nie könnte. Und wenn sie lächelte, ging die Sonne auf.

Ich drückte meine Bewunderung aus.

„Kinder müssen mit acht Jahren selbstständig sein", meinte Manfred, „da
sind sie selbst verantwortlich für ihr Leben." Das war auch in der Lehre der
Mormonen verankert, von denen wir auch einiges hörten.

„Mormonen haben keine Vielweiberei", verteidigte er sich, „sie kümmern
sich nur um Familien, wo kein Ernährer mehr da ist. Das ist ein Vorurteil."

Vorurteil hatten wir überhaupt keines, weil wir bis dato von dieser Reli-
gionsgemeinschaft, die sich Kirche Jesu Christus, die Heiligen der letzten

Tage nannten, nichts wussten. Wir sahen hier nur glückliche Menschen. Manfred lud uns zum Gottesdienst ein.

Wir kamen leider etwas zu spät, die Kirche war verschlossen, drinnen wurde gebetet. Nach kurzer Zeit öffnete sich das Tor, wir schlichen hinein. Manfred hielt den Gottesdienst auf Tahitisch, wir verstanden kein Wort. Aber es ging locker zu, die kleinen Kinder liefen herum, spielten und lachten. Später erklärte er uns, dass die ersten Minuten das Tor geschlossen wurde und alle still am Gebet teilnahmen, danach konnte man kommen und gehen wie man wollte.

„In einem Gotteshaus muss man sich wohlfühlen, Kinder, die still sitzen müssen, fühlen sich nicht wohl." Da stimmte ich mit ihm überein.

Uns beeindruckte auch der finanzielle Wert, der hier zur Schau getragen wurde. Die Frauen hatten zwar alle keine Schuhe an, aber um ihren Hals hingen Perlenketten, mit Perlen, eine schöner und größer als die andere.

Am Nachmittag dieses Sonntages waren wir zum letzten Mal zu Besuch in Manfreds Haus. Er hatte einen Fernseher mit Satellitenanlage und so kam es, dass es im tahitianischen Fernsehen den dritten Teil von Sissi, der Kaiserin aus Österreich in französischer Sprache spielte. Wir saßen im Wohnzimmer, schauten durch die großflächigen Glasfenster auf den Palmenvorplatz, den weißen Strand und die herrlich ruhige, blau-türkise Lagune und sahen im Fernsehen Schloss Schönbrunn.

„Hilfe, eine Laus!" Auf Petras blonden Locken saß eine schwarze Laus. Ich fing sie und zerquetschte sie zwischen den Fingernägeln.

„Hurra, jetzt sind wir noch um eine Spezies reicher, wir haben nun neben Rüsselkäfern in Reis und Nudeln, Kakerlaken in allen Ritzen auch noch Läuse auf dem Kopf", sagte ich sarkastisch und durchforstete Petras Haare. Heino begann sich sofort zu kratzen.

„Das war hoffentlich ein Einzelexemplar", vermutete ich, da die weitere Untersuchung negativ ausfiel. Die vielen Kinderbesuche hatten offensichtlich ein unliebsames Geschenk hinterlassen. Es waren nicht nur viele Kinder auf der SEHNSUCHT, auch an der Koprapier herrschte immer lustiges Treiben. Die Kinder warfen ihre Angel aus, denn der Kanal, der alle fünf Stunden seine Strömung wechselte, barg viele Fische. Sie waren sehr erfolgreich, zerschnitten ihren Fang gleich an der Pier und aßen das rohe Fischfleisch. Auch hier lauerte die Fischvergiftung Citaguera, doch die kleinen roten, die sie fingen, waren unbedenklich. Auch Haie gab es genügend und zwar recht große. Wir beobachteten sie des Öfteren bei der Jagd im Kanal. Am Strand vor Manfreds Haus hatte ich ein Hai-Schreckerlebnis. Ich watete im seichten Wasser und scheuchte dabei einen kleinen Fischschwarm auf. Plötzlich stürzten aus dem tieferen Wasser einige kleine Haie in das seichte Wasser, um nach den Fischlein zu schnappen. Mit einem Aufschrei, sprang ich an den Strand, zur Erheiterung der beiden Männer.

Unsere fünf Tage waren zu Ende. Wir „flüchteten" von der Insel, denn so viel Gastfreundschaft war ermüdend. Wir wählten das 67 Seemeilen entfernte Atoll Aratika, wo das Ankern in der Lagune möglich war und uns Manfred einen unbewohnten Ankerplatz verriet. Am späten Nachmittag verließen wir, blumenbekränzt, mit auslaufender Tide die Pier. Kinder winkten.

„*See you in Tahiti!*", riefen Shellie und Mike und wir segelten in die Nacht hinein. Nach fünf Tagen ohne Schaukeln, empfing uns die steile See. Die weibliche Crew lag flach. Sogar Petra war schlecht und sie brach. Heino hielt die ganze Nacht genau den Kurs, doch am Morgen fanden wir uns nicht wie geplant östlich von Aratika, sondern 20 Meilen westlich. Die Strömungen zwischen den Atollen waren enorm.

„Auch egal", sagte der Kapitän, „fahren wir eben durch den Passe Temaketa statt durch den Passe Fainukea." Der starke Tidenstrom ging nach außen und wir kamen nicht hinein. Also warteten wir vor der Einfahrt. Unser starker Motor hätte die Strömung vielleicht geschafft, aber die Steuerung vermutlich nicht. Der Pass sah riffgespickt aus und wir wollten nichts riskieren. In der Lagune suchten wir einen Ankerplatz, wo weder eine Yacht, noch ein Haus zu sehen war. Wir wollten einfach nur einen Tag alleine sein. Aus dem einen Tag wurde ein zweiter und wegen zu starken Windes ein dritter. Am zweiten Tag mussten wir uns wegen zu starken Schwells, der nach der Winddrehung allmählich unerträglich wurde, hinter ein kleines Riff verlegen.

Die Kinder waren etwas krank, hatten Husten und Schnupfen.

„Grotesk, gerade in einer Zeit, wo wir so viele Vitamine gegessen haben."

„Vielleicht weil jetzt Winter ist? Im Winter hat man doch immer Schnupfen", meinte Doris altklug. Die Ruhe tat uns gut. Wir wanderten am Strand, sammelten Muscheln, tranken aus Kokosnüssen. Heino, der von Mike ein neues Ventil für seine Taucherflasche erhalten hatte, versank wieder in seiner Unterwasserwelt. Fische brachte er keine an Bord, wussten wir doch nicht, welche genießbar waren.

„Dabei kann man sie hier mit der Hand fangen", sagte er enttäuscht.

Kapitel 31

Papeete – Großstadtrummel mit Südseeflair

„Kannst du mir bitte die Karte von Tahiti raussuchen?", bat der Kapitän. Die Südseeinsel lag vor dem Bug. Aus scheinbar zwei Inseln wuchs allmählich Tahiti und Tahiti iti zu einer Insel zusammen. Ich suchte im Kasten unter dem Kartentisch, vergebens. Ich holte alle Seekarten heraus und ging sie Stück für Stück durch.

„Wir haben keine Detailkarte von Tahiti", rief ich Heino zu.

„Das kann nicht sein", antwortete er und startete selbst die Suche. Doch das gute Stück war nicht dabei.

„Es ist wie verhext! Von jeder winzigen Insel Französisch Polynesiens besitzen wir eine Detailkarte und von der wichtigsten, Tahiti, nicht."

Am Morgen des 1. Septembers waren wir mit auslaufender Strömung durch den Kanal des Atolls Aratika gezischt. Wir planten, noch vor Sonnenuntergang dieses Tages die Tuamotus hinter uns zu lassen, doch die Navigation zeigte, dass die errechnete Geschwindigkeit mit der tatsächlichen nicht übereinstimmte. Wir segelten nur mit drei bis vier Knoten Fahrt auf Toau zu.

„Wie stark und in welche Richtung läuft die Strömung?", fragten wir uns, „Und wie groß ist die Versetzung?" Wir konnten es nicht einmal schätzen. Knapp vor Sonnenuntergang sahen wir die Nordseite von Toau. Nun lag noch Kaukura im Norden und Niau im Süden, wo wir uns durchschwindeln mussten. Die Durchfahrt zwischen den beiden Atollen war wohl siebzehn Meilen breit, doch bei diesen Strömungen? Die Sonne sank unbarmherzig, die Nacht brach herein und wir waren mitten drin. Heino hielt genau Kurs, kontrollierte ihn alle paar Minuten und stellte die RESI neu ein. So mogelten wir uns durch die Inseln hindurch. Am Morgen sahen wir nur mehr die unendliche Weite des Ozeans. Palmen und auch der Duft des Landes waren verschwunden. Laut Log hatten wir das Tuamotusarchipel bereits hinter uns.

„Tahiti, wir kommen!", riefen wir euphorisch.

Danach war es eine problemlose Überfahrt. Problemlos? Nicht so ganz. Eines Nachts hing Beute an unserer Schleppleine. Zu unserer Überraschung kam nicht wie erhofft ein schmackhafter Hochseefisch, sondern ein Seeungeheuer zum Vorschein. Es hatte nicht angebissen, sondern der Haken des Köders verfing sich an den Hautfalten rund um seine großen Augen. Und mit diesen riesigen Glubschaugen sah es uns jetzt, fast schon tot, an.

„Das ist ein Riesentintenfisch", diagnostizierte Heino seinen Fang. Mit einer Körperlänge von einem halben Meter und mit ausgestreckten Tentakeln bestimmt einen Meter lang glich es tatsächlich einem Ungeheuer aus der Tiefsee. Die Freude, Abwechslung am Speiseplan zu haben wurde getrübt, und zwar durch Tinte. Das Vieh entließ Unmengen von blauer Farbe in unser Cockpit. Wir spülten und spülten, doch die Farbe wollte nicht versiegen. Schließlich gaben wir auf und wir verschoben die Tätigkeit auf Tageslicht. Nach Sonnenaufgang wurde das Ausmaß der Verfärbung erst richtig sichtbar. Die SEHNSUCHT sah aus, als wäre sie in ein Tintenfass getaucht worden. Nichts desto trotz landete das Ungeheuer zerkleinert und gut geklopft in unserer Bratpfanne. Da kam die zweite Enttäuschung: Es war zäh wie Leder.

Nun lag nach viertägiger Überfahrt die Trauminsel Tahiti vor unserem Bug und wir hatten keine Detailkarte. Wir näherten uns nur langsam und es war abzusehen, dass wir den Hafen nicht mehr bei Tageslicht erreichen würden. „Papeete ist sicher auch bei Nacht anzulaufen", tröstete uns der Kapitän. Hell erleuchtet lag bald die Hafenstadt vor uns, doch wir waren in der stockfinsteren Nacht gefangen. Überall leuchteten die Lichter, hier rot-grün, da zwei grüne, dort rote blinkende und rechts davon die hell erleuchtete Flughafenlandebahn.

„Vielleicht ist der hohe Turm mit dem roten Licht anzupeilen", vermuteten wir und hielten darauf zu. Es war ein Irrtum, er entpuppte sich als Coca-Cola-Werbung. Der achterliche Wind frischte auf, Schaumkronen ließen nahe Riffe vermuten. Und eines wussten wir mit Sicherheit: Die hohe Vulkaninsel war fast durchgehend von einem Außenriff umgeben. Sollten wir wegen zwölf Stunden Ungeduld unser Schiff verlieren? Nein, also standen durchgehende Nachtwachen am Programm. Mit stark gereffter Fock segelten wir eine Stunde lang hart gegen den Wind von der Insel weg, um dann mit achterlichem Wind dieselbe Strecke Richtung Hafen in zehn Minuten zurück zu kehren. Dieses langweilige Spiel wiederholten wir etliche Male.

Im Morgengrauen kam die erste Fähre aus Moorea, schlüpfte vor uns durch die Hafeneinfahrt und zeigte uns den Weg. Jetzt war alles klar, breit und groß lag bald die Einfahrt vor unserem Bug. Wir rollten die Fock weg und starteten den Motor. Ab nach Papeete! Die Freude war kurz, denn der Motor wurde heiß. Wir setzten wieder Segel und glitten hinein. Ein Militärboot kam uns bedenklich nahe. Begrüßt wurden wir sodann von einem Polizeiboot, das uns einen Liegeplatz zuwies. Ankern im Hafen sei verboten, erklärte man uns, es mussten Heckleinen an Land ausgebracht werden.

„Der Motor ist kaputt", versuchte ich den Beamten zu erklären, „wir müssen ankern."

„Das ist nicht erlaubt, das ist unmöglich", sagte er hartnäckig. Schließlich einigten wir uns darauf, dass wir nur für kurze Zeit den Anker werfen würden, so lange, bis der Motor kalt sei. Mit dem Kompromiss zufrieden, zogen sie ab.

Das Manöver war dann einfacher als wir dachten. Es war genügend Platz um den Anker in Landnähe zu werfen, dann das Boot mit dem Dingi zu drehen und mit den Heckleinen an Land festzumachen. Wir lagen am westlichen Ende des großen Hafens. Ohne Hafenmauer, erst weiter östlich von uns begann die Pier. Dort gab es noch viele Yachten, gefolgt vom Hafen für die Berufsschifffahrt.

„Hallo, ich fahre gerade zum Supermarkt, soll ich euch etwas mitbringen?", fragte eine freundliche Stimme. Wir knüpften gerade unsere Festmacherleinen an die Poller, die direkt an der vierspurigen Umfahrungsstraße, dem Boulevard Pomare, von Papeete aufgestellt waren.

„Ja bitte, frische Brötchen und Butter", antwortete ich spontan. Mein Magen knurrte und während der letzten Nachtwache verspürte ich einen unbändigen Appetit auf frische Buttersemmeln und Kaffee. Dieser Wunsch wurde mir jetzt prompt erfüllt, denn als gerade der Kaffe durch den Filter gelaufen war, kam Werner von der deutschen Yacht ANTAIA mit den duftenden Brötchen und kalter, fester Butter angeradelt. Werner war mit seiner Freundin Elke auf Weltumsegelung und seine Yacht lag einige Boote von uns entfernt an der langen Pier.

Schmatzend saßen wir im Cockpit, die letzte Nacht war vergessen und wir waren mit der Welt zufrieden. Unser Kapitän nicht ganz, denn es stand uns noch der unangenehme Gang zum Einklarierungsbüro bevor.

Doch unser erster Weg führte uns zuerst zur Post. Papeete hatten wir allen Verwandten und Bekannten als Postadresse angegeben und so hofften wir auf reichlich Briefe. Der Beamte händigte uns einen kleinen Stapel aus. Ungeduldig öffnete Heino den Brief seiner Eltern. Die Visakarte fiel ihm entgegen.

„Gott sei Dank!", flüsterte er und man konnte hören wie ihm ein Felsen der Erleichterung vom Herzen fiel. Unsere alten Kreditkarten waren bereits abgelaufen und die Eltern versprachen, Heino und mir die neuen zu schicken. Mit getrennter Post, denn falls etwas schief ging, war die Wahrscheinlichkeit größer, dass wenigstens eine Karte ankam. Meine Kreditkarte war nicht da, also hatten sie klug gehandelt. Wir verkniffen uns die Neugierde und stecken alle anderen Briefe ungeöffnet in die Tasche. Wir wollten sie am Schiff in Ruhe nacheinander lesen. Je weiter wir uns von zu Hause entfernten, desto wichtiger war für uns der Kontakt zur Heimat. Voll Zuversicht schlugen wir den Weg zum Einklarierungsbüro ein, in der stillen Hoffnung, eine gültige Kreditkarte würde als Pfandersatz akzeptiert. Drei Behördenstellen waren zu absolvieren, wo wir mit Kind und Kegel auftauchten. Der Beamte vom Zoll war zwar ein Widerling, doch letztendlich gab es keine Probleme. Im Immigrationsbüro stellte man uns die verfängliche Frage nach der Aufenthaltsdauer. Wir antworteten einstimmig: eine Woche. „Dann brauchen wir kein Pfand", sagte der Beamte zu unserer Überraschung. Glücklich und eine Sorge ärmer verließen wir das Büro.

Papeete – ein Stück Europa inmitten der Südsee. Moderne, saubere Häuser, viele schöne Geschäfte, es gab alles zu kaufen was das Herz begehrte. Straßen, vollgestopft mit Autos, doch dazwischen viele Grünanlagen mit einer Vielfalt von Blüten, besonders Hibiskus und Frangipani, deren Duft oft sogar die Auspuffgase übertönte. In den Grünanlagen fanden wir Teiche mit Seerosen und die überall aufgestellten Steinskulpturen. Das waren untersetzte Figuren mit übergroßen Köpfen, die irgendwelche Götter darstellten. Und weil die Kinder wissen wollten, wie sie hießen, nannten wir sie „Tikis". Papeete war eine Stadt voll Leben und doch fehlte ihr die Hektik jeder anderen Großstadt. Trotz des vielen Verkehrs und der schnellen Autos vermissten wir die üblichen nervösen Ausbrüche, wenn es zu Staus kam. Die Mentalität der Südsee, Zeit zu haben, schlug selbst hier in der Großstadt durch. Und wir sahen, dass es nicht bloß Touristenschau war, die Menschen trugen tatsächlich Blüten in den Haaren, Blumenkränze am Kopf und um den Hals.

Besonders schön und sehenswert war die große Markthalle, die „Mapupa a Paraita", mit ihrer architektonisch interessanten Bauweise, halb offen, halb verglast, mit Säulen und Bögen sowie traversenartigen Verzierungen. Der Boden war verfliest, alles war sauber. Im Erdgeschoss fanden wir Blumen, Gemüse, Früchte, Fische und Fleisch von einwandfreier Qualität, jedoch zu saftigen Preisen. Interessanterweise gab es hier beinahe Einheitspreise: 100, 200, 300,... Pazifische Franc. Selten gab es die Abstufung von 50 Franc. Wenn man bedachte, dass 100 Franc mehr als zehn Schilling waren, so waren die Preisunterschiede schon beachtlich. Es war eine untypische Stimmung für einen Markt, kein Anbieten, kein Feilschen, man konnte durch die Stände gehen, alles betrachten, ohne dass man lästige Anbieter abwehren musste. Das Obergeschoss, eine Galerie mit Ausblick auf die bunte Markthalle, war der Touristenmarkt. Bunte Pareos, Muscheln und Muschelketten und die verschiedensten schönen Handarbeiten zierten die Räume. Wir gingen mit leeren Händen aus dem Marktgebäude und besuchten den Supermarkt, wo das Obst zwar nicht so schön war, dafür aber bedeutend billiger. „Hier gibt es sogar schöne Mistkübel", meinte Doris beim Verlassen der Markthalle. Tatsächlich, die weiß getünchten Betonbehälter waren mit Reliefbildern von Palmen und Landschaften verziert. Eigenwillig sahen die

Autobusse aus. Von vorne ein Kleinbus, von hinten wie eine alte Eisenbahn. Im Inneren waren die Sitze der Länge nach angeordnet, mit zwei Holzbänken entlang der Fenster und einer lehnenlosen Mittelbank.

So flanierten wir oft durch die Straßen und ich blieb mit Vorliebe bei den Schaufenstern der zahlreichen Juweliere stehen und betrachtete die wunderschönen schwarzen Perlen, die hier im Gegensatz zu Europa verlockend billig waren. Wieder einmal wurde mir schmerzlich bewusst, wie klein unsere Brieftasche war.

Heino verbrachte die Zeit, in der wir vor den Schaufenstern standen, kopfüber im Motorkasten. Das Gehäuse der Motorpumpe war durchgerostet und hatte ein großes Loch. In Ermangelung eines Ersatzteiles musste er die undichte Stelle mit Epoxiharz kleben, was eine mühevolle Arbeit war.

„Scheiß Motor, ich hasse ihn", hörte ich ihn täglich schimpfen.

Meine Sorge galt Petra. Sie hatte schon wieder Fieber. Ich fühlte an der Stirn meines Babys. In letzter Zeit, seit Takaroa, kränkelte sie, bekam Fieber, das nach ein paar Stunden wieder verschwand, sie völlig gesund scheinen ließ und dann plötzlich wieder auftauchte. Dann bekam sie Schnupfen, der wieder verschwand, doch das Fieber blieb.

„Vielleicht hat sie Malaria?", sagte Elke von ANTAIA. Sie sprach das aus, was schon lange in meinem Kopf herumspukte und ich immer wieder verdrängte. Ich erinnerte mich der unzähligen Mückenstiche auf den San Blas Inseln, und der Dschungel von Panama war bekanntlich malariaverseucht. Wir hatten damals keine Vorsorge getroffen. Das war jetzt mehr als drei Monate her, das könnte mit der Inkubationszeit übereinstimmen. Malaria - gesagt klang das Wort noch viel schlimmer als gedacht.

Wir suchten einen Kinderarzt und fanden diesen in der „Clinique Paofai, Front de Mer BP 545". Das war ein medizinisches Zentrum, wo viele Fachärzte, Röntgen und Labor unter einem Dach untergebracht waren. Wir schritten durch die Tür in ein modernes, sauberes, klimatisiertes Gebäude und wurden zu Docteur Boursaus Georges verwiesen. Petra lag in meinen Armen, sie hatte zurzeit gerade 39,5° Fieber und war total apathisch. Sie sah erbarmungswürdig aus. Der Kinderarzt untersuchte sie, konnte aber keine offensichtliche Ursache für das Fieber entdecken. Er schickte uns ins Labor zur Blutabnahme. Sie machten ein Blutbild und untersuchten auf Malaria und das in den Tropen häufig auftretende „Dangue Fieber". Petra reagierte nicht einmal, als die Nadel in ihre Vene gestochen wurde. So hatte ich sie noch nie erlebt. Angst kroch in mir hoch. Ich saß mit meinem kranken Kind im Warteraum und starrte auf den polierten Boden. Eine Kakerlake kam unter dem Sitz hervorgekrochen.

„Hier blitzt es vor Sauberkeit und es gibt trotzdem Kakerlaken", dachte ich und machte mir unzählige Gedanken über Kakerlaken, nur um mich abzulenken. Denn eigentlich quälte mich die Grundsatzfrage: „Was ist, wenn Petra ernstlich krank ist?" „Dann fliegen wir nach Hause", war unsere Standardantwort. Doch jetzt, wo diese Tatsache so greifbar nahe war, kam diese Antwort nicht so leicht über die Lippen. Das Warten nahm kein Ende. Endlich überreichte uns die Laborantin den Befund.

„Die weißen Blutkörperchen sind stark erhöht, 29.300", las ich, und *„Recherche de Plasmodium sur lame: negatif!"* Ein Seufzer der Erleichterung entwich mir.

„Was heißt das?" fragte Heino.

„Keine Malaria, Gott sei gedankt."

Wir brachten den Befund zum Kinderarzt. Dr. Boursaus bat mich, am nächsten Tag noch einmal zu kommen und auch eine Urinprobe von Petra mitzubringen.

„Wenn sonst alles negativ ist, kann ein Harnwegsinfekt vorliegen, das ist häufig bei kleinen Mädchen", meinte er.

Mit einem Gurkenglas voll trübem Pipi fuhren wir am nächsten Tag wieder in die Paofai-Klinik. Die Harnuntersuchung war zwar nicht eindeutig, denn es lag eine Mischinfektion vor und der Kinderarzt war mit dem Ergebnis unzufrieden.

„Trotzdem, geben Sie dem Kind zehn Tage Antibiotika, dann kommen Sie noch einmal zur Kontrolle und wir werden weitersehen."

„Unsere Aufenthaltsgenehmigung ist schon abgelaufen", sagten wir kleinlaut, „wir müssen Papeete verlassen." Die Woche war bereits um und Heino hatte schon ausklariert.

„Das geht nicht", donnerte er, „mit einem kranken Kind lasse ich Sie nicht abfahren."

Entschlossen nahm er seinen Block und schrieb ein paar Zeilen an die Behörden und wies uns an, eine Verlängerung zu erwirken.

So wanderte ich, mit dem ärztlichen Attest in der Hand und einer mittels Wörterbuch vorbereiteten Rede zum Einklarierungsbüro. Der nun folgende französische Redeschwall, in dem sich vor Aufregung viele englische Wörter mischten, beeindruckte dann jeden Beamten. Auf dem Stempel mit dem Ausreisedatum stempelte man uns ein dickes *Annulé* und wir erhielten Aufenthaltserlaubnis so lange, bis *„la bebe"* wieder gesund sei. Ich verließ jedes Büro mit den besten Genesungswünschen für Petra. Beamte sind doch auch Menschen. Um diese Erfahrung reicher kehrte ich zur SEHNSUCHT zurück.

Nach dem Insidertip der ANTAIA, verlegten wir uns zum Maeva-Beach, sechs Meilen vom Hafen Papeete entfernt, wo der Ankerplatz gratis und ruhig war. Der Motor war inzwischen repariert, und dank Werner, der uns seine gute Batterie borgte, konnten wir ihn auch starten. So fuhren wir im

ruhigen Wasser zwischen Außenriff und Hauptinsel dahin, vorbei an ärmlichen Holzhäusern und containerartigen Wohnsiedlungen. Wir warfen den
Anker in der Nähe des „Euromarche", einem tollen Supermarkt mit dem
besten Sortiment an Schlemmereien und den billigsten Preisen. Der Strand
war zwar nicht schön, das Wasser trüb, doch keine Welle erschütterte die
SEHNSUCHT und kein Motorengeräusch störte unser Bordleben. Nur vereinzelte Fahrtensegleryachten lagen in der ruhigen Lagune, die von einem
durchgehenden Außenriff geschützt war. Phantastisch war der Ausblick. An
der Backbordseite das Land, dort erhoben sich sanft die grünen Hügel von
Tahiti und an der Steuerbordseite das Meer, dessen Horizont von der bizar-
ren Silhouette einer grandiosen Insel unterbrochen wurde, hinter der jeden
Abend glühend rot die Sonne versank: Moorea.
Petra schluckte die Antibiotika ohne zu murren, die Fieberanfälle schwanden nach zwei Tagen der Therapie. Sie war zwar sehr müde und schlief viel,
erholte sich aber zusehends. Auch wir erholten uns von dem Schock und die
Tage in der Maeva Bucht, wo wir auf die Genesung Petras warteten, verging mit Arbeiten. Heino restaurierte das Dingi mit einem Spezialkleber
und mit neuen Gummimatten. Man erhielt wirklich alles hier auf der Insel.
Ich versuchte das Schiff zu säubern und die Polster neu zu nähen, denn sie
lösten sich allmählich auf.
Viel zu oft besuchten wir den „Euromarché", wo es alles gab, was das Herz
und der Gaumen begehrte. Wir sahen sogar Körbchen voll Erdbeeren, doch
aus Preisgründen begnügten wir uns damit, daran zu riechen. Doch immer
wieder kamen wir mit frischem Baguette und Camembert an Bord zurück.
„Kugelrund, aber völlig pleite werden wir Tahiti verlassen", meinten wir
nach jedem Einkaufsbummel.
Dazwischen pflegten wir den Kontakt zu den anderen Fahrtenseglern. Wir
trafen oft mit der Crew von ANTAIA zusammen, und zu unserer Freude
trafen wir MARCO POLO wieder. Sie hatten ein viertes Crewmitglied an
Bord, Stina, die Freundin von Oreon. Sie war Friseurin und stutzte bei
unserem Besuch gerade ihrer Crew die Haare. So kam auch ich in den
Genuss eines professionellen, pfiffigen Kurzhaarschnitts. Apropos Haare:
Die eine Laus, die wir einst auf Petras Kopf fanden, hatte erfolgreich Eier
gelegt und ihre Nachkommen waren auch schon in Doris Wuschelkopf zu
finden. Heino begann bei dieser Entdeckung sofort der Kopf zu jucken und
als Sofortmaßnahme verpasste ich uns allen einen Petroleumhut. Das
duftete! Drei Tage später folgte eine Nachbehandlung mit echtem Laus-
shampoo um 900(!) Pazifische Franc, das den Eindringlingen endgültig den
Garaus machte. Beinahe ausgerottet waren die Rüsselkäfer, aber erbitterten
Kampf führten wir nach wie vor mit den Kakerlaken. Allabendlich jagten

wir mit Spraydose und Händeklatschen. Diese Maßnahmen und die zwei Packungen Gifthäuschen ließen ihre Popularität allmählich schrumpfen.
Einen täglichen Kampf wie mit den Kakerlaken - nur erfolgloser - führte ich mit Doris. Sie wollte und mochte einfach nicht lernen und überhaupt sah sie nicht ein, warum sie überhaupt musste. Das war vermutlich die Reaktion auf die Krankheit ihrer Schwester, die wir dadurch sehr verwöhnt hatten. Petra war wieder quietschvergnügt und munter. Ein Anzeichen, dass es sich um einen Harnwegsinfekt gehandelt haben könnte gab es doch. Sie ging viel seltener auf den Topf und war auch des Nachts plötzlich sauber. Juchu! Wir brauchten keine Windeln mehr!

„Kommt ihr mit zum Unterwasseraquarium?", fragte Oreon von MARCO POLO. Doris war sofort begeistert. Sie hatte in Oreon einen Freund gefunden, der sich intensiv mit ihr beschäftigte. Er sah in Doris ein besonderes Mädchen und machte sich Gedanken bezüglich ihrer Entwicklung. Er gab seiner Sorge des Öfteren Ausdruck:
„Doris ist unterfordert, sie braucht mehr Beschäftigung, mehr Herausforderung", sagte er. Er mochte Recht haben, doch ich fühlte mich mit meiner Tochter und ihrem schwierigen Charakter überfordert. Sie war kein einfaches Kind und machte uns oft das Leben schwer. Doch wenn ich heute meine bereits erwachsene Tochter betrachte, bin ich stolz auf sie. Oreon's Sorge war unbegründet, sie ist eine unkomplizierte, junge Frau geworden, die mit beiden Beinen im Leben steht.
Das Aquarium war ein Erlebnis. Durch ein weit geöffnetes Haifischmaul, das die spitzen Zähne fletschte, stiegen wir in die Tiefe des Ozeans bis zum Meeresgrund. Rund um uns, durch dickes Glas geschützt, waren viele Arten von Fischen zu bewundern. „Blacktipsharks", also Haie mit schwarzer Schwanzflosse, die an den Riffen lebten, schauten uns Auge in Auge entgegen, eine dicke Krake schlang ihre langen Fangarme ineinander, als übe sie Seemannsknoten und viele Arten, die wir in der freien Natur bereits gesehen, hatten, konnten wir jetzt benennen. Heino teilte sie nur in zwei Arten: essbar und ungenießbar.

Eine andere Rarität, die unsere Kinder sehr interessierte, waren zwei Vogelbabys am Heck einer französischen Yacht. Neugierig fuhren wir öfters daran vorbei und so kamen wir mit dem Schiffseigner ins Gespräch. Er war ein Expolitiker, der mit seiner Freundin schon jahrelang in der Weltgeschichte herumsegelte. Er beschwerte sich über die übervolle Fahrtenseglerszene und so erzählte er jedem, der ihn nach seinem Segelleben befragte:
„Es ist schlimm auf einem Boot zu leben, viel zu teuer, ständig Probleme, immer wieder Sturm und hohe Wellen,..."

Menschen mochte er nicht, aber er liebte Vögel und hatte es sich zur Aufgabe gemacht, verwaiste Vogelkinder großzuziehen.

„Die Einheimischen jagen die Seevögel und verspeisen sie", erzählte er uns, „man findet viele Waisenkinder." Täglich musste er sechs Fische für sie schießen, nur eine bestimmte Art und weil die Babys noch sehr klein waren, den rohen Fisch vorkauen. Damit sie überlebten fütterte er sie auch nachts, es gehörte eine große Liebe dazu. Seine „Bubus", wie er sie nannte, waren gerade in der Mauser. Überall lagen flauschige Federn herum, dazwischen Vogelkot. Voll Stolz erzählte er uns von einem Seevogel, den er in der Karibik großgezogen hatte und in Martinique am Roché du Diamant wiedersah, wo er bereits eine eigene Vogelfamilie gegründet hatte. Der Franzose war ein exzentrischer Typ und in jeder Hinsicht radikal, fanatischer Nichtraucher und Kinderfeind. Seine Freundin, wie viele andere Weltenbummlerfrauen, beteuerte keine Kinder zu wollen. Bei diesen Beteuerungen wurde ich das Gefühl nie los, dass der versteckte Kinderwunsch beim Anblick unserer Familie ans Tageslicht kam.

„Hier schwimmt unser Cockpittisch", mit diesen Worten fischte Heino ein Stück Sperrholzplatte aus dem Meer. Ein paar Handgriffe, ein paar Schrauben und wir hatten einen Tisch in der Plicht. Jetzt konnten wir viel bequemer im Freien speisen. Mit Sonnendach geschützt, vor uns französische Leckereien, der Blick auf Moorea, jeden Abend den farbenprächtigen Sonnenuntergang – wir führten ein Leben wie Könige, waren zufrieden und fühlten uns wohl. Rückblickend war die Zeit in der Maeva-Bucht für mich eine der harmonischsten unserer Reise. Der Zauber der Südsee, die Schönheit der Landschaft, die üppige Vegetation, das Klima mit immerwährendem Sonnenschein, nur kurz unterbrochen durch erfrischende Regengüsse, verbunden mit einem Maß an Zivilisation und Kultur sowie dem Angebot aller Konsumgüter vermittelten in mir das Gefühl der Sicherheit und Zufriedenheit.

„Hier in Tahiti könnte ich mir vorstellen, für immer zu leben", sagte ich zu Heino. Nüchtern erinnerte er mich daran, dass Petra schon wieder gesund sei und damit unsere Aufenthaltsgenehmigung abgelaufen. So motorten wir nach Papeete zurück um unsere Abreise vorzubereiten und legten uns wieder mit Buganker und Landleinen an die großen Poller der Umfahrungsstraße im Hafen. Der Kinderarzt, den wir in der Paofai Klinik zur Kontrolle aufsuchten, war zufrieden, als er die quietschvergnügte Petra sah und verzichtete auf eine zweite Blutprobe. Wir waren nicht böse, denn unsere Bordkassa war wegen Arztrechnungen und Medikamente ohnedies geschrumpft. Das Budget, das ich für die nun nicht mehr erforderlichen Laborbefunde bereitgestellt hatte, investierte ich jetzt zum Aufbessern meiner Bordapotheke. Die Dame hinter dem Pult wollte mir keine Antibiotika aushändigen.

„Je suis médecine en Autriche", log ich, „ich spreche nur schlecht Französisch!" Es klappte, die Apothekerin gab mir alle gewünschten Medikamente.

Viele Dinge wollten noch erledigt werden, wir warteten auf Post, vielleicht erreichte uns die zweite Kreditkarte auch noch. Die Taucherflasche wollte noch getestet werden, die Wäsche war noch zu waschen, kurzum, wir fanden genug Gründe Tahiti nicht zu verlassen.

Und Tahiti schien uns nicht loszulassen, das zeigte das Erlebnis einen Tag vor der geplanten Abfahrt. Es war der 27. September, 11Uhr 30. Petra schlief friedlich, Heino bastelte an der Bohrmaschine, Doris und ich wollen zum Wäschewaschen an den Strand. Eine stärkere Brise mit fünf bis sechs Beaufort aus Nordost wehte auf die Breitseite der SEHNSUCHT. Sonnendach und Hängematte blähten sich auf, dann ein Ruck – der Anker brach – Bums – die SEHNSUCHT saß am Strand. Von einer Sekunde auf die andere war aus der friedlichen Bordidylle ein hektisches Chaos entstanden. Was dann kam, war eine Stunde Quälerei mit Schimpfen und Fluchen: Kleinen Anker ausbringen – Kette war nicht angeschekelt. Anker, Kette, Leine ins Dingi – Außenborder sprang nicht an. Heino gab ihm zwei Ohrfeigen, da besann sich dieser Sturesel. Anker ausgebracht – wir zogen wie verrückt – Anker slipte und wir holten ihn herein, doch die SEHNSUCHT keinen Zentimeter hinaus, sie saß fest. Noch einmal das gleiche Manöver – ohne Erfolg. Zwischendurch brachten wir Sonnendach und Hängematte ein, die sich immer wieder gefährlich aufblähten und uns fester an Land drückten. Die Hängematte hatte einen von Doris geknüpften „Papa-ärger-dich-Knoten", der ließ sich in der Hektik nicht lösen. Wir verlängerten die Ankerleine, brachten den Anker noch weiter aus – endlich – der kleine Anker griff und es gelang uns, das Schiff etwas zu drehen. Doch wir saßen noch immer fest. Motor volle Kraft voraus – die SEHNSUCHT rührte sich nicht, wir erzeugten nur eine dicke Schlammbrühe rund um das Schiff. Nun blieb uns nichts anderes übrig als den großen Anker herauszuziehen und zu hoffen, der kleine Anker möge dem Druck standhalten. Heinos Kräfte waren inzwischen geschrumpft, er brachte ihn nicht hoch.

„Er muss irgendwo hängen, das gibt es sonst nicht", meinte er und ich holte Flossen und Taucherbrille für Heinos Tauchgang.

„Der hängt nur senkrecht in die Tiefe, das Ufer fällt hier ganz steil ab", mit dieser Information kam er wieder an Bord. Mit vereinten Kräften schafften wir es dann doch, das 40 Kilo Exemplar mit der beinahe genauso schweren Kette hochzuziehen. Mit verlängerter Leine brachte Heino ihn mit dem Dingi weit aus und, umgelenkt über die Winde gezogen, den Motor mit

Vollgas mitlaufend, kamen wir endlich frei. Wir waren beide zerschunden und zerkratzt und völlig ausgepumpt, an Bord herrschte Chaos. Nasses Sonnendach, Leinensalat, Schlamm. Für den Rest des Tages waren wir unbrauchbar und auch am nächsten Tag, denn da quälte uns ein Muskelkater. Und am Strand trainierten die Ruderer und machten ihre Liegestütze, um ihre Muskeln zu stärken, anstatt uns zu helfen.

„Die Idioten", dachte ich verbittert. Doch Doris war toll. Sie versorgte während des Manövers ihre kleine Schwester mit Essen und Trinken, kontrollierte die Motortemperatur, befolgte alle Anweisungen und zeigte uns, dass sie auch folgen konnte, wenn sie nur wollte.

Am 29. September verabschiedeten wir uns endgültig von Papeete, natürlich erst, nachdem wir noch einmal der Post und dem Supermarkt einen Besuch abgestattet hatten. Ein letzter Besuch galt auch der Markthalle und nachdem ich mir die Ohrringe aus schwarzer Austernschale das hundertste Mal angesehen hatte, meinte mein lieber Ehemann: „Kauf sie dir doch endlich!" und ich verließ Tahiti mit Ohrgehänge in meinen seit Fatu Hiva verwaisten Ohrlöchern.

Kapitel 32

Moorea, Bora-Bora – im Herzen der Südsee

Drei Wochen sahen wir die Sonne hinter Moorea versinken – bis wir ihr nachfolgten.

Die surrealistisch erscheinenden, wild zerklüfteten, bei untergehender Sonne schwarzen Bergketten, nahmen beim Näherkommen eine üppige grüne Farbe an. Moorea, die 15 Seemeilen von Tahiti entfernte herzförmige Insel, war vulkanischen Ursprungs, umgeben von einem Außenriff, das eine tiefe blau-grüne Lagune umschloss. Wir nahmen die Passage südlich vom Fährdock in der Nähe des Ortes Afareaitu, fuhren noch ein Stück nördlich und wählten einen ruhigen Ankerplatz zwischen Afareaitu und Vaiare. Wir blickten in das satte Blau der Lagune, deren Wassertiefe unergründlich war. Und unser Echolot funktionierte, wie so oft, wieder einmal nicht.

„Wir versuchen es mit dem kleinen Anker", beschloss der Kapitän, dessen Muskeln vom letzten missglückten Ankermanöver noch schmerzten. Der Anker verschwand in die Tiefe, mit ihm eine lange Leine. Sorgenvoll peilte er diverse Landmarken an und bald mussten wir leider feststellen, dass der Anker driftete. Also blieb es uns nicht erspart unseren Hauptanker zu werfen. Erst nachdem die SEHNSUCHT sicher lag, betrachteten wir die Landschaft. Sattes Grün bildete das Gesamtbild, von dem sich vereinzelt die Kronen hoher Palmen hervorhoben. Dazwischen leuchteten rote Dächer vereinzelter Häuser und kleine weiße Sandstrände. Im Hintergrund de zerklüfteten Bergketten, deren schwarzes Vulkangestein mit moosartigem Grün überzogen war. An diesen Gipfeln drängten sich immer wieder mit wechselnden Formationen regensatte, graue Wolken, deren kurze Güsse sich auf die Insel entleerten, was einen nebelartigen Schleier hinterließ. Die Strahlen der Sonne sogen den Wasserdampf rasch auf und ein strahlender, blauer Himmel zierte bald wieder die Landschaft.

„Wetter regnerisch, wir lesen, spielen am Strand, tun eigentlich nichts", diese Worte finde ich im Tagebuch über die nächsten Tage. Es ging eine angenehme Ruhe und Zufriedenheit von der Insel aus, die wir in uns aufsogen, so wie Erde und Luft die Feuchtigkeit.

Wir lichteten den Anker, um in die Cooks Bay zu fahren, wo wir SWEET DREAM treffen wollten. Zwei Anker mussten geborgen werden. Mit vereinten Kräften kämpften wir zuerst den großen, schweren Anker aus der Tiefe und belegten ihn immer wieder um zu rasten. Petra beobachtete unser Manöver und sie sah zu, wie ich den Klampenschlag immer wieder löste.

„Prretra auch!", sagte sie und begann den Schlag vom kleinen Anker zu lösen. Die Eltern waren zu beschäftigt, ihr Tun zu bemerken. Doris rettete die Situation und konnte im letzten Augenblick verhindern, dass Anker, Kettenvorlauf und die Panamaleine in die Tiefe verschwanden.

In der Cooks Bay lag SWEET DREAM bereits vor Anker. Als wir einliefen, war die ganze Landschaft durch einen Regenschleier verdeckt, doch als sich die Nebelschwaden lichteten, hatten wir den Eindruck als wären wir wieder in Fatu Hiva; die Ähnlichkeit mit der Bucht Hanavave weckte Erinnerungen. Diese Bucht war nur etwas größer, Autos fuhren und Hotels säumten den Strand.

Shellie und Mike luden uns am Nachmittag zum Kaffee ein. Und dabei machten die Beiden uns das Angebot des Jahres: „Wir borgen euch unsere Räder und nehmen euch die Kinder für einen Tag ab." Das konnten wir natürlich nicht abschlagen.

Es war der 4. Oktober 1989. Ein herrlicher Tag stand uns bevor. Doris war begeistert, einen Tag mit Shellie verbringen zu dürfen, Petra verschwiegen wir unser Vorhaben und so stahlen wir uns wie Diebe vom Schiff, damit sie es nicht bemerkte. In trauter Zweisamkeit schwangen wir uns auf die Räder. Unser Ziel war der 15 Kilometer entfernte Aussichtspunkt Belvedere sowie die historischen Kultstätten. Eine holprige Sandstraße führte uns ins Landesinnere, vorbei an blühenden Hibiskussträuchern, Bananen und Ananasfeldern, bis sich die Straße einen Berg hinaufwand, wo wir eine nadelwaldähnliche Vegetation antrafen. Keuchend erreichten wir den höchsten Punkt und suchten vergebens nach der Aussichtswarte. Hatten wir die Abzweigung versäumt? Wir kehrten um und versuchten es mit einem kleinen Seitenweg, der sich aber bald in der Wildnis verlor.

„Na gut, dann fahren wir eben den Berg wieder hinab und besichtigen die nächste Bucht", beschlossen wir. Die wunderschöne bergige Landschaft hatte nur einen Nachteil. Die Berge waren zu hoch und alle herankommenden Wolken stauten sich zwischen ihnen. Eines dieser regenschweren Ungeheuer schwebte direkt über uns und entließ seine Last. Wir wurden geduscht. Zuerst suchten wir Schutz unter den dichten Baumkronen, die Blätter hielten uns jedoch nicht lange trocken. Bald waren wir durch und durch nass und beschlossen, im Regen weiterzuradeln. Die Talfahrt endete an einer asphaltierten Straße. Triefendnass fragten wir einen Autofahrer nach dem Weg.

„Ou se trouve le Belvedere?", fragte ich und die Regentropfen fielen von meiner Nase. Die trockenen Insassen sahen belustigt aus dem Auto.

„Links, zwei und einen halben Kilometer noch", war die lachende Antwort. Das klang zwar nicht viel, aber die Steigung mit Pedalkraft zu überwinden bereitete uns sichtlich Schwierigkeiten, hatten wir doch seit zwei Jahren auf keinem Drahtesel gesessen. Dabei waren die Räder wunderbar, 18 Gänge standen zur Auswahl. Ein paar Mal öffneten sich noch die Himmelspforten und sorgten dafür, dass wir nicht trocken wurden. So sah man wenigstens die Schweißtropfen nicht, die uns auf der Stirn standen.

Oben angekommen bot sich ein grandioser Ausblick. Zur Rechten die Cooks-Bay, zur Linken die Opunohu-Bay, vor uns strahlend blauer Himmel, hinter uns drohend schwarzes Gewölk. Wir saßen auf der Plattform und ließen uns die mitgebrachte Dose Sardinen und das feucht gewordene Brot schmecken. Keiner raunzte, keiner knatschte keiner plärrte. Herrlich! Wir genossen das Alleinsein. Viele Mietautos kamen und gingen, voll von Touristen, die das Programm „Moorea" an einem Tag absolvieren mussten, während wir bloß nur da saßen. Wie gut hatten wir es doch. Zwar fehlte es uns an Geld für einen Mietwagen und wir mussten uns mit eigener Muskelkraft hochhieven, dafür aber hatten wir etwas Unbezahlbares, nämlich Zeit, viel Zeit.

Beim Hinunterradeln kamen wir an den alten Kultstätten der Polynesier vorbei und machten Halt. Die niedrigen Steinmauern, in rechteckiger Form angeordnet, nannten sich Marae und sahen auf den ersten Blick nicht sehr interessant aus. Doch als wir mitten darin standen und die mystische Stimmung des Ortes wahrnahmen, blieben wir. Eine Tafel erzählte uns die Geschichte des Polynesischen Helden Pai, dem nachgesagt wurde, dass das Loch im Berg Moua Puta von seinem Speer stamme.

„Pai war kein gewöhnlicher Sterblicher", übersetzte ich die Geschichte, „schon vor seiner Geburt lag der mörderische Zorn des Königs auf ihm und seiner Familie. Um ihn zu retten, gab ihn seine Mutter in die Hände eines Gottes. Nach Jahren kehrte er zurück, um die Ehre seines verstorbenen Vaters wieder herzustellen. Er nahm die Herausforderung an, gegen neun Helden zu kämpfen. Er trainierte mit dem Bogen seines Vaters, aber der brach, so wie alle anderen auch. So baute er sich einen neuen, großen Bogen aus Purau Holz und verwendete dasselbe Holz für seinen Pfeil." Heino hob einen gebogenen Ast, der sein Bogen war, auf und suchte sich einen Pfeil dazu.

„Pai ging zur Marae", sagte ich theatralisch. „Dort kämpfte er vor dem König gegen neun Helden mit den verschiedensten Waffen." Heino schwang seinen Stock und schlug auf seine imaginären Gegner ein.

„Pai entkam allen Pfeilen, während seine eigenen nie ihr Ziel verfehlten. Viele Kämpfer wurden getötet oder verwundet." Heino brach sterbend zusammen.

„Nein, du bist doch der Held, du wirst doch nicht getötet. Horch, was da steht: Pai nahm seinen letzten Pfeil und schoss diesen ganz weit weg."

„Ach so", meinte Heino und kniete sich mit seinen Stöcken zum Bogen-
schießen auf die Plattform, spannte seine Muskeln, kniff die Augen zusammen und schoss seinen Ast einige Meter weit weg.

„Der Pfeil fiel direkt in die königliche Marae vor die Füße des Königs und
war plötzlich von einem magischen Regenbogen gekrönt. Vom Volk beju-
belt, ehrte der König Pai als siegreichen Krieger."

Ich nahm meinen Helden in die Arme und wir genossen unsere ausgelas-
sene, kindliche Stimmung.

Wir fuhren weiter Richtung Opunohu-Bay. Und dann sahen wir es tatsächlich, das Loch im Berg Moua Puta, dem „Pierced mountain", denn unterhalb
des Gipfels leuchtete das Blau des Himmels durch eine Felsöffnung. Von
der Opunohu-Bay nahmen wir die ebene Küstenstraße zur Cooks-Bay. Gepflegte Häuser mit schönen Gartenanlagen zogen an uns vorbei. Als wir zur
SEHNSUCHT zurückkamen, spürte ich mein Hinterteil nicht mehr. Unsere
Radtour war etwa zwanzig Kilometer lang gewesen, doch ich hatte das
Gefühl, es wären vierzig gewesen.

Petra strafte uns mit Nichtachtung. Sie kletterte ins Vorschiff und schlief
ohne ein Wort zu sagen ein. Doris war selig, hatte ihr doch Shellie versprochen bei unserer Rückkehr mit ihr eine Radtour zu machen, was sie sofort
einlöste. Doris teilte uns dann mit, dass sie Shellie zur Mutter auserwählt
habe.

„Kein Problem", meinte ihr Vater, „wir verkaufen dich einfach." Mit ge-
spieltem Ernst führte er Verkaufsverhandlungen mit Mike, worauf ihr dann
doch etwas mulmig wurde und sie ihre Forderung zurückzog.

„Wir hätten bestimmt etwas draufzahlen müssen", meinte Heino lachend.

Als Dankeschön fürs Babysitten luden wir die Beiden zum Abendessen ein.

„Es hat mir Spaß gemacht mit den Kindern, doch jetzt bin ich rechtschaffen
müde", meinte Shellie und ihre Pläne, mit zwei Kindern eine Reise anzutre-
ten wankten offensichtlich.

„Man hat ja gar keine Zeit mehr für sich selbst." Ich fürchtete, unsere zwei
Rabauken hatten ihren Kinderwunsch etwas gedämpft.

Am nächsten Morgen schleppten wir unsere Kadaver müde durch die Gegend. So wurde es ein Tag zum Ausrasten. Neben der SEHNSUCHT ankerte ein riesiges Stahlsegelschiff, ein Viermaster. Hautnah beobachteten wir
den Luxustourismus. Mit gemischten Gefühlen, denn dachte ich daran, wie
sich die Leute zum gedeckten Tisch setzten, um zu speisen oder die Wäsche
waschen ließen, beneidete ich sie. Sah ich jedoch punkt fünf Uhr alle zum
Schiff eilen, damit die geplante Reise weitergehen konnte, taten sie mir leid.
Wir hatten die Freiheit, jeden Morgen von neuem zu entscheiden: Bleiben
wir oder reisen wir weiter. Wir blieben und promenierten mit Pareo bekleidet und Blüten in den Haaren am Strand entlang, plauderten mit dem alten

Bauern vom Ananasfeld und kamen mit einem vom Kapitän gefangenen Riesenkrebs und einer geschenkten Ananas an Bord zurück. Beides mundete vorzüglich.

„Moorea ist ein gelobtes Land, wenn es irgendwo auf Erden ein Paradies gibt, dann ist es hier!", diese Worte sagte einst Tom Neale, der einige Jahre hier lebte und wir stimmten ihm zu.

Bora-Bora war unser nächstes Ziel. Heino zeichnete die Kurslinie.
„Der direkte Kurs führt genau durch Raiatea und Tahaa", stellte er fest.
Raiatea und Tahaa, sind zwei Vulkaninseln, beide von einem Außenriff umgeben.
„Also segeln wir durch, wir müssen nur bei gutem Licht beim Riff sein."
Raiatea war gerade 112 Seemeilen, also ein Tagesetmal entfernt.
Der Seegang, wenn auch nicht so schlimm, traf uns alle wie ein Schlag. Nach Tagen auf ruhigen Ankerplätzen, waren wir die Schiffsbewegungen nicht mehr gewohnt. Nicht nur ich, sondern auch Petra war seekrank. Wir lagen apathisch in den Kojen. Es war etwas nach Mitternacht. Auch Heino war müde und keiner auf Wache, die ganze Crew schlief. Durch Zufall wurde ich wach und wunderte mich über ein immer wiederkehrendes Licht. Leuchtete der Mond so hell? Gott sei dank schleppte ich mich ins Cockpit. Steuerbord voraus war ein Schiff, das Lichtsignale in unsere Richtung aussandte, obwohl wir nicht auf Kollisionskurs fuhren. Ich weckte Heino.
„Drehen wir besser das Funkgerät auf", beschlossen wir.
Ein französisches Schiff meldete sich und rief das Segelschiff, zuerst in französischer Sprache, dann auf Englisch:
„Bitte wechseln sie den Kurs!"
Verschlafen und erstaunt fragte ich: „Warum?"
„Wir schleppen ein zwei Meilen langes Kabel nach", war die geduldige Antwort.
„In welche Richtung sollen wir fahren?", fragte ich dumm. Darauf erhielt ich keine Antwort mehr. Vermutlich rauften sich die Offiziere im Führerhaus des Containerschiffes die Haare über die Unfähigkeit dieser „Mountainsailors". Unser Kapitän reagierte professioneller als seine Crew. Wunderte ich mich noch über dieses Gespräch, war er schon dabei den Spibaum abzumontieren, den Bullenstander wegzunehmen und die SEHNSUCHT hart am Wind zu drehen. Das Manöver und die veränderten Schiffsbewegungen weckten auch die Kinder. Allmählich wurde uns bewusst, welche Folgen diese Kollision hätte haben können. Wir warteten so lange, bis die Lichter des Containerschiffes beinahe am Horizont verschwanden, dann schlugen wir wieder unseren Kurs ein und dankten unserem Schutzengel. Den Rest der Nacht schoben wir brav Wache.

Bei Sonnenaufgang lag Huahine querab und Raiatea voraus. Um bei Tageslicht durch den Riffpass zu fahren, mussten wir den Motor zu Hilfe nehmen, denn der Wind schlief ein. Wir durchquerten den Passe Iriru und wurden von einer wunderschönen Insel begrüßt, ein schmaler Streifen weißer Sand, darauf Palmen, hohe majestätische und kleine, zarte sowie verstreute bunte Fischerhütten, Zu schön, um einfach durchzufahren, deshalb ankerten wir hinter einem Motu namens Tipaemauo auf 22 Meter Wassertiefe, gemessen mit dem wieder repariertem Echolot. Auch hier war es überall sehr tief bis kurz vor dem Strand, wo das Riff senkrecht auf ein oder zwei Meter Wassertiefe anstieg. Das riesige Außenriff beherbergte einige kleine Sandmotus und vor so einem kleinen Moto, geschmückt mit Palmen lag die SEHNSUCHT nun vor Anker. Am Abend besuchten uns unliebsame Einwohner dieses Eilands: Moskitos.

Wir wussten eigentlich nie, wie spät es war, starteten den Tag mit Sonnenaufgang und beendeten ihn mit Sonnenuntergang. Genauso wenig dachten wir daran, welchen Wochentag wir hatten. Doch eines vergaßen wir nie, einen Geburtstag. Heute war ich an der Reihe und Doris zappelte seit dem Morgen herum. Sie wollte ihre „Surprise-Box" vorbereiten und schickte uns an den Strand. Ich nahm die Haarschneideschere mit, denn Heinos Haare bedurften einer Pflege. Wir waren mit dem Schneiden beschäftigt, während Petra mit Schwimmflügel bewaffnet im seichten Wasser planschte.
„Prretra fimmt!", hörten wir plötzlich, und zu unserem Erstaunen sahen wir unsere Jüngste im bauchtiefen Meer so etwas Ähnliches wie Schwimmbewegungen machen. Bis zu diesem Zeitpunkt wagte sie sich alleine nie weiter als Knöcheltiefe ins Wasser und wenn wir sie nötigten, klammerte sie sich verkrampft an unsere Körper. Sie pflegte wie ein Sack unterzugehen. Diese Tatsache hatte uns ständig Sorgen gemacht, deshalb freuten wir uns jetzt unendlich und lobten sie über alle Maße. Hier im spiegelglatten Wasser und ohne die wilden Spiele ihrer großen Schwester war sie endlich mutig geworden.
„Baby kann fimmen! Das ist das schönste Geburtstagsgeschenk", meinte ich glücklich und mein Albtraum von einer, wie ein Stein auf den Grund sinkenden Petra, verschwand.
Der Geburtstagskuchen, eine für diese Zwecke gehütete Backmischung, duftete im Rohr, als wir den Anker hochhievten, um zur Nordspitze von Raiatea zu fahren. Hier war die einzige Werft weit und breit und wir wollten ANTAIA treffen. Doch das deutsche Segelschiff war weit und breit nicht zu sehen. Pech gehabt, so aßen wir den Kuchen eben alleine auf.

Der Werft angeschlossen, war eine kleine Marina, wo wir als Gäste sogar gratis anlegen durften. Wir nutzten nach vier Monaten überraschenderweise wieder einmal für zwei Tage die Bequemlichkeit einer Marina: Duschen und Wäschewaschen.

Mit Kurs in Richtung Bora-Bora, die nur 29 Seemeilen entfernte Insel, schlüpften wir durch den Passe Paipai hindurch und segelten problemlos mit achterlichem Wind auf die weit sichtbaren, hoch aus dem Meer emporragenden Berge Bora-Booras zu. Mit geblähter Fock glitten wir durch den Passe Taevanui bis zum Ankerplatz hinter der Insel Toopua. Der Anker fiel zweieinhalb Meter tief in den Sand, zwischen einigen hübschen Korallenköpfen, die gerade noch genug Platz zum Schwojen boten.

„Bora-Bora – die Erstgeborene!" Friedvoll, jungfräulich und doch majestätisch thronten die hohen Vulkanberge in der türkisfarbenen Lagune, ringsum gekränzt von kleinen Inseln mit den schönsten Sandstränden. Bora-Bora vereinte die Wildnis der Marquesas und die Sanftheit der Tuamotus. Herrliches, klares Wasser mit Blick auf den Grund umspülte die SEHN-SUCHT. Zwar gab es zu Heinos Leidwesen nur wenige Fische, aber zu meiner Freude viele Muscheln. Außer uns lagen noch zwei weitere Schiffe vor Anker. Eines davon war TERRA mit Chris und Hiller, die wir in Takaroa kennen gelernt hatten. Die Begrüßung war herzlich. Chris war leidenschaftliche Muschelsammlerin und wir bewunderten gegenseitig unsere Schätze. Sie besaß ein Buch zum Bestimmen der Arten und eines, in dem die Richtpreise für Muschel und Schneckengehäuse verzeichnet waren. Viele hatte sie selbst aus großen Tiefen heraufgeholt. Doch ich hatte einen großen körperlichen Mangel, ich konnte nicht tauchen. Heino meinte scherzhaft, mein Hinterteil sei zu dick. Doch jeder Versuch in die Tiefe zu gelangen endete mit furchtbaren Ohrenschmerzen, ich brachte keinen Druckausgleich zustande. Panik war die Folge. So blieb mir beim Anblick einer schönen, aber tief liegenden Muschel nichts anderes übrig, als entweder Doris oder Heino um Hilfe zu bitten. Doris wagte oft nicht mit bloßen Händen danach zu greifen, gab es doch viel anderes Getier rundherum oder scheiterte, weil ihr die Luft ausging. Und Heino war meist unwillig über die Unterbrechung seiner Verfolgungsjagd und sauer, wenn er ein Beutetier dadurch verlor. Doch als er erfuhr, dass man damit auch etwas verdienen könnte, zeigte er auf einmal Interesse an diesem „unnötigen Ballast", wie er meine Sammlung nannte. Von nun sah er Dollars beim Anblick meiner Schätze, beachtete sie bei seinen Tauchgängen und brachte mir des Öfteren ein kleines Juwel an Bord.

Oft fuhren wir zur Insel Toopua begleitet von Chris, gingen unserer Sammlerleidenschaft nach und Petra perfektionierte ihre neu erworbenen Fähigkeiten im Schwimmen. Die Insel Toopua besaß einen Berg, den Mt. Mauaohunoa, dicht bewachsen mit tropischer Vegetation, den wir bezwingen wollten. Durch dichtes Dornengestrüpp und hüfthoch gewachsenes Gras kämpften wir uns zum Gipfel hoch. Petra verschwand zeitweise zwischen den Halmen und ward nicht gesehen. Der Aufstieg hatte sich gelohnt. Königlich lag der 727 Meter hohe Basaltberg Otemanu, das Wahrzeichen von Bora-Bora, vor uns, und unter uns in der vielfarbigen Lagune schaukelte ein winziges Schiffchen, unsere SEHNSUCHT.

Ein kleines Motorboot näherte sich der SEHNSUCHT. Die tägliche Polizeikontrolle. Das war die erste Information, die wir von unseren Yachtkollegen erhalten hatten: Polizeikontrolle, täglich zwischen vier und fünf Uhr. „Achtet darauf, nicht an Bord zu sein." Wir folgten dem Rat und entkamen tatsächlich der Kontrolle durch Landgänge. Sie kontrollierten mit Südseementalität. War jemand da, war es gut, wenn nicht, dann? Wir legten keinen Wert darauf, den Behörden zu begegnen, hatten wir doch offiziell schon seit drei Wochen die Gesellschaftsinseln verlassen.

„Wann fahrt ihr?", fragte Hiller.

„Ja vielleicht morgen", antworteten wir.

„*No, no, no!*", rief Hiller bestimmt.

„Morgen ist Freitag der 13., da dürft ihr nicht auslaufen, das bringt Unglück." Und so blieben wir, Seemannsaberglauben sollte man respektieren.

Am Freitag den 13. entgingen wir der Kontrolle, indem wir den Hauptort der Insel, Vaitape, einen Besuch abstatteten. Beim Anlegen mit dem Dingi lief das Polizeiboot gerade aus. Sie beachteten uns nicht. Bora-Bora war touristisch voll erschlossen, wir kamen an Stelzenbungalows vorbei, die vom Strand aus ins seichte Wasser gebaut waren. Die Insel bot für Reisende die Südsee-Superlative. „Hier ist selbst das Billigste teuer", hörten wir. Schuld an den horrenden Preisen war, dass sich der europäische und amerikanische Jetset auf Bora-Bora tummelte. Wir hatten des Öfteren beobachtet, dass schnittige Motorboote Touristen auf ein kleines Motu in der Nähe unseres Ankerplatzes brachte, die sich dort unter Palmensonnenschirmen von livrierten Barkeepern ihre Drinks servieren ließen.

Vaitape empfing uns mit gepflegten Häusern, einer schönen, kleinen Kirche geschmückt mit vielen blühenden Hibiskussträuchern. Wir wählten den Supermarkt vom Chinesen und merkten nichts von den Horrorpreisen, die Waren wurden zu ähnlichen Preisen wie in Tahiti verkauft. Wir stellten unsere letzten Pazifikfranc auf den Kopf. Fünfhundert hatten wir noch in der Tasche und gustierten am Gemüsestand. Da wurde Bora-Bora seinem Ruf gerecht, denn wir erhielten nur ein paar mickrige Zitronen für unser Geld.

Kapitel 33

Suwarow – die Trauminsel von Tom Neale

„Heh! Da vorne ist eine Insel, ich sehe lauter Palmen!" Es war früher Nachmittag, ich saß am Ruder. Heino bearbeitet eifrig den herrlichen Thun, der vor kurzem an der Schleppangel hing und reagierte nicht.

„30 Meilen weit sieht man kein Atoll." Er glaubte an einen Scherz und schuppte weiter.

„Ja Papa, schau, Land in Sicht!", schrie Doris begeistert. Jetzt wurde der Kapitän etwas stutzig, denn zu Doris Augen hatte er mehr Vertrauen als zu meinen brillenlosen. Er richtete sich auf und kniff die Augen zusammen.

„Ach ja, wirklich, das gibt's doch gar nicht. Was hat denn da mit der Navigation wieder nicht gestimmt?" Zweifel nagten ihn.

Der Anblick der noch winzigen Palmenkronen erzeugte euphorische Stimmung an Bord. Landfall stand bevor, und das einen Tag früher als geplant.

Die 700 Seemeilen lange Überfahrt, die wir in sechs Tagen gemeistert hatten, war nicht ohne Probleme gewesen. Eine hübsche Mütze Wind empfing uns, als wir das Lee von Bora-Bora verließen. Und so blieb es auch. Nur, dass der Wind nicht konstant stark wehte, sondern sich in Form von Regenwalzen ballte. Diese Sqalls waren auch Schuld am konfusen und hohen Seegang und so fühlten wir uns allesamt nicht sehr wohl. In den Nächten leuchtete das Licht des auf- und abtanzenden Vollmondes in unsere Koje, erinnerte uns an den Schock der letzten Nachtfahrt und sorgte für schlaflose Nächte.

Doris hatte beschlossen, die Überfahrt im Bett zu verbringen und das tat sie auch. Sie war zu keiner Hilfeleistung zu bewegen. Petra war wohlauf während dieser Reise, immer hungrig und durstig.

„Laschi ausgetrinkt", sagte sie und fuchtelte mit ihrer leeren Flasche vor meiner Nase herum.

„Das heißt: ausgetrunken", korrigierte ich sie, um das Aufstehen hinauszuzögern.

„Laschi ausgetrunkt", versuchte es Petra noch einmal. Was blieb mir nun anderes übrig, als mich trotz Seekrankheit hochzuhieven und die Flasche neu zu füllen. Doris verweigerte hartnäckig und ich war zu müde, um mit ihr zu streiten.

Es war der dritte Seetag. Heino kochte Frühstück, seine Crew lag im Bett. Eine Regenwalze formte sich am Horizont. Heino blickte nach achtern.

„Wird nicht so schlimm", sagte er und fuhr in seinem Tun fort. Doch plötzlich brauste der Sturm los, RESI schaffte es nicht mehr, den Kurs zu

250

halten, die SEHNSUCHT lief aus dem Ruder. Eine der ausgebaumten Genuas schlug back und das Schiff legte sich zur Seite, beinahe flach auf das Wasser. Es klirrte und krachte. Wir flogen durch die Kajüte und mit uns alles, was nicht niet- und nagelfest war. Ein Teller sprang in tausend Stücke. Das geschah alles innerhalb weniger Sekunden. Heino stürmte zur Pinne und zog mit aller Kraft am Ruder. SEHNSUCHT drehte wieder auf Kurs. Mit einem Knall schnalzte das ungereffte Segel zurück. Gleichzeitig brach die Halterung des Spibaums und das Genuasegel riss beim Vorliek sechs Meter weit auf. Mit der Sturmböe kam ein ungeheurer Regenguss, der das Meer glättete. Heino kroch zum Mast um das gerissene Segel zu bergen, das wie eine Peitsche wild im Sturm schnalzte. Regen und Gischt schlugen ihm ins Gesicht. Er war noch dabei, die Reste des Segels herunterzuholen, da war der Spuk vorbei. Resultat einer Unachtsamkeit: Spibaumbeschlag am Mast gebrochen, Segelriss, Scherben und fürchterliche Unordnung im Salon. Doch jedes Ding hatte zwei Seiten. So kamen wir zu dem Schluss, dass es Glück war, dass das Segel riss, denn hätte es dem Winddruck standgehalten, wäre vermutlich der Mast gebrochen.

Die Mittagsbreite des letzten Seetages ergab ein niederschmetterndes Resultat: 40 Seemeilen vor Suwarow. Also noch eine Nachtfahrt und das kurz vor einem Atoll. Der Kapitän beschloss wegen des schwachen Windes den Motor zu starten.

„Vielleicht sehen wir die Insel noch vor Sonnenuntergang." Nach zwei Stunden Fahrt biss ein Fisch an und Heino übergab mir die Pinne, um sich um seinen Fang zu kümmern.

Während der Kapitän noch grübelte, was an seiner Navigation falsch war, und er zur Kontrolle noch einige Standlinien maß und zeichnete, erreichten wir die östlichste Insel des Suwarow-Atolls und weitere zwölf Meilen später befanden wir uns vor der breiten, schönen Riffeinfahrt östlich von Anchorage Island. Die Sonne stand gerade noch so hoch, dass wir jede Untiefe genau ausmachten und problemlos ins Innere des Atolls fanden. Vor Tom Neals Trauminsel fiel der Anker in das kristallklare Wasser. Fünf amerikanische Yachten lagen bereits hier, doch wir waren zu müde um sie zu begrüßen. Die schönsten Filetstücke des saftigen Thuns brutzelten in der Pfanne, und zufrieden und mit vollem Bauch, schlummerten wir bald in unseren Kojen. Wieder eine Überfahrt geschafft, trotz schlechten Bedingungen und erstem Segelriss in unserer Seglerlaufbahn.

Suwarow – ein achtzig Kilometer langes, zum Teil trockenes Korallenriff, mit vielen kleinen und einigen großen Motus bedeckt, gehörte politisch zu den Cook Inseln. Die Insel wurde 1814 vom gleichnamigen russischen

Schiff entdeckt und berühmt durch Tom Neale, der in den Jahren 1952 bis 1954, sowie 1960 bis 1963 als Einsiedler hier lebte und sein Buch „Traum-insel" schrieb. Das Buch konnten wir erst nach unserer Reise lesen, aber wir hörten schon vor unserer Reise von diesem Atoll. Fahrtensegler, wie Wolfgang Hausner und Rollo Gebhart besuchten Suwarow noch zu Leb-zeiten Tom Neals. All diese Beschreibungen lockten Yachten in dieses abgelegene Domizil, fünfhundert Meilen nördlich der Hauptinsel Raroton-ga, jedoch nur wenig von der Kurslinie abweichend, wollte man von den Gesellschaftsinseln direkt nach Samoa. Das lange Zeit unbewohnte Atoll wurde vor kurzem zum Naturschutzgebiet erklärt und man siedelte eine Familie mit sechs Erwachsenen und sechs Kindern an, die über die Insel wachten. Zusätzlich zu Tom Neals Haus sind einige Hütten für die Familie errichtet worden. Sie lebten seit einem Jahr auf dem Atoll und befreiten Anchorage Island vom dichten Unterholz, oft hörten wir das Geräusch der Motorsäge. Drei Straßen gab es auf der Insel, mit Sand aufgeschüttete Wege, zu beiden Seiten bepflanzt mit Sträuchern, die sogar Namen trugen. „Ben Toma-Road" hieß die längste, ungefähr 200 Meter lang, quer über die Insel führend. Ein Gedenkstein von Tom Neale zierte den freien Platz, in den die Straßen mündeten, ein Kopf aus Stein, weiß bemalt, der uns an die Figur des weinenden Clowns erinnerte.

„Würde Tom Neale weinen, wenn er seine Insel jetzt sähe?", fragten wir uns. Nachdem ich sein Buch gelesen hatte und den Charakter dieses exzen-trischen, sympathischen kleinen Mannes kennen gelernt hatte, glaube ich fast, er wäre stolz darauf gewesen. Stolz auf die intakte Pier, auf die saube-ren Straßen, doch traurig über die vielen Besucher.

Die Familie war gleichzeitig offizielle Einklarierungsstelle. Das war die ein-fachste Klarierung unserer gesamten Reise, mit dem charmantesten Immi-grationsofficer, einer jungen Polynesierin.

„If you want, you come, if you don't want,...?" Ein Schulterzucken und ein Lächeln.

Wir kamen, trugen uns ins Gästebuch ein und ließen uns einen Stempel in die Reisepässe geben. Vielleicht wird dieser einmal eine Rarität sein, denn wie wir hörten, gingen die Pläne der Regierung dahin, das Atoll für Yachten zu sperren. Der Grund? Naturschutz sicherlich nicht. Vermutlich wollten sie Perlen züchten. Zuchtversuche hatte man bereits gestartet und das Anlaufen der anderen Motus war jetzt bereits verboten. Die Leute, die an der Perlen-zucht arbeiteten, waren bei unserer Ankunft noch auf der Insel, sie wurden zwei Tage später von einem Motorboot abgeholt. Das Verbot tat uns leid, denn auf den anderen Motus sollte es noch viele von den delikaten Kokos-nusskrabben geben, die sich auf der bewohnten Insel sehr rar gemacht hatten. Wir hatten trotzdem Gelegenheit, welche zu probieren, denn einen

Tag nach unserer Ankunft gab es ein Barbecue am Strand, zu dem wir eingeladen wurden.

„Jeder bringt irgendetwas mit", dieser Satz machte mir Kopfzerbrechen und ich wühlte in den fast leeren Packkisten um etwas Brauchbares hervor zu zaubern. Ich holte das letzte Glas Rote Rüben heraus. Darin mischte ich die Reste des am Vortag gefangenen Thuns, der in einer Marinade aus Zwiebeln, Öl, Essig, Salz und Pfeffer eingelegt war. Mit ein paar Löffeln von meiner gut gehüteten Mayonnaise verfeinert, ergab es einen brauchbaren Salat.

Das Barbecue entpuppte sich als amerikanische Party. Die Crews der fünf Yachten waren sehr erstaunt über unser Erscheinen, denn sie standen alle miteinander oder mit irgendwem in Funkkontakt. Wir waren die einzigen Europäer bei dem Fest und somit die interessanten Exoten. Es gab, wie schon erwähnt, Kokosnusskrabben, Haifischsteaks, viele Arten von gegrilltem Fisch, dazu Salate und Beilagen und einige Süßspeisen. Zum Trinken lagen sackweise Kokosnüsse bereit, die auf der Insel reichlich vorhanden waren und besonders gut schmeckten. Manche prickelten tatsächlich wie Champagner, so als wäre Kohlensäure darin. Die Männer kippten alle einen Schuss Rum in die Nuss und so war die Stimmung bald ausgelassen.

„Nice to meet you!", war der häufigste Satz dieses Abends und so offen die Amerikaner uns entgegenkamen, so verschlossen zeigten sich die Einheimischen. Heino gelang es, mit einem jungen Polynesier ins Gespräch zu kommen, um seine wichtigste Frage zu stellen: „Gibt es Citaguera in der Lagune?"

„Du bist der 99. der mich danach fragt", antwortete der junge Mann, den alle wegen seines Aussehens Rambo nannten, „Nein!"

Heino war glücklich, konnte er endlich wieder nach Herzenslust Fische speeren und ohne Angst einer Vergiftung verspeisen.

Wir erhielten auch die Erlaubnis, Kokosnüsse von den Palmen zu pflücken. Vermutlich glaubte niemand, dass es ein Weißer schaffen könnte, aus eigener Kraft eine frische Kokosnuss zu erreichen. Doch da täuschten sie sich in unserem Kapitän. Es war zwar eine Schinderei, denn besonders die Palmen, auf denen die schönsten Nüsse wuchsen, waren verdammt hoch. Mehr als einmal befiel ihn auf halber Höhe die Angst oder verließ ihn die Kraft und er musste wieder hinunter rutschen. Doch er gab nicht auf, einmal oben, setzte er sich in die Krone auf die Palmenblätter und drehte die dicken grünen Nüsse so lange bis sie zu Boden fielen, wo wir sie aufsammelten.

„Ein dicker Ast wäre mir lieber, zu dem hätte ich mehr Vertrauen", rief er uns aus luftiger Höhe zu. Für Heino war es Sport. Zwar gab er als Vorwand an, er müsse seine Familie mit Vitaminen versorgen, doch er empfand eine gewisse Befriedigung beim Gelingen, so als würde er einen Berg bezwingen. Vitamine gab es in den Kokosnüssen vermutlich viele, denn ich hatte, obwohl wir seit mehr als zwei Wochen keine anderen frischen Früchte mehr gegessen hatten, noch immer kein Zahnfleischbluten, was das erste Anzeichen von Vitaminmangel war.

Mit diesen Kletteraktionen gewann er nicht nur den Respekt der anderen Yachties, sondern auch den der Einheimischen.

Stunden verbrachte unser Kapitän mit seiner Harpune in der Nähe des Passes, wo die größte Ausbeute an Fischen zu finden war. Er konnte nach Herzenslust jagen. Die einzigen, die ihn öfters behinderten, waren die Haie. Wer war schneller, Heino oder der Hai? So manches gute Stück musste er abgeben nach dem Motto: Der Klügere gibt nach. Das rote Dingi, das immer in seiner Nähe ankerte, war der einzige Hinweis, wo er sich gerade befand. Oft hielt ich minutenlang Ausschau, bis er wieder irgendwo prustend an der Wasseroberfläche zu sehen war. Doch nie kam er ohne genügend Beute zurück zum Schiff.

So gab es jeden Tag Fisch. Fisch mit Reis, Fisch mit Brot. Reis mit Fisch, Brot mit Fisch. Und zum Trinken Kokosnüsse, selbst gepflückt.

Eines war mir klar, wären wir Einsiedler auf dieser Insel wie einst Tom Neale, würden wir nicht verhungern, dank unseres Familienernährers.

TERRA lief ein und mit ihr JOURNEYMAN. Stürmisch begrüßten wir Chris und Hiller und voll Freude bemerkte Doris, dass auf JOURNEYMAN zwei Kinder an Bord waren, Sara, elf Jahre alt und Irey drei Jahre mit ihrem Vater Carl, der einen schwarzen Rauschebart trug und ihrer Mutter River. Die Freundschaft zwischen den zwei Mädchen war schnell geschlossen und bald war es Tradition, dass sie die Nachmittage zusammen verbrachten. Vormittags war Schule. Sara wurde auch von ihrer Mutter unterrichtet und diese Tatsache bewog Doris, eine fleißige Schülerin zu sein. Ich nutzte die Gunst des Augeblicks und brachte so viel Lehrstoff wie möglich unter. Nach dem Unterricht kam Sara, und die Kinder spielten auf einem der beiden Boote. Die Gesellschaft des älteren Mädchens tat ihr gut. Musste sie sich des Öfteren auch unterordnen, war sie doch glücklich und ausgeglichen. Auch Sara liebte das Schnorcheln so tummelten sich die beiden Mädchen stundenlang im Wasser.

„A shark, a shark!" Als ich zum ersten Mal diese Schreie hörte, sah ich beunruhigt in die Lagune. Die Kinder standen auf einem Korallenblock, kleine Haifischflossen tauchten in ihrer Nähe auf. Doch dann sprangen sie lachend wieder in das klare Wasser, plantschen und prusteten. Minihaie bis zu einer Länge von einem Meter gab es unzählige in der Lagune.

„Zwanzig Haie habe ich heute gesehen", erzählte Doris nach ihrem Tauchabenteuer mit Sara. Man gewöhnte sich allmählich an sie. Und sie hatten offensichtlich mehr Angst vor uns, als wir vor ihnen. Sogar ich ignorierte die grauen Leiber mit ihren weiß und schwarz gestreiften Rückenflossen, die „Blacktip reef sharks". Das „Schätze-Such-Fieber" in mir war größer. Auch Chris war davon befallen und wir wetteiferten um die begehrten Spiderconch und schnorchelten stundenlang zwischen bunten Korallenstöcken auf der Suche nach den schönsten Stücken. Meine Sammelleidenschaft ging so weit, dass ich lebende Exemplare ohne Bedenken ins heiße Wasser schmiss und tötete, zum Missfallen meiner Tochter. Danach begann eine langwierige Säuberung der Schalen, denn man schaffte es nie, das gesamte Muschelfleisch heraus zu holen. Langsam verweste es. Ich lagerte meine Schätze in einem Kübel am Achterdeck gut mit Seewasser bedeckt, das ich mehrmals täglich wechseln musste. Denn war der Gestank zu stark, lief ich Gefahr, dass unser Kapitän meine Schätze einfach über Bord kippte.

„Wir müssen die Genua nähen", erinnerte der Kapitän an die unangenehme Arbeit. Hiller hatte eine Nähmaschine an Bord und bot uns an zu helfen. Wir trafen uns auf der großen Terrasse vor Tom Neals Haus und durften die Maschine an den Strom des Inselgenerators anschließen.
„Wir können schon selbst nähen." Doch Hiller gab seine Nähmaschine nicht aus der Hand. So bereiteten wir alles vor und bald saß er im Schneidersitz auf der Terrasse und rief immer wieder laut: „Go!", was der Befehl war, das Fußpedal zu betätigen. Das war meine Aufgabe, Heino schob und zog das unhandliche, riesige Segel zur und von der Nähmaschine und in kurzer Zeit war der Schaden behoben. Per Hand hätten wir Tage gebraucht.

31. Oktober 1989 – Halloween!
„Ihr kommt doch zu Halloween?", fragte uns Chris. Wir wussten mit diesem Fest wenig anzufangen und so erklärte sie uns die amerikanischen Gebräuche. Es war die Nacht der Geister und Gespenster, die ihr Unwesen trieben oder lustige Streiche spielten. Dazu trug man Kostüme. Doris ließ sich nicht zweimal bitten und verkleidete sich. Als es dunkel war, fuhren wir mit dem Dingi von Schiff zu Schiff, klopften an den Rumpf und riefen: „Trick or treat?" Nachdem ein Crewmitglied auftauchte, wünschten wir: „Happy Halloween!" Dann erhielten wir ein paar Süßigkeiten. Den meisten Booten ging es so wie uns, sie hatten kaum mehr Vorräte an Bord, aber jeder gab irgendetwas, ein paar Kekse oder etwas Popcorn. Wir kamen zur Yacht TERRA. Chris schaute lachend zu uns herunter. Wo war Hiller?
„Haha! Huhu!" Mit weißem Leintuch bekleidet und blinkender Taschenlampe darunter polterte Hiller vom Niedergang hervor. Petra wurde steif vor Angst, klammerte sich verkrampft an mich und begann hysterisch zu schrei-

en. Hiller hielt erschrocken inne. Er schlüpfte aus dem Leintuch und sagte ganz schuldbewusst: *„Petra, it's only me, Hiller!"* Immer wieder wiederholte er: *„It's me, Hiller!"*

Petra schluchzte unter Tränen: „Hiller-Geist, Hiller-Geist!" Sie konnte sich lange nicht beruhigen. Hiller war zerknirscht. Die Rolle des Kinderschrecks gefiel dem netten, schlaksigen Mann mit dem schon ergrauten Bart, gar nicht.

Von diesem Tag an geisterte der Hiller Geist auch auf der SEHNSUCHT. Alles was zum Fürchten war, wurde Hiller Geist genannt. Und wollte sie nicht folgen oder abends nicht ins Bett, reichte der Satz: „Der Hiller-Geist kommt!", und von Petra war nur noch ein Strich zu sehen.

Das Halloween Fest ging feucht-fröhlich auf der Yacht AFFAIRE D'AMOUR zu Ende, die einem älteren amerikanischen Ehepaar, Bill und Kathi, gehörte. Bis spät in die Nacht klang das Plaudern und Lachen über die stille Lagune.

Zehn Tage verbrachten wir auf diesem herrlichen Atoll und wären vermutlich länger geblieben, wenn unsere Packkiste nicht so verdammt leer gewesen, Heinos Tabakvorrat nicht zur Neige gegangen und die Cyklonsaison nicht bevor gestanden wäre. Hinwegziehende Regenwalzen, die für kurze Zeit eine Windrichtungsänderung mit sich brachten zeigten, dass der Ankerplatz alles andere als sicher war. Einen Cyklon hier abzuwettern wäre selbstmörderisch.

Zum Abschied schenkte uns die Familie eine getrocknete Kokosnuss als Körbchen verarbeitet, mit Muscheln verziert, eine wunderschöne Handarbeit. Als Proviant gab es noch Trinknüsse und einen Teller voll selbstgebackener Kekse. Wir waren beschämt, denn wir konnten in unserem Schiff nichts außer einem Kugelschreiber zum Verschenken finden.

Kapitel 34

Pago Pago – Thanksgivingparty zwischen Dieselöl und Fischgestank

„WINDROSE liegt schon vor Anker, sonst ist noch niemand da." Der Anker fiel in das trübe, schmutzige Wasser von Pago Pago Harbour. Heino sah in die Runde der ankernden Schiffe.
„Dann sind wir an zweiter Stelle der Regatta", stellte ich fest.
„Sieht so aus", meinte der Kapitän mit stolzerfüllter Brust.

Unsere persönliche Regatta, die als harmloses Flottillensegeln begann, war die 450 Seemeilen lange Überfahrt von Suwarow nach American Samoa. Wir schlossen uns den amerikanischen Yachten an, die gemeinsam die Überfahrten mit Sicht- oder Funkkontakt bestritten. WINDROSE, JOUR-NEYMAN, TERRA, AFFAIR D'AMOUR waren schon ausgelaufen, SEHNSUCHT war natürlich wie immer die Letzte. Funkkontakt auf Kanal 16 war vereinbart. Als wir durch den breiten Pass motorten, sahen wir noch drei von vier Booten. Sie segelten weit nach Norden, um mit großem Bogen das Atoll zu umrunden. Wir verstanden den Sinn nicht ganz und motorten, die Batterie musste ohnehin geladen werden, südlich des Atolls entlang des Riffgürtels und genossen noch einmal die Farbenpracht des Wassers und die Landnähe. Mit dieser Taktik schwindelten wir uns an die dritte Stelle. WINDROSE war nicht mehr zu sehen, es war das größte und schnellste Schiff. Vor uns lag TERRA, die wir aber bald überholten. Die Nacht war für Heino furchtbar anstrengend. Die Nähe der anderen Boote erforderte konzentriertes Segeln und wir mussten die ganze Nacht Wache halten. Der Wind war schwach, doch der Seegang hoch und ich natürlich wieder seekrank. Zeitenweise hörte man das Motorengeräusch von unseren Begleitern. Um Mitzuhalten starteten wir daher auch öfters den Motor. Am nächsten Tag war beinahe Windstille, eine leichte Brise von achtern füllte gerade unsere beiden ausgebaumten Genuas und das Großsegel, das zur Stabilität aufgezogen war. Mit zwei bis drei Knoten Fahrt segelte die SEHNSUCHT dahin, die RESI steuerte brav. Auf Kanal 16 wurde ständig gequatscht. Wir fühlten uns etwas als Außenseiter, da wir nie direkt angefunkt wurden und wir uns daher in den Funkkontakt nicht miteinbezogen fühlten. Einige hundert Meter seitlich war Carl mit seiner JOURNEYMAN. Carls Satellitennavigator war kaputt. Er konnte nicht navigieren und war daher auf die anderen angewiesen. Er beobachtete das Geschehen auf unserem Schiff und war offensichtlich neiderfüllt unserer geblähten Segel wegen. Bei seinem Rigg war es nicht möglich, den Wind direkt von achtern einzufangen. Seine

Segel fielen immer wieder zusammen. Auf jeden Fall war er der bessere Funker als Segler. Er rief eine Yacht nach der anderen und erzählte von unserer Segelstellung und dass wir vermutlich schlafen und die Selbststeueranlage arbeiten ließen, sonst müssten wir doch sehen, dass wir sofort mit seinem Boot „crashen" und in der Nacht wären wir beinahe „gecrashed", da wären wir mit voller Besegelung und Motor mit sechs Knoten Fahrt herangebraust und hätten ihn beinahe gerammt, bla, bla, bla, bla,...
„Trottel", war Heinos erste Reaktion auf die Geschichte. Als er dieselbe Geschichte dem nächsten Boot erzählte war Heinos Reaktion, der müde und unausgeschlafen nach einer durchwachten Nacht war, bereits aggressiver.
„Der Scheißer soll das Maul halten." Nach dem dritten Mal platzte ihm der Kragen. Er rief JOURNEYMAN und schrie, im schlechtesten Englisch ins Funkgerät: „I sleep not, you tell shit,..." und noch einige Worte, die besser unerwähnt bleiben. Unser Kapitän war unsagbar zornig. Carl, der sich wie ein kleiner Bub beim Lügen ertappt fühlte, vermutlich hatte er nicht damit gerechnet, dass wir zuhörten, begann umständlich zu erklären, was er eigentlich gemeint hatte.
„Der kann mich mal", mit diesen Worten drehte unser Kapitän das Funkgerät ab und brachte ihn zum Schweigen. Dann, boshaft wie Heino auch sein konnte, korrigierte er die Segelstellung und setzte sich selbst ans Steuer, um noch einen Viertelknoten herauszuholen, fuhr noch etwas näher an JOURNEYMAN heran und segelte ganz langsam an ihm vorbei.
„Wozu brauchen wir die, ich kann segeln, ich kann mit einem Sextanten umgehen." Die mitgehörte Position dieses Tages ergab nur eine Differenz von drei Meilen. Wir schalteten dann den Motor ein, denn wir hatten genug Diesel an Bord, viel mehr als Lebensmitteln, die schon bedenklich zur Neige gingen, genauso wie Zigaretten und Trinkwasser. Wasser war das kleinste Problem, denn die regengeschwängerten Wolken, die uns folgten, wurden immer häufiger. Bald war von den anderen Booten keiner mehr zu sehen und am nächsten Morgen auch über Funk nichts mehr zu hören. Nach einigen Stunden Schlaf in der Nacht fühlte sich Heino von einer Last befreit.
„Ich bleibe meinem Motte treu: Alleine auf See, das ist das Beste. Die Anwesenheit anderer Yachten bringt eher Gefahr als Sicherheit mit sich."
„Es ist einfach toll, wie meine SEHNSUCHT segelt. Ich habe lange gebraucht, um das Schiff zu beherrschen, aber nun kenne ich sie im Schlaf. Ich merke an den Vibrationen, wenn der Segeltrimm nicht stimmt, selbst wenn ich unten liege und schlafe. Das Schiff läuft selten unter fünf Knoten, egal woher der Wind kommt. Einfach gut. Ich brauche zirka 30 Sekunden, um ein Reff ins Groß zu binden und bin stolz auf mich – aber nun genug!", las ich in Heinos Tagebuch.

Wir hatten Glück und erwischten für zwölf Stunden eine frische achterliche Brise, die die SEHNSUCHT mit fünf bis sechs Knoten Fahrt voranschob. Die restlichen Tage vergingen mit Flauten, Regenböen und mit Motorfahrt. 60 Meilen weit waren die hohen Manau Inseln schon zu sehen und des Nachts segelten wir zwischen Tau und Ofu hindurch. Der Sonnenaufgang gab eine wunderschöne Küstenlandschaft preis. Schade, dass es hier keinen Ankerplatz gab.

Den Hafen von Pago Pago erreichten wir am späten Nachmittag, eine tiefe Bucht mit einer Hafenanlage voll von Riesenschiffen. Wir versuchten über Funk das Hafenbüro zu erreichen, doch es war vermutlich nicht mehr besetzt. Der Hunger nagte und an Land lockte eine Pizzeria mit ihrer Leuchtreklame. Wir ignorierten die Vorschriften und saßen bald vor einer Riesenpizza und kaltem Cola. Herrlich!

„Pago Pago Radio, this is SEHNSUCHT calling", mit diesen Worten versuchten wir das Hafenbüro zu rufen, um einzuklarieren. Niemand hörte uns. Funken war wirklich nicht unsere Stärke. Das offizielle Einklarierungsdock war von einer anderen Yacht besetzt und da wir ohnedies keinen Retourgang hatten und sich jetzt auch der Vorwärtsgang nicht mehr bewegen ließ, beschlossen wir per Dingi an Land und zu Fuß zum Hafenmeister zu gehen. Ein kräftiger Regenguss zwang uns bei einem Unterstand eine Stunde zu warten. Trocken kamen wir ins Customsbüro. Dort saß eine junge Dame, die unsere Daten aufnahm. Sie fragte zwar, warum wir nicht über Funk die Einklarierung beantragt hätten, machte aber keine Schwierigkeiten. Die zweite Stelle war ebenfalls von einer freundlichen Dame besetzt. Dann führte unser Weg weiter zum Harbor Master. Sein Büro war im ersten Stock direkt unter dem Dach, durch welches das Regenwasser tropfte. Wir trafen den Harbor Master mit Mopp und Kübel beim Trocknen seiner geheiligten Büroräume an. Seine schlechte und unsere gute Laune prallten aufeinander und unser fröhliches *„Good morning"* verhallte ungehört. Und dann begann etwas, was man „Schwierigkeiten machen" nannte.

„Capt. Silia F. Patana – Harbor Pilot / Assistant Harbor Master" lasen wir auf dem großen Metallschild, das auf seinem Schreibtisch stand. Schwerfällig ließ er seinen beleibten Körper in den Sessel fallen.

Unser schwerer Fehler war, ihn nicht über Funk von unserer Ankunft verständigt zu haben. Heino beteuerte, er hätte es zweimal versucht und weil wir nicht gehört wurden, seien wir schließlich sofort zu ihm gekommen. Belehrungen und Beschuldigungen auf seiner Seite, Uneinsichtigkeit auf Heinos Seite. Zwei Typen, die einander nicht riechen konnten, trafen aufeinander. Dabei hätte unser Kapitän doch nur demütig und reuevoll die Belehrungen über sich ergehen lassen sollen, doch wenn Heino sich im

259

Recht wähnte, blieb er stur. Die Diskussion schaukelte sich auf, bis er uns androhte, eine Strafe von 100 Dollar zu verhängen und unseren Skipper ins *„Gil"* zu werfen. Doris Englischkenntnisse waren bereits so gut, dass sie die Drohung verstand und glaubte, ihr Vater wandere jetzt ins Gefängnis. Sie fing herzzerbrechend zu heulen an. Theatralische Szene. Dramatisches Trösten von Mutters Seite, Sympathie bekundendes Mitweinen von Petra. Der Assistant Harbor Master fühlte sich sichtlich nicht mehr wohl in seiner Haut. Die Rolle des Kinderschrecks gefiel ihm nicht. Tröstungsversuche seinerseits misslangen. Um das Familiendrama zu beenden und uns schnell los zu werden, ließ er Gnade vor Recht ergehen. Er entlockte Heino das Versprechen, bei unserer nächsten Ankunft auf American Samoa auf Kanal 16 *„Harbor Master, Harbor Master, this is Mr. Heinz"* zu rufen. Wir versprachen es und verschwanden schleunigst aus dem Büro. Hinter der nächsten Ecke prusteten wir erst einmal los und hielten uns den Bauch vor Lachen.

„Gut habt ihr Theater gespielt", meinte unser Kapitän.

„Ich habe nicht Theater gespielt", schniefte Doris beleidigt.

„Es sieht hier aus wie in Amerika vor 40 Jahren", war Chris Beschreibung von Pago Pago, einer Kleinstadt mit vielen, schon etwas baufälligen Häusern und einer Kirche im Kolonialstil. Alles sah etwas schmutzig und schmuddelig aus. Die Stadt formte sich rund um die Bucht, ein schmaler Streifen auf der einen Seite, wo Fischfabrik und Dieselgenerator platziert waren und ein etwas breiterer Streifen auf der anderen Seite. Hier waren viele Läden zu finden, größtenteils von Chinesen betreut, wo es alle möglichen und unmöglichen Dinge zu kaufen gab, hauptsächlich Lebensmittel in reichlicher Auswahl, von guter Qualität und preiswert. Auch viele Sorten von tiefgefrorenem Fleisch fanden wir, froh über eine Abwechslung in unserem Speiseplan. Nur das Angebot an Frischgemüse und Obst am Markt war karg und teuer.

Der Hafen war laut und dreckig. Kanäle mündeten in die Bucht, die Dieselleitung vom ständig lärmenden Inselgenerator leckte und buntes Dieselöl schwamm rund um die SEHNSUCHT. Die Fischfabrik ergoss ihren Abfall direkt ins Meer. Nicht nur Plastikmüll und tote Fische schwammen herum, wir sahen sogar ein totes Schwein. Rund um die Bucht stiegen zum Kontrast steil und schön die Berghänge an, mit tropischer Vegetation bewachsen.

Die Menschen auf der Insel schienen alle sehr korpulent zu sein, Männer wie Frauen. Sie trugen bunte Kleider, die Männer hatten oft wunderschöne Pareos um die Hüften gewickelt. Ihre braune Haut zierte so manche Tätowierung und ihre langen schwarzen Haare schmückte oft eine Blüte. Sie waren zwar freundlich, doch sehr unpersönlich, die Stadt war zu groß und hektisch.

Shopping-Stress! Das reiche Angebot weckte in uns einen Kaufrausch. Wir durchstöberten die Stadt und versorgten uns nicht nur mit leckeren Lebensmitteln, sondern erneuerten auch die Garderobe. T-Shirts oder Shorts waren für einen Dollar zu haben. Nur mit den Größen hatten wir Probleme, denn die Standardkleidergröße begann bei einem Körpergewicht von hundert Kilo. Bei den Damenunterhosen wurde ich nicht fündig und alles was ich aus der Wühlkiste hervorholte, trug zur Erheiterung meiner Lieben bei. Zwischen den Einkäufen stärkten wir uns mit Cola oder Eis und entdeckten das „Lumpia", ein schmackhaftes Bratwürstel im Backteig.

„Habt ihr schon gehört? Die Berliner Mauer ist gefallen." Es war der 9. November 1989, wir wollten eben mit dem Dingi zurück zur SEHNSUCHT, als eine kleine Gruppe Amerikaner aufgeregt diskutierend am Strand stand und uns diese Nachricht mitteilte.
„Das gibt es nicht", war unsere spontane Antwort.
„Doch, wir haben es im Fernsehen gesehen, die Menschen sind zu Hunderten auf die Mauer geklettert und einfach nach Westberlin gegangen. Wir haben gesehen, wie sie sich umarmt und geküsst haben." Für uns klang es unglaublich.
„Und keiner hat geschossen? Gab es dabei keine Tote?" frage ich.
„Nein, alles war ganz friedlich." Und immer wieder hörten wir den Satz: „It was incredible!"
Wir fassten es nicht. Sollten wir am anderen Ende der Welt das Ende des kalten Krieges erleben? Zurück an Bord, versuchte Heino irgendeinen Sender herein zu bekommen. Bald hörten wir die Bestätigung und es wurde uns bewusst, wie klein unsere eigene Welt, eine Welt bestehend aus zehn Quadratmetern Schiff inmitten des großen Weltgeschehens, war. Wie isoliert waren wir doch, zwar behaftet mit unseren kleinen Problemen, aber verschont von den großen.

"This is LADY-BUG with the 8 o'clock cruisers net!"
Jeden Morgen gab es auf Kanal 68 ein Funktreffen aller amerikanischen Segelyachten im Hafen. Organisiert wurde es vom Schiff LADY-BUG und alle Yachten, die daran teilnahmen, meldeten sich. Dann wurden Informationen ausgetauscht, Auskünfte erteilt, wo, was, wann günstig zu kaufen sei, es wurde untereinander getauscht, gekauft und verkauft, Partys organisiert oder gemeinsame Ausfahrten getätigt.

„Macht doch auch mit", ermunterten uns Chris und Hiller und als wir uns das erste Mal meldeten, gab es einige Sprachschwierigkeiten. Keiner konnte das Wort SEHNSUCHT aussprechen. Chris stellte uns vor und bald waren wir in die Runde aufgenommen. Wir erhielten all das, was es nicht zu kaufen gab. Seekarten waren Mangelware und vom Cruisers Net konnten wir uns viele ausborgen und Kopien davon machen. Wir erstanden auch ein gebrauchtes, starkes Sturmsegel mit einer zusätzlichen Reffreihe ausgestattet, das wie gemacht für unser Schiff war. Heino half einigen Yachties durch sein Improvisationstalent bei verschiedenen Reparaturen, es war ein Geben und Nehmen. Eine große Familie mit zirka dreißig Amerikanern, einem Holländer und jetzt auch Österreichern. Der Zusammenhalt und die Hilfsbereitschaft zwischen den Yachten beeindruckte uns.

Nur die Crew von JOURNEYMAN, die auch bei der Gruppe war, harmonierte nicht mit uns. Carl versuchte einmal, uns bei den anderen Yachten schlecht zu machen, doch die Crew der TERRA vereitelte sein Vorhaben. Carl und Heino gingen sich aus dem Weg. Und mit River und mir gab es unterschiedliche Auffassungen über Kindererziehung. Nur Doris uns Sara verstanden sich prächtig.

Jeden Freitag gab es im Yachtclub ein Meeting. Viele Kinder waren dabei, sie spielten in dem alten, am Land liegenden Boot. Um mitspielen zu dürfen, musste Doris eine geheime Aufnahmeprüfung machen. Woraus sie bestand, erfuhren wir nie. Petras Liebe galt dem Spielplatz neben dem Yachtclub und sie forderte ständig: „Spielzeug gehen, hutschi heia, hopa reita gehen! Ich hopa reita!" Petra war nun nicht mehr „Pretra", sondern „ICH" und konnte furchtbar trotzten, wenn man ihren Wünschen nicht entsprach. Die Erwachsenen saßen bei einem Drink zusammen und es wurde geplaudert. Oft wurden wir gefragt, was der Name unseres Schiffes SEHNSUCHT denn bedeute. Wir übersetzten laut Wörterbuch: *„Longing, Yearning"*, wobei die meisten weiterhin fragend schauten. Erst die Erklärung: *„It's a feeling like looking for"*, brachte ein wissendes „Aha!" hervor.

Die meisten Yachten verbrachten die Zyklonsaison in American Samoa, denn die Bucht von Pago Pago galt als zyklonsicher. Man konnte sich von ortskundigen Tauchern fixe Murings für 200 Dollars kaufen. Wir vertrauten auf unseren schweren Anker, der in zehn Meter Tiefe im unergründlichen Unrat und Moder lag. Doch einige Male, wenn die Sturmböen von den Bergen pfiffen, rutschte der Anker, zweimal saßen wir auf Grund. Es war immer eine Schinderei den Anker hochzuziehen, meistens verhakte er sich irgendwo im Dreck und Heino musste des Öfteren in der Brühe tauchen um ihn loszuhaken. Eines Abends war es besonders schlimm. Das Abendessen war gerade fertig. Eine Regenwalze mit 20 bis 25 Knoten Wind kam aus dem Nichts. Ein Ruck und wir drifteten. Das Essen wurde schnell vom Motorkasten geräumt, um den alten Diesel mit einem Trick zu starten, doch bis der lief, saßen wir schon auf Grund. Ein Kampf um das Schiff begann. Petra brüllte, sie hatte Hunger und wollte zu uns hinaus, Doris brüllte, weil sie Petra im Salon festhalten sollte. Ein Kampf, der unsere gesamten Kräfte forderte. Endlich bewegte sich das Schiff, wir schwammen wieder, Gott sei dank. Doch jetzt war es finster, die schlammigen Leinen lagen in einem heillosen Durcheinander im Cockpit. Das Essen war kalt, die Kinder eingeschlafen, der Wind pfiff, der Regen prasselte. Wir waren hundemüde und hungrig. Scheißleben! Nie war man vor bösen Überraschungen sicher, ein gemütlicher Abend endete im Chaos.

„Und dabei wollte ich heute den Adventkalender für die Kinder basteln", sagte ich verbittert.

Seit diesem Abend hielt der Anker. Er hatte sich, wie Heino am nächsten Morgen bei seinem Tauchgang feststellte, in einer alten Muring verhakt. Die Murings, die von den Einheimischen teuer verkauft wurden, bestanden aus versenktem Müll.

„Hoffentlich merkt es niemand, sonst müssen wir womöglich 200 Dollar dafür bezahlen."

Thanksgiving-Party!

Seit langer Zeit sprachen unsere amerikanischen Freunde von diesem Fest, das im Yachtclub groß gefeiert wurde. Jeder trug seinen Teil dazu bei.

„Was sollen wir machen?", fragte ich, „Ich habe noch nie in meinem Leben einen Truthahn gebraten." Dann beschlossen wir, das zu tun, was wir am besten konnten und was auf unserem Schiff am häufigsten getrunken wurde: Kaffee, einen echten österreichischen „Großen Braunen" oder eine „Melange". Die SEHNSUCHT war berühmt ihrer Kaffeeküche wegen und wir machten aus der Kaffeejause einen täglichen Brauch. Oft konnten wir Besuch dazu begrüßten. Selbst auf See war der Nachmittagskaffee obligat und nur so hoher Seegang, der den Betrieb des Gaskochers unmöglich machte, hinderte uns daran. Es gab gutes Kaffeepulver in American Samoa. Wir probierten immer verschiedene Sorten aus, bis wir uns für eine entschieden und größere Mengen davon bunkerten.

„Eine gute Idee", meinten unsere Yachtkollegen und so richteten wir eine Kaffeebar im Yachtclub ein, zur Freude all jener, die gerne starken Kaffee tranken.

Schon seit dem Vormittag waren die Frauen mit dem Braten des Truthahns beschäftigt. Froh darüber, einmal nicht kochen zu müssen, hielt ich mich vom Backofen fern, kann daher nichts über das Rezept verraten.

Es wurde ein turbulentes Fest, es bestand hauptsächlich aus Essen und Trinken und Plaudern. Alle standen oder gingen mit einem Getränk in der Hand herum. Eine typisch amerikanische Party, so wie wir sie aus dem Fernsehen kannten. Mit so vielen fremden Menschen hatte ich schon lange nicht mehr gesprochen und so viele belanglose Gespräche hatte ich noch nie geführt und alle endeten mit: *„Nice to meet you!"*

Noch rechtzeitig zu Thanksgiving kamen SWEET DREAM mit Mike und Shellie, die die Route über die Cooks Inseln nach American Samoa nahmen. Sie hatten schlechtes Wetter, die Zyklonsaison war bereits spürbar. SWEET DREAM wollte auf keinen Fall die Regenzeit in Pago Pago verbringen, sie planten nach Norden Richtung Tuvalu zu segeln. Ihre Pläne, das ständige Regenwetter, die alles durchdringende Feuchtigkeit, der schmutzige, stinkende, lärmende Hafen ließen uns mit dem Gedanken spielen, es ihnen gleichzutun. Eine ungeplante Fahrt ins Landesinnere ließen unseren schlechten Standort noch deutlicher werden. Wir waren auf der Suche nach Diafilmen, die wir in der Stadt nicht erhielten. „Vielleicht am Flughafen", dachten wir, und so stiegen wir in einen der buntbemalten Autobusse, ein schmales, niedriges Gefährt, das in kurzen Abständen in alle Richtungen fuhr. Wir zwängten uns zwischen die beleibten Einheimischen auf eine Sitzbank, doch wir versäumten die Haltestelle und kurvten bis Leone. Vor uns tat sich eine herrliche Landschaft auf, sauber, Blüten in Hülle und Fülle zwischen üppigem Grün. Überall Bananenstauden und Früchte. Warum war dann der Markt so teuer? Es war uns nicht klar. Die Blüten verbreiteten einen herrlichen Duft, de Luft war vom Regen reingewaschen. Unvorstellbar, dass American Samoa so schön sein konnte. Nach dieser Fahrt stand fest, wir müssen aus dem dreckigen Hafen raus.

Nun begann ein Ringen mit uns und das Für und Wider wurde abgewogen. So sehr uns das Leben mit den Yachtkollegen gefiel, es enthielt auch Verpflichtungen, denn meldeten wir uns einen Tag beim morgendlichen Cruisers Net nicht, dann hörten wir die vorwurfsvolle Frage: „Wo wart ihr heute Morgen?" Oder besuchten wir die eine deutsche Yacht, die schon lange Zeit am Pier lag, wo wir endlich wieder deutschsprachige Bücher tauschen konnten, hörten wir den Ratschlag: „Meidet die Leute, die sind nicht ganz geheuer, die handeln bestimmt mit Rauschgift."

„Ein Schrebergartenverein", – so nannte Heino manch spießbürgerliche Ansicht. Es kamen immer mehr Für zum Vorschein, so entschlossen wir uns weiterzusegeln.

„Wir segeln zuerst nach Wallis, machen kurz Rast und dann weiter nach Tuvalu", plante unser Kapitän, „auf 7° Süd soll es schon ziemlich sicher sein, nur zwei Zyklone in den letzten hundert Jahren, hab ich gehört." Von

Tuvalu wollten wir weiter zu den Gilberts, dann waren wir endgültig aus der Zyklonzone.

Die Unruhe vor der Abreise begann. Das einzige von dem wir genügend an Bord hatten, war Süßwasser. Die Tanks quollen über vom ständigen Regen. Noch so viel musste für die nächste Überfahrt besorgt und vorbereitet werden, denn auch Weihnachten stand vor der Tür. Es gab bereits wunderschöne Weihnachtsdekorationen und bei unserem Einkaufsbummel entdeckte Doris eine Märchenpuppe, die sie mit leuchtenden Augen an erster Stelle ihrer schon so oft geänderten Wunschliste setzte. Als ich zu dem Geschäft kam, gab es gerade noch ein Exemplar. Die Enttäuschung meiner Tochter war sichtbar, als sie tags drauf das leere Regal sah, die Ungewissheit groß und die Vermutung, irgendwo im Schiff könnte ein Geschenk versteckt sein, unerträglich. Das Bedürfnis zu lauern war allgegenwärtig. Um die lange Überfahrt erträglicher zu machen, bastelte ich für die Kinder einen Adventkalender mit 24 kleinen Päckchen.

Wir füllten unsere SEHNSUCHT bis zum letzten Winkel mit Proviant voll, der drei bis fünf Monate reichen musste. Für Vitamine sorgte ein orangenfarbenes Getränkepulver, *Tang* genannt, das mit Regenwasser aufgelöst, einen schmackhaften Saft ergab. War Petra durstig, forderte sie nicht mehr „Goga" (abgeleitet von Coca Cola) sondern „Tanka".

Die Lebensmittel trocken an Bord zu bringen war eine Kunst, doch die Wäsche zu trocken unmöglich. Eine Wäscherei mit Trockner war die Rettung. Ich arbeitete zwischen den einheimischen Frauen, legte gerade die letzten Stücke zusammen, als Heino mich abholte. Lachend stand er an der Tür:

„Du siehst aus, wie ein Wichtelmännchen zwischen all den dicken Frauen."

Das Geld rann zwischen den Fingern davon und nur das Wissen, wir würden die nächsten Monate mit wenig auskommen, ließ uns das Limit weit überschreiten. Die Zeit verging ebenso schnell. Das Gefühl festgehalten zu werden, wie von einem unsichtbaren Magneten, bestehend aus Lärm und Müll, stieg wieder in uns auf und am Freitag, den 1. Dezember 1989 sagte Heino:

„Morgen! Morgen segeln wir, morgen oder wir bleiben die ganze Saison!"

Kapitel 35

Südpazifischer Ozean – Krieg und Friede der Naturgewalten

Die Berge von American Samoa verschwanden im Dunst der untergehenden Sonne. Doris saß am Fuße des Mastes. Sie heulte. Sie heulte jetzt schon seit zwei Stunden, zuerst mit Tränen, dann ohne, jedoch immer lauter, sodass sogar das Motorgeräusch übertönt wurde. Viele Hände schüttelten wir als wir Pago Pago an diesem Samstag, den 2. Dezember 1989 verließen. Viele gute Freunde, die wir nie wieder sehen würden, mussten wir zurücklassen. Und Doris hatte viele ihr liebgewordene Spielkameraden zurück gelassen und sie wollte ihre Freunde einfach nicht verlassen. Wir hatten die Entscheidung von American Samoa weg zu segeln ohne die Zustimmung unserer Tochter getroffen. Sie war böse, zornig und unsagbar traurig. Und sie brachte ihre Gefühle zum Ausdruck. Unsere Nerven lagen nach zwei Stunden lautem Geheule blank. Jeder Versuch, sie zu beruhigen, zu trösten, Verständnis zu erlangen, schlug fehl. Und beim Schimpfen wurde ihr Heulton noch um eine Oktave höher. Es blieb nichts anderes übrig, als sie, am Mast hängend und in Richtung Land schauend, heulen zu lassen. Sie verweigerte das Abendessen. Es wurde Nacht. Unser Wolf heulte so lange bis es total dunkel war, dann hörte sie abrupt auf, stieg ins Vorschiff, legte sich hin und schlief ein.

Wir hatten keinen brauchbaren Wetterbericht erhalten, es war bereits Zyklonsaison, doch frischer Wind aus Osten machte uns zuversichtlich und wir hofften, mit ihm so weit wie möglich nach Nordwesten zu segeln. In der ersten Nacht zeigte das Log 50 Seemeilen gesegelte Strecke. Wir waren zufrieden.

Nach Sonnenaufgang schlüpfte Doris aus ihrer Koje. Sie war wie immer. Mit keinem Wort erwähnte sie ihre vortägige Hysterie. Offensichtlich hatte sie sämtliche Enttäuschung auf einmal in den Wind gebrüllt.

Der Wind wurde schwächer. Den ganzen Tag sahen wir Western Samoa auf der Backbordseite.

„Schade, dass wir so spät dran sind, das Land sieht wunderschön aus, ich hätte es gerne gesehen", sagte ich.

„Es gibt aber keinen geschützten Hafen", erwiderte der Kapitän, für ihn war Sicherheit wichtiger als Landschaft.

Am zweiten Seetag sprang das Log auf die 13.000 Meile.

„Ein schlechtes Omen", sagte Heino, der den Seemannsaberglauben allmählich angenommen hatte, obwohl er genau wusste, dass das Log nicht stimmte, weil es schon oft wegen zu starkem Unterwasserbewuchs ausgefallen war. Ein leichter Wind aus Westen und ein starker Schwell aus Süden, der gegen Mittag einsetzte, beunruhigten ihn. Als dann auch noch am Nachmittag das Barometer von 1009 auf 1003 Millibar fiel, bestätigten sich Heinos Befürchtungen: „Oje - ein Zyklon! Alle Vorzeichen stehen auf Sturm." Seine Worte zitterten etwas und ein ungutes Gefühl breitete sich aus. Langsam machten wir uns daran, Vorbereitungen für einen Sturm zu treffen. Heino kontrollierte die Segel, machte sie bereit zum Reffen und zurrte alles, was lose schien, fest.

„Die RESI muss ich noch in Sicherheit bringen." Und er tauschte die Windfahne, mit dem lachenden Gesicht unseres liebgewonnenen blond bezopften österreichischen Mädchens, gegen das kahle, kleine Holzblatt, das für Stürme gedacht war und das wir bis jetzt noch nie verwendet hatten. Ich suchte Crackers und Fruchtsäfte aus der Packkiste und legte sie für die Kinder erreichbar zurecht. Alles wurde gut verstaut.

Dritter Seetag: Das Barometer fiel auf 1001. Der Wind frischte auf, erreichte bald Sturmstärke, geschätzte acht Beaufort, aus Nordwesten, genau auf die Nase. Der Schwell kam weiterhin aus Süden, deshalb wagte unser Kapitän nicht, nach Süden auszuweichen, aus Angst, dort könnte sich ein Zyklon aufbauen. Im Osten befand sich das Riffgebiet der Tokelau Inseln, von dem wir kein Kartenmaterial besaßen. Also hielten wir in nördliche Richtung und stampften auf Steuerbordbug gegen an. Die Wellen bauten sich auf, nur mit Mühe konnten wir den Kurs halten. Das Ziel Wallis mussten wir aufgeben.

Heino richtete sich mit Regenanzug bekleidet im Cockpit ein. Er machte alle Luken dicht, band das dritte Reff ins Groß und setzte die Sturmfock. Ich verkrümelte mich mit den Kindern in die Koje und lauschte den Naturgewalten. Der Wind heulte in den Wanten, als säßen uns tausend Wölfe im Nacken. Allmählich erstickte das Heulen zu einem Wehklagen. Der Sturm glich dem Schmerzensschrei Gequälter, als er über die SEHNSUCHT hinwegbrauste, als ob er von den Wanten in Stücke geschnitten würde. Die straffen Fallen peitschten an den Mast. Die Wellen schlugen an die Bordwand, es gurgelte und gluckste, wenn man in der Koje gekauert ein Ohr an die Außenwand hielt. Das Schiff stampfte und jedes Mal, wenn der Rumpf aus dem Wasser in die nächste Welle fiel, ging ein Zittern durch die SEHNSUCHT, so als hätte sie Angst und Ehrfurcht vor den Naturgewalten. Allmählich ging das Heulen des Sturmes in einen vielstimmigen Chor über, hervorgerufen durch das tiefe Bassgebrumm des Seitenverdecks und die hohen Töne der gespannten Wanten, die an ein hysterisches Gekreische erinnerten. Die mittleren Töne, von einem nicht identifizierbaren Erzeuger, klangen wie Glockentöne und der Lauscher konnte meinen, sie schlugen zu seinem letzten Stündchen.

Ich verfiel in ein Halbkoma. Nur schemenhaft nahm ich wahr, was um mich herum geschah. Petra war auch seekrank und brach. Gott sei Dank nur einmal, dann schlief sie die meiste Zeit. Doris beschäftigte sich mit sich selbst. Der Sturm tobte mit neun bis zehn Beaufort. Heino segelte. Das waren seine Empfindungen, in einem Brief festgehalten: *„Wie ein flüchtender Hase treibe ich die SEHNSUCHT durch die aufgewühlte See. Geschwindigkeit ist gefragt, um aus der Zugbahn des Wirbelsturms zu kommen. Ich verfalle in einen irrsinnigen Segelrausch, und wir segeln am östlichen Rand unserer Seekarte dahin. Ich binde das letztmögliche Reff in die Segel. Um uns ist das Inferno. Regen und Gischt jagen waagrecht wie Geschosse daher. Die durcheinander brechenden Kreuzseen drücken die SEHNSUCHT immer wieder flach aufs Wasser. Ich bin jedes Mal panisch fasziniert, wenn sich das vollgeschlagene Cockpit wie durch ein Wunder durch die Lenzrohre entleert. Ich habe eine Scheißangst. Fünfzig Stunden sitze ich mit schmerzenden Gliedern am Ruder. Ich bin der Erschöpfung nahe."*

Immer wieder schaute sein durch Regen und Gischt nasses Gesicht durch den, einen Spalt geöffneten Niedergang, zu uns in den Salon. „Barometer?", war die kurze Frage. Tiefstand war 990. Und nach langen zwei Tagen und noch längeren zwei Nächten konnte ich ihm die erfreuliche Nachricht geben: „Steigend." Langsam entspannte er sich und übergab wieder das Ruder der Selbststeueranlage. Und so allmählich, wie der Sturm nachgelassen hatte, kam auch wieder Leben ins Schiff, erwachten wir aus unserem Koma.

Die Sonne zeigte ihre Strahlen, Navigation war wieder möglich. Und anhand der Standlinien, die über den Rand der Seekarte hinausgingen, sahen wir, dass wir tatsächlich am östlichen Rand unserer Seekarte gesegelt waren.

„Östlich von uns, nur 20 Meilen entfernt, befindet sich ein Atoll, Nukunono. Steuern wir es an und machen eine Pause?", fragte unser Kapitän. Natürlich war seine Crew einverstanden.

„Dann können wir in Ruhe das Chaos beseitigen", sagte ich und sah mich im Schiff um. Trotz Sturmvorsorge lag Spielzeug, Wäsche und Speisereste mit Bilgewasser vermischt am Boden. Das Vorschiff war durchnässt und unbenutzbar. Und wir alle fühlten uns durchgeschüttelt und benötigten etwas Ruhe.

Nach fünf Tagen kriegerischer Wasserwüste sahen wir die Palmenkronen von Nukunono, und ein paar Stunden später lag das Atoll vor uns wie eine Oase des Friedens.

„Jetzt brauchen wir nur noch die Einfahrt finden", sagte Heino. Detailkarte gab es keine an Bord, hatten wir doch nie die Absicht gehabt, zu den Tokelau-Inseln zu segeln.

„Fast jedes Atoll hat eine Passage." Mit dieser optimistischen Meinung tasteten wir uns an das Außenriff heran. Ein Fischerboot hatte uns gesehen, kam auf uns zu und brachte jedoch die Enttäuschung: *„No passage!"* Wir fragten, ob wir außerhalb irgendwo ankern könnten und sie meinten, vor dem Ort wäre es möglich. Wir näherten uns der benannten Stelle. Auflandiger Wind ließ die Wellen am Strand brechen, grundloses, tiefes Wasser vor dem Außenriff das Vorhaben unmöglich erscheinen.

„Hier ankert vielleicht ein Frachter, aber keine Segelyacht", sagte Heino verbittert.

Ein zweites Fischerboot besuchte uns und bestätigte die Aussage des ersten: Kein Pass! Ein rundum geschlossenes Riff. Wir waren zutiefst enttäuscht, lagen doch vor unseren Augen nicht nur zwei herrliche, von einem Sandstrand umrundete Motus mit dichten Palmen, sondern auch eine Lagune mit kristallklarem Wasser, auf dem kein Schaumkrönchen tanzte. Und wie zum Hohn leuchtete über das unbezwingbare Riff zwischen den Motus ein farbenprächtiger Regenbogen. Ein Paradies lag vor dem Bug und uns war der Eintritt verwehrt. Die Fischer schenkten uns einen Thun, ein kleiner Trost. Jetzt kam auch noch ein drittes Boot auf uns zu, an Bord ein Polizeimann, der sich in aller Eile noch sein Uniformhemd anziehen musste. Die Ankunft einer Yacht auf seiner Insel war vermutlich eine Seltenheit. Jetzt hatten wir eine amtliche Bestätigung: keine Einfahrt in die Lagune.

„Versuchen wir es noch im Lee der Insel, vielleicht können wir dort für eine Nacht vor Anker", war unsere letzte Hoffnung. Doch auch hier zischte die Brandung über das senkrecht abfallende Riff zum Strand. Die Sonne stand schon sehr tief. Schweren Herzens entschlossen wir uns für die Weiterfahrt und setzten den Kurs Richtung Westen.

„Weißt du, wie ich mich jetzt fühle", sagte ich zu Heino, „wie ein hungriger Hund, dem man den Knochen vor der Nase weggezogen hat."

Die nächsten Tage brachten wechselnde Winde mit vielen Regenböen. Das war harte Segelarbeit. Starker Wind in den Regenböen wechselte mit schwachen Winden aus allen Richtungen. Das hieß: Reffen, Ausreffen, Segelstellungen ändern, RESI neu einstellen. So kämpften wir uns mühsam weiter.

Dann kam Flaute. Die Luft schien stillzustehen. Die Temperaturen krochen auf ungeahnte Höhen, oft hatten wir 40 bis 45° Celsius im Salon. Die Segel schlugen nicht mehr, wir waren wie gelähmt, selbst RESI hing schlaff in ihrer Halterung. Das Meer war eine glatte Fläche ohne ein Kräuseln. Immer wieder, von irgendwo und überall her, kamen Wasserdünen, vermutlich waren es Tidenströmungen. Dann war für lange Zeit die Meersoberfläche eine Hügellandschaft, mit Wellen, gerade so hoch, dass die SEHNSUCHT schaukelte. In den Morgenstunden, wenn die Sonne noch tiefer stand, starteten wir den Motor, denn da war es am Steuer sitzend noch auszuhalten. Doch der Motor heizte und die Temperatur im Schiffsinneren stieg. Dann zogen wir es vor dahinzudümpeln, anstatt Fahrt voraus zu machen. Heino achtete auf jede Brise, die ab und zu die Luftstarre durchbrach. War dies der Fall, versuchte er sie einzufangen, stellte die Segel und freute sich über jeden halben Knoten Fahrt. Zu wenig für die RESI, deshalb war Handsteuern angesagt. Der Feuerball kroch erbarmungslos höher, im Freien war es kaum auszuhalten. Heino warf sich ein nasses Leintuch über den nackten Körper, das er mit dem Palmenhut am Kopf festhielt. Unrasiert, wie er war und mit leidender Miene sah er aus wie Christus mit der Dornenkrone, nur ohne Kreuz.

Petra war ständig durstig. Das Trinkwasser aus dem Tank war bestimmt auch 30°C warm, dennoch brachte es Erfrischung. Sie war quietschvergnügt. Den Kindern machte die Hitze am wenigsten aus und immer wieder forderten sie einen Kübel voll Seewasser zum Spielen.

„Papa nagigieren?", fragte sie, als Heino stöhnend mit dem Sextanten in der Hand zur Mittagszeit auf das heiße Deck stieg, um unsere Position festzustellen. Saß er am Kartentisch und gab trotz zweistündiger Motorfahrt das enttäuschende Ergebnis von nur 20 Meilen Tagesetmal bekannt, meinte Petra altklug: „Funafuti fahr ma!" Mit ihren klecksigen, kleinen Fingern zeigte sie dabei auf den aus Punkten geformten Kreis der Seekarte, der die Hauptinsel von Tuvalu zeigte und hinterließ wieder einen neuen Schmutzabdruck.

Während des Nachmittags lagen wir nackt in der Koje und brüteten in unserem eigenen Schweiß. Zur Bekämpfung der Langeweile versuchte Heino einen brauchbaren Sender von unserem Weltempfänger einzufangen. Plötzlich erklang ganz deutlich: „Radio Österreich International", danach noch auf Englisch und Französisch: *„Radio Austria international, Radio l'Autriche international!"* Ein Freudenschrei ging durch das Schiff.

Dann erklang die Stimme des österreichischen Tiefenpsychologen Professor Erwin Ringel, des Mannes, der die „österreichische Seele" verkörperte und zu unserem Land gehörte wie der Stephansdom und der Großglockner, der Opernball und das Hahnenkammrennen oder das Raunzen und die Gemütlichkeit: *„Die Beschäftigung mit dem Unterbewusstsein unserer Patienten zeigt, dass dort der religiöse Bereich besonders intensiv vertreten ist. Die Frage nach dem Sinn des Lebens, nach dem Sinn des Daseins, die Auseinandersetzung mit dem Tod und der Begrenztheit unserer irdischen Existenz taucht in ungezählte Assoziationen, die ins Unbewusste führen, ebenso wie in den Träumen."*

Wir lauschten seinen Worten, die so oder so ähnlich gesprochen wurden, aber es war nicht der Inhalt, der mich beeindruckte, sondern die charakteristische Stimme und das heimatliche Gefühl das dadurch vermittelt wurde. Ein Gefühl, das unseren Wurzeln Nahrung gab.

Oft dachten oder sprachen wir in den Stunden der Langeweile von zu Hause. Besonders Doris und ich, wir schmiedeten Pläne, was wir alles machen würden oder auch nur, was wir zu Hause alles essen werden. Das Heimweh war allgegenwärtig.

Dann lauschten wir noch den Nachrichten und dem Wetterbericht: „Regnerisch, Tageshöchsttemperaturen fünf bis acht Grad.", für uns derzeit unvorstellbar. Nach einer halben Stunde mit deutschsprachigem Programm sendete Radio Österreich in den verschiedensten Fremdsprachen. Wir waren enttäuscht und schworen uns, beim Österreichischen Rundfunk eine Beschwerde einzubringen.

„Englisches Gequatsche, habe ich sowieso überall, warum bleiben die nicht bei der Muttersprache?", fragten wir enttäuscht.

Es kostete mich Überwindung, am späten Nachmittag den Gasherd zu zünden und für meine Lieben etwas Essbares zu kochen. Doch der Hunger meldete sich bei den Kindern ebenso sowie beim Kapitän. Das Abendessen, den Höhepunkt des Tages, genossen wir im Cockpit der SEHNSUCHT.

Der Abend und die untergehende Sonne brachten leichte Abkühlung. Der rotglühende Feuerball tauchte den Ozean in ein orangebraunes Gold. Die flimmernde heiße Luft und die Wasseroberfläche schienen eine unendliche goldene Weite zu sein und boten ein unbeschreibliches Farbenspiel am Horizont, wo Himmel und Meer eins wurden. Die Nacht brach herein. Doch noch immer wollten wir nichts anziehen, ließen uns von der dunklen Kühle einhüllen und betrachteten den unendlichen Sternenhimmel, ein Schauspiel Millionen weißer, leuchtender Punkte, deren Hauptdarsteller das Kreuz des Südens war.

Nach der strahlenden Flaute kam Flaute mit Bewölkung. Für zwei Tage hatten wir keinen Standort.

„Kinder, schaut einmal, ein Hai!" Mit diesen Worten lockte uns Heino ins Freie. Hinter dem Heck der SEHNSUCHT schwamm der blaue Körper eines Hochseehaies, bestimmt halb so lang wie unser Schiff, mit der berühmt-berüchtigten großen Rückenflosse. Er stand still, so als wartete er auf irgendetwas. Es war unheimlich. Das Boot machte kaum Fahrt voraus, der Hai rührte sich nicht. Instinktiv drückte ich Petra fest an mich, Heino hielt Doris. Einige Zeit warteten wir alle, nichts geschah. Dann überwältigte Heino der Spieltrieb. Er holte den Bootshaken und hielt ihn dem Hai vor die Nase. Er rührte sich nicht. Heino stupste ihn, keine Reaktion.

„Hör auf, lass ihn in Ruhe", rief ich ängstlich. Heino lachte nur: „Glaubst du, er frisst uns mit dem ganzen Schiff?" Einige Male ließ er sich noch sekkieren, dann machte das Ungeheuer kehrt und verschwand in die Tiefe des Ozeans. Nach diesem Erlebnis hüpften wir nicht mehr so unbeschwert für eine kurze Abkühlung ins Wasser.

Wieder Westwind. Wieder genau von vorne. Kreuzen war angesagt. Mit steigender Windstärke kamen die Wellen zurück. Die SEHNSUCHT stampfte durch die See, jede Welle bremste die Fahrt, es schien als stünden wir still. Der Schein trog nicht. Nach der Mittagsbreite wussten wir, dass wir nur zwei Meilen gegen Westen gesegelt waren, obwohl das Log 69 anzeigte. Es war zum Heulen. Nach zwei Tagen Gegenwind war wieder Flaute. Jetzt war es uns zu dumm. Wir schalteten den Motor ein und fuhren einen Tag und eine Nacht mit dem lauten, brummenden Diesel.
Am Sonntag, dem 17. Dezember 1989 querten wir den 180. Längengrad. Wir waren wieder auf Ostlänge. Und damit überschritten wir die Datumsgrenze. Sonntag der 17., war gleichzeitig Montag der 18.
„Haben wir jetzt einen Tag verloren, oder gewonnen?", ich war mir nicht sicher.
„Auf jeden Fall sind wir denen zu Hause wieder um zwölf Stunden voraus. Und die Yachten in Pago Pago werden einen Tag später Weihnachten feiern als wir. Komisch nicht wahr?" Heino stieg nicht in die Diskussion ein.
„Wenn man nach Westen segelt, gewinnt man täglich ein paar Minuten, also muss man diese in Form von zwölf Stunden wieder hergeben oder?", sinnierte ich weiter
„Was meinst du? Haben wir verloren oder gewonnen?"
„Mir egal", war die kurze Antwort. Heino ließ die Überschreitung der Datumsgrenze kalt, er hielt sich laut Bobby Schenk an die UTC.
Die Kinder freuten sich darüber, konnten sie doch an diesem Sonn-Montag zwei Adventpackerl auf einmal öffnen, was die Wartezeit auf das Christkind verkürzte.

Die Überschreitung des 180. Längengrades bedeutete auch, dass wir nur mehr 40 Meilen von unserem Ziel entfernt waren. Stundenlang schon stand Heino im Cockpit und hielt Ausschau. Er war sich der Richtigkeit seiner Navigation nach den vielen Wolkentagen und dem oftmaligen Kreuzen unsicher. Und hätte sich der Himmel nicht für kurze Zeit gelichtet und das nahe Land beleuchtet, wären wir mit unserem derzeitigen Kurs einige Meilen südlich an Funafuti vorbeigefahren. Mit Glück sichteten wir am späten Nachmittag dieses Sonn-Montages, gerade als eine Regenwalze über uns hinweg gezogen war, die Palmenkronen des Funafuti-Atolls. Der Motor wurde gestartet, volle Fahrt voraus, vielleicht schafften wir noch vor dem Dunkelwerden die Einfahrt in die Lagune. Das Vorhaben wurde dieses Mal von der Dieselleitung vereitelt. Sie hatte sich gelöst, sog Luft an und der Motor starb dauernd ab. Bis der Schaden gefunden und behoben war, war es zu spät. Erbarmungslos ging die Sonne unter. In der Nacht war von dem Atoll nichts mehr zu sehen. Als einzige Orientierung hatten wir einige Lichter von Fongafale, der Hauptstadt von Tuvalu. Zermürbendes Kreuzen vor dem Atoll. Wir waren hundemüde, die Strapazen der Überfahrt und der Schlafmangel machten sich bemerkbar. Ich schlief bei meiner Wache an der Pinne ein. Das hatte ich befürchtet, deshalb hatte ich die Kette der Selbststeueranlage ausgehängt und als die SEHNSUCHT aus dem Kurs lief und die Segel schlugen, fuhr ich hoch. Heino übernahm wie immer viel längere Nachtwachen als ich, und so war er gegen die Morgenstunden so müde, dass er fest und tief einschlief.

Die Sonne stieg über den Horizont. Ich steuerte auf die nun wieder sichtbare breite Einfahrt auf der Ostseite von Funafuti zu. Sie war zirka eine halbe Meile breit und tief, also keinerlei Schwierigkeit. Petra erwachte und kam ins Cockpit gekrabbelt. Kurz darauf folgte Doris. Wir näherten uns dem Pass. Ich versuchte Heino zu wecken. Erfolglos, er schlief wie ein Toter.

„Der Wind ist gut, er kommt raumschots, also warum sollte ich nicht reinsegeln?", sagte ich zu mir und zu Doris gewandt: „Fünf Meilen sind es noch in der Lagune zu segeln, sie ist tief, keine Riffe, für die Großschifffahrt geeignet. Lassen wir Papa noch eine Stunde schlafen." Doris gefiel die Sache nicht, sie hatte kein Vertrauen in die Segelkünste ihrer Mutter. Ich schickte sie in den Salon, um Kakao zu kochen, mit der Aufforderung Heino nicht zu wecken. Ich wollte mich nicht von ihrer Angst nervös machen lassen. Doch Doris stupste ihren Vater so lange, bis dieser die Augen aufmachte. Sie weckte ihn mit der Hiobsbotschaft: „Wir sind ganz Nahe am Riff und wissen uns nicht zu helfen!" Heino schnellte aus seinem Lager hoch, stürmte hinaus, sah ohne sich zu orientieren die nördlichen Brecher des Puapua Kanals auf der Steuerbordseite der SEHNSUCHT und schrie: „Ruder rüber!" Wie ein Wilder riss er mir die Pinne aus der Hand und kurbelte an der Winde, um die Fock dicht zu holen, das Schiff begann sich im Kanal zu wenden. Nur langsam begriff er die Situation und ließ sich von der Richtigkeit meines Kurses überzeugen. Nur ein Glück, dass die Einfahrt so breit war.

Auf diesen Schreck kochten wir erst einmal ein gutes Frühstück, Pfannkuchen mit Ahornsirup, nach dem Rezept unserer amerikanischen Freunde, und verzehrten es, langsam durch die ruhige Lagune segelnd.

Das Log sprang auf die 14.000. Meile. Wir hatten es geschafft, diesmal nach dem Motto: „Langsam kommt man auch ans Ziel!" 16 Tage benötigten wir für die 700 Seemeilen, wobei wir 1000 Meilen gefahren sind. Das schlechteste Durchschnittsetmal auf unserer Reise.

Kapitel 36

Talofa – Tuvalu!

"Funafuti Radio, this is SEHNSUCHT!"
"Come again!"
"This is SEHNSUCHT, SEHNSUCHT!"
"Please spell the name."
"S-E-H-N-S-U-C-H-T"
"Standby, I call back!"

Es war schon der zweite Tag seit unserer Ankunft in Tuvalu. Doch nach unserer schlechten Erfahrung in American Samoa wagten wir es nicht mehr, einfach so an Land zu gehen. Am ersten Tag versprachen uns die Beamten, zu kommen. Wir warteten, die gelbe Flagge gehisst. Ein großes Schiff lief ein.

„Das ist vielleicht zu viel für die Behörden hier", meinten wir. Und, da wir hundemüde waren, machte es uns nichts aus, den Tag mit Schlafen zu verbringen. Doch jetzt wurden wir bereits ungeduldig, das Land lockte. Eine halbe Stunde später tönte es aus dem Funkgerät: *„Schnucht, Schnucht, here is Funafuti Radio!"*

„Schnucht? Meint der vielleicht uns?" Wir antworteten.

Ob wir ihn holen könnten, fragte er freundlich. Wir konnten.

Schnell musste Heino noch den Vergaser vom Außenborder reinigen, damit dieser die weite Strecke auch durchhielt und fuhr mit dem Dingi zum Zollgebäude. Er kam alleine wieder zurück.

„Der Beamte will nicht mit, weil eine Regenwalze kommt", sagte Heino sauer.

„Wir sollen die Papiere ins Büro bringen."

Wir begleiteten unseren Kapitän. Es dauerte dann noch den ganzen Tag, bis die Formalitäten erledigt waren, eine Südsee-Odyssee:

Heino verschwand im Zollbüro, während ich mit den Kindern am Strand blieb. Nach einer Stunde kam er zurück.

„Alles bestens?", fragte ich. Verächtlich schnaufte Heino: „Der Zollbeamte sagte, er ruft den *Immigrationsofficer* an. Ich warte eine Stunde, es kommt niemand, dann frage ich schüchtern nach, wo der Beamte sei. Oh, er habe vergessen anzurufen! - Kein Wunder bei diesem Andrang, eine Person im Büro! - Und der könne im Moment nicht kommen, ich solle selbst hingehen."

Das *Police Headquarter* befand sich am anderen Ende der Stadt. Wir marschierten in der glühenden Mittagshitze quer über die Insel. Unübersehbar, mit großen Lettern gekennzeichnet standen wir vor dem Gebäude: Mittagspause. Um ein Uhr geht es weiter! Wir beschlossen, uns im Vaiaku Lagi Hotel, dem einzigen auf dem Platz, einen kalten Drink zu leisten.

„Vier Cola, bitte!"

„Es gibt kein Cola, das Versorgungsschiff kommt erst nächste Woche."

„Können wir etwas anderes zu trinken haben?"

„Nur Bier!"

„Alkoholfrei, für die Kinder?"

„Nur Tomatenjuice!"

Also bestellten wir ein Bier und Tomatenjuice.

„Bäh! Meckt nicht gut!" rief Petra

„Das ist nicht besonders, ich wollte eigentlich ein Cola haben", kommentierte Doris. Egal, Hauptsache wir saßen im Schatten und bekamen etwas Flüssiges und Kaltes.

„Wilfried Erdmann ist auch schon hier gesessen und hat sein Bier getrunken", sinnierte ich und dachte an das Buch „Gegenwind im Paradies", das ich zu Hause verschlungen hatte. Funafuti war die erste gemeinsame Insel unserer Reise. Jetzt an Ort und Stelle bekamen die gelesen Geschichten einen anderen Stellenwert. Besonders identifizierte ich mich nun mit seiner Frau Astrid, die auf See das gleiche Los zu tragen hatte wie ich: Seekrankheit

Die Mittagspause ging zu Ende und nachdem der *Immigrationsofficer* auch noch den *Agrecultureofficer* gerufen hatte, dem wir versicherten, keinerlei Frischobst und Gemüse an Bord zu haben, waren wir *„clear"*.

Tuvalu – der Inselstaat, bestehend aus neun Inseln, die auf einer Meeresfläche von 1,3 Millionen Quadratkilometern verstreut liegen, jedoch eine Landfläche von nur 26 Quadratkilometern aufweisen, ist mit einer Einwohnerzahl von ungefähr 8.000 eines der Länder mit der höchsten Bevölkerungsdichte der Erde. Die Atolle, seit zweitausend Jahren besiedelt, wurden 1568 von spanischen Entdeckern das erste Mal gesichtet. Anfang des 20. Jahrhunderts wurden sie, wie alle Südseeinseln, von Europa vereinnahmt und somit eine Britische Kolonie. 1978 jedoch erhielten sie ihre Unabhängigkeit, worauf die Insulaner besonders stolz sind. Die ehemaligen Ellice Inseln nannten sie jetzt Tuvalu. Die Hauptstadt Fongafale, auf deren Hauptstraße wir flanierten, lag auf einem ungefähr sechs Meilen langen und an der weitesten Stelle vielleicht 500 Meter breiten Sandstreifen. Die Straße war nicht asphaltiert, nur wenige Autos fuhren, das beliebteste Fortbewegungsmittel war das Fahrrad. Links und rechts der Straße gab es hauptsächlich gemauerte feste Häuser, dazwischen sahen wir kleine Gemüsegärten, Bananenstauden und viele Brotfruchtbäume. Die Schweine waren meist in Stallungen, doch Hühner liefen überall frei herum. Bei unserem ersten

Rundgang war uns nicht klar, wovon die Leute lebten, es gab keinen Tourismus und keine Industrie und trotzdem strahlte die Insel einen gewissen Luxus aus, der sich hauptsächlich in den öffentlichen Ämtern offenbarte. Oder besser gesagt, man hatte das Gefühl, die Stadt bestand zur Hälfte aus Regierungsgebäuden, die mit riesigen, unübersehbaren Holzschildern gekennzeichnet waren. So stand vor einem relativ kleinem, weißgetünchten Haus, vor dem eine wellblechbedeckte Veranda gebaut war und die als Abstellplatz für einige Fahrräder diente mit großen Lettern geschrieben: MINISTRY OF WORKS & COMMUNICATION, womit die Wichtigkeit dieses Gebäudes sichtbar betont wurde. Doch zwischen all diesen Bauwerken zierten Palmen und blühende Sträucher die Stadt. Auch eine königliche Palme fanden wir, vor der ein ebensolches Holzschild stand, wie vor den Ministerien mit der Aufschrift: THE ROYAL COCONUTPALM PLANTED BY HER MAJESTY QUEEN ELISABETH ON 27th OCTOBER 1982. Ihre Krone war übervoll von reifen, königlichen Kokosnüssen. Offensichtlich wagte niemand sie zu ernten. Auch einen Stein gab es auf der Insel, gesetzt von Königin Elisabeth, mit demselben Datum versehen. Im Zentrum von Fongafale, nahe der turmlosen Kirche stand ein großes, blau gestrichenes Gebäude mit fensterlosen Öffnungen, die sogenannte Maneapa. Hier war das kulturelle Zentrum der Einheimischen. Sie trafen sich zum geselligen Beisammensein, jeder hatte seine Sitzmatte mit und sie saßen in Gruppen beieinander, Männer und Frauen jedoch streng getrennt. Wir wagten uns nicht hinein und spähten verschämt ins Innere. Die Männer spielten Karten und die Frauen saßen bei ihren Handarbeiten. Doch die spielenden Kinder verrieten uns: *„Palangi, Palangi!"*, kreischten sie. Die Erwachsenen sahen auf und lächelten. Hier lächelte jeder, die Freundlichkeit der Menschen war allgegenwärtig. Dieses: Palangi verfolgte uns während unseres gesamten Aufenthalts und hieß so viel wie „Weißer" oder „Fremder". Oft war die Kinderschar so groß und so ausdauernd mit ihren Palangi-Rufen, dass wir uns fast als Aussätzige fühlten. Es war nicht böse gemeint, klang aber in unseren Ohren nicht schön. Sogar Doris konnte sich mit diesen Überfällen nicht anfreunden: „Die sind ja blöd!", meinte sie und ging dann schweigend und beleidigt neben uns.

Bei diesem ersten Landgang versuchten wir auch Brot zu kaufen. Wir gingen in ein kleines Geschäft.

„Kann ich Brot haben?", fragte ich die junge Frau. Sie hatte keines. Es gab nur wenige Habseligkeiten, die zu hohen Preisen angeboten wurden. Die Eltern der jungen Frau kamen hinzu und alle bedauerten, dass sie kein Brot hätten. Sie schenkten den Kindern Eis und Twisties. Wir wurden zur Bäckerei begleitet und für den nächsten Tag in ihr Haus eingeladen. Es war mir peinlich, ich wollte doch nur Brot kaufen, doch mit meiner Forderung brachte ich die Leute in ein Dilemma. Um mich für das Eis und die Süßigkeiten zu revanchieren, packte ich Kekse in ein Weihnachtspapier. Doch als wir am nächsten Tag unseren Besuch abstatten wollten, war niemand im Geschäft zu finden und, da wir nicht wussten, wo sie wohnten, hängte ich das Present an die Türklinke. Am gleichen Abend kam ein Kanu angerudert und brachte uns einen Kuchen mit einem Brief: *„Dear Sir and Madam! Talofa!"*, und sie bedankten sich für das Geschenk, wünschten uns frohe Weihnachten und schrieben, wenn wir etwas brauchen, sollten wir es ihnen sagen.

Die Gastfreundschaft gegenüber Fremden war eine große moralische Verpflichtung. Es war Tradition, dass, wenn jemand um etwas bittet, es ihm auch gegeben wird. Nein zu sagen verbot die gute Sitte. Das fing bei einer Brotfrucht an und hörte bei Kindern auf. So erzählte man uns die Geschichte von den neugeborenen Zwillingen. Die Kinder wurden getrennt, weil die kinderlose Schwester ein Baby verlangte. Die Sitten waren streng und die Verpflichtungen der Familie und auch der Kirche gegenüber groß. Sie waren eigentlich nicht arm, hatten aber schwere Auflagen durch diese moralischen Verpflichtungen. Familienfeste, wie Geburten, Hochzeiten oder Beerdigungen bedrohten oft die Existenz.

Die Einheimischen lebten als Großfamilien in den Häusern zusammen. Diese waren offen, spärlich möbliert und nur mit einer Art von Fensterläden verschließbar. Geschlafen wurde auf Matten, die aus Pendanusblättern geflochten und unter tags aufgerollt wurden. Die Hausarbeit verrichteten die jüngeren, unverheirateten Frauen und die Kinder. Diejenigen, die bereits Nachwuchs hatten, arbeiteten nicht mehr viel, selbst die Kinder wurden von den anderen versorgt. Die Folge des bewegungsarmen Lebens und auch der einseitigen kohlehydratreichen Ernährung war, dass alle fürchterlich dick wurden. Die junge Generation wollte die Sitten lockern, was vermutlich zu Konflikten führte.

„Die Alten wollen an ihrer Tradition festhalten, die Jungen wollen nur Discomusik und Twist", erzählte uns Seono, eine mollige Frau, mittleren Alters, die uns mit in ihr Haus nahm und uns bat, Fotos von ihr und ihrer Familie zu machen. Mit ihrer Adresse und dem Versprechen die Fotos in einem Jahr zu schicken, verließen wir sie.

Eine Segelyacht war am anderen Ende der Lagune zu sehen.
„Vielleicht sind es Mike und Shellie? Das wäre schön." Wir drehten das Funkgerät auf.
„SWEET DREAM, SWEET DREAM!"
„Heinz, bist du es?", erklang Shellies Stimme durch den Äther.

„Juhuuu!", ein Aufschrei ging durch das Schiff, die Kinder jubelten, hatten wir doch ausgemacht, Weihnachten zusammen zu feiern. SWEET DREAM kam einen Tag später an als wir. Sie hatten die Tropische Depression, die wir auf hoher See abgeritten hatten, noch in American Samoa erlebt und brauchten nur 10 Tage für den Törn, eine Woche kürzer als wir. Hätten wir doch bloß noch gewartet! Außerdem sie benötigten nur eine Stunde für die Einklarierung.

24. Dezember – der heißersehnte Tag.
Die Vorbereitungen hinter verschlossenem Niedergang dauerten den ganzen Nachmittag. An die Maststütze nagelten wir kleine Stäbchen, umwickelten sie mit grünen Glitzergirlanden und schmückten sie mit den neu erstandenen Christbaumkugeln. Echte Kerzen gaben dem Christbaum die Krönung. Das Wetter war traumhaft, bei glühendem Sonnenuntergang verzehrten wir die Vorspeise: Shrimpscocktail mit frischgebackenem Brot. Es wurde dunkel, die Kinder zappelten erwartungsvoll im Cockpit. Plötzlich läutete das Glöckchen, der Niedergang öffnete sich. Die Kinder stürmten in den Salon. Nie werde ich Petras strahlende Augen vergessen.
„Tristkind war da, Mama schau, Tristkind war da", stammelte sie immer wieder und zeigte auf die brennenden Kerzen, deren Schein die Girlanden und Kugeln glitzern ließ. Jubel und Freude erfüllte die SEHNSUCHT, alle sprachen durcheinander. Dann wurden die Geschenke verteilt. Doris war endlich erlöst von ihrer Ungewissheit. Glücklich hielt sie ihre Märchenpuppe im Arm. Sie wurde Alice getauft. Shellie und Mike freuten sich mit uns. Es war das erste Mal, dass sie Weihnachten mit Kindern erlebten und sie waren sichtlich gerührt. Übrigens hatten sie beschlossen, ihre Pläne zu ändern. Sie verlängerten ihre Reise und wollten nach Neuseeland, um dort ihr Baby zur Welt zu bringen. Ich überreichte Shellie ein kleines Päckchen. „Für mich?", fragte sie, „Was ist das?" Sie hielt winzige Babyschuhe in den Händen. „Es ist ein österreichischer Brauch", erfand ich. „Ihr müsst die Schuhe an die Tür hängen, damit der Storch weiß, wohin er das Baby bringen soll."
Kein Weihnachtsfest ohne Schlemmermahl. Gefüllte Hähnchen gab es als Hauptspeise und zum Dessert Pudding mit Dosenerdbeeren, so klang der Abend aus. Für mich waren es wunderschöne Weihnachten und der Besuch unserer Freunde hatte das Heimweh verdrängt.

25. Dezember– Weihnachten auf SWEET DREAM.
„Der Santa Claus war da!", mit diesen Worten empfing uns Shellie und führte die Kinder zu den vollgefüllten Socken, die sie in Ermangelung eines

Kamins, an das Salonschot gehängt hatte. Wer hatte das schon? Zweimal Weihnachten, einmal auf österreichisch, einmal auf amerikanisch! Der Santa Claus war großzügiger als das Christkind und hinterließ üppigere Geschenke.

„Ach lass mir doch die Freude, den Kindern etwas zu schenken", meinte Shellie, als ich sie tadelte. Zum Dinner kam auch die Crew des Trimarans TUMBLEWEED, und danach feierten wir alle eine amerikanische Weihnachtsparty auf ihrem großen Schiff.

Am nächsten Tag verließ uns SWEET DREAM. Mike musste zurück nach Amerika und sein Flug ging von Majuro im amerikanischen Trust Territorium weg. Wir wären gerne mitgefahren, auch deshalb, weil Shellie dort alleine an Bord blieb. Doch 1.600 Seemeilen bei diesen schlechten Winden, vorbei an vielen schönen Inseln, nach so kurzer Zeit in Funafuti und nach unserer schlechten Überfahrt, das wollten wir dann doch nicht.

„Bin i traurig!" war Petras Kommentar.

Apropos Babyschuhe: Sie hielten sich an meinen Brauch und es funktionierte. Neun Monate später, am 26. September 1990 erblickte - nicht wie geplant im Krankenhaus in Neuseeland sondern in Fidji auf der Yacht SWEET DREAM - Jonathan, ein kleiner Vollmatrose, das Licht der Welt.

Doch auch wir lichteten den Anker, aber nur um die anderen Motus des großen Atolls kennen zu lernen. Der südlichste Zipfel lockte, wo es große Riffgebiete mit wenig Tiefgang gab und wir stoppten vor Funafara. Doch nach ein paar Stunden flüchteten wir wieder, der Schwell war unerträglich und die große braune, überspülte Rifffläche sah ungastlich aus. Wir segelten die westliche Riffkante entlang und entschieden uns für das kleine Motu Vasa fua. Hier war es nur während der Flut schwellig, weil das Riff überspült wurde, bei Ebbe allerdings sehr ruhig. Da ragten dann bedrohlich die braunen Zacken der abgestorbenen Korallenköpfe in die Luft und rund um das kleine, hübsche Inselchen kamen spitze Einfriedungen zum Vorschein, so als wollten sie das kostbare Kleinod vor Feinden schützen. Wir richteten unser Leben nach Ebbe und Flut. Die Zeit der Ebbe verbrachten wir auf dem Boot, bei Flut, wo das Wasser bis zum weichen, weißen Sand reichte, kamen wir an Land. 100 Schritte betrug der Umfang unserer Insel und genau 30 Kokospalmen, deren Kronen das grüne, dichte Unterholz überragten, wuchsen darauf. Neben einem häuschenartigen Unterstand, den vermutlich Fischer aus Palmenblättern gebaut hatten, knüpften wir unsere Hängematte unter die schattigen Pendanussträucher. Ein Spieleldorado für die Kinder. Wir errichteten eine Feuerstelle, bauten aus Korallensteinen einen Grill, und brieten die gespeerten Fische, die hier wieder alle genießbar waren. Heino pflückte Nüsse. Es war Südseeparadies pur: Sand, Palmen, fantastisches Wasser, leuchtende Korallen, bunte Fische, Muscheln,....

Wir faulenzten, picknickten, spielten, suchten nach Schätzen und suhlten uns im badewannentemperierten Meer. Das letztere war, je nach Temperament des Crewmitglieds verschieden.

Petras „Fimmen": Mit Schwimmflügerln bewaffnet wagte sie sich ins Wasser, immer dicht an meiner Seite, um sich jederzeit, wie ein Anker an mich zu klammern.

Doris, der Delphin: Mit perfektem Kopfsprung hechtete sie ins Wasser und wirbelte mehr unter als über der Wasseroberfläche um mich und meinen „Anker" herum. Man meinte, sie könne unter Wasser atmen. Und auch reden, denn die kurzen Momente, wo sie ihren Kopf aus dem Wasser streckte, plapperte sie ununterbrochen.

Heino der Jäger: Seine Glückseligkeit fand er nur mit Harpune in der Hand. Denn, war er ohne Waffe unterwegs und es begegnete ihm ein besonders fetter, schmackhafter Fisch und er versäumte die Möglichkeit eines Treffers, war er unleidlich.

Monika der Wasserball: Die wenigen Schnorchelgänge, die ich alleine, ohne „Anker" machen konnte, verbrachte ich an der Wasseroberfläche ruhig liegend oder dahintreibend, das Taucherbrillengesicht unter Wasser, den Hintern in der Höhe, die wunderbare, farbenprächtige Unterwasserwelt bestaunend, immer auf der Suche nach einem Muschelschatz.

Es waren harmonische Tage zwischen Weihnachten und Neujahr, zumal wir sie auch zu Ferien erklärten.

Kapitel 37

Amatuku – Ferien in der Marineschule

„Morgen ist Silvester, fahren wir zurück nach Fongafale?"
„Schauen wir mal, wie hier in der Südsee das neue Jahr gefeiert wird?"
Gesagt getan. Wir lichteten den Anker und verließen unser 30 Palmen Motu
Vasa fua. Doch die Hauptstadt sah verlassen und ruhig aus und am Abend
regnete es in Strömen. Wir blieben an Bord und verschliefen die Ankunft
des neuen Jahres. Starker Schwell warf uns um fünf Uhr morgens aus dem
Bett. Wir hatten Westwind, ankerten jetzt auflandig und die Wellen von
einigen Meilen freier Lagune kamen auf uns zu.
„Ich hasse segeln!", waren meine ersten Worte im neuen Jahr.
„Da wird man ja am Ankerplatz seekrank." Es war wahrhaftig zum Kotzen.
„Und Erdmann schreibt, das ist eine herrlich ruhige Lagune."
„Der war eben in der richtigen Jahreszeit hier", konterte der Kapitän. Wir
flüchteten an Land.

*„Morgen früh, zwischen 8 und 9 Uhr hole ich euch ab für einen Tag auf
Amatuku. Badezeug ist mitzubringen. Dieter"*
Diesen Zettel fanden wir, als wir zurück an Bord kamen. Amatuku war das
kleine Motu nordwestlich von Fongafale und dort war die Marineschule von
Tuvalu stationiert. Dieter, ein blonder, hagerer Deutscher, war Technischer
Lehrer in der Schule und wir hatten ihn bereits kurz kennen gelernt. Wir
hörten viel von der Marineschule, sahen viele junge Matrosen, gekleidet in
ihre hübschen, blauen Uniform mit den kurzen Hosen, wagten aber nicht
selbständig hinzugehen und freuten uns daher sehr über seine Einladung.
Das kleine Motorboot der Schule, das zweimal täglich die sechs Seemeilen
zwischen den beiden Inseln zurücklegte, kam längsseits der SEHNSUCHT.
Sonst waren wir oft verärgert über dieses Boot, weil es immer mit voller
Geschwindigkeit an uns vorbei brauste und unser Schiff in den Bugwellen
schaukeln ließ, doch diesmal erwarteten wir es sehnsüchtig. Mit Besuchern
an Bord fuhr es langsam und gesittet nach Amatuku, sehr zum Bedauern
von Doris. Ein gemauerter Anlegesteg, daneben eine Slipanlage und ein
kleiner Bootskran, dahinter ein Wachhäuschen mit einem jungen Wachmatrosen darin erwarteten uns. Eine kleine Stadt für sich, mit Schlafsälen
für die Matrosen, Speisesaal und Maneapa und Wohnhäuser für die Angestellten und ihre Familien. Wir besichtigten die Räumlichkeiten der Schule,
wo zurzeit gerade Ferien waren. Heino war begeistert von der Schulwerkstätte, dem Reich von Dieter. Östlich der Schule waren die Wohnungen der
Angestellten. Dieters Haus war im westlichen Stil eingerichtet. Wir zogen

unsere Badesachen an und gingen zum Strand hinter dem Haus. Zwischen Strand und Außenriff lag eine kleine, schöne Lagune. Dort wollten wir schnorcheln, aber Petra wagte sich nicht weit hinein und so blieb ich mit ihr im seichten Wasser. Doris zappelte zwischen den Männern dahin. Auf einmal, es dürfte der Beginn der Flut gewesen sein, erfasste sie eine starke Strömung und Doris wurde regelrecht wie Treibgut weggespült. Ich schrie nach Heino. Er erfasste sofort die Situation und erwischte unseren Fisch gerade noch an der Badehose. Unglaublich wie tückisch Strömungen sein konnten und welche Kraft das scheinbar ruhige Wasser hatte.

In Dieters Haus durften wir duschen – welch ein Luxus! Am Nachmittag gab es Barbecue im Nachbarhaus, das von Diane und Mike, zwei Engländern, bewohnt war. Mike war Kapitän und Leiter dieser Schule. Sie lebten und arbeiteten schon seit drei Jahren auf der Insel. Zu Gast war auch noch Carlton, der Radio-Operator von Tuvalu, dessen Aufgabe es war, einen Radiosender aufzubauen. Bei Schweinesteak, Würsteln und frischem Salat plauderten wir, erzählten Geschichten und plötzlich hatten wir wieder neue Freunde.

„Dreht heute Abend das Radio auf", meinte Carlton und nannte uns die Wellenlänge. Voller Stolz lauschten wir seinen Grüßen, die via Radio Tuvalu die SEHNSUCHT erreichten.

„Warum ankert ihr nicht vor Amatuku? Es ist viel ruhiger hier", sagte Mike, nachdem wir über den starken Schwell geklagt hatten.

„Dürfen wir das?"

„Aber ja, es ist kein Schulbetrieb, also kein Problem."

Gleich am nächsten Morgen, nach einer Tasse Kaffe holten wir den Anker hoch und motorten nach Amatuku. Beim Ankermanöver, auf der Suche nach einem ruhigen, guten Platz und vor den Augen eines hochrangigen Kapitäns, liefen wir auf ein Riff auf. Panik an Bord. Ruder hart Steuerbord, Vollgas voraus, Gott sei Dank kamen wir gleich wieder frei. Doch die Blamage schmerzte Heino.

Aus dem einen Tag auf Amatuku wurden zehn. Wir gingen in der Marineschule aus und ein, die Wachmatrosen kannten uns schon und begrüßten uns mit einem herzlichen „Talofa!"

Heino verliebte sich in die Schulwerkstätte und verbrachte viel Zeit darin. Er reparierte unser Dingi, den Dingimotor, bastelte neue Paddel und dieses und jenes. Maschinen jeder Art standen ihm zur Verfügung. Die Batterien wurden am Netz des Inselgenerators geladen. Ich verbrachte die meiste Zeit mit den Kindern in Dianas Haus. Es tat gut, sich wieder in einem geordneten Haushalt zu bewegen, eingerichtet mit richtigem Sofa, Tischen und Bücherregalen. In der Küche gab es Kühlschrank und Tiefkühler. Ich durfte die Wäsche in ihre Waschmaschine werfen und wir konnten die Dusche benützen, wann immer wir wollten. Doris saß mit Begeisterung vor dem Fernseher und sah sich Kindervideos an. „The Waterbabys" war ihre Lieblingssendung. Mit vor Aufregung großen Augen saß sie davor und biss in das T-Shirt, bis dieses ein Loch hatte. Diana versorgte uns, sie benahm sich wie eine Mutter. Ein bewundernswerter Mensch. Sie hatte als Frau des Kapitäns, der als Leiter der Schule die ranghöchste Persönlichkeit war, ein Vorbild zu sein. Und diese Aufgabe nahm sie sehr ernst. Sie war Entwicklungshelferin, Lehrerin und Krankenschwester für die Familien, die auf Amatuku lebten. Sie achtete auf die Gesundheit und Hygiene der Kinder, lehrte sie einen Haushalt zu führen, Gemüse zu pflanzen und als ehemalige Farmersfrau galt ihre große Liebe der Schweinezucht. Vor kurzem importierte sie eine Zuchtsau aus Fiji.

„Sechs Wochen war das Schwein in Quarantäne, musste also am Schiff bleiben, und sechs Wochen bin ich zweimal am Tag hinausgerudert, um es zu füttern", erzählte Diane. Doch ihre Schweine konnten sich sehen lassen, sie waren die größten und fettesten auf der Insel. Ihr Sorgenkind war im Moment Samson, ein kleines Ferkel, das krank war. Diane fütterte es mit Leckerbissen und täglich gab sie ihm eine Penizillinspritze, die einzige Schweinemedizin auf der Insel. Sie war bewundernswert in ihrer Arbeit, zumal sie eine, wie sie sagte, „Tuvaluenallergie" hatte. Griff sie irgendwelche Früchte an, besonders Brotfrucht und Papayas, färbte sich die Haut rot und ein furchtbarer Juckreiz setzte ein.

„Zwei Tage in England – und alles ist wieder vorbei", meinte Diane.

„Ach, wenn man sich in einem so schön gepflegten Haushalt befindet, kommt einem das Leben auf dem Schiff noch fürchterlicher vor", sagte ich zu Diane. Sie hatte selbst ein Jahr Fahrtenseglerei mit ihren Söhnen hinter sich und stimmte mir zu.

„Everything smells so bad." Das stimmte, deshalb hatte sie auch so die Nase gerümpft, als ich unsere Schmutzwäsche in ihre Waschmaschine warf. Mike hingegen sehnte sich nach seinem Segelschiff, das in Alicante in Spanien stationiert war. Ihre einjährige Segelreise ging von England über Portugal nach Spanien. Er schwärmte von einer Fahrt zu den Aleuten bei Alaska. Die Südsee? Nein, die reizte ihn nicht.

Wir konnten nicht genug davon bekommen, seinen Geschichten zu lauschen. Die Worte wurden von gespielter Mimik begleitet, die sein rundliches Gesicht noch lustiger erscheinen ließ und auch wenn man seine Worte nicht verstand, man musste lachen.

Er teilte mit Heino das Leid des Fahrtenseglerkapitäns mit einer unerfahrenen Crew. Er, der gewöhnt war, einen Hochseefrachter zu kommandieren, erhielt von seiner Familiencrew nach einem Befehl die Frage: „Warum?"

„They ask me WHY?", verächtlich verzog er das Gesicht.
Bei der Geschichte mit der verstopften Toilette zerkugelten wir uns vor
Lachen. Seine Mimik und Gestik ließen das Geschehen vor unseren Augen
lebendig werden. Und was war die Ursache der Verstopfung? *„A LADY
THING!"* Und zwischen seinen Fingern baumelte ein imaginärer Tampon.
Wir betrachteten das Fotoalbum seiner Reise. Doris blieb an einem Foto
hängen, wo eine gestellte Auspeitschszene von Mike als Pirat und seinen
Jungs als Gefangenen zu sehen war.
„Mike, do you like children?", fragte Doris schüchtern.
"Yes I like them, they taste so delicious, ha, ha, ha,!", ertönte sein dröh-
nendes Lachen.
Doris musterte ihn lange und skeptisch, sodass Mike mich bat, den Irrtum
aufzuklären.

Ausflug zum Internationalen Airport von Tuvalu. Ein Flugzeug wurde erwartet, ein gesellschaftliches Großereignis. Wir fuhren mit Mike und Diane
im Schulboot nach Fongafale. Mike in Marineschuluniform mit weißem
Hemd, die Kapitäns-Exdiktionen auf der Schulter, weißer kurzer Hose und
weißen Kniestrümpfen. Der Internationale Airport war eine große, grasbe-
wachsene Fläche, auf der normalerweise Schweine weideten oder die
Burschen der Insel Fußball und Cricket spielten. Doch vor der Landung
wurde der Platz von der Feuerwehr geräumt. Der ganze Ort war auf den
Beinen, alle schön gekleidet in Sonntagstracht und geschmückt. Ein buntes,
lebendiges Bild. Diejenigen, die abreisten, hatten eine schwere Last zu tragen. Jedermann, der den Reisenden kannte oder auch nicht kannte, schenkte
ihm eine Muschelkette. Tuvaluen-Brauch! Ein altes Ehepaar, vermutlich
staatsbekannt, wurde beinahe erdrückt von ihrer Muschellast. Es ging bereits gebückt, der Hals war nicht mehr zu sehen, Muschelketten hingen auch
an beiden Armen und eine Muschelkrone zierte die weißen Haare.
Zu diesem Anlass war auch das Woman's Craft Center geöffnet, wo die
Frauen ihre Handarbeiten ausstellten und verkauften. Nicht nur die Ketten
aus den hier häufig vorkommenden kleinen „Moneyshells" sahen wir, sondern auch wundschöne Webarbeiten, von kleinen Fächern, bis zu kunstvollen Schlafmatten.
Endlich, nach langer Verspätung ertönte die Sirene, das Zeichen der Landung. Eine kleine Maschine der Fiji Air kam näher und rumpelte über die
unebene Grasfläche, bis sie zum Stillstand kam. Etwa zwanzig Personen
konnten befördert werden. Einige stiegen aus, einige ein, doch das war
Nebensache. Hauptsache war das gesellige Beisammensein. Die Menschen
standen in Gruppen beieinander und plauderten. Diane stellte uns vielen
Leuten vor.

„From where do you come? "
"From Austria!"
"Oh I see, from Australia!" Je weiter weg wir von Europa kamen und je
näher zu Australien, desto häufiger hörten wir diese Worte. Doch der Pries-
ter von Tuvalu, ein hagerer älterer Mann, mit dem ich plauderte, kannte
Österreich. Er erzählte voller Stolz, dass er Geld von der katholischen
Kirche in Österreich erhalten hatte.
Die Sirene ertönte ein zweites Mal. Das Flugzeug startete. Die Menge
zerstreute sich allmählich. Doch die ganze „High Society" von Tuvalu ging
ins Vai Tiki Hotel zum Lunch.

Dinner auf der SEHNSUCHT. Heino schrubbte sogar das Deck, damit unser
Schiff würdig für einen „echten" Kapitän war. Ich hatte mich bemüht, ein
besonderes Menü zu zaubern. Das einzige tiefgekühlte Fleisch, das es zu
kaufen gab, waren Hähnchen. Und so gab es wieder gefüllte, gebratene
Hähnchen. Zufrieden und satt saßen alle im Cockpit der SEHNSUCHT.
Mike, mit einem Glas Rum in der Hand, reckte sich und meinte: *„Oh, it's
nice on a boat, even Amatuku looks nice – this bloody shit island!"* Die
letzten Worte donnerten über die Lagune und dabei rollte er bedrohlich mit
seinen Augen. So schön alle Europäer die Südsee fanden, so sehr hassten sie
auch das Leben auf so engem Raum.
Eine amerikanische Yacht, die wir vorher vor Fongafale gesehen hatten,
ankerte nun auch vor Amatuku. Es war eine Familie mit drei fast erwachsenen Kindern. Sie verbrachten den ganzen Tag auf dem Schiff um zu
studieren. Stolz erzählte mir die Mutter, die Eltern waren beide Lehrer und
dass ihre Söhne ein Hochschulstudium während ihrer Reise absolvierten.
Man sah sie auch nur einmal am Tag, kurz vor Sonnenuntergang ans Tageslicht kommen, eine Runde schwimmen oder rudern. Den Rest der Zeit
waren sie verschollen und studierten. Die Arbeiten schickten sie nach
Amerika, wo sie korrigiert und wieder retourniert wurden. Deshalb mussten
sie für längere Zeit an einem Ort verweilen. Bei aller Toleranz, die ich
bemüht war anders lebenden Menschen entgegenzubringen, dafür fand ich
kein Verständnis.
„Da hat man das Paradies vor Augen und sieht nichts anderes als das
düstere, muffelige Schiffsinnere. Darauf kann ich verzichten." Mir reichte
schon die Stunde oder zwei pro Tag, wo ich gezwungen war, mit Doris am
Tisch sitzend ein paar Takte zu lehren.

Zwei Tage Regen und Westwind füllten unsere Wassertanks wieder voll,
erfüllte aber auch Mike voller Sorge. Hatte er eine Vorahnung?

„It's the wrong season", sagte er immer wieder und drängte uns das Atoll zu verlassen.

„Fahrt doch nach Nanumea, dort ist wenigstens ein geschützter Ankerplatz."

„Namumea, da gibt es doch keinen Pass", konterte Heino.

„Doch", sagte Kapitän Mike, „nur das weiß keiner."

Er zeigte uns ein Video über Tuvalu. Wir saßen in den gemütlichen Fauteuils vor dem Fernseher, einen kühlen Drink in der Hand und sahen uns das an, was wir vor der Haustüre in natura hatten. Doch seltsam, im Film, von der richtigen Perspektive, versehen mit angenehmer Musik, sah alles viel, viel schöner aus. Sah man solche Bilder im kalten Nordeuropa, fing man sehnsüchtig zu träumen an. „Warum war die Wirklichkeit nicht so schön, wie die Träume?", fragte ich mich.

Am Ende des Films kam Nanumea. Und tatsächlich, entgegen allen Informationen gab es eine Einfahrt, im 2. Weltkrieg künstlich gesprengt. Mit unserem geringen Tiefgang konnten wir sie problemlos passieren. Die Insel sah verlockend aus mit ihrem interessanten, riesigen Kirchturm, wir beschlossen sie zu besuchen.

So wie sich Mike des Wetters wegen Sorgen machte, so sorgte sich Diane um unseren Proviant. Eines Tages ließ sie eine Kiste voller Lebensmittel an Bord bringen und auf dem beigefügten Brief stand: „Ich will nur die Hilfsbereitschaft, die uns auf unserer Segelei wiederfahren ist, vergelten."

Am Morgen des 11.Jänners standen Diane, Mike und Dieter am Steg von Amatuku. Mit hoch erhobenen Händen winkten sie uns zum Abschied, mit Muschelketten behangen winkten wir zurück, bis sie immer kleiner werdend aus unserem Blickfeld verschwanden. Wieder ein Abschied, ein Abschied für immer.

Zwei Monate später hörten wir noch einmal von ihnen. Mitte März, als wir bereits in Kiribati weilten, erhielten wir von Diane ein kleines Paket. Zwei süße, rosafarbene Kinderkleidchen kamen zum Vorschein, die Passe mit schöner Smokstickerei versehen. Sie schrieb, dass sie schon immer so etwas sticken wollte und nun endlich einen Grund dafür gefunden hatte.

„Es hat mir sehr viel Spaß gemacht, hoffentlich passen sie den Kindern." Sie passten und wir hatten wieder saubere, schöne Sachen zum Anziehen - ohne Schimmel- oder Rostflecken.

Außerdem erzählte sie, dass der Cyklon Ofa über Tuvalu gezogen war:

„Es war schlimm. Amatuku's Maneapa wurde weggeblasen, so wie viele Palmen. Wir schliefen im Wohnzimmer, da wir fürchteten, auf das Schlafzimmer würden die Bäume krachen. Die Schweine band ich fest, damit sie

von den Wellen nicht fortgespült wurden. Die Amerikaner lagen noch vor Anker. Sie verließen ihr Schiff und zogen in ein Haus. Sie hatten Glück, das gestrandete Schiff konnte wieder flott gemacht werden. Ich sprach mit Carlton, dem Radio Operator und er sagte mir, dass ihr gut aus Tuvalu herausgekommen seid", schrieb sie. Die Nachrichten funktionierten gut.

Sie erzählte auch von ihren Schweinen. Fünf süße Ferkel wurden geboren und sie gab ihnen unsere Namen.

„Gefällt uns gar nicht", meinten wir. „Stellt euch vor, wir sind dick und fett und dann heißt es: Wen schlachten wir heute? Monika, Heino, Doris oder doch Petra?"

Kapitel 38

Stop in Nukufetau – oder: Meuterei auf der SEHNSUCHT?

„Machen wir eine kurze Pause hier!", flehte ich.

„Nein, der Wind ist gerade so gut, wir fahren weiter nach Nanumea", bestimmte Heino.

„Mir ist so schlecht", jammerte ich. Die Miene des Kapitäns blieb hart.

Nukufetau – wie ein Rettungsanker erschien mir dieses Atoll für meinen seekranken Magen. Die ruhige Lagune leuchtete türkisfarben, einladende Motus mit weißen Sandstränden lagen wie Perlen vor unseren Augen, und wir hatten auch schon eines für uns ausgesucht.

„Papa da ist es so schön, ich mag nicht weitersegeln", quengelte Doris. „Ich will an Land!", forderte sie.

„Mag eine auch, Fimmen!" Unser jüngstes Crewmitglied stimmte in die Meuterei ein. Je näher der Pass rückte, desto lauter wurden unsere Forderungen. Mit einem grantigen Seufzer gab der Kapitän nach und steuerte auf die breite Einfahrt zu.

Die Abfahrt aus Tuvalu war stressig gewesen. Von Amatuku segelten wir nach Fongafale um auszuklarieren. Während Heino die Behördenwege erledigte, lief ich mit den Kindern im Ort herum und versuchte, noch einigen Proviant zu bekommen. Viele fragten uns, ob wir gerade angekommen seien?

„Nein, wir reisen heute ab." Dieser Satz veranlasste einige Bewohner dazu, uns Muschelketten um den Hals zu hängen.

Neben Zwiebeln, Kartoffeln, Eiern brauchten wir auch noch Diesel. Von unseren hundert US Dollars blieben nur mehr 20 Australdollar über. Heino wollte sich noch Zigaretten besorgen.

„Du brauchst noch Zigaretten?", fauchte ich. „Dann bleibt ja gar kein Geld mehr über."

„Was heißt brauche, ich brauche keine!", konterte er gereizt.

Heino wollte unbedingt noch an diesem Tag abreisen. Der Wind war seit einem Tag gut, eine leichte Nordost-Brise wehte, nachdem in den letzten Tagen starke Westwinde mit Regenwalzen über das Atoll gezogen waren. Die Zeit drängte, um noch bei Tageslicht den Pass zu erreichen.

Gerade noch bei Sonnenuntergang sahen wir deutlich den breiten Pass vor uns und hielten Kurs darauf. Es war dann doch schon stockfinster, als wir durch die Einfahrt zitterten. Lange hohe Wellen zeigten uns, wir waren auf offener See. Je öfter wir erfolgreich Atolle ansteuerten oder verließen, desto mehr Ehrfurcht bekamen wir davor. Die vielen Schiffwracks rund um die

Riffe waren stumme Mahnmale ihrer Gefährlichkeit. Ich lag bald wieder flach in der Koje.

„Seekrankheit, du hast mich wieder!"

Der Ankerplatz zu „unserem" Motu war dann doch nicht so einfach zu erreichen. Ein Riff lag zwischen uns und dem türkisfarbenem Wasser, das Sandgrund anzeigte. So warfen wir erst einmal den Anker in das tiefe Blau, wo es schwellte. Heino machte das Dingi klar und erkundete die S-förmige tiefere Wasserrinne.

„Tief genug", verkündete er.

Die Schlangenlinie zu fahren, wäre keine Hexerei, wenn alles funktionieren würde. Bei der SEHNSUCHT sah das so aus: Der Motor musste mit dem Schraubenzieher im tiefsten Motorkasten kurz geschlossen werden, dann, sobald der Anker frei war, hob Heino den Plichtdeckel, kroch zum Getriebe hinunter und klopfte den Vorwärtsgang mit dem Hammer hinein, kroch wieder heraus, Deckel zu, damit kein Kind irrtümlich hineinfallen konnte, und schnell an die Pinne. Das Schiff durch die S-förmige Riffpassage zum Ankerplatz zu manövrieren war schwierig, weil wir immer auf so viel Raum achten mussten, um im Vorwärtsgang eine Kehrtwendung machen zu können, falls wir in eine Sackgasse gerieten. Dann wurde unter Fahrt der Anker geworfen, gehofft, dass er auch gleich griff und der Motor abgestellt, weil bei laufendem Motor der Vorwärtsgang nicht heraus zu bekommen war. Wir waren ein eingespieltes Team, es funktionierte ohne Worte, vorausgesetzt, die zappelnden Kinder kamen nicht an Deck. Doch dieses Manöver wurde erschwert durch ein Kanu auf der Seite, besetzt von einigen hilfsbereiten Männern. Bot der Ankerplatz genügend Raum, ankerten wir meist nach „Mountainsailor-Art." Das bedeutete, wir fuhren mit dem Wind, schmissen während der Vorwärtsfahrt den Anker in den Sand, griff er, wurde er gleich eingefahren und die SEHNSUCHT drehte sich, trotz Fahrt voraus in den Wind.

Unser Inselchen war unbewohnt und wir spielten wieder Robinson. Nur kurze Zeit, denn dann kamen die drei Männer mit ihrem Kanu zurück und brachten uns Fische. Sie blieben an Bord und wir plauderten lange. Fremde kamen selten zu Besuch.

Unsere Ankunft sprach sich offensichtlich schnell herum. Am nächsten Vormittag kamen vom sechs Meilen entfernten Hauptort dreißig oder vierzig segelnde Kanus auf uns zu, alle Kurs Richtung SEHNSUCHT. Viele davon zogen ihr Gefährt an den Strand, aber viele gingen längsseits befestigten es an der Reling und stiegen an Bord. Uns war etwas mulmig zumute, auf diese Invasion waren wir nicht gefasst. Doch es war nur Neugierde, die sie trieb. Die Männer kletterten abwechselnd an Bord, besichtigten das Schiff, fragten woher und wohin. Doch alle waren nett und freundlich und unsere anfängliche Furcht verflog. Langsam zerstreuten sie sich, einige holten Kokosnüsse von den Palmen, andere steuerten das gegenüberliegende Motu an, wo die „Community" ihre Schweine züchtete, manche fischten oder tauchten.

Nach Stunden machten sie sich auf den Weg zurück, wobei sie sich wieder bei der SEHNSUCHT sammelten. Sie schenkten uns Trinknüsse und Muscheln und segelten wieder zurück zum Ort. Die aufgespannten Segel blähten sich im Wind, die Paddel wurden eingeholt und die Kanus nahmen Fahrt auf. Lange schauten wir ihnen noch nach, bis sie gegen die glitzernde Nachmittagssonne kleiner und kleiner wurden. Ein seltsames Gefühl umgab mich. Hatte ich das nicht schon einmal gesehen? Ein déjà vue? Ja doch, es war in Dianes und Mikes Wohnzimmer, im bequemen Lehnsessel sitzend, ein kaltes Cola in der Hand. Im Video von Tuvalu segelten dieselben Kanus der Abendsonne entgegen, untermalt von wunderschöner Musik. Was war dabei anders? Der Schwell, die Fliegen, die Moskitos, die heiße Sonne hatten gefehlt – und die Kinder hatten nicht gequengelt.

Bei Flut überspülte eine starke Strömung das Riff und es schwellte. Trotzdem fanden wir unsere Insel wunderschön. Umrahmt vom weißen Strand, der hoch aus dem Meer emporragte, nur kurz von kleinen Felsformationen unterbrochen, umgeben von klarem Wasser, voll von Fischen, üppig bewachsen mit hohen Palmen und dichtem Unterholz. Die hohen Bäume des Dickichts lockten Doris zu Kletterpartien. Der sanft abfallende Meeresboden mit Sandgrund ließ auch Petra mutig werden, und die Kinder planschten im Wasser. Wir grillten am Strand, brieten oder besser gesagt verkohlten Kartoffeln und baumelten im Schatten sitzend mit der Seele. Vor unseren Blicken, umrahmt von gebeugten Palmenkronen, hinter goldenem Sand, schaukelte einsam im Türkisgrün der Lagune die SEHNSUCHT. Im Hintergrund, erhob sich ein weiteres kleines Eiland, umhüllt von Passatwolken, zwischen denen der blaue Himmel leuchtete.

Bei einem Inselrundgang alleine mit Petra, das Motu war größer als ich glaubte, fand ich ein besonders schönes Exemplar von den weißen Muscheln, welche die Einheimischen „Clams" und die wir Mördermuscheln nannten. Es hatte die Größe jener Muschel, die in Fatu Hivas Kirche als Weihwasserbecken diente. Die musste ich haben. Ich schleppte das gute, schwere Stück von der einen Seite der Insel bis zu unserem Dingi. Solange Petra lief, war das kein Problem, doch über die spitzen Korallen wollte sie getragen werden. Kind oder Muschel? Schweren Herzens ließ ich die Muschel im Sand liegen und wir kletterten über die Felsen. Ein Blick noch zurück.

„Bleib ganz ruhig hier sitzen, Mama kommt gleich wieder", mit diesen Worten setzte ich mein Töchterchen in den Sand, lief zurück und holte meinen Schatz. Einmal Kind, einmal Muschel, mit dieser Methode krante ich sie zur Anlegestelle des Dingis und hievte sie in das Beiboot.

„Das ist aber nicht dein ernst", sagte Heino als er meine Ausbeute sah.

„Was? Wieso? Warum?", fragte ich unschuldig.

„Die Muschel bleibt da! Das nächste Mal sprengst du ein Stück Riff weg und lädst es aufs Schiff", meinte er bestimmt.

„Wegen dieser kleinen Muschel regst du dich auf? Die hat bestimmt nicht mehr als zehn Kilo. Was ist das schon für ein sieben Tonnen Schiff?"

„Du bist ja total verrückt." Er gab auf und die Muschelschale wanderte mit auf die SEHNSUCHT.

Doris wiederum hatte derzeit einen anderen Tick. Sie sammelte Einsiedlerkrebse mit schönen Schalen. Die Häuser wollte sie unbedingt haben, weigerte sich aber, die Krebse zu töten. So kamen sie lebendig an Bord.

„Wir füttern sie so lange, bis sie zu groß für ihr altes Haus sind, und dann geben wir ihnen ein neues", entschied sie. Nun krabbelten fünf „Fickerkrebse" in einer Schachtel herum und wurden täglich gefüttert. Zuerst meckerte Heino über die Tiere, doch dann hatte er seinen Spaß mit ihnen. Er lockte sie weit aus ihrem Haus heraus, ganz vorsichtig bis nur mehr der dünne Schwanz in der Schale war, um sie dann schnell zu packen und herauszuziehen. Die meiste Zeit waren die Krebse schneller, doch als es ihm einmal gelang, mussten wir alle herzlich lachen. Der Krebs sah aus, als schämte er sich, zog ganz rot geworden seinen Schwanz ein und suchte verzweifelt nach einem Haus. Doch alle Schalen in der Schachtel waren besetzt und er wurde überall hinausgeschmissen. Wir boten ihm eine andere Schale an, doch die war offensichtlich zu klein. Er zwängte sein Hinterteil hinein und war nicht mehr zu bewegen es herauszuziehen. Doris gab ihm mehrere Schalen zur Auswahl in die Schachtel und am nächsten Morgen war er umgezogen.

Des Nachts ging Heino auf Kokonusskrabben-Jagd. Der Mond stieg silbern hinter den schwarzen Palmenkronen auf. Ich saß im Cockpit und wartete auf ihn. Es war mir unheimlich zumute, doch das Aufblitzen der Taschenlampe gab mir Gewissheit, dass alles in Ordnung war. Sieben Stück kleine Krabben waren die Ausbeute, welche im Kübel gelagert für eine unruhige Nacht sorgten. Sie machten einen fürchterlichen Lärm. Erst zugedeckt verhielten sie sich ruhig. Als ich am nächsten Morgen neugierig den Deckel hob, kam wieder Bewegung in die Tiere, sodass ich ihn erschrocken wieder fallen ließ. Ich mochte die Viecher nicht, es gruselte mir. Heino neckte mich damit und ich flüchtete schreiend in die letzte Ecke des Vorschiffs, verfolgt von meinem lieben Ehemann mit Krabbe zwischen den Fingern. Erst gekocht nahm ich sie in die Hand.

Der frische, gleichmäßige Ostpassat ließ Heino zehnmal am Tag sagen: „Eigentlich müssten wir den guten Wind ausnutzen und weiterfahren." Wir kamen den Wünschen des Kapitäns nach und beendeten die Meuterei. Der erste Tag auf See mit achterlichem Wind brachte ein gutes Tagesetmal. Am zweiten Tag war leichter Wind, dann Flaute, dann Wind von vorne. Am dritten Tag waren die Zigaretten alle! Dieser heikle Punkt wurde seit dem Streit in Funafuti nicht mehr erwähnt. Aber jetzt war es so weit. Die letzten Stängel dreimal angezündet, dann begann die Suche nach Zigaretten im Schiff. Vielleicht war irgendwo ein Päckchen oder eine einzelne Zigarette aus der Packung gefallen?

„Du hast bestimmt ein Reservepäckchen für mich versteckt! Wo ist es?"

„Ich habe keines! Wirklich nicht!"

„Aber deine Mutter hatte immer eines für deinen Vater. Was bist du doch für eine schlechte Ehefrau!"

„Dann hättest du doch meine Mutter geheiratet!" Der Streit eskalierte. Heino war nervös und gereizt und unkonzentriert. Zweimal schlug ihm der Großbaum auf den Kopf, das war seit dem Mittelmeer nicht mehr passiert. Ich ging ihm aus dem Weg und Doris riet ich, ihren Vater nicht zu reizen. Das fiel ihr schwer, hatte sie jetzt doch ein leichtes Opfer.

Meine Meinung bestätigte sich wieder: Segler durften nicht rauchen!

„Erinnerst du dich an Walter von ANTAIA, der ohne ein Päckchen die Atlantiküberquerung startete? Elke, die eine Reservestange mit an Bord geschmuggelt hatte, ließ sie bei Land in Sicht vor Barbados ins Wasser fallen. Hart, nicht wahr?" Doch solche Geschichten wollte er zurzeit überhaupt nicht hören.

Sarkastischer Ratschlag an alle Fahrtensegler (vom Kapitän selbst): *Wenn Sie so eine Reise planen, dann gewöhnen sie sich das Rauchen ab, ebenso das Trinken sowie sämtliche anderen Laster, die das Leben versüßen. Ich meine natürlich: Gutes Essen!*

Kapitel 39

Nanumea – verborgenes Eiland im Pazifik

„Alles Klar!", rief uns ein junger Mann auf Deutsch zu. Wir staunten sehr, hier, vor dem nördlichsten Atoll von Tuvalu unsere Muttersprache zu hören. Er hatte schwarzes Wuschelhaar und paddelte mit seinem Kanu auf die schmale Einfahrt von Nanumea zu. Schon seit dem frühen Morgen sahen wir den monströsen rotgedeckten Kirchturm über den Palmenkronen des Atolls leuchten. Problemlos fanden wir den Pass, so wie wir es auf dem Video von Mike und Diane gesehen hatten. Aber das sollte eine Einfahrt sein? Nur ungefähr fünfzehn Meter breit und, soweit wir sehen konnten, sehr flach. Die Wellen brachen sich vor dem Pass, das Wasser im Inneren schien zu kochen, Strömung und Strudel peitschten es auf. Heino stand in der ersten Saling und dirigierte mich, die ich an der Pinne saß. Wir fuhren an, dann verließ uns der Mut und wir drehten wieder ab.

„Alles Klar!" wiederholte Rabuena, ein Seemann, der auf deutschen Schiffen fuhr. Wir versuchten es ein zweites Mal. Doch in diesem Moment kam uns ein Motorkanu entgegen. Wir drehten wieder ab, zwei Schiffe hatten in dem Kanal keinen Platz.

„Go, go!" forderte uns Rabuena auf. Wir hielten den Atem an, gaben noch mehr Gas, überwanden die Brecher und rauschten hinein. Man konnte das Ufer beinahe greifen. Jeder Stein und jede Koralle am Grund mit unfreundlicher, brauner Farbe war deutlich zu sehen und sie schienen den Kiel zu streifen. Noch ein paar Meter – und – wir waren durch! Vor uns lag die ruhigste Lagune, die wir bis jetzt gesehen hatten. Der Kanal, American Canal genannt, wurde im zweiten Weltkrieg gesprengt, daneben gab es den unpassierbaren New Zealand Canal. Viele lustige Gesichter beobachteten unser Kommen, die Menschen lachten und winkten. Wir bogen ab, fuhren in grünes, tiefes Wasser und schmissen den Anker in einer kleinen Bucht vor dem Ort. Kaum ausgeschwojt, kam ein Polizeibeamter an Bord, der sich würdevoll von seinem Kollegen in einem Einbaum heranrudern ließ. Er war über unseren Besuch von Funafuti bereits informiert worden. Umständlich kontrollierte er unsere Pässe und nahm die Daten auf. Die Beiden tranken Kaffe und aßen Pfannkuchen. Als der ältere von den beiden sich genüsslich eine Zigarette, besser gesagt einen lokalen Rauchstängel anzündete und der würzige Tabakgeruch sich ausbreitete, wurde Heinos Nase immer länger, die Augen immer größer und er versuchte mit tiefen Atemzügen den niedrigen Nikotinspiegel in seinem Blut aufzubessern.

„You smoke?", fragte der Beamte, dem dies nicht entgangen war, lachend.

„Ja, aber mein Tabak ist alle", sagte Heino kleinlaut. Noch immer lachend öffnete der Beamte seine Tabakdose, nahm ein dünnes Pendanusblatt heraus, schnitt ein Stück von dem harten „Irish Cake" Tabak ab, zerrieb es auf der Handfläche und wickelte es in das Blatt. Nach mehreren Zündversuchen glomm der Stängel auf, Heino hustete kurz und die Qual hatte ein Ende.

Allmählich kamen viele Neugierige zum Anlegepier, vor allem Kinder, alle in ihren hellblauen Uniformen, die Schule dürfte zu Ende gegangen sein. „Eine Yacht pro Jahr besucht Nanumea", erzählte der Polizist und er hieß uns willkommen.

Nanumea – ein rundum geschlossenes Atoll mit einer Lagune von zwei Seemeilen Länge und einer dreiviertel Meile Breite. Die hufeisenförmige, breite Hauptinsel umfasste die Hälfte der Lagune, zwei größere Inseln, sowie zwei Motus und ein extrem breites Riff boten guten Schutz. Ein Stahlschiff rostete am Außenriff liegend dahin. Selbst bei Flut kam das Wasser nur wenige Zentimeter über die Korallen, keine Brecher erreichten den Strand. Die Anlegestelle des Ortes, eine gemauerte Pier mit bequemen Stufen, war nicht weit von unserem Ankerplatz entfernt. Da unser Dingi schon sehr marode war, pumpten wir nur unser Ersatzdingi, das kleine Schlauchboot auf. Direkt hinter der Mauer gab es ein hässliches, gemauertes Haus und daneben eine offene Lagerhalle, den Fusi-Store, ein Lebensmittelgeschäft der Fusi-Kette, die in ganz Tuvalu vertreten war. Das Angebot war vielfältig, es gab alles, was für den täglichen Gebrauch benötigt wurde: Grundnahrungsmittel, einige Konserven, Seifen, Töpfe, Angelzubehör. Und in der hässlichen Lagerhalle lagerte Petroleum und Benzin. Wegen Heinos Tabakmangels war unser erster Weg in dieses Geschäft, das einzige auf der Insel. Weiter kamen wir auch nicht. Manoa, der Leiter des Geschäftes und die Verkäuferin Siniva, hießen uns mit Trinknüssen willkommen. Die beiden sowie deren Familien adoptierten uns.

Siniva machte kurzerhand Feierabend und führte uns in ihr Haus. Sie war etwa dreißig oder fünfunddreißig Jahre alt, hatte ein derbes Gesicht, aber ein strahlendes Lächeln und lebhafte Augen, jedoch - für diese Inseln untypisch - schütteres, kurzes Haar. Sie lebte mit ihrer Tochter Kanaia, ihrer Mutter Fakaluta und der Schwägerin Polaka zusammen. Männliches Mitglied gab es derzeit keines, Sinivas erster Mann war gestorben, ihr zweiter, der viel jünger war als sie, lebte und arbeitete in Funafuti. Das Haus bestand aus einem Wohngebäude und einem Küchenhaus. Das Wohngebäude war ein nach allen Seiten offenes Haus. Das Fundament aus Korallenblöcken gebaut war umrahmt von einem Betonsockel, mit Korallensteinen und Sand aufgeschüttet und dies alles bedeckt mit geflochtenen Palmwedelmatten.

Das Gerüst bestand aus gemauerten runden Betonpfählen, während andere Häuser bloß Palmenholzstämme hatten. Das Dach war mit geflochtenen Pendenusblättern aus mehreren überlappenden Schichten gedeckt. Zum Schutz vor Regen gab es kleinflächige Palmenmatten, die ziehharmonikaartig gefaltet und am Dachrand befestigt waren. Sie konnten bei Bedarf rasch herabgeklappt und zur schützenden Hauswand werden, Führung und Befestigung bildeten großflächige Gitterholzstäbe. Geschmückt war das Wohnhaus mit weißen Papiergirlanden, die im Wind baumelten; sie erinnerten mich an Tortenspitzen. Einige Stricke waren quer über die Wohnräume gespannt, wo Wäsche hing. Die gesamte Einrichtung bestand aus zwei Truhen, auf einer stand ein Kassettenrecorder, ein Mitbringsel der Seemänner von Nanumea. Viele der jungen Burschen, die alle in der Marineschule von Amatuku ausgebildet wurden, fuhren zur See, so auch Sivnivas Bruder. Das gemauerte Küchenhaus hatte eine Holztür, und die Fenster waren mit Fliegengitter versehen, den Abwasch erledigten sie im Freien. Dieser Teil war mit Wellblech gedeckt und diente zum Sammeln des Regenwassers. Das kostbare Nass floss in den großen Betonwassertank. Zurzeit war der Tank auf Grund der unzähligen und plötzlichen Regengüsse übervoll. Gleich neben dem Küchenhaus gab es noch ein kleines Arbeitshaus, wo große Mengen von Früchten verarbeitet und zerlegt werden konnten. Zwischen diesen Familieneinheiten waren entweder Wege oder ein Abstand von zehn bis zwanzig Meter, und so konnte man den Nachbarn sozusagen in die Suppenschüssel schauen.

„Talofa!", begrüßte uns Mama Fakaluta. Sie war eine dicke alte Dame mit einem freundlichen Lächeln. Sie sprach kein Wort Englisch, plauderte aber lustig weiter.

„E a koe?", fragte sie uns, was „Wie geht es euch?" hieß. Wir erhielten die erste Lektion auf Tuvaluisch. Tuvalu ist eine eigene polynesische Sprache, aber ähnlich allen anderen Sprachen der Inseln im Pazifik, die jedoch für uns nicht zu unterscheiden waren.

„Au e lelei!", mussten wir antworten, „Es geht uns gut!" Siniva war eine strenge Lehrmeisterin und es machte ihr sichtlich Spaß, uns „Palangis" zu unterrichten. Wir tranken süßen Toddy, das Nationalgetränk von Tuvalu und Mama Fakaluta lud uns zum Essen ein. Bis es so weit war, wollte uns Siniva die Insel zeigen. Wir wanderten durch das Dorf Richtung Pass, um die schmale Einfahrt vom Land aus zu begutachten. Ein Haus sah fast so aus wie das andere, alle im lokalen Stil erbaut. Zwischen den einzelnen Wohnstätten wuchsen unzählige Bananenstauden und viele von den wuchtigen Brotfruchtbäumen. Die Palmenbäume fanden sich am Rande zum Außenriff sowie zur Lagune. Am Ende des Dorfes gab es ein gemauertes Gebäude.

„Das ist die Krankenstation", erzählte Siniva, „Sie wird betreut von einer Krankenschwester." Gleichzeitig waren in dem Gebäude Bürgermeisteramt und Polizei untergebracht. Am Pass stehend sahen wir noch einmal ehrfurchtsvoll auf das von der Strömung gepeitschte Wasser. Der Rückweg führte uns am Rande des breiten Außenriffes entlang. Mahnend lag ein Wrack am Riff, still vor sich hinrostend. Wir kamen an der *Maneapa* vorbei zur Kirche, vor der ein freier großer Platz war. Jugendliche spielten Volleyball über eine gespannte Schnur. Schüchtern und zugleich neugierig lächelnd wurden wir betrachtet. Daneben lag das Schulgebäude unscheinbar im Schatten des pompösen Kirchenschiffes. Vor der Kirche, auf zwei krummen Holzpfählen, die Glocke des Ortes. Diese läutete nicht nur zum Gottesdienst, sondern auch bei wichtigen Ereignissen und drohender Gefahr. Der Friedhof lag am Ende des Dorfes. Weiße Grabsteine zierten die einzelnen Grabstätten, die aber nicht begrenzt waren. Blumen und Blätter lagen auf den Gräbern erst kürzlich Bestatteter. Der Rückweg führte uns wieder entlang der Lagunenseite. Kinder mit Fahrrädern überholten uns, aus den Häusern neugierige und freundliche Blicke. Hühner und Schweine liefen frei herum.

Bei unserer Rückkehr trafen wir Mama Fakaluta an. Sie tratschte mit einer Nachbarin. In der Hand hielt sie wie nebenbei einen Hahn an der Gurgel und drehte ihn im Kreis herum, dass die Flügel sich aufblähten und die Krallen durch die Luft wirbelten. Sie drehte und tratschte. Nach einiger Zeit legte sie das leblose Tier neben sich auf den Boden und tratschte weiter. Plötzlich zuckten die Füße, der Kamm und die Flügel dieses mickrigen Hahnes, es kam wieder Leben in seinen geschundenen Körper und schwups, war er auf den Beinen und trat mit langgezogenem Hals und heiserem Gekrächze die Flucht an. Die beiden Tratschweiber hörten abrupt auf, schauten einen kurzen Moment verblüfft, und mit einem Aufschrei kam Bewegung in ihre massigen Körper. Es war eine tragisch-komische Szene: Der zerzauste, dünne Hahn, krächzend um sein Leben laufend einerseits und die zwei dicken, alten Damen, die, schreiend und kreischend, mit einer unerwarteten Geschicklichkeit und Schnelligkeit das in Todesangst flüchtende Tier einzufangen versuchten. Mama Fakaluta und ihre Nachbarin blieben Sieger. Sie fasste ihn an der Gurgel und drehte weiter.

„Jetzt kann ich mir bildlich vorstellen, was es heißt: Ich drehe dir den Hals um!"

„Ich glaube, das wird unser Abendessen", sagte Heino.

„Der arme Hahn", jammerte Doris, die das Schauspiel mit ansah, „den esse ich bestimmt nicht!"

Um es ihren Gästen bequem zu machen, servierte Mama Fakaluta und Polaka das Essen im Küchenhaus. Hier gab es eine durch ein feines Gitter gegen

Insekten geschützt offene Kredenz für die Lebensmittel und Regale für die Töpfe, eine Kochstelle, einen Tisch und vier Sessel. Wir aßen bei Tisch auf Sesseln sitzend und mit Tellern, untypisch für die Insel. Und tatsächlich, vor uns lag das zerlegte und gekochte Hähnchen, die gerupften Schenkeln starr in die Höhe streckend. Doris verweigerte tatsächlich. Alle Erklärungen, das sei unhöflich und beleidige die Gastgeber, halfen nichts. Der gekochte Hahn war so zäh wie sein Leben, doch Heino, der ständig an Fleischmangel litt, schmatzte und hob Doris Unfreundlichkeit auf.

Es war der zweite Tag auf Nanumea.
„Es ist wieder jemand gestorben, hi, hi, hi", erzählte Siniva freudestrahlend. Betroffen sahen wir sie an. Es gab ein Fest, einen Leichenschmaus, wir waren dazu eingeladen. Wir wollten nicht, und unsere Argumente, dass wir die Verstorbene doch nicht kannten, wurde mit einem „Na und?" und Schulterzucken kommentiert. Mit einem seltsamen Gefühl gingen wir zu der Totenfeier. Der ganze Ort schien anwesend zu sein, alle Menschen saßen im Wohnhaus der trauernden Familie, die Häuser rundum waren auch voll. Überall kochten und werkten Frauen, überall gab es etwas zu essen. Es glich eher einem Volksfest als einer Beerdigung. Die Menschen plauderten und lachten. Wir nahmen am Boden Platz und bekamen ein für die Insel charakteristisches „Tuvaluen-plate". Das war eine kleine geflochtene Palmwedelplatte, bedeckt mit einem großen Blatt des Brotfruchtbaumes und darauf servierten man uns lokale Speisen: Tarowurzeln, in Nanumea „Polaka" genannt, Brotfrucht, in dünne Scheiben geschnitten, gekocht und frittiert sowie als zähflüssige Brotfruchtsuppe. Die im Inneren der Brotfrucht befindlichen Kerne, die unseren Kastanien ähnlich sind, wurden extra verarbeitet. Mit süßem Toddy und Kokosnussraspeln versetzt, ergab das eine feine Süßspeise. Das alles lag vor uns auf dem Blatt und dazu noch ein Stück Fisch, Schweinefleisch und Reis. Wir saßen im Türkensitz auf den Matten, die Speisen vor uns und aßen mit den Fingern. Ich kostete mich durch, es war immer eine Überraschung, ob das Gericht süß, sauer oder salzig war. Viele Augenpaare waren auf uns gerichtet und immer mehr starrten uns an. Sie begannen zu tuscheln. Wir fühlten uns immer unwohler in unserer Haut. Die alte Dame hinter uns fasste sich ein Herz und machte uns auf unser Vergehen aufmerksam. Sie deutete auf unsere nackten Knie, die sich beim Sitzen berührten. Berührungen zwischen Mann und Frau in der Öffentlichke it waren verpönt.
„Oh!", sagten Heino und ich gleichzeitig, als wir begriffen und rückten betroffen auseinander. Daraufhin brach schallendes Gelächter aus. Erst jetzt bemerkte ich, dass mein Ehemann das einzige männliche Wesen in der Umgebung war. Alle Männer saßen am anderen Ende des Wohnhauses.

Die Moral und Sitte wurde hochgehalten, Vorschriften und Gebräuche in der Gesellschaft waren streng. Siniva übernahm offensichtlich die Erziehung und Verantwortung für mich und die Kinder, Heino kam unter die Fittiche von Manoa. Dieser war es auch, der uns dem Inselältesten vorstellte. Offiziell hatte der von der Regierung in Funafuti bestellte Bürgermeister das Sagen, inoffiziell war es der finster dreinblickende, faltige alte Mann. Offensichtlich gab er unseren Betreuern die Anweisung, uns anständig zu kleiden. Denn von nun an wurden wir von Siniva umgezogen, bevor sie mit uns zu einem gesellschaftlichen Treffen ging.

„It's custom in our homeland!", war Sinivas Standarterklärung, „Es ist Brauch hier!"

Sie öffnete eine ihrer Truhen und zog für Heino einen Pareo heraus, der auf Nanumea *„Lava-Lava"* genannt wurde. Ich bekam einen viel zu weiten langen Rock. Unsere T-Shirts durften wir meist anlassen. Petras Kleidung war noch egal, aber Doris musste sich schon geziemend kleiden.

„Ich möchte wissen, ob du ein Höschen anhast oder nicht", neckte ich Heino und versuchte ihm unter den Rock zu fassen. Natürlich nur, wenn wir alleine waren. Streng und doch locker waren die Sitten. Bei Tag so, bei Nacht anders. Denn mit der ehelichen Treue nahmen die Bewohner es nicht so genau, das merkte man an Blicken und Gesten und den Kondomen im Gebüsch. Auch Rabuena, mit dem Heino einige Male im Kanu zum Fischen fuhr, fragte eines Tages, als am anderen Ende des Atolls einige junge Frauen ihnen zuwinkten. *„Let's have a fuck, just for fun?"* Heino lehnte natürlich ab, beteuerte er. Doch diese Geschichte erfuhr ich erst viel, viel später.

Auch die Homosexualität durfte offensichtlich ausgelebt werden. Es gab einige männliche Paare auf der Insel, die Hand in Hand hüftenschwingend des Weges gingen.

„Was machen die Leute im Wasser?", fragten wir uns. Den ganzen Tag über kamen die Menschen, stiegen samt Gewand in die Lagune, blieben fünf bis zehn Minuten im seichten Wasser hocken und gingen wieder. Waren mehrere da, wurde geplaudert, aber ein Sicherheitsabstand von einigen Metern eingehalten. Wir erkannten Mama Fakaluta und winkten.

„They are taking a bath!", war Sinivas Erklärung. Wir schauten unverständig, denn wir hatten nicht den Eindruck von Körperpflege erhalten. Doch dann verstanden wir. Es gab keine Toiletten auf der Insel. ‚I'm taking a bath" hieß so viel wie bei uns: „Ich gehe aufs Klo!" Dazu zogen sie einen eigenen Pareo an, die Frauen banden ihn oberhalb der Brust, die Männer um die Mitte. War das Geschäft erledigt, zogen sie sich wieder um. Das kleine Geschäft jedoch fand zwischen den Büschen statt, wobei auch die Frauen

eine gute Technik anwandten. Sie gingen leicht in die Hocke, taten so, als suchten sie etwas am Boden, griffen durch den Schlitz ihres Pareos und zogen die Unterhose zur Seite. So bemerkte niemand ihr Tun. Herrlich, wie unkompliziert das Leben schien. Unkompliziert und doch voll von Zwängen. Man sah nur geringe Unterschiede im Wohlstand der Menschen. Die Gesellschaft sorgte für alle. So gab es gegenüber der Hauptinsel ein großes Motu mit Anbaufläche für Gemüse und Früchte, die von allen bewirtschaftet wurde. Nur das, was unmittelbar um das Haus gepflanzt war, gehörte auch dem Besitzer. Verhungern konnte keiner, egal ob er faul oder fleißig war, die Gemeinschaft sorgte für alle. Innerhalb der Familie gab es strenge Regeln. Das Sagen hatte das Familienoberhaupt, meist das älteste männliche Mitglied, oder derjenige, der Geld verdiente. Für Frauenangelegenheiten waren die alten Frauen zuständig, wobei es eine Gruppe gab, die für das gesamte Dorf sprach. Dazu gehörten Festlichkeiten, wie Hochzeiten oder Beerdigungen. Sie allein bestimmten, wie lange gefeiert wurde, wo und was gekocht werden sollte. Mama Fakaluta war ein Mitglied dieser alten Frauenrunde. Ebenso waren die älteren für gewisse Arbeiten verantwortlich, zum Beispiel dem Flechten von Schlafmatten. Oder sie machten gar nichts, wenn sie nicht wollten. Die grobe Arbeit, Reinigung, Wäsche waschen, Kinder großziehen, verrichteten die jungen Frauen und Mädchen. Diese wurden, meiner Meinung nach, oft wie Dienstmägde behandelt. In „unserer Familie", wir fühlten uns bereits aufgenommen, war während der Abwesenheit ihres Mannes und Bruders Siniva das Oberhaupt. Sie verdiente Geld im Fusi-Store und brauchte keinerlei Hausarbeit zu machen. Polaka, die junge, hübsche Schwägerin mit den schönen, langen Haaren war das Dienstmädchen und Kanaia mit ihren acht Jahren musste ihr bereits zur Hand gehen.

Kanaia jedoch machte es ihrer Mutter nicht leicht, sie war nicht so gefügig wie andere Mädchen ihres Alters, widersprach und trotzte oft. Die Gesellschaft mit Doris, die zwei Mädchen verstanden sich gut, verstärkte diese ihre Eigenschaft noch. Denn Doris, unserem selbstbewussten Dickschädel, käme es nie in den Sinn, schwere Arbeiten zu verrichten. Außerdem wurde sie als Gast wie eine Prinzessin behandelt. Ihre Wünsche wurden Befehle. Das gefiel ihr natürlich und oft blieb sie tage- und nächtelang an Land, zusammen mit Kanaia, betreut von Polaka. Diese nahm die Kinder oft in ihr Elternhaus mit, wo sie sich auch täglich aufhielt und mitarbeitete. Dort gab es ein Baby von einem halben Jahr. Der Bub, ein süßer Kerl, hatte einen turmartigen Hinterkopf.

„Sein Kopf sieht aus wie ein Berg", diagnostizierte Doris und nannte ihn „Mountain". Alle lachten und jedermann sagte nun Mountain zu dem armen

Kerl. Und Mountain lachte, wenn alle lachten. Ich fürchte, der Spitzname ist ihm geblieben. Polaka verrichtete die Arbeiten in ihrem Elternhaus und dann im Haus der Schwiegermutter. Aber sie war immer guter Dinge, schwärmte von ihrem zur See fahrenden Ehemann, nach dem sie sich sehnte und träumte von eigenen Kindern.

In Manoas Familie sah es etwas anders aus. Er hatte nur Söhne und seine Frau Joyce, die schüchtern war, sahen wir eher selten. Ich fand sie sehr nett und konnte mich gut mit ihr unterhalten. Manoa kam meist in Begleitung eines seiner Jungs zu uns an Bord. Nur zufällig fand ich Manoas Haus und traf Joyce an. Im Wohnhaus, geschützt unter einem Fliegengitter, lag ein Kind in Windeln, fünf oder sechs Jahre alt. Es war schwer behindert und wimmerte nur vor sich hin. Wie ertappt blickte Joyce abwechselnd zu uns und zu dem Kind. Es wurde verschwiegen und von der Gesellschaft fern gehalten. Joyce tat mir leid. Sie hatte es nicht so leicht wie Siniva. Oft lud ich sie ein zu uns an Bord zu kommen, was sie gerne tat.

Übrigens, so viele Besuche wie in den fünf Wochen in Nanumea hatten wir noch nie auf der SEHNSUCHT.

„Von den 800 Einwohnern, die auf der Insel leben, waren bestimmt schon 400 bei uns an Bord", meinten wir eines Tages müde. Immer schwammen und planschten sie neben dem Schiff und viele Kinder kamen an Bord und bald waren die Zeichenstunden auf der SEHNSUCHT berühmt. Sie übertrafen einander in ihren Künsten und probierten die große Farbpalette von Doris Filzstiften aus. Besonders der Junge mit dem Namen Tasileta war sehr begabt. Er malte das Leben auf der Insel in Bildern. Mit wenigen Strichen zeichnete er Palmenhaine, die Kirche, Wohnhäuser oder Matrosen. Gefiel mir sein Bild und lobte ich ihn begeistert, schenkte er es mir sofort. Wäre ich nicht Gefahr gelaufen, dass Doris in einen Schulstreik getreten wäre, hätte ich ihm die Filzstifte geschenkt. Doch leider gab es keinen Ersatz an Bord.

So oft wir an Land zum Essen eingeladen waren, so oft kochte ich für unsere Besucher. Und so weit es ging, bereitete ich „local food" zu, also österreichische Küche. Da gab es oft Kaiserschmarren und Palatschinken oder Kartoffelgulasch mit Dosenwürsterl. Und Kaffee. Fast jeder Besucher wurde mit Kaffee bewirtet.

Es kamen nicht nur geladene. Oft, wenn wir an Land waren, sahen wir, wie jemand an Bord kletterte und das Schiff begutachtete. Wir gewöhnten uns daran.

Woran wir uns nicht gewöhnen konnten, das waren die Fliegen. In Schwärmen kamen sie vom Land und bevölkerten das Schiff. Nichts war vor ihnen sicher, sie waren überall. Man konnte tausend erschlagen, zehntausend kamen nach. Am schlimmsten war es, wenn man eine kleine

Wunde hatte. Wie Va mpire setzten sie sich drauf und begannen zu saugen. Das war nicht nur unangenehm, sondem tat auch weh und vor allen Dingen, die Wunde entzündete sich. Heino war am ärmsten dran. Seine Verletzungen heilten offensichtlich langsamer als unsere, vielleicht weil er sich öfter im Wasser aufhielt. War eine zarte Raue über der Wunde, fraßen die Fliegen sie wieder weg. Viele der Inselbewohner, besonders die Kinder liefen mit kleinen oder oft großen Geschwüren herum, vielleicht auch hervorgerufen durch Vitamin C-Mangel. Oft schmierte ich unsere Antibiotikasalbe über die eiternden Wunden, manchmal mit Erfolg, aber meist ohne und bald war mein Vorrat erschöpft und ich musste die letzte halbe Tube für meine Kinder aufheben. Auch waren die Inselkinder alle ständig verschnupft. Immer hing gelblicher, dicker Rotz aus ihren Nasen. Natürlich war es nur eine Frage der Zeit, bis unsere zwei Mädchen die selben Symptome aufwiesen. Ich verabreichte ihnen Antibiotika. Eine Schachtel hatte ich noch und teilte sie gerecht auf. Gerecht? Als die Schachtel zu Ende war, war Petra gesund, aber Doris, die offensichtlich eine höhere Dosis gebraucht hätte, bekam einen Rückfall und es dauerte lange, bis der lästige Schnupfen von selbst verschwand.

Ging die Sonne unter, verschwanden die Fliegen, sie flogen zurück an Land, verkrochen sich und schliefen offensichtlich. Oft sehnten wir den Sonnenuntergang herbei, um von ihrer Qual erlöst zu werden.

„Bringe deine Wäsche, Polaka soll sie waschen", sagte Siniva eines Tages. Das wollte ich nicht, doch nahm ich das Angebot, an Land zu waschen, an. Süßwasser gab es derzeit genug. Ich hockte mich zum Wassertank, wo am unteren Drittel ein Wasserhahn angebracht war und begann mit meiner Arbeit. Polaka kam.
„Nein, nein, ich mache das schon selbst", sagte ich zu ihr. Sie schaute mir eine zeitlang zu wie ich schrubbte, rippelte und drückte.
„So geht das nicht", sagte sie entschieden, „ich zeige es dir." Und sie setzte sich neben mich. Zentimeter für Zentimeter ging sie das Wäschestück durch, rieb es mit Seife ein und knetete es zwischen den Fingern. War ein Fleck, wurde er konzentriert zwischen den Fingernägeln gerieben. Und tatsächlich, sie schaffte sogar die ärgsten Flecken, nur die Rostflecken blieben. Wir saßen zusammen und ich lernte die Insel-Waschtechnik, es machte direkt Spaß. So viele Arten hatte ich schon ausprobiert. Mit Einweichen, mit heißem Wasser, mit Bürste, alles war mühsam, kräfteraubend und der Erfolg ließ zu wünschen übrig. Und ich verwendete immer Waschpulver, was aufwändiges Schwemmen mit sich zog. Verwendete man einfach nur Seife, benötigte man nur einen Schwemmgang, was enorm viel Wasser sparte. Sie wusch auch nur in einem kleinen Lavoir, nicht so wie ich, in der

große Kinderbadewanne, so konnte man bequem davor sitzen und brauchte nicht gebückt zu stehen, bis der krumme Rücken schmerzte.

Die vielen Besucher ließen sich immer wieder von unserem *„home-land"* erzählen. Ich bedauerte, dass wir so wenige Fotos und Bilder von der Heimat mit an Bord hatten. Wir erzählten von Bergen und Schnee, von Städten und Autos. Doch ich hatte das Gefühl, ich hätte auch vom Mond erzählen können. Tatsache ist, dass sich die Menschen hier ein Land ohne Palmen gar nicht vorstellen konnten. So endete eine Beschreibung unseres Heimatlandes mit der Frage: „Und was macht ihr mit euren Kokosnüssen?" Diese Frage veranlasste uns über diese Pflanze nachzudenken, das Ergebnis ist im Tagebuch zu lesen: *„In der Tat, für den Mitteleuropäer verkörpert die Palme mit ihrem schlanken Stamm und ihren gefiederten Wedeln den Traum jeder Südseeinsel. Und in der Tat ist diese Kokospalme für die Insulaner die Grundlage ihres Lebens. Sieben Stück braucht ein Mensch zum Überleben. Verwendet werden alle Teile, am wichtigsten aber ist die Frucht, die Kokosnuss. Sie kann in vielen Reifestadien verwendet werden. Wir bevorzugen die grüne Nuss, die Trinknuss, die eine herrlich erfrischende Flüssigkeit beinhaltet. Hat man die Nuss geleert, kann man sich an dem zarten, weichen Fleisch laben. Die reife Nuss, die von selbst herabfällt enthält nur mehr wenig Flüssigkeit, dafür aber hartes, dickes Kokosnussfleisch, welches geraspelt für viele lokale Speisen Verwendung findet. Kopraherstellung, dazu wird das Fleisch herausgepult und getrocknet, gibt es laut unseren Erfahrungen auf Nanumea keine, obwohl in der offiziellen Wirtschaftsstatistik Kopraexport angegeben ist. All jene Nüsse, die nicht für den Verzehr verwendet werden, bekommen die Schweine und Hühner. Es ist sogar, neben Brotfrucht, das Hauptfuttermittel für die Tiere. Aus dem geraspelten Fleisch pressen die Leute das Kokosnussöl, das als Beigabe für verschiedene Speisen, aber auch als Haarwuchsmittel verwendet wird. Bei regelmäßiger Anwendung soll man gesunde, starke Haare bekommen. Aus der harten, kräftigen Schale werden Trinkgefäße hergestellt. Wir finden sie oft an den Palmen hängend, wo Toddy gewonnen wird. Zwischen der harten Schale und der grünen oder braunen Außenhaut liegen die Kokosfasern, sie finden Verwendung zur Seilherstellung und bei den Hausfrauen als Schrubber zum Geschirrspülen. Getrocknet werden die Fasern als Feuerholz zum Kochen verbrannt. Eine besondere Delikatesse bieten die bereits ausgetriebenen Nüsse. Das Innere hat sich dann zu einem weißen, schaumartigen Fleisch entwickelt, die Flüssigkeit fehlt bereits. Objektiv getestet schmeckt es wirklich gut, aber ich persönlich kann mich nicht so dafür begeistern, weil Ameisen und sonstige Erdkrabbeltiere die gleiche Meinung vertreten und eifrig Höhlen in die Nüsse graben. Zurück zum vorhin erwähnten*

Toddy, dem Nationalgetränk von Tuvalu. Zu dessen Gewinnung werden die Blütenstämme der Palmen zusammengebunden und beschnitten, das Ende eines Palmenblattes dient als Rinne und eine ausgehöhlte Nuss als Auffangschale, in die der wohlschmeckende Saft tropft. Binnen zwölf Stunden ist die Schale voll und der Saft kann entweder gleich getrunken oder verarbeitet werden. Der offizielle Toddy wird mit Zucker versetzt und gekocht, bis ein dicker Sirup entsteht, der honigähnlich schmeckt und für viele Süßspeisen verwendet wird oder mit Wasser verdünnt einen Saft ergibt. Den inoffiziellen Toddy bevorzugen die Männer. Mit Hefe versetzt und in Plastikkanistern vergoren erhält man den sogenannten Sauertoddy, das einzige alkoholische Getränk auf Nanumea. Dem Ungeübten sind nach drei Nüssen ein Vollrausch und ein Brummschädel sicher.

Auf Platz zwei stehen die Palmwedel. So anmutig sie sich im Wind biegen können, so schöne Webarbeiten machen die Frauen aus Tuvalu damit. Dazu wird ein Blatt in die Hälfte gespalten, gegengleich ineinander gesteckt und verflochten. Die großen Matten dienen als Auflage für die Korallensteinfußböden sowie als schützende Hauswände. Die kleinen Matten sind Tellerersatz. Und die Frauen flechten Körbe aus den Palmblättern, große ovale, zierliche kleine runde, alle Formen, mit und ohne Henkel. Trotz intensiver Bemühung gelingt es mir nicht, einen Korb nachzuflechten, ich schaffe gerade eine Matte. Aus dem harten Mittelteil der einzelnen Blätter fertigen die Leute ihre Besen an, machen Blumengestecke für ihre Gräber und binden Blumenkränze. Der U-förmige Mittelteil des Palmwedels findet Verwendung als Rinne, als Kochlöffel oder als Rohrstaberl für schlimme Kinder. Die schlanken, geraden Stämme der Palme liefern zwar nicht das beste Holz, werden aber trotzdem zum Häuserbau verwendet. Und irgendwo, verborgen im Inneren der Palme soll es die Palmherzen geben, einen köstlichen Salat, den wir leider nicht kennen gelernt haben."

Am 1. Februar 1990 gab es offizielle Cyklonwarnung, am 2. Februar lag das Zentrum auf 8,5° Süd und 178,5° West, also zirka 130 Meilen östlich von Funafuti entfernt. Und am 3. Februar zog Cyklon OFA, der erste seit 18 Jahren, zwischen Funafuti und der südlich gelegenen Insel Nukulaelae durch, im Zentrum 60 bis 70 Knoten Wind. Hatte Kapitän Mike eine Vorahnung?

Doch am 1. Februar hatten die Bewohner von Nanumea noch anderes im Sinn. Das neue Haus, in dem das „Woman's Craft Center" untergebracht werden sollte, wurde eröffnet. Es war mit Palmen und Pendanusblättern kunstvoll geschmückt, rundherum staken Setzlinge im Boden. In dem Geschäft, an dessen Entstehung auch Mama Fakaluta beteiligt war, stellten die Inselfrauen ihre Handarbeiten aus und boten sie zum Verkauf an. Als Vorbild diente bestimmt das Haus in Fongafale, das wir mit Diane besichtigt hatten. Doch dort gab es wenigstens ein paar Touristen, aber an wen wollten sie hier ihre Sachen verkaufen? Egal, Grund für ein Fest und ein großes Fressen war es allemal. Ein riesiges Buffet wurde aufgebaut. Jeder brachte etwas mit, die Tische bogen sich vor Überfluss. Es waren hauptsächlich Süßspeisen aus Reis und Kokosnüssen zubereitet und, da von vielen verschiedenen Händen, in den verschiedensten Formen. Dazwischen lagen Früchte, kleine, reife Bananen, Papayas und die orangefarbenen Früchte der Pendenus, die nicht gegessen, sondern ausgesaugt werden mussten. Die Fasern blieben nämlich zwischen den Zähnen stecken, aber der Saft schmeckte vorzüglich. Ausgetrocknet sahen sie aus wie Pinsel und wurden auch als solche verwendet. Ich trug meinen Teil dazu bei und buk einen Kuchen aus meiner letzten Backmischung, die für besondere Augenblicke aufgehoben worden war. Mama Fakaluta freute sich riesig: *„Fakafeti lasi lasi"*, bedankte sie sich überschwänglich.

„Fakamole mole", antwortete ich gekonnt.

Es war ein westliches Fest, die Männer trugen zum Teil Hosen, statt des Lava Lava, die Frauen auffallend gemusterte Kleider, geblümt oder kariert, in allen Farben, deshalb durften wir auch unsere eigenen Sachen anlassen. Heino kam mit langer Hose, die Kinder wurden in Kleider gesteckt und ich trug mein gelbes Kleid, das ich zu meiner standesamtlichen Hochzeit anhatte und das ich gut und vor allem trocken im Schiff verstaut nur ganz selten hervorholte. Siniva wollte mein Kleid haben. Es gehörte zwar zu den Bräuchen, alles zu geben, was jemand verlangte, doch dies tat mir im Herzen Leid, denn niemand auf der Insel konnte das Kleid tragen. Selbst die jungen Mädchen brauchten um zwei Kleidergrößen mehr als ich.

„Es ist mein Hochzeitskleid", erklärte ich, „und es ist Brauch bei uns es ein ganzes Leben zu behalten, sonst bringt es Unglück", erfand ich. Es war Brauch und das wurde sofort akzeptiert.

Nach den Feierlichkeiten und dem Festschmaus gab es Tanz in der Maneapa. Jemand hatte einen funktionierenden Kassettenrecorder mitgebracht. Die von den Alten so verpönte Discomusik wurde gespielt und so manch Mutiger wagte sich auf die Tanzfläche, wo man sich weit voneinander entfernt zur Musik bewegte. Berührungen waren untersagt. Als ein langsamer Walzer gespielt wurde, juckte es in unseren Füßen.

„Sollen wir euch zeigen, wie wir bei uns tanzen?", fragten wir Manoa und Siniva.

„Natürlich", antworteten sie und so nahmen wir Aufstellung, fassten uns an den Händen, legten einen langsamen Walzer aufs Parkett und schwebten durch die Maneapa. Sofort war die Tanzfläche leergefegt, alle standen herum und starrten uns an. Es machte Spaß, sie absichtlich zu provozieren. Doch plötzlich begannen alle zu lachen. Verwirrt hörten wir auf und erforschten den Grund. Unsere Tochter Doris stand mit großen Augen mitten auf der Tanzfläche und sah uns ganz verwirrt zu. Sie hatte wohl noch nie ihre Eltern tanzen gesehen. Das Lachen entspannte die Stimmung und einige versuchten unseren Tanzstil nachzuahmen. Jetzt war die Reihe an uns zu lachen. Es war herrlich.

Noch während die Musik spielte und das Fest gefeiert wurde, verdunkelte sich der Himmel. Schwarze, tiefstehende Wolken aus Osten kündigten Schlechtwetter an.

Die nächsten Tage stürmte und regnete es. Bis zu 45 Knoten Wind fegte über Nanumea. Die Palmen bogen ihre Kronen ehrfürchtig vor der Gewalt des Sturmes, die Brotfruchtbäume rauschten mit ihren großen Blättern. Viele unreife Früchte fielen herab. Manche Häuser, besonders die an der Außenseite, erlitten leichten Schaden, doch kein Mensch oder Tier kam um. Wir lagen wirklich gut geschützt in der Lagune. Nur das Heulen in den Wanten gab Zeugnis, aber keine Welle störte unsere Ruhe, das Wasser kräuselte sich nur. Die einzige Bewegung war das Schwojen der SEHN-SUCHT und das Rucken der Ankerleine, wenn sie sich wieder spannte. Der Anker hielt, wir waren sicher. Nach drei Tagen war der Spuk vorbei. Wir wanderten zum Außenriff. Die Brecher, die gegen das Riff rollten und ihre Gischt gegen den Himmel warfen, erschütterten das Atoll. Die Einfahrt war nicht mehr zu sehen, die Brecher überrollten sie. Nanumea war von der Außenwelt abgeschnitten. Kein Schiffsverkehr in oder aus der Lagune war möglich. Die NIWANGA, das Versorgungsschiff, das zwischen den einzelnen Inseln von Tuvalu verkehrte, war schon überfällig. Einen Flugplatz gab es zwar während des Zweiten Weltkrieges, er wurde aber mit Palmen zugepflanzt. Die Vorräte im Fusi-Store gingen zur Neige. Die vielen Früchte, die der Wind zerstört hatte fehlten für die Zukunft. Die sonst so sorglosen Menschen begannen sich Gedanken zu machen.

Unsere geplante Aufenthaltsdauer auf der Insel war schon lange überschritten und jetzt?

„Gefangen im Paradies!", zitierte Heino. Wir mussten bleiben. Offiziell gab es keinen Tabak mehr im Geschäft, doch Manoa sorgte dafür, dass der *Palangi* immer gute Zigaretten zum Rauchen hatte.

In diese Zeit fiel auch die schwere Krankheit einer Frau. Sie hatte hohes Fieber, die einzige Diagnose, die gestellt wurde. Eigentlich war das ein Fall für das Krankenhaus.

„Die Krankenschwester braucht Eis", erzählte uns Siniva, „aber die Gefriertruhe ist kaputt." Bei näherer Befragung erfuhren wir, dass es eine Tiefkühltruhe im Fusi-Store gab, sie aber nicht eingeschaltet werden konnte, weil das Stromaggregat nicht lief. Heino besah sich das Aggregat. Es war bloß verschmutzt. Nach einer Generalüberholung ließ es sich problemlos starten.

Nach einigen Stunden war Eis zum Kühlen des Fiebers vorhanden, Heino war ein Held. Im Fusi-Store kannten uns schon alle Angestellten, die in ihren blau-weiß karierten Arbeitskleidern auch nach Geschäftsschluss immer unterwegs waren, und wir kannten alle. Einer davon konnte sich nicht vorstellen, was Schnee sei. Heino kratzte Eis vom Rand der Truhe und hielt es ihm unter die Nase.

„So kalt ist es im Winter bei uns zu Hause", erklärte er. Der junge Mann schüttelte sich nur, die Vorstellung gefiel ihm nicht.

Die Frau starb trotzdem.

„Hi hi, es gibt wieder einen Leichenschmaus", freuten sich alle. Und die Frau? Sie war schon alt, schon 56 Jahre. Noch am gleichen Tag wurde sie begraben und alle trauerten, so lange bis das Grab zugeschaufelt und mit Blumen geschmückt war. Dann begann das Feiern und diesmal dauerte es eine Woche lang. Früchte und Gemüse wurden von der Versorgungsinsel am anderen Ende des Atolls gebracht. Die alte Frauenrunde bestimmte, wann der trauernde Witwer den Schmerz überwunden hatte und alleine in seinem Haus gelassen werden konnte. Bis dahin quartierte sich der ganze Ort ein. Jetzt war es wieder Pflicht, einen Lava Lava zu tragen und diesmal saßen wir weit auseinander. Es war schon selbstverständlich, dass ich bei den Frauen saß und Heino bei den Männern.

Tuvaluen plates wurden uns wieder vorgesetzt, voll von lokalen Speisen, und die Gastgeber füllten so lange nach, bis man „*Machona, fakafetai*" rief, „Danke, ich bin satt!"

Wir besuchten auch den Friedhof. Die Familie der Verstorbenen war anwesend, sie hatten Essen und Trinken mitgebracht, saßen am Grab und plaudernd banden sie Blumengestecke und machten Bastelarbeiten. Alle Gräber hatten einen weißen Grabstein, die meisten mit Inschrift, viele mit hübschen Bemalungen im Stil der Kirche.

„War das eine Verwandte von dir?", fragten wir Siniva, weil sie auch Blumen zum Grab brachte.

„Ja, eine Cousine dritten Grades." Es war lustig, fast alle Einwohner waren irgendwie miteinander verwandt, wobei immer die Grade angegeben waren und da gab es nach oben hin keine Grenze.

„Vom Kirchturm hat man bestimmt eine schöne Aussicht, nicht wahr?" Diese Frage allein genügte und am nächsten Tag war eine Besichtigung der sonst verschlossenen Kirche möglich. Polaka führte uns. Das Gebäude wurde vor einigen Jahren von den Einheimischen aus eigener Kraft gebaut und liebevoll ausgestattet. Ein kleines Juwel auf der Insel in rot-weißer Farbe, der Stil allerdings passte objektiv gesehen nicht in diese Gegend und zu der Lebensart der Menschen. Das Kirchenschiff war bestimmt zehn Meter hoch, weitere zehn Meter war der Turm. Sie war so groß wie eine durchschnittliche Dorfkirche bei uns in Österreich. Wir stiegen die Stufen hinauf bis zu der beinahe rundum gehenden Veranda, die ein zierliches Schmiedeeisengeländer umgab, gingen durch das Haupttor mit den zwei Flügeln, an der oberen Hälfte schmale Glasfenster mit rot gelben Mosaiken und kamen in einen Vorraum, wo das Glockenseil herab baumelte. Ein türloser hoher Durchgang führte in das Hauptschiff. Die Kirche war lichtdurchflutet. Hohe, schmale Fenster mit spitzen Enden, dem gotischen Stil nachempfunden, alle mit bunter Glasmalerei, schmückten die Seitenwände. Hinter dem Altar war ein größeres Fenster mit derselben Form und darüber ein großes rundes, dessen Malerei vermutlich die heilige Dreifaltigkeit darstellte. Altar in unserem Sinne gab es keinen, es war eher ein hoher Podest, von dem der Prediger sprach. Das Kirchenschiff war in der Länge noch mit Säulen in zwei Seitenschiffe unterteilt, alles liebevoll bemalt, in den Grundfarben Weiß und Rot, dazu zarte Pastellfarben. Mehrflammige Luster baumelten von der Decke, auf einer Insel, wo es keinen Strom gab. Vier Sitzreihen mit Holzbänken füllten den Raum. Rote Fliesen lagen im Mittelgang, der Rest war roher Beton.

Wir kletterten auf den Turm, der verschiedene Formen aufwies und eher an ein Märchenschlosstürmchen oder an einen Leuchtturm erinnerte. Von der ersten luftigen Plattform, etwas höher als die größten Palmen, blickten wir auf das große Dach, auf das vier Zuckerhütchen aufgesetzt waren. Der zweite Aussichtplatz war hinter den leuchtturmähnlichen Fenstern und wir sahen vor uns das gesamte Atoll, die Lagune, umschlossen von Inseln und das breite Außenriff. Der Wind pfiff, hoch schlugen die Brecher an das Riff. Der Pass war nicht zu erkennen, die Wellen brachen sich durchgehend. In die dritte Ebene, dort war ein schräges Fenster direkt in der Spitze, wagten wir uns nicht. Je höher, desto mehr sank das Vertrauen in die Konstruktion.

Am nächsten Sonntag bat ich, einem Gottesdienst beiwohnen zu dürfen. Doch der war furchtbar. Der Priester, den wir noch nicht kennen gelernt hatten, stand auf dem Podest und donnerte mit einer fürchterlich lauten Stimme und mit drohenden Gebärden und teuflischer Mimik auf seine Schäfchen herunter. Wir verstanden kein Wort, doch wir hatten das Gefühl, wir würden verdammt werden. Ich war froh, als es vorbei war.
„Worüber hat der Priester gepredigt?", fragte ich Siniva. Sie zuckte teilnahmslos mit den Schultern.
„Über Bräuche? Vielleicht!" Was hieß, sie hatte gar nicht zugehört.

Mama Fakaluta saß im Yogasitz und flocht an einer Schlafmatte.

„Die ist für Doris", erzählte sie mir. Denn jeder Mensch brauche seine eigene Schlafmatte und da sich Doris oft an Land aufhielt, bekam sie ihre eigene. Und so wurde ich in das Geheimnis der Webkunst eingeweiht.
Die Matten bestanden aus den Blättern des Pendenus, neben der Kokospalme die zweitwichtigste Pflanze auf den Inseln. Die agavenähnlichen Sträucher mit ihren dichten, stacheligen Blättern und ihren hohen Stelzenwurzeln sahen wunderschön aus. Die Frauen pflückten die grünen, langen Blätter und ließen sie trocknen, bis sie eine hellbraune Farbe aufwiesen. Die Stacheln zu beiden Seiten sowie das harte Ende wurden dann abgeschnitten und die Blätter an einem runden Holzstock entlanggezogen, um sie geschmeidig zu machen. In diesem Zustand lagerten in jedem Haushalt einige Rollen für den Bedarf, so verwendete man sie für die Dachdeckung. Zum Verarbeiten der Matten schlugen die Frauen die Blätter mit einem Holzstock auf Stein, damit sie weich wurden. Dann trat das einzige Werkzeug in Kraft, ein handliches Holzbrettchen so breit wie die Blätter, in das in Abständen von einem Zentimeter Schneideklingen eingelassen waren. Mit diesem Instrument teilte Mama Fakaluta die Pendenusblätter mit einem Zug in gleich breite Streifen. Ratsch! Es sah ganz einfach aus. Sie deutete mir, dasselbe zu tun. Schwungvoll wie sie versuchte ich es, aber mein Schnitt wurde nicht länger als zehn Zentimeter, dann fiel mir alles aus der Hand. Mama Fakaluta lachte. Mein zweiter Versuch war ebenfalls misslungen, die Streifen waren nicht gleich breit. Mit etwas Übung und vor allem sehr langsam gelang es mir, das Festhalten, Drücken und Ziehen so zu koordinieren, dass akzeptable Ergebnisse erzielt wurden.
„Lelei", sagte Mama Fakaluta, was so viel bedeutete wie „Es ist in Ordnung." Und dann lüftete sie das Geheimnis ihrer Webkunst. Begonnen wurde an einer Ecke mit vier Streifen, dann von links vorne 45° nach hinten unten, zwischen die unteren zwei hinein, dann rechts hinten 45° nach vorne unten, vor die unteren zwei hinein, dann links hinten,.....rechts vorne,.... Dazugelegt wurden nur die waagrechten Streifen, die senkrechten ergaben sich durch das Falten nach unten. Das Geheimnis lüftete sich allmählich. Verbissen webte und webte ich. Mama Fakaluta kontrollierte und korrigierte bei Bedarf, damit sich die Matte nicht verzog. Der obere Teil, dort wo man mit dem Kopf liegt, wurde mit einem Muster geschmückt. Dazu webte man dünne Pendenusblätter, die mit einer roten oder schwarzen Farbe gefärbt waren, hinein. Die Farbe gewannen die Einheimischen aus Wurzeln. Welche, das war ihr Geheimnis.
Viele Frauen blieben stehen und sahen mir, einer Palangi, beim Weben zu und ich fing manch anerkennenden Blick ein. Die Schlafmatte für Doris wurde ein Prachtstück.

Heino hingegen fand man wieder immer mehr mit Harpune bewaffnet in seiner Unterwasserwelt. Er errang sich Achtung, weil er mitunter mehr Fische mit dem Speer erlegte, als die Fischer mit ihren Haken und er warf so manches Stück in ihr Kanu.

Auch Doris sorgte für Nahrung. Sie streifte mit den Kindern am Strand entlang und grub nach Muscheln. *„Hahule"* wurden diese kleinen, weißen Muscheln genannt, die es zu Tausenden im Sand verborgen gab. Man musste nur, sobald die Welle zurückgelaufen war, die Stelle umgraben, wo sich kleine Löcher im Sand bildeten. Bald hatte man eine kleine Ausbeute dieser Schalen. Der erste Kochversuch misslang, es knirschte zwischen den Zähnen, wenn wir in das rosafarbene Muschelfleisch, das voll von feinem Sand war, bissen. Beim zweiten Mal waren wir klüger. Die Tiere mussten ausgewaschen werden. Das hieß, längere Lagerzeit im Wasserkübel, wo sie ihre Schalen öffneten und den Sand allmählich aus ihrem Inneren spuckten. Ein paar Mal das Wasser gewechselt und wir hatten vorzügliche Muscheln zum Abendessen. Die Kinder der Einheimischen brachten Unmengen davon nach Hause.

Wenn es nach Siniva gegangen wäre, dann wären wir schon in ihr Haus eingezogen. Sie achtete oft eifersüchtig über uns, was wir taten, mit wem wir redeten. Gott sei Dank ließen sie uns noch auf der SEHNSUCHT schlafen, obwohl das gegen den „Brauch" war. Wir holten jedoch oft Kanaia zum Übernachten an Bord. Denn Doris war uns beinahe schon entglitten. Siniva schlug vor, sie solle auf Nanumea bleiben und mit Kanaia aufwachsen. Erschreckt dachte ich an den Brauch von Tuvalu und antwortete schnell und bestimmt: „Wir dürfen in Österreich keine Kinder verschenken, dafür kommen wir ins Gefängnis."

„Und außerdem drehen dir die Großeltern den Hals um", fügte Heino hinzu. Petra war problemlos, sie wich kaum von meiner Seite und wenn, dann nur für kurze Zeit. Wollten sie Frauen oder Mädchen verschleppen, so hörte man ihr zorniges Tuvaluwort: „Gofano! - Geh weg!" War sie müde, legte sie sich überall zum Schlafen hin, vorausgesetzt sie hatte ihren Kopfpolster mit.

„Meine Polschter!", umarmte sie ihn. „Moe, moe gehen", sagte sie auf Tuvaluisch und legte sich zum Schlafen hin.

Noch ein Palangi war gefangen im Paradies. Es war Rea, ein Mann aus Papua Neuguinea, der eine Frau aus Nanumea geheiratet hatte. Sie hieß Veronika und war zu Besuch bei ihrer Familie. Die beiden waren ein lustiges Paar, sie eine typisch mollige Insulanerin, er ein schmächtiger, kleiner Mann. Sie besuchten uns auf der SEHNSUCHT und wir hatten viel Spaß mit ihnen. Veronika war sehr begabt in Sprachen und fasste die deutschen Worte, die wir untereinander wechselten sofort auf und sprach sie nach.

„Ich kenn auch einen Guy aus Österreich", erzählte sie stolz. Neugierig fragten wir, wer es sei.

„Unuld", antwortete sie, „Unuld Schworseneger!" Unverständlich sahen wir sie an. Den müssen wir kennen, behauptete sie, dann beschrieb sie uns einen Mann, groß, stark, muskulös, ein toller Körper. Mit Mimik und Gestik und feurigem Blick fing sie richtig zu schwärmen an, welch schöner Mann das sei. Ihr Ehemann neben ihr sah immer kleiner und schmächtiger aus, je mehr sie beim Erzählen ausholte.

„Na Unuld! Den müsst ihr kennen, er ist jetzt in Hollywood." Jetzt fiel es uns wie Schuppen vor den Augen:

„Arnold Schwarzenegger! Der Muskelmann aus Österreich, natürlich." Wir bogen uns vor Lachen.

„Ein schöner Mann", schloss sie mit verliebtem Blick.

Fatele

Einmal pro Woche läutete nach Sonnenuntergang die Glocke und rief die Menschen zur Fatele in die Maneapa. Wir saßen auf der SEHNSUCHT und hörten den mystischen Trommelschlägen zu. Wir hatten schon viel davon gehört, und jetzt nach vier Wochen Leben mit und auf Nanumea fragten wir, ob wir teilnehmen dürften. Manoa erwirkte die Erlaubnis des Inselältesten.

Gespannt fanden wir uns in der Maneapa ein. In der Mitte stand eine Holzbox, dreißig Zentimeter hoch, zweieinhalb Meter lang und einen Meter breit. Zusätzlich gab es eine Blechdose mit Holzstäbchen. Rund um die Holzbox saßen vor allem die älteren Männer. Heino, als Ehrengast durfte neben Manoa Platz nehmen. Rundherum auf Matten sitzend waren die Männer und Frauen, diesmal nicht streng getrennt und darum stehend die Tänzer im Kreis angeordnet. Die Tänzer, Männer und Frauen gemischt, trugen alle Baströcke und Blumenkränze. Bei den muskulösen Oberkörpem der jungen Männer sah das Röckchen etwas witzig aus.

Die Fatele bestand aus drei Teilen. Im ersten Teil ging es noch harmonisch zu. Der Gesang war langsam, ruhig, wohlklingend. Dazu schlugen die Männer mit einer Hand am Holzpodium den Takt. Die Tänzer bewegten sich anmutig, die Arme schwanenartig hin und her, der Oberkörper drehte sich leicht von einer Seite auf die andere, die Hüften wippten kaum merklich im Takt. Die Menschen, die rund um die Trommel saßen, sangen dazu und klatschten den Rhythmus. Der Gesang begann tief und zweistimmig, wobei die Männer- und die Frauenstimme getrennt war.

Dann begann der zweite Teil und damit die Disharmonie von Gesang und Rhythmus. Der Takt der Sänger blieb gleich, der Gesang nun um eine Oktave höher, der jetzt mit beiden Händen geschlagene Rhythmus aber, wurde doppelt so schnell. Die Tänzer behielten die gleichen ruhigen, eleganten Bewegungen bei.

Der dritte Teil brachte den Höhepunkt. Während der Gesang, der nun wieder etwas höher wurde, im Takt gleich blieb, änderte sich der Schlagrhythmus. Er wurde schneller, immer schneller und schneller, ein Trommelfeuer brach los, die Steigerung der Schläge auf der Blechdose ergab ein alles übertönendes metallisches Klirren. Die Menschen klatschten mit zunehmender Begeisterung in die Hände, ließen sich mit dem Rhythmus mittragen, während die Tänzer mit enormer Anstrengung die zierlichen Bewegungen beibehielten. Nur im Wippen der Hüften merkte man die zunehmende Erregung. Der Rhythmus der Trommler und der Händeklatscher steigerte sich immer mehr, nur wenige Sänger konnten den Takt der Melodie beibehalten, viele begannen zu schreien und zu kreischen. Die Gesichter der Männer am Holzpodium wirkten nun angespannt und verbissen. Schneller, schneller und immer schneller, bis zur Ekstase. Dann, ein letzter Schlag - und plötzlich aus. Der Höhepunkt war erreicht, alle entspannten sich, lachten, kreischten, johlten und die Tänzer ließen sich zu Boden fallen, bis – alles wieder von vorne begann. Noch nie sahen wir so eine wunderbare Disharmonie zwischen Tanz und Rhythmus wie bei dieser Fatele.

Vergleichbar war dieses Erlebnis für mich nur mit einem Liebesakt. Lied und Rhythmus waren erst zart und sanft, wie das Streicheln feiner Haut, Männer- und Frauenstimmen erst getrennt singend, vereinigten sich allmählich, der Einsatz überlappte sich immer mehr, bis ein zweistimmiges Lied entstand. Der Rhythmus steigerte sich bis zur Ekstase, die den erlösenden Höhepunkt brachte, während Tanz und Gesang diesen hinauszuzögern schienen.

Inmitten der Menschen sitzend wurde ich angesteckt von deren Begeisterung, ich klatschte in die Hände, dass die Handflächen brannten, gab mich dem Rhythmus vollkommen hin. Nur gelang es mir fast nie, den Akt gemeinsam mit den Einheimischen zu beenden. Immer klatschte ich einen Schlag länger. Ich fand auch keine Regel heraus, wann die Ekstase erreicht war, das Ende kam. Es war auf jeden Fall aufbauend, die ersten Gesänge erreichten schneller den Höhepunkt, während die folgenden immer länger dauerten, immer stürmischer wurden. Nach dem Ende eines jeden Zyklus folgte eine längere Pause, wo Reden geschwungen wurden und man sich auf das nächste Lied einigte.

Der Mond stand schon hoch am Himmel, als wir, noch immer berauscht zum Schiff wankten. Wir hatten das Gefühl, nun auch das Intimste dieser Inselgesellschaft kennen gelernt zu haben.

Das Schlechtwetter zog ab, Wind und Wellen beruhigten sich. Die NIWANGA kam und brachte Lebensmittel. Im Fusi-Store war Hochbetrieb. Das große Motorboot ankerte vor dem Atoll und das Beiboot düste etliche Male an der SEHNSUCHT vorbei und brachte Ladung um Ladung in die Lagune. Der ganze Ort war auf den Beinen, ein Großereignis für die Insulaner.

Das Paradies öffnete wieder seine Pforten. Wir dachten an Weiterfahrt. Fünf Wochen lagen wir bereits vor Anker, hatten Wurzeln geschlagen. Wir investierten unsere allerletzten Dollar in Lebensmittel, hauptsächlich Reis und die kleinen Currychicken-Dosen und einen Kanister Diesel. Unsere Abreise war natürlich ein Grund für ein Fest. Manoa schlachtete ein Schwein für seine Palangi-Freunde. Er wusste, wie sehr Heino dieses Mahl schätzte. Das Schwein, nur von seinen Eingeweiden befreit, mit grünen Blättern gefüllt und umwickelt und im Erdofen gebraten, schmeckte herrlich. Der Erdofen war eine Grube, in die heiße Steine gelegt, und um und auf das Tier geschlichtet wurden. Mit Sand zugedeckt, schmorte es einen Tag vor sich hin und behielt Saft und Geschmack. Wie ein Spanferkel lag es jetzt neben anderen uns jetzt schon liebgewordenen Köstlichkeiten. Die Party war in Sinivas Haus. Und viele kamen um mit uns zu feiern. Die Angestellten vom Fusi Store und auch Rea und Veronika, die früh am nächsten Morgen mit der NIWANGA reisen wollten. Nach dem Essen wurde ausgelassen getanzt, ein Kassettenrecorder verbreitete Discomusik. Siniva trug eine kurze Hose, das hatte sicher wieder eine Rüge vom Inselältesten zur Folge. Es war lustig aber auch berührend und traurig zugleich. Wir verließen nicht nur unsere Freunde, sondern auch eine besondere Art von Leben.

Die NIWANGA war schon lange weg, als wir uns aufmachten. Noch ein kurzer Landbesuch. Joyce kam mit Blumenkränzen aus Frangipaniblüten, die sie uns auf den Kopf setzte. Manoa füllte uns das Cockpit mit Trinknüssen voll. Umarmungen, Küsse, Tränen. Der Anleger war voll von Menschen, unter ihnen auch viele Kinder, alle winkten. Heino versuchte den Anker zu lichten. Er ließ sich nicht bewegen, die Lagune schien uns festzuhalten. Burschen kletterten aufs Schiff, wollten uns helfen, doch keiner brachte den Anker hoch. Heino musste tauchen, er hatte sich verhakt. Siebzehn Meter tief war es hier. Tief Luft holend verschwand er zum Grund, dann sahen viele Augenpaare in das grüne Wasser. Es dauerte lange, dann zupfte und zog es an der Ankerleine. Ich dachte, Heino brauche noch mehr

Leine und machte sie lose. Die vielen hilfreichen Hände beschleunigten das Fieren. Hustend und prustend, gierig nach Luft schnappend kam er an die Oberfläche. Als er sich gefangen hatte, schimpfte er. Denn die Luft war ihm ausgegangen und er wollte sich rasch an der Ankerleine hochziehen, die wir fierten. Beinahe hätte ich meinen Ehemann ertränkt.

Der Anker kam hoch. Der Motor brummte, langsam glitten wir durch die ruhige Lagune zu dem schmalen Pass. Noch einmal das prickelnde Gefühl in der Magengegend, als wir durch die korallen- und felsgespickte Einfahrt hinauszitterten, begleitet von vielen winkenden Händen.

Es schaukelte wieder - nach fünf Wochen Ruhe. Die Fliegen begleiteten uns noch bis zur nördlichsten Insel, der Plantageninsel von Nanumea.

Als die Sonne mit glühend rot gefärbten Wolken unterging, wussten wir, dass wir hier ein kleines Südseeparadies gefunden hatten. Nanumea du warst einzigartig, du warst speziell, du warst einmalig! – *Tofa!*

Nachruf auf Nanumea:
Viele Briefe flogen nach Österreich von Siniva geschrieben, die uns an das einfache, schöne Inselleben erinnerten. Doch ein Brief machte uns traurig. Er war an einer Ecke versengt.

Liebe Monica – Talofa!
Teile euch mit, dass Kanaia George am 22. Jänner 1991 verstorben ist, an einer Art von Fieber. Ich habe meine geliebte Tochter verloren, es macht mich sehr traurig. Bitte schicke mir noch eine Kopie des Fotos meiner lieben Tochter.
Tofa! Siniva George

Der Preis, den die Menschen für ihre Eigenständigkeit und Unabhängigkeit und ihren Stolz zahlen müssen ist oft hoch. Der Preis für Leben ist Leben!

Kapitel 40

Kiribati – Endstation Südsee?

„Ich halte den Schwell nicht mehr aus!" sagte Heino.
Es war ein Uhr nachts, wir ankerten vor dem Haupthafen Betio auf der Insel Tarawa, im Staatsgebiet Kiribati, den ehemaligen Gilbertinseln. Die riesengroße Lagune des sehr offenen Atolls war alles andere als ein ruhiger Ankerplatz. Kamen Regenwalzen heran und frischte der Wind auf, hatten die Wellen eine Höhe von einem Meter, und ließen die SEHNSUCHT auf und nieder stampfen, sodass wir beinahe aus den Kojen geworfen wurden. Ärger als auf hoher See, weil die sich immer wieder spannende Ankerkette, die Bewegung des Schiffes abrupt stoppte und umlenkte.
„Wir fahren jetzt in den Hafen hinein", beschloss Heino gegen meinen Willen.
„Ein Hafenmanöver, jetzt mitten in der Nacht, mit unserem kaputten Getriebe?", warf ich besorgt ein. Doch Heino hatte schon die Motorhaube geöffnet und der Mercedes Diesel brummte.

Neun Tage brauchten wir für die 550 Meilen lange Strecke von Nanumea nach Tarawa. Wir überquerten den Äquator und segelten nun wieder auf nördlicher Breite. Eine Überfahrt ohne besondere Vorkommnisse, bis auf die lästigen Regenwalzen, die häufiges Segelreffen und Kurskorrekturen verursachten. Da war auch wieder Heinos Urangst, die Navigation könnte nicht stimmen. Diese Angst verstärkte sich noch, da einige Riffatolle auf unserem Kurs lagen. So kam es, dass wir viel zu weit westlich waren, vielleicht auch durch starke Strömungen und um nach Tarawa zu kommen, lange Zeit gegen den Wind aufkreuzen mussten. Bei der breiten Einfahrt überraschte uns wieder eine stürmische Regenwalze. Das Großsegel begann zu schlagen, Heino versuchte es zu bergen, doch irgendwie verhängte es sich und ein hässliches Geräusch ließ erahnen, dass das Segel der Windkraft nicht mehr standgehalten hatte. Ein Riss von einem Meter Länge war die Folge, der viele Stunden Näharbeit mit sich brachte.
Eine Überfahrt ohne Probleme? Das stimmte nicht ganz. Zwar hatten wir keine technischen, doch enorme pädagogische Probleme mit unserer großen Tochter, die für Aufregung sorgte.
„Doris, versorge deine Krebse!" Diese Mahnung mehrmals am Tag, einmal aus Vaters, einmal aus Mutters Mund, blieben ungehört. Die fünf Einsiedlerkrebse aus Nukofetau lebten in einer kleinen Schachtel, doch während der Überfahrt, wo das Rumoren und Poltern ungehört blieb, vergaß sie ihre Haustiere. Drei von ihnen machten sich aus dem Staub und waren nie mehr

gesehen. Von den zwei übriggebliebenen war einer aus der Schale heraus-gekrochen und gab nur mehr spärliche Lebenszeichen von sich. Sämtliches Heulen, Beten und auch sämtliche Wiederbelebungsversuche mit Wechsel-bädern von Salz- und Süßwasser halfen nichts. Ficki hauchte sein Leben aus. Die Erfahrung, schuld am Tod eines Lebewesens zu sein, für das man verantwortlich war, das tat weh. Unser „Siehst du, wir haben es ja gesagt!" ging, da das Heulen kein Ende nahm, in Tröstungen über: „Er war bestimmt schon alt und krank, deshalb ist er gestorben." Doch die Trauer war unüberwindlich und wir mussten sie lautstark über uns ergehen lassen. Ficki erhielt einen komfortablen Sarg und wurde darin spazieren getragen. End-lich wurde es Nacht und mit dem Schlaf kehrte Ruhe ein. Doch gleich nach dem Erwachen ging die Trauerzeremonie wie bei einem Haufen Klage-weiber weiter. Das sägte an den Elternnerven.

„Mein armer Ficki!" schluchzte sie seit Stunden, bis ich es nicht mehr hören konnte und Ficki über Bord warf, womit er ein formloses Seebegräbnis bekam.

„Das war jetzt pädagogisch zwar falsch, aber wirksam", sagte ich zu Heino, nachdem sich Doris, die entsetzt sah, wie der Sarg achtern in den Fluten verschwand, beleidigt ins Vorschiff verkrümelt hatte. Doch der letzte noch lebende Krebs wurde fortan vorbildlich versorgt.

Einfach war die Einklarierungszeremonie im Staate Kiribati. Über Funk riefen wir die Beamten und erhielten die Antwort, diese seien abzuholen. Heino pumpte das Badedingi auf, bei dem schon der Boden zur Hälfte eingerissen war, weil wir in Nanumea viele und oft schwere Besucherlasten zur SEHNSUCHT transportiert hatten und so manche Kinderschar darin gehüpft und gesprungen war.

„Die Südseemamis, die hätte der stärkste Boden nicht ausgehalten", meinte Heino. Nichts desto trotz ruderte er die Meile mit dem wabbeligen Bade-dingi zum Einklarierungsbüro und brachte den Beamten an Bord und wieder von Bord, der offensichtlich froh war, das Abenteuer heil überstanden zu haben. Zahlen mussten wir interessanterweise nichts, alle anderen Yachten bat man mit zwanzig Dollar zur Kasse.

Doch jetzt hielten wir es nicht mehr aus auf dem schwelligen Ankerplatz und wir machten uns auf den Weg hinter die hohe Mole, wo wir uns ruhigeres Gewässer erwarteten. Unser Hafenmanöver verlief trotz kaputtem Getriebe problemlos und um drei Uhr morgens lagen wir gut vertäut und herrlich ruhig. Wir fanden endlich Schlaf, wenigsten bis zum frühen Morgen, bis die Arbeiter der nahen Werft begannen, den Rost von den Schwimmpontons zu klopfen und die Motorboote ein- und ausfuhren. Doch

Lärm schien erträglicher als Schwell. Der Hafen war eng und schmutzig. Mit langer Leine, es wurde gegen das Land hin sehr flach, hingen wir an der aus flachen Steinen aufgeschütteten hohen Mole. Diese Steine waren wie Stufen zu erklimmen. Das Gelände war voll mit Stahlcontainern und Lagerhallen, einige Fischerboote und Pontons schwammen in unserer Nachbarschaft. Wir waren die einzige Yacht. Doch nicht lange. Bald gesellte sich das amerikanische Boot, das ebenfalls in der Lagune geankert hatte, zu uns. Es war die SILMARIL mit Rob, Deirdre und der zwölfjährigen Maria an Bord. Wir schlossen auf Anhieb Freundschaft, besonders unsere beiden Mädchen verstanden sich gut. Fahrtenseglerkinder, die alle das gleiche Los teilten, hatten eine gute Eigenschaft entwickelt. Sie konnten sich innerhalb kurzer Zeit mit Gleichaltrigen anfreunden. Deirdre war Lehrerin und unterrichtete ihre Tochter ebenfalls selbst. Ich hatte eine Leidensgenossin gefunden, wir sprachen viel über unsere Erfahrungen und ich bekam so manch guten Tipp von ihr.

„Doris ist sehr intelligent", meinte Deirdre, sie war erstaunt, wie schnell Doris sich neue englische Wörter merkte.

„She picks it up like this ", dabei schnippte sie mit den Fingern.

„Ja, Doris hat den Vorteil, dass sie nicht erst von Deutsch ins Englische übersetzt, sondern gleich Englisch denkt, wenn sie spricht", sagte ich.

„Ich denke überhaupt nicht, wenn ich etwas sage", platzte Doris ins Gespräch. Ja, damit hatte sie den Nagel auf den Kopf getroffen.

Ihre Schultipps waren zwar sehr gut, aber wirkungslos bei meiner Tochter. Unser derzeitiges Problem war das Einmaleins. Sie sah keinen Sinn darin, die Einmaleinssätzchen auswendig zu lernen und versuchte mich ständig in Diskussionen darüber zu verwickeln. Tagelang stritten wir, alle Argumente waren für sie nicht akzeptabel und wurden widerlegt. Deirdres Rat, zur Abwechslung das Einmaleins zu singen, ein Zuckerl als Belohnung, brachte ebenfalls keinen Erfolg. Doris war Meisterin im Finden von Argumenten und Gegenargumenten. Nach Tagen riss mir die Geduld. Ich holte den Kochlöffel und knallte damit auf den Tisch. Mein wütender Blick und der drohende Kochlöffel waren dann Argument genug, das Zweier-Einmaleins aufzusagen. Manchmal waren die alten Methoden doch nicht zu verachten, wenn alle modernen psychologischen Erkenntnisse versagten.

Später hatte ich mit einer von Deirdre empfohlenen Methode doch Erfolg. Das Einmaleins wurde zum Kartenspiel. Wir fertigten Kärtchen an, auf dessen Vorderseite das Rechensätzchen stand, auf der Rückseite das Ergebnis. Sagte sie es richtig, bekam sie die Karte, wenn nicht, kam diese in den Stoß zurück. Hatte sie alle Karten, war sie Sieger. Doch es wäre nicht Doris gewesen, hätte sie die Spielregeln nicht zu ihren Gunsten verändert. Beim

Erringen der gesamten Karten, musste ich versprechen einen Dollar zu bezahlen. Von da an gewann sie.

Das Wochenende war vorbei, die Geschäfte geöffnet. Hoffnungsvoll gingen wir zur Bank und zückten unsere Visakarte. Doch in dem einzigen Geldinstitut der Insel, „Bank of Kiribati, a member of Westpac Australia" akzeptierte man unsere Kreditkarte nicht, nur American Express Karte, aber die besaßen wir nicht.
„Was machen wir jetzt?", fragten wir ratlos und wandten uns an den Bankmanager. Das war ein junger Mann aus Holland, „R.F. Bochmann" stand auf dem Schild vor seinem Schreibtisch.
„Eine Telexüberweisung aus Österreich, das ist kein Problem", meinte er, „Sie haben das Geld in drei Tagen." Das klang zuversichtlich. Wir schickten ein Telegramm nach Hause.
„Hilfe, wir brauchen Geld!" und gaben genaue Angaben über unseren Aufenthaltsort und den der Bank. Dann blieben uns noch 80 Australdollar, die wir in Lebensmittel umsetzten.
„Zusammen mit den restlichen Vorräten von der Packkiste kommen wir noch eine Woche durch", kalkulierte ich zuversichtlich.
Wir erkundeten Betio, wo es nicht viel zu erkunden gab. Unsere Spaziergänge führten uns meist die Wohnstrasse entlang, wo recht ärmliche Behausungen standen, zwischen denen es jedoch viele schattige Bäume gab. Brotfrucht, Pendenus, Hibiskus wuchsen neben Palmen. Den Kindern gefielen besonders die Schweinestallungen, Gehege, zusammengezimmert aus rostigen Eisengittern, Treibgut und Wellblechendächern, die meist schwarzhäutige Schweine beherbergten. Die Kinder freuten sich über die kleinen Ferkel und ich bewunderte die Schweinetröge, Muscheln aus derselben Art wie mein Schatz aus Nukofetau, nur viel größer. Der Anblick brach mir fast das Herz.
„Die haben Muscheln, die zehnmal größer sind als meine und verwenden sie für Schweinefutter", erzählte ich entsetzt über diesen - meiner Meinung nach - Missbrauch, der jedoch unseren Kapitän nicht rührte.

„Ist das eine österreichische Yacht?" fragten wir uns und versuchten die Flagge des Schiffes zu erkennen, das in der unruhigen Lagune vor Anker lag. Bald motorte es langsam durch den Kanal zum Hafenbecken. Tatsächlich, ein Österreicher! Die Freude war groß, sofort ruderte Heino hinüber und begrüßte Manfred, einen jungen 24 jährigen Steirer, der alleine mit seiner Stahlsegelyacht hier ankam. Er war von Australien gekommen, also gegen Wind und Strömung. Heino hatte deutschsprachige, männliche Gesellschaft bekommen oder, wie mir oft schien, einen großen Sohn.

„Manfred, mei Bua", nannte er ihn, den steirischen Dialekt nachahmend, wenn sie über Seefahrtthemen oder technische Probleme diskutierten und Heino seine väterliche, wissende Rolle hervorkehrte.
„Das Schiff ist technisch toll ausgestattet, aber es scheint nichts zu funktionieren", sagte er über unseren Nachbar.

Nun lagen drei Segelschiffe parallel nebeneinander. Wir waren näher an SILMARIL gerückt, was den beiden Mädchen behagte. Sie konnten jetzt über unser Dingi zueinander kommen.
„Push – pull – push –pull!", klang es zwischen SEHNSUCHT und SILMARIL wenn die beiden das Schlauchboot an die Bordwände krachen ließen, wobei Doris „push", und Maria „pull" schrie. Sie hatten ihren Spaß damit und bekamen nicht genug davon. Als wir dem Spiel ein Ende bereiten wollten, sagte Maria lakonisch: „Doris, lass uns schlafen gehen, die Erwachsenen sind müde!"
Eines Abends beschlossen sie, an Deck zu campieren. Sie bauten ein Zelt, brachten Polster und Decken unter ihr Dach, und unter Lachen und Kichern schliefen sie endlich ein. Doch nicht lange. Die ersten Regentropfen sickerten bald durch ihre Decken und sie flüchteten in die Kojen.

Nach drei Tagen besuchten wir wieder die Bank. Leider nichts! Dasselbe hörten wir nach vier, fünf, sechs Tagen. Nach einer Woche wechselten wir die letzten acht US-Dollarscheine, die wir noch irgendwo fanden. Sie wurden in Milchpulver und Tabak umgesetzt. Allmählich setzte die Nervosität ein. Wir hockten tatenlos im heißen, stickigen, lauten, schmutzigen Hafen herum, gingen uns gegenseitig auf die Nerven, waren wie gelähmt und ohne jegliche Energie. Die Kinder jedoch, zeigten die übliche Aktivität, die bei Nichtachtung in Quengelei überging. Das hieß, sie raunzten und nörgelten. Die Menüs in der bedrohend leerer werdenden Packkiste wurden immer einseitiger, ungeliebte Bohneneintöpfe aus rostigen Konservendosen kamen auf den Tisch. Nudeln und Reis waren zu einem armseligen Häufchen geschrumpft. Wir hatten weder Zwiebeln noch Eier, keine Kekse, keine Fischkonserven mehr, jedoch noch zehn Kilo Zucker und acht Liter Öl, keine Marmelade, jedoch drei Flaschen Ketchup. Zum Trinken gab es nur mehr Regenwasser. Das, was ich auf den Tisch stellte, reichte nicht für die ganze Familie, so griffen die Kinder und auch Heino gierig zu und für mich blieben meist nur ein paar Löffel übrig. Hunger und unbefriedigter Gusto gesellten sich zur allgemeinen, schlechten Stimmung. Auch nur mehr wenig Kaffeepulver! Und unsere Kunst der Selbstversorgung? Das kaputte Beiboot und der Verkehr des Hafens machten die Fischjagd unmöglich, die wenigen Palmen hatten Besitzer. Kontakte zu Einheimischen kamen nicht zustande, dafür war die Stadt zu groß, die Leute zu arm. Wir hatten nur mit den Fahrtenseglern Kontakt und die mussten sich unser Gejammer anhören. Irgendwann musste das Geld doch eintrudeln!

Wir gingen nicht nur unseren Yachtkollegen auf die Nerven, sondern wir quälten auch den Bankmanager. Nachdem wir schon über eine Woche auf das Geld gewartet hatten, kamen wir täglich oder auch zweimal am Tag zur Bank.

„Es steckt in Australien zwischen zwei Banken fest, mehr wissen wir auch nicht", war seine unbefriedigende Antwort. Irgendwie misstrauten wir ihm. Hatte er einen Fehler gemacht? Hatte er das Geld unterschlagen? Seine Erklärungen und Entschuldigungen gingen uns auf die Nerven.

„Tausend Dollar sind zu wenig Geld, als dass sich große Banken darum kümmern können", oder: „Es werden täglich Unmengen von Telex verschickt, da kommt es schon vor, dass man lange auf Antwort warten muss", oder: „Australiens System ist so steif, da dauert es eben länger als in Europa". Doch was nützte uns das alles. Unser Bargeld belief sich im Moment auf 30 Cents. So tief waren wir noch nie gesunken und so arm hatten wir uns noch nie gefühlt.

„Endstation Südsee?" fragten wir uns. SILMARIL wollte uns zwanzig Dollar leihen, doch wir lehnten ab, würden wir sie denn je zurückzahlen können? Manfreds Hilfe war leichter anzunehmen. Er brachte Proviant von seinem Schiff, ich kochte und er speiste mit uns.

„Hama keine Geld mehr", erzählte ihm Petra altklug. „Hama keine Kaukauli mehr", fügt sie mit enttäuschtem Gesicht hinzu.

Daraufhin ruderte Manfred zu seinem Schiff und brachte Milchpulver und Kakao für die Kinder. Er, ein junger Bursche, selbst gerade der Kindheit entschlüpft, schenkte seinen Vorrat an Kakao her. Ich war gerührt und beschämt zugleich.

Als eiserne Reserve hatten wir ein paar Goldmünzen an Bord. Diese versuchten wir jetzt zu Geld zu machen. Doch auch das schlug fehl. Kiribati konnte offiziell kein Gold kaufen, inoffiziell wollte es keiner haben.

Dieses Vorhaben führte uns auch in die Marineschule, welche von einem deutschen Kapitän geleitet wurde. Er empfing uns und hörte sich unser Leid an. Die Gastfreundschaft der Südsee erforderte eine Essenseinladung. So saßen wir am nächsten Tag im Speisesaal der Marineschule und wurden von jungen Matrosen bedient. Es waren mehrere Gäste geladen, wir saßen am Ende der Tafel. Die Damen, alle gut gekleidet, wir in unserem muffeligen, fleckigen, schmuddeligen Schiffsgewand. Obwohl Heino es nicht so empfand, ich fühlte mich gedemütigt von den Seitenblicken und den ignorierenden Gesprächen.

Fühlte man sich so wenn man arm war? Eine mir bis jetzt unbekannte innere Regung wallte auf. Verloren wir unsere Würde? Es schien, als wären wir in einer Spirale gefangen, die uns in die Tiefe zog, von der wir uns nicht befreien konnten. Die Menschen, die hier an der Tafel saßen, konnten nichts dafür, sie meinten es gut, doch ich fühlte mich als Almosenempfänger und hasste alle Anwesenden und im Besonderen unsere missliche Lage.

Unter den Gästen war auch ein Kapitän eines in der Lagune ankernden großen Containerschiffes. Kapitän Toni, ein Engländer, sprach zum Abschied eine allgemeine Einladung für den nächsten Tag aus. Sie war in den Raum gesprochen, hatte er uns auch gemeint? Vermutlich nicht.

So waren wir auch nicht landfein, als plötzlich Kapitän Toni, der Kapitän der Marineschule und einige Matrosen an der Mole standen, um uns abzuholen. Hektik entstand an Bord. Wir zogen unsere besten Kleidungsstücke an. Ich war die erste, die in unser Dingi stieg. Elegant, die Beine schwingend, weil einige fesche Männer mit Uniformen an Land standen, stieg ich über die Reling und – plup – rutschte ich vom Dingirand und – platsch – verschwand ich in die bodenlose Tiefe. Prustend und klatschnass kam ich wieder an die Oberfläche. Ein kurzer Blick zum Land und ich wusste, dass sich alle vor Lachen bogen. So schnell war ich noch nie zurück auf die SEHNSUCHT geklettert und im Salon verschwunden, wie in diesem Moment.

Auch Heino lachte.

„Ich geh nicht mit, ich bleib hier!" schluchzte ich vor Zorn und Scham und weigerte mich etwas Trockenes anzuziehen.

„Du gehst mit!", sagte Heino jetzt böse. „Glaubst du ich verzichte auf ein gutes Essen, nur weil du so blöd bist?" Die Situation spitzte sich zu. Draußen lachten und scherzten die Männer, im Schiff bahnte sich eine Tragödie an. Heinos Drohungen klangen ernst. Ich überwand meine Blamage und fügte mich. Schweigend saß ich im Motorboot und wir fuhren hinaus und legten an der Steuerbordseite des Riesenstahlkübels an. Wir wurden königlich bewirtet, es gab chinesische Speisen, denn der Koch kam aus China und, welch eine Wohltat, kalte Getränke. Es schmeckte vorzüglich, doch ich konnte es nicht genießen. Mit hochrotem Kopf saß ich da und musste mir mein Missgeschick immer wieder anhören, es war Gesprächsthema Nummer eins und der Lacherfolg bei jedermann gesichert.

Ich war froh der Gesellschaft zu entkommen. Kapitän Toni lud mich ein, das Schiff zu besichtigen. Mich ganz alleine. Wir standen auf der Brücke, die größer als unser gesamtes Schiff war, mit Blick auf die riesige leere Ladefläche und er zeigte mir die Navigationsgeräte, erzählte von seiner Einfahrt in die Lagune, wo er beinahe aufgelaufen wäre und belegte dies mit den Kurvenaufzeichnungen des Logs. Ich verstand nicht viel von dem, was er mir erklärte, genoss aber die Gesellschaft dieses sympathischen, feschen Mannes. Dann führte er mich in seine Privatgemächer. Man hatte das Gefühl, mitten in einem Haus zu stehen. Das große Bett war mit sauberen weißen Laken bezogen. Doch seiner Aufforderung, mich neben ihn zu setzten kam ich nicht nach, ich blieb am Eingang des Schlafzimmers stehen. „Mein Mann macht sich bestimmt schon Sorgen, es ist besser ich gehe zurück", sagte ich. Seufzend erhob er sich, er war doch ein Gentleman und wir gingen in den Speisesaal zurück. Heino war noch immer am Essen. Er hatte mich nicht vermisst.

„Hättet ihr Master Card oder Traveller Checks, dann wäre alles kein Problem." Bankmanager und Theoretiker Rob ließ seine Sprüche los. Ich begann ihn zu hassen. Doch eines Tages stand er an der Mole und besuchte uns. Wir ruderten ihn in unserem schwimmenden Ring zum Schiff und mit nassen Füßen stieg er auf die SEHNSUCHT. Und jetzt lernten wir einen anderen Rob kennen, einen jungen Mann, der alleine, weit weg von der Heimat lebte und, wie wir vermuteten, nur wenige Freunde hatte. Er schien einsam. Von da an kümmerte er sich um uns und wurde unser Fremdenführer.

Kiribati umfasste 33 Inseln mit sechzigtausend Einwohnern, und wir befanden uns auf der Hauptinsel Tarawa, wo ein Drittel der Bevölkerung lebte, davon in Betio, der Hafenstadt, zwölftausend. Überbevölkert, daher zum Teil arm, wegen mangelnder Landfläche. Wirtschaft und Handel gab es wesentlich mehr als in Tuvalu, doch das empfanden wir als Störung der Südseementalität. Gemauerte meist hässliche Gebäude, asphaltierte Straßen, zum Teil verschmutzte Strände prägten das Bild. Rob lud uns zu einer Autofahrt nach Bairiki ein. Wir fuhren über den schmalen Uferstreifen, der die beiden Inseln miteinander verband und hielten bei den zur Mahnung aufgestellten japanischen Kanonen an. Der Blick auf die folgende palmen-bewachsene Insel war schön, doch es störte die grauen Asphaltstraße mit den schwarzen Böschungssteinen, die den weißen Korallensand verdrängten. In Bairiki lud uns Rob ins Kino ein. Wir sahen „Ghost busters" in englischer Sprache und hörten dieselbe Geschichte am nächsten Morgen zweimal auf Deutsch, von Doris nacherzählt.

Die Geschichte Tarawas war allgegenwärtig. Im zweiten Weltkrieg waren die Inseln von den Japanern besetzt gewesen und 1943 lieferten sie sich mit den Amerikanern erbitterte Kämpfe. Doch nicht nur diese zwei riesigen Kanonen, die als Denkmal zu besichtigen waren, erinnerten an diese Zeit, auch die rostenden Panzerreste im seichten Wasser nahe der SEHNSUCHT zeugten davon, und dickwandige Bunker warteten überall darauf, vom Unkraut überwuchert zu werden.

Doch *wie* nah die Geschichte war, davon zeugte ein Bombenalarm. Beim Graben des Fundamentes einer Kirche fand man eine fünfhundert Kilo schwere Fliegerbombe. Sprengstoffexperten aus Australien wurden eingeflogen, um diese zu entschärfen. Im Umkreis einer halben Meile wurden alle evakuiert, dazu zählte auch das Hafengebiet und wir mussten für einen halben Tag unser Schiff verlassen.

„Jetzt haben wir das Ende der Welt kennen gelernt", sagten wir verbittert. Es waren zwei Wochen seit unserem Telegramm in die Heimat vergangen. Und ohne Geld konnten wir uns nicht einmal erkundigen, ob die Eltern das Geld tatsächlich abgeschickt hatten. Wir waren gefangen. Gefangen in Verzweiflung und verdammt zum Warten. Wir saßen aufeinander, gingen einander auf die Nerven und suhlten uns in Selbstmitleid.

„Wären wir nur sofort weitergefahren!" „Hätten wir doch mehr Geld in Pago-Pago abgehoben." Wären – hätten – täten, was nützten jetzt all die Möglichkeiten, die wir ungenutzt hatten verstreichen lassen.

„NIE WIEDER!", diesen Satz lese ich mit großen Lettern in meinem Tagebuch. „Nie wieder eine solche Reise! Wie oft habe ich das schon gesagt. Das, was wir oder besser gesagt ich mir von dieser Reise erwartet habe, hat sich nicht erfüllt. Der Alltag tötet sie. Das, was ich mir gewünscht habe, das enge Zusammensein der Familie, das ständige Zusammensein, das schlägt wie ein Bumerang zurück. Was habe ich mir eigentlich erwartet? Dass aus Heino ein über alles liebender Familienvater wird? Dass aus der mißratenen Doris ein folgsames, fügsames Mädchen wird? Dass das Baby immer süß und anschmiegsam ist? Und ich? Schließlich und endlich bin ich nicht die liebevollste, selbstloseste Mutter und Ehefrau auf der Welt sondern besitze eine gute Portion Egoismus, brauche mein Eigenleben. Ist diese Reise also in die Hose gegangen? Ich glaube die Antwort finden wir erst, wenn wir sie beendet haben."

Nach mehr als zwei Wochen Wartezeit gaben wir die Hoffnung, das überwiesene Geld noch zu erhalten, auf. Wir trafen Rob täglich, entweder er kam bei uns vorbei oder wir besuchten ihn auf der Bank. Allmählich gab auch er, der optimistische Bankmanager, die Hoffnung auf. Und dann tat er etwas, was wir nicht erwartet hatten. Er gab uns ganz einfach fünfhundert Dollar.

„Meine Mutter hat bald Geburtstag. Ich wollte ihr ohnedies Geld schicken, also können eure Eltern diesen Betrag nach Holland überweisen", und Rob

Bochmann, der Bankmanager holte aus seiner privaten Geldtasche fünfhundert Australdollar heraus.

„Vielleicht können sie Geburtstagsgrüße mitschicken", fügte er noch hinzu und gab uns einen Zettel mit der Adresse seiner Mutter.

Wir hatten Geld! Es war ein Wunder, das Gefängnis tat sich plötzlich auf, der Himmel wurde wieder blau, die Insel wieder schön, die Lagune leuchtete wieder in herrlichem Türkis. Sogar der schmutzige Hafen erschien uns nicht mehr so schlimm. Die Armut hatte ein Ende.

Mit einer sorgfältig zusammengestellten Einkaufsliste bewaffnet, wanderten wir etliche Male zum Supermarkt und trugen Proviant für die nächste Überfahrt zusammen. Bedacht und sparsam gingen wir mit den vorhandenen Mitteln um.

„In der katholischen Mission, da bekommt ihr ein warmes Essen für einen Dollar", diesen Ratschlag hatte uns jeder gegeben, der von unserer misslichen Lage erfuhr. Doch da wir nur mehr dreißig Cent besaßen, wagten wir nie dorthin zu gehen. Jetzt aber nützten wir die Gelegenheit und nahmen an der öffentlichen Ausspeisung teil. Frauen kochten eine oder zwei verschiedene Speisen, luden sie auf einen kleinen Wagen und fuhren damit zum Hauptplatz von Bairiki. Unter freien Himmel wurde das Essen angeboten. Viele kamen vorbei, setzten sich auf die Wurzeln der alten, schattigen Bäume und hielten Mittagsrast. Ich fand die Aktivität gut, die armen Leute bekamen billiges Essen und die Frauen hatten die Möglichkeit, eine Kleinigkeit zu verdienen.

Bei der katholischen Mission gab es auch ein Geschäft, in dem lokale Handarbeiten zum Verkauf angeboten wurden, auch Schlafmatten nach Kiribati-Art. Die Muster entstanden durch verschiedene Anordnungen von hellen und dunklen Pendenusblättern. Die hellen wurden von der Sonne gebleicht, die dunklen in rostigen Dosen gekocht. Sie waren zwar nicht schöner als die von Tuvalu, aber viel billiger. Die drohende Armut brachte es mit sich, dass wir viel über Möglichkeiten des Geldverdienens nachdachten. Jetzt kam uns die Idee, mit diesen schönen Matten Handel zu treiben. In unserer Euphorie fragten wir viel zu viel und die Frau führte uns zum Leiter der Missionsstelle, einem Mann aus Polen. Dieser glaubte, wir kämen aus seiner Heimat und war dann total enttäuscht, als er Österreicher vor sich hatte, die noch dazu die unrealistische Idee vorbrachten, Schlafmatten nach Europa zu exportieren.

Mit Geld in der Hand fühlten wir uns wieder besser, trotzdem wollten wir Tarawa so schnell wie möglich verlassen, zu schlecht waren die Erinnerungen. Noch nie hatte ich eine Überfahrt herbeigesehnt, doch diesmal freute ich mich, als wir die Landleine lösten. SILMARIL war zwei Tage zuvor abgereist und Manfred einen Tag vor uns. Nichts hielt uns mehr. Als wir bei unserem schwelligen Ankerplatz vorbei kamen, sahen wir einen eigenartigen Turm aus dem Wasser ragen.

„Das große Schiff ist gesunken", schrie Doris, „ich hab's euch ja gesagt, dass es sinkt!" Tatsächlich meinte sie vor drei Wochen, dass sich die Wasserlinie dieses alten großen Fischerbootes über Nacht verändert hätte.

„Die können doch so ein schönes Schiff nicht einfach sinken lassen", sagte Heino verständnislos.

„Hoffentlich ereilt den Koreaner nicht dasselbe Schicksal." Das große Fischerboot war von den Behörden Kiribatis beschlagnahmt worden, weil es ohne Lizenz in den Gewässern fischte und jetzt wartete die Regierung auf die Ablösezahlung in enormer Höhe.

Und was war aus unseren tausend Dollar geworden? Sie hatten sich in der Weite Australiens verloren und kamen nach knappen zwei Monaten abzüglich zwanzig Prozent diverser Spesen wieder nach Österreich zurück. Mutter Bochmann freute sich über das unerwartete Geburtstagsgeschenk unserer Eltern, und sie führten manch nettes Telefongespräch miteinander.

Beim Verlassen zeigte sich die Lagune viel friedlicher als bei unserer Ankunft. Lange Zeit segelten wir in zehn bis zwanzig Meter tiefem Wasser dahin, das offene U auf der Westseite ist für eine kleine Segelyacht überall passierbar, nur für die Großschifffahrt war die markierte Einfahrt von Bedeutung. Bald waren wir am offenen Meer und schnupperten Seeluft und – Freiheit.

Wir blickten zurück zur Lagune, zu den Palmeninseln. Von der Ferne, im Rot der untergehenden Sonne, sah Tarawa romantisch aus, ein Südseeparadies.

Und Erdmann hat hier so eine schöne Zeit verbracht." Ich dachte an meine Lektüre: „Gegenwind im Paradies" und war um eine Erfahrung reicher: *Jede Reise ist ein individuelles Erleben, jedes Buch eine einzigartige Geschichte.*

Kapitel 41

Majuro – Ausweg aus unserem Desaster

„Schau, da liegt SWEET DREAM!"
Es war kurz nach Sonnenaufgang, unser Anker fiel neben der Yacht unserer Freunde. Es war alles ruhig auf dem Nachbarschiff. Als Shellie verschlafen aus dem Niedergang guckte, sah sie verdutzt zu uns herüber.
„Ist das die SEHNSUCHT?" hörten wir sie fragen. Aufgeregt weckte sie Mike und bald ruderten die beiden zu uns herüber. Die Begrüßung war stürmisch, ein Riesen-Hallo.
„The baby-boots worked!", war das erste, was sie uns freudestrahlend erzählte. Die Babyschuhe, mein Weihnachtsgeschenk, hatten also ihre Wirkung nicht verfehlt. Shellie war schwanger, ich umarmte sie glücklich.

Bei wechselnden leichten Winden, teilweise sogar bei Flaute segelten wir die 400 Seemeilen von Tarawa nach Majuro, einem Atoll des Amerikanischen Trust Territoriums. Während der Überfahrt hatten wir das Sonnendach aufgespannt und genossen die schattige Ruhe, das Cockpit wurde zum Spielzimmer. Weit, unendlich weit lag der glatte Ozean vor uns, gab uns ein Gefühl der grenzenlosen Freiheit. Glühende Sonnenuntergänge wärmten unsere Seele, zauberten einen goldenen Horizont vor unseren Bug. Trotz Flaute brauchten wir nur vier Tage für den Törn. Mili-Atoll lag auf unserer Kurslinie. Heino verbrachte den Tag davor von zehn Uhr Vormittag bis fünf Uhr Nachmittag mit seiner Navigation, bis er endlich sicher war, dass wir ungefähr drei Meilen davon entfernt vorbeisegeln würden. Durchgehende Nachtwache war trotzdem unumgänglich und wir durchdrangen die Dunkelheit mit unseren Blicken. Man konnte das Land riechen, aber nicht sehen. Der zarte Duft von Palmen und Blüten, sonst so geliebt, bekam etwas Drohendes und Unheimliches. In unserer Phantasie wurden Wolkenformationen zu Palmenkronen und manch leicht brechender Wellenkamm zur tosenden Rifffalle. Doch nach Sonnenaufgang waren wir glücklich daran vorbei. Nur vierzig Meilen trennten uns noch von Majuro. Auch dieses Atoll erreichten wir bei Dunkelheit und eine zweite schlaflose Nacht stand bevor. Doch der helle Lichterschein der Stadt war schon von weitem sichtbar, ebenso die Blitze der Leuchttürme von Majuro Atoll und dem nur wenige Meilen entfernten Arno Atoll. Wir umrundeten das Leuchtfeuer der Ostspitze und fuhren an der Nordseite entlang bis zum Pass. Rob von SILMARIL hatte uns die befeuerte Einfahrt so gut beschrieben und für Heino eine genaue Karte abgezeichnet. So sahen wir kein Problem, auch bei Nacht in die Lagune zu fahren. Schließlich mussten wir die fünfzehn Meilen wieder zurück nach Osten segeln, bis wir den Ankerplatz vor der Stadt erreichen konnten. Mit leichtem Halbwind fuhren wir die Linie der grünen Lichter im ruhigen Lagunenwasser entlang. Als wir jedoch das erste Licht ziemlich knapp passierten, beschlossen wir, doch mehr Sicherheitsabstand zu halten, denn die vermeintliche Schwimmboje entpuppte sich als solider Betonsteher. Der Wind drehte allmählich, kam gegen an, so kreuzten wir hart am Wind bis Majuro City. Den Motor versuchten wir erst gar nicht zu starten, da die Batterien fast leer waren. Wir sahen weder SILMARIL, noch das blaue Stahlschiff von Manfred. Obwohl beide vor uns aus Tarawa ausgelaufen, kamen sie erst einen Tag später an. Heino war wieder mächtig stolz auf seine SEHNSUCHT.

Majuro war eines von 34 Atollen der Marshall Islands, ein Teil Mikronesiens, welche auf einer Fläche von 1,3 Millionen Quadratkilometer im Pazifischen Ozean verstreut liegen. Die Inseln hatten zwar seit 1979 eine eigene Verfassung, standen aber unter Treuhandverwaltung der Vereinigten Staaten, die sich verpflichtet hatten, Zahlungen und Wirtschaftshilfe an die Marshall Islands zu leisten, nicht zuletzt als Wiedergutmachung für die Atomwaffenversuche im Bikini und anderen Atollen. Majuro als Hauptstadt hatte eine gute Infrastruktur, als Währung gab es den US-Dollar. Dank der guten Informationen von SILMARIL gingen wir ohne Bedenken an Land, zückten auf der Bank unsere Visakarte und klarierten professionell bei den Behörden ein. Robs handgezeichnete Karte von Majuro City ersparte uns auch das lästige Suchen nach günstigen Einkaufsmöglichkeiten. Am Beginn unserer Reise empfanden wir das Entdecken neuer Orte interessant, doch im Laufe der Zeit waren wir froh, nicht alles durch Selbsterfahrung checken zu müssen.
Nun begannen Tage, nein Wochen harter Arbeit. Unser vordringlichstes Problem war das Dingi. Es mochte zwar lustig aussehen, wenn wir vier auf einem schwimmenden Ring sitzend, die Beine in gespannte Seile verkeilt an Land ruderten, doch auf die Dauer war das untragbar. Unser ursprüngliches Dingi, das bereits unzählige Flicken aufwies, musste wieder fahrtüchtig gemacht werden.
„Wir überziehen es einfach mit Polyester und machen aus unserem flexiblen Gummidingi ein Fixdingi", beschloss Heino. Gesagt, getan. Idealer Arbeitsplatz war Net Hally's Grundstück, besser gesagt Mistplatz, auf dem es den zentralsten Anlegesteg für Yachties gab. Dort traf sich auch die gesamte Fahrtenseglerszene. Net war ein etwas schrulliger Amerikaner. Auf seinem Grundstück gab es in und um die halb verfallenen Gebäuden jeglichen technischen Abfall zu finden. Es rosteten Tanks und Eisenrohre in den verschiedensten Größen dahin, Wrackteile von Schiffen, ein Autowrack, ja es stand

sogar ein kleines, halb verrostetes Flugzeug dazwischen. Heino fand ein Plätzchen für sich und überzog das Dingi mit der ersten Lage Polyester. Es sah vielversprechend aus. Weniger unser Ring. Nach diesem harten Arbeitstag lag er nur mehr schlapp im Wasser, Heino war den Tränen nahe. Die Kinder, die damit spielten, hatten ein Loch mehr hineingemacht. Diesmal schwammen wir fast zur SEHNSUCHT. Zwei weitere Tage und zwei Lagen Polyester, dann kam der Moment, wo wir unser Fixdingi zu Wasser ließen. Es war sehr schwer geworden, doch – es schwamm!

„Juhuu!", riefen wir begeistert und klatschten in die Hände. Wir pinselten es noch leuchtend rot an, so hatten wir wieder einen guten fahrbaren Untersatz, und der kleine Außenborder erleichterte den Landgang wieder erheblich.

Jetzt kamen zwei Tage Motorreparatur. Die Wasserpumpe leckte, die Glühkerzen waren kaputt, und als der Motor endlich wieder ansprang und lief, ging es „kracks, krks, tschin, bum" – das Getriebe war im A....! Nun endgültig!

„Jetzt haben wir auch keinen Vorwärtsgang mehr", sagte unser Kapitän deprimiert. Reparieren oder nicht? Das war die Frage, die uns lange beschäftigte. Dazu musste das gesamte Getriebe mit Schraube ausgebaut werden und somit die SEHNSUCHT aus dem Wasser.

„Ihr könnt das Schiff trockenfallen lassen", rieten uns die Yachtkollegen. „Tidenhub ist genug, 1,60 bis 1,80 Meter bei Springtide." Neben Net Halley's Dingisteg gab es die Möglichkeit dazu. Eine Art Slipanlage mit zwei Mauern zum Festmachen. Wir baten Manfred um Hilfe und machten uns an die Arbeit. Wir verholten die SEHNSUCHT mit dem Heck zum Land und fixierten das Schiff mit Seilen. Dann warteten wir, bis Ebbe kam. Damit wir halbwegs gerade zum Stehen kamen, hoben Heino und Manfred den Bug an. Dabei grub sich das Ruder in den Sand.

„Achtung, das Ruder!", riefen alle Zuschauer aufgeregt Heino zu, den das überhaupt nicht tangierte. Wer konnte schon wissen, dass unser Ruder so stark war, wie das von einem Frachter? Bald standen wir durch das Ruderblatt gestützt am flachen Kiel und hatten sechs Stunden Zeit, das Getriebe auszubauen und das Loch mit Holz und einem alten Autoschlauch abzudichten. Es war eine Schinderei, Nachtarbeit noch dazu. Eigentlich wollten wir an der Mauer liegen bleiben, verwarfen aber dann den Vorsatz. Denn jedes Mal bei Flut, wenn die SEHNSUCHT begann aufzuschwimmen, berührte sie mit jeder Welle den Boden, was unerträgliche Geräusche und Bewegungen mit sich brachte, wobei an Schlaf nicht zu denken war. Der zweite Grund waren die viel zu vielen Kinder, die Unmengen von Sand aufs Boot schleppten. Sand und Öl, eine Mischung, die sich nicht vertrug.

Eine knappe Woche hatte Heino Zeit, das Getriebe zu zerlegen und zu reparieren, dann war die Springtide, die nur bei Voll- oder Neumond auftrat. Es war eine schlimme Zeit. Ständig einen schmutzigen, öligen, schlecht gelaunten Ehemann um sich zu haben, zwischen Zahnrädern und Getriebelagern. Alles war dreckig und ölverschmiert, das Cockpit, der Salon, die Kinder, die ich ihm so lange wie möglich vom Leibe halten sollte. „Was sagt der Papa?", fragte Petra. Da sie keine Antwort erhielt, antwortete sie sich selbst. „›Scheische‹, sagt der Papa!" Und ihr „Iki, Jaki, Pfui", klang ständig durchs Schiff, wenn ihre Händchen wieder ins Getriebeöl griffen, und sie am Daumenlutschen behindert wurde. Es waren undenkbar schlechte Zustände an Bord. Heino stand unter Zeitdruck, er war überarbeitet, müde und gereizt. Noch dazu war der Erfolg nicht garantiert. Natürlich war auch ich schlecht gelaunt, wir stritten viel, am liebsten wäre ich sofort nach Hause geflogen. Zum Glück erhielt er das kaputte Nadellager und die Dichtungsringe dazu, das zweite Lager bastelte er sich selbst, in tagelanger Kleinarbeit und mit unzulänglichen Werkzeugen.

Ich verbrachte mit den Kindern viel Zeit an Land. Doch die Menschen von Majuro waren eigenartig, kaum jemand sprach mit uns, keiner lächelte uns an, sie schienen ganz einfach nicht zu leben. Das kannten wir von den Südseemenschen gar nicht, deren Gastfreundschaft sprichwörtlich war. Lag es daran, dass es ein anderes Volk war, Mikronesier, die sich auch äußerlich etwas von den Polynesiern unterschieden? Ihre Haut war etwas dunkler und ihre Körper nicht mehr so voluminös, auch die Sprache klang härter, mit vielen „ch"-Lauten dazwischen, nicht mehr so melodisch wie tausend Meilen östlich. „Jak(ch)we" statt „Talofa"! Oder lag es an der Amerikanisierung: Coladose, Bier, Corned Beef? Kokospalmen und Brotfruchtbäume wichen den Einkaufszentren, lokale Lebensmittel wurden durch westliche ersetzt. Reis war billig und einfach zuzubereiten, doch Mangelerscheinungen und Krankheiten waren die Folgen der einseitigen Ernährung. Wellblech-Sperrholz-Müllhütten ersetzten Häuser mit Pendenusdächern. Containerwohnsiedlungen, meist für die hier arbeitenden Amerikaner, mit Klimaanlage versteht sich, zierten das Stadtbild. Müllplätze waren allgegenwärtig, am Strand lagen Unmengen von Treibgut und Mist.

Zierde der Stadt jedoch waren die zahlreichen Kirchen, deren Vorplätze meist mit blühenden Sträuchern bepflanzt waren. Es gab mehr als zehn verschiedene Religionsgemeinschaften auf der Insel und das bei einer Einwohnerzahl von zwanzigtausend. Offensichtlich ein fruchtbarer Boden für alle Missionare. Man hatte das Gefühl, die Menschen standen unter einem irrsinnigen Druck, bestehend aus ihren alten Traditionen, den Kirchen und ihren sogenannten „westlichen Vorbildern." Überall auf den Inseln gab es die ‚Peace coer worker", die Entwicklungshelfer, meist noch recht junge, enthusiastische Amerikaner. Sie besuchten mit ihrem Segelschiff TOLE

MOUR die einzelnen Atolle. Ihre Arbeit war schwierig und der Erfolg oft armselig.

„Ein Baby ist krank, es wurde nur von Reis ernährt, wir bringen es ins Krankenhaus, dort pflegt man es gesund, es wird entlassen, und wieder nur mit Reis gefüttert, so lange, bis es wieder erkrankt.", erzählte uns Hally, eine junge Entwicklungshelferin über ihre Arbeit. Oder eine andere Geschichte: Ein kleines Mädchen spielte mit ihren Brüdern, einer sprang auf ihren Bauch und verletzte es schwer. Die Eltern legten Bibelblätter auf den Körper des Kindes. Mit starken Schmerzen fand es Hally und wollte das Mädchen ins Krankenhaus bringen. Die Familie verweigerte. Alles Bitten und Flehen half nichts, das Mädchen konnte nichts mehr essen und starb.

Ich dachte an Nanumea, auch da gab es keine medizinische Versorgung, es starb vielleicht einer zu früh, doch die Leute waren anders, sie waren lebensfroh.

„Gebt den Leuten ihren Stolz zurück, ihre Selbständigkeit und Unabhängigkeit. Das hilft ihnen mehr als alle Entwicklungshelfer." Ich konnte mit meiner Meinung nicht zurückhalten.

Durch unsere häufigen Landgänge lernten wir Paula kennen, eine 44jährige, zweifache Großmutter, sie sah aus als wäre sie erst dreißig und arbeitete öfters in dem Schuppen auf Net's Grundstück. Mit ihr zu plaudern machte Spaß, sie war immer lustig und mit ihrem Hund namens „Partner" der Mittelpunkt der Yachtszene. In den Schuppen lud sie all ihre Freunde zur Feier ihres Hochzeitstages ein. Wir feierten also ihren Hochzeitstag. Doch wo war ihr Ehemann? Der war irgendwo. *That's American life!* – Zwei verschiedene Welten.

Der Tag der Sprigtide nahte, das Getriebe war repariert, wir ließen uns wieder trocken fallen. Das Einbauen war noch anstrengender als das Ausbauen, doch diesmal konnten wir bei Tage arbeiten. Während Heino das Getriebe fixierte, schrubbte ich das Unterwasserschiff, das schon lange einen neuen Anstrich gebraucht hätte. Das Getriebeloch war geschlossen, die Flut kam, und - es war dicht. Gott sei Dank! Wir blieben noch die ganze Nacht am Slip vor Net Hally's Werft. Nachdem ich noch das Deck vom Öl befreit hatte, gingen wir, weil die Bordküche geschlossen blieb, eine Pizza essen. Am nächsten Morgen verschliefen wir fast die Flut. Zehn Minuten vor dem Weichen des Wassers wachten wir auf und verholten uns zum Ankerplatz.

Es war Ostersonntag. Ich forderte Sonntagsruhe und zwang Heino zu einem arbeitsfreien Tag. Es war beinahe unerträglich für ihn, hatte er doch „nur" noch einige Schrauben und die Kupplungsglocke zu montieren, um das

Getriebe auf seine Funktionstüchtigkeit zu überprüfen. Doch dieses „nur" kannte ich schon gut es war ein sehr dehnbarer Begriff, der sich über Stunden oder Tage hinziehen konnte.

Wir besuchten die Ostermesse in einer, wie wir glaubten, katholischen Kirche. Ganz sicher waren wir uns nicht, das Ritual war uns manchmal etwas fremd. Auch egal, wir saßen in einem schönen Gebäude zwischen Menschen, gekleidet im schönsten Sonntagsgewand, die Sonne schien durch die bunten Glasfenster und wir hörten den Gesängen zu. Es war ein Versuch abzuschalten und zu entspannen. An Deck versteckte der Osterhase dann die Osternester, unter den zusammengerollten Fallen, in den Segeln, er war recht einfallsreich.

„Osterhase bracht, Petra findet", strahlte unsere Kleinste und sie hielt die heiß ersehnten Süßigkeiten in den Händen, die beim Supermarkteinkauf wegen Geldmangels oft von den Eltern abgelehnt wurden. Der Osterhase konnte großzügiger sein.

Heino drehte die letzten Schrauben fest. Die Batterien waren an Land aufgeladen worden, der Motor konnte gestartet werden. Gang hinein – tatsächlich, die SEHNSUCHT bewegte sich vor und zurück. Wir waren alle „happy", die Arbeit hatte sich gelohnt.

„Geh doch endlich zum Zahnarzt", forderte Heino, weil er mein Gejammer nicht mehr hören wollte.

„Die haben eine gute Klinik hier", beruhigte mich Deirdre. Also nahm ich allen Mut zusammen und wanderte zur Klinik. Ein sauberes, schönes Gebäude empfing mich. Bei der Anmeldung löhnte ich fünf Dollar und dann verwies man mich zum Zahnarzt. Ich machte mich auf eine lange Wartezeit gefasst, doch es vergingen nur wenige Minuten und die Tür öffnete sich. Ein älterer, grauhaariger Mann stand an der Tür und bat mich in das Behandlungszimmer.

„Es ist schön, endlich wieder jemanden mit blonden Haaren und blauen Augen zu sehen", sagte der Arzt auf Deutsch. Ich war sprachlos. Hier am anderen Ende der Welt traf man einen alten, schrulligen deutschen Zahnarzt, übrig geblieben aus dem Naziregime, der nach dem Krieg nach Amerika emigriert war. Der Ordinationsraum war toll eingerichtet, besser und moderner als mach einer bei uns in Österreich und der Arzt leistete gute Arbeit. Nach einer Röntgenaufnahme sagte er: „Der Zahn muss raus, er ist nicht mehr zu retten." Die vitaminarme Ernährung forderte ihren Tribut. Auch war mein Zahnfleisch entzündet, die Vorstufe von Skorbut. Der Zahnarzt bestellte mich noch einmal zu einer Behandlung.

„Was kostet das?", fragte ich vorsorglich.

„Einmalig fünf Dollar, egal wie oft Sie kommen", war die Antwort. Also kam ich wieder und ließ mein Gebiss sanieren und von Zahnbelag reinigen, eine schmerzliche Angelegenheit, doch heilend für meine Entzündung. Bei jedem Besuch wunderte ich mich immer wieder, denn in diesem perfekt ausgestatteten und billigen Krankenhaus gab es kaum Patienten. Das Angebot wurde von den Einheimischen nicht genutzt.

In Ermangelung einer Apotheke versuchte ich im Krankenhaus Medikamente gegen Malaria zu erhalten, da unser nächstes Ziel, die Salomonen, von Anophelesmücken verseucht war. Der Zahnarzt war nicht zuständig, die Dame an der Aufnahme verwies mich nur an irgendeinen Doktor. Aber welchen? Bei meinem dritten Besuch in der Klinik war es mir egal. Ich ging den leeren Gang hinunter, klopfte an jede Tür, ging hinein und war jemand anwesend, trug ich mein Anliegen vor. Einmal einen Arzt gefunden, ging alles schnell, „Majuro-schnell" und ich erhielt das Gewünschte.

Viel Zeit verbrachten wir mit Einkaufen. Es gab zwei große Supermärkte: Gibsons und Riemers. Jedes Mal, wenn wir an Land kamen, wanderten wir entweder zu Riemers, oder wir fuhren mit den hier billigen Sammeltaxis zu Gibsons. Die Supermärkte waren gut sortiert, wir bunkerten Proviant, so weit es unsere Geldbörse zuließ. Sorgfältig verglichen wir die Preise und holten uns die Sachen dort, wo sie am billigsten waren.

„Lufabum, Mama, schau!" Mit strahlenden Augen hielt Petra einen kleinen roten Ball, mit glitzernden Punkten, in der Hand und fuchtelte damit vor meiner Nase herum. Die Glitzerpunkte strahlten in ihren Augen wieder.

„Mag eine auch", sagte sie bittend und der strahlende Ausdruck ging in einen fragenden über. Er kostete einen Dollar. Daneben lagen die Sardinendosen zu 95 Cents. Ich rang mit mir und wog die Wertigkeit ab. Was war wichtiger? Die strahlenden Augen meiner kleinen Tochter oder ein voller Bauch? Ich entschied mich für den Ball. Lieber einmal hungern, als in das enttäuschte kleine Kindergesicht blicken zu müssen.

„Es gibt eine Hühnerfarm auf der Insel", sagte ein Yachtkollege. Frische Eier waren Mangelware auf den Atollen und es war verlockend, die nächste Überfahrt mit Eiern zu starten. Ich setzte mich in ein Sammeltaxi und sagte mein Ziel. Der Fahrer beratschlagte kurz mit seinem Sitznachbarn und fuhr los. Ich war der Meinung, er würde mich zur Farm bringen, stattdessen fuhr er so weit, bis der letzte Fahrgast ausgestiegen war, machte kehrt und brachte mich ohne ein Wort der Erklärung wieder zurück zur Stadt. Mein Protest verhallte ungehört. Ich war verärgert.

„Ich komme mit der Mentalität dieser Menschen nicht zurecht", erzählte ich später Deirdre. „Er stielt mir ganz einfach meine Zeit", beschwerte ich mich.

„Die Menschen hier haben kein Gefühl für Zeit", meinte sie.

„Schau mal, ein Tag gleicht dem anderen, eine Woche der anderen, somit vergehen auch die Monate und Jahre ohne Veränderungen, im Klima, in der Vegetation und somit auch im Gemüt der Menschen. Auch das Weihnachtsfest hat nicht die große Bedeutung wie bei uns. Ihre Höhepunkte sind Familienfeste, wie Hochzeiten, Geburten und Todesfälle." Deirdre und ihre Familie lebten und segelten mit SILMARIL schon länger in dieser Gegend.

„Ein großes Übel bei der Bevölkerung hier ist das Fehlen von Kultur. Die westliche Welt mit ihren Konsumgütern hat ihnen die eigene Kultur genommen und keinen Ersatz dafür angeboten", erklärte sie.

Die Reparaturen waren abgeschlossen, Proviant gebunkert. Wir konnten wieder aufatmen, uns unseren Freunden widmen, die wir sehr vernachlässigt hatten und neue Pläne schmieden. Zuerst machten wir mit SILMARIL einen Ausflug und segelten zu einem unbewohnten Motu an der Nordseite von Majuro Atoll. Ein breiter Sandstrand umrundete das Eiland, sanft fiel der Strand in das seichte Meer, ein Eldorado für die Kinder. Und eine Wohltat für alle, gab es doch um Majuro City nur verschmutzte, mit Müll übersäte Strände. Wir schnorchelten viel, bewunderten die Unterwasserwelt und verbrachten Stunden mit der Crew von SILMARIL, während die Mädchen glücklich miteinander spielten. Einsiedlerkrebse waren wieder dankbare Spielgefährten. Apropos Einsiedlerkrebse. Während der schlimmsten Reparaturzeit segnete der letzte Ficki das Zeitliche. Doch zuvor hatte er sich gehäutet und lag nackt und rot angelaufen in seiner Schachtel, die abgestoßene Haut neben sich. Doris war bitterböse und verdächtigte uns, ihn gekocht zu haben. Sie ließ sich nur mit Mühe vom Gegenteil überzeugen. Deirdre erklärte ihr geduldig den Vorgang des Häutens bei Krebsen.

„Das ist eine heikle Zeit, viele sterben dabei, nur wenige überleben." Das überzeugte sie und Ficki bekam ein gebührendes Begräbnis am Strand vor Net Hally's Werft.

Diese Erfahrung bewahrte uns vor neuen Haustieren. Nach dem Spiel entließen die Kinder die Krebse wieder in die Freiheit.

„Soll ich dir die Haare schneiden?", fragte ich Deirdre, nachdem sie mir erzählte, sie müsse unbedingt zum Friseur. Zögernd willigte sie ein. Ich hatte so manchem Männerkopf schon die Haare gestutzt und war mir meiner Sache sicher. Doch Deirdre hatte halblanges Haar und wollte nur wieder einen guten Schnitt. Selbstbewusst begann ich zu schneiden, und – Deirdre hatte kurze Haare.

„Macht nichts", sagte sie in den Spiegel schauend und verbarg ihre Enttäuschung, „sie wachsen wieder nach."

SILMARIL segelte weiter nach Guam. Ein Abschied stand bevor. Weinend lagen sich Doris und Maria in den Armen.

„Maria kommt uns in Österreich besuchen." Mit diesen Worten versuchten wir, wie schon oft, Doris die Trennung für immer erträglicher zu machen. Wir lichteten gleichzeitig den Anker, denn wir mussten zurück nach Majuro City. Der Schlauch des Wassertanks hatte sich gelöst und das kostbare Süßwasser war in der Bilge. Hörten die Reparaturen denn nie auf?

Zurückgekehrt trafen wir Ron auf Net Hally's Werft. Er arbeitete an seinem Schiff, bei dem das Hinterteil der Achterkajüte abgebrochen war, als nämlich der Gurt beim Herausheben aus dem Wasser abgerissen war. Er lebte auf Wahoo im Mili Atoll, wo er für Riemers eine Clamsfarm betreute.

„Ihr habt eine armselige Erfahrung von den Marshallinseln gemacht, wenn ihr nur Majuro kennen lernt", sagte Ron und lud uns ein, ihn und seine Familie zu besuchen. Gesagt, getan.

SWEET DREAM wollte uns begleiten, wir hatten Mike und Shellie in den letzten Wochen wenig gesehen. Shellie war auf Grund ihrer Schwangerschaft oft sehr müde und unsere beiden Rabauken waren ihr offensichtlich zu anstrengend geworden. Ihr: „Darf ich mir deine Kinder ausborgen?", hatte ich schon schmerzlich vermisst. Jetzt wollten wir noch ein paar Tage mit unseren Freunden verbringen und den Abschied von ihnen hinauszögern. Und zu meiner Freude wurde die lange Überfahrt zu den Salomonen verschoben.

„Manfred mei Bua", sagte Heino, schüttelte seine Hand und umarmte ihn. Wir verabschiedeten uns von unserem österreichischen Yachtkollegen. Manfred wollte in Majuro bleiben, denn er hatte eine Freundin und Arbeit gefunden. Als Tischler baute er Möbel für eine Bar. Es schien ihm gut zu gehen, wir machten uns keine Sorgen.

Doch der Schein trog. Seine Leidensgeschichte erfuhren wir, mehr als ein Jahr später, aus einer österreichischen Tageszeitung. Manfred war in Majuro verhaftet und nach Australien gebracht worden, wo er wegen Mordes zu zweimal Lebenslang verurteilt wurde.

„Das kann nicht sein", sagten wir verständnislos. Doch das Foto zeigte untrüglich unseren hilfreichen Yachtkollegen und auch das namenlose Schiff, den hässlichen Stahlkübel, erkannten wir, das er angeblich gestohlen haben sollte. Es war ein Mord ohne Leichen, die zwei Menschen, mit denen er aus

Australien abgereist war, waren verschollen. Er schwieg beim Verhör, beim Prozess und selbst nach dem unglaublichen Urteil. Ein reiner Indizienprozess. Was verschwieg er? Auch wir wussten es nicht, obwohl wir so manchen Abend zusammensaßen und miteinander geplaudert hatten. Ich erinnere mich noch so gut an ihn, an sein verschmitztes Lächeln, seine lustigen Geschichten und – auch an seinen traurigen Blick, der sich manchmal in der Unendlichkeit verlor. Ich erinnere mich an seine selbstlose Hilfsbereitschaft, nie verlangte er eine Gegenleistung für seine Hilfe. Manfred war kein Mörder, da waren wir uns sicher, er war ein normaler junger Bursche, ein Mensch auf der Suche nach dem Leben.

Kapitel 42

Mili-Atoll – Behütete Natur

Ich lag in meiner Koje und war wieder fürchterlich seekrank. Wir befanden uns vor der Einfahrt von Mili Atoll. Wir hatten eine Nachtfahrt hinter uns, 90 Meilen, gesegelt bei starkem Wind von vorne und hohem Seegang. Heino manövrierte verzweifelt im Cockpit. Wir waren viel zu weit westlich, zu nahe am breiten Riff, das der Einfahrt vorgelagert war. Die SEHN-SUCHT tanzte wie eine Nussschale in den Fluten, die sich an den nahen Untiefen brachen und an Höhe und Unregelmäßigkeit zunahmen. Heino fuhr eine Wende, kurbelte an der Winde um die Fock dicht zu holen. Das Schiff änderte seine Bewegung. Das war zu viel für meinen labilen Magen. Ich stürzte ins Cockpit um mich zu übergeben, stolperte über die wirr liegenden Fallen, vorbei an einem hektisch manövrierenden Kapitän, der verzweifelt versuchte, den Klauen des Riffes zu entkommen. Und hinter mir zwei Leichtmatrosen, die ihrer Mutter folgten. Das Chaos war perfekt, Vater, Ehemann und Schiffsführer überfordert. Doch die SEHNSUCHT kämpfte tapfer gegen an und ließ das Riff achtern. Mit leerem Magen kroch ich auf mein Leidenslager, und die Kinder folgten wie Küken. Heino hatte wieder freie Hand und brachte uns sicher durch den Ennalik Pass. Einmal in der Lagune, war der Spuk vorbei. Das Schiff glitt auf der glatten Wasseroberfläche ruhig dahin, die Seekrankheit schwand. Mili Atoll war ein beinahe rechteckiges Atoll mit einer Größe von ungefähr 12 mal 22 Meilen. Nur wenige Untiefen befanden sich in der geschützten Lagune, man segelte wie auf einem See. Unsere erste Station war das nur eine Meile vom Pass entfernte Motu Bue, wo die Clamsfarm von Nils, Paulas Cousin, stationiert war.

SWEET DREAM lag bereits vor Anker. Sie hatten Hally, die *Peace core workerin* aus Majuro mitgenommen, denn diese wollte den jungen Amerikaner Will besuchen. So lernten auch wir Will kennen, einen lustigen Typ mit blonden kurzen Haaren, der mit seiner derzeit dreiköpfigen Mannschaft in einem Zeltlager auf der Insel hauste und die Clamsfarm betreute. Clams sind die weißen Muscheln, die in Kiribati als Schweinetröge Verwendung fanden und die den lateinischen Namen *Tridacna squamosa* tragen. In unserer Sprache heißen sie Riesenmuscheln, denn ausgewachsene Exemplare können eine Länge von eineinhalb Metern erreichen und ein Gewicht von zweihundert Kilo haben. Sie sind die größten Muscheln der Welt. Ihre gewellten weißen Schalen sind mit schräg aufgesetzten Schuppen besetzt, mit denen sie sich in den Korallen verkeilen, die wiederum die Muscheln umwachsen, wobei sie dann fest verankert sind. Ihre Mantelöffnung ist nach oben gerichtet, und ihr Innenleben zeigt sich in einer unendlichen Farbenpracht. Wir sahen gelbe, goldene bis braune, rosafarbene und alle Blautöne, die wie ein Samtvorhang mit Seidenfransen aus der Schale ragten und im Wasser schwebten. Man war versucht, über den sanft und weich aussehenden Körper zu streicheln, doch das wäre ein fataler Fehler gewesen, denn die Muscheln haben eine enorme Kraft im Schließmuskel. Ein Taucher, der mit Fuß oder Hand versehentlich zwischen die Schalen gerät, die blitzschnell zuklappen, ist rettungslos verloren. Daher nennt man sie auch Mördermuscheln. Ich konnte der Versuchung nicht widerstehen und tupfte sie mit einem Holzstäbchen an. Blitzschnell zogen die Muscheln ihren Vorhang ein und schlossen die Schalen. Und man musste lange warten, bis sie sie wieder vorsichtig einen Spalt öffneten.

Hier auf der Farm wurden die Clams vom Ei auf gezogen, bis sie eine Größe von dreißig Zentimetern erreicht hatten, dann geerntet und als Delikatesse nach Japan exportiert. Leider hatten wir nie Gelegenheit sie zu versuchen. Aber wir sahen weder Einheimische noch Amerikaner, die sie verzehrten.

Das Moto Bue war noch einmal von einem Riffgürtel umgeben, und so gab es eine Lagune in der Lagune. Will hatte einen Pass freigelegt, der bei Hochwasser eine Tiefe von eineinhalb Metern aufwies.

„Wie viel Tiefgang hat eure Yacht?", fragte er jeden, der vor seinem Motu ankerte.

„Eineinhalb Meter", antwortete Heino und somit war die SEHNSUCHT ein geeignetes Opfer für Will's Pass. Wir zitterten durch die Einfahrt. Zweimal saßen wir auf, rumpelte der Kiel über die Korallenblöcke. Doch wir bereuten es nicht. Die Lagune in der Lagune barg herrlich ruhiges Wasser, wir ankerten wie in einer Badewanne, rund um uns kristallklares Wasser. Durch das geschlossene Riff bestand auch keine Gefahr, irgendwelchen Räubern ausgesetzt zu sein, so konnten die Kinder ohne Bedenken und Aufsicht jederzeit im Wasser plantschen. Es war ein Schnorchelparadies. Um die farbenprächtigen Clams tanzten bunte Fische, und das Riff war wie ein blühendes Blumenbeet. Korallen in allen Farbtönen und vielen Formen umrandeten das satte Blau der Sandlagune. Bei Ebbe ragten die Spitzen der Korallen aus dem Wasser, das vermittelte den Eindruck, als wüchsen Seerosen im Meer. Die Sandstrände und das üppige Grün der Palmenkronen und des dichten Unterholzes rundeten das harmonische Bild ab. Dazu kam die nette Gesellschaft der Amerikanern und einheimischen Arbeiter, wir fühlten uns rundum wohl.

Will arbeitete täglich bei Ebbe am Pass und grub ihn tiefer. Wir halfen alle dabei, lösten Korallenblöcke und trugen sie zur Seite, je nach Muskelkraft;

die Kinder hoben faustgroße Steine auf, die Männer wälzten hinkelstein-
große Stücke an den Rand. Es erinnerte mich an einen Straßenbau, wir
hatten viel Spaß dabei. Grund dazu war meist Will, der mit seiner Komik, er
liebte es, sich wie eine Ente zu bewegen, alle zum Lachen brachte. Und
Doris hatte einen großen Bruder gefunden, mit dem sie raufen konnte.
Will und Heino waren verwandte Seelen, sie verstanden sich auf Anhieb
miteinander. So kam es, dass er unseren Kapitän zum Langustenfang einlud
und die beiden Männer, begleitet von Mike, gingen des Nachts auf Jagd. Es
war Neumond, also die richtige Zeit. Die Tiere kamen nur bei vollkom-
mener Dunkelheit aus ihren Verstecken heraus und setzten sich auf das Riff,
das mit knietiefem Wasser bedeckt war. Dort saßen sie, und im Schein der
Taschenlampe blitzten ihre leuchtenden gelben Augen auf. Jetzt brauchte
man sie nur mehr zu fangen. Dieses „nur" bedurfte aber einer gewissen
Technik. Die Langusten mussten an der richtigen Stelle am Panzer erwischt
und festgehalten werden, denn fasste man sie im Bereich ihres kräftigen
Schwanzes, wanden sie sich frei und die zarten Fühler brachen meist ab.
Die Männer kamen mit einer reichen Ausbeute zurück. Jetzt gab es eine
Delikatesse – Langusten. Die Tiere wurden lebend im Kübel aufbewahrt
und erst vor dem Essen getötet. Richtig wäre gewesen, sie bei lebendigem
Leib ins kochende Wasser zu werfen, doch wir besaßen kein Gefäß in dieser
Größe. So musste Heino sie vorher töten und zerlegen. Diese Arbeit über-
ließ ich unserem Kapitän. Ich machte das frische Weißbrot und die Ketch-
upsoße dazu.
„Esche!", rief Petra, als angerichtet wurde. Sie war immer die erste am
Tisch, schmatzte und stopfte in sich hinein, was ging. Heino kam nicht nach
die Schalen zu brechen (wozu er die rostige Rohrzange verwendete) und
den Kindern das weiche, weiße Fleisch auf die Teller zu legen.
Tags darauf mussten wir die Lagune verlassen oder zwei Wochen auf die
nächste Springtide warten. Um halb sieben Uhr früh lichteten wir also
schweren Herzens den Anker und fuhren aus dem Pass. Will schnorchelte
neben uns her. Er wollte sehen, wie ein Schiff durch „seinen Pass" fuhr. Wir
hängten uns dann achtern an SWEET DREAM, die an der Boje lag, weil
wir zu faul waren, unseren schweren Anker die beinahe zwanzig Meter
hinabzulassen und kochten Frühstück. Will aß mit uns und saß dabei im
Dingi, ließ die langen Beine mit den Taucherflossen über den Rand hängen
und trug die Taucherbrille auf der Stirn. Die kurzen, nassen Haare standen
ihm wie Federn vom Kopf. Jetzt sah er wirklich aus wie Donald Duck.
„Wir bringen heute Hally zu ihrer Insel zurück, wollt ihr nicht mitfahren?",
fragte Shellie kurz darauf.
„Wir fahren alle mit SWEET DREAM und kehren am Abend wieder
zurück", sagte sie begeistert. Ich freute mich, einen Ausflug mit Shellie und

Mike zu machen, Heino zögerte, er mochte es nicht, wenn sein Schiff alleine war, erklärte sich aber einverstanden.

Doch der Tag fing schlecht an. Mike fiel beim Aufklarieren samt dem Außenborder ins Wasser. Die SEHNSUCHT musste an die Boje verholt werden. Sieben Menschen drängten sich an Bord. Die Fahrt dauerte dann schier endlos, Flaute, Regengüsse, wieder Flaute. Der Motor von SWEET DREAM war kaputt, wir dümpelten in der Lagune herum. Petra begann zu quengeln, ihr fehlte die vertraute Umgebung, Heino lamentierte die ganze Zeit. Mike war sauer. Die Stimmung an Bord sank ins bodenlose. Shellie und ich versuchten die Harmonie zu halten, was kläglich misslang. Nur Doris genoss das Zusammensein mit Shellie. Es war später Nachmittag, als wir Alu erreichten. An eine Rückfahrt war nicht mehr zu denken, die ganze Familie musste auf SWEET DREAM übernachten. Wir brachten Hally an Land, sie zeigte uns ihre Insel, ihren Arbeitsbereich. Sie lebte seit zwei Jahren in einer kleinen Hütte nahe einer einheimischen Familie.

„Wie hält sie das bloß aus?", dachte ich mir. Hally war eine junge, hübsche, lebenslustige Frau. Es war mir noch unverständlicher, als ich ihre Leidensgeschichte erfuhr: Hally wurde eines Tages schwer krank, sie lag alleine in ihrer Hütte, keiner der Einheimischen kümmerte sich um sie, sie wurde weder behandelt noch wurde jemand benachrichtigt. Die *Peace core worker* mussten sich jedoch regelmäßig melden und als man lange nichts von ihr hörte, schickte man ein Schiff, um nach ihr zu sehen. Sie fanden die Schwerkranke und brachten sie ins Krankenhaus.

„Beinahe wäre ich gestorben", schloss Hally ihre Erzählung.

Wir wanderten durch den Ort. Keiner der Leute, außer den Kindern, kamen zu uns. Der Eindruck von Majuro, die Menschen lebten hier nicht, wurde bestätigt, obwohl die Insel von dschungelartiger Vegetation nur so strotzte und keinerlei westlicher Einfluss zu sehen war. Brotfruchtbäume von Riesengröße zierten die Insel, es gediehen Bananen und Papayas. Ich teilte Hally meinen Eindruck mit.

„Das ist ihre Mentalität", antwortete sie. „Die Menschen lassen auch ihre Verstorbenen lange Zeit im Haus liegen, sie wagen sich dann bei Dunkelheit nicht hinaus, auch die erwachsenen Männer nicht, weil sie glauben, dass der Geist des Verstorbenen herumirrt."

Trotzdem waren alle neugierig. Sie kamen uns zwar nicht entgegen, ließen sich aber von Hally berichten, wer wir waren.

„Deine Kinder sehen aber gesund aus", ließ mir Hally von einer mehrfachen Mutter ausrichten. Es klang so, als wäre das nicht der Normalfall.

Zurück auf SWEET DREAM verwöhnte uns Shellie mit einem köstlichen Abendessen. Die Reste der gefangenen Langusten wurden zu einem Omelett verarbeitet und die Früchte, die wir von Hally bekamen mundeten vorzüglich. Die schlechte Stimmung verging, im Sternenlicht plauderten wir im Cockpit sitzend noch lange und die alte Vertrautheit gewann langsam wieder Oberhand.

Die Fahrt zurück am nächsten Morgen war ohne Probleme. SEHNSUCHT schaukelte unversehrt an der Boje, Will hatte sich Gott sei Dank die letzte Languste aus unserem Kübel genommen und verzehrt, sonst wäre sie ungenutzt verendet.

Es war schön auf dem Motu Bue bei Will, doch der Schwell trieb uns weiter. Beim Starten des Motors brach ein Zahnrad des Startermotors. Das schöne Gefühl einen funktionierenden Motor zu haben, war von kurzer Dauer. Wir legten unter Segel ab und segelten gleichzeitig mit SWEET DREAM die elf Seemeilen innerhalb der Lagune nach Osten vor das Motu Wahoo. Eine Insel mit einem geschätzten Durchmesser von 200 Metern lag vor unserem Bug. Vereinzelte hohe Palmenkronen ragten aus dem dichten Dickicht hervor. Es war wesentlich ruhiger als unser letzter Ankerplatz, der durchgehende Riffgürtel bot guten Schutz und wir befanden uns im Lee, wo der ständige Ostwind noch keine Wellen aufbauen konnte.

Ron empfing uns und wir lernten seine Frau Susan und die beiden Buben Forest und Ocean, fünf und drei Jahre alt, kennen. Das Ehepaar arbeitete auf der Insel für die Clamsfarm von Robert Riemers, der das große Einkaufszentrum auf Majuro betrieb.

Es gab auf der Insel einige kleine Hütten in denen die Familie und einige Arbeiter lebten. Die Hütten waren mit Wellblech gedeckt, die Dächer als Wassersammler der häufigen Regengüsse verwendet, die Wände waren durch fensterlose Öffnungen unterbrochen. Ein Kochhaus und ein überdachter Essplatz waren das Zentrum, wo sich alle trafen.

Ich mochte Susan auf Anhieb. Sie war eine hübsche junge Frau, groß und schlank mit dunkelbraunem lockigem Haar.

„Ich war Stewardess", erzählte sie zu meinem Erstaunen, „doch ich wollte mein Leben ändern und anstatt mit 600, einmal mit sechs Knoten reisen." Sie kam mit ihrem Mann und mit dem Schiff, das derzeit in Majuro am Trockendock lag, von Amerika hierher. Nun waren sie schon einige Jahre auf Wahoo.

„Hast du deine Jungs während der Reise bekommen?", fragte ich sie.

„Nein, die beiden, Forest und Ocean, kamen auf den Marshalls zur Welt, aber meine Tochter Sky wurde am Schiff geboren. Sie wäre jetzt so alt wie Doris." Ihr Blick schweifte zu den spielenden Kindern.

„Deine Tochter?", fragte ich neugierig. Und dann erfuhr ich eine traurige Geschichte, eine Geschichte, die manchmal in meinen schlimmsten Albträumen vorkam, und die Angst, der Traum könnte einmal Wirklichkeit werden, schwebte stets wie ein Damoklesschwert über mir.

„Sky war gerade 16 Monate alt, wir waren auf den Marquesas. Ich war im Schiff beschäftigt und das Mädchen kletterte ins Cockpit. Als ich ein paar Minuten später hinaussah, war sie weg." Susan machte eine Pause.

„Was heißt weg?" Die Gänsehaut lief mir über den Rücken.

„Sie muss über Bord gefallen sein, oder gestoßen worden sein, wir wissen es bis heute nicht. Ihr Körper wurde nie gefunden." Ihre Stimme wurde leiser.

„Gestoßen?", fragte ich ungläubig.

„Es ist nur eine Vermutung. Im Cockpit war unser Hund. Sonst bellte er immer, wenn etwas ins Wasser fiel, doch diesmal machte er keinen Mucks. Er war seit der Geburt von Sky eifersüchtig auf das Mädchen, machte in ihr Bett, zerbiss ihr Spielzeug. Und an diesem Tag war er alleine mit ihr draußen." Sie deutete zur Seite. Dort lag er, ein fettgefressenes, ungeliebtes Individuum.

„Und da habt ihr den Hund noch? Und da seid ihr noch weitergesegelt? Und da hast du noch Kinder bekommen?" Ich stellte diese unmöglichen Fragen alle auf einmal und kämpfte mit den Tränen. Sie lächelte mich traurig an.

„All diese Fragen habe ich mir auch gestellt", antwortete sie. „Was glaubst du, wie sehr ich mich gequält habe. Stundenlang tauchten wir, in der Hoffnung, die Leiche zu finden, um endlich Gewissheit zu haben. Tage, Wochen und Monate danach habe ich geschuftet, geputzt und geschrubbt, meinen Körper geschunden, nur um mich abzulenken. Doch was geschehen ist, ist geschehen, das kannst du nicht mehr ändern. Und der Hund? Wir wissen ja nicht, wie es wirklich war, wie sollten wir da entscheiden?" So tragisch die Geschichte war, irgendwie hatte ich Mitleid mit dem Köter. Er wurde zwar gefüttert, aber keiner beachtete ihn. Dick und fett vegetierte er dahin, schleppte sich hechelnd von einem Schattenplatz zum anderen.

„Ich wollte dann alles hinschmeißen", erzählte Susan weiter, „bin zurück nach Amerika, aber ich konnte auch dort keinen Seelenfrieden finden." Sie machte eine Pause.

„Eine Freundin hat mir dann geholfen. Sie sagte: ›Stell dir vor, dein Kind ist von einem Auto überfahren worden. Die Ursache ist eine andere, aber das Ergebnis das gleiche.‹ Es war eben Schicksal und das Leben geht weiter, egal wie."

Lange dachte ich über ihre Worte nach. Menschen neigen dazu immer Schuldige zu suchen. Zu akzeptieren, dass es Schicksal ist, zeigt von enormer Größe. Ich hatte große Achtung vor dieser Frau, die trotz diesem schweren Schicksal ihren Weg, den sie eingeschlagen hatte, weiterging und sich ihre Lebensfreude bewahrt hatte.

Die zwei Buben waren aufgeweckte kleine Kerle, beide mit blonden Haaren und diesmal hatte auch Petra einen gleichaltrigen Spielkameraden. Ocean wurde trotz seiner drei Jahre noch gestillt, besser gesagt, er löschte seinen Durst an Mutters Brust. War ihm danach, unterbrach er das Spiel, rannte zu seiner Mutter, zog ihr das T-Shirt hoch und sog genüsslich an ihrem Busen. Je nachdem, wie interessant das Spiel war, kürzer oder länger, aber immer zog er behutsam das T-Shirt wieder herab und deckte seine „Bar" zu. Er war überhaupt ein kleiner Wirbelwind. Kam er nicht zum Nuckeln, dann wollte er gekrault werden.

„Scratch my back!", forderte er und Susan musste seinen Rücken kratzen. Petra nahm diese Unart von ihm an und bald kratzten wir beide die Rücken unserer Kinder.

Susan war ehemals *Supervisor* der Stewardessen. Ihre Aufgabe war es, darauf zu achten, dass alle perfekt gestylt waren. Jetzt saß sie vor uns, unfrisiert wie wir alle, ohne Schuhe, schmutzig, wie wir alle, mit schmuddeliger Kleidung, wie wir alle, aber glücklich. Einen extremeren Gegensatz in der Lebenseinstellung konnte man nicht finden.

Wahoo war eine Insel voller Vögel. Nachdem auch noch andere Baumarten außer Palmen hier wuchsen, hatten die Vögel genügend Nistmöglichkeiten. Wir wanderten über die Insel auf der Suche nach Nestern. Susan zeigte uns ein Küken der Feenseeschwalbe. Diese Vogelart legt ein Ei auf einen Ast. Schlüpft das Kleine, bleibt es so lange dort sitzen, bis es selbst fliegen kann. Es sah entzückend aus. Das flauschige, kleine Ding saß auf einem gespaltenen, schmalen Ast und sah uns mit seinen großen, schwarzen Augen, wie uns schien, traurig an. Am liebsten hätte ich es in meine Arme genommen.

„Solange sie auf der Stelle sitzen, werden sie von den Eltern gefüttert", erklärte uns Susan, „doch fällt ein Junges herab, ist es verloren." Die Familie fand immer wieder verlassene Vogelbabys und versuchte sie großzuziehen, was selten gelang. Zwei Jungvögel waren derzeit in ihrer Obhut, und während unseres Aufenthalts starben sie. Da gab es wieder Tränen bei Doris.

Wir verbrachten viel Zeit an Land. Oft brachten wir unser Essen mit oder jeder von uns kochte einen Gang. Doch interessanterweise warteten nie alle, um gemeinsam miteinander zu essen. Jeder, der kam, schlang seinen Teil hinunter und ging wieder.

„Die Amerikaner haben keine Esskultur", sagte Heino verächtlich. So sehr ich mit Susan harmonierte, so schwer tat sich Heino mit Ron. Er war ein etwas schrulliger, nervöser Typ mit leicht ergrautem Haar und grauem Rauschebart und oft in sich gekehrt. So kam es vor, dass er, obwohl man mit ihm plauderte, sich umdrehte und ohne Kommentar verschwand. Naturschutz war ihm das Wichtigste. Kein Anker durfte auf Korallen fallen, kein

Fisch gefangen, kein Sand aufgewirbelt, keine Vögel oder Kokosnusskrabben gejagt werden und vor allem kein Mist gemacht werden. Diese
Vorschriften teilte er jedem Besucher mit. Wir befolgten seine Anordnungen doch froh darüber, dass es Menschen gab, für die Naturschutz an erster
Stelle stand und Naturschönheiten wie Mili-Atoll auf dieser Erde noch zu
finden waren. Und die Clamszucht? Hoffentlich zerstört sie nicht auch
einmal das Gleichgewicht der Natur, so wie die Perlenzucht der Tuamotus.
Heino versuchte verzweifelt das Zahnrad des Startermotors zu reparieren,
doch beim ersten Startversuch brach der Zahn wieder aus.
„Du kannst ohne Motor fahren, aber nicht ohne Energie", sagte Ron und
schenkte uns kurzerhand ein Solarpaneel.
„Das Glas ist zwar gebrochen, es leitet nicht mehr so viel, aber es
funktioniert." Das war der andere Ron, spontan hilfsbereit. Diese Solarpa-
neele wurden im Zuge der Wiedergutmachung der Atomwaffenversuche auf
Bikini Atoll für die Straßenbeleuchtung montiert, doch Jugendliche machten sich einen Sport daraus, die Paneelen mit Steinen zu bewerfen und in die
Batterien Sand zu füllen und so montierte man sie wieder ab. Heino band
sie an das Achterstag und schloss sie an. Tatsächlich, die Messung zeigte,
sie lud die Batterie mit mehr als fünf Ampere, und das, solange die Sonne
schien. Sollten wir keine Energieprobleme mehr haben? Kein Motorlaufen
mehr, nur um Batterien zu laden? Das wäre herrlich.
Um uns zu revanchieren half Heino Ron einen Tag lang bei der Reparatur
des Motorbootes, und wir brachten den Kindern die Legosteine, weil sie so
gerne damit spielten. Alle waren zufrieden.
Mike und Shellie verabschiedeten sich. Sie setzten ihre Reise Richtung
Neuseeland fort. Der von mir gefürchtete Abschied fiel glimpflich aus, ohne
Tränen. Unsere Beziehung zueinander hatte etwas an Herzlichkeit einge-
büßt. Doris war zu sehr mit ihren neuen Spielkameraden beschäftigt, um
den „Abschied für immer" zu registrieren.
„Nice to meet you!", riefen sie uns zu und wir winkten. SWEET DREAM
lichtete den Anker, unsere Wege trennten sich.
Die große Familie der amerikanischen Fahrtensegler war in viele Richtun-
gen verweht. Einige Jahre nach unserer Rückkehr schrieben wir uns noch
Briefe, doch gesehen haben wir keinen mehr von ihnen.

Kapitel 43

Auf zu den Salomonen – Passatsegeln in Vollendung

„Ich sehe Land!", Unser Kapitän kniff die Augen zusammen, hob zum Schutz vor der Sonne die Hand an die Stirn. „Laaaand!", tönte es lauter. Wir stürmten ins Cockpit. Ich starrte auf den Horizont. Eine Landsicht dreißig Meilen vor dem Landfall, das hatten wir schon lange nicht mehr. Doch tatsächlich, verborgen im Dunst, mit Wolken umhüllt und einem zarten Regenbogen bekränzt lagen blaugrün schimmernd die Berge von Malaita Island vor unserem Bug. Man hatte den Eindruck, als wäre es eine Kette von kleinen Inseln, die aber allmählich zusammenwuchsen und sich zu einer komplexen Landmasse formierten.

Wir verließen Mili Atoll vor zehn Tagen und, nachdem wir die Riffpassage verlassen hatten, erfasste ein kräftiger Nordostpassat die SEHNSUCHT. Bereits am ersten Segeltag erreichten wir ein Etmal von 125 Seemeilen, und auch die Tage danach waren wir flott unterwegs. Der Nordost Passat ging dann nahtlos in einen Südostpassat über. Heino war in seinem Element. Breitbeinig stand er stundenlang im Cockpit und betrachtete fasziniert die Segel, ließ seinen Blick zur Mastspitze schweifen, verlor sich in der Unendlichkeit der Wellen, starrte eine Ewigkeit zum Horizont und sah voll Begeisterung auf das rauschende Kielwasser, hervorgerufen durch die rasche Fahrt der SEHNSUCHT. Er befand sich in einer anderen Welt. Ab und zu kontrollierte er den Kompass, lächelte unserer braven RESI zu, zupfte kurz an der Kette der Selbststeueranlage, um dann die Segel um eine Vierteldrehung mit der Winde dicht zu holen und sich dann doch wieder zum Fieren zu entschließen. In seinem Logbuch stand: *„Wir sind förmlich geflogen, mit sechs bis sieben Knoten Fahrt, unter blauem, mit Passatwolken überzogenem Himmel, getragen von raumem oder halbem Wind, das ist Passatsegeln in Vollendung. Vielleicht auch Leben? Sich schlafwandlerisch zwischen Wirklichkeit und Traum mit tausend Gedanken in den Weiten des Ozeans verlieren."*

„Papa!", Doris hatte eine Frage, sie erhielt keine Antwort. „Papa, Papa, Papa!", Heino reagierte nicht, er war entrückt. „Was willst du vom Papa?", fragte ich gequält. Ihr Vater befand sich auf einer Gradwanderung zwischen Traum und Wirklichkeit. Wirklich war nur sein Schiff, das Meer, der Wind, das war seine Droge. Aus diesem Trip ließ er sich nicht gerne in die Familienrealität zurückholen, schon gar nicht, wegen einer für ihn unwichtigen Frage. Nur die Navigation brachte Bewegung in seinen Körper, er balancierte mit dem Sextanten bewaffnet an Deck herum und kam zur Berechnung des Standortes an den Kartentisch. Stolz verkündete er die guten Tagesetmale.

Doris war während dieser Überfahrt wieder eins zu fünf, was bedeutete acht von den zehn Tagen schlecht gelaunt, ein Miesepeter, faul im Bett liegend, zu keiner Hilfe bereit, danach zwei Tage lang wie ausgewechselt, lieb, hilfsbereit, ein Sonnenschein. Dann wusch sie sogar freiwillig Geschirr ab und kochte. Warum konnte sie nicht fünf zu eins sein?

Unspektakulär glitten wir über den Äquator, die bereits dritte Überquerung auf unserer Reise.

Am fünften Tag sichteten wir Nauru. „61 Meter hohe Koralleninsel von ovaler Form, kein geschützter Ankerplatz für Yachten, industrieller Phosphatabbau", lasen wir im Reiseführer. Die Insel lockte selbst mich nicht so recht und Heino schon gar nicht, wollte er den herrlichen Passatwind nicht verschenken. So segelten wir weiter.

Die 1.160 Seemeilen lagen nun hinter uns und wir steuerten den nördlichsten Punkt der Insel Malaita an, um durch die Indispensable Strait nach Guadalcanal, der Hauptinsel der Salomonen, zu gelangen. Doch kurz vor der Insel brach der uns bis jetzt treu begleitende Passatwind zusammen. Flaute gepaart mit hoher Dünung folgte.

Heino versuchte den Motor zu starten. In seinem Tagebuch finde ich eine: „Anleitung zum Starten unseres Dieselmotors". Da steht folgendes:
Um dieses ....Ding in Gang zu kriegen muss man:
1. *Motorkasten öffnen*
2. *Lichtmaschine abklemmen*
3. *Batterien zu 24 Volt koppeln*
4. *gebrochene Glühkerzen mit vorgekoppeltem Widerstand samt Fassung zum Glühen bringen*
5. *gebrochenen Magnetschalter durchziehen, an einer Schnur überbrücken, um das ihrerseits beinahe durch Altersschwäche zahnlos gewordene Starterritzel vorsichtig und schonend zum Einrasten zu bringen, dann*
6. *kurz den selbstgebastelten Starterknopf drücken, um die ausgelaufene und zum zehnten Mal geflickte Rücklaufkoppelung am Starter zum Greifen zu bringen. (Im Falle des Nichtfunktionierens nehme man einen Schraubenzieher zum Kurzschließen) Ist diese Sache nach fünfzehn Minuten so weit gediegen, ist*

7. *eine weitere Hürde zu nehmen: durch schnelles Betätigen der Handpumpe Luft aus der irgendwo liekenden Dieselpumpe zu befördern und um den Startversuch dann mit Erfolg zu krönen, ist*

8. *mittels einer Injektionsspritze zwei Milliliter Benzin in die Ansaugkanüle (fix verlegte Leitung) zu injizieren um 1. den Kompressionsdruck zu erhöhen und 2. die Zündung zu erleichtern. Wenn nun der Motor nach heftigem Beten und Fluchen angesprungen ist, benötigt man*

9. *lächerliche zehn Minuten um das Getriebe in Gang zu setzten, was durch trickreiche Kunstgriffe oder Hammer meist gelingt - oder auch nicht. Nun bewegt sich das Schiff nach dreißig Minuten schweißtreibender Arbeit bei Tropenhitze stolz unter Maschinenkraft, welche unnötig wird, da der Wind neuerlich kräftig eingesetzt hat.*

PS: Da der Motor im Wohnzimmer steht, setzt großes Aufräumen ein, um quengelndes Eheweib und im Spieltrieb ohnedies eingeengte Kinder wieder in Laune zu versetzten.

Vor der Umrundung des Kap Astrolabe von Malaita Island setzte tatsächlich wieder kräftiger Wind ein und Heino stellte den Motor ab, diesmal für immer, denn beim neuerlichen Starten brach das Getriebe erneut. Die Schiffsschraube drehte sich nie mehr wieder. Wir erreichten die Landspitze bei Tageslicht nicht mehr und zitterten in der Finsternis daran vorbei. Keines der eingezeichneten Leuchtfeuer funktionierte.

Der Salomonen Archipel erstreckte sich über eine Länge von 1.450 Kilometern und bestand aus sechs großen und zirka dreißig kleineren Inseln sowie zahlreichen Atollen. Die Inseln waren vulkanischen Ursprungs, gebirgig, die höchste Erhebung immerhin 2.330 Meter hoch, stark bewaldet und die Küsten meist zerklüftet. Das gab der Landschaft ein wildes, unheimliches und doch bezauberndes Flair. Es war wieder eine ganz andere Welt.
36 Stunden fuhren, besser gesagt, dümpelten wir in der Indispensable Strait, der Meeresstraße zwischen den Inseln Malaita und Guadalcanal herum. Die kleine Insel Olevuga lag vor dem Bug. Verlockendes grünes Land, schöne Buchten versprachen ruhige Ankerplätze. So beschlossen wir auf dieser Insel, die zur Florida Gruppe gehörte, zu ankern.
Unser kleiner zwei PS Außenbordmotor wurde als Flautenschieber missbraucht. Heino montierte ihn am Spiegel der SEHNSUCHT und er sprudelte brav dahin und verhalf unserem Schiff zu ein bis zwei Knoten Fahrt. Diese Geschwindigkeit reichte aus, um eine Goldmakrele zu täuschen. Sie verbiss sich in den Köder und wir zogen den großen, schönen Fang ins

Trockene. Tausend Meilen bei rascher Fahrt schleppten wir den Angelhaken nach und dann, kurz vor dem Ankern biss einer an, sodass wieder mehrere Manöver gleichzeitig nötig waren: Einholen der langen Schleppleine, Sichern des Fanges, Bergen der Segel, Klarmachen des Ankers und das bei zwei neugierigen Kindern, die alles miterleben wollten. Sie beobachteten die Goldmakrele, die ihre leuchtende Farbe immer wieder veränderte. Das ganze spielte sich zwischen der riffgespickten Durchfahrt der kleinen Inseln mit nicht berechenbaren Strömungen ab.

Wir wurden belohnt, eine paradiesische Landschaft erwartete uns, ruhiges Wasser hinter dem Riff, auf dem eine kleine Insel mit Hütten war. Ein schmaler Streifen weißer Sandstrand, der in tiefes, grünes Wasser tauchte, umrahmte die Bucht. Dahinter wucherte eine dichte urwaldartige Pflanzenwelt, überragt von den Kronen hoher Palmenbäume. Wir fuhren ganz nahe an das Land, ließen den Anker zwanzig Meter tief fallen und befestigten das Schiff mit einer Landleine an einem Baum.

Einheimische kamen neugierig an den Strand, hauptsächlich Kinder. Wir schnappten eine Packung Kekse und gingen an Land. Zwei alte Männer, vermutlich die Familienoberhäupter empfingen uns, ihr Lächeln legte eine Reihe hässlicher, durch Kauen von Betelnüssen rotbraun gewordener Zähne frei. Die Kekse wurden mit Trinknüssen quittiert. Die Menschen waren zierlicher und dunkelhäutiger als in Polynesien, krauses, schwarzes Wuschelhaar umrahmte ihr Haupt. Doch zwischen den Gruppen sahen wir interessanterweise viele mit blondem Kraushaar. Die Unterhaltung gestaltete sich schwierig, die Sprache war für uns unverständlich. Obwohl als Amtssprache auf den Salomonen Englisch gesprochen wurde, fanden wir in diesem Ort niemanden, den wir verstanden. Die Einheimischensprache ist Pidgin, aber es wurden bis zu 80 verschiedene melanesische Sprachen gesprochen. Doch die Zeichensprache funktionierte und sie boten uns Muscheln an, Nautilus, die in den Tiefen des Ozeans zu finden waren und nur des Nachts auch an die Meeresoberfläche kamen. Meine Augen begannen zu leuchten, diese Art fehlte noch in meiner Sammlung. Nautilus sind weder Muscheln noch Schnecken, sie gehören zur Gattung der Kopffüßler. Mit ihrer vollkommenen Rundung, die mit tigerartigen Streifen verziert waren und der großen Öffnung, mit Perlmutt ausgekleidet, galt sie für mich als der König unter den Schalentieren. Der Handel gestaltete sich schwierig, doch schließlich tauschten wir gegen T-Shirts und Angelhaken. Die Männer zogen zufrieden ab. Doch der Deal sprach sich schnell im Dorf herum und so kamen immer mehr mit Muscheln und jeder wollte tauschen. Der Vorrat an Fischhaken war bald zu Ende.

Zum Abendessen wartete die Goldmakrele. Dieser schmackhafte, unvergleichliche Gaumengenuss, war eines der wenigen, aber unvergesslichen

Schmankerln auf unserer Reise. Ein frischgefangener Hochseefisch lässt sich mit nichts, was es in Europa an Fisch zu kaufen gibt, vergleichen.

Den folgenden Tag genossen wir noch am schmalen Strand dieser herrlichen Insel, schnorchelten und erkundeten das Land. Weit kamen wir nicht, das Dickicht war zu undurchdringlich und die vielen Fliegen und Moskitos überfielen uns, und besonders Petra's zarte Babyhaut war bald mit Mückenstichen übersäht.

„Skitos, jucken – kratzten, Rücken kratzten", forderte sie grantig und scheuerte an meinen Beinen, wie an einem Kratzbaum.

Obwohl es landschaftlich so schön war, drängte es uns weiter nach Honiara, der Hauptstadt der Salomonen, nicht der Einklarierung wegen, aber wir fürchteten, dass wir nicht die richtige Prophylaxe gegen Malaria hatten. Außerdem war das in Majuro besorgte Medikament für Kinder nicht optimal. Die Tabletten waren zu groß, und Petra konnte sie nicht schlucken. Heino hatte einen Trick entdeckt. Er schob Petra das Medikament so tief in den Rachen, bis der Schluckreflex ausgelöst wurde. Dabei liefen ihr immer die Tränen über die Wangen. Sie tat mir fürchterlich leid, doch sie ließ die Prozedur ohne Protest über sich ergehen. Dann sahen wir auch sehnsüchtig dem Weg zur Post entgegen; endlich wieder ausführliche Nachrichten von der Heimat, denn seit Tahiti hatten wir keinen Brief von unseren Lieben mehr in Händen.

Am Abend kämpften wir den Anker hoch, es war wie immer eine Schinderei, und legten Kurs Richtung Honiara. Der Wind schlief bald ein und so steckten wir bei Anbruch der Dunkelheit noch in der Inseldurchfahrt. Unser kleiner Außenborder musste wieder herhalten, weil uns die Strömung zum Land schob.

Dann ging es hart am Wind, einmal etwas mehr, dann weniger, Richtung Guadalcanal Island, der Hauptinsel der Salomonen. Die Stadt Honiara war schon von Beginn der Dunkelheit an, dreißig Meilen weit, dank des hellen Lichterscheins, zu sehen. Die Nachtwache wurde belohnt mit einem strahlenden Sternenhimmel. Ich lag im Cockpit und betrachtete das Firmament, als plötzlich ein leuchtender, heller Punkt am Himmel erschien.

„Ein Engel!", kam mir in den Sinn. Es war so ein Moment, wo man das Gefühl hat, mit den Seelen anderer in Verbindung zu treten und ich dachte intensiv an meine Lieben zu Hause, besonders an meine Großmutter. Fasziniert beobachtete ich den Punkt, der immer größer und strahlender wurde und sich allmählich als ein Flugzeug entpuppte, das lautlos über den Himmel schwebte. Doch das Gefühl in mir blieb und als die nächste Sternschnuppe vom Himmel fiel, wünschte ich mir sehnlichst, es möge allen, besonders Oma, gut gehen. Mein Standardwunsch beim Aufleuchten einer Sternschnuppe war, dass unsere Reise unter einem guten Stern stehen möge und wir alle heil nach Hause kämen. Diesmal wünschte ich mir etwas anderes.

Es graute, die Sonne stieg hinter den Bergen von Guadalcanal auf und wir waren noch fünf Meilen von der Stadt entfernt. Flaute begleitete uns an diesem Morgen. Um 11 Uhr erreichten wir den überfüllten und da ungeschützt, schwelligen Ankerplatz vor der Stadt Honiara Wir manövrierten mit unserer zwei PS Kraft zwischen den ankernden Schiffen hindurch ins seichte Wasser, denn Heino weigerte sich, den schweren Anker wieder in unergründliche Tiefen zu werfen. Auf zwei Meter Wassertiefe, ganz Nahe am Strand fiel das Eisen auf den Meeresboden und da kein Platz zum Schwojen war, befestigten wir das Heck der SEHNSUCHT an einem beinahe gesunkenen Ponton.

„Ich glaube Petra hat Fieber", sagte ich und befühlte meine Tochter, die an diesem Morgen so verdächtig ruhig war und apathisch im Bett lag. Das Fieberthermometer kletterte auf 40,5°.

„Malaria!", dieses Schreckenswort war das erste, das in meinem besorgten Gehirn herumspukte. Heino ging alleine zu den Behörden, ich saß neben dem kranken Kind.

„Eigenartig", dachte ich, „Petra ist komplett trocken." Normalerweise war unsere Haut bei diesen hohen Temperaturen in den Tropen, die sich meist zwischen 30 und 40° Celsius bewegten, immer mit einer Schicht Schweiß überzogen.

„Petra hat kein Fieber, sie hat einen Hitzestau!", kam mir in den Sinn. So tat ich vermutlich das einzig Richtige, ich holte Wasser und Waschlappen und befeuchtete ihre heiße Haut, wo das Wasser verdunstete. Tatsächlich, nach kurzer Zeit kühlte sie ab und bekam Normaltemperatur.

Am Nachmittag konnten wir alle gemeinsam an Land gehen. Erst zur Apotheke, denn Tabletten für Malariaprophylaxe mussten besorgt werden. Hier gab es extra für kleine Kinder einen nach Bananen schmeckenden Sirup und alle Medikamente zu einem Spotpreis. Dann führte uns der Weg zur Post. Mit einer stolzen Ausbeute von elf Briefen kamen wir zurück. Die Freude war groß. Heino wollte noch in das Marinegeschäft, in der Hoffnung Ersatzteile für unser kaputtes Getriebe zu finden. Ich setzte mich mit den Kindern in den gemütlichen Yachtclub, bestellte ein kaltes Cola und sortierte die Post. Wir hatten eine festgelegte Reihenfolge zum Lesen der Briefe. Zuerst öffneten wir jene der Eltern, dann Geschwister, Tanten und Onkeln und zuletzt die der Freunde. Der Brief von meiner Mutter sah diesmal irgendwie anders aus. Schwarzer Kugelschreiber? Komisch, meine Mutter hatte noch nie etwas anderes als Blau verwendet.

„Wir müssen euch leider eine traurige Nachricht überbringen. Unsere liebe Omi Stein ist am 26. März um halb fünf Uhr gestorben", diese Zeile las ich nach den üblichen Begrüßungsworten. Ein Kloß bildete sich in meinem Hals. *„Als sie aufstehen wollte, hat plötzlich ihr Herz aufgehört zu schlagen."* Die Worte verschwammen vor meinen Augen, ich konnte nicht mehr weiterlesen. Das durfte nicht passiert sein, nicht jetzt, so kurz vor unserem Wiedersehen.

„Ich werde euch nicht mehr sehen, das erlebe ich nicht mehr", Großmutters Worte hallten im meinem Kopf wider. Ich hatte damals darüber gelacht und ihr versichert, dass wir uns wohl wiedersehen werden. Das tat weh. Und ich war so überzeugt gewesen, dass meine Sternschnuppenwünsche alle in Erfüllung gingen. Ich barg das Gesicht in meinen Händen und ließ meinen Tränen freien Lauf.

„Was hast du Mama?" Doris rüttelte mich und zog meine Hände vom Gesicht weg. „Warum weinst du?"

„Die Omi Stein", schluchzte ich, „die Oma Stein..." Wie sollte ich das meiner Tochter schonend beibringen?

„Gestorben?", fragte Doris, der Wahrheit ins Gesicht schauend. Ich nickte nur.

Sie kletterte auf meinen Schoß und jetzt weinten wir beide. Hemmungslos und eng umschlungen. So fand uns Heino.

„Eu jeh!", war sein Kommentar auf das Häufchen Elend das er vorfand.

„Die Oma!" Er ahnte das Geschehene.

Die Welt sah plötzlich trostlos und grau aus. Nicht nur in unseren Herzen, dunkle Wolken bedeckten das Blau, öffneten ihre Pforten und der Himmel weinte mit uns.

„Sie ist erlöst und braucht nicht mehr zu leiden.", hörte ich die Worte meiner Mutter durch den Äther. Eigentlich hatte ich vor, sie zu trösten, doch jetzt tröstete sie mich.

„Sie ist jetzt erlöst und fühlt keine Schmerzen mehr, von denen sie viel zu viel ertragen musste", wiederholte meine Mutter. Es tat nur so weh, dass wir Oma durch unser Fortfahren so großen Kummer bereitete hatten, ich hoffte, dass sie es uns verzeiht. Das Telefonat tat mir gut, die Verbindung zur Familie fehlte sehr und das Heimweh quälte.

„Wir kommen bald nach Hause", mit diesem Satz verabschiedete ich mich von meiner Mutter. Der Entschluss, die Reise zu beenden stand nun endgültig fest, es blieben noch drei Monate bis zum Ende meines Karenzurlaubes. Das bewog uns auch, das Reisebüro aufzusuchen. Wir erkundigten uns um einen Flug nach Europa von Port Moresby, Papua Neuguinea aus.

„Leider schon fast ausgebucht", sagte die Dame am Schalter, „es ist Ferien-zeit!" Also buchten wir kurz entschlossen einen Flug Port Moresby – Singapore – Wien mit Lauda Air. Für Papua Neu Guinea benötigte man aber ein Visum.

„Füllen Sie das Formular aus, bringen Sie zwei Passfotos und 24 Dollar je Pass mit", meinte die Angestellte.

Das taten wir auch und kehrten am nächsten Tag wieder zurück ins Büro.

„Es gibt ein neues Gesetz seit Mai 1990", erklärte uns freundlich die Dame, „kommt man mit einer Yacht ins Land, sind 100 Kina pro Pass zu zahlen."

Wir rechneten in Schillinge um.

„Viertausend", schnaufte Heino, damit war die Schmerzgrenze überschritten.

„Also nicht nach Papua Neuguinea!", meinte der Kapitän.

„Fahren wir eben nach Australien, dort ist das Visum gratis." Wir baten die Reisebüroangestellte den Flug umzubuchen.

„Umbuchen?" fragte sie, nachdem sie längere Zeit in den Computer gestarrt hatte, „es gibt keinen Flug."

Wir schauten sie entsetzt an und ich dachte: „Oh Gott, hoffentlich kommen wir rechtzeitig heim." Schließlich setzte sie uns auf die Warteliste.

Die Sorge veranlasste uns, einen Expressbrief nach Hause zu schicken und zu bitten, die Angelegenheit von Österreich aus zu organisieren.

Heino kam die Tatsache, dass ich mit den Kindern erst von Darwin nach Hause fliegen sollte entgegen, denn so blieben wir noch weitere 700 Meilen zusammen und er musste doch nicht die gefürchtete Torresstraße alleine durchqueren. Die Bitten und Aufforderungen seiner Eltern, die Reise doch auch zu beenden und mit uns nach Hause zu kommen quälten ihn zwar, aber er ließ sich auch von ihnen nicht von seinem Plan abbringen, die Welt zu umrunden.

„Auf dem letzten Trip hat die SEHNSUCHT wieder bewiesen, welch groß-artiges Schiff es ist, bis auf den Motor top in Form und absolut seetüch-tig", schrieb er und dann widerlegte er auf zwei Seiten ihre Befürchtungen über Gefahren und Krankheiten, bis er auf seinen Seelenzustand zu sprechen kam: *„ Wir befinden uns auf einer Gradwanderung zwischen Wirklich-keit und Traum, zwischen Euphorie und Depression. Das Heimweh brennt in meiner Seele und doch ist da die SehnSUCHT nach mehr – Leben, Erleben, Sehen oder Abenteuer – genauso stark. Es zerfleischt mich förmlich innerlich, weil ich weiß, dass ihr zu Hause auf mich wartet. Aber da ist die Sucht nach immer mehr oder aber auch der Drang nach Selbstbestätigung. Ich war immer mittelmäßig, beim Sport oder im Beruf. Nun aber, wenn ich wirklich etwas kann, dann ist es Segeln und ich möchte einmal im Leben zu den Besten gehören und davon trennen mich nur mehr*

351

9.000 Seemeilen, ein Katzensprung. Und wenn du nur mit Sextant und Kompass durch die Torresstraße und dann noch Singlehand durchs Rote Meer segelst, dann gehörst du zu den Besten. Eines weiß ich, ich kann es schaffen und ich hoffe, ihr könnt noch acht Monate länger Verständnis für euren verrückten Sohn aufbringen, auch wenn ihr mit Recht meint, das Maß ist voll. Aber euch zum Trost, Qualen erleiden wir alle, euch quält die Sorge und mich das schlechte Gewissen."

Heino war durch die Briefe seiner Eltern in einen moralischen Gewissenskonflikt geraten. Ich musste ihm versichern, dass ich auch alleine stark genug sein werde, den Anfang zu schaffen. Meine Sehnsucht war gestillt für die nächsten zehn Jahre, wie ich glaubte. Und ich wusste genau, dass ich Heino gehen lassen musste, dass ich die Monate voller Angst und Ungewissheit auf mich nehmen und loslassen musste. Zu viel hatten wir gemeinsam durchgestanden, jetzt war die Zeit gekommen, wo unsere Interessen sich teilten, unsere Weg sich trennen mussten.

„Aber die Würfel fallen erst in zwei Monaten", beendeten wir unsere Diskussion, „und bis dahin genießen wir die Salomonen", ein uns neu eröffnetes Paradies.

Die Stadt Honiara überraschte uns, sie war relativ modern, viele Autos belebten die Straßen, mit Linksverkehr, der uns, bereits verkehrsuntüchtig geworden, öfters in brenzlige Situationen brachte. Die Geschäfte boten so ziemlich alles an, die Preise hielten sich in Grenzen, wir waren angenehm überrascht, weil wir dachten, es wäre sehr teuer hier. Hoch waren nur die Preise bei Fleisch, Fischkonserven und Keksen, dagegen Brot und die guten „Cream-Cookies" waren billig. Billig war auch das Gemüse am Markt, wo alles angeschrieben war und nicht gehandelt werden musste. Dort herrschte ein lustiges, buntes Treiben. Männer und Frauen breiteten ihre Ware auf Matten am Boden aus oder lagerten sie in Körben, geflochten aus Palmblättern. Zwischen Gemüse und Obst bot man Muscheln, Handarbeiten und die kunstvollen Holzschnitzereien an. Leider war der Markt weit weg und für uns nicht einfach zu erreichen. Abhilfe schafften Kevin und Kay von der Australischen Yacht PEGGY ANN, die ebenfalls vor Honiara ankerten. Ein nettes Ehepaar, das uns auf ihre Einkaufstouren mit dem Auto mitnahm und da kinderlos, unsere zwei Rabauken maßlos verwöhnte. Bei unserer nun schon zur Tradition gewordenen Kaffeeeinladung tranken die zwei aus unseren besten jedoch schon ausgeschlagenen Kaffeetassen. Das Ergebnis: Bei der nächsten Einladung schenkte uns Kay zwei Neue.

Immer wieder zog es Heino zu dem Marinegeschäft, wo es zwar keine Ersatzteile gab, in dessen Auslage aber ein nigelnagelneuer, schwarz glänzender 9,9 PS starker Mercury Außenborder prangte.

„Was meinst du", fragte mich Heino, „als Kompromiss: Flautenschieber auf der SEHNSUCHT und auch für das Dingi verwendbar. Wie wär das?" Der Preis lockte, noch nirgends hatten wir so einen günstigen Motor gesehen.

„Die Preise werden von der Regierung gestützt", erklärte Kevin. Bald konnten wir dem verlockenden Angebot nicht mehr widerstehen und zückten im Geschäft unsere Kreditkarte. Ausschlaggebend für den Entschluss waren die zwei letzten Flautentage vor Honiara. Zum Segeln ohne Wind brauchte man Geduld, und Geduld war nicht Stärke unserer Kinder. Und da ich bald wieder zu den Gehaltsempfängern gehörte, spielte Geld keine Rolle mehr – Ha! Ha! Doch der Hauptgrund war die Sicherheit und die Tatsache, dass wir die letzten zwei Monate ohne ständige technische Probleme genießen wollten. Die Befestigung an der SEHNSUCHT ergab dann doch noch einige Probleme, es war schwieriger und viel mehr Arbeit als wir gedacht hatten. Doch Heino hatte schon 24 Stunden nach unserem Entschluss seine Freude mit dem neuen Außenborder, der das Heck unseres roten Dingis zierte. Los gings! In Höllenfahrt glitten wir über die Ankerbucht, wie ein Ferrari brausten wir dahin, die Bugwelle ließ die Gischt spritzen, das kleine Boot sprang auf den Wellen dahin. Heino saß lachend am Steuer, Doris stand am Bug und hielt sich an der Festmacherleine fest und jubelte. Nur Petra, unserem kleinen Angsthasen, gefiel das schnelle Fahren nicht, das war nichts für sie.

„Papa, passt du eh auf, auf mir?", fragte sie ängstlich. Und sie war heilfroh, als wir wieder bei der SEHNSUCHT landeten.

„Noch einmal, bitte Papa!", forderte Doris. Er ließ sich nicht lange bitten und die zwei brausten davon. Wie ein Jockey in seinem Wagen stand Doris am Bug und schien das Boot zu dirigieren, sie glich die Bewegungen durch Gewichtsverlagerungen aus und sie kamen ins Gleiten. Das war ein Spaß, und diese Ausfahrten wurden zum allabendlichen Genuss für die zwei. In der Nacht hingen wir den neuen Motor mit einer Kette ans Boot. Angeblich wurde hier viel gestohlen.

„Die Leute hier sind nicht aggressiv, aber arm", sagte der Immigrationsbeamte. „Seien sie daher vorsichtig."

Uns erschienen die Menschen hier sehr selbstsicher, stolz, aber nicht arrogant, offene, freundliche Gesichter begegneten uns auf den Straßen. So manches Lächeln wurde erwidert, kein Hass war in den Augen zu sehen. Selbst in dem Viertel, wo sich der Markt befand und in dem die billigeren Geschäfte angesiedelt waren, waren die Menschen zwar merklich ärmer, aber nicht weniger freundlich. Welch erfrischender Unterschied zu Majuro.

Der Brief von SILMARIL für Maria Lane wartete noch auf der SEHN-SUCHT. Als Adresse war das Museum von Honiara angegeben. Maria Lane war eine nette Frau. Sie führte uns durch das Museum der Stadt. So lernten wir etwas von den alten Traditionen der Salomonen und ihren Bewohnern, einst Kopfjäger, kennen. Offensichtlich ließen sich diese Menschen ihre Kultur von den weißen Entdeckern und Eroberern nicht ganz nehmen. Man sah es an den Tätowierungen und an den *Carvings,* den Holzschnitzereien mit Perlmutteinlagen, wobei mir besonders *Nosa-Nosa* gefiel, der Kriegsgott mit einem erbeuteten Kopf in der Hand. Die früher als Zahlungsmittel verwendeten *Moneyshells,* kleine Muschelscheiben, aufgefädelt zu einer Kette, finden heute Verwendung als Schmuckstücke. Am Souvenirstand konnte ich nicht widerstehen, und bald zierte eine Geldkette Doris und meinen Hals.

„Viel seid ihr nicht wert", sagte unser Kapitän herablassend. Er hätte die Salomonendollars lieber in Lebensmittel umgesetzt anstatt in Muschelgeld.

Wenige Kirchen befanden sich in Honiara, nicht nur die Eroberer, auch die Missionare hatten offensichtlich hier nicht viel Chance. Und doch gab es viele schöne Gebäude, zum Teil modern, mit Parkanlagen, auch sahen wir relativ wenig Mist.

In der Stadt waren wir immer beschäftigt, immer auf der Suche nach notwendigen Dingen, wie Gas, Benzin und Lebensmitteln, und so verbrachten wir viel Zeit damit, durch die Strassen zu bummeln. Täglich steuerten wir unseren Lieblingsplatz an, den schattigen Yachtclub hinter dem schönen Sandstrand, mit Blick auf die ankernden Yachten, die im Dauerschwell ständig vor sich hin und her schaukelten. Wir saßen dort, tranken kaltes Cola, beantworteten Briefe und sahen den Kindern zu, die am Strand spielten.

Unsere Seglerkollegen vom Pazifik hatten wir mit der Fahrt zu den Salomonen alle verlassen, um so erstaunter waren wir, als wir plötzlich Kimiko eine junge Japanerin sahen, die wir als Mitseglerin bereits in Samoa und Tuvalu getroffen hatten. Es war ein herzliches Wiedersehen.

Doch wir wären keine Fahrtensegler, wenn wir nicht sofort neue Freundschaften geschlossen hätten. Es gab zwei australische Yachten am Ankerplatz: PEGGY ANN mit Kevin und Kay an Bord und BUTTERFLY mit Russel und Marcia. Beide Schiffe kamen von Bouganville, wo derzeit ein Bürgerkrieg tobte und bitter um Unabhängigkeit gekämpft wurde. Sie mussten das Gebiet verlassen, es gab sogar eine offizielle Warnung an die Berufsschifffahrt, dass all jene, die näher als zehn Meilen an die Küste kamen, beschossen würden. Russel erzählte uns die traurige Geschichte von seinem Freund, der die Drohung nicht ernst nahm und umkam, so wie es auch einigen anderen Yachten erging.

„Es gibt *half serve* im Hotel Plaza", erzählten die Yachtkollegen, „kommt ihr mit?" *Half serve* bedeutete, es wurde ein Menü mit halben Portionen um nur fünfzehn Salomondollars serviert, inklusive Dessert. Das ließen wir uns nicht zweimal sagen und so fanden sich alle zum Abendessen im Hotel ein. Es war herrlich, so gut hatten wir schon lange nicht gegessen. Doch was nützte uns *half serve*? Heino aß natürlich zwei halbe Portionen.

Kimiko kam zu Besuch auf die SEHNSUCHT, begleitet von ihrem Freund, einem Entwicklungshelfer und einem anderen japanischen Freund, der Karatelehrer war. Er sah zwar klein aus, bestand aber nur aus Muskeln, die vor Rohkraft sprühten. Gleich beim ersten Ruderschlag mit unserem Dingi riss er die Halterung heraus, beim Aufsteigen auf unser Schiff, drückte er das Polyester vom Süll des Beibootes ein. Er tat mir leid, er wagte sich nicht mehr zu bewegen, außerdem sprach er nur japanisch, was eine Unterhaltung erschwerte. Kimiko dagegen plauderte ständig, sie war eine junge, reiselustige Frau, die sich gegen die Lebensart der Japaner auflehnte. „Wir haben maximal zwei Wochen Urlaub im Jahr", erzählte sie von ihren Landsleuten", „und in dieser Zeit reisen alle in die ganze Welt, fotografieren, klick, klick", sie kniff ein Auge zu und imitierte einen japanischen Touristen, „das restliche Jahr wird gearbeitet und gearbeitet."

„Nicht einmal für eine Hochzeitsreise hat man Zeit", erzählt sie weiter, „für Honeymoon bringt ein Schiff das Paar auf eine einsame Hochzeitsinsel, dort wird schnell...", sie imitierte wieder mit typischer Bewegung, „damit man am nächsten Tag wieder brav zur Arbeit gehen kann. Da mach ich nicht mit."

Für Doris malte sie geduldig japanische Schriftzeichen. Doris hingegen nahm Kimiko in Besitz und beglückte sie mit ihren Spielsachen. Als sie die Schuhe ihrer Märchenpuppe nicht finden konnte, brach sie in Tränen aus.

„Europäische Kinder sind komisch", meinte daraufhin Kimiko, für die solche Emotionen fremd waren.

Die Sonne stand schon tief am Horizont, als sich unser Besuch verabschiedete. Wir hatten uns verplaudert, dabei wollten wir noch an diesem Tag auslaufen, die nächsten 55 Seemeilen in einem Nachttörn zurücklegen, um bei Tageslicht einen schönen Ankerplatz auf Russel Island zu finden. Heino brachte die drei an Land, der gebrochene Ruderbeschlag erschwerte die Fahrt. Von der Polyesterdelle standen spitze Fasern weg. Heute war kein guter Tag für unser Dingi, doch es sollte noch schlimmer kommen.

Kapitel 44

Russel Island – die Rache der Faulheit oder die unbarmherzige See

„Wir müssen uns beeilen, die Sonne geht bald unter." Aufbruchhektik auf der SEHNSUCHT. Die Nachtfahrt von Honiara nach Russel Island stand bevor.

„Sollen wir das Dingi an Deck holen?", fragte der Kapitän und sah auf das Meer.

„Aber nein, es ist kaum Wind." Tatsächlich war in den letzten Tagen wenig Wind, besonders nachts. Heino drängte darauf, den Außenborder auf der SEHNSUCHT auszuprobieren. Also Anker hoch und mit einem einzigen Zug schnurrte der Motor. Gang hinein und wir motorten aus dem Hafen. Der Mercury schob die SEHNSUCHT zwar nicht schnell, aber immerhin erreichten wir drei bis vier Knoten Fahrt. Das war ja nicht so schlecht. Heino experimentierte mit der RESI, unserer Selbssteueranlage, doch diese konnte, obwohl sie nebeneinander hausten, keine Freundschaft mit dem Motor schließen. So musste handgesteuert werden.

Die Überfahrt begann ganz ruhig, glatte See, kaum Wind. Doch bald rollte eine hohe Dünung heran, die uns eigentlich eine Warnung hätte sein sollen. Um Mitternacht begann der Wind aufzufrischen und blies bald mit fünf Beaufort. Das Wellenbild glich sich der Windstärke an. Das Dingi, achtern nachgeschleppt, vollführte einen Kriegstanz, Wellental rauf, Wellental runter, manchmal schneller als das Schiff um dann wieder hart an der Festmacherleine zu reißen. Ein Hochheben mitten in der Nacht und bei diesem Wellengang war zu gefährlich und nicht mehr möglich.

„Hoffentlich verlieren wir es nicht." Ängstlich beobachteten wir den wilden Tanz im Lichtkegel der Taschenlampe.

Es war vier Uhr morgens als Heino schrie: „Monika, schnell komm raus, wir haben das Dingi verloren!" Es war stockfinster, verzweifelt leuchtete er mit der Taschelampe hin und her, kein Dingi war zu sehen.

„Wir müssen die Segel runter und den Halogenscheinwerfer anmachen", befahl der Kapitän und hatte auch schon die Fallen und Schoten gelöst. Das Großsegel rauschte vom Mast, die schlagende Fock rollten wir rasch ein. Der Halogenscheinwerfer war nicht angeschlossen, die SEHNSUCHT hatte an Fahrt verloren und hüpfte bockig auf den Wellen dahin. Das Dunkel war undurchdringbar. Als endlich der Scheinwerfer aufblitzte, suchten wir das Wellengebirge um uns herum ab.

„Da ist es!", schrie Heino. Einen kurzen Augenblick tauchte es knapp beim Heck der SEHNSUCHT auf.

„Schnell, nimm den Scheinwerfer", sagte er und reichte mir die Lampe. Dabei riss das Kabel aus dem Stecker – und tiefstes Schwarz umfing uns. Unsere vom hellen Licht geblendeten Augen waren blind. Jetzt gingen die Anordnungen durcheinander, die konfuse Situation spitzte sich zu, wir redeten durcheinander, das Chaos war perfekt. Doris war wach, sie stand am Niedergang.

„Motor starten!"

„Wende fahren!"

„Doris komm raus! Hilf uns!"

„Doris bleib drinnen!"

Der Außenbordmotor sprang nicht an, keiner merkte, dass sich die Benzinleitung vom Tank gelöst hatte, das Schiff drehte quer zu den Wellen, legte sich bedrohlich zur Seite. Wir kollerten durcheinander, glücklicherweise ging niemand über Bord. Endlich funktionierte der Scheinwerfer wieder, wir hatten Licht und suchten die Umgebung ab. Doch die Chance war durch die Hektik vertan, das Dingi war nicht mehr zu sehen, soviel wir auch suchten. Wir ließen uns dann vor dem Wind treiben, in der Hoffnung, das Beiboot würde sich genauso schnell wie das Schiff fortbewegen. Es waren unendliche zwei Stunden, bis die Sonne am Horizont ihr zartes Grau erkennen ließ. Doch so sehr wir uns die Augen ausschauten und so hoch Heino den Mast erklomm, das Dingi war und blieb verschollen.

Vor dem Land querten wir noch fünf Meilen nach Nordosten, fünf Meilen nach Südwesten, schauen nach vorne, ob es vielleicht schon gestrandet war, schauen zurück aufs Meer. Trotz guter Sicht war nichts zu entdecken. Gegen Mittag gaben wir erschöpft auf und wandten uns dem Sunlight Channal auf Russel Island zu.

Heino verstand die Welt nicht mehr. Sein schönes Spielzeug, mit dem er vor kurzem noch so viel Spaß hatte, wurde ihm genommen. Und uns allen wurden die Füße gestohlen.

„Ein Schiff ohne Dingi, ist wie ein Mensch ohne Beine", stellten wir deprimiert fest.

Auch die Kinder waren vom Verlust betroffen. Doris erzählte ihrer kleinen Schwester, die das ganze Manöver verschlafen hatte, von dem Unglück.

„Wir haben das Dingi verloren."

„Dingi loren?" Sie überlegte. „Müssn umdrehen, müssn zurückfahren."

„Wir sind schon zurückgefahren, es ist fort Petra."

„Muss Papa untertauchen und holen", war ihre logische Folgerung, da Verlorenes normalerweise einen Tauchgang ihres Vaters zur Folge hatte.

Wir nahmen die herrlicher Landschaft der vorgelagerten kleinen Inseln nicht wahr, wir registrierten nicht das ruhige dunkelgrüne Wasser, als wir in den Sunlight Channel einbogen, wir sahen nur die eintönigen Kokosnuss-plantagen, wo sich dazwischen hässliche Wellblechhütten, die Wohnsied-lungen der Plantagenarbeiter tummelten. Die gesamte Insel, an die Lever Brothers von der Regierung verpachtet, diente zur Kopraproduktion. Kopra wurde direkt von der Yandina Plantage auf der Südwestseite von Russel Island nach Europa verschifft.

Mitten im Ligatu Cave, einer eineinhalb Meilen langen Einbuchtung des Sunlight Channels, fiel der Anker, und kaum war das Eisen am Meeres-grund, umkreisten uns die Einheimischen mit ihren Kanus. Erwachsene und Kinder lachten und kicherten miteinander, doch keiner sprach mit uns. Wir konnten in unserer Verzweiflung ihre Freude nicht teilen. Heino versuchte mit ihnen zu sprechen, doch dann schwiegen sie, oder antworteten auf eine Frage mit „Yeh!", egal welcher Art die Frage war. Waren sie so scheu oder so dumm? Auf jeden Fall unterhielten sich die Männer über unseren Außen-bordmotor, der noch neu glänzend, ein Kontrast zur schmuddeligen SEHN-SUCHT war. Heino, der ein gutes Gefühl für Sprachen hatte, verblüffte die Gruppe von Männern mit seiner Korrektur, dass wir von Europa kämen und nicht von Amerika. Daraufhin trat Schweigen ein. Die Pause nützte er um von unserem Dingiverlust zu erzählen. Vielleicht hatte irgendjemand das Boot gesehen oder sogar gefunden? Die Antwort „Yeh" war nicht sehr aus-sagekräftig.

„Können wir ein Kanu kaufen?", Heino deutete auf ihre fahrbaren Unter-sätze. Diese Frage wurde mit Schweigen quittiert und hatte bloß zur Folge, dass das kleine Boot, welches kieloben am Ufer lag, kurz darauf abtranspor-tiert wurde. Offensichtlich traute man uns nicht. Wir ihnen auch nicht und Heino kettete den Außenborder an das Schiff. Zwei Verluste an einem Tag hätten wir seelisch nicht verkraftet.

Die Kinder wollten an Land.
„Schwimmen wir einfach", sagte Doris.
„Mag nicht fimmen", heulte Petra, die immer noch Angst vor tiefem Wasser empfand. Doch Doris hatte eine Idee. Sie holte die Babybadewanne, stellte sie ins Wasser und setzte sich hinein. Die Stabilität ließ zu wünschen übrig und nach kurzem Balanceakt fiel sie lachend ins Wasser. Petra stand an der Reling. Der Clownakt ihrer Schwester brachte sie zwar nicht zum Lachen, aber die Tränen versiegten. Doch Doris Ideenreichtum war groß. Sie kom-binierte Badewanne mit Rettungsreifen, nahm den hufeisenförmigen Ret-tungsring vom Heckkorb und steckte die Badewanne hinein. Mit einem Kochlöffel als Ruder führte sie ihre Show weiter und blödelte im Wasser

herum. Bald zeigte sich ein Lächeln auf Petras tränenverschmiertem Gesicht und sie ließ sich überreden mit Rettungsweste bekleidet das Ersatzdingi zu benützen. Groß war das Vertrauen zu dieser Konstruktion vermutlich nicht, sie saß sich verkrampft festhaltend in der Wanne. So schwammen wir an Land und schifften unser Moseskörbchen vor uns her.

Das Land, mit dichtem Gebüsch bewachsen, wies nur einige steingespickte Durchlässe auf. Eine Armada von Stechgetier empfing uns. Es war ein Gesumme und Gebrumme, sodass wir bald die Flucht ergriffen und uns an Bord wieder der Depression hingaben.

„Scheißleben – Hudeleben ist zu harmlos ausgedrückt", sagte Heino und er quälte sich mit Selbstvorwürfen: „Ich Trottel, hätte ich nur...!"

So oft hatten wir schon schlimme Situationen erlebt, Depressionen durchgemacht, doch dieses Mal haderten wir mit unserem Schicksal. Warum war der Ozean so unendlich groß, so stark und so unbarmherzig - und wir so klein und hilflos?

Doch vielleicht war es doch Fügung des Schicksals? Ging das Schicksal so seltsame Wege? Wie wir erst viel später registrierten, hatte die Strömung auf dieser Überfahrt kräftig mitgeschoben, das Log zeigte fünfzehn Meilen weniger als die tatsächliche Distanz auf der Seekarte. Vielleicht wäre es uns so ergangen wie jener japanischen Yacht, die vor einigen Wochen am Riff vor Russel Island gesunken war und deren Crew ums Leben gekommen war? Denn wir hätten bestimmt nicht fünfzehn Meilen vor dem Landfall durch die finstere Nacht gestarrt um die niedrigen, von Riffen umzäunten Inselchen vor Russel Island auszumachen, noch dazu, da ein Yachtkollege am Tag davor erzählte, der Strom liefe gegen an. Mussten wir vielleicht das Dingi verlieren um unser Leben zu behalten?

Doch das Leben ging weiter und ein strahlender Sonnenaufgang kündigte den nächsten Tag an. Ein Blick rund um die SEHNSUCHT machte uns klar, dass es kein Traum gewesen war. Unsere Füße waren tatsächlich amputiert. Heino holte den lecken, schwimmenden Ring aus der Achterkajüte, den ich in Majuro unbedingt wegwerfen wollte. Und er war schon wieder voller Improvisationsideen.

„Ich baue ein Floß und befestige das kaputte Schlauchdingi rundum, dann haben wir wieder einen Boden unter den Füßen", verkündete er nach dem Frühstück. Einige Stunden hackte, sägte und hämmerte er im Dickicht herum. Doch das Ergebnis war dürftig. Das Holz, noch grün, war viel zu schwer, sodass es kaum auf der Wasseroberfläche schwamm. Das Ungetüm war schwer ruderbar, und bei vier Personen an Bord lag es tief im Wasser.

Das Verhalten der Einheimischen änderte sich nicht, sie betrachteten uns misstrauisch, vermutlich strahlten wir unsere schlechte Stimmung aus. Nur ein schielender Junge versuchte Geschäfte mit uns zu machen. Er wolle Gemüse bringen, erklärte er in gebrochenem Englisch, und dafür eine Packung Kekse und einen Luftballon haben.

„Okay!" stimmte ich zu.

„Tomorrow, half past three"

Ich erklärte ihm, dass wir am Morgen abfahren würden, er solle früher kommen.

„Yes, half past three!"

„Nein am Morgen!" Gedankenpause!

„Yeh! Half past three!"

"At nine o'clock!", versuchte ich es noch einmal, *„Nine a. m."*

"Okay, half past three!" Ich resignierte und verschwand im Schiffsinneren.

Wir warteten nicht bis *„half past three"*, sondern lichteten am Morgen den Anker, der Platz hier war zu bedrückend. Wir motorten den Sunlight Channel nach Norden. Dieser Kanal trennte Russel Island in zwei Hälften, in Pavuvu und Mbanika Island und zog sich wie eine Lebenslinie durch die handförmige Insel. Auf der Nordseite gliederte sich das Land und zeigte fingerförmige Ausläufer mit tiefen Einbuchtungen. Ausgedehnte Korallenbänke zogen sich wie Schwimmhäute zwischen den Landzungen. Die Inseln um uns waren mit dichten dschungelartigen Wäldern überzogen, die meist bis zum Wasser reichten. Vereinzelte hohe Kronen von Palmen überragten das Dickicht. Wir setzten Segel und mit einer achterlichen Brise glitt die SEHNSUCHT durch das ruhige Wasser des Kanals bis zur Nordspitze der Insel, wo die Vegetation allmählich lichter wurde. Einige Ansiedlungen und Strände hellten die Landschaft auf. Wir fuhren an der Riffkante entlang, wo, Richtung offenem Meer einige Felseninseln von der Form eines Kopfes, geschmückt mit einem einzigen Baum, das Panorama zierten. Wir suchten die schmale Durchfahrt zwischen dem Riff nach Westen und segelten im kristallklaren Wasser vorbei an bunten Riffen und kleinen Inseln bis zum nordwestlichsten Ende der Russel Group. Wir wollten einen schönen Ankerplatz, einen mit Sandstrand, am besten einen ohne menschliche Siedlung. Und auf dieser Suche übersahen wir ein Korallenriff.

„Schnell, da rüber!", schrie Heino, der am Bug stand und er fuchtelte wild mit der Hand in eine Richtung. Ich riss die Pinne herum und als ich zur Wasseroberfläche blickte, sah ich hautnah darunter klar und deutlich die herrlichsten Korallenköpfe, die jeden Taucher entzücken würden, uns aber jetzt das Blut in den Adern stocken ließ. Noch dazu segelten wir mit achterlichem Wind und fünf Knoten Fahrt. Noch ein paar Meter, ein paar Sekunden Angst und die See wurde wieder tiefer. Gott sei Dank, noch einmal Glück gehabt.

Jetzt waren wir nicht mehr so wählerisch und warfen bei der nächsten Insel, Botata Island, den Anker. Das Ende der Insel war zwar mit einem schönen Sandstrand umrahmt, der aber eine halbe Meile entfernt war. Was soll's, die Kinder wollten an Land. Wir setzten uns auf das halbgesunkene Floß mit dem schwimmenden Ring. Doch wir kamen mit Rudern kaum voran. So banden wir uns die Leine um den Bauch und zogen schwimmend unsere bewegungshungrige Crew an Land. Dort angekommen waren wir erschöpft und die Kinder raunzig, weil es ihnen viel zu lange gedauert hatte.

Der Landgang wurde tags darauf noch schwieriger, weil kräftiger Wind einsetzte. Die halbe Meile schwimmend und ziehend zurückzulegen ging beinahe über unsere Kräfte und war vor allen Dingen gefährlich.

Trotzdem war der Ankerplatz wunderschön und ruhig, keine Menschenseele weit und breit, wir verbrachten drei erholsame Tage. Der Blick vom Cockpit der SEHNSUCHT war atemberaubend. Auf der einen Seite die sanften grünen Hügel von Pavuvu Island, auf der anderen Seite die flachen Inseln, dazwischen der Blick auf das Meer. Die Sonne versank hinter einer lockeren Gruppe von Palmenkronen und gab dem Augenblick etwas Friedvolles gepaart mit einer Portion Melancholie.

Nur ein Kanu mit einigen Eingeborenen kam während unseres Aufenthaltes zu Besuch. Sie boten Papayas an und tauschten sie gegen eine Angelschnur. Erik, einer der Männer wollte Fußballschuhe haben. Heino holte seine einzigen Turnschuhe und sagte:

„Ich schenke sie dir, wenn du mir ein Kanu organisierst."

„Du kannst doch nicht deine letzten Schuhe herschenken", gab ich zu bedenken.

„Was nützten mir Schuhe, wenn ich keine Füße mehr habe", meinte er mit schwarzem Humor. Erik kam nicht wieder. Offensichtlich waren ihm die Schuhe doch nicht so viel Mühe wert, obwohl er versprach wiederzukommen, so oder so. Na ja, *„half past three!"*

Kapitel 45

New Georgia Group – der Überfall der Holzschnitzer

„In der Marovo Lagoon gibt es ein Dorf mit Seventh Day Adventisten", las Heino im Reiseführer.

„Da gibt es die besten Holzschnitzer von den ganzen Salomonen. Vielleicht ergattern wir dort ein Kanu", hoffte er. Das Ziel stand fest, nur der Zeitpunkt war noch fraglich. Der Geburtstag von Doris nahte, sehnsüchtig von unserer Tochter erwartet und die Party schon lange geplant. Vor oder nach dem Geburtstag? Wir entschlossen uns vorher zu fahren, die Lagune mit ihren vielen Inseln und Buchten sah auf der Seekarte verlockend aus.

Es war gottlob eine ereignislose Überfahrt. Mit achterlicher Brise schafften wir in einem Nachttörn die 60 Seemeilen und befanden uns bei Sonnenaufgang einige Meilen vor dem Land. Wir fuhren durch die tiefe und breite Mbili Passage in die Morovo Lagoon hinein. In einer durch und durch grünen Bucht mit einem winzig kleinen gelben Streifen Sand, Wasser und Land leuchteten in den verschiedensten Grüntönen, legten wir uns vor Anker. Die Insel hatte keinen Namen, sie lag gegenüber von Mboli Island, auf der die Mbili village angesiedelt war, der Ort, wo es angeblich die schönsten *Carvings* geben sollte, die sie, wie der Reiseführer berichtete, den Yachtern gerne zeigen und anbieten.

Ich startete mit den Vorbereitungen für Doris Ehrentag, da rauschten auch schon die ersten Kanus vom nahen Ort heran. Heino empfing die Männer höflich, er wollte doch auskundschaften, ob und wo es ein Kanu gäbe. Natürlich versprachen sie, sie könnten eines besorgen, doch zuerst wollten sie ihre *Carvings* herzeigen und bald saß eine Kolonie schwarzer Männer mit wuscheliger Mähne im Cockpit und überall standen, blank poliert und glänzend die Kriegsgötter mit prunkvollem Kopfschmuck, Fische, Schildkröten und allerlei andere Holzschnitzereien herum. Es waren Kunstwerke, aus edlem tropischen Holz mit herrlichen Perlmutteinlagen. Doch ihre Preise waren umwerfend. Wir versuchten ihnen klar zu machen, dass wir kein Geld in ihre Schnitzereien investieren könnten, solange wir ohne Dingi seien.

Kein Geld? Also Tauschware! Ob wir dieses hätten? Oder jenes? Die Dinge begannen bei Radio, Kassettenrekorder, Uhr und anderen wertvollen Dingen. Ich kramte unser entbehrliches Gut zusammen und zeigte es ihnen, doch sie rümpften bei allem nur die Nase oder lächelten abfällig. Sie gingen mir allmählich auf die Nerven, besonders Elliot und Erwin, zwei noch recht junge Männer, die mit ihren unverschämten Forderungen die Verhandlungen führten. Als Heino auch noch fragte: „Wollt ihr einen Kaffee?", wurde ich allmählich nervös und Doris quengelig. Geduldig kochte ich Kaffee. Es begann zu regnen und ich traute meinen Augen nicht, sie packten ihr ganzes Krimskrams, räumten es ins Schiffsinnere und machten es sich im Salon gemütlich. Der Kaffee wurde serviert. Erwin trank ihn, Elliot war nicht zufrieden.

„Wie darf ich servieren?", fragte ich sarkastisch, „Heiß oder kalt? Mit Milch oder Wasser?" Sie kapierten nicht, dass sie allmählich unerwünscht waren. Doris begann zu heulen:

„Ich will meinen Geburtstag feiern!"

Der Regenguss war zu Ende. Jetzt kamen noch mehr Kanus mit noch mehr *Carvings*. Sie packten aus und hielten uns die Stücke unter die Nase, nannten horrende Preise und forderten Tauschwaren.

„Wir brauchen keine Carvings, wir brauchen ein Kanu!", erklärte Heino zum x-ten Male.

„Mein Geburtstag!"

Alle redeten durcheinander. Reine Nervensache! Kein Ende der Verhandlungen war in Sicht, und die Männer saßen wie angewurzelt auf unserem Schiff und waren nicht zu bewegen, endlich zu verschwinden.

„Ich tausche meinen 2 PS Außenborder gegen ein Kanu!" sagte Heino und zeigte zum Heck, wo der kleine Motor hing. Dieser in die murmelnde Menge hineingeworfene Satz brachte Leben in die Gesellschaft. Jeder holte seine schönste *Nosa-Nosa* hervor und war bereit sie gegen den Motor zu tauschen.

„Ein Kanuuuuuu!", schrie Heino.

„Ich habe ein Kanu", sagte Alexander, der als letzter zu dieser Gesellschaft gestoßen war. Jetzt wurde der Motor begutachtet und jeder wollte ihn sofort ausprobieren.

„Ich will Geburtstag feiern, die sollen endlich abhauen!", schluchzte Doris jetzt schon hysterisch. Inzwischen war es später Nachmittag.

„Jetzt schmeiß sie endlich raus, sonst drehe ich durch!", schrie ich Heino an. Endlich kapierte er den Ernst der Situation. Mit vielen beschwichtigenden Worten bugsierte er die Bande vom Schiff und nach langem Palaver packten sie ihre Sachen zusammen und stiegen in ihre Boote. In diesem Moment ruderte ein Einäugiger heran, witzig anzusehen mit seinem dunklen und hellen Kraushaar und begann seine *Carvings* auszupacken.

„Zu spät", sagte Heino müde, er solle morgen wiederkommen. Mit einem Päckchen Zigaretten als Bestechung verschwand er ohne Protest, nur mit den Worten: „Mit einem Auge kommt man immer zu spät." Doch nebenbei bemerkt, er war einer der nettesten, er honorierte die Zigaretten mit einer Kokosnusskrabbe.

Die Party konnte beginnen. Rasch schmückte ich den Tisch, band die Luftballons an die Maststütze, holte die Geburtstagsgeschenke hervor und zündete die neun Kerzen auf dem Kuchen an.

„Überraschung!", riefen wir und Doris kam aus dem Vorschiff heraus, ein strahlendes Lächeln im Gesicht. Geschmückt mit geflochtenen Papierkränzen am Haupt, sangen wir laut und mit Begeisterung: *„Happy birthday to you! Happy birthday dear Doris!"* Wir aßen Kuchen und spielten die Partyspiele, bei denen das Geburtstagskind natürlich Sieger war. Es kostete mich die ganze Kraft, fröhlich zu sein und die Party in Schwung zu halten, saß mir doch noch immer der Stress im Nacken. Doris hingegen, nun Mittelpunkt des Geschehens, schien den Ärger bereits vergessen zu haben und genoss ihren Ehrentag.

Das Martyrium war noch nicht zu Ende. Am nächsten Morgen, wir saßen noch am Frühstückstisch, kletterten Elliot und Erwin und mit ihnen noch drei weitere Typen ins Cockpit und breiteten ihre Schnitzereien aus. Alles war wieder voll von *Carvings*.

„Wir brauchen ein Kanu!" Das Spiel begann von vorne. Sie hielten uns Stück um Stück unter die Nase und verlangten wieder dieses und jenes zum Tauschen. Die Sucherei und Herauskramerei begann von vorne. Bitte – keine *Carvings* – ein KANU!

Endlich kam Alexander mit dem Einbaum. Heino strahlte. Er setzte sich sofort hinein und versuchte zu rudern. Doch diese Kunst musste erst gelernt werden. Es war nicht einfach in einem Einbaum die Balance zu halten. Wie ein Bauchtänzer wackelnd, tänzelte er auf der Wasseroberfläche davon.

Jetzt war ich alleine mit diesem lästigen Schwarm von Einheimischen. Die Forderungen machten mich allmählich mürbe.

„Eine Uhr!" Ich zeigte ihnen meine.

„Nein, diese!", sie zeigten auf Heinos Navigationsuhr, die über dem Kartentisch hing und seit dem Beginn unserer Reise auf UTC eingestellt und unentbehrlich für die Astronavigation war.

„Kassettenrecorder!" Das war das nächste Utensil, das sie erblickten.

„Der ist kaputt!" Das war ihnen egal, sie wollten ihn trotzdem sehen. Er war fest montiert und so schraubte ich ihn ab.

„Kopfhörer!" Ich suchte auch diese, irgendwo mussten welche sein, da schon lange kaputt, waren sie in den Tiefen der Packkisten verschwunden. Petra raunzte, sie wollte etwas zu trinken.

„Batterien dazu!", folgte die nächste Forderung. Gute Batterien gab es nur mehr in meinem Blitzgerät vom Fotoapparat. Ich opferte auch diese.

„Schraubenzieher!" Sie wollten den Recorder reparieren. Der jüngste von ihnen setzte die Kopfhörer auf und schlug den Takt zu einer nicht existierenden Musik. Der älteste kramte ein *Carving* nach dem anderen heraus. Das Feilschen nahm kein Ende. Dabei wollte ich doch gar nichts. So musste man sich bei einem Verhör fühlen. Zermürbt und gefoltert, sodass man alles gesteht, nur um die Peiniger los zu werden.

„Die Schuhe und 50 Dollar." Elliot hielt mir Heinos Schuhe unter die Nase. Heinos Lederschuhe, noch in Spanien gekauft, hatten das feucht-tropische, salzwassergetränkte Klima bis jetzt überlebt und waren die einzigen festen Schuhe, die unsere Crew noch besaß, sonst hatte jeder nur mehr ein Paar Badeschlappen. Wir waren ohnedies immer barfuss unterwegs, doch manch paradiesische Insel war von einem Riffgürtel bewacht und da waren wir froh, wenn uns unser gutbeschuhter Kapitän über die spitzen, messerscharfen Korallen in den weichen Sand trug. Jetzt war ich jedoch bereit auch diese zu opfern, nur um die Bande los zu werden.

„Ich habe nur mehr 40 Dollar", antwortete ich gequält. Das glaubten sie mir nicht, sie schnaubten nur verächtlich. Ich erklärte ihnen zum 100. Mal, dass wir schon lange reisten, mit ganz wenig Geld auskommen müssten und erst ein Kanu brauchen.

Ob sie mir nicht gefallen? Ärgerlich polierten sie ihre geköpften Kriegsgötter.

„Doch, sie sind wunderschön, aber,..."

„Führ dich nicht auf wie ein Kasperl, Mama, die sind zu blöd um das zu verstehen", sagte meine Tochter zu mir, gerade erst neun Jahre alt geworden.

„Wie ist es mit einer Papaya?", fragte der Typ von links.

„Ja", sagte ich erschöpft, „eine Papaya können wir brauchen. Was wollt ihr dafür?" Ich hielt die winzige, schon überreife Frucht in der Hand.

„Die Seife!" Er hielt mir das Stück Seife unter die Nase. Das war eine Frechheit.

„Diese Papaya würde am Markt von Honiara zehn Cent kosten, die Seife dagegen kostet zwei Dollar fünfzig!" Ich war empört. Wut stieg in mir auf. Ich vergaß alle Höflichkeit und Achtung, die wir den Einheimischen immer entgegenbrachten und vergaß auch die Angst, die diese Horde Männer in mir, die ich mit ihnen alleine am Schiff war, geweckt hatte. Empört erklärte ich ihnen, dass so etwas auf unserer langen Reise noch nicht vorgekommen sei. In anderen Ländern brächten die Einheimischen Früchte als Gastgeschenk, ohne etwas dafür zu verlangen. Und hier? Ich bin enttäuscht von den Menschen hier!", schloss ich meinen Monolog mit immer lauter werdender Stimme.

„Wir sind auch enttäuscht von euch", sagte der Alte von rechts.

„Wir sind arm und ihr seid reich", erwiderte der Dicke links.

„Wir sind nicht reich, wir sind genauso arm wie ihr!", kreischte ich die Nerven verlierend. „Da nehmt alles und verschwindet, ich will euch nicht mehr sehen. Geht endlich und lasst uns in Ruhe!"

Mit diesen Worten leerte ich die Badewanne, wo ich all die Tauschartikel gelagert hatte vor ihre Füße. Dann begann ich hemmungslos zu weinen. Die Kinder weinten aus Sympathie mit. Der Dicke verschwand als erster mit der Seife. Der Junge und der Alte packten ihre *Carvings* zusammen und verschwanden ohne etwas zu nehmen, Erwin und Elliot jedoch, rafften all unser Tauschgut zusammen.

„Die Badewanne auch?", fragte er unverschämt, doch schon etwas schüchterner.

„Nein!", schrie ich. *„Goooo! Go away!"*

Bevor sie endlich verschwanden, steckte Elliot den Kopf zum Niedergang herein und meinte, es täte ihm leid, das habe er nicht gewollt.

Heino kam gerade mit dem Kanu zur SEHNSUCHT zurück, als alle fluchtartig das Schiff verließen. Ich saß ganz verheult da, neben mir einige mickerige Schnitzereinen. Er war so vertieft in sein Außenborder-Kanu-Tauschgeschäft, dass er die Situation nicht richtig erfasste. Sie waren fort mit Sachen, die den doppelten Wert der *Carvings* hatten, die sie daließen.

„Keiner soll mehr mit *Carvings* kommen!", schrie ich ihnen hinterher. Und jetzt kam der Einäugige wieder.

„Zu spät, alles Tauschgut ist weg!"

„Das ist mein Schicksal", meinte er lächelnd, „mit einem Auge ist man nicht so schnell."

Erst allmählich wurde auch Heino bewusst, was alles fehlte. Auch seine Schuhe waren weg.

Am Nachmittag kam der Häuptling des Dorfes zu Besuch und brachte das Gästebuch. Heino beschwerte sich bitter bei ihm. Während Heino mit dem Stammesführer sprach, blätterte ich im Gästebuch von Chief Luten. Dort fand ich eine Eintragung der Segelyacht GHOST aus Deutschland: *„Der Überfall der Holzschnitzer war heftig. Na ja, alle waren zufrieden und langsam kehrte Ruhe ein.* Die exakte Übersetzung lautete: *Interesting to see the work of the people and the beautiful anchorage."*

Ich konnte keine netten Worte für das Gästebuch finden, mir fielen keine schönen Dinge ein, also beließ ich es bei den Worten: *Nice to meet you!*

Aus den einstigen Kopfjägern der Salomonen waren Dollarjäger geworden, die alle nur *„buisness"* machen wollten. Und ihre Lebensphilosophie war einfach: Du bist weiß - also reich, ich bin schwarz – also arm. Warum erkannten sie nicht, wie reich sie beschenkt wurden mit dem fruchtbaren Land, in dem sie lebten und dem fischreichen Meer, das sie umgab? Vom

Tourismus verdorben, ähnlich wie in der Karibik? Das konnte man nicht sagen, wir sahen keinen Tourismus in den Salomonen. Im Gästebuch des Häuptlings zählten wir 30 Eintragungen aus mehreren Jahren.

Ich schrieb mir meinen Kummer von der Seele, bis ich mich wieder beruhigt hatte, die Tagebucheintragung dieses Tages endete friedlich:„ *Die späte Nachmittagssonne, deren Licht durch den Wolkendunst dringt, spiegelt sich auf der silbrig-grauen, glatten Wasseroberfläche. Ein Schwarm Fischlein springt empor und hinterlässt, wie Regentropfen, kleine Kreise, die, größer werdend, langsam verschwinden. Ein Adler kreist über den Baumwipfeln und setzt sich lautlos auf einer Palmenkrone nieder. Die Vögel im Geäst lassen ihre lustigen Rufe hören. Der goldene Sandstrand im Inneren der Bucht verblasst allmählich im Schatten der sinkenden Sonne. Ein Bild des Friedens und doch war vor kurzem noch die Hölle los. Wie schön, wie friedlich wäre die Welt ohne Menschen. Ohne Menschen mit ihrer Gier nach Gut und Geld. "*

Es war friedlicher am nächsten Tag. Einzig Alexander kam bereits morgens vorbei und führte den Außenborder vor, den er auf seinem Boot befestigt hatte. Und auch ihm klagte Heino unser Leid, tat seiner Enttäuschung Ausdruck. „Das war nicht fair!"

Das Rudern mit dem Kanu musste erst gelernt werden. Heino alleine schaffte es, aber die ganze Familie darin zu befördern war unmöglich, da wir zu viert das Gleichgewicht nicht halten konnten.
„Ich mache einen Ausleger daran, so wie ihn die Boote in Tuvalu haben."
Gesagt, getan. Trockenes Treibholz lag genügend herum und bald fand er den geeigneten Baum für den zweiten Rumpf und die Äste für die Verbindung. Jetzt war das Kanu stabil genug, und übermütig ruderten wir in der Bucht umher.
Am Abend kamen wieder Boote und boten Gemüse an. Wir waren sehr unhöflich.
„Wir sind vom Festland, wir sind nicht so wie die Leute von Mbili", verteidigten sie sich, schenkten uns die Früchte und verschwanden.
Tags darauf war Samstag. Das war der Sabbat der Siebenten-Tags-Adventisten, deren einzige religiöse Autorität die Bibel ist und Barmherzigkeit ausschlaggebend für die Erlösung. In der Lehre dieser Kirche sind zwei Grundsätze maßgebend: Der Glaube an die Wiederkunft Christi sowie die Einhaltung des Sabbat. Geschäfte waren offensichtlich heute verboten, denn keine Menschenseele kam zur SEHNSUCHT, kein Kanu war in der Lagune zu sehen. Herrlich, konnte nicht jeden Tag Sabbat sein?

Mit unserem Auslegerkanu erkundeten wir die Umgebung unseres Ankerplatzes, bemerkten die Schönheiten dieses Platzes. Im Hintergrund war die Hauptinsel Vangunu Island zu sehen, mit ihrem beinahe tausend Meter hohen Berg, umgeben vom ruhigen Wasser der Lagune, in der sich unzählige namenlose Motus tummelten die von niedrigen Inseln eingeschlossen wurden, wie ein Atoll. „Unsere" kleine Insel vor dem Bug der SEHNSUCHT trug dschungelartige Vegetation ohne eine einzige Palme, umrahmt von weichem Sand. Am Heck des Schiffes dehnten sich Mangrovenwälder mit kleinen vorgelagerten Stelzenwurzelinseln und grünem, trübem Wasser aus. Diese gingen in Mangroven-Dschungelwälder über, wo die Stelzenwurzeln immer größer und höher wuchsen und sie von den dicken Wurzeln der Urwaldriesen abgelöst wurden. Dort waren die lichten Stellen häufiger und vermischten sich mit Sand und Korallengestein. Wo die Korallen ins Meer reichten, war das Wasser klar und türkisfarben. Backbordseitig der SEHNSUCHT war das Land von einer grünen Wiese bedeckt, auf der weiße Orchideen wuchsen, mit zarten rot-gelben Staubblättern. Bunte Schmetterlinge tanzten auf den Blüten. Vereinzelte einsame Hütten standen herum, dazwischen einige Palmen, die im Hintergrund in einen Palmenhain übergingen. Wir waren fasziniert von der Vielfältigkeit dieser Landschaft.

Heino hatte mit dem Kanu seine Freude. Er experimentierte herum und bastelte einen Mast und Segel dazu. Die Segeleigenschaften waren nicht besonders, aber vor dem Wind lief es gut. Wir rauschten auf die SEHNSUCHT zu – und verpatzten das Anlegemanöver.
„Wende!", befahl unser Kapitän in gewohnter Weise. Doch das Kanu gehorchte nicht. Die Rudereigenschaft und Wendigkeit entsprach einer alten Galeere. Wir blieben doch lieber beim Paddeln.

Sonntag, sechs Uhr früh.
Bum-bum-bum! Ruhe. Bum-bum-bum!
„Niemand zu Hause", sagte ich und zog mir die Decke über den Kopf.
„Das darf doch nicht wahr sein", brummte Heino. Das Klopfen ging hartnäckig weiter. Das konnten doch nur wieder die Holzschnitzer sein.
„Ich steh nicht auf, und wenn sie die Bordwand einschlagen", sagte ich zu meinem Ehemann.
„Jetzt ist es genug, denen erzähl ich was." Heino sprang zornig aus dem Bett.
„Hey man! Was willst du hier, mitten in der Nacht, heute ist unser Sabbat."
„Verzeihung!" Es war Elliot. Er erklärte lang und breit, dass es ihm leid täte, er habe es nicht böse gemeint, wenn wir wollen, gebe er alles wieder

zurück, bla, bla, bla,... Vermutlich hatte ihnen gestern in der Kirche der Prediger den Kopf gewaschen.

Heino verlangte die Schuhe zurück und meinte dann: „Es ist o.k., alles gut und vergessen", und Elliot schenkte uns einen Sack mit kartoffelähnlichen Wurzeln darin.

Die weiteren Besucher verscheuchten wir alle mit den Worten: „Wir sind Christen, Sonntag ist unser Sabbat." So war uns noch ein friedlicher Tag in dieser herrlichen Landschaft vergönnt.

Heino ging auf Jagd. Er kam mit einem kleinen Hai zurück, einem Braunhai, der leider nicht gut schmeckte. Das Fleisch war matschig. Doch er schwärmte von der Unterwasserwelt. Also bekam er Kinderdienst und ich ging auf Schnorcheltour. Ich war noch nicht weit von der SEHNSUCHT entfernt, freute mich gerade über die bunten Fische unter mir, als plötzlich alle fluchtartig verschwanden. Komisch, ich hab doch gar nichts getan. Der Grund ihrer Flucht schwamm knapp unter meinem Bauch hindurch. Ein Hai. Ein brauner Körper von meiner Größe. Ich erstarrte, nur ja keine schnellen, ruckartigen Bewegungen, die wie eine Flucht aussehen könnten. Doch das Tier beachtete mich nicht, es verschwand so schnell, wie es gekommen war. Doch das unbeschwerte Schnorchelvergnügen war vorbei, ich zog es vor aufs Schiff zu gehen.

„Komm lass uns weiterfahren", sagte Heino am Montagmorgen. Noch bevor die ersten Besucher von der Mbili village kommen konnten, lichteten wir den Anker und segelten, immer sorgfältig Ausschau haltend, denn wir hatten keine genaue Seekarte. Wir vermieden alle größeren Ansiedlungen und ankerten nach einigen Meilen vor einer namenlosen kleinen Insel. Ein Haus stand darauf und die Bewohner, ein Mann und ein Junge waren scheu und winkten nur von der Ferne.

Stück für Stück entdeckten wir die New Georgia Insel, waren fasziniert von der Landschaft. Doch leider beschloss unser Kapitän, die Fahrt außerhalb der Lagune fortzusetzen. Das nicht exakt kartographisch erfasste Gebiet barg viele versteckte Riffe und da die Sonne jetzt hoch im Norden stand, war das Licht schlecht. Das Kanu hoben wir vorsichtshalber an Deck. Es war sperrig und schwer und konnte nur mit Mühe verstaut werden. Doch keine Meile mehr würden wir unser Beiboot auf hoher See nachschleppen. Durch den Pipa Entrence bogen wir wieder in die Lagune hinein und landeten vor Mondo-Mondo Island. Das Wasser war trüb und wir küssten ein Riff und waren im Nachhinein froh, nicht innerhalb weitergefahren zu sein. Keine Ansiedlung war zu sehen.

„Morgen machen wir einen Ruhetag", forderten wir von unserem Kapitän. Die Tagestörns machten müde.

Wir erkundeten das Land und fanden eine verlassene Hütte mit einer Regenwassertonne. Das kam uns gelegen. Es hatte schon längere Zeit nicht mehr ausgiebig geregnet und unser Wasservorrat ging zur Neige. So nahmen wir beim nächsten Landgang einige Fünfliterkanister mit. Doch beim Zurückrudern mussten wir gegen den Wind. Das Kanu, beladen mit der Crew und den Flaschen, lag tief im Wasser. Die kleinen Wellen kamen über, und - wir sanken. Petra, unser kleiner Angsthase, erlitt einen Schock und bekam einen Schreikrampf. Sie klammerte sich verzweifelt an mich, die Kanister schwebten herum, das Boot sank. Wir wussten in diesem Moment nicht, ob wir lachen, oder weinen sollten.

„Booti sunken?" Mit diesen misstrauischen Worten stieg sie von nun an in das Beiboot.

Ein Kanu mit sechs Kindern an Bord kam vorbei, das älteste Mädchen war 18 Jahre alt. Sie kicherten und tuschelten und nach langer Zeit hielten sie eine Mango her. Wir dankten und gaben ihnen eine Rolle Keks. Kichernd und lachend fuhren sie davon, einen Palmwedel als Segelersatz in den Wind haltend. Bald kamen die größeren von ihnen wieder. Diesmal mit Zuckerrohr, Kokosnüssen und einer handvoll frischer Mandeln. Ich liebe Mandeln, und es war unbeschreiblich, wie köstlich die frischen Nüsse waren.

„Biscuits finished?", fragte nach einer kurzen Zeit des Schweigens ein Mädchen.

Seufzend langte ich in die Packkiste.

„Sei nicht so geizig", sagte mein Gewissen.

„Das ist die Vorletzte", sagte mein Egoismus.

Nach einer weiteren Schweigezeit zeigte sie auf das Kleid ihrer Freundin und meinte:

„Armes Mädchen, nicht gut."

„Auch nicht gut", antwortete ich und fuhr mit dem Finger durch ein Loch meines T-Shirts. Wir waren schon so sensibilisiert, dass uns sogar diese Kinder nervten. Sie suchten sich dann ein altes T-Shirt und einen fleckigen Rock von Doris aus und zogen enttäuscht von dannen.

„Den Weg hätten sie sich sparen können, es gibt nichts zu holen auf der SEHNSUCHT", sagte Heino. Ja, die drei Jahre der Reise mit einem Minimum an Budget zeigten ihre Spuren. Ich wusste nicht, was deprimierender war, von den Einheimischen für so reich gehalten oder von den Seglerkollegen als so arm angesehen zu werden.

Unser nächstes Ziel wäre die Nord-Bay gewesen, doch die Karte zeigte keine Wassertiefen. An der Einfahrt der Bucht kamen uns einige Burschen entgegengerudert. Die Lagune dahinter sah verlockend aus, aber die Brecher davor wollten uns nicht gefallen. Wir fragten die Burschen, ob es eine Durchfahrt durch das Riff gäbe.

„Ja, ja, tief genug!", antworteten sie. Also motorten wir vorsichtig hin. Doch die Einfahrt hatte bloß einen halben Meter Wasser über Grund. Wir drehten ab.

„Tief genug, tief genug!", riefen die Burschen. Heino winkte ab.

„Cigarette, biscuits!", hörten wir sie hinterher rufen.

„Ach Gott", seufzte Heino, „stell dir vor, du strandest hier, wie schnell du wohl ausgeräumt bist?"

Die nächste Ankermöglichkeit war Wilson Harbour, doch auch hier zeigte die Karte nichts Genaueres. *„Karte nicht komplett, besondere Vorsicht bei der Navigation ist geboten!"* Diese Worte lasen wir kleingedruckt am Rande der Seekarte. Die Sonne stand schon tief, Heino kletterte auf die erste Saling und fand die Einfahrt hinter den Riffgürtel Der Anker fiel zwischen wunderschönen Korallenköpfen in den Sand. Kanus mit lachenden, winkenden Menschen fuhren an der SEHNSUCHT vorbei, zurück zu dem zwei Meilen entfernten Ort. Einer reichte uns ein Zuckerrohr an Deck.

„Wetten wir, ob sie noch heute mit ihren *Carvings* anrauschen oder erst morgen?", meinte Heino. Warum konnten wir den Einheimischen nicht mehr ohne Vorurteile begegnen?

Sie kamen noch am selben Tag. Wir tauschten Seife gegen Fisolen und Doris wollte ein Plüschtier gegen eine Schildkröte eintauschen.

„Ich will Geld!", war die ablehnende Antwort. Also kauften wir um des lieben Friedens willens diese Holzschildkröte. Zehn Dollar von unseren letzten 40 waren weg. Sie schauten sich genau um, und es kam keiner mehr. Nichts zu holen hier, sie hatten es erkannt. Die Tatsache, dass wir mit einem Einbaum ruderten, genau wie sie, dürfte sie überzeugt haben.

Von nun an kamen nur mehr kleine Jungs zu Besuch. Neugierig, wie Kinder überall waren, kletterten sie an Bord herum. Doch zwei Tage war komplette Ruhe, am Samstag, ihrem Sabbat und am Sonntag, den wir wiederum zu unserem Sabbat erklärten.

Wieder mit Beiboot bestückt, ging Heino seiner Lieblingsbeschäftigung nach. Er tauchte und harpunierte stundenlang am nahen Riff, diesmal leider zu viel. Er bekam Wasser in seine Ohren und litt unter fürchterlichen Ohrenschmerzen. Außerdem hatte er ein Furunkel am Rücken, das sich immer mehr entzündete. Jetzt waren auch schon die Drüsen geschwollen und er fieberte. Etwas musste geschehen. Das Drücken und Aufstechen der Eiter-

beule nützte nichts, es musste geschnitten werden. Also nahm ich eine scharfe Lanzette, legte an, schloss die Augen, weil ich das nicht sehen konnte, drückte und schnitt gleichzeitig. Heino schrie kurz auf. Eiter und Blut quoll aus dem langen, tiefen Schnitt. Aber es war wirkungsvoll. Das Fieber sank, die Wunde verheilte, doch die Narbe sieht man heute noch.
„Du brutaler Fleischhacker!", meinte mein lieber Ehemann.
„Besser eine Narbe, als eine Blutvergiftung", entgegnete ich, „Ich habe dir das Leben gerettet."

Doris entpuppte sich in letzter Zeit als brave Schülerin. Allmählich bekam sie Bammel vor der Schule. Bald würde sie in einem richtigen Klassenzimmer sitzen und von einer richtigen Lehrerin unterrichtet werden. Diese Tatsache bewog sie, das Lernen nun doch ernster zu nehmen.
Es waren regnerische Tage in Wilson Harbour, gut für uns, denn so konnten wir die Wassertanks wieder füllen. Der nahe Bach hatte genügend Wasser zum Wäschewaschen und für eine gründliche Körperpflege, zum Leidwesen von Petra.
„Mag nicht baden!", heulte sie mit einer Schaumkrone am Kopf durch den Dschungel.
„Schau ein Adler!" Majestätisch erhob sich das stolze Tier von den Kronen der Bäume, stürzte in das Wasser der Bucht und stieg mit einem Fisch in den Krallen wieder in die Lüfte. Doch das beeindruckte Petra nicht, sie brüllte weiter, bis die Qual der Kopfwäsche vorbei war.

„Da ist der Leuchtturm!", rief Heino plötzlich, der schon längere Zeit mit dem Fernglas an Deck stand. Wir überquerten gerade den Kula Golf, der die New Georgia Insel von Kolumbangara trennte.
„Wo?", fragte ich ungläubig, sah ich doch nur eine Insel mit dschungelartigem Bewuchs.
Mit der Bezeichnung „Gp Fl(2) 10sec 33ft 7M" gab es einen Leuchtturm auf der Insel Sosomboeke, eindeutig in der Seekarte verzeichnet. Und diesen Leuchtturm hatte Heino angesteuert, der auf 8°08'S und 157°10'E liegen sollte.
„Na hier, siehst du ihn nicht?" Da gab es nur ein baumartiges Gebilde, total mit Grün überwuchert.
„Da findet man ja eher das Dornröschenschloss, aber Hauptsache wir haben Lichtergebühren bezahlt."
Nichts desto trotz, wir wussten, wo wir waren und steuerten Ringgi Cove an, eine tiefe Bucht, wo laut Segelführer Hochseeschiffe Holz verladen. Wir steuerten in die grüne, ganz von Mangroven umwachsene Bucht. Das Wasser war trüb und so übersahen wir ein Riff und saßen einmal kurz auf.

Alles sah verlassen aus. Es war einmal... – aber laut Aussage eines Einheimischen: „Ist es noch." Für uns sah es aus wie ein Geisterhafen.

Es gefiel uns nicht so gut in Ringgi Cove und so verließen wir den Ankerplatz nach einer Nacht. Ziel war Gizo Harbour auf der gleichnamigen Insel. Kein Lüftchen regte sich, als wir aus der Bucht motorten. Doch bald zogen Wolken auf, und der Wind fing an zu blasen, immer stärker, bis es stürmte. Klein gerefft zischten wir mit sechs bis sieben Knoten Fahrt dahin. Der Regen kam waagrecht, er nahm jede Sicht. Und wir sollten eine schmale Einfahrt finden, zu einer Insel, die von einem Riffgebiet umgeben ist, das genauso groß war wie die Insel selbst? Die vorgelagerten Inseln, die in diesem Riffgürtel saßen, zogen im Nebel an uns vorbei und wir konnten sie auf der Seekarte nicht identifizieren. Einmal war eine zuviel, dann eine zuwenig. Der Wind peitschte das graue Wasser und ließ es schäumen. Sechs mögliche Einfahrten hatten wir, doch keine war zu finden. Die siebente, die Haupteinfahrt, war mit Barken gekennzeichnet, aber gerade diese Einfahrt wollten wir vermeiden, weil sie gegen die Windrichtung lag. Jedoch eben diese fanden wir. Jetzt mussten wir gegen den Wind aufkreuzen, von einem Riffende zum anderen. Also Wende und wieder zurück, Schoten los, Wende, Fockschoten dicht holen, Wende – das war Sport.
Die Kinder begannen zu quengeln. Wir versprachen ihnen ein Eis, wenn sie brav im Schiffsinneren blieben. So arbeiteten wir uns Meter um Meter vor, bis das letzte Riff umrundet war und wir nun mit raumem Wind in den Hafen segeln konnten, um den Anker neben einer australischen Yacht, die einzige, die im Hafenbecken schwojte, zu werfen.
Das Versprechen musste gehalten werden. Sorgenvoll blickte ich an Land. Stadt konnte man diese Ansammlung von Wellblech- und Holzhütten nicht nennen, hoffentlich gibt es Eis.
Wir wurden fündig. Es gab sogar mehrere Geschäftslokale, meist in den Händen von Chinesen. Die Kinder schleckten glücklich ihr Eis und wir schlürften kaltes Cola. Herz, was begehrst du mehr?

Kapitel 46

Vanga Point auf Kolumbangara – die Arche Noah der drei Brüder

„Es gibt Eier auf Vanga Point", sagten Mike und Karen, die Crew der Australischen Yacht RAMPANT. Vollbepackt mit Tüten Proviant trafen wir die zwei beim Dingisteg. Wir fanden fast alles, sogar Frischfleisch und waren wieder gut bestückt mit Konserven, besonders Curry Chicken, Heinos Lieblingsgericht, doch Eier fanden wir nirgends. Ohne Eier gab es keine Pfannkuchen - und ohne Pfannkuchen keine glücklichen Frühstückskinder. „Ja, Vanga Point, dort ist eine Katholische Missionsstation, da kriegt ihr ganz sicher welche und jede Menge frisches Obst und Gemüse." Obwohl wir wieder zwölf Meilen zurücksegeln mussten, war die Verlockung groß. Wir blickten zur Insel Kolumbangara. Hoch ragte ihr Berggipfel in den Himmel, immer mit einem Wolkenhut geschmückt. Der Anblick erinnerte an den Kilimandscharo. Immerhin war der Bergriese fast 2.000 Meter hoch. Er begrenzte die Silhouette von Gizo und war das landschaftliche Schmuckstück der einfachen Stadt. Obwohl als Stadt bezeichnet, erschien uns Gizo eher als Dorf, aber als ein gemütliches. Hohe Bäume spendeten reichlich Schatten und luden zu Spaziergängen ein. Es war auch ein freundlicher Ort, wo es keine hartnäckigen Carvingsverkäufer mehr gab. Es kamen zwar einige Einheimische an Bord, doch sie zogen lächelnd und ohne Groll wieder ab, wenn wir ihre Schnitzereien mit den Worten „Sorry, we have no money", ablehnten.

Wir klarierten bei der Behörde aus und verließen Gizo. Flaute und Gegenströmung ließ uns länger als erwartet unterwegs sein. Nach fünf Stunden Fahrt erreichten wir Vanga Point und erkannten anhand der Skizze unserer Yachtfreunde die in der Seekarte nicht vermerkte Einfahrt. Ein Geheimtipp. Die Bucht empfing uns mit herrlich ruhigem Wasser. Wir ankerten auf acht Meter Wassertiefe mit Landleine zu einer Palme. Wir sahen uns um und entdeckten eine von Mangrovenwäldern eingerahmte, mit grünem Wasser gefärbte Bucht, unterbrochen von einem kleinen Sandstrand, gerade so groß, dass die Kinder darauf spielen konnten. Ein Urwaldriese erhob sich über alle anderen Baumkronen, seine Äste und Lianen hingen wie struppige Barthaare in die Tiefe. Dahinter, nach einigen sanften Hügeln, thronte der in Wolken gehüllte namenlose Bergriese. Ein traumhafter Anblick. Wir ruderten eine halbe Meile den schlangenlinienförmigen Süßwasserfluss, der sich seinen Weg durch den Dschungel bahnte, landeinwärts. Das Schreien, Krächzen und Zwitschern unzähliger Vogelstimmen ließ die Artenvielfalt nur erahnen, und nur schwer drangen die Sonnenstrahlen durch das Urwald-dickicht. Das Flusswasser war ziemlich kalt, aber das Bad erfrischend, zum Leidwesen von Petra, deren kreischendes „Mag'n baden!" sich mit den Vo-gelstimmen mischte.

Zurückgekehrt zur SEHNSUCHT zeigte sich ein prachtvoller Anblick. Die untergehende Sonne tauchte das Land in dunkles Grün und unser Urwald-riese glühte rotgolden im Himmel. Die letzten Sonnenstrahlen küssten den Streifen Sand und mit der Dunkelheit legte sich Ruhe und Stille über die Bucht, die Vögel schienen zu schlafen, kein Windhauch und kein Laut stör-te den Frieden.

Am nächsten Morgen, es gab mangels Eier keine Pfannkuchen, erinnerten wir uns, weswegen wir hier in Vanga Point waren und ruderten quer über die Bucht zu dem kleinen Anlegesteg, wo ein Weg den Hügel hinauf zum offensichtlichen Hauptgebäude der Mission führte. Der Weg war gesäumt von blühenden Hibiskus- und Frangipanisträuchern, der Duft von Blüten durchzog die Luft und begleitete uns. Immer wieder blickten wir zurück und genossen den wundervollen Ausblick auf die friedliche Bucht mit unserer SEHNSUCHT und dem dahinter liegenden Riff, umspült vom blauen Meer und in weiter Ferne die Berge der Insel Vella Lavella. Das Wetter war wieder strahlend, eine Wohltat nach dem verregneten Gizo. Wir sogen die klare reine Luft ein und hatten das Gefühl, in ein Stück Paradies einzu-dringen.

Bruder Terry von der katholischen St. Dominic's Mission, ein Mann, groß mit breiten Schultern, kurzärmeligem Hemd, kurzer Hose und einem breit-krempigen Hut am Kopf empfing uns herzlich. Wir hatten uns einen Or-densbruder anders vorgestellt. Bruder Terry sah eher wie ein Farmer aus. Sein freundliches Wesen, das runde Gesicht mit dem schon ergrauten Bart, und die lachenden, wachen Augen machten ihn auf Anhieb sympathisch. Er führte uns in den Aufenthaltsraum und dort lernten wir Bruder Malcolm und Bruder Servard, alle Australier, kennen. Sie gehörten dem Marist-Orden an und leiteten die Missionsschule hier in Vanga Point.

„Wir bilden junge Burschen in der Landwirtschaft aus, sowohl im Anbau als auch in der Viehzucht sowie als Tischler für den Hausbau und als Mechaniker für Außenbordmotoren", erzählte Bruder Terry, der offensicht-lich für den praktischen Unterricht zuständig war. Wir saßen in dem hellen, freundlichen Raum und tranken Tee.

„Dazu kommt Buchführung und Kauf und Verkauf von Gütern", ergänzte Bruder Malcolm, der mittlere von den Dreien, groß, hager, mit Brille und schütterem Haar. Er unterrichtete die mathematischen Fächer. Bruder Ser-vard war der stillste und zurückhaltendste von ihnen, klein und hager. Seine gebückte Haltung verriet, dass er der Älteste war. Sein Aufgabenbereich waren die Sprachen.

„Wenn ihr wollt, können wir einen Rundgang durch die Schule machen", damit lud uns Bruder Terry für den späten Nachmittag ein. Freudig und interessiert nahmen wir an.

Mit Kaffee und Kuchen erschienen wir bei der Mission und starteten den Rundgang. Zuerst erkundeten wir die Anbaugebiete. Er führte uns zu Bäumen, deren Namen wir nur als Edelhölzer kannten, bestaunten Teak, Mahagoni und die bunten Stämme des Eukalyptus, dessen Rinde in Rosa und Türkis schimmerte.

„Was glaubt ihr, wie alt dieser Baum ist?" Bruder Terry zeigte auf einen bestimmt zehn Meter hohen, eher unscheinbaren Stamm. Wir schätzten ihn auf mindestens fünfzig Jahre.

„Nein", lachte er, „der ist gerade mal sechs Jahre alt, ein Zündholzbaum, ganz weiches Holz, aus dem Zündhölzer gefertigt werden."

Es war erstaunlich, was diesem Land, das nur aus Dschungel bestand, abgerungen wurde.

„Wir achten darauf, das Gleichgewicht zwischen Schlägerung und Aufforstung zu halten", erklärte Bruder Terry, „im Einklang mit der Natur, nur so bleibt diese geschont."

„Wie viel Schweiß und Arbeit da dahintersteckt", sagten wir bewundernd.

Wir kamen zu den Kaffee- und Kakaoplantagen. Die kleinen roten Früchte brachten diese herrlich duftende und schmeckende schwarze Brühe hervor.

„Ja, es kommt auf die richtige Röstung nach dem Trocknen an."

„Wird hier auch Kaffee geröstet?", fragte ich.

„Da kommen wir später hin, ich zeige es euch", antwortete er. Doch vorher ließ er den Kindern die süßen Kakaobohnen kosten. Frisch vom Strauch gepflückt konnte die äußere süße Hülle wie ein Bonbon gelutscht werden, und er wies die Kinder an, den Kern auszuspucken.

„Getrocknet und geröstet schmecken die Bohne und der Kern bitter", klärte uns Bruder Terry auf. Natürlich gab es Papayas, Bananen und Ananas sowie unzählige Gemüsesorten zu besichtigen, bis wir vorbei an den Tierstallungen, wo Ziegen, Schweine und Hühner hausten, in die Kaffee- und Kakaorösterei kamen. Große Trockenöfen füllten den Raum, es duftete nach Kaffee. Weiter ging unsere Exkursion zur Tischlerei, wo nur einige einfache, handbetriebene Maschinen zu finden waren. Die Schüler lernten vom Fällen des Baumes an bis hin zu den fertigen Möbelstücken das Holz zu bearbeiten. Ein fast fertiger Esstisch stand inmitten der Werkstatt, aus edlem Vollholz grob gezimmert, unvorstellbar wertvoll für unsere Begriffe.

„Die Mission wird nicht gestützt, sie muss sich selbst erhalten", erklärte uns Bruder Terry. „Die erzeugten Produkte werden verkauft, hauptsächlich Gemüse und Fleisch. Und die Mission erzielt Gewinne", fügte er stolz hinzu. Zurzeit waren Ferien und nur wenige Schüler hielten sich im Camp auf, nur diejenigen, deren Familie zu weit weg wohnte.

„Es ist uns egal, welcher Religion unsere Schüler angehören. Wir sind nicht hier um Religion zu lehren, sondern um den Menschen zu zeigen, welche Möglichkeiten der Produktionen es gibt."

Meine Meinung über Missionen änderte sich mit diesem Satz von Bruder Terry, ich war beeindruckt von der Institution und von diesem Mann, zu dem jedermann vollstes Vertrauen hatte, besonders Kinder und Tiere.

„Die Schüler erhalten zu Beginn ein Startkapital und es obliegt ihnen, wie sie es während ihrer Schulzeit vermehren, sie werden also zum Selbsthandeln und -denken angeregt."

Ein Junge saß im Schatten auf der Terrasse und rührte in einem Topf.

„Er stellt Seife her", erzählte unser Führer. „Die Schüler lernen auch, alle Produkte des täglichen Gebrauchs selbst herzustellen."

Doris interessierten die Tiere.

„Wir züchten auch Krokodile, von denen gibt es nicht mehr viele", erzählte ihr Bruder Terry. Doch die befanden sich am anderen Ende des Areals, und Bruder Malcolm und Bruder Servard erwarteten uns bereits. Lange saßen wir noch bei Tee, Kaffe und Kuchen und plauderten. Sie wussten viele Geschichten zu erzählen und waren gute Zuhörer.

Die Einladung zur Sonntagsmesse war Grund genug, noch einen Tag zu bleiben. Im Sonntagsstaat, soweit das unsere Garderobe zuließ, erschienen wir in der kleinen Buschkirche. Ein Priester aus Gizo hielt die heilige Messe. Jetzt hatten auch die drei Brüder ihre offizielle Kleidung an, helle Kutten mit einer einfachen Kordel in der Mitte gebunden. Es war schön, beeindruckend einfach und friedlich. Nach dem Gottesdienst saßen wir wieder im kühlen Aufenthaltsraum und tranken Tee.

Bruder Terry, nun wieder in kurzer Hose und mit breitkrempigem Hut, kam der Bitte von Doris nach und wanderte mit den Kindern zu den Krokodilgehegen. Durch die großen Fenster beobachtete ich ihr Kommen. Wie ein Großvater mit seinen Enkelkindern schlenderten sie den Hügel herauf. Die Mädchen hatten Blumen in den Haaren, gepflückt von Bruder Terry. Doris erblickte einen Schmetterling. Er fing ihn mit seinen großen, breiten Händen ganz sanft ein und die bunte, zarte Schönheit blieb tatsächlich auf seiner derben Hand sitzen. Die Kinder waren entzückt, fröhlich hüpfend kamen sie den Weg entlang.

Am Nachmittag besuchten uns die drei Brüder am Schiff. Auch Bruder Servard schwang sich vorsichtig über die Reling. Sie machten es sich im

Cockpit bequem und betrachteten ihre Mission von einer anderen Perspektive aus. Doris führte ihre Künste im Rudern unseres Kanus vor. Sogar Petra setzte sich, mit Schwimmweste bekleidet, zu ihrer Schwester und sie glitten durch das glatte Wasser der Bucht. Viele große gelbe Blüten, von nahen Bäumen herabgefallen, schwammen wie Seerosen im grünen Teich. Die Kinder machten sich ein Spiel daraus die Blüten aufzufischen und paddelten kreuz und quer, angefeuert von der Rufen der Erwachsenen.

Bruder Malcolm lobte Doris Schreib- und Zeichenkünste und sie erhielt eine ganze Seite im Gästebuch der Mission, die sie mit ihren Kunstwerken füllen durfte. Sorgfältig malte sie ihr Lieblingsmotiv: Die SEHNSUCHT vor einer Palmeninsel ankernd mit der überdimensional großen untergehenden Sonne im Hintergrund. Die Kinder waren ausnehmend brav während dieser Tage.

Am Montag wollten wir eigentlich fahren, doch die Wäsche war noch nicht trocken und Heino meinte, das Unterwasserschiff müsste noch geputzt werden. Also blieben wir. Am Abend ruderte Bruder Terry wieder für ein Plauderstündchen zur SEHNSUCHT. Er brachte eine riesige, reife Ananas mit. Langsam ließ er im Cockpit sitzend seinen Blick über die Bucht schweifen, die im Abendlicht Ruhe und Friede ausstrahlte. Es war ein Platz, wo man sich wohlfühlte und über all das wachte Bruder Terry wie ein Vater, dessen Persönlichkeit Vertrauen schenkte.

„Gern wären wir geblieben", mit diesen Worten verabschiedeten wir uns von den drei Brüdern. Wir lagen mit der SEHNSUCHT am kleinen Anlegesteg und tankten noch frisches Quellwasser direkt aus der Leitung in den Tank. Ein Luxus, den wir schon lange nicht mehr genießen konnten. Bruder Terry verabschiedete sich von Doris mit einem Strauß tropischer Blüten, eine rührende Geste.

Vanga Point war ein wirklich lohnender Abschluss unseres Besuches auf den Salomonen, wo wir so viele, gute und schlechte Erlebnisse hatten, so vielfältig, wie dieses Land selbst.

Kapitel 47

Louisiade Archipelago – unerforschte See

„Wo um Himmels willen sind wir?" Heino stand auf der ersten Saling, als er diese Frage in den Wind rief. Ich hielt die Pinne und folgte seinen Anweisungen, die uns zwischen den Riffen hindurch ins Lee einer uns unbekannten Insel führten. Es war gute Sicht und vor uns breitete sich eine grüne, dicht bewachsene Insel aus, umhüllt von blendend weißem Korallensand, umspült von türkisfarbenem Wasser. Die Riffe versprachen eine tolle Unterwasserwelt. Wir warfen den Anker sechs Meter tief in den weichen Sand. Doch Heino konnte sich nicht richtig freuen, wusste er doch nicht, wo wir uns befanden: Kosmon Island oder Imbert? Oder vielleicht waren wir am Außenriff?

Dabei waren die vier Tage der Überfahrt ohne Probleme vergangen. Der einzige Unterschied auf diesem 400 Meilen langen Trip war der, dass auch Petra diesmal fragte: „Wann sind wir daaaa?"

Das Louisiade Archipelago war ein Riff- und Inselgebiet, das die Salomon See von der Coral See trennte. Es erstreckte sich über ein Gebiet von ungefähr 300 Seemeilen Länge, der Hauptinsel Papua Neuguinea östlich vorgelagert. Die hohe Insel Misima Island sahen wir schon lange und gegen Abend kamen wir dorthin. Es regnete und die Insel war zwar mit ihrem Regenbogenkranz schön anzusehen, lud aber nicht zum Bleiben ein. Ihre Steilküste und der starke Wind vereitelten ein Ankermanöver. So zogen wir es vor, lieber bei Dunkelheit durch das Riffgebiet zu fahren, als das Risiko einzugehen, vor der Steilküste zu ankern. Die nächste anzusteuernde Insel, Panaete Island, war hoch und deutlich sichtbar. Dann hielten wir auf ein Leuchtfeuer zu, das Gott sei Dank funktionierte. Davor überquerten wir die Schifffahrtsroute, die von Asien nach Australien führte und auf der Seekarte mit einer strichlierten Linie eingezeichnet war. Mit Kurs 172° - 352° wies sie die Schiffe an, das Riffgebiet zu durchfahren. Wir sichteten diese Nacht tatsächlich drei Frachter, was für uns gleichkam als querten wir eine Autobahn, nach all den Nächten ohne jegliche Präsenz menschlicher Existenz. Nachdem wir das Leuchtfeuer passiert hatten, hielten wir uns weit südlich, um das Riff der Conflict Group zu umgehen, dann hatten wir 25 Meilen freien Seeraum bis zu unserem Ziel: Kosmon Island. Es sah auch alles perfekt aus, bis zu dem Zeitpunkt, wo wir Land sichteten. Dann begann das große Rätselraten: Wo sind wir? Statt, wie auf der Seekarte verzeichnet der einen Insel, empfingen uns drei. Wir schauten uns die Augen an der Karte aus und suchten, welche Inselgruppe diese Kombination aufwies, doch es gab keine. So verbrachte unser Kapitän und Navigator die letzten fünf

Meilen am Mast stehend, um nach irgendwelchen Untiefen Ausschau zu halten. Er war verzweifelt und machte mir schon Vorwürfe, ich hätte den Kurs nicht korrekt gehalten. Es stimmte wohl, dass ich während meiner Nachtwachen lieber den Sternenhimmel betrachtete als den Kompass, aber diesmal war der Vorwurf ungerecht und angesichts der Tatsache, dass wir unbeschadet und herrlich ruhig vor einer traumhaften Insel lagen, unbegründet.

Endlich war die Sonne messbar, da bis jetzt der Horizont von der Insel bedeckt war und Heino machte einige Standlinien im Abstand von einigen Stunden. Die Linien liefen alle genau auf einen Punkt zusammen, der sich interessanterweise drei Meilen westlich von Kosmann befand, auf einem großen Fleck weißen Papiers, wo mit gesperrten Buchstaben „*Unsurveyed*" stand. Das Vertrauen in die Seekarte hatten wir somit verloren.

Kosmann Island – wir beschlossen sie trotzdem so zu nennen – eine kleine Trauminsel. Die paar Hütten an Land erwiesen sich als unbewohnt, keine versteckten Kopfjäger stürmten aus dem Busch. Wir waren mutterseelenallein, um uns nur die wilde Natur. Die Wildheit wurde aber durch die Anwesenheit der Palmwedelhütten gemildert und sie gaben dem Platz ein gemütliches Flair. Viele Vögel bewohnten die Insel, darunter eine Adlerfamilie, deren Junge gerade flügge wurden. Es beeindruckte uns immer wieder, Adler in der Südseelandschaft zu sehen. Nach unseren Vorstellungen gehörte zu einem Adler blanker Fels und nicht türkises Wasser. Viele kleine Eidechsen und Mäuse huschten durch das Unterholz und kleine, braune, flugunfähige Vögel, ähnlich unseren Rebhühnern. Bei einem Inselrundgang kamen wir zu einem weitläufigen Sandstrand, wo große Flächen knöcheltief vom Meerwasser überspült waren und wo wir unzählige Spuren im Sand entdeckten. Neugierig gruben wir am Ende der Spuren und zum Vorschein kamen wunderschön glänzende Exemplare von Oliveschnecken. Ein wahrer Schätze-such-Rausch erfasste mich. Ich konnte nicht genug davon bekommen, im Sand zu graben und immer wieder neue Formen und Farben von Schnecken zu finden. Mein Entzücken war grenzenlos.
„Du Mörderin!", nannte mich meine große Tochter, wenn ich die Schalen in kochendes Wasser warf um sie vom Innenleben zu befreien. Komisch, ihr Vater wurde nie Mörder genannt, wenn er einen Fisch für die Bratpfanne brachte. Doch mein schlechtes Gewissen hielt sich in Grenzen und ich ließ mich nicht von meiner Schatzsuche abhalten.
Die Rebhühner weckten Heinos Jagdinstinkt und er setzte seine ganze Phantasie ein, um diese kleinen flugunfähigen Tiere zu fangen. Er baute Fallen und legte sich auf die Lauer. Doch die Vögel waren schlauer und die Fallen

blieben leer, kein einziger ließ sich fangen. Das ärgerte unseren Ernährer. Am Abend war sein Verdruss so groß, dass er mit Pistole bewaffnet wieder an Land fuhr. Wir warteten am Schiff. Sollte ich schon eine Dose öffnen oder gab es doch Brathähnchen? Ein Schuss peitschte durch die Luft. Wir zuckten zusammen, dann noch einer und noch einer. Flatternd und kreischend flog alles andere flugfähige Getier hoch. Heino war im Gebüsch verschwunden. Lange hörten wir nichts, bis es wieder einige Male krachte. Als es dunkel wurde kam er zurückgerudert. Leider ohne Beute. Ich öffnete eine Dose Currychicken und boshaft servierte ich „Rebhuhn mit Currysoße".

Am Strand hatten wir uns häuslich eingerichtet, lagen in der Hängematte und baumelten mit der Seele. Die Kinder spielten zufrieden am Strand im seichten Wasser.

„Wenn ich langsam in meiner Hängematte schaukle, den Wind in den Baumkronen rauschen höre, eine Eidechse am Baumstamm hoch huscht und ich meinen Kindern beim Spielen zusehe, sie mir Sandkuchen und Salzwasserkaffee servieren, dann fühle ich mich glücklich. Vergangenheit und Zukunft existieren in diesem Moment nicht, sind einfach nicht wichtig. Die Welt besteht nur aus dieser einen Insel und nur aus uns, den einzigen Menschen auf dieser Erde", lese ich im Tagebuch. Hatten wir das Paradies gefunden? War das der Ort, nach dem die Menschen so voller Sehnsucht suchen? Ich betrachtete das Gebüsch vor meinen Augen. Es war in eine Richtung gebeugt und zeugte davon, dass bei Schlechtwetter Wind und Wellen ihm hren Willen aufzwangen. Also war das hier nur ein Paradies auf Zeit? Im Tagebuch finde ich meine philosophische Betrachtung vom Paradies: „Paradies ist kein Ort, den es zu finden gibt, Paradies ist ein Zustand, zusammengesetzt aus drei Dimensionen: Ort, Zeit und Raum. Wobei mit Raum DU gemeint bist, dein Körper, dein Geist und deine Seele. Ein paradiesischer Zustand kann sich nur dann einstellen, wenn dein Körper frei ist, frei von Schmerzen und Bedürfnissen. Dein Geist klar ist, klar ohne herumschwirrende Gedanken, bereit alle Sinne zu erfahren, dein Herz offen, offen um alle Gefühle zu fühlen, damit der Ort und die Zeit auf dich einströmen und du sie in dir aufsaugen kannst. Paradies ist gleichbedeutend mit Glück.

Am Nachmittag des zweiten Tages verschlechterte sich das Wetter etwas, doch zuvor wurde es ganz klar, sodass wir sogar das Festland von Papua Neuguinea sehen konnten. Das brachte uns wieder ins Bewusstsein, dass es noch mehr gab als dieses Fleckchen Erde und uns, und dass wir weiter mussten. Doch einen Tag noch, einen Tag im Paradies wollten wir uns noch gönnen, schließlich mussten wir noch ein paar Muscheln suchen. Doch man

sollte nicht zu viel vom Glück verlangen. Das Wetter verschlechterte sich, der Wind drehte auf Süd, es schwellte am Ankerplatz. Also verbrachten wir die Zeit an Land. Es gab keinen Müll, kein Strandgut, das an Zivilisation erinnerte, bis auf ein Stück Holz aus dem ein rostiger Nagel ragte.
„Das muss ich wegbringen", dachte ich, als ich es das erste Mal sah. Aber alles, was man nicht gleich tut, rächt sich. Doris hüpfte natürlich wie immer barfuss am Strand herum und genau auf den senkrecht in die Luft stehenden rostigen Nagel. Dieser bohrte sich in ihre Fußsohle und nagelte das Stück Holz an ihr Bein. Abrupt blieb sie stehen und starrte entsetzt auf ihren Fuß. Heino nützte den Moment des Schocks und riss den Nagel heraus. Erst dann begann sie zu weinen und mit den Tränen floss auch das Blut. Wir brachten unser verletztes Kind aufs Schiff um es zu verarzten. Ich hoffte nur, dass sich die Wunde nicht entzünden würde. Mit dickem Verband lagerte Doris ihr Bein hoch und ließ sich verwöhnen und bedauern. Petra raunzte und weinte mit ihr.

Wegen seines Misserfolgs bei der Rebhuhnjagd ging Heino wieder mit seiner Harpune auf Fischfang. In diesen fischreichen Gewässern war er auch bald erfolgreich und sein Pfeil traf einen schönen Zackenbarsch. Doch dieser flüchtete samt dem Harpunenpfeil unter einen Korallenblock. Das Zappeln des verletzten Fisches lockte sofort fünf oder sechs Grauhaie an, denen Heino aber keine Beute anbieten konnte und so dürften sie der Meinung gewesen sein, er sei der Verletzte und begannen ihn zu attackieren. Jetzt hatte er nur noch eine Wahl, den Angriff zu erwidern und schnell auf sie zuzuschwimmen.
„Das war ihnen dann doch nicht geheuer und sie zogen wieder ab", erzählte Heino, den der Schreck noch in den Gliedern saß. Er zog es vor im Kanu abzuwarten, bis sie tatsächlich verschwunden waren und holte dann den Fisch samt Pfeil unter dem Korallenblock hervor. Zum Trost, er schmeckte vorzüglich.
Diese beiden negativen Erlebnisse waren Grund genug uns weiterzutreiben und wir lichteten am nächsten Morgen den Anker. Der starke Wind erschwerte die Abfahrt und wir hatten Mühe, aus dem engen Riffkanal herauszukommen.

Starker Wind aus Südost, hohe kurze Wellen, die SEHNSUCHT pflügte durch die unerforschte See, wir durchsegelten ein Stück weißes Papier unserer Seekarte. Einer von uns stand immer am Bug und hielt nach Untiefen Ausschau. War das nicht das Gebiet, wo Wolfgang Hausner seine TABOO I verlor?

Wir passierten eine kleine Insel. Ein Junge kam zum Strand gelaufen, hinter ihm ein alter Mann. Sie hielten mit den Handflächen die Augen bedeckt und starrten zur SEHNSUCHT. Ich winkte. Doch sie rührten sich nicht, wie angewurzelt standen sie da, so als würden sie ein UFO sichten von dem ihnen Außerirdische zuwinken. Welche Verrückten segelten in so einem Gebiet, mit so viel Wind im Nacken? Doch wir wollten dieses Paradies noch nicht verlassen, Imbert Island lockte. Die Insel sah hübsch und nett aus, doch wir fanden keinen Ankerplatz, es war zu riffig und schwellig. Wir segelten weiter. Bald sichteten wir Wari Island, wo uns dasselbe Schicksal ereilte.

Traurig sahen wir die Insel achteraus verschwinden und steuerten - jetzt wieder in kartografiertem Gebiet - auf Südwestkurs in Richtung Coral Sea. Noch nicht bereit, die Fahrt zur Torres Straße zu starten, fühlten wir uns wie Adam und Eva, vertrieben aus dem Paradies.

Kapitel 48

Torresstraße – Trip durch die Hölle

„Ich", schluchzte ich, „ich habe Angst!"
Heino antwortete nicht, er starrte nur in die undurchdringliche graue Suppe aus trüben Wasser und Wolken. Bereits auf der Fahrt durch das Louisiade Archipelago, das wir vor drei Tagen verlassen hatten, hatte sich das Schlechtwetter angekündigt und es wurde noch schlimmer. Dichte, dunkelgraue Wolken bedeckten den Himmel, rasten über uns hinweg. Die Wellen, steil und kurz, bis zu drei Meter hoch, stiegen über das Heck und ins Cockpit. Wir hatten stark gerefft, der Wind blies mit 40 Knoten über uns hinweg. Wir machten enorme Fahrt, rasten sozusagen auf die Torres Straße zu, das Riffgebiet, das Asien von Australien trennt. Und das ohne exakten Standort! So grau die Tage waren, so schwarz waren die Nächte. Es erschien wie die Fahrt zum Eingang der Hölle. Während der Nachtwache kreisten stundenlang schwarze Seevögel über dem Schiff. Sah ich sonst in den Vögeln immer Boten unserer Schutzengel, so waren diese schwarzen Biester wie unheimliche kleine Teufel. Andauernd versuchten sie an Deck zu landen. Mehrmals zog ich den Kopf ein, so nah flogen sie über uns hinweg. Endlich, nach langer Zeit fand einer Halt am Rettungsring. Ein zweiter wollte sich dazu setzten, doch das ließ der erste nicht zu und sie fingen mit fürchterlichem Gezeter zu streiten an. Der zweite gab nach und hockte sich schließlich gegenüber. Dann schliefen beiden ein. Ich ließ sie sitzen, doch das ungute Gefühl blieb, diese schwarzen Gefährten waren ein schlechtes Omen für mich. Als es graute, war ich froh, dass sie sich wieder erhoben und in die Lüfte verschwanden. Es wurde Tag, doch die Sonne ließ sich kaum blicken. Heino stand stundenlang an Deck um mit dem Sextanten jeden Schatten der Sonnenscheibe einzufangen. Die Ergebnisse waren dürftig und wichen 20 Meilen voneinander ab. 20 Meilen! – Und 20 Meilen war das Riffgebiet der Eastern Fields vom letzten möglichen Standort entfernt, 20 Meilen – also ungefähr die Breite, wie die Einfahrt in die Straße selbst. Die Sicht war außerordentlich schlecht. Vielleicht eine Meile? Und das graue Wasser rund um uns kochte, so als würde sich die ganze Kraft des Pazifischen Ozeans, der hier auf zwei Kontinente traf, zusammenballen. Einziges Ventil dieser Kraft war die Toressesstrasse. Es war ein Kampf der Elemente Wasser und Erde, gespeist durch den Wind.
„Wie groß ist die Chance eines Blinden durch ein Nadelöhr zu treffen?", fragte mich deprimiert der Navigator, nach so einem Messergebnis.
„Das kommt auf sein Fingerspitzengefühl an", versuchte ich ihn aufzumuntern. Er lächelte nicht einmal, der Humor war uns ausgegangen, wir schaff-

ten es nicht mehr, uns gegenseitig Mut zu machen. Die Nervosität war groß, die Spannung wie vor einem fürchterlichen Gewitter, unerträglich. Angst machte sich breit. Angst, die aus dem Bauch heraus kam, nicht mehr aufzuhalten war, das Herz schneller schlagen ließ und die realen Gedanken blockierte.

„Ich habe Angst", wiederholte ich mit tränenerstickter Stimme.

„Dann habe ich keine", sagte Heino ohne Überzeugung. Für ihn hieß es stark sein, nur ja den Kindern nichts anmerken zu lassen, ihr gewonnenes Vertrauen in ein unsinkbares Schiff und einen unfehlbaren Kapitän nur ja nicht zu erschüttern. Und um die Stärke auch in die Tat umzusetzen gab er Anweisungen, was zu tun sei, falls wir auf ein Riff auflaufen: „Schwimmwesten anziehen, als Allererstes", sagte er zu seiner Crew und zu mir gewandt: „Monika, du suchst ein paar Lebensmittel zusammen und Wasser. Messer nicht vergessen. Ich kümmere mich um das Kanu und die Navigationsinstrumente. Wir verlassen das Schiff erst, wenn es wirklich sinkt, nicht früher." Seine Worte klangen ernst. Doris ahnte, dass die Situation kritisch war, die Anweisungen ihres Vaters machten sie nachdenklich.

„Und meine Puppe Alice?" Doch ihre Frage blieb unbeantwortet. Schweigen breitete sich an Bord aus, bleiernes Schweigen, welches das Jaulen des Windes und das Rauschen der brechenden Wellen noch intensiver in unser Bewusstsein dringen ließ. Nach einer langen Nachdenkpause meinte Doris: „Das lässt der liebe Gott nicht zu."

„Du hast recht", stimmte ich in ihren kindlichen Optimismus ein, „wir werden beten, das hilft." Ich nahm meine beiden Kinder in die Arme und wir kuschelten uns in die Koje, während unser Kapitän auf seinem Posten stand und versuchte, das eintönige Grau zu durchdringen. Viele Gedanken gingen durch meinen Kopf. Ich erinnerte mich an unseren ersten Sturm im Golf de Lion. Damals hatten wir Angst aus Unerfahrenheit und suchten die Landnähe. Jetzt hatten wir Angst aus Erfahrung und wollten das Land meiden, das sich nicht meiden ließ. Wir fuhren beinahe vor Top und Takel mit einer Geschwindigkeit von sechs bis sieben Knoten auf eine Sackgasse zu.

„Ende Torresstraße?", fragte ich mich. Wie groß war die Chance bei einer Strandung zu überleben? Ohne gutes Beiboot nur mit dem Einbaum gleich null. Dieses Wissen machte die Angst fast unerträglich. Mussten wir jetzt sterben? Der Tod schien so nah.

„Nur den Kindern nichts davon merken lassen", sagte ich mir immer wieder vor.

„Gestorben am 7. Juli 1990!" Plötzlich erinnerte ich mich, dass ja heute Petras Geburtstag war und ich wurde unsagbar traurig. Drei Jahre war mein Baby alt, erst drei Jahre, das war zu früh zum Sterben. Und zu der Angst und Traurigkeit gesellten sich auch noch Schuldgefühle. Die Schuld, meine Kinder dieser Gefahr ausgesetzt zu haben.

„Vater im Himmel", betete ich immer wieder und immer wieder. Mit Gebeten waren diese Gefühle zu ertragen. Die Kinder waren unnatürlich ruhig, auch sie schienen die Gefahr zu spüren.

Plötzlich krachte es am Schiffsrumpf, es polterte und ein Beben und Zittern ging durch die SEHNSUCHT.

„Jetzt ist es soweit!", durchfuhr es mich. In Panik sprang ich hoch, stürmte zum Niedergang, rutschte von der Leiter ab und die nächste Welle warf mich mit aller Gewalt zurück. Mein Brustkorb schlug am Rand der Spüle auf, ein höllischer Schmerz durchfuhr mich, ich war unfähig zu atmen. Heino erkannte meine Panik.

„Ein Baumstamm", rief er, „wir haben einen Baumstamm gerammt, es ist alles in Ordnung." Ich rappelt mich hoch uns sah hinaus. Ein Urwaldriese schwamm neben uns, die Äste wie die Hände eines Ertrinkenden in die Luft gestreckt. Er schlug noch ein paar Mal an die Bordwand, bis er achtern verschwand. Ich weinte, konnte mich nicht mehr zusammennehmen, weinte vor Erleichterung und vor Schmerz. Das Leid war grenzenlos, alles schien grau zu sein, der Himmel, die See, unser Leben.

Ich weiß nicht mehr, wie lange wir in dieses hoffnungslose Grau starrten. Doch plötzlich war ein kleiner Strich am Horizont zu sehen. Eine Barke vielleicht? Wir ließen den dunklen Fleck am Horizont nicht mehr aus den Augen. Der Strich wurde allmählich größer und dann, zuerst nur schemenhaft und gespenstisch, tauchte aus dem grauen Nebel ein Schiff auf, zuerst wie ein Geisterschiff nahm es allmählich genaue Formen an. Ein Frachter! Riesengroß und wirklich. Ein Aufschrei der Freude ging durch das ganze Schiff. Heino sprang zum Funkgerät, schaltete es ein und ließ einen Dringlichkeitsruf los:

„*PAN PAN – PAN PAN! Sailing ship SEHNSUCHT is calling the cargo ship, we have no position!*" sprudelte unser Kapitän hervor. Eine freundliche Stimme meldete sich.

„*Here is the cargo ship, do you need help?*"

"*Position, we have no position!*"

"*Hold on!*"

Ganz langsam und deutlich drangen nach kurzer Zeit die Worte des Funkers aus unserem kleinen Funkgerät:

„10°33' S, 147°05' E". Er wiederholte einige Male und fragte nach, ob alles o.k. sei, es klang, als ob er sich sichtlich Sorgen machte.

Heino bedankte sich und bestätigte: „*Everything is o. k.!*"

Er wünschte uns noch eine gute und wirklich sichere Fahrt, wobei er das Wort „wirklich" betonte und erst nach einer Pause erklang es aus dem Funkgerät: „*Over!*"

Eine kurze Zeit sah es so aus, als würde der Frachter seine Fahrt verlangsamen und seinen Kurs in unsere Richtung ändern, doch dann verschwand er wieder im Grau des Tages, war so schnell verschwunden, wie er gekommen war, so als wäre er nie real gewesen. Doch die Zahlen auf dem Blatt Papier mit unserem Standort waren real, sie standen schwarz auf weiß geschrieben: 10°33'S, 147°05'E! Unsere Gebete wurden erhört.

„Danke lieber Gott", kam es aus tiefstem Herzen.

Plötzlich war die Welt viel heller als zuvor. Wir kannten wieder unsere Position und die lag 20 Meilen weiter südlich als wir vermutete hatten. Wir änderten den Kurs, steuerten Bramble Cay an, das Leuchtfeuer, das den Bligh Entrance im Norden begrenzte. Jetzt hieß es ganz genau zu steuern, dann konnte nichts mehr schief gehen. Leider bekamen wir das Leuchtfeuer während der nächsten Nacht nicht mehr zu sehen, aber die SEHNSUCHT fand ihren Weg. Wir änderten zweimal den Kurs um durch die Untiefen zu kommen und sahen bald im Dunst Darnley Island, eine 180 Meter hohe Insel, inmitten der Torresstraße. Wir umrundeten noch Laxton Reef und Brown Reef, beide nicht zu sehen, weil das Wasser viel zu trüb, der Wind zu stark und die Sicht zu schlecht war, obwohl diesen Morgen sogar öfters die Sonne durch die Wolken blinkte. Im Lee vor Darnley Island warfen wir den Anker. Die ganze Angst und Spannung der letzten zwei Tage und Nächte fiel von uns ab. Es war der 9. Juli 1990, Heinos Geburtstag. Seinen und auch Petras vergessenen wollten wir heute ausgiebig feiern und ich hatte nach der überstandenen Gefahr das Gefühl, es war unser aller Geburtstag. Wir waren ausgelassen und vergnügt, obwohl an Bord Chaos herrschte. Heino ließ das Kanu zu Wasser und ruderte mit den Kindern an Land. Ich wollte Ordnung machen und versuchen den Inhalt des Schiffes trocken zu legen. Beim Aufhängen der Bettlaken flog ein kleines Motorflugzeug über die Insel, machte einige Kreise und verschwand wieder.

„Die Zivilisation ist nahe", dachte ich nur, und nichts ahnend welche Folgen diese Begegnung hatte, beachtete ich sie nicht weiter.

Das Kanu kam zur SEHNSUCHT zurückgerudert.

„Komm mit an Land, das ist so eine schöne Insel", mit diesen Worten holten mich meine Lieben zu einem Landspaziergang ab. Die Wäsche trocknete alleine, also ließ ich mich nicht lange bitten. Am Strand war eine Gedenkstätte, wo von der Landung der ersten Missionare im Jahre 1871 berichtet wurde. Die Insel war zum Teil kahl, zum Teil Dschungel, saftiges grünes Gras wiegte sich im Wind, rote, eisenhaltige, feuchte Erde lag zwischen hartem Gestein. Bunte, uns unbekannte Insekten bewohnten die Insel, zarte Blüten schmückten sie. Ein Fahrweg führte auf den Berg, von wo aus man eine schöne Aussicht genoss. Am Gipfel fanden wir eine kleine Landebahn, sahen aber keine Menschenseele. Wir betrachteten das Meer rings um uns. Selbst von dem hohen Standpunkt aus konnte man nur vage an der Wasserfärbung die Untiefen erkennen.

„Gehört die Insel zu Papua Neu Guinea, oder schon zu Australien?", rätselten wir, fanden aber keinerlei Hinweise. Beim Rückweg entdeckten wir einen wilden Papayabaum, voll mit reifen Früchten. Wir freuten uns, war es doch das erste Mal, dass wir in freier Natur Papayas ernten konnten. Heino kletterte noch auf eine Palme und holte frische Trinknüsse. Doris pflückte einen Blumenstrauß für den Geburtstagstisch. Zurückgekehrt an Bord startete die Geburtstagsparty.

„Happy Burtstag", wünschte sich Petra selbst und freute sich, als sie das mit Bändseln verschnürte Paket öffnete.

Wir beachteten das Flugzeug kaum, das wieder mehrmals über die SEHNSUCHT kreiste. Doch kurz darauf kam ein Hubschrauber direkt auf uns zu. CUSTOMS stand mit großen, roten Lettern geschrieben. Er landete am Strand. Zwei Männer stiegen aus und zeigten in unsere Richtung. Wollten sie etwas von uns? Wir schalteten das Funkgerät ein. Tatsächlich! Sie forderten uns auf, mit den Papieren an Land zu kommen.

„Alles was Sie jetzt sagen, kann gegen sie verwendet werden", drang es aus dem Funkgerät. Das klang sehr ernst. Heino stieg ins Kanu.

„Ihr bleibt besser da", sagte er zu uns. Ängstlich blickte ich zum Strand, sah, dass er mit den Männern redete und hoffte, sie würden ihn nicht verhaften und wieder zu uns schicken. Er kam zurück.

„Wir sind beobachtet worden, wie wir an Land waren, ohne Erlaubnis. Das ist ein Verstoß gegen das australische Recht", berichtete er.

„Wir müssen unverzüglich nach Thursday Island segeln und uns beim Zoll melden." Jetzt wussten wir, dass wir in Australien waren, doch keiner von uns dachte an einen Gesetzesverstoß, als wir den Fuß auf die für uns unbewohnt aussehende Insel setzten.

So hatte dieser schöne Tag ein so abruptes, schlechtes Ende. Heino war unruhig, am liebsten wäre er sofort losgesegelt. Doch dann siegte die Vernunft, denn bald ging die Sonne unter und wir hatten geschworen, nur bei Tageslicht, von Insel zu Insel durch die Torresstraße zu segeln.

Zeitig am Morgen lichteten wir den Anker. 140 Meilen bis Thursday Island lagen vor uns, 140 Meilen, die navigatorisch das Schwierigste von uns abverlangten, was wir bis jetzt in unserer Seglerlaufbahn aufbringen mussten.

6,5 Seemeilen Kurs 252° bis zur Meerenge zwischen Nepean Island und Tobin Cay. Nepean Island ist eine Insel, die etwa 200 Meter groß ist, aber von einem drei Meilen langen Riff umgeben wird. Die Durchfahrt war eine Meile breit, das Wetter noch immer schlecht, trüb und bedeckt. Trotz aller Anstrengung konnten wir die Untiefen nicht erkennen, nur aufgepeitschtes, trübes, graues Wasser, eine für uns neue Situation, nach der Farbenpracht des Wassers auf den Südseeatollen. Das Seezeichen am nächsten, namenlosen Riff zeigte, dass wir den Kurs nicht halten konnten, die Strömung versetzte uns nach Süden, so änderten wir die Richtung und umrundeten diese Untiefe im Süden. Nach 11 Meilen hielten wir mit Kurs 224° auf York Island zu, das wir dank des hohen Radiomastes auch bald sichteten. Ein Zollboot passierte die SEHNSUCHT ganz nahe.

„Wir hauen schon nicht ab", sagte Heino grimmig. „Wohin auch?", fügte er sarkastisch hinzu. Nach York Island hatten wir 15 Meilen relativ weiten, freien Seeraum vor dem Bug und konnten uns daher etwas entspannen. Wir passierten Arden Island mit seinem Leuchtfeuer und befanden uns dann auf der offiziellen Schifffahrtsroute mit der vorgegebenen Kurslinie. Dann sichteten wir Coconut Island.

„Da könnten wir uns jetzt ruhig vor Anker legen", dachte ich schwermütig, doch der Kapitän hatte beschlossen, die Nacht durchzufahren.

„Bei so viel Kontrolle werden auch alle Leuchtfeuer funktionieren", meinte er, „und im Hauptfahrwasser kann nichts schief gehen."

Es wurde dunkel, Gott sei Dank ging nach einigen Stunden der dreiviertelvolle Mond auf und gab uns wenigstens die Illusion von Licht. Wir sichteten das Leuchtfeuer von Bet Reef, das wir südlich umrunden mussten um in den Vigilant Channel einzubiegen. Zwei bis drei Knoten Strömung konnten im Kanal herrschen, stand auf der Seekarte zu lesen, mit Pfeilen in beiden Richtungen. Wir hatten Pech, die Strömung floss gerade nach Westen und ehe wir es richtig registrierten, drückte uns diese und der immer stärker werdende Wind gefährlich nahe an das Riff. Heino holte mich an Deck und erklärte mit knappen Worten die Situation und drückte mir die Pinne in die Hand.

„Wende!", schrie er und ließ die Fockschoten los. Doch die Kette der Selbststeueranlage hing noch an der Pinne und diese ließ sich nicht aushängen. Ich quetschte mir den Finger. Die Brecher kamen immer näher, die lose Fock knallte im Wind, die SEHNSUCHT verlor an Fahrt. Heino kam mir zu Hilfe und befreite die Pinne, doch nun ließ sich das Schiff nur schwer auf den anderen Bug bringen, stampfte unwillig in den Wellen und nahm nur langsam wieder Fahrt auf. Jetzt mussten wir gegen den Wind aufkreuzen um wieder frei zu kommen. Unser Schiff hüpfte bockig auf den kurzen, steilen Wellen, machte kaum Fahrt voraus, im Nacken saßen die Krallen des Bet Reefs. Das Riff, auf dem sich bereits die Silhouette eines Wracks im Dunkel abzeichnete. Vom fahlen Mondlicht gespenstisch beleuchtet, erhellt von den grellen Blitzen des Leuchtfeuers war es erschreckend deutlich und nah zu sehen und zog uns magisch an. Langsam, ganz langsam segelten wir gegenan, bei jeder Wende verloren wir wieder an Raum. Die Seen stiegen von der Seite ins Cockpit, wir waren klitschnass und zitterten vor Angst und Kälte.

„Wenn wir heil nach Hause kommen, zünde ich in der Margarethenkirche eine Kerze an", schwor ich während dieser hässlichen Situation. Eine Stunde lang kämpften wir, eine Stunde Schinderei, in welcher wir uns gegen die Kräfte der Elemente und des Schicksals auflehnten.

„Du kriegst uns nicht!", schien Heinos verbissener Gesichtsausdruck zu sagen, wenn er bei jeder Wende wie ein Verrückter an der Winsch kurbelte, die Fock dicht holte und sein Blick auf das starre Wrack fiel.

Nach einer uns unendlich lang erscheinenden Stunde hatten wir es geschafft, wir waren frei, das Leuchtfeuer und die bedrohliche Wracksilhouette verschwanden achtern. Im Vigilant Channel war die Strömung unser Freund und als das Leuchtfeuer von Sue Island backbord achteraus lag, konnten wir nach Süden schwenken, steuerten 216° und hatten 10 Meilen bis zum Leuchtfeuer von Harvey Rocks. Heino gönnte sich keine Minute Ruhe in dieser Nacht, und es war eine endlose Nacht. Ich war zu müde und zu seekrank und verschwand auf mein Lager, fand aber keinen Schlaf und schreckte bei jedem ungewohnten Laut hoch. Unsere zwei Leichtmatrosen schlummerten unschuldig im Bett, unberührt von unseren Schwierigkeiten.

Nach den Harvey Rocks wurde es hell. Wir hatten 15 Meilen freien Seeraum vor uns, der uns zu der Inselgruppe nordwestlich von Cape York, in Australien führte, in deren Mitte die kleine Insel Thursday Island lag. Doch auch bei Tageslicht fanden wir keine Ruhe, unsere Sinne waren überreizt. Wir sahen Riffe, wo überhaupt keine sein konnten, es lauerte Gefahr, wo keine mehr war. Die Torresstraße erschien uns wie ein unsichtbarer Feind.

Auszug aus Heinos nüchternen Aufzeichnungen: „Schwierigkeiten der Torresstraße: starker Wind, Tidenströmungen von 3-5 Knoten, trübes Wasser, dadurch Riffe nicht sichtbar, hoher Schwell, hohe, kurze, brechende Wellen, geringe Wassertiefe. Echolot: 5-10 Meter unter dem Kiel. Schlimmes Seegebiet. Sie lassen nichts von der Spannung, Angst und Schinderei dieser höllischen Durchfahrt erkennen.

Kapitel 49

Northern Theretory von Australien – in Wildnis eingebettete Zivilisation

„Die Fleischdosen, die muss ich aber mitnehmen", sagte Officer Jim und versuchte energischer zu klingen.

„Nein", antwortete ich hartnäckig, „dann hat der Kapitän nichts mehr zu essen."

Sein rundes, dunkelhäutiges Gesicht zeigte einen Ausdruck, der zwischen Pflicht und Mitleid schwankte. Seine korpulente Figur ließ erahnen, dass er gerne aß. Seit geraumer Zeit stand er mit mir vor den geöffneten Packkisten, die ohnedies nur mehr dürftig bestückt waren und wir verhandelten, welche Lebensmittel er konfiszieren dürfe, um dem mir total unverständlichen, australischen Gesetz Genüge zu tun, nämlich dem Einfuhrverbot von Lebensmitteln. Die mickrigen Zwiebeln und paar Kartoffeln wanderten schon in seinen schwarzen Plastiksack. Bei den Kondensmilchdosen blieb ich eisern und beschuldigte ihn, meine Kinder verhungern zu lassen.

„Ich muss", stotterte Officer Jim zum xten Male, „ihr könnt ja neue kaufen", fügte er hinzu.

„Wir haben kein Geld mehr", wiederholte ich ebenfalls zum xten Male. Officer Jim seufzte. Sein jüngerer Kollege stand teilnahmslos daneben.

„Was könnt ihr mir denn geben?", fragte er etwas versöhnlicher. So trennte ich mich von ein paar Dosen, die ohnedies schon rostig waren und die, wegen Ungenießbarkeit immer tiefer in der Packkiste verschwunden waren.

„Das ist zu wenig." Er wog den schwarzen Sack in seiner Hand. „Ich muss etwas mitbringen." Verzweifelt runzelte er die Stirn.

„Müll", sagte er plötzlich erfreut, „habt ihr keinen Müllsack?" Den hatten wir und so stopfte er zufrieden den Mist in seinen Sack, versiegelte ihn und die zwei rauschten in ihrem kleinen Motorboot davon.

Die letzten Meilen der Torresstraße waren problemlos verlaufen, bis auf die Tatsache, dass wir nach der durchwachten Nacht hundemüde waren, als endlich der Anker zwischen Thursday Island und Horne Island fiel. Der Ankerplatz war leicht zu finden, lagen doch einige Fahrtensegler bereits hier. Die Inseln gefielen uns auf den ersten Blick nicht besonders, sie sahen trocken und kahl aus. Pflichtbewusst hissten wir die gelbe Flagge und kurz darauf kamen die zwei Beamten an Bord. Doch damit war der Behördenkram nicht erledigt, Heinos Qualen waren noch nicht zu Ende. Obwohl letzte Nacht kein Auge zugetan, wurde er ins Immigrationsbüro zitiert. Dort erwartete ihn Officer Burke. Und der machte Schwierigkeiten. Für ihn waren wir keine harmlose Yachtfamilie, sondern illegale Einwanderer und seine harten Gesichtszüge ließen erahnen, dass er sich streng an die Buchstaben des Gesetzes hielt. Er weigerte sich uns einzuklarieren, und das, was er mit uns machte, war ein richtiges Verhör mit harten Fragen und lächerlichen Antworten:

„Wir gingen an Land, damit die Kinder laufen und spielen konnten."
Nach dem Verhör folgte das Protokoll und dann wurde der Termin für das Tribunal für den nächsten Tag festgelegt. Heino kam mit einem vierseitigen Verhörprotokoll und einem zweiseitigen *Judicary Act* zur SEHNSUCHT zurück, an dessen Ende folgende amtliche Aufforderung stand: *„Jm Namen ihrer Majestät werden Sie aufgefordert, sich am Freitag, dem 13. Juli 1990 um 3 Uhr 30 im Magistratsgericht einzufinden."*
Man stellte uns tatsächlich vor Gericht, wir konnten und wollten es nicht glauben. Ich versuchte meinen Ärger etwas abzukühlen und ging mit Doris schwimmen. Kaum planschten wir im Wasser hörten wir vom Nachbarschiff eine Frau schreien: *„Go out oft the water! Crocodiles! Sharks!"*
„Ist denn hier alles verboten?", dachte ich zuerst verärgert. Doch hatte ich richtig gehört? Krokodile? Haie waren ja nichts ungewöhnliches, aber Krokodile? Ihre energische Stimme und Gestik veranlassten uns dann doch, der Aufforderung Folge zu leisten und wir kletterten die Badeleiter hinauf aufs Schiff.
„Sag mal, hast du schon mal was von Salzwasserkrokodilen gehört?", fragte ich Heino, der verzweifelt versuchte etwas Schlaf zu finden.
„Nein, niemals!", brummte er.
Als die Crew der Nachbaryacht dann mit dem Dingi an Land ging, blieb sie bei der SEHNSUCHT stehen und klärte uns auf: „Es gibt eine Menge Krokodile hier, sie liegen ganz ruhig im trüben Wasser und warten auf Beute. Das Schwimmen hier ist außerordentlich unklug."
Wir beschlossen ihnen zu glauben und obwohl wir kein einziges Krokodil in freier Wildbahn zu Gesicht bekamen, mieden wir das Meer. Nur das Schild vor dem Müllplatz ließ uns ihrer Behauptung glauben schenken. *„Beware Crocodiles!"* stand dort hochoffiziell.

Es war Freitag der 13.!
Das Motorboot mit Officer Jim und seinem Kollegen kam und holte uns zur Verhandlung ab. Mit dem Polizeiauto fuhren wir zum Gerichtsgebäude. Wir wurden in den Verhandlungssaal geführt, ein helles, großes Zimmer, mit einem Richterpult, Plätzen für Anklage und Verteidigung und einigen Sitzreihen für die Zuhörer. Das Kreuz an der Wand hinter dem Richterpult die australische Flagge und ein Präsidentenbild unterstrichen die Amtlichkeit des Raumes.

„Wo sind wir denn da?", fragte Petra.

„Im Kasperltheater", antwortete ich mit Galgenhumor.

Der Richter kam. Wir mussten uns alle von unseren Plätzen erheben.

„Schau, der hat ja eine kurze Hose an", raunte ich Heino zu.

„Keine Kultur", flüsterte dieser zurück. Wir durften uns wieder setzten.

Heino wurde zur Anklagebank zitiert.

„Wo ist denn der Pasperl?", fragte Petra ganz laut und unterbrach die amt-liche Stille des Raumes. Nur gut, dass sie niemand verstand, sonst wäre sie wegen Missachtung des Gerichts verhaftet worden.

Die Anklage wurde verlesen: Unbefugtes Betreten von australischem Boden.

„Nennen sie den Grund für ihr Verhalten", forderte der Richter Heino auf.

Da kam in unserem Kapitän wieder der Beamte, der er früher einmal ge-wesen war zum Vorschein, und in kurzen, knappen Worten erklärte er den Sachverhalt. Doch der Inhalt seiner Wort klang auch in diesen amtlichen Räumen noch ziemlich harmlos: „Ich ging mit den Kindern an den Strand um zu spielen, während meine Frau an Bord Ordnung machte. Wir wussten nicht, dass wir uns bereits auf australischem Boden befanden."

„Guilty or not guilty?", war die Abschlussfrage des Richters.

„Nicht schuldig!" antwortete Heino.

Die Beratung war kurz.

„Schuldig!", lautete das Urteil des Gerichtes. Doch wegen Geständigkeit und Kooperation mit der Behörde und angesichts unserer begrenzten finan-ziellen Mittel würde er nur die Mindeststrafe verhängen: 400 Australdollar.

Er klopfte mit dem Hammer auf sein Pult, schloss die Akte und erhob sich.

Die Verhandlung war geschlossen.

Heino wurde zum Schriftführer geleitet um seine Strafe zu begleichen.

„Wir haben keine 400 Dollar", erklärte er ihm, „nur eine Kreditkarte." Doch die wurde nicht akzeptiert. Darauf hin stellte er einen Erlagschein aus und wir bekamen eine Zahlungsfrist von einem Monat.

Officer Burke hatte sein Recht bekommen und erst jetzt, nach der Verurtei-lung, erzählte er uns, dass der einzige Grund ungestraft australischen Boden zu betreten der lebensbedrohliche Mangel an Süßwasser und die Suche da-nach sei.

„Das ist internationales Seerecht", fügte er hinzu mit der Mimik: „Das hättet ihr ja wissen müssen!" Ich war sauer, hätte er uns diese Worte nicht früher in den Mund legen können?

Deprimiert und zerschlagen verließen wir das Gebäude, wo der Dienstwa-gen mit unseren zwei Officers wartete. An ihren besorgten Gesichtern sah man, wie leid ihnen diese Sache tat. Aber wir waren in Australien und Ge-setz ist Gesetz! Und das wurde hoch geschätzt in diesem Land. Doch sie

393

brachten uns nicht gleich zum Schiff zurück, sondern machten mit uns eine Inselrundfahrt im Dienstwagen. Sie zeigten uns die hohen Termitenbauten, die in der kargen Landschaft wie Steinsäulen standen. Das machte die Insel zwar interessanter, aber nicht schöner. An einem kleinen Laden hielt das Polizeiauto. Officer Jim stieg aus und kaufte für die Kinder Eis und Schokolade. Er war rührend, es kam mir vor, als wollte er allein die Ungerechtigkeit des Gesetzes wettmachen. Mit den besten Wünschen für eine gute Überfahrt nach Darwin verabschiedeten uns die zwei Beamten. Wir wollten die Insel schnell verlassen, zu schlecht waren die Eindrücke.

Unser Nachbarboot, die ILEVOY lud uns zu einem Sundowner-Drink ein. Wir saßen in ihrem Salon und plauderten.

„Ihr könnt nicht zurück, nicht nach Europa, ihr könnt dieses normale Leben nicht mehr leben", diese Meinung vertrat Bill nun schon seit Beginn unseres Gesprächs, das wie üblich mit den Fragen: „Woher?" und „Wohin?" begann.

„Nach Darwin, von dort fliegen wir nach Hause." Dieser, von mir so harmlos hingesagte Satz, entfachte Entsetzten bei unseren Bootsnachbarn.

„Wer einmal drei Jahre lang als Seenomade gelebt hat, schafft es nicht mehr zurück in die Zivilisation." Ich versuchte mit Gegenargumenten aufzufahren, sprach von der Familie, meinem Arbeitsplatz und meiner Zuversicht.

„Und eure Kinder", konterte er, „du kannst Doris nicht für Stunden in eine Schulbank drücken." Damit hatte er einen wunden Punkt getroffen, denn der Unterricht, den ich geboten hatte, war mehr als dürftig gewesen. Doris mehr als eine halbe Stunde ruhig sitzend zu beschäftigen war eine Kunst, die selten gelang. Heino hielt sich bei dem Gespräch sehr zurück, waren doch die Argumente, die von der Crew der ILEVOY kamen, auch seine tiefsten Befürchtungen. Ich war froh, als Petra müde wurde und zu quengeln begann, froh mich zu verabschieden, zu sehr waren meine Gefühle aufgewühlt. Glühend rot ging die Sonne am Rande von Horne Island unter, tauchte diesen mir bis jetzt hässlich erschienen Fleck Erde in goldenes Licht. Ich saß im Cockpit und las noch einmal die letzten Briefe aus der Heimat, um meine aufgewühlten Gedanken zu ordnen. Und auch aus den Worten der Freunde las ich heraus, dass wir zu Hause als Exoten gehandelt wurden. Verdorben für ein normales Leben? Was war normal? Konnten wir uns nur mehr unter den Fahrtenseglern als normal fühlen? Galten wir bei allen anderen als verrückt?

„Was für euch so exotisch und fremd klingt, ist für uns der ganz normale Wahnsinn – eben Alltag, der sich durch das glitzernde Band der Tropen, blaues Meer, weiße Sandstrände, Palmen und – bla, bla, bla,... dahinzieht."
Mit solchen Worten antwortete ich oft in meinen Briefen.

Und doch, so unverständlich denen zu Hause unser Leben schien, war nicht ihr Leben für uns bereits unverständlich? Wie unnötig empfand ich die Tatsache, dass man sich ein automatisches Garagentor einbaut. „Wozu braucht man einen Motor um ein Tor zu öffnen?", fragte ich, als ich den Brief eines Freundes las. Da wir gewöhnt waren, uns nur mit Wind und Muskelkraft fortzubewegen, war ein Auto bereits reinster Luxus, ein automatisches Garagentor jedoch utopisch. Der Griff zu den Briefen von Eltern und Großeltern beruhigte mich dann.

„Hoffentlich kommt ihr bald nach Hause! Wir freuen uns schon so sehr die Kinder zu sehen." Diese Worte gaben mir wieder die Zuversicht, die ich brauchte, um die Kraft aufzubringen, die Reise zu beenden. Denn es gehörte genauso viel Energie dazu, den Lebensabschnitt zu beenden, also wieder „Einzusteigen", wie den Schritt des Aussteigens zu tun.

„Vielleicht wollen sie auch aufhören und können es nur nicht", sinnierte ich über unsere Nachbarn. Heino zuckte mit der Schulter.

„Oder es fehlt ihnen der Mut dazu, wieder ein geregeltes Leben zu führen?"

„Oder haben sie recht? Geben wir zu früh unser paradiesisches Leben auf?"

Ich erhielt keine Antwort, Heino stieg nicht in meine Überlegungen ein. Seine Reise ging ja weiter, also teilte ich meine Gedanken mit meinem Tagebuch: *„So leben wir wie Adam und Eva im Paradies – aber wurden die nicht vertrieben? Und so kommt es, wenn man Post von Familie und Freunden aus der Heimat liest und erinnert wird, dass noch jemand an uns denkt, sodass die Sehnsucht aufsteigt dorthin zurückzukehren, wo man eigentlich hingehört. Und so klafft ein Zwiespalt auf: Weitermachen – bis in ewige Zeit verdammt sein zum Reisen? Nein, in Wirklichkeit sind wir reif fürs Trockendock. Einen Schlussstrich zu setzen, um die tiefen Eindrücke, gute und schlechte, wahre Lebensfreude und Todesangst zu verarbeiten. Und für all dies ist es gut zu wissen, dass ein sicherer Hafen in der Heimat offen steht."*

Wir waren froh, als Bobby Island, die letzte Insel im Riffgebiet, achteraus lag und wir somit die Torresstraße passiert hatten. Zwar gab es die nächsten Meilen nur sechs bis zehn Meter Wasser unter dem Kiel, aber keine Untiefen lagen mehr auf unserer Kurslinie. 740 Meilen waren zu bewältigen, die letzte Überfahrt der SEHNSUCHT mit der ganzen Familie an Bord. Die ersten 600 Meilen verliefen problemlos. Der Wind von hinten garantierte gute Tagesetmale. Und täglich flog ein kleines Flugzeug der Küstenwache über uns hinweg.

„Das ist die sicherste Überfahrt auf unserer Reise, jetzt können wir ruhig Schiffbruch erleiden", meinte unser Kapitän mit einem gewissen Sarkasmus.

Vor dem Van Diemen Golf kämpften wir mit der Strömung, sie drückte uns weit nach Norden und wir schafften die Einfahrt erst, als die Tide umschlug. Wir befanden uns nun wieder im Westen eines Kontinents, und im Westen waren die Gezeiten die geheimen Herrscher. Im Golf ließ der Wind nach, und wir sahen, dass wir es bei Tageslicht bis Darwin nicht mehr schafften, also warfen wir den Anker hinter einer kleinen Insel bei Cap Hotham. Die Insel sah nett aus und es juckte uns, an Land zu gehen. Doch andauernd hörten wir ein furchterregendes, schauderndes Brüllen.

„Sind das Krokodile?", fragten wir uns. „Machen Krokodile so komische Laute?" Wir wussten viel zu wenig von diesen Tieren. Unser mulmiges Gefühl hielt uns an Bord. Was sollten wir tun, wenn plötzlich ein Krokodil auftaucht und das Maul aufreißt? Mit unserem niederbordigen Kanu waren wir äußerst ungeschützt.

Abends schlug die Tide wieder um und unser Ankerplatz wurde schwellig. Als wir die Leuchtfeuer genau erkannten, beschlossen wir weiterzufahren, und am Morgen fiel der Anker in der Fannie Bay, inmitten vieler Yachten und Fahrtensegler, vor der Großstadtsilhouette von Darwin.

Darwin – unser Ziel war erreicht, die Zivilisation hatte uns wieder.

Die Fannie Bay war eine weitläufige Bucht mit unzähligen Yachten vor Anker, die, wie es schien, meilenweit vom Strand entfernt lagen. Grund dafür war der enorme Tidenhub, der sich bei dem flach abfallenden Gewässer in der langen Wegstrecke bemerkbar machte. So kam es, dass wir eine halbe Meile bis zum Land ruderten und dann dieselbe Strecke unser Kanu tragen mussten, bis die Wassergrenze erreicht war. Es war eine lustig anzusehende, bunte Wanderschaft. Je nach Göße des Beiboots trugen oder slipten die Crews ihre Dingis an Land, wobei kleine Slipwägen verwendet wurden. Inmitten des Weges lagen immer wieder kleinere Boote, der Anker im nun trockenen Sand eingegraben. Einige Yachten standen am Trockenen und arbeiteten am Unterwasserschiff. Es herrschte emsige Geschäftigkeit in und um die Fannie Bay, deren Zentrum der Darwin Sailing Club war. Wir wurden ein vorübergehendes Mitglied des Clubs, erhielten eine *„Temporary Membership Card"* und durften somit alle Annehmlichkeiten, wie Duschen, genießen.

Wir machten einen Erkundigungsgang durch die Stadt. Hochhäuser mit Glasfassaden, Geschäfte, Straßen mit Verkehrsampeln, reger Autoverkehr herrschten vor. Wir fühlten uns fehl am Platz. Wir, die im Schiffsoutfit, in rostigen T-Shirts und Shorts mit Schimmelflecken, dazu ausgefranste Badeschlappen an nobeln Geschäftsauslagen und glänzenden Autos vorbeigingen. Doch die Bank akzeptierte trotzdem unsere Kreditkarte und wir konnten die Strafe bezahlen. Wir machten auch unseren gewohnten Weg zur

Post, diesmal ohne Hoffnung auf Briefe. Umso erfreuter war Heino, als der Beamte ihm einen Umschlag von seinen Eltern in die Hand drückte. Wir gingen in einen Park, auf der Suche nach einem Spielplatz. Fündig geworden, setzte sich Heino auf eine Mauer und begann in Ruhe den Brief zu lesen. Auf einmal schluchzte er laut auf. Er vergrub das Gesicht in die Hände und ließ das Blatt sinken.

„Was ist passiert?", fragte ich erschrocken. Doch ich erhielt keine Antwort. Ich nahm das Briefpapier, das kraftlos in seiner Hand flatterte. Es war die Schrift meiner Schwiegermutter. Ich begann zu lesen. Eine Seite lang erzählte sie, welche Post sie wann und von wo erhalten hatte und was und wohin sie uns geschrieben hatte. Ich blätterte um. *„Doch ich will nicht lange um den heißen Brei kreisen, es muss ja gesagt werden. Am 21. Juni 1990 um 5 Uhr 15 hat unser lieber Vati Friedl für immer die Augen geschlossen."* „Oh Heino, dein Vater...", ich legte den Arm um ihn. Er weinte nicht mehr, starrte nur mehr ins Leere. Es kam zu überraschend, er war zu schockiert.

„Es tut mir so leid", stammelte ich. Erst jetzt verstand ich die Bitte seines Vaters, die er in seinem letzten Brief geäußert hatte: *„Komm nach Hause"!* Dass er krank war, hatte er uns verschwiegen. Und Heino hatte so gehofft, er würde ein Stück der Reise mit ihm teilen können.

Wir saßen lange schweigend nebeneinander.

„Ich fliege mit euch mit nach Hause", sagte er plötzlich. Ich schäme mich noch heute, wenn ich an meine Gefühle von damals denke. Ich freute mich. Freute mich, dass er mit uns nach Hause wollte und wir nicht voneinander Abschied nehmen mussten. Die Freude überwog meine Trauer. Und Heino sprach nicht mehr darüber. Er kämpfte alleine mit seinem Schmerz und ließ uns nicht daran teilhaben.

„Ich habe euch schon erwartet", sagte die freundliche Stimme des Mannes, der im Büro der Quantas Fluggesellschaft saß.

„Ich habe schon so viel von euch gehört, dass ich schon neugierig war, euch kennen zu lernen." Mein Bruder Franky hatte von Wien aus den Flug gebucht und sich einige Male vergewissert, ob auch alles klappen würde. Der Angestellte händigte uns drei, bereits auf unsere Namen ausgefüllte Flugtickets aus: Darwin – Bangkok – London mit Quantas und: London – Wien mit Austrian Airlines.

„Alles schon bezahlt, kein Problem", sagte er lächelnd, als er unsere freudigen Gesichter erblickte.

„Ein Problem haben wir noch", sagte Heino, „wir brauchen noch ein viertes Ticket." Der Mann nickte und verschwand hinter seinem Computer.

„Kein Problem, einfach oder Tour - Retour?" Heino erkundigte sich nach Preis und Terminen für die Rückreisebedingungen und antwortete dann ohne zu zögern: „Mit Rückflug!" Diese von Heino allein getroffene Entscheidung machte mir zurzeit keine Sorgen, der Rückflug galt ein Jahr lang und bis dahin war noch so lange Zeit. Die Freude, dass wir zusammen fliegen konnten, war zu groß. Und auch die Bezahlung war kein Problem, die Kreditkarte schien unerschöpflich.

Mit den Tickets hatte sich das Tor zur Heimat aufgetan. Neun Tage blieben uns noch bis zum Flug. Neun Tage noch, und es war noch so viel zu organisieren.

Die SEHNSUCHT, unser Mädchen, brauchte eine sichere Bleibe. Wir fragten im Yachtclub um einen sicheren Liegeplatz und erhielten die Adresse von George's Boatsyard. Wir fuhren hin und hatten Glück. Platz war genug in der Werft, die Miete war zwar nicht gering, aber sie war monatlich zu bezahlen und konnte auf ein Konto überwiesen werden. Nur das Kranen und die erste Monatsmiete waren sofort fällig. Wir kamen ins Geschäft, unterzeichneten einen siebenseitigen Vertrag und fixierten den Termin.

Wir benötigten aber noch die Erlaubnis vom Zoll. Unsere SEHNSUCHT wurde auch einem „Verhör" unterzogen, und in einem Protokoll von vier Seiten wurde sie genauestens beschrieben. Die letzten Aufenthaltsorte zurück bis Kiribati mussten genannt werden, sowie sämtliches Innenleben deklariert.

„Sogar die Herkunft des Trinkwassers im Tank wollten sie wissen", erzählte Heino.

„Hast du auch die Kakerlaken angegeben?" Diese illegalen Einwanderer, von denen wir schon mehrere Generationen seit Panama auf unserem Schiff beherbergten, wurden offensichtlich von den Behörden ignoriert.

„Aber sie fragten, ob wir Ratten und Mäuse an Bord hätten und zwar die erste Frage war, ob wir lebendige Tiere haben und in der nächsten Frage hieß es, ob wir tote Viecher mit uns rumschippern." Verrücktes Quarantänegesetz, verrücktes Australien.

Die SEHNSUCHT stand am Trockenen. Der Flügelkiel bildete die stabile Grundlage, Pfosten stützten den Schiffsrumpf seitlich ab. Eine hohe Holzleiter führte zum Cockpit. Etliche Male stieg ich diese Leiter hinab, voll mit Säcken, großzügig gefüllt mit Dingen, die im Laufe der drei Jahre rott geworden waren und nicht der Mühe wert, sie mit nach Hause zu nehmen. Bettwäsche, Handtücher, Kleidung, voll von Rostflecken und Schimmel, der bei öfterem Waschen Löcher hinterließ. Bücher, deren Seiten durchs Nasswerden verklebt waren und so manch rostiges Küchenutensil. Doris sortierte ihre Spielsachen aus und bei den Schulsachen war sie sehr großzügig. Ich blätterte die Hefte und Bücher durch. Alle waren irgendwann einmal nass geworden, verklebt, verschmiert und verziert mit Petras Kopffüßler. Man konnte wirklich nichts mehr damit anfangen. Also hinein in den

Müllsack. Ich öffnete den Verschlag unter der Hundekoje. Dort waren im Laufe der Zeit Dinge verschwunden, die wir nicht mehr brauchten und da kam auch meine alte Puppe Bärbel zum Vorschein. Ihre struppigen Haare waren mit rostfarbenem Salz verklebt, das Gesicht von Schimmel überzogen, der ausgerissene Arm baumelte herab. Einen kurzen Moment zögerte ich, dann stopfte ich auch sie in den Müllsack. „Werd endlich erwachsen", schalt ich mich selber, als mich ein Anflug von Wehmut überkam. Ich hievte den schweren, vollen Sack die riesige Mülltonne hoch und ließ ihn fallen. „Mama!", schrie meine Puppe Bärbel. Mein Herz krampfte sich zusammen und nur die Höhe und Unerreichbarkeit der Mülltonne hinderte mich daran, die Puppe wieder herauszuholen. Es war, als hätte ich meine Kindheit weggeworfen.

Heino kümmerte sich um die technischen Angelegenheiten, sortierte und verstaute Werkzeuge und bereitete die SEHNSUCHT auf ihren „Winterschlaf" vor, denn sie musste die Regensaison des Northern Theretory überstehen. Dafür kauften wir noch große Planen um das Schiff abzudecken und vor Regen zu schützen.

„Wir brauchen etwas Neues zum Anziehen für den Heimflug", forderte ich. Heino war nicht erfreut über mein Ansinnen, war es für ihn doch unnötig hinausgeschmissenes Geld. Doch ich bestand darauf. So ärmlich gekleidet, wollte ich die Heimat nicht betreten. Auswahl boten die Geschäfte von Darwin genug. Bald hatten die Mädchen und ich neue Kleider und Schuhe ausgesucht. Meine Schuhe behielt ich gleich an, die zwei verschiedenen Badeschlapfen, wobei einer mein eigen war, der andere Strandgut, wanderten in die Mülltonne. Heino ließ sich nur zu einer neuen Hose überreden, die eisern verteidigten Schuhe habe er ja noch.
Trotz unseres Ausmusterns hatten wir noch genügend Gepäck. Meine Muschelsammlung blieb wegen Übergewichtes am Schiff, sorgsam verstaut im Verschlag unter der Hundekoje. Mit vollgestopften Segelsäcken machten wir uns auf den Weg zum Flughafen. Wir hatten in Darwin niemanden kennen gelernt, so gab es keinen Abschied. Oder doch? „Bis bald, mein Mädchen", sagte Heino und drehte sich noch einmal zur gut eingepackten SEHNSUCHT um, die für drei Jahre und 20.000 Seemeilen unser zu Hause war.

Schließlich saßen wir im Flugzeug, und das brachte uns in 24 Stunden die Strecke zurück, für die wir drei Jahre gebraucht hatten.

Kapitel 50

In der Heimat – Gelandet oder gestrandet?

„Da kann man machen was man will, da komm ich her da g'hör ich hin",
Reinhard Fendrichs Stimme klang aus dem Äther.
„Da schmilzt das Eis von meiner Seel, wie von an Gletscher im April...",
ich hörte fasziniert zu, „...sag ich der Welt voll Stolz – und wenn ihr wollt
auch ganz allan – I am from Austria – I am from Austria,...."
Die Musik traf mich mitten ins Herz, widerspiegelte so viele meiner Gefüh-
le, dass mir die Tränen in die Augen stiegen, als ich dieses Lied das erste
Mal hörte.
„I am from Austria", wie oft hatten wir diesen Satz während der letzten drei
Jahre gesagt? Unendlich oft.

Der Flug war zwar anstrengend, aber problemlos für eine Familie wie uns,
die gewohnt war, auf engsten Raum Überfahrten zu meistern. So gelang es,
uns auf den vier Sitzen und dem dazugehörigen Boden so zu schlichten,
dass wir alle vier liegen und schlafen konnten. Als wir das Flugzeug von
Austrian Airlines betraten und uns der Duft von Kaffee in die Nase stieg,
wir die vertraute Sprache der Stewardessen und Passagiere hörten, wussten
wir, wir sind zu Hause.
Am Flughafen von Wien empfing uns eine Familiendelegation. Die über-
schwänglichen Begrüßungen gingen noch Tage weiter. Und das Erzählen
nahm kein Ende.

„Ich muss endlich mein Versprechen einlösen", sagte ich eines Abends zu
Heino.
„Welches Versprechen?"
„Eine Kerze anzünden, in der Margarethenkirche", antworte ich, „erinnerst
du dich nicht mehr? Mein Schwur in der Torresstraße!"
„In der Tat, das musst du."
So wanderten wir vier den Berg hinan, schlichen in die dunkle, leere Kirche
und entzündeten die Kerze. Schweigend standen wir da, fassten uns an den
Händen und dankten unseren Schutzengeln.
An dieser Stelle möchte ich auch unseren Sponsoren danken. Opa Friedl,
der unser ewig leeres Konto verwaltete, machte so manch telefonischen
Spendenaufruf an die lieben Verwandten und erreichte damit, dass so viele
Schillinge auf unser Konto wanderten.

Und wie erging es unserer Crew im Heimathafen? Doris sonnte sich im Mittelpunkt, sie wurde oft eingeladen, war der Star jeder Gesellschaft und genoss dies.

Der erste Schultag nahte.

„Was soll ich mit dem Kind tun?", fragte die Frau Schulinspektor am Telefon. „So einen Fall hatten wir noch nie." Doris war vor zwei Jahren zum häuslichen Unterricht angemeldet worden, legte aber keine der vorgesehenen Prüfungen ab, und erschien trotz eingeschriebener Mahnungen nicht zum Prüfungstermin. Ich hörte die Frau am anderen Ende der Leitung seufzen.

„Wir können sie jetzt doch nicht über den Stoff von zwei Jahren prüfen, das ist zuviel für das Kind. Haben Sie Schulhefte, die Sie uns vorlegen können?" Ich dachte verlegen an die verschmierten, zerrissenen Schimmelhefte. „Nein, die haben wir in Australien gelassen", antwortete ich, „sie haben ohnedies fürchterlich ausgesehen", fügte ich kleinlaut hinzu. Die Stimme am anderen Ende lachte.

„Haben Sie eine Ahnung, was ich in dieser Beziehung schon alles gesehen habe." Wir einigten uns dann darauf, dass Doris wie ein Ausländerkind ihres Alters entsprechend eingestuft werden sollte und bis Weihnachten von der Lehrkraft beobachtet werden würde.

„Wenn sie entspricht, dann bleibt sie in der dritten Klasse, wenn nicht, stufen wir sie zurück", sagte die freundliche Stimme. Ich war erleichtert. Die Prüfung vor der Schulkommission verursachte mir schon seit längerer Zeit Unbehagen. Doris freute sich auf die Schule und voller Freude und Ungeduld ging sie ans Werk. Und es gefiel ihr. Kontaktfreudig wie sie war, kam sie nach kurzer Zeit mit einer dicken Freundin nach Hause: Tanja. Das Wissen, dass diese Freundschaft nicht nach kurzer Zeit durch Abreise eines der Mädchen enden würde, machte sie glücklich.

„Die Frau Lehrer fragt, ob ich zu wenig schlafe, ich muss so oft gähnen in der Klasse", erzählte Doris eines Tages. Ich musste lachen. Es war nicht das ruhige Sitzen, das meiner Tochter zu schaffen machte, es war der Sauerstoffmangel. Sie, die drei Jahre mehr oder weniger im Freien gelebt hatte, litt unter zu wenig frischer Luft. Schon das erste Gespräch mit der Lehrerin beruhigte mich, sie beherrschte den Lehrstoff, kam gut mit und konnte in der Klasse bleiben. Vielleicht hatte ich meinen Job doch nicht so schlecht bewältigt?

Petra hingegen ängstigte der Rummel um ihre Person. Die ersten Tage und Wochen hing sie an mir, doch wer Großmütter kennt, weiß, dass sie das Herz jedes Enkelkindes im Nu erobern können. Und so war es auch bei unseren Großmüttern. Doch leicht hatten es die Omas doch nicht. Petra, die seit Geburt daran gewöhnt war, meist nackt und immer ohne Schuhe durch die Welt zu laufen, konnte sich an die notwendige Kleidung in der Zivilisation nur schwer gewöhnen. So setzte sie sich mitten in der Stadt auf den Boden und zog genervt die verhassten Schuhe aus, was Oma zu verhindern suchte, zum Amüsement der Passanten.

Petra hatte noch ein Jahr Zeit bis zum Kindergarten und da Heino ja auch zu Hause war, konnte ich ohne Sorge wieder zur Arbeit gehen.

Die letzten Monate unserer Reise dachte ich oft an das Labor, meine Arbeitsstelle, wo ich vor dem Karenzurlaub beschäftigt war. Ich versuchte mich an Arbeitsabläufe zu erinnern und war oft beunruhigt, wenn eine Kleinigkeit in meinem Gedächtnis fehlte.

„Hoffentlich schaffe ich den Einstieg?", fragte ich dann ängstlich. Doch wieder in den gewohnten Räumen, war alles recht einfach. Ich stand plötzlich mitten im Arbeitsprozess und nach einigen Wochen hatte ich das Gefühl, nie gefehlt zu haben. Die Unterstützung meiner Chefin und aller meiner Kollegen, die unser verrücktes Leben tolerierten, war eine große Hilfe, das Fußfassen in der Arbeitswelt somit kein Problem. Wir verdienten wieder Geld. Zu Beginn hatte ich das Gefühl reich zu sein, wohl vergessend, dass auch die Lebenserhaltungskosten in der Zivilisation eine andere Dimension aufweisen als im Fahrtensegelerleben. Ich war glücklich, bereute den Einstieg nicht. Ich hatte genug vom Reisen, bestimmt für die nächsten zehn Jahre.

Heino ging es am schlechtesten. Er war zerrissen. Zerrissen zwischen Pflichtgefühl und Sehnsucht. Der Verlust eines Elternteiles und des Arbeitsplatzes ließen ihn keine Wurzeln finden. Er war plan- und heimatlos.

Wir arbeiteten unser Fotomaterial aus und machten einige Vorträge. Das war die einzige Zeit, wo er sich wohl fühlte, wenn er von den Reiseabenteuern berichtete und seiner bevorstehenden Einhandsegelei. Immer mehr erkannte ich, dass seine Sehnsucht noch nicht gestillt war, sein Traum noch nicht gelebt. Meine Hoffnung, er würde das Schiff verkaufen, schwanden immer mehr. Ich musste ihn gehen lassen, um ihn nicht zu verlieren.

Doch ein großes Problem beschäftigte uns in diesen Monaten. Das Wohnproblem. Wir hatten zwar ein Zimmer für uns, das doppelt so viel Raum aufwies wie unser Schiff, aber es war nur ein Schlafzimmer, und das Familienleben fand in Küche und Wohnzimmer statt, dem Reich der Großmutter. Sie war eine starke Frau, doch zuerst durch den Verlust des Partners und dann durch die Belagerung einer ganzen Familie emotional überfordert.

Doch das Problem schien unlösbar, und die Zeit, wo Heino noch zu Hause war, schrumpfte. Wir fanden keine finanzierbare, passende Bleibe.

„Wir richten uns die Abstellräume im Erdgeschoss her", sagte Heino. Doch ich war vehement dagegen, in den kleinen finsteren Kammern zwischen Heizraum und Öltank wollte ich nicht wohnen. Eines Tages kam ich von der Arbeit nach Hause und die Räume waren ausgeräumt und eine Wand beinahe eingerissen.

„Dafür baust du mir aber dann ein Haus", sagte ich enttäuscht, „dafür und auch dafür, dass ich dich alleine segeln lasse."

„Ich bau dir dein Haus, das verspreche ich", sagte Heino ernst.

Im Nachhinein gesehen war es die beste Entscheidung, und mit Heizung, Fußboden, Tapeten und Beleuchtung wurde unser Heim sogar recht gemütlich. Heino war zufrieden, jetzt konnte er getrost zurück zu seiner SEHN-SUCHT.

Der Tag der Abreise kam ohne Erbarmen. Ich bestand darauf, dass er sich einen Satellitennavigator kaufen musste, dieser war in den letzten drei Jahren kleiner, handlicher und vor allem billiger geworden. Zu frisch waren noch die Erinnerungen an die Verzweiflung des Kapitäns vor dem Landfall, wenn er fürchtete, dass die Navigation nicht stimmte. Diesem Druck sollte er nicht mehr ausgeliefert sein. Alles andere, was er für das Schiff noch brauchen würde, wollte Heino in Australien besorgen.

Noch im Morgengrauen des 12. Juni 1991 fuhren wir zum Flughafen. Ein Abschied ist schlimm und am schlimmsten für den, der da bleibt. Die Zeit schlich dahin, ich wollte noch so viel sagen, doch es fehlten die Worte. Heino ging durch die Absperrung zeigte seine Bordkarte her und schritt durch die Tür. Ich sah ihm nach. Doch plötzlich blieb er stehen, drehte sich noch einmal um, und als sich unsere Blicke trafen, ging ein Strahlen über sein ganzes Gesicht. Er hob die Hand, winkte kurz und war verschwunden.

„Das war ein gutes Omen", dachte ich und obwohl ich so traurig war, sah ich voller Zuversicht seiner Reise entgegen: „Er schafft es!"

Kapitel 51

Regensaison in Darwin – gesunken auf der Boatyard

Darwin, am Abend des 13. 6. 1991

Liebe Monika!

Schreibe auf einer Küchenrolle, da sonst nichts da ist. Ich kam zur SEHN-
SUCHT und ich erkannte sie beinahe nicht mehr wieder, sie ist in einem
unbeschreiblich schlechten Zustand. Die Abdeckplanen sind weggerissen,
diese haben die Lenzrohre verstopft und irgendwo, ich nehme an durchs
Cockpit über den Motorraum, ist Regenwasser eingedrungen und so stand
über Monate ein halber Meter Wasser im Salon. Alles, der Fußboden, die
Einrichtung ist verrottet, das Bootsinnere ist mit braunem, klebrigem Staub
überzogen. Habe die erste Nacht im Hotel geschlafen, eine heruntergekom-
mene Absteige, aber sündteuer. Ich fühle mich elend, ich brauche dich, ich
glaube, ich kann ohne dich nicht weitermachen!
Heino

Berndorf, 16. 6. 1991

Lieber Heino!

Nach deinem Anruf war ich sehr deprimiert, am liebsten wäre ich sofort
nachgeflogen. Dann dachte ich daran, dich anzurufen, um dich zu überreden, das Schiff einfach sein zu lassen und zurückzukommen. Schließlich
entschloss ich mich dazu, dir etwas Zeit zu lassen und nur zu schreiben.
Wenn du diese Zeilen liest, hast du sicherlich das Ausmaß des Schadens
bereits abgeschätzt, ebenso die Reparaturmöglichkeiten.
Heino, ich bitte dich abzuwägen, ob es sich lohnt so viel zu investieren und
ob du es überhaupt zeitmäßig bis zur Segelsaison schaffst. Entschließt du
dich trotzdem zur Weiterfahrt, dann kauf dir alles was du brauchst, ein neues Dingi und wenn nötig auch einen neuen Motor. Irgendwie und irgendwann werden wir es schon bezahlen.
Monika

Tagebuch im Juni 1991

Ich bin gerade in Darwin angekommen, es ist der 14. 6. 1991 und ich sitze
unter dem Nachbarboot, schutzsuchend vor der erbarmungslos brennenden
Vormittagssonne (es hat bereits jetzt um 10 Uhr morgens beinahe 30 Grad
im Schatten) und überlege, wie ich mich am besten und kostengünstigsten
meines Wracks entledige, als plötzlich eine Stimme die mich an Stan Laurel
erinnert, sagt: „Hey Austrian-guy, du kannst sicher sein dein Boot ist absolut dicht."

Ich wirble herum und denke: Der Kerl fällt jetzt.

Doch er sagt nachdenklich und ohne eine Miene zu verziehen: *„Don't worry man, I see you need a beer!"* Das war der Beginn einer wirklich guten Freundschaft. Ohne die Hilfe und des Zuspruchs von Paul Mitchel hätte ich das Arbeitspensum der nächsten zwei Monate niemals geschafft.

Auf George's Bootyard: Ein cirka 2000m² großes Grundstück, durch Aufschüttung den Mangrovensümpfen abgerungen, teilweise betonierte Landstellplätze ohne natürlichen Schatten. Ein großes Hauptwohngebäude mit Werkstätten, dort residiert George, der Boss des Geländes, physisch eine eher unscheinbare Erscheinung. In seiner Ausstrahlung und seinem Auftreten spiegelt sich der totale Machtanspruch über sein Gelände, und jeder, der es betritt, hat sich unterzuordnen. Einige Blechgeräteschuppen, die teilweise seinen Angestellten zum Nächtigen dienen, eine wackelige Bude im Zentrum der Yard, die Duschen, das ganze mit einem Maschendrahtzaun umgeben, das sind die Sadgrove's Quay. Am angrenzenden Grundstück durch ein Loch im Zaun zu erreichen, Dinah Beach. Ein geometrischer Flachdachbau, im Inneren eine Küche, eine Bretterbude als Bar, einige Tische und Bänke mit einem strohgedeckten Flugdach beschattet, stilvoll inmitten eines kombinierten Schiff-Auto-Friedhofs platziert. Zu diesem lauschigen Plätzchen verschleppt mich Paul an diesem strahlenden Juni Vormittag auf ein Bier. Wir plaudern, soweit dies mein Banana-Englisch, das ich mir in der Karibik angeeignet habe, erlaubt, und ich lerne Paul näher kennen. Er arbeitet aushilfsweise für einen Hungerlohn für George's Yard als Schweißer. Dafür darf er, bei natürlich voller Bezahlung des Trockenliegeplatzes, auf dem Gelände der Sadgrove's Quay seine Yacht, ein 14 Meter Aluminiumschiff, bauen. Er klagt mir sein Leid, dass Arbeiten in Eigenregie für George ein rotes Tuch seien. Sie kosten Strom und Wasser und bringen kein Geld. Daher 10$ extra pro Tag, schlafen am Schiff 5$ extra pro Nacht. Denn er lässt sich seine Latrine nicht gratis voll scheißen. Dieselben Bedingungen gelten natürlich ab heute auch für mich. Paul versichert mir, er werde mich mit dem nötigen Werkzeug und seinem Wissen bei der Materialbeschaffung, und nicht zuletzt mit seinem Auto unterstützen.

Mit dieser moralischen Stärkung gehe ich zu meiner voll mit Regenwasser befüllten SEHNSUCHT zurück, verlege ein Stromkabel und bohre mit einem Kernbohrer ein großes Loch in den Rumpf, um das Wasser abfließen zu lassen. Pflutsch! Ich bin durch und der erste Schwall stinkendes Bilgewasser schießt mir ins Gesicht. Im selben Augenblick biegt George um die Ecke und brüllt mich an: *„What you are doing here?"* Ich stelle mich, so höflich wie es mir in diesem Moment möglich ist, vor. Er meint, er wisse wer ich bin, aber er möchte wissen was ich hier mache. Ich arbeite an meinem Boot. - „Jaaa, das kostet 20$ extra pro Tag." Freundlichkeit dahin. Knall, die Sicherung brennt durch. Erst lässt er mein Schiff vollaufen, dann will er noch extra abkassieren, das ist einfach zuviel für die ersten 15 Stunden in Darwin. Paul tritt schlichtend zwischen uns und hindert mich daran, die Bohrmaschine zu missbrauchen, und George zieht sich verschreckt mit den Worten „Crazy Austrian" zurück. Mein Spitzname war geboren. Das Problem vertagt.

Ich richte mir eine Ecke im Salon der SEHNSUCHT zum Schlafen. Versuche den Gasherd zu reparieren – Scheiße - er fliegt über Bord. Bis zum Abend liegen Dreiviertel der Einrichtung, meist gewaltsam entfernt, und sämtlicher abgesoffener Packkisteninhalt rund ums Boot, einen Stock tiefer. Ein Schiff am Trockendock gesunken, absolut unglaublich, so etwas kann nur mir passieren. Ich bin „echt stinkig", übermüdet und habe Hunger wie ein Tier. Also, ab durch die Zaunlücke zum Dinah Beach, raue Männerwelt. Die Bar und das Flugdach sind spärlich mit schwachen nackten Glühbirnen ausgeleuchtet, alle Tische sind mit Dockarbeitern und Fischern besetzt. Auf den ersten Blick lauter finstere Gestalten, unverständliches Stimmengemurmel in einer wirklich finsteren Umgebung. Aber was soll's, allen Mut zusammen, und rein. Ein höfliches Bananen Englisch Good evening und das Murmeln verstummt. Alle Blicke zu mir, ich weiß nicht, wohin ich versinken soll.

„Hey, crazy Austrian!", ruft Paul mich zu sich an den Tisch, ich bin erlöst. Er stellt mich den cirka 20 anwesenden Personen vor und erwähnt auch im gleichen Atemzug, dass ich heute Morgen George beinahe an die Gurgel gegangen wäre. Den Reaktionen nach, eine wirklich verrückte Tat. Ein Triangel erklingt und kein Mensch interessiert sich mehr für mich. Essenfassen, Koteletts mit Gemüse und Kartoffeln, plus Bier: 6$. Der Tag ist gerettet. Gegessen, getrunken, geplaudert und anscheinend in dieser rauen Männerwelt gut eingeführt, mache ich mich hundemüde durchs Zaunloch, zurück zur SEHNSUCHT.

Keine zehn Schritte im Yard und zwei Schatten fliegen förmlich auf mich zu, ohne nur einen Laut von sich zu geben, verbeißt sich der erste in meinen linken Unterschenkel der andere springt in Richtung Brustkorb. Ich kann ihn abwehren und versetze ihm einen Tritt in die Weichteile. Er haut winselnd ab, dem zweiten greife ich in die Lefzen und reiße seine Kiefer so fest ich kann auseinander. Auch er sucht das Weite. Ich humple zu George's Wohnhaus und unter groben Beschimpfungen bringe ich ihm nahe, dass mich seine Hunde beinahe umgebracht hätten. Zu meinem Erstaunen wird George immer bleicher und kleinlauter. Seine Frau versorgt die böse Bisswunde am Unterschenkel. George versichert mir, die Hunde hätten keine Tollwut und fleht mich beinahe an, keine weiteren rechtlichen Schritte zu unternehmen, denn die Hunde hätten schon einmal gebissen. Schlechte Karten für George - das kostet extra. Ich gebe ihm mein Wort, nichts weiter zu unternehmen, dafür habe ich ab jetzt zum Leidwesen von George und zur Belustigung der anderen Narrenfreiheit auf dem Yard. Ich kann die Werkstätten, das Allerheiligste und alle Einrichtungen gratis benützen. Der unangefochtene Big Boss hat seinen Schrecken verloren.

Die Arbeit kann beginnen. Pünktlich 6 Uhr Morgen knattert der dem Zusammenbruch nahe Volkswagen von Paul in die Werft und weckt mich mit einigen Fehlzündungen. Einige Minuten später erscheint der grau-blonde Lockenschopf und klopft mich aus der Koje:
„Get up, Heinz, coffee time!" Ich braue im Cockpit, auf dem zusammengepfuschten Gaskocher Filterkaffee. Das Frühstück in der Morgenkühle, wenn die Sonne über den Horizont kommt, wird zu einem Ritual für Paul und mich über ganze zwei Monate hinweg. Dann arbeiten wir bis 10 Uhr, bis zur Jausenspause in der Werkstatt mit *instant coffee* und Keksen. Anschließend für mich durchgehend verbissene Arbeit am Schiff bis kurz vor 20 Uhr, auch während der Mittagshitze, was meinen Spitznamen noch festigt, mir jedoch auch Bewunderung wegen meiner Beharrlichkeit und Ausdauer einbringt. 20 Uhr Dinah Beach, Abendessen, gemütliches Zusammensein, manchmal mit Gitarre und Lagerfeuer.
Die Arbeit geht voran die Pantry ist fertig, der Fußboden neu verlegt, nur der Motor ist nun endgültig hinüber, schlussendlich geht er über Bord. Die Suche nach einem passenden Motor, der Geldbörse und der Schiffsgröße entsprechend, gestaltet sich schwierig. Ich werde in einer nahe gelegener Autowerkstatt fündig: ein 18 PS starker Yannmar Diesel mit Wendegetriebe, noch nie gelaufen, aber bereits 7 Jahre alt. Leider nicht zu verkaufen. Der Motor gehört einem Engländer, der ein Boot zu bauen begann, den Motor in der Werkstätte unterstellte und dann plötzlich vor drei Jahren verschwand. Das ist mein Motor. Ich werde für den Werkstättenbesitzer zur Landplage. Im Schnitt zweimal täglich erkundige ich mich über Neuigkeiten bezüglich des Besitzers, bewundere den Motor und nerve den armen Mann. Nach cirka zwei Wochen Belagerung bricht die Festung. Was bist du bereit zu zahlen? Diese Runde geht natürlich an ihn, dennoch bekomme ich einen genau passenden, neuwertigen Bootsmotor zum halben Neupreis und zum Boot geliefert.
Paul vermittelt mir einen Fachmann für Antriebswellen und Schiffsschrauben und bestellt ihn zur SEHNSUCHT. Abermals ist mir das Glück hold. Der Antriebsheini verliebt sich in meinen 220 Mercedesdiesel den ich vor

Wochen über Bord geworfen habe Ich erspare mir nicht nur die Entsorgungskosten, sondern bekomme eine Wellenanlage mit allem drum und dran zu einem sensationellen Preis. Der Einbau der Wellenanlage und der Motorfundamente geht zügig voran. Jetzt muss der Motor ins Schiff gehoben werden. George ist erstmals wirklich gefragt. Paul lässt mich wissen: Eine Kranbewegung 200$, ohne Ausnahme, auch für die Angestellten.

Ich besuche George und trage ihm meine Bitte vor - die $ $ blitzen, verlöschen aber, als er mit zu Boden gesenktem Blick zu Paul sagt: „Morgen hebst du den Motor von Heinz ins Schiff." In diesem Augenblick ist Paul der Ohnmacht nahe, seine Kinnlade fällt bis zu den Kniescheiben. Dann wirft George noch triumphierend ein: „Aber deine Arbeitszeit lässt du dir von Heinz bezahlen."

Punkt 7 Uhr rollt Paul mit dem Kran an. Erst Kaffeeritual, dann gleitet der Motor nach oben. Die vormontierten und eingemessenen Schwingungsdämpfer flutschen in die dafür vorgesehenen Pratzen am Motor. Passt! *Good work!* Fertig, wir machen den Rest des Tages blau. Kaffeehaustour in Darwin, Mittagessen beim Chinesen, Besuch bei einem Waffenhändler und die Geburt der Idee, die Probefahrt der SEHNSUCHT zum Dalyriver auszudehnen. Bruno, ein vor 15 Jahren emigrierter Slowene, den ich in den letzen Wochen auch als Freund gewonnen habe, ist an diesem Vormittag mit von der Partie. Aber bis dahin liegt noch eine gehörige Portion Arbeit vor mir. Mit der Fertigstellung des Motors ist der gröbste Druck genommen. Was jetzt noch kommt, ist eigentlich nur noch Schiffskosmetik.

Ich schleife jeden Tag ein bis zwei Stunden, als Muskeltraining, sage ich mir selbst, immer nur auf der Schattenseite morgens und abends. Obwohl ich wieder meine Fahrtenseglerbräune habe, bringt mich die Sonne fast um. Dann flüchte ich ins Schiffsinnere und beschäftige mich mit Elektrik, Ventilen, Wasserpumpen und Einrichtung. Der Rumpf ist oberhalb der Wasserlinie fertig geschliffen, jetzt folgt der Anstrich. Doch Farbe ist beinahe unerschwinglich teuer. Für den noch unerschwinglicheren Antirutschbelag, den das Deck benötigt, säubere ich alten Sandstrahlsand und mische ihn in die Farbe. Als ich den Sand zusammengekehrt habe, lachten alle über mich. Und sie lachen auch, wenn ich den Müllcontainer nach brauchbaren Sachen, wie Holz, das ebenso teuer ist, durchstöbere: *Crazy Austrian!* Doch jeder kann es sehen: Die SEHNSUCHT erwacht zu neuem Leben.

Der Arbeitsfortschritt, die neu gewonnenen Freunde, die Wertschätzung, die mir die Arbeiter von George und auch er selbst mir entgegen bringen, und nicht zuletzt das nun sehr gute Verhältnis zu George, sollten mich eigentlich glücklich machen, aber wenn ich mich abends in die Koje zurückziehe, leide ich wie ein Hund an der Trennung von meinen Lieben. Ich schreib das tägliche Erlebte in Briefform nieder, wenn nichts Anderes zum Schreiben da ist, sogar auf Toilettenpapier, bündle die Briefe von drei bis vier Tagen und schicke sie ab. Diese Briefe lesen sich jämmerlich und vor Selbstmitleid triefend „Hey Waschlappen, wie willst du 9000 Meilen allein über den Indischen Ozean nach Hause segeln?" - Nach Hause! - Heino will nach Hause!

Ausschnitte von 7 vielseitigen Briefen im Juni und Juli 1991

Lieber Heino!

...Ich glaube mein Problem ist, dass ich nie echt daran geglaubt habe, dass du weg gehst, so nach dem Motto, es kann nicht sein, was nicht sein darf. Nun stehe ich vor der Tatsache des Alleinseins. Zwar praktisch darauf vorbereitet, aber nicht seelisch. Meine Gefühle schwanken zwischen Trauer, Angst, Sorge um d ich, Selbstmitleid und Zorn...

...Es ist so unvorstellbar, du führst jetzt ein ganz anderes Leben als ich. Deine tröstenden Arme sind so weit weg. Wie sollen wir die Zeit überstehen? Tief in meinem Innersten habe ich Angst, dich zu verlieren...

...Über deinen heutigen Anruf habe ich mich sehr gefreut. Die Tatsache, dass auch du dir Sorgen um mich machst und du oft an mich denkst, bringt mir allmählich mein seelisches Gleichgewicht wieder. Als ich heute zu meiner Arbeitskollegin Gerti sagte, ich sei zu feig gewesen, dir zu sagen, du sollst bei mir bleiben, meinte sie dazu, ich sei mutig gewesen, dich gehen zu lassen. Es kommt immer auf die Perspektive an. Trotzdem, die Zeit, derzeit mein größter Feind, ist gegen mich, sie lässt sich nicht beeinflussen...

...Wenn du im Labor anrufst, ist immer große Aufregung: Monika, schnell – aus Australien! Und dann sind alle mucksmäuschenstill. Und ich sage ganz belanglose Dinge, anstatt das, was ich eigentlich sagen möchte: Ich liebe dich! I C H   L I E B E   D I C H ! Ich vermisse dich so, dass es weh tut. Komm doch zurück, lass dieses scheiß Schiff stehen oder versenke es, aber komm endlich zurück...

...So viele Tränen, wie in den letzten Wochen, habe ich noch nie vergossen. Wenn wir miteinander telefonieren, ist es besonders schlimm. Da schnürt irgendetwas meine Kehle zu, sodass ich Mühe habe zu sprechen. Du klingst immer so lässig, als würdest du nur irgendwo in der Nähe arbeiten. Dabei hast du es sicher auch nicht leicht, ich habe das schwierige Arbeiten am Schiff nicht vergessen. Und schließlich führst du „unsere" Reise zu Ende, die ich derzeit verfluche, aber auf die ich, bei einem glücklichen Ende, auch stolz sein werde...

Darwin im Juli 1991

Lieber Schatz!

...Heute hat mir George deinen und Doris Brief gebracht und weil ich mit dem Lesen nicht warten konnte, wurde auch das Polyester hart. Doch dein

Brief hat mich deprimiert, weil ihr mich so vermisst und so traurig seid. Aber wie auch immer, wir (ich glaube mehr ich) haben uns für diesen Weg entschlossen und im Moment sehe ich nur einen Weg, nämlich den, der nach vorne führt. Die Angst mich zu verlieren ist wirklich unbegründet, du wirst mich bestimmt nicht los. Wie sehr ich dich liebe merke ich mit jeder Woche, die ich weg bin mehr und auch ich sehne mich nach einem baldigen Wiedersehen...

...Ich weine mir zwar nicht die Augen aus, denn das wäre Flüssigkeitsverschwendung und Flüssigkeit ist kostbar, aber ich vermisse dich und die Kinder ganz fürchterlich. Jetzt habe ich zwar jegliche Freiheit, habe aber keinen Bock darauf, sie zu genießen. Alleine macht es keinen Spaß...

...Ich klinge am Telefon so lässig, sagst du, dabei bin ich immer so aufgeregt, als würde ich mit meiner ersten Freundin telefonieren...

...Ich bin sehr einsam und ertappe mich immer öfter, dass ich mit mir selber spreche. Das Lustige dabei ist, ich rede auf Englisch. Meine einzige Bezugsperson ist Paul...

Die Monate der Trennung waren die bis jetzt schlimmste Zeit in meinem Leben. Ich fiel in ein dunkles Loch, hatte Depressionen, die ich vor meiner Umwelt und vor allem vor den Kindern verbergen wollte. Der große Kastanienbaum in der leichten Linkskurve auf meiner Heimfahrt von der Arbeit zog mich magisch an. Einfach aufs Gas steigen und nicht lenken. Dann wäre der ganze Schmerz vorbei. Zum Glück kam immer kurz davor ein Kindergesicht in mein Gedächtnis, das mich immer wieder bewog das Lenkrad zu drehen. Am liebsten hätte ich alles hingeschmissen, mich in ein Flugzeug gesetzt und wäre nach Australien gejettet. Doch da waren die Kinder, die ich nicht verlassen konnte und wollte, deren geregeltes Leben ich nicht wieder zerstören wollte, und dann waren die Schulden, die, durch Wohnungsausbau, Autokauf und Schiffsreparatur die Höhe eines Jahreseinkommens erreicht hatten. Das finanzielle Desaster drückte zusätzlich auf die Seele. Ich redete mir ein, ich könnte ja fliegen, wenn ich wollte, aber ich will nicht, das half etwas.

Meine Umwelt war keine Hilfe. Den Satz der Tröster: „Du wirst sehen, wie schnell die Zeit vergeht", konnte ich nicht mehr hören. Ich strich jeden Tag, der vergangen war, im Kalender ab. Bei all jenen Leuten, die Heino verdammten und angriffen, musste ich ihn verteidigen. Ich musste tapfer sein, dabei hatte ich das Gefühl, als würde ich langsam sterben.

Den Kindern ging es besser. Ihre Traurigkeit beschränkte sich auf ein paar Tage, dann hatten sie die Situation akzeptiert.

„Wann kommt der Papa wieder?", fragte Petra.

„Bald!"

„Wann?"

„In zwei Wochen." Damit war sie zufrieden, das fragte sie aber oft dreimal täglich. Sie war nur dann traurig, wenn ich weinte. Also hob ich mir meine Tränen für die einsamen Abende auf.

Zu Petras viertem Geburtstag lud ich Großtanten und Urgroßopa ein. Doch die erhoffte Finanzspritze, die wir während unserer Reise so oft und großzügig erhalten hatten, blieb aus. Aber immerhin, das Geburtstagsgeld reichte, um die nächsten zwei Wochen zu überleben. Arme Petra.

Doris hatte schon einen Begriff für Zeit. Sie konnte ihrem Vater schreiben und mit ihm telefonieren, wobei er bei jeder ihrer Bitten natürlich mit „Ja!" antwortete. So kam ein Meerschweinchen ins Haus: „Der Papa hat es erlaubt!"

Doris war heilsam für mich. Manchmal tröstete sie mich, wie eine Freundin, manchmal weinten wir zusammen und manchmal schimpfte sie mit mir: „Hör endlich auf mit diesem Gejammer!"

„Aus, Schluss! Sonst lande ich entweder in der Klapsmühle oder am Friedhof", sagte ich mir. Und wie es bei einer Depression eben ist, man kann sie nur selbst überwinden. So rappelte ich mich allmählich wieder hoch, stieg aus meinem dunklen Loch heraus, akzeptierte die Situation und begann unser Wiedersehen auf den Malediven herbeizusehnen.

Tagebuch Anfang August 1991

George bekommt sein Cash. Die SEHNSUCHT kehrt in ihr Element zurück. Der Motor läuft und nachdem ich das Schiff mehr oder weniger ganz auseinander genommen und wieder zusammengebaut habe, erstrahlt es in neuem Glanz. Nach zwei Monaten Leben am Trockenen denke ich, das Leben am Wasser wird toll. Doch ich habe die Rechnung ohne die Tücken der Sadgroves Swamps gemacht. Man stelle sich vor: Ein riesiger wunderschöner Teich, friedlich in der Sonne schimmernd, an der einen Seite mit Mangroven umgeben, an der anderen die Silhouette der Großstadt Darwin. Einige Segelschiffe friedlich zwischen schilfbedeckten Inselchen ankernd, das Ganze noch aufgewertet, durch die aus den Mangroven hervortretenden Süßwasserläufe.

Plopp, dem Schöpfer gefällt es, alle sechs Stunden den Stoppel aus dem Teich zu ziehen, und in einen bodenlosen Sumpf zu verwandeln, in dem man knie-, manchmal hüfttief versinkt. Anstatt der Schilfinselchen, fette faul daliegende Salzwasserkrokodile, reglos auf eine Gelegenheit wartend etwas Fressbares zwischen die mächtigen Kiefer zu bekommen. Die SEHNSUCHT ist an Brunos Stahljacht, einem ebenfalls selbst gebauten Knickspanter, vertäut. Die beiden Schiffe stützen sich gegenseitig und bleiben so bei extremem Niedrigwasser aufrecht stehen. Langsam beginne ich dem Lagerfeuer Gruselgeschichten über Krokodile, giftige Quallen und gefressene Kinder, die ich bis dahin im Fabelreich der Jäger und Fischer angesiedelt habe, ein Körnchen Wahrheit abzuringen.

Eine Geschichte kurz erzählt: Bruno kommt zum Sonntagssegeln auf sein Schiff. Wie er vom Dingi in die Plicht steigen will, wird er zum freundlichen Hallo von einem großen, mit riesigen Zähnen besetzten Maul angebrüllt. Ein cirka vier Meter langes Salzwasserkrokodil hat sich bei Niedrigwasser, als das Schiff im Mudd lag, an Bord verirrt und sich selbst im Cockpit gefangen. Zu erwähnen ist noch, dass die Tiere unter Naturschutz stehen. Der Staat fängt die Krokodile in der Umgebung der Großstadt mit großem finanziellem Aufwand in Lebendfallen ein und siedelt sie in unbewohntes Gebiet um. Weil Krokodile sich an gute Fressplätze, die Großstädte nun einmal sind, erinnern, kehren sie aus hundert Meilen entfernten Aussiedlungsgebieten nach Monaten wieder zurück. Daher sind der Beliebtheitsgrad und das Verständnis über den Artenschutz der possierlichen Tiere bei der ansässigen Bevölkerung eher am unteren Bereich der Skala anzusiedeln.

Ich ziehe die Konsequenzen aus der neu geschaffenen Lage, lebe streng nach den Regeln der Tidentabellen, verwende kleinlaut das Aluminiumdingi von Bruno, anstatt meinem ebenfalls neu erworbenen Gummidingi und füge mich den Regeln der Sadgroves Swamps. Meine neu gewonnene Freiheit wird dadurch stark beschnitten, dennoch ich genieße im Sechsstundentakt mal Paradies, dann wieder Hölle, wer kann das schon?

Kapitel 52

Probefahrt zum Dalyriver – Testergebnis ungenügend

„Wenn es sich nicht vermeiden lässt, dann fahr eben mit Paul und Bruno zur Krokodiljagd. Er hat es verdient und eine Erholungspause vor dem großen Törn tut dir auch gut. Sei aber vorsichtig."
„Ja, bestimmt das bin ich, ich mach's ganz kurz. Tschüß!"
Ich starrte auf den schweigenden Telefonhörer. Ich war fürchterlich enttäuscht, Heino sagen zu hören, er könne nicht „Nein" sagen, er müsse mit Paul zum Dalyriver fahren. Ich war eifersüchtig auf ihn, auf einen älteren Mann, der vermutlich noch nicht viel vom Leben hatte. Was hatte ich mir erwartet? Zu hören, dass, wenn das Schiff fertig ist, er in Windeseile zurück rast? Alle Abenteuer und schönen Inseln links liegen lässt? Was war schon eine Woche mehr oder weniger. Ich versuchte die positive Seite zu sehen. Schließlich konnte er die SEHNSUCHT auf Herz und Niere prüfen und hatte Hilfe dabei.

Tagebuch August 1991
Drei Uhr Morgen: Rums, Polter, ich denke, so ein verdammtes Krokodil spielt wieder mit der SEHNSUCHT, werde ich aus dem Schlaf gerissen. Diesmal sind es Paul und Bruno, sie treffen wie vereinbart streng nach Tidentabelle ein. Zwei bis an die Zähne bewaffnete Buschläufer, in ihren individuellen Uniformen. Krokodil Dandy würde neben ihnen vor Neid erblassen. Mein mulmiges Gefühl über das Vorhaben Dalyriver verstärkt sich. Diesmal aus erfindlichen Gründen, aber versprochen ist versprochen. So werden Ausrüstung und Proviant verstaut und wir brechen zum 120 Meilen entfernten Dalyriver auf. Die Tide zieht uns in die Clarece Street. Als der Tag anbricht zeigt sich der Himmel seit Wochen das erste Mal bedeckt. Ein bleierner Dunst liegt über dem Wasser.
„Paul hast du den Wetterbericht gehört?"
„Ja, ja, ist nur eine kleine tropische Störung."
„Can't be not so worse." Sein Wort in Gottes Ohr. Auf dem halben Weg zum Charles Pt fliegen uns die Ohren weg. Reff eins, Reff zwei. Ratsch, das Großsegel reißt übers gesamte Unterliek in Höhe der zweiten Reffreihe. Paul übergibt sich und verschwindet unter Deck. Unter Sturmfock umrunden wir 24 Stunden nach dem Auslaufen Pt Blaze. Jetzt in Lee und bei etwas ruhigerer See wagt sich Paul wieder an Deck und gesteht, er habe eigentlich Angst vor der offenen See. Dafür wird er zum Frühstückkochen verurteilt. Am Vormittag erreichen wir das Delta des Dalyrivers, ein Gewirr aus Flussläufen und Mangrovensümpfen. Aber ich habe ja einen ortskun-

digen Führer, der uns siegessicher durch das Gewirr der Wasserläufe führt. Wir wollen den Fluss hoch bis zu einer Stelle, wo die Mangroven in Buschland übergehen und die Strömung nicht mehr so stark ist, um dort zu ankern. Bruno war schon einmal mit seinem eigenen Schiff hier und kennt die Gegend. Keine Lüge: Bruno war hier, hat sich verirrt, das Schiff geankert um einen Ausweg zu suchen. Dabei hat sich sein Schiff losgerissen, wurde durch die Strömung ins offene Meer gespült, von der Küstenwache gefunden und nach Darwin gebracht. Bruno blieb längere Zeit verschollen, schlug sich durch den Busch und die Mangroven zu Fuß nach Darwin durch. Diese Geschichte erfuhr ich natürlich erst viel später. Im Moment sagt mir aber nur mein Instinkt, den ich durch fast einjähriges Landleben offensichtlich doch nicht ganz verloren habe: Hier stimmt etwas nicht! So gehe ich daran, mein aus Österreich mitgebrachtes neues Spielzeug, einen GPS-Navigator zu erproben und speichere die Wegpunkte heimlich ab. Bruno steuert in der Zwischenzeit die SEHNSUCHT immer tiefer in das Flussdelta. Gegen Abend heißt es, wir sind da und werfen den Anker in einem 40 Meter breiten Flussarm. Ich kann weder die beschriebene Farm, noch die Stromschnelle erkennen, wo der Fluss vom reinen Süßwasser in Mischwasser übergeht und einen nicht der Tidenströmung ausgesetzten Ankerplatz bieten sollte. Wir ankern mitten im Fluss und die auslaufende Strömung wird immer stärker. Auf der Ankerleine könnte man Seiltanzen und das Dingi am Heck surft. Bei vorsichtiger Schätzung würde ich die Strömung bei rund um zehn Knoten ansiedeln.

„Komm Heinz, wir wollen unser Abendessen jagen." Ich gebe vor, von der Nachtfahrt müde zu sein. Um mich in dieser Situation von meiner SEHNSUCHT zu trennen, müsste man mich schon erschießen. So ziehen die Beiden alleine los. Zehn Minuten später: Ein Schuss, dann Stille. Ich gehe daran, unsere Position zu bestimmen. Die von Bruno mitgebrachte Karte weist einige Flussarme, der Breite unserem Ankerplatz entsprechend, auf. Jedoch keiner deckt sich mit der Position der SEHNSUCHT. Der Rest der Karte: „Unsurveyed" (nicht vermessen.) Schüsse, als sei der Krieg ausgebrochen, reißen mich aus meinen Überlegungen. Meine beiden Buschläufer, getrieben von einer unsichtbaren Macht, versuchen krampfhaft die SEHNSUCHT zu erreichen. Natürlich, bei dieser Strömung gegen an, ein unmögliches Unterfangen. Sie verschwinden samt Dingi an Land. In der Zwischenzeit ist es dunkel geworden und ich erkenne plötzlich hundert Meter flussaufwärts ein Feuer an Land. Gleich danach löst sich ein Schatten und die Beiden versuchen abermals an Bord zu kommen. Ich schalte den Suchscheinwerfer ein, um die Position zu markieren. Schon ist Handeln gefragt, die beiden schießen mit dem Dingi, Paul steht am Bug, auf die SEHNSUCHT zu. Bruno rudert wie ein Verrückter. Ich werfe Paul eine

414

Leine zu. Gut gefangen, ein Rums ein Platsch. Paul hängt an der Leine, Bruno verschwindet mit dem Dingi achteraus in der Dunkelheit. Der nun folgende akrobatische Akt eines leicht ergrauten Menschen versetzt mich bis heute in Staunen. Paul läuft förmlich übers Wasser. Innerhalb weniger Sekunden ist er an Bord. Total außer Atem sprudelt er hervor: *„Many crocodiles, big bastards!"* Tja auch Angst verleiht Flügel.

Einige Zeit später stellt sich Ruhigwasser ein und auch Bruno schafft es, an Bord zu kommen. Schnell noch eine Dose gewärmt, dann gehen wir schlafen. Am nächsten Vormittag, die SEHNSUCHT surft hurtig vor Anker. Das Log zeigt 12 Knoten, gelüstet es meine zwei Weidmännern nach Morden und sie wollen an Land. Ich entreiße Bruno das Kommando, sage ihm auf den Kopf zu, dass er eigentlich nicht in der Lage ist, den Weg zurück zum Meer zu finden. Ich bestimme, bei Ruhigwasser den jetzigen Hauptarm maximal sechs Stunden oder soweit es geht, zu folgen, dann in einem ruhigen Seitenarm zu ankern, und spätestens in zwei Tagen, mit Hilfe meiner gespeicherten Wegpunkte, umzukehren und den Weg aufs offene Meer zu finden. Murrend, besonders Bruno meutert, wird mein Vorschlag angenommen. Wir motoren flussaufwärts, später mit einlaufender Strömung ziemlich schnell. Für meinen Geschmack zu schnell, nur mit Standgas laufender Maschine, in unbekannten Gewässern. Unser Fluss mündet mehrmals in breitere Arme, ich speichere jedes Mal den Wegpunkt und folge beharrlich der einlaufenden Strömung. Bruno sitzt am Vorschiff und schmollt wie ein kleines Kind. Gegen 16 Uhr, als die Tide kentert, bestimme ich an der Innenseite einer Flussbiegung unseren Ankerplatz. Es handelt sich um eine schmale, tiefe Einbuchtung und jetzt, am Höchststand, mit einer Wassertiefe von acht Metern, perfekt. Die beiden Buschläufer verschwinden umgehend mit dem Dingi in Richtung vermutetes Land und tauchen nach wenigen Minuten wieder auf. Sie berichten mir begeistert, dass gleich hinter den Mangroven der Busch beginne, und dass sie einen geeigneten Platz zum Lagern gefunden hätten. Die Welt ist für sie wieder in Ordnung. Ich ziehe vor, die Sicherheit des Ankerplatzes bei geänderter Tide zu prüfen und bleibe vorerst an Bord. Bis zur einbrechenden Dunkelheit höre ich einige Schüsse, dann sehe ich ein Lagerfeuer und kurze Zeit später rieche ich gebratenes Fleisch. Jetzt zieht es auch mich an Land. Ich pumpe mein Gummidingi auf, stecke für Notwehrsituationen meinen 38er Revolver in den Hosenbund. Abendessen in Lagerfeueratmosphäre, es wird doch noch ein schöner Abend.

Am nächsten Morgen unternehmen Paul und Bruno eine Buschwanderung, ich zieh es vor, in der Nähe des Schiffes zu bleiben und erkunde nur das umliegende Gelände. Am Rande einer kleinen Lichtung setze ich mich auf einen größeren Felsblock und verweile dort für einige Stunden, denn mein

Platz eröffnet mir ein Fenster zum Busch von Nordaustralien. Ich sehe eine Vielzahl von Tieren, die mir, mit Ausnahme des Kängurus und eines wildschweinähnlichen Geschöpfs, alle unbekannt sind. Dieser Nachmittag, allein auf meinem Felsen, ist der tiefgreifendste Eindruck, den ich von Australien mit nach Hause nehme.

Die Rückfahrt zum Meer gestaltet sich schwierig und wir verirren uns trotz meiner Wegpunkte mehrmals, aber das Abenteuer verläuft ohne gröbere Zwischenfälle. Da der Treibstoff zwischenzeitlich ziemlich alle ist, müssen wir uns, bei wenig Wind, mit kaputten Segeln, mühsam über den Golf von Darwin kämpfen. Mitten in der Nacht erreichen wir die Einfahrt in die Sadgrove Swamps und machen an Brunos Boot wieder fest. Das Abenteuer Dalyriver und die Probefahrt sind gelaufen. Das Testergebnis war ungenügend.

Berndorf, 5. August 1991

Hallo mein Schatz!
Heute habe ich meinen Urlaub angemeldet, vom 14. Oktober bis 17. November. Dann war ich gleich im Reisebüro und habe mir Prospekte von den Malediven geholt nach dem Motto: *Show me the picture!* Da es der letzte Brief nach Australien sein wird, wünsche ich dir eine recht, recht gute Überfahrt zu den Malediven. Guten Wind, keine Probleme, einfach alles, alles Gute. Noch 9 Wochen und 5 Tage – ich freue mich, wenn ich dich auf den Malediven endlich umarmen kann.

In Liebe Monika

Darwin, 18. oder 19. August 1991

Liebe Monika!
Dalyriver war ein Flop und eine Pleite in allen Richtungen. Im Nachhinein habe ich erfahren, dass wir zur falschen Zeit gefahren sind und dazu Starkwindwarnung im Radio durchgegeben wurde. Aber es war ein guter Test für das Schiff. Durch den Starkwind haben sich die Terminals an den Wanten aus der Verpressung gelöst und ich muss alle abschneiden und neu aufpressen lassen. Das gesamte Rigg, das ich bei der Restaurierung großzügig übersehen habe, ist bei genauerem Hinsehen in einem eher schlechten Zustand und ich bin sicher, hätte ich es so belassen, wäre es bei der ersten Squall im Indischen Ozean herunter gekommen. Dann sind da noch die erschwerten Arbeitsbedingungen. Jeder Landgang artet in eine Schlammschlacht aus und nicht zuletzt die Arbeiten alleine am Masttop. 12 Meter hoch, frei kletternd, Werkzeug vergessen, Rutsch, wieder runter. Rauf, runter, rauf, runter, unzählige Male am Tag. Eine wirklich kräfteraubende An-

gelegenheit, bei 40 Grad im Schatten. Die Batterien sind wieder zusammengebrochen, das neue Dingi hat schon ein Loch.

Ich fühle mich ausgelaugt und am Ende, habe mich dabei noch keine Meile Richtung Heimat bewegt. Ich bin im Moment hoffnungslos überfordert und meine Nerven sind dünn wie meine Segel. Ich würde dich so dringend brauchen und wenn, nur damit du mich umarmst und mir sagst, wir schaffen das schon. Jetzt höre ich dich sagen: „Du hast es ja so gewollt." Ja, der liebe Gott straft mich jeden Tag hundertfach, dass ich euch alleine gelassen habe. Alles was ich anfasse ist Scheiße oder es wird zu Scheiße. Nur hört mir jetzt keiner zu, wenn ich fluche. Die Pickerln and den Wänden und Puppen im Schiff erinnern mich jede Sekunde an die Kinder. Ich würde weiß Gott was geben, wenn ich Euch bei mir hätte.

Du hast deinen Urlaub schon angemeldet. Von heute an in 50 Tagen. Das wird verdammt knapp, es sind 4.000 Seemeilen bis zu den Malediven. Verschiebe den Urlaub um mindestens 14 Tage. Ich mache jetzt Schluss, es wartet noch eine Menge Arbeit auf mich.

Heino

„Mach dir keine Sorgen um meinen Urlaub, Frau Lehrkinder sagt, mein Urlaub ist obligatorisch, ich kann ihn ohne Probleme verschieben Und Lauda Air fliegt zweimal wöchentlich nach Male." Ich hörte Heino am anderen Ende der Leitung vor Erleichterung seufzen.

„Schauen wir, dass du im Dezember wieder zu Hause bist und Weihnachten mit den Kindern feiern kannst." Das Ziel musste zwar verschoben werden, aber es war da und machte das Leben erträglich und die Vorfreude darauf ließ mich oft in Euphorie dahinschweben und holte mich immer öfter aus der Depression.

Tagebuch zwei Tage später

Das Rigg schaut nun wieder einigermaßen vertrauenswürdig aus. Judy, eine Bekannte von Bruno, hat mir das gerissene Großsegel genäht. Die Batterien sind geladen, das Dingi ist geflickt, auch den Außenborder habe ich wieder gut hingekriegt. Auch mit dem neuen Dieselmotor dürfte ich das große Los gezogen haben, er läuft wie eine Nähmaschine, wir machten 9 Knoten über Grund. Bei der Wellenanlage und dem Propeller hat der Marineingenieur wirklich gute Arbeit geleistet. Und, auch wenn Selbstlob stinkt, auch ich habe meinen Job gut gemacht. Überhaupt, das Schiff segelt besser als zuvor. Ich habe den Kiel etwas verlängert und den Mast 30 Zentimeter nach vorne versetzt, so machten wir 120 Seemeilen hart am Wind in 28 Stunden. Das ist verdammt gut für mein altes Mädel. Bald kann ich den Startschuss geben.

Kapitel 53

Einhand durch den Indischen Ozean – Einsam und allein

Tagebuch: 23. August 1991
1. Tag auf See – einfach herrlich traumhaft!
Die Hafenanlage liegt achteraus, die Kräne werden immer kleiner, bis die letzten Konturen des Landes gänzlich vom Horizont verschluckt werden. Die Tidenströmung zieht mich mit drei bis vier Knoten und spuckt die SEHNSUCHT in den Indischen Ozean. Ich bin allein. Nein, doch nicht, eine Möwe hat sich zum Rasten am Heckkorb nieder gelassen. Aber dennoch, keine Verantwortung für die Familie, kein wann sind wir da? oder, wann gibt's was zum Essen? Aber auch kein Rumoren oder Streiten und auch kein lachendes Kindergesicht, das plötzlich im Niedergang auftaucht. Die Möwe breitet ihre Schwingen aus, umkreist den Mast und verschwindet in der Abenddämmerung und langsam wird mir klar - ich bin alleine.

Die mich umgebende Stille gibt mir Zeit, die letzten zwei Monate Revue passieren zu lassen. Ich glaube, es waren die härtesten in meinem bisherigen Leben. Da war der Abschied von der Familie, ich war vorher noch nie länger als eine Woche getrennt von meinen Lieben gewesen. Dann die Katastrophe bei der Ankunft in George's Boatyard. Der Umstand, gepaart mit einem Niedrigbudget, drängte mich an den Rand der Resignation. Die Schiffsrestauration erforderte unmenschlichen, körperlichen Einsatz. Laut in Österreich geschmiedetem Zeitplan sollte ich schon auf den Malediven sein. Also auf halbem Weg in die Heimat. Denkste: Es kommt erstens anders, zweitens als du denkst. Somit kam noch ein Faktor hinzu, und der hieß Zeitdruck. Monika hat einen Flug auf die Malediven gebucht um mich zu besuchen. Genau 64 Tage ab heute gerechnet und 4.000 Seemeilen liegen noch dazwischen.
Und die letzten Tage vor der Abreise? Unter Aufbietung aller Kräfte, neben den letzten Arbeiten am Schiff, Proviant einkaufen, in der Grauzone zwischen Hoch und Niedrigwasser knietief im Mudd, rückte der Tag der Abreise immer näher. Dann kam die große Abschiedsparty in George's Yard mit gegrilltem Fisch und Shrimps. Und jeder Gast brachte eine kleine Zugabe für die Yacht: Bobby einen Fischköder, Bruno einen Speer für die Harpune, Harry einen Kochtopf und eine Bratpfanne und von Mary bekam ich einen dicken Abschiedskuss. Sie hat mich beinahe erdrückt mit ihrer Herzlichkeit, ihren gut 130 Kilo und ihrem dicken Busen. Dann kam die Sprache auf den Impeller für die Wasserpumpe des Motors. Ich sagte, ich habe ihn

nicht abgeholt, er war zu teuer. Paul stand auf, borgte sich von Bruno 75 $ und holte den Impeller.

„Du kannst nicht ohne fahren, das ist der wichtigste Ersatzteil." Das war Paul, selbst pleite und trotzdem splendid. Ich fühlte mich *„guilty"*.

Der Zoll kam an Bord, zwei recht nette Beamte, die mir beim Ausfüllen der Formulare für die Steuerrückgabe halfen. Der Beamte fragte zwar, ob ich die Rechnungen von den anderen gesammelt hätte, denn er könne sich nicht vorstellen, dass ich so viel in die Yacht gesteckt habe. Da hätte er das Boot vor der Reparatur sehen sollen! Ich ließ die Prozedur des Ausklarierens an der Zollpier gerade über mich ergehen, als Paul mit seinem klapprigen VW-Bus heran knatterte. Aufgeregt schwenkte er eine Schrotflinte über dem Kopf. Wie immer hatte er Bruno im Schlepptau. Er übergab mir die Schrotflinte mit den Worten: „Ohne Schießeisen lasse ich dich nicht fahren." Er hatte erfahren, dass ich meine 38er an eine Amerikanische Yacht aus akutem Geldmangel verkauft hatte. Auch Bruno brachte ein Abschiedsgeschenk, ein flachgeschnittenes Großsegel, das dem ersten Reff des SEHN-SUCHT-Originals entspricht. Beide Dinge sollten sich später als lebenswichtig erweisen. Ich sehe sie als Geschenke meiner Schutzengel. Eine feste Umarmung und meine beiden felsenharten australischen Buschläufer bleiben winkend am Pier zurück. *„Good buy, sometimes in Europe."*

Einsam und allein! So finde ich mich im Cockpit der SEHNSUCHT wieder. Die Dunkelheit hat ihren Mantel über das Meer gelegt, quälender Hunger bringt mich zurück in die Realität. Erste Nacht auf See. Ich mahne mich zur Ordnung und stelle mich auf die neuen Gegebenheiten ein. Positionslichter an, Kurs für die Nacht festlegen, denn eine Ölbohrplattform gilt es in dieser ersten Nacht zu umsegeln. Ein Kinderspiel mit meiner Magicbox, dem neuen GPS Navigator. Ich korrigiere den Kurs direkt an der Windfahnenselbststeueranlage, unserer guten, alten Aries, liebevoll RESI genannt. Ich braue Abendessen, baue mir ein Bett am Plichtboden und haue mich aufs Ohr. Natürlich nur für fünfzehn Minuten, dann muss der Wachgänger ja spätestens laut Lehrbuch einen Rundblick tun.

Tagebuch 24. August 1991

Die Sonne lacht, als ich erwache, es ist 11Uhr morgens. „Ups", ich habe tief, fest und traumlos geschlafen. Der Trick mit der Eieruhr hat nicht funktioniert. Na ja, macht nichts, ich habe ja noch viele Nächte zum Üben vor mir. Mein Mädl hat ihren Weg von selbst gefunden und jetzt segle ich mit Südwind mit vier bis fünf Knoten Fahrt nach Westen, sagt meine Magicbox, bei fast glatter See. Hatte gerade Frühstück mit Speck und Ei und dunklem Brot. Bin mit SEHNSUCHT, mir und der Welt zufrieden.

Tagebuch 25. August 1991

Die Küstenwache überprüft mich gerade, wie jeden Tag. Gestern Abend gab es Kartoffelschmarren mit Selchspeck, doch ich habe noch nicht das richtige Maß gefunden und für vier Personen gekocht und dann auch gegessen. Der Enderfolg: Ich füllte die Klomuschel und ließ das Frühstück ausfallen. Bei Sonnenaufgang bekam ich einen müden Gast an Bord. Der Vogel war so erschöpft, dass er sich einfach aufs Dingi fallen ließ. Nach der ersten Erholung kam dann doch das Misstrauen und er wanderte zum Bugspriet, wo er jetzt sitzt und schläft. Laufe gerade unter Maschine, sieben Knoten, Kurs 270°. Irgendetwas stinkt nach verbranntem Gummi, kann aber nicht herausfinden, was es ist. Ich hoffe nur, der Grund ist der, dass der Motor noch neu ist. Gehe etwas mit dem Gas zurück auf sechs Knoten, das entlastet hörbar den Motor. Sieben Knoten sind wahrscheinlich doch zu viel. Der Wind ist nun komplett eingeschlafen, es beginnt heiß zu werden und ich bin froh, unter dem neuen Sonnendach zu sitzen. Dieses habe ich auch Paul zu verdanken. Er bestand darauf, dass ich eines baue und so schweißten wir aus Teilen vom Schrottplatz ein Gestell zusammen, welches das gesamte Cockpit bedeckt, überzogen mit Stoffresten unseres alten Sonnendaches. Bis jetzt verläuft alles wie eine Badepartie.

Tagebuch 26. August 1991

Heute ist offensichtlich keine Kontrolle der Küstenwache, möglicherweise bin ich schon zu weit vom Land entfernt: 295 Meilen von Darwin. Habe volle Besegelung und erreiche manchmal vier Knoten Fahrt und bin schneller als die Wellen, was RESI zu schaffen macht.

Ich spiele mit dem GPS Navigator herum. Diese Magicbox ist mir ganz einfach zu schlau. Sagt mir, ich solle 3° nach Steuerbord oder 5° nach Backbord steuern, dass ich noch 199,88 Meilen bis zum eingegebenen Zielpunkt, einer Bohrinsel habe und dafür 55 Stunden, 03 Minuten und 12 Sekunden brauche und dass ich 3,5 Knoten schnell fahre. Und alle 3 Sekunden werden diese Daten neu berechnet. Ganz traue ich dem Ding noch nicht, ich werde den Sextanten herausholen. Vielleicht morgen.

Tagebuch 27. August 1991

Den Tag schlage ich mich mit wenig oder gar keinem Wind und viel mit Maschine laufend durch. Das Wetter ist durch den Ausbruch des Vulkans Pinatubo auf den Philippinen ungewöhnlich, der Passat bleibt aus. Aber durch die Vulkanasche in der Atmosphäre erlebe ich ungeahnte grandiose Sonnenuntergänge. Den Sonnenaufgang verschlafe ich prinzipiell. Trotz innerlicher Ordnungsrufe reißt der Schlendrian an Bord immer weiter ein. Ich verschiebe eigentlich nicht zu verschiebende Tätigkeiten, obwohl ich mich langweile. Immer öfter erwische ich mich kopfüber in der Packkiste, um sie nach Leckereien zu durchstöbern. Kochen und essen ist mein einziger Lebenszweck. Den Abwasch erledigt ein imaginärer Zweiter. Mir ist klar, so kann es nicht weiter gehen.

Tagebuch 28. August 1991
Sechster Tag auf See und immer noch kein brauchbarer Wind, laufe viel unter Maschine und leide unter Langeweile. Mit einer Süßwasserdusche spüle ich den Schweinehund über Bord. Ich wasche ab und räume auf. Das Rasieren anschließend war eine Qual, ich musste mich zehn Minuten im Spiegel betrachten und habe dann auch gleich die Haare geschnitten. Na ja, sie wachsen ja wieder nach. Trotzdem, ich fühle mich wohl, freue mich des Sonnenscheins und der ruhigen See.

Tagebuch 29. August 1991
12° 14' S, 124° 01' E. Letzte Nacht hatte ich etwas *Action*, zwei Schiffsbegegnungen und eine Bohrinsel runden, bei vier Windstärken aus westlicher Richtung. Musste den Motor starten, denn eine Seitenströmung versetzte mich nach Norden, zu nahe der Plattform. Jetzt laufe ich wieder unter Segel, laufen ist gut, ein bis zwei Knoten Fahrt, die Segel hängen wie zum Trocknen am Rigg und flappen müde hin und her. Reparierte das Radio und den Kassettenrekorder und kann nun wieder Musik hören, das hebt die Stimmung um einhundert Prozent. Auch meine Gitarre habe ich neu bespannt und klimpere hin und wieder darauf herum. Aber im Großen und Ganzen bin ich zu faul mich zu bewegen. Noch fünfzig Meilen bis zum Ashmore Reef.

Tagebuch 30.August. 1991
Nach acht Tagen Ashmore Reef erreicht. Beinahe hätte ich die Ansteuerung verschlafen. Hatte noch vier Stunden zum Landfall und habe mir den Wecker im Stundentakt gestellt. Zweimal werde ich tadellos geweckt, um dann wie immer zu verschlafen. Mein Schutzengel hat mich, eine Meile vor dem Auflaufen, geweckt. Das ist der Nachteil der gesegneten GPS Navigation, denn zu Zeiten der ausschließlichen Astronavigation hätte ich die gesamte Nacht vor einem Landfall durchwacht. Und jetzt hätte ich die Stelle der Strandung sekundengenau einzeichnen können. Wie auch immer, beim Durchlaufen der breiten Riffeinfahrt habe ich noch einmal Glück, ein dicker Wahoo hängt an der Angel. Gleich darauf schlägt die Peitsche des Schicksals doppelt zu. Das Vorfach bricht und "Rums" ein Korallenkopf lugt zu weit an die Wasseroberfläche.

Ich beschimpfe den Vollidioten am Steuer. Erst verliert er einen dicken Fisch weil er zu faul ist, die Harpune aus der Packkiste zu holen, dann läuft er auch noch auf einen Korallenkopf, der Anfänger. Nach dieser Moralpredigt besinne ich mich guter Seemannschaft, berge die Segel und steige zwecks besserer Übersicht ins Rigg. Teufel noch eins die Aussicht will mir nicht gefallen, die SEHNSUCHT dümpelt mitten in einem Gewirr aus Korallenköpfen, und die tiefstehende Morgensonne ist gerade auch nicht hilfreich, eine freie Durchfahrt zu einem möglichen Ankerplatz hinter dem einzigen kleinen Inselchen, West Island, zu finden. Aber der diensthabende Ranger, der auf dieses Naturreservat achtet, hat Erbarmen und kommt mit seinem Motorboot zu Hilfe und geleitet mich sicher zum Ankerplatz. Zur Begrüßung meint er: „I see, Austrian - viele Berge, kein Meer". Niemand ist zu dieser Tageszeit hier heil angekommen, denn das Ashmore Reef besteht nur aus einem Riffgürtel und ein paar Haufen Sand mit einigen Büscheln Gras und ist nur durch die grünliche Verfärbung und die eventuell brechenden Wellenkämme von See aus sichtbar.

Dank des gesegneten Nachtschlafes bin ich richtig fit, habe die Selbststeueranlage überholt und gehe dann auf Unterwasserjagd. Zwei schöne Makrelen verfehle ich, da ich offensichtlich mit dem Gebrauch der Harpune total aus der Übung bin. Danach vergreife ich mich an einem altersschwachen Red Snapper. Freue mich schon auf frischen Fisch und Pommes. Werfe aber beides über Bord, da ungenießbar. Die Pommes sind matschig und öltriefend. Der Fisch ist zäh wie Gummi. Offensichtlich habe ich für das Glück, nicht auf das Außenriff zu laufen, jetzt zu bezahlen. Das Schicksal hält Zuckerbrot und Peitsche in einem ausgewogenen Maß für mich bereit. Mit dieser Erkenntnis und einer Flasche Rum ziehe ich mich in die Koje zurück.

Ich gönne mir noch einen wirklich schönen Tag, mit dem Einhandsegler der Yacht STELLA-WAI, die neben mir vor Anker liegt. Ich nehme ihn zum Schnorcheln am Außenriff mit meinem Dingi mit. Er freut sich riesig darüber, da er selbst nur über ein kleines Ruderdingi verfügt, und ich aus früheren Tagen weiß, wie es ist, wenn man in seiner Bewegungsfreiheit durch ein nicht motorisiertes Dingi stark eingeschränkt ist. Wir verbringen einen atemberaubend schönen Schnorchelnachmittag, wobei mir die extreme Vielfalt der Wasserschlangen besonders auffällt. Das Ashmore Reef beherbergt 32 der weltweit 55 Arten von Wasserschlangen. Man fällt von einem Adrenalinrausch in den nächsten, wenn sich die dicken, bis zwei Meter langen, oft hoch giftigen, knallbunten Dinger knapp an einem vorüberschlängeln.

Tagebuch 1. September 1991
Nach 48 Stunden Erholung laufe ich mit Ziel Cocos Keeling aus. Kaum
habe ich die Segel gesetzt, kann ich sie auch schon wieder bergen. Flaute
aus Westen und der Motor geht wieder an. Nach zehn Meilen stelle ich ihn
wieder ab.
Flaute! - Nach vielen tausend gesegelten Meilen habe ich so etwas noch
nicht erlebt. Da regt sich kein Lüftchen, es fühlt sich an, als wäre keine Luft
da. Die See spiegelglatt, dunkelblau und wie mit einer Poliermaschine abge-
zogen. Bis etwa zehn Grad über den Horizont kristallklares, durchschei-
nendes Türkis. Dann wie mit einem Lineal gezogen ein hauchfeiner Dunst-
streifen als Trennlinie zum wieder tiefblauen Firmament. Eine buchstäblich
atemberaubende Leere. Kein Laut, keine Bewegung. Ein kristallklares und
doch alles verschlingendes Nichts. So muss es sich anfühlen, wenn man tot
ist. Anfang und Ende in greifbarer Nähe und unendliche Weite gleichzeitig.
Die Finger des Wahnsinns tasten um sich, vorsichtig hypnotisierend dringen
sie in meine Gedanken ein, wie die Schlange das Kaninchen umkreisend.
„WAAAAAAH" mit einem Schrei entreiße ich mich der Umklammerung.
Radio auf volle Lautstärke, das löst die Beklemmung. Ich bin noch nicht tot.
Selbstbeschäftigung und Bordroutine sind die beste Medizin um nicht über-
zuschnappen.

Tagebuch 2. September 1991
Eine leichte SW-Brise, in der ich nun seit achtzehn Stunden mit drei bis vier
Knoten Geschwindigkeit recht hart am Wind segle, gibt mir das Gefühl,
Fortschritte zu machen. Doch es ist zum Haareraufen, denn seit der Mittags-
standlinie, jetzt ist es später Nachmittag, habe ich nur zehn Meilen zurück-
gelegt. Koche mir gerade Kartoffelgulasch. Ob es etwas wird, weiß ich
nicht, riechen tut es zumindest wie Kartoffelgulasch. Der leichte Wind und
das Segelflappen gehen mir auf den Geist. Und wenn die Segel nicht flappen, dann ist es das Geticke des Weckers. Ach ja, die Mittagsposition, mit
dem Sextanten geschossen, ging auch wieder einmal fünf Meilen daneben
und das bei nahezu glatter See. Ich frage mich, wie machen das die tollen
Hechte vom Segelstammtisch, die ihre Sextanten, trotz nur einmal jährli-
chem Gebrauch so fantastisch gut beherrschen, dass sie trotz über das Schiff
brechender See ihre Position auf zweihundert Meter genau bestimmen?
Meiner einer liegt trotz täglicher Übung so weit daneben. Aber nun im
Ernst, ein Fünf-Meilen-Fehler ist schon recht exorbitant bei ruhiger See,
zwei bis drei Meilen liegen da schon eher im Toleranzbereich. Aber allein
der aus dem nicht abgeschickten Brief an Monika entnommene Gedanken-
gang lässt meine Selbstzweifel erkennen: ...Die Segel flappen, das Gulasch
kocht vor sich hin, der Wecker tickt, die Zeit vergeht unendlich langsam

und es ist Stille und Leere um mich. Da ist niemand, der einen „Tanka" zu trinken fordert oder der etwas vorgelesen haben will. „Kommt doch raus zum Wasserspielen, es ist so schön hier draußen", rufe ich in die Kabine. Es wäre auch schön, wenn wir alle beisammen wären. Der ganze Trip verläuft so, dass du vielleicht nicht einmal seekrank wärst und zu zweit könnten wir die drückende Stille sicher besser ertragen. Ich bin nicht geschaffen fürs Einhandsegeln, oder ich muss mir erst die richtige Einstellung dazu holen. Doch ich bin sicher, ich kann sie nicht finden, solange ich immerzu an Euch zu Hause denken muss. Und nachdem ich euch nicht aus meinen Gedanken verbannen will und auch nicht kann, werde ich sicher nie ein Einhandsegler werden...

Tagebuch 3. September 1991
Eiskalte Brise aus SW mit zwei Beaufort. Das Erwachen war ein Albtraum. Motorengeräusch riss mich aus dem Schlaf. Ein Schiff, ganz nah, dass ich sogar den Namen lesen konnte: BLUE GREEN. Hätte böse enden können, doch das ist das Los des Einhandsegelns, und ohne Schlaf geht es nun mal nicht. Seit einiger Zeit habe ich furchtbare Nierenschmerzen, kann kaum atmen. Ich muss mich zwingen mehr zu trinken. Vielleicht sollte ich doch Antibiotika nehmen?
Tagesetmal 16 Seemeilen noch 1.390 Meilen bis Cocos-Keeling. Wenn das so weitergeht, bin ich ein alter Mann bis dorthin. Und Monika wird bald beginnen sich Sorgen zu machen, das quält mich mehr als die Flaute. Und das Frühstücksgeschirr steht noch immer am Cockpittisch, als ob ich vor Anker läge.

Tagebuch 4. September 1991
Die Folter geht weiter mit Zuckerbrot und Peitsche. Zuckerbrot gab es in der Nacht, Wind kam auf und ich machte acht Knoten Fahrt. Jetzt folgt die Peitsche. Flaute mit einem Wellenbild von etlichen Windstärken. Das Segel flappt von einer Seite zur anderen. Zwanzig Schläge zählte ich in der Minute und das nun schon seit Stunden. Armes Rigg. Habe in der Nacht kein Auge zugetan wegen der gestrigen Schiffsbegegnung. Aber immerhin, das Tagesetmal beläuft sich auf 96 Meilen. Mit dem Fischen und der Schleppleine klappt es nicht so recht, ich habe wieder einen Köder verloren, glatt abgebissen. Also wieder Kartoffelgulasch, falls noch genießbar oder Käsebrot.

Tagebuch 5. September 1991
Dreimal dürft ihr raten, wie viel Wind ich habe? Flaute? Nein, 0,05 Knoten sind es. Habe furchtbare Schmerzen in den Nieren, 39° Fieber, nehme Antibiotika und Schmerztabletten.

Die nächsten Tage von Heinos Tagebuchaufzeichnungen sind wirres Gekritzel, im Fieberwahn geschrieben, bestehend aus Stichwörtern, Positionen, Etmalen und Fiebergraden. Die Tagesetmale wurden immer höher, das Fieber aber auch.

Tagebuch 10. September 1991
Die letzten Tage waren hart, aber jetzt freut mich das Leben wieder. Habe optimale Segelbedingungen im Passatwind, wie sie sein sollen, volle Wäsche stehen und mache acht bis zehn Knoten Fahrt, habe guten Kaffee, frisches, selbstgebackenes Brot und Eierspeise mit Shrimps. Zwar habe ich noch meine dicke Nierenbinde um, nehme Antibiotika, aber der Lebenswille ist zurück. Ich konnte mich die letzte Zeit nur kriechend fortbewegen, so stark waren meine Schmerzen. Jede nur geringe Anstrengung beantwortete mein Körper mit einem neuerlichen Fieberschub und warf mich wieder in die Koje. Und in diesen Tagen, ab der Länge von 115° E, wo die SEHNSUCHT und die RESI sich selbst überlassen waren, kam Wind und dieser nicht zu wenig. Beim Reffen zerriss das Großsegel, ich musste es gegen das klein geschnittene von Bruno austauschen. Es war eine richtige Eingebung, denn in der Nacht stürmte der Wind mit 50 Knoten über die SEHNSUCHT. Einen Spibaum habe ich auch verloren, das ärgert mich am meisten. Hilfe- und haltsuchend bäumte er sich noch einmal auf und versank mit einem dumpfen Blub. Das Seefeuer der letzten Nacht war großartig, es zu beschreiben, muss ich noch Worte finden. Alles war in fahles, grünes Licht getaucht und die Segel waren von einer ebensolchen Aura umgeben. Mich beschlich ein Gefühl des Unbehagens und gleichzeitig der Faszination und ich erwartete das Auftauchen eines Geisterschiffes.

Tagebuch 11. September 1991
Der zurückgewonnene Lebenswille weicht wieder bei Windstärken um 9 Beaufort. Die Seen kommen von allen Seiten bei einem Kurs halb am Wind bis am Wind. Es scheint so, als bearbeiten ganze Sturzfluten die SEHNSUCHT.
Lege Schrauben in eine Schüssel und schlage mit dem Hammer von unten dagegen und beobachte was passiert. Genau das passiert jetzt mit dem Innenleben der SEHNSUCHT einschließlich mir. Mich wickelte es um die Maststütze, das Vorgekochte klebt in der Navigationsecke, das Besteck aus

dem Körbchen oberhalb der Spüle ist, soweit nicht über Bord gefallen, unter dem Spritzverdeck einzusammeln. Nichts bleibt auf seinem Platz. Dann bricht auch noch an der Pinne der Beschlag für die Kette der Selbststeueranlage. Habe sie einfach angenagelt.

361 Meilen noch bis Cocos-Keeling

Tagebuch 14. September 1991
Palmenkronen tauchen aus der See und im ersten Tageslicht nehmen die Motus Gestalt und Farbe an und schälen sich aus der grauen diesigen Nacht. Die langsam über den Horizont kriechende Sonne wirft ihre ersten Strahlen auf die Lagune und färbt die bis dahin grau-schwarze Unterseite der Passatwolken türkis. Dann ein weißes Aufblitzen, eine Yacht steuert auf den Pass zu, der im Norden des Atolls South Keeling liegt. Nun ja, ich dachte sowieso nicht, ich hätte den Ankerplatz für mich alleine und so brauche ich mir über die Einfahrt keine Sorgen mehr zu machen. Ich gebe meinem Mädel die Sporen, um die anderen möglichst vor dem Pass einzuholen. Über Funk höre ich dann, wie sie von einer, bereits vor Anker liegenden Yacht eingewiesen werden. Sind wir halt zu dritt am Ankerplatz, auch schön. Ich runde das Riff am nordwestlichen Ende des Motus Direction Island, grüne Palmen, perlweißer Sandstrand gleiten vorüber. Mit schäumendem Kielwasser strebe ich bereits im Lee des Atolls dem Pass zu und bekomme Einsicht in die Lagune und zum Ankerplatz. Ich halte die Luft an. Seit Tobago Cays in der Karibik habe ich noch nicht so viele Yachten auf einem so kleinen Ankerplatz gesehen: Gezählte 47. Ich berge etwas früher die Segel, werfe den Diesel an und stürze mich in den morgendlichen Frühverkehr. In dem Gewühl von Dingis finde ich nach dreimaligem Kreisen einen geeigneten Parkplatz und werfe mein Eisen in den Sand. Doch kurz darauf verscheucht mich das Zollboot und verbannt mich hinter die Quarantänelinie, die durch zwei gelbe Bojen gekennzeichnet ist. Eine halbe Stunde später werde ich vom Quarantäneofficer, einem rechtschaffenen, absolut korrekten, geradlinigen und - darauf liegt die Betonung - supersauberen australischen Beamten zurechtgestutzt, wie ich dazu komme, mit meinem schmutzigen Rumpf die Quarantänelinie zu überschreiten und das Wasser zu verseuchen. Die Einklarierungsprozedur beginnt. Eine Regenwalze stürmt über die Lagune. Das schwere Zollboot liegt längsseits der SEHNSUCHT und reißt an meiner ohnehin schon verrosteten Ankerkette. Der Anker rutscht, fängt sich aber wieder mit einem für meine Begriffe zu heftigem Ruck.

Der Zollbeamte, Hafenmeister und Polizist namens Mike ist bald fertig, doch der Quarantäneofficer ist lästig. Obwohl ich eine *Port to Port Clearing* von Darwin habe und eine durchschnittliche Zeit gefahren bin, durchstöbert er meine Packkisten, wo er aber nur australische Dosen findet. Doch auf den vier Karton Eier und den drei Kilo Zwiebeln steht kein Herkunftsland. Die will er vernichten. Ich werde sauer. Mike ist unserer Diskussion leid, setzt sich in das Zollboot und ungeduldig mit den Fingern auf das Steuerrad trommelnd wartet er auf seinen Kollegen. Doch der Quarantäneofficer lässt nicht locker, wie eine Muräne hat er sich in sein Opfer verbissen. Das Schicksal meiner Eier und Zwiebel schien besiegelt: Verbrennung am Scheiterhaufen. Da kommt mir der Wettergott zu Hilfe. Eine pechschwarze Wand mit Regen und Wind nähert sich mit großer Geschwindigkeit. Ich mache den Officer aufmerksam, dass mein Ankergeschirr dieser Belastung nicht gewachsen sei und er seinen eigenen Anker ausbringen solle. Mike erkennt den Ernst der Lage und macht seinem Kollegen unmissverständlich klar, dass er das Boot nicht wegen ein paar Eier und Zwiebel gefährden solle. Mit rot angelaufenem Kopf rafft er seine Papiere zusammen und tritt den Rückzug an. Kaum sind die Schoten los pfeift die erste Böe der Regenfront über die Lagune.

„Fürs erste gerettet", sage ich zu meinem Proviant und mache mich sofort daran, eine Rieseneierspeise mit Zwiebel zu brauen und zu vertilgen, weiß ich doch nicht, ob er zurückkommt oder nicht. Zwei Stunden später erhalte ich ohne Probleme meine Einklarierung, zusammen mit einer mehrseitigen Belehrung, wie ich mich auf Cocos-Keeling zu verhalten habe. Offensichtlich hat der Quarantäneofficer sein Opfer bei der anderen Yacht gefunden, drei große schwarze Säcke sind am Zollboot gestaut. Die Yacht kam aus Indonesien und beklagt jetzt zwei Drittel ihres Proviants. Von meinen Eiern ist nicht mehr die Rede und ich bekomme die offizielle Erlaubnis die Quarantänelinie zu überschreiten.

Frisch ans Werk. 30 Meter Kette sind einzuholen. Zerre wie ein Esel, habe den Anker kurzstag, aber bekomme ihn nicht frei. Ich motore vorwärts, ziehe wieder, keine Chance. Mit einem missmutigen Seitenblick auf die andere Yacht, die inzwischen den Ankerplatz belegt hat, den ich ins Auge gefasst habe, gebe ich auf und gehe tauchen. Der Anker sitzt hinter einem armdicken Stahlseil fest und ich brauche eine halbe Stunde bis er frei ist. Finde einen anderen Ankerplatz im zwar tiefen Wasser, aber nahe am Strand auf gutem Sandgrund.

Ende gut – alles gut! Die ersten 2.100 Meilen Einhandsegeln waren geschafft.

„Im Großen und Ganzen ist es besser gegangen als ich glaubte", sage ich zu mir selber und beginne mich zu entspannen.

Ich bin richtig froh über meinen starken 9,9 PS Mercury und das neue Dingi, bei dem ich die Bodenbretter verstärkt und den Spiegel mit einem

Drahtseil und einem Spanner am Boden fixiert habe, damit er dem Druck des schweren Motors standhält. Vom Kanu, unserem Einbaum aus den Salomonen, konnte ich mich nicht trennen, es staut gut vertäut an der Steuerbordreling. Ich flitze über die ruhige Lagune die im Lee liegenden fünf Meilen bis zu Home Island. Bin klitschnass, denn trotz Leelage ist das Wasser bewegt. Mein erster Weg führt zum Postamt, wo ich Monika meine gute Ankunft mitteilen will. Doch ich werde nicht fündig. Home Island, hauptsächlich von Malayen bewohnt, hat kein öffentliches Telefon. Zum Telefonieren muss man nach West Island, weitere 15 Meilen entfernt auf der anderen Seite der Lagune. Das ist selbst für mein Dingi zu weit und zu gefährlich bei dem starken Wind. Doch ich mache eine Fähre ausfindig, die mich in dreißig Minuten übersetzt, dann noch weitere fünfzehn Minuten Fahrt mit dem Bus, aber bis zum Abend gelingt es mir, die vertraute Stimme meiner Frau zu hören.

West Island bietet alle Möglichkeiten, wie Post, Supermarkt, Tankstelle, doch der Weg dorthin ist zu weit. So wird das Erledigen wichtiger Dinge zum aufwändigen Unterfangen.

Doch vorerst genieße ich den Landfall, erkunde die nähere Umgebung meines Ankerplatzes und knüpfe Kontakte zu anderen Fahrtenseglern. Zwölf Einhandsegler ankern hier, mindestens fünf davon sind von ihren Frauen verlassen worden, aus den verschiedensten Gründen. In Gedanken verloren motore ich zurück zur SEHNSUCHT.

„Die bist mit deinem Schiff mehr verheiratet als mit mir", höre ich Monika sagen. Nun, dann betreibe ich Bigamie, so wie Ankerplätze und Marinas vollgepackt sind von solchen Bigamisten. Und noch dazu habe ich eine Freundin, eine rassige, schwarz-rote mit dem Namen Tender to SEHN-SUCHT, mit der ich gerade meinen Spaß habe. Blöde Gedanken! Um sie aus dem Kopf zu bekommen, drehe ich am Gashebel und gleite mit 15 Knoten über die Lagune, sodass sich ein feiner Sprühregen über mich ergießt.

Cocos-Keeling, 18. 9. 1991

Liebe Monika!

...Es ist sehr schön hier, strahlend weißer Sand, Palmen und im Moment 25 Yachten vor Anker, alles nette Leute. Die Kameradschaft unter den ankernden Yachten ist ausgezeichnet und wir verbringen viel Zeit auf Direction Island, wo ein Grillplatz mit Tisch und Sitzbänken aufgebaut ist. Heute haben wir sogar zusammen Volleyball gespielt und verbrachten den Nachmittag am Strand, bis auf Bill, einem schrulligen, alten Kerl, der jede Stunde zu seinem Boot muss, um die Lenzpumpe zu bedienen, weil sein altes Holzschiff ständig vom Untergang bedroht ist. Er verbringt die meiste Zeit mit Segelnähen und sein Standardfluch lautet: *„Fucken sailing, boat too*

428

heavy, sails too rot!" Die Einkäufe erledigen wir in Gemeinschaft, die Fahrt zum Supermarkt ist eine Odyssee. Doch im Großen und Ganzen geht es mir gut und alles ist o.k, der Haken liegt im Detail. Warum? In erster Linie, weil du nicht da bist, und in zweiter Linie, es bläst mit 30 bis 35 Knoten Wind und wir haben ständig Wellen von einem halben Meter hier im Lee von Direction Island. Es fühlt sich an, als würde man gegenan segeln. Dann habe ich volle zwei Tage gebraucht um das Großsegel zu nähen und heute, nachdem ich fertig war, wollte ich ein bisschen fischen gehen, da hat der Außenborder den Geist aufgegeben. Der Trip war dann beinahe lebensgefährlich. Aber die Yachtgemeinschaft funktioniert gut und man wird überwacht, ob man abtreibt. Wenn ja, fährt eine Yacht hinaus um denjenigen zu holen. Ist schon zweimal passiert, zum Glück nicht mir...

...Ich vermisse euch, an Land noch mehr als auf See. Neulich im Supermarkt sah ich ein kleines Mädchen von ungefähr vier Jahren mit hellblonden Haaren, und da dachte ich, es reißt mir das Herz aus dem Leib. Wenn ich alleine gewesen wäre, hätte ich drauflos geheult. Langsam komme ich zu dem Schluss, dass diese Freiheit eine selbstauferlegte Seelenfolter ist...

Tagebuch 23. September 1991
Heute hatte ich wirklich Schweineglück im Unglück. Sollte eigentlich schon 20 Meilen westlich von Cocos-Keeling sein, sitze aber mit einem böse verletzten Knie am Ankerplatz vor Direction Island. Da der Außenborder zusammengebrochen war, konnte ich mit dem Dingi nicht zum Einkaufen und da ich noch Diesel und Gas besorgen musste und noch telefonieren wollte, dachte ich, ich fahre gleich mit der SEHNSUCHT vor Ort und laufe danach gleich aus. Ich habe dann auch im Luv von West Island geankert, meine Besorgungen gemacht und als ich zurückkam, fand ich die SEHNSUCHT am Strand wieder. Vor West Island ist Sandgrund und danach beginnen die Korallen, die bis ganz zum Land reichen. Und kurz vor diesen Korallen kam die SEHNSUCHT zum Stillstand, aufrecht am Kiel stehend, leicht nach hinten geneigt, vom Ruder gestützt. Hätte sie sich wie ein anderes Schiff zur Seite gelegt, dann hätte sie der bis zu einem Meter hohe Schwell auf den Strand geworfen und ich wäre mit dem Flugzeug nach Hause gekommen. So: Ich sah das Schiff, geriet sofort in Panik, ließ den Kanister Diesel am Strand und ruderte hinaus. Dem Dingi verpasste ich ein Loch durch das Ruder der Aries, was mich im Moment nicht kümmerte. Ich stürmte nach vorn, riss an der Ankerleine und zog nur den Stil ohne Flunken aus dem Wasser. Ich startete den Motor und gab Vollgas. Die Geräusche, die Schiff und Motor machten, waren schmerzvoll. Jetzt kam auch noch eine Regenwalze, doch das war mein Glück. Denn durch den stärkeren Wind wurde auch der Schwell höher und Welle um Welle nahm ich Fahrt auf und kam

allmählich unter Winseln und Jammern frei. Die SEHNSUCHT war gerettet. Doch als ich zum Heck kam, erwartete mich der nächste Schock. Das lecke Dingi war bereits halb gesunken und es gelang mir beinahe nicht, es aufs Schiff zu holen. Ich befestigte es am Großfall und unter größter Kraftanstrengung hievte ich es an Deck. Weil mein Gewicht nicht ausreichte, klammerte ich mich mit den Beinen am Mast fest, rutschte jedoch nach oben. Jetzt zeigte es sich wieder: Jede Schlamperei an Bord wird zum Fluch. Da ich in Australien den Großbaum höher gesetzt hatte, standen die alten, ausgebohrten Nieten noch aus dem Mast. Ich wollte sie später entfernen. An diesen scharfen Nieten blieb mein Knie jetzt hängen und riss mir die Haut bis zum Knochen auf. Ich blutete wie ein Schwein. Das Dingi war zwar an Bord, das Schiff gerettet, aber der Kapitän an Leib und Seele schwer geschädigt. So musste ich erst einmal zurück zum Ankerplatz. Als ich dort ankam und am Heck der ANITA LUISE festmachte, war das ganze Deck mit Blut beschmiert, es sah aus, als hätte ich ein Schwein geschlachtet. Mein Yachtnachbar Bob wich entsetzt zurück, so blieb mir nichts anderes übrig, als die Wunde selbst zu versorgen. Er war aber dann so nett, tauchend den Kiel zu inspizieren und auf Schäden zu überprüfen.

„Nur ein paar Kratzer", meinte er, „nichts Ernstes."

Jetzt, Stunden später: Das Dingi ist geflickt, die Wunde verarztet, der einzige bleibende Schaden ist der gebrochene Anker.

Tagebuch 24. September 1991
Verlasse Cocos-Keeling Richtung Chagos Archipelago am späten Vormittag, lege unter Segeln ab. Finde gute Segelbedingungen vor, werde vom Vollmond begleitet.

Tagebuch 26. September 1991
Sollte eigentlich gut drauf und glücklich sein, der Passat bläst, dass es nur so spritzt und schäumt und ich sehe fasziniert zu, wie das Log im Surf immer wieder bis zum Anschlag klettert. 12 Knoten und mehr, nicht schlecht für mein Mädchen. Aber es zieht mich immer wieder hinunter, wo ich meinen Kopf zwischen Klomuschel und Klodeckel stecke und meine Migräne kuriere. Zumal habe ich mich wieder überfressen. Dreiviertel vom frischgebackenem Brot, noch warm, dazu eine Dose Shrimps mit Mayonnaise und Ketchup, zwei Dosen Cola auf einmal und dann noch eine Dose Fruchtcocktail. Mein Magen fühlt sich nun an wie ein Gärkessel. Dann war da noch die anstrengende Nachtschicht. Das Focktop ist gebrochen und die ganze Sache Genua, Passatsegel mit Baum kommt jetzt langsam aber sicher herunter. So folgen drei Stunden Arbeit mit dem ganzen Zeug im Magen, das trägt nicht gerade zum Wohlbefinden bei. Total geschlaucht begebe ich

mich zum Verdauen in die Koje, wären da nicht andauernd Regenwalzen, die mich aufscheuchen. Beim Arbeiten habe ich auch noch den Verband verloren und die Wunde ist neuerlich aufgerissen. Spritzwasser und nicht gerade sterile Taue tun das ihre. Das Knie eitert vor sich hin, so wie Wunden auf See eben zu eitern pflegen.

Tagebuch 28. September 1991
Der ganz normale Wahnsinn, wie er einmal im Passatgebiet vorzufinden ist. Ungemütliche Rollerei, Südwestwind mit 20 bis 25 Knoten und 3 bis 5 Meter hohen Wellen. Habe gute Tagesetmale im Durchschnitt 130 Meilen. Lasse die Prozedur über mich ergehen.

30. September 1991

Liebe Monika!
Das Wetter ist einfach zu rau zum Schreiben. Aber da sind einige Sachen, die erzählt werden müssen. Zum einen ist mir gestern ein faules Ei aus der Hand geflutscht und in der Bilge verschwunden und ich habe keine Möglichkeit es rauszuholen, der Gestank ist bestialisch. Ich glaube, der Indische Ozean ist im Ganzen betrachtet das raueste, was ich bis jetzt erlebt habe, weil die Wellen nicht nur hoch, sondern auch kurz sind, nur so 20 bis 50 Meter lang. Es geht zu wie auf der Achterbahn und wenn das Schiff aus dem Kurs läuft, wird das Unterste zu Oberst gekehrt. Doch ich lasse mich nicht unterkriegen und fröne meiner Hauptbeschäftigung, dem Kochen und Essen.
Die zweite erzählenswerte Sache: Ich habe von dir geträumt. Du bist neben mir gelegen und hast mich wachgeküsst. Ich schloss dann neuerlich die Augen und wollte noch ein bisschen genießen, aber der Gestank aus der Bilge vertrieb alle süßen Gedanken. Ach Ei, wärst du doch am Scheiterhaufen verbrannt.
Ja, und dann noch etwas, was ich schon total vergessen hatte und gestern bei der Körperpflege entdeckte. Unsere treuen Begleiter auf Überfahrten, die TUPFIS, kleine brennende, wundgescheuerte Stellen am Gesäß, die du uns immer so sorgfältig mit der Antibiotika Salbe versorgt hast, sind wieder da.
So, jetzt putzte ich die Küche und spüle noch einmal die Bilge, doch vorher mach ich Mittagsrast...

Tagebuch 6. Oktober 1991
Seit Stunden starker Regen und schwacher Wind aus SO. Das Barometer fällt, aber nicht erschreckend tief. Allmählich frischt der SO-Passat wieder auf.

AUFGABE steht in der Seekarte, nachdem die Positionskreuze nur mehr wenige Meilen voneinander gezeichnet wurden, *„Alles Scheiße!"*, ist im Tagebuch zu lesen.

SEHNSUCHT und Skipper kamen gänzlich unerwartet in den Abwind eines viel zu frühen Zyklons. Heino befand sich 200 Meilen von der Zyklonbahn entfernt. Der Wind war zwar stark, aber das Problem machten die Wellen. Der durch den Zyklon erzeugte Schwell aus NO traf mit den vom SO Passat getriebenen Wellen und dem aus W kommenden Äquatorialgegenstrom zusammen. Aus dieser Mixtur entstand ein Hexenkessel, der die Wassermassen zu haushohen Türmen zusammentrieb, die wie nach einer Sprengung in sich zusammenstürzten. Der für den herrschenden Seegang zu schwache Wind, war in den Wellentälern fast nicht spürbar und das Schiff wegen der fehlenden Fahrt unmanövrierbar.

„Ich barg alle Segel, verkeilte mich gut gepolstert in meiner Koje und wartete ab", war sein Kommentar.

Tagebuch 10. Oktober 1991

So rasch wie der Spuk gekommen ist, war er auch wieder vorbei und wechselnde Winde trieben mich Richtung Chagos. Ich war noch 20 oder 30 Meilen von Peros Banhos entfernt, es war mitten in der Nacht. Wind war so gut wie keiner, also beschloss ich, eine Mütze Schlaf zu nehmen. Die SEHNSUCHT dümpelte friedlich vor sich hin und ich schlief den Schlaf des Gerechten, als mich plötzlich durch den Niedergang das Schwert eines, ich weiß nicht, von wie viel tausend Watt starken, Scheinwerfers traf. Ich fuhr hoch und sah nur: Licht! Ich hastete nach draußen, krachte mit dem Kopf an das Echolot, dann an den Niedergang. Im Cockpit angelangt fragte mich eine Stimme, die aus dem gleißenden Licht kam: *„All o. K. Sir?"* Der Scheinwerfer wich einer Taschenlampe und langsam erkannte ich eine Militärpatrouille am Heck der SEHNSUCHT.

Warum ich mich auf den Funkspruch nicht gemeldet habe? fragte die Stimme nun etwas forscher. Doch als alle Fragen beantwortet waren, geklärt war, dass ich alleine an Bord bin, begann freundlich bis belustigter *Smalltalk,* da sie mich ja so unsanft geweckt hatten.

„Wir sehen uns in Peros Banhos", sagte die Besatzung des Militärbootes, und wünschte mir eine gute Fahrt.

So erreiche ich nach 16 Tagen und 1.513 Seemeilen das Chagos Archipelago. Ein zauberhafter Ankerplatz erwartet mich hinter dem Motu. Einige Yachten liegen bereits vor Anker, da wird mir tragisch bewusst: Ich habe ja keinen tauglichen Anker mehr. So krame ich den kleinen Reserveanker aus der Achterkajüte und lasse die SEHNSUCHT erst einmal ausschwojen. Danach gehe ich tauchen und fixiere das Schiff mit der Ankerkette an einem großen Korallenblock in fünf Meter Tiefe. Jetzt liege ich perfekt „vor Koralle".

Tagebuch 12. Oktober 1991
Der südliche Teil der Chagos, Diego Garcia, ist englisch-amerikanisches Militärsperrgebiet. Die beiden nördlichen Atolle, Peros Banhos und Salomon Island sind unbewohntes Naturschutzgebiet, reich an Palmen und tropischer Vegetation und gehört den Seglern alleine. Hier könnte man Monate zubringen und mit und von der Natur leben. Wild wachsende Bananen, Papayas, Brotfruchtbäume und Kokospalmen mit Nüssen „von der guten Art" in Hülle und Fülle, und ein reich gedeckter Tisch unter Wasser.
Gleich nach meiner Ankunft werde ich zum Barbecue am Strand eingeladen. Dort erwartet mich eine Besonderheit, ein halb verfallenes Steingebäude, das vermutlich der Rest einer Kopraplantage ist, was auch die herumliegenden, verrosteten Gerätschaften erahnen lassen. Dieses Gebäude wird von der Crew einer Yacht genutzt, die seit vier Jahren zwischen Afrika, wo sie Proviant bunkert, und den Chagos, im Halbjahrestakt hin und herpendelt.
Beim gemütlichen Zusammensein am Strand erfahre ich, dass ein Zyklon durch den Indischen Ozean gezogen ist und die Insel Cocos-Keeling überflutet hat und dass auch einige Yachten verloren gegangen sind. Die Monsterwellen waren also die Überreste des Zyklons gewesen. Hatte also wieder mehr Glück als Verstand.
Verbringe schöne Stunden am Strand mit den neu gewonnenen Yachtfreunden. Da ist Uli ein Deutscher, der in Australien lebt und mit seiner Partnerin Adriene und seiner Yacht ARJUNA auf großer Fahrt ist. Mit ihm kann ich, dank der gleichen Sprache, nach der langen Einsamkeit ausgiebig quatschen. Dann gibt es noch den Dänen Peter mit seiner Yacht STORMPETREL und die amerikanische Crew der PARANDAH, die mir, nachdem ich mein Missgeschick mit dem Anker erzählt habe, einfach so einen Anker schenken, der bei ihnen in der Tiefe der Bilge als toter Ballast mitfährt, aber für die SEHNSUCHT der ideale Hauptanker ist.
Chagos – die letzte Zufluchtstätte für Yachties im Indischen Ozean? Man könnte Jahre hier verbringen, die Natur bietet Meeres- und Landfrüchte im Überfluss. Ich wäre gerne noch länger geblieben, aber nach einer Woche Rast beim Fischen und Schnorcheln muss ich weiter Richtung Male, die Zeit drängt, Monika erwartet mich auf den Malediven.

Tagebuch 20. Oktober 1991
Der Wind ist gut bis über den Äquator und ich komme rasch voran. Bis mich kurz vor Male der Fluch der Doldrums einholt. Flaute, bleierne tiefhängende Wolken, die Luft ist geladen, dass die Haare zu Berge stehen. Da

und dort zucken Blitze in unmittelbarer Nähe, das Rigg scheint Funken zu sprühen. Ich schließe die Batterien ab und verstaue den GPS in der Porzellanschüssel der Klomuschel. Ob das bei einem Einschlag wirklich hilft? Aber immerhin habe ich das Gefühl, nicht ganz hilflos zu sein und etwas gegen die drohende Gefahr unternommen zu haben. Einige dicke Kupferkabel klemme ich an das Rigg und lasse sie ins Wasser hängen, das soll helfen, habe ich gelesen. Angesichts der Gewalt der Entladung um mich herum bleibt nur Furcht und Ehrfurcht und die Hoffnung, nicht getroffen zu werden. Nach fast einem ganzen Tag Trockengewitter beginnt es in Strömen zu regnen, das elektrische Kribbeln in den Zahnplomben lässt nach, und Wind kommt auf. Wieder einmal entlässt Mutter Natur die SEHN-SUCHT und mich ohne eine Schramme aus ihrer unermesslichen Gewalt. Es bleibt mir nur, mich kleinlaut zu bedanken.

Kapitel 54

Malediven – Traum in trauter Zweisamkeit

„Go soon and never come back!" – Willkommen auf den wunderschönen Malediven!

Erstes war gesprochen, zweites gedruckt. Der Zollbeamte vom Einklarierungsbüro überreichte Heino mit diesen Worten ein Formblatt, auf dem aufschien, wie viel zu bezahlen, und was alles auf den Malediven für Yachten verboten war. Und beides war enorm. Der Ausspruch des Zollbeamten spiegelte die Einstellung des Mannes auf der Straße gegenüber Fremden wider, und die gedruckten Zahlen mit dem Dollarzeichen davor, zeugten von geschäftstüchtigen Ausbeutern, die sagten, wenn er schon einmal da ist, dann kassieren wir kräftig ab, vielleicht kommt er dann nicht wieder. So hatte Heino gleich am ersten Tag seiner Ankunft 150 $ für Ankergebühren zu bezahlen, 300 $ für einen Schiffsagenten namens Moosa Manif von Alpha und Mike Services, der außer einer Visitenkarte und einer Zahlungsbestätigung auf einem Schmierzettel absolut keine Leistung erbrachte, aber gesetzlich vorgeschrieben war, 5 $ für ein Rattenzertifikat und 30 $ für ein Visum, wobei er die Beträge, die nötig waren um die Sache am Laufen zu halten, schamvoll verschwieg. Der Spießrutenlauf dauerte drei Tage und kostete viele Nerven, dann durfte er die gelbe Flagge einziehen. Das alles spielte sich in Male Harbour ab, einem Ankerplatz vor der Hauptinsel mit einer Wassertiefe von unergründlichen 45 Metern und auflandigem Südwest Monsun. Bei der Navigationserlaubnis für die Malediven warf Heino dann das Handtuch, dabei nützten auch die Scheine nichts, die über das Pult wanderten, vermutlich deshalb, weil dieses Büro genau gegenüber dem Büro für Antikorruption lag. So hatte die SEHNSUCHT kein Cruisingpermit und durfte sich nur auf Nord- und Südmale Atoll bewegen und nur vor Touristenressorts ankern.

In fünf Tagen segelte Heino von den Chagos Inseln nach Male, wobei er mäßigen Wind zuerst aus Süd, dann aus West und zuletzt gegenan aus Nordwest hatte, und doch schaffte er die 580 Meilen in so kurzer Zeit, wobei 250 Meilen lang an Backbord wunderschöne Inseln vorbeizogen. Doch zum Glück trieb ihn unser heiß ersehntes Wiedersehen sofort in die Hauptstadt, denn, hätte er unerlaubt irgendwo geankert, dann wäre, so hörten wir von anderen Yachten, möglicherweise das Schiff konfisziert worden. Die streng islamische Regierung hält alle Fremden von ihrer Bevölkerung fern. Unglaublich im Touristentraumland Malidiven, jedoch räumlich möglich, da für den zahlenden Gast eigene Paradiese geschaffen wurden, die von den

Fluggästen normalerweise nicht verlassen werden können. So sind die Touristen gut kontrollierbar.

Tja und ich war so ein Tourist, und meine Möglichkeit auf die Malediven zu kommen war einfach. Das Buchen war zwar von einer kurzen Schrecksekunde überschattet, denn als Heino grünes Licht gab und ich den Zeitpunkt meines Urlaubs fixieren konnte, waren alle Flüge von Lauda Air bereits vergeben.

„Tut mir leid wir haben nichts mehr", sagte die Dame im Reisebüro, „aber", dabei klopfte sie auf die Tastatur ihres Computers und noch bevor der erste Satz in mein Bewusstsein eingedrungen war, redete sie weiter, „Austrian Airlines fliegt ab Ende Oktober auch auf die Malediven!" Und so kam ich zu dem Privileg eines Erstflugs und erhielt zum Flugticket auch noch eine Urkunde: *Wir bestätigen hiermit, dass Monika Grill am Erstflug OS 3871 des Airbus A-310-324 der Austrian Airlines nach Male teilgenommen hat.*

Am 29. Oktober um 17 Uhr 30 saß ich im Airbus. Die Kinder waren versorgt, Doris zog zu Oma Anni, Petra zu meinen Eltern nach St. Veit. Die Wochenenden wollten sie zusammen verbringen. Bei Doris machte ich mir keine Sorgen, sie war alt genug die Situation zu verstehen, doch Petra, die zwar gewohnt war, einzelne Nächte bei den Großeltern zu verbringen, fragte nur traurig, als sie das Bündel ihrer eingepackten Kleidung betrachtete: „Muss ich lange bei der Oma bleiben?" Ihr fehlte noch der Zeitbegriff, sie ahnte eine Veränderung, verstand sie jedoch nicht.

Der Flug war wunderschön, das Flugzeug nur zu einem Drittel besetzt, so hatte ich drei Sitze für mich alleine, konnte mich hinlegen oder zum Fenster hinausschauen, je nach Belieben. Bei der Zwischenlandung auf Sri Lanka sah ich die vertraut gewordenen Palmenkronen wieder, und auf der kurzen Strecke nach Male überflogen wir die nördlichen Atolle, die wie Goldringe, besetzt mit farbenprächtigen Edelsteinen im tiefblauen Meer lagen. Wir landeten auf der kleinen Insel Hulule, die nur aus einer Landebahn bestand. Ich schleppte mein schweres Gepäck durch den Zoll.

„Bringe mir die Blackbox für den Außenborder, eine gebrauchte Lichtmaschine, viel Kaffee und vielleicht ein Stück Selchspeck und schwarzes Brot mit. Und vergiss dich nicht, mit allem was dazu gehört", schrieb Heino in seinem letzten Brief. Im Moment hatte ich das Gefühl, alles andere sei schwerer als ich selbst. Zum Glück schaute der Beamte nur oberflächlich in mein Gepäck, wo ich schön verteilt sämtliche Leckerein für Heino versteckt hatte, die man natürlich nicht einführen durfte.

Da stand er, auf dem Vorplatz hinter der Glastüre. Mir war, als ginge ich zu meinem ersten Rendezvous, ich hatte Schmetterlinge im Bauch, und Heino schien es ähnlich zu gehen. In meinen Träumen war ich ihm immer um den

Hals geflogen und hatte ich ihn fest an mich gedrückt, doch jetzt standen wir uns direkt schüchtern gegenüber und gaben uns nur einen flüchtigen Kuss.

„Bin ich froh, dass du da bist."

„Ja, ich auch."

Heino schleppte schweigend meine schweren Säcke zu einer Dhoni, die uns nach Farukolhufushi brachte, wo die SEHNSUCHT vor dem Club Med ankerte. Schweigend saßen wir im Boot einander gegenüber. Der Fahrer ging längsseits und wir konnten auf unser Schiff übersteigen.

„Ich fühl mich, als ob ich heimgekommen wäre", sagte ich und sog den vertrauten muffigen Geruch des Schiffsbauches ein. Und hier in unserer vertrauten Umgebung war der Bann gebrochen, wir fielen einander in die Arme, hielten einander fest und waren wieder eins: Ein Herz und eine Seele und viele Gedanken und Gefühle, die wir einander vermittelten.

Die Zeitumstellung, die Klimaumstellung und die lange Reise hatten mich geschafft und bald schlummerte ich in meiner Koje. Als ich erwachte, war bereits gekocht. Schiffsküche à la Einhandsegler, auf chinesische Art. Heino servierte eines seiner Gerichte, die er auf den langen Überfahrten selbst kreiert hatte.

„Das ist ganz lecker", lobte er seine Kreation und steckte den ersten Bissen in den Mund.

„Na ja, vielleicht doch nicht so sehr", schwächte er ab.

Am nächsten Tag wurde ich noch einmal mit Fladenbrot verwöhnt, dann wanderte die Kombüse wieder in meine Obhut.

Mit dem mitgebrachten Ersatzteil war der Außenborder bald repariert und die Crew der SEHNSUCHT wieder mobiler. So glitten wir die drei Meilen zur Hauptinsel Male, damit ich auf die Crewliste kam. Die Beamten waren zwar distanziert, aber nicht unhöflich zu mir, vielleicht weil ich mit knöchellangem Rock und schwabbeligem Oberteil geziemend gekleidet die Behördenräume betrat.

„Lass uns die Stadt besichtigen", sagte ich zu Heino.

„Da gibt es nicht viel zu sehen", antwortete er. Er hatte Recht.

Schon alleine ihrer Größe wegen, Male war nur 1,7 km lang und 900 Meter breit, dauerte die Besichtigungstour nicht lange. Wir wanderten den Marine Drive entlang, beim gut gesicherten Amtssitz des Präsidenten vorbei, zum Bootshafen. Der enge kleine Hafen war vollgestopft mit den Dhonis der Einheimischen, ein Gewirr von Leinen, Sonnendächern und Ladegut, dazwischen schiefe kurze Masten. Doch stolz reckten die Dhonis das Islamische Schwert, das den Bug der Schiffe zierte, in den Himmel. Wir standen am Anlegesteg des Sultans, wo jetzt Touristen empfangen wurden, und Heino warf einen prüfenden Blick auf unser Dingi, das im unruhigen Wasser schaukelte. Wieder landeinwärts passierten wir die Moschee, das Prunkstück der Insel, geschmückt mit einer goldenen Kuppel. Kleine, basarähnliche Geschäfte mit Souvenirs, wie Muscheln und Haifischgebissen fanden sich im belebten Teil der Stadt nahe dem Hafen. Nur Männer waren auf den Straßen zu sehen, viele unterwegs mit klapprigen Fahrrädern. Die entlegenen engen Straßen beherbergten niedrige Häuser, deren Höfe hinter Mauern und geschlossene Türen versteckt waren und wo nur vereinzelte blühende Büsche der bunten Bougainvillea ihre Äste zur Schau stellten.

„Wir suchen uns für die nächsten Tage einen ruhigen Ankerplatz", sagte Heino und er studierte die Liste der Hotelressorts. Unser derzeitiger Ankerplatz war besonders bei Flut etwas schwellig und durch die Nähe des Flughafens oft sehr laut. Unsere Wahl fiel auf Nakatchafushi, elf Meilen Richtung Osten, das gute Ankermöglichkeiten versprach.
Die Malediven, deren Staatsgebiet aus nur 0,3 Prozent Land besteht, das sich in 1.302 Inseln und Inselchen gliedert, verdanken ihre Existenz den Korallen. Diese emsigen Baumeister haben Kalkschicht um Kalkschicht aneinander gereiht und somit die größten Bauwerke geschaffen, die Tiere je errichtet haben. Im Gegensatz zu den Atollen der Südsee, die meist nur einen Ring mit einer oder mehreren Einfahrten haben, besitzen die Malediven viele ringförmige einzelne Atolle, die wie Perlen zu einem großen Ring zusammengefügt sind. Daraus ergeben sich viele kleine Lagunen in der großen Lagune.

Nakatchafushi war so eine kleine Lagune und hatte sogar einen Pass. Eine Yacht ankerte bereits dort. Wir schummelten uns gerade noch bei Hochwasser durch die Einfahrt und suchten uns einen geeigneten Ankerplatz. Die SEHNSUCHT lag ganz ruhig, den Anker auf Sandgrund, umgeben von herrlich klarem Wasser, eingezäunt von braunem Korallengestein. Auf der Insel sahen wir die Hotelanlage, verstreute kleine Häuser mit strohgedeckten Dächern, dazwischen gepflegte Sandwege, gesäumt mit Blumen und Palmen, und am weißen, die Insel umgebenden Strand, schattenspendende Pandanusbäume.

MR. GEORGE hieß unser Nachbarschiff, und es dauerte nicht lange, da lernten wir George und Ni kennen, ein nettes Ehepaar, das uns zu einem Plauderstündchen einlud. Die Reise der beiden hatte einen besonderen Grund: Ihre zwei Töchter lebten auf den Malediven. Die ältere von ihnen, Michaela, war auf Male mit einem Einheimischen verheiratet und Pauline, die jüngere, arbeitete hier im Nakatchafushi Ressort. Sie gaben ihr Domizil in England auf und stiegen auf eine Yacht um. So hatten sie die Möglichkeit, ihren Traum zu leben und gleichzeitig immer wieder in der Nähe ihrer Kinder zu sein.

„Wir kennen den Manager", sagte George, „es wäre gut, sich bei ihm vorzustellen und ab und zu zum Abendessen ins Hotel zu gehen", riet er uns. „Wir liegen jetzt schon lange da und haben keine Probleme."

Wir waren dankbar für die Ratschläge und hielten uns daran. Es begann eine wunderschöne Zeit. Wir baumelten mit der Seele, lebten in den Tag hinein, taten das, was uns gerade Spaß machte und waren glücklich. Stunden verbrachten wir zusammen im tropenwarmen Meer und schnorchelten. Zusammen! Diese Möglichkeit war uns während der gesamten Reise verwehrt gewesen, da immer jemand auf die Kinder achten musste. Dieses gemeinsame Schnorcheln war ein Genuss für mich. Hand in Hand mit Heino fühlte ich mich stark. Kein Hai, kein Rochen jagte mir mehr einen Schrecken ein. Heino, der immer die Harpune mitführte, war mein Beschützer, ohne Angst oder ungutes Gefühl gab ich mich den Unterwasserschönheiten hin.

„Es gibt zwar Unmengen von Fischen hier, aber schade, dass das Riff so tot ist", sagte Heino eines Abends zu George. Beim Schnorcheln an der Riffkante sahen wir nur graubraunes Gestein und abgebrochene, abgestorbene Korallen.

„Eine Meile außerhalb der Lagune gibt es ein lebendiges Riff", erzählte George.

„Es ist Paulins Garten, sie fährt so oft sie kann dorthin zum Tauchen und sagt, sie kennt jeden Fisch", warf Ni ein.

Wir verabredeten uns für den nächsten Tag zu einem gemeinsamen Schnorchelausflug.

Paulin's garden übertraf alle Erwartungen. Eine kleine Sandinsel bildete den Mittelpunkt, darum befand sich eine türkise Lagune mit glasklarem Wasser und Sandgrund und rundherum ein Riffgürtel, totes Gestein auf dem aber alle Farben und Formen des neuen Lebens erblüht waren. Der ganze Komplex befand sich inmitten einer Einfahrt in den großen Atollring von Nord Male. Die Innenkante zur Lagune hin war sanft abfallend mit zarten Korallen und bunten Fischen, also mein Revier. Die Außenkante, oft senkrecht abfallend auf 50 bis 60 Meter Tiefe, mit wuchtigen Blöcken und großen Fischen und Fischschwärmen, wie den blausilbern glänzenden Lagunbonitos oder graublausilbern gestreiften Makrelen, war Heinos Revier, ein reich gedeckter Tisch, wo seine Harpunenspitze mit Sicherheit traf. Man schwamm über die rotbraunen Verästelungen eines Korallenwaldes, wo immer wieder zartblaue Spitzen wie kleine Blüten hervorlugten, passierte die honiggelbe Hirnkoralle, deren Windungen wie Serpentinen einen steilen Berg mühsam empor klommen, dann tauchten bizarre Türme auf, die Termitenbauten ähnelten und an verwunschene Märchenschlösser erinnerten, gefolgt von der Hirschgeweihkoralle, die ihre Pracht, wie unzählige Elchhäupter der Wasseroberfläche entgegen streckte. Dann wechselte das Bild, und die Korallen nahmen die Form von Morcheln an, die grauviolett starr im Wasser standen, doch als die Sonne ihre gebrochenen Strahlen auf diese unterirdische Pracht warf, schienen sie sich im Wasser zu wiegen.

Im Schneckentempo über das Riff schwimmend änderte sich die Landschaft ständig, von knorrig und bizarr über sanft hügelig oder zart verästelt, dazwischen, wie hingeworfen, Sträuße aus zarten Frühlingsblumen. Die vollendete Schönheit dieser Unterwasserstadt bildeten die Abertausenden von Fischen, die, als hätte jeder einzelne von ihnen ein Appartement in den Korallenhäusern, in ihrer Vielfalt von Form und Farbe nicht zu beschreiben sind. Die auffälligsten, weil farbenprächtigsten, waren die Papageienfische, die wie Steinbeißern gleich ein Stück der Korallen abbrachen und oft hatte man den Eindruck, dass sie es zu Sand verarbeitet hinten wieder ausspuckten. Die kleinen schwarz-braunen Fische fielen nicht ihrer Schönheit wegen auf, sondern auf Grund ihres lustigen Verhaltens. Sie flüchteten beim Herannahen des Schwimmers in ihre Häuschen, drehten sich um und rissen das Maul und die Augen auf, um Angst einzujagen. Überall waren geschäftige Putzerfische am Werk. Verharrte man zu lange bewegungslos, boten sie ihre Dienste auch unseren Menschenkörpern an und knabberten mit Vorliebe an den Zehen.

Jeglicher Versuch des Beobachters, dieses Spiel an Farben und Formen zu beschreiben, scheitert kläglich an der andauernden und immerwährenden Bewegung dieser Unterwasserwelt. Der Wechsel zwischen dicken und dünnen, großen und kleinen, flachen und runden, gestreiften und gepunkten, mit „Federn" oder Fransen versehenen Fischen, die alle kräftigen Farben des Regenbogens, sowie zarte Pastelltöne und metallischen Glanz enthielten, verwirrte das Auge, bezauberte und entzückte es zugleich. Es war wie ein Wasserkaleidoskop.

Heino musste wie immer zuerst seinen Jagdtrieb stillen. Erst wenn ein saftiger Braten an der Harpunenspitze zappelte und sicher im Dingi verstaut war, wurden seine Sinne für die Schönheiten empfänglich, dann schwammen wir Hand in Hand an der Wasseroberfläche dahin und genossen zu zweit die Wunder des Meeres. Oft besuchten wir noch *Paulin's garden.* Und obwohl wir schon Stunden über dem Riff verbracht hatten, sahen wir immer noch neue Arten von Lebewesen, neue Formen und Gebilde.

„Die wahren Schönheiten der Malediven liegen unter dem Wasser", stellten wir einheitlich fest, denn an Land durften wir uns, da wir keine Hotelgäste waren, nur bedingt bewegen. Selbst wenn wir ein Dinner buchten, das bestimmt genauso viel kostete, wie ein gesamter Tag der anderen Touristen, waren wir nicht besonders gerne gesehen. Deshalb verhielten wir uns unauffällig und waren die meiste Zeit am Schiff oder im Wasser.

Eine dritte Yacht kam durch den Pass. Es dauerte nur wenige Stunden, da kam das Hotelboot angefahren und wir sowie der Neuankömmling erhielten einen Brief vom Hotelmanager.

„Da Sie ohne Erlaubnis des Hotelmanagers in unserem Ressort ankern, möchten wir Sie informieren, dass eine Gebühr von 150 $ pro Tag zu verrechnen ist. Wenn Sie damit nicht einverstanden sind, ist es Ihnen nicht erlaubt hier zu ankern."

„Wie?"

„Was?"

„Sind die verrückt?" Wir konnten es nicht glauben, jetzt nachdem wir zwölf schöne Tage auf diesen ruhigen Ankerplatz verbracht hatten, oft dort zu Abend gegessen und an der Bar Getränke konsumiert hatten, jagte man uns aus der Lagune. Erbost rudern wir zu Gorge und Ni und fragen sie, ob sie auch so einen unverschämten Brief erhalten hätten. Sie wussten es schon von ihrer Tochter und sahen uns schuldbewusst an. Verlegen zuckt George die Schultern und meinte: „Schuld ist die dritte Yacht, das ist ihnen einfach zu viel."

„Es tut uns so leid", sagte Ni, aber sie könnten für uns nichts tun, riskierten sie doch selbst, von ihrer Tochter getrennt zu werden. Das war verständlich.

Zornig und enttäuscht zogen wir den Anker heraus und motorten Richtung Pass. Wir bedachten nicht, dass die Ebbe langsam aber sicher eingesetzt hatte und Rums! rasierten wir die Korallenköpfe. Gott sei Dank blieben wir nur kurz stecken und kamen mit Retourgang frei und bei nochmaligem Versuch hindurch.

Da es schon spät war, die Sonne nicht mehr optimal die Untiefen sichtbar machte, fuhren wir nur zwei Meilen und ankerten vor Rasfare. Dort gingen wir nicht einmal an Land und verkrochen uns im Boot. Wir hätten eine weitere Konfrontation nicht verkraftet. Gleich am nächsten Morgen zogen wir weiter nach Medhufinolhu. Diese Insel war etwas größer, sah nicht so streng organisiert aus, doch der tiefe Ankerplatz war unruhig. Auch hier mieden wir jeglichen Kontakt zum Hotelpersonal. Wir segelten zurück nach Male, da wir ohnedies frischen Proviant benötigten und ankerten vor dem Club Med. Hier ließ man die Yachten in Ruhe, die Lagune war groß, und auch einige Fischer hatten ihre Muring ausgelegt und kamen zur Nachtruhe dorthin. Doch es gab keinen *Paulin's garden* in unmittelbarer Nähe.

„Segeln wir nach Sri Lanka", schlug ich vor, „das Land hat vom Flugzeug aus wunderbar ausgesehen, und ich kann von dort aus nach Hause fliegen, wir brauchen nur umzubuchen."

Heino war zwar von den Malediven enttäuscht, aber von dieser Idee auch nicht begeistert. Die verbleibende Zeit von 15 Tagen war einfach zu kurz für die lange Überfahrt. So blieben wir vorerst.

Im Club Med konnten wir das Telefon benutzen. So sehr ich unsere Zweisamkeit genoss, ich vermisste die Kinder. Ich wollte zumindest hören, ob es ihnen zu Hause wohl erging.

„Möchtest du mit Petra sprechen?", fragte meine Mutter.

„Hallo mein Mädchen, was machst du denn gerade?", sprudelte ich munter in den Hörer.

„Mama?"

„Ja, ich bin's."

„Mama! Mama! Mama!", schluchzte sie ins Telefon und war nicht fähig, etwas anderes zu sagen. Offensichtlich fehlte ich ihr schon sehr. Nun war es um meine Beherrschung auch geschehen. Wir heulten beide. Heino war betroffen und wusste nicht, wie er mich trösten sollte. Und nach unserer Euphorie der Zweisamkeit kam uns die Zerrissenheit unserer Familie zu Bewusstsein.

„Ach wären wir nur alle vier zusammen", wünschten wir uns sehnlichst.

Wir fuhren mit dem Dingi nach Male zum Einkaufen. Die Lebensmittelgeschäfte waren nur dürftig bestückt. Auf der Suche nach günstigem Proviant wanderten wir durch die Straßen.

„Alllaaaah aaaah!" dröhnte es plötzlich aus allen Ecken und Enden. Der Muezzin vom nahen Minarett rief zum Gebet. Es schien, als wären auf der ganzen Insel Lautsprecher installiert und mit dem ersten: Alllaaaah! kam Leben in die Bevölkerung. Die Männer begannen zu laufen, überall öffneten sich Türen und Tore, hinter denen einer oder zwei verschwanden. Es war unheimlich, als ob eine Katastrophe nahen würde. Und plötzlich waren wir allein auf der Straße, die Stadt schien ausgestorben zu sein.

Nach einigen Tagen hatten wir die Demütigung einigermaßen vergessen und wagten uns wieder auf Entdeckungsfahrt. Kanifinolu war unser Ziel und da der Monsun einsetzte und es einige Tage recht rau war, hatten wir Ruhe. Keiner kümmerte sich um uns. Und wir brauchten niemanden, wir hatten uns. Die mit dem Monsunwind mitgebrachten Wolken ließen immer wieder Schauer niedergehen und vereitelten somit die Strandaktivitäten der Urlauber. An Land war es sehr ruhig. Doch mit dem ersten Sonnenstrahl kam ein Boot zur SEHNSUCHT. Der Manager wollte uns sprechen. Und er präsentierte die Rechnung, diesmal nur fünf Dollar pro Tag, verrechnet für fünf Tage. Alle Argumente unsererseits halfen nichts. Big Boss saß am längeren Ast und bevor sich die Lage verschlimmerte, gingen wir geschlagen zur Kassa.

„Ah, sie kommen von der Yacht in der Lagune, wie gefallen ihnen die Malediven?" fragte der Kassier fröhlich. Das war für Heino der Todesstoß.

Wir lichteten den Anker und beglückten nun Meerufenfushi mit unserer Anwesenheit. Diesmal gingen wir gleich auf Angriff über: Wir haben die Erlaubnis vor Hotelressorts zu ankern, Punkt. Die Retourkutsche kam sofort: Anlegen mit dem Dingi nur am Hauptsteg, Anmeldung in der Rezeption beim Landgang. Erlaubter Weg: Steg – Rezeption – Bar, wo ein Besucheraufschlag für Getränke zu bezahlen war.

Wir besuchten die Unterwasserwelt, die Welt wo uns keiner verscheuchte, wo wir willkommen waren und gemeinsam mit den Fischen um die Wette tauchten. Die Menschen, Touristen, Hotelpersonal und Einheimische konnten uns gestohlen bleiben. Die restlichen gemeinsamen Tage ließen wir uns nicht verderben.

Die Flitterwochen gingen dem Ende zu. Der Tag der Abreise kam und wir ankerten wieder in der Lagune vom Club Med, nahe des Flughafens. Ich war zerrissen. Einerseits freute und sehnte ich mich nach meinen Mädchen, andererseits schmerzte der Abschied von Heino.

„Ich wünschte, ich könnte mit", sagte er traurig.

„Die halbe Strecke hast du schon", versuchte ich ihn aufzumuntern.

Er blieb hinter der Absperrung stehen. Als er mich aus den Augen verloren hatte, ging er mit hängenden Schultern Richtung Steg. Ja, ein Abschied ist immer schwer, aber am schwersten für denjenigen, der bleiben muss.

Kapitel 55

Überfahrt nach Aden – Schießerei statt Silvesterfeuerwerk

Tagebuch 30. Dezember 1991
Vor zwei Tagen habe ich ohne Probleme in Male ausklariert und dümple
nun bei wenig Wind und auflandiger Strömung an der Ostseite der Male-
divenatolle dahin. Immer wieder starte ich den Motor. In Gedanken lasse
ich den Dezember Revue passieren.
Monika ist am 4. Dezember abgeflogen und Stille und Einsamkeit umgab
mich in der so vertrauten SEHNSUCHT. Es waren fünf schöne Wochen gewesen, Flitterwochen, die wir, trotz aller Schwierigkeiten, die uns die Malediven bereiteten, gemeinsam spielend meisterten. Dann folgten vier Wochen, die mich in die Realität des Einhandsegelns zurückholten, vier Wochen, in denen drei Briefe in die Heimat flogen:

Malediven, 15. Dezember 1991
Lieber Schatz!
Es ist halb elf Uhr und finster wie in der Kaisergruft. In den Wanten orgelt
der Wind sein Requiem in C-Dur und das seit Tagen. Ich wollte eigentlich
gestern ausklariert haben, aber durch das Scheißwetter war ich noch nicht
einmal in Male zum Einkaufen. Der Zucker ist mir ausgegangen sowie das
Arschpapier. Meinen Allerbesten hänge ich zum Reinigen über Bord, und
den Kaffee, der auch langsam aber sicher zu Ende geht, süße ich mit Honig.
Es sind erst zehn Tage, seit du weg bist, dennoch erscheint es mir wie eine
Ewigkeit. Ich fühle mich wie einer, dem sie ein wichtiges Organ amputiert
haben, einfach abgeschnitten. Und wenn ich die Augen schließe, kann ich
dich noch fühlen, besser gesagt riechen, aus diesem Grund habe ich die
Bettwäsche noch nicht gewechselt. Doch allmählich ist die Wäsche weit
entfernt davon zu riechen und ich muss sie demnächst waschen. Vielleicht
auf See, Wasser habe ich genug.

Mein lieber Heino!
Gestern erhielt ich deinen Brief, ich kann nachfühlen, wie es dir gegangen
ist, nachdem ich weg war. Auch ich habe damals im Juni, deine Jacke aus
dem Kasten geholt, um deinen Duft zu spüren. Dieses Mal ist es mir besser
gegangen. Der Flug war zwar nur die erste viertel Stunde schön, von der
Luft aus hätte ich eine wunderbare Lagune gesehen, mit tiefer, dunkelblauer
Einfahrt und türkisem Ankergrund, aber dann bekam ich fürchterliche
Kopfschmerzen. Erst nach zwei Tabletten und einigen Stunden Schlaf über
einer leeren Viererbank war ich wieder fähig, die Augen zu öffnen. Der

Sonnenuntergang kurz vor der Landung war wunderbar. Ein Zipfel vom Schneeberg lugte aus der Wolkendecke hervor, die wie ein glühendes Meer unter uns lag. Auf 1.500 Meter Höhe tauchten wir in die Wolken ein, eine 500 Meter dicke Schicht, um dann in einer grauen, finsteren, kalten Welt zu landen. Schneeregen empfing mich beim Aussteigen. Die Wiedersehensfreude war groß. Doris flog mir entgegen und wollte alles gleichzeitig erzählen, doch Petra hat mir leid getan, sie war so überrascht mich zu sehen, dass sie kein Wort herausbrachte und nur weinte. Eine halbe Stunde lang hing sie an meinem Hals und ließ sich nicht beruhigen. Zwei Tage dauerte es, dann waren die Kinder wieder normal. Von den Großmüttern gab es keine Klagen, doch beide waren sichtlich erleichtert, dass sie die Kinder wieder abgeben konnten. Für Petra war meine Abwesenheit doch zu lange gewesen. Die Kindergartentante erzählte mir, die letzten zwei Wochen sei nichts mehr mit ihr anzufangen gewesen. Erst als sie die Nächte an einer Hand abzählen konnte, ging es ihr wieder besser. Trotz allem, es waren wunderschöne fünf Wochen, ich möchte sie nicht missen und danke dir dafür. Ich habe mich noch nie in meinem Leben so geliebt gefühlt und auch die erste Woche nach diesem Urlaub schwebte ich noch im siebenten Himmel. Gleich nach meiner Ankunft begann es zu schneien, dann folgte schönstes Winterwetter, zwar mit klirrender Kälte, aber strahlendem Sonnenschein und höchstem Luftdruck seit Neunzehnhundertirgendwas. Es war ein enormer Kontrast – von den Tropen in den tiefsten Winter. Aber ich war innerlich so aufgeheizt, dass ich die Kälte gar nicht spürte.

Malediven, 23. Dezember 1991

Liebe Monika!

Ich dachte nicht, dass ich noch zwei Briefe von den Malediven schreiben werde, aber das Wetter und die Umstände halten mich hartnäckig fest. Nach meinem letzten Anruf ist einiges passiert. Ich war zweimal in Male und habe dort beim Südwesthafen, in der Nähe der Yacht PIC OF PLENTY geankert, die David, einem Einhandsegler, gehört. Eine recht raue Angelegenheit. Das erste Mal war ich beim Zoll und bezahlte die restlichen Ankergebühren. Dazu brauchte ich den ganzen Tag. Am nächsten Tag wollte ich Proviant und Diesel einkaufen, doch als ich das Dingi heranzog, fuhr ein Motorboot am Heck vorbei und der Schwell warf das Beiboot auf die Aries. Ein zwanzig Zentimeter Riss war die Folge, und nur mit Mühe konnte ich es an Deck bringen. David hat mich dann an Land gerudert. In einem Schiffszubehörgeschäft fanden wir nach langem Suchen eine Tube Sikaflex zu einem horrenden Preis. Doch wir entdeckten in einer Seitengasse eine Gasfüllstation. Glücklich darüber, brachte ich meine leere Flasche hin, doch die Typen wollten sie nicht füllen, da es von der Regierung verboten war, fremde, nicht getestete Gasflaschen zu füllen. Ein Zehndollarschein machte es dann doch möglich. Zwischendurch fahre ich immer wieder zurück zum Ankerplatz vom Club Med, weil es vor Male zu stark schwellt. David muss zwangsläufig bleiben, weil das Getriebe seiner Ankerwinde gebrochen ist. Er hat 150 Meter Kette und einen 45 Kilo schweren Anker in 54 Meter Wassertiefe liegen. Zu zweit schafften wir nur fünf Meter Kette einzuholen, dann gaben wir geschlagen auf. In der Lagune vom Club Med warte ich auf eine Regenpause, um das Dingi zu reparieren.

Du erinnerst dich sicher an den Charterkatamaran? Eines Abends kam ein Typ, es war der Helfer des Eigners, Abdulla, der mich zum Dinner abholte. Abdulla ist Australier, ein bekehrter Moslem und lebt schon sieben Jahre auf den Malediven, ein feiner Kerl. Er konnte nicht gehen, weil er sich beim Ankerziehen den Ischiasnerv eingeklemmt hatte. Ich bot ihm eine Massage an und es gelang mir, unter Applaus der Touristen im Club, ihn von seinen Schmerzen zu befreien. Nun bekam ich wertvolle Tipps zum Einkaufen.

Bei meiner nächsten Fahrt nach Male sparte ich das Ankermanöver und machte achtern an Davids Boot fest. Das ging bis gestern gut. Aber der Reihe nach: Da ich plante, am 21. Dezember auszulaufen, kontrollierte ich routinemäßig das Rigg und stellte fest, dass die Risse, die ich bereits auf Chagos am Mastbeschlag des Vortags festgestellt hatte, weiter gerissen sind. So, der Beschlag stand kurz vor dem Bruch. Fazit: Beschlag abmontieren, Nieten ausbohren - und das auf dem schwelligen Ankerplatz; ich habe beinahe in die Hose gemacht, denn nur das Babystag hielt den Mast nach vorne. Es war nicht einfach, eine Werkstätte zu finden, die den Nirobeschlag schweißen konnte, kostete eine Stange Geld und er hat sich natürlich beim Schweißen verzogen, was die Montage erschwerte. Nun ist er wieder auf seinem Platz und sieht recht vertrauenserweckend aus.

David und ich hatten Diesel und Cola sowie Öl und einige Lebensmittel bestellt, die mit einer Dhoni gebracht werden sollten. Die Dhoni erschien aber nicht. Ich wartete, bis gestern Abend eine mächtige Squall aus Südwest kam und auf unserem Ankerplatz ein riesiger Schwell stand. Das Boot von David schwojte auflandig, sodass ich beinahe auf den Wellenbrecher der für uns verbotenen Hafenanlage hinübersteigen konnte. Nun war ich gezwungen den eigenen Anker zu werfen, doch der Wind verstärkte sich und ich driftete. So beschloss ich, Anker auf zu gehen und bei Nacht in die Lagune des Club Med zu fahren. Es war Vollmond, Niedrigwasser und trotz besserem Wissen fuhr ich in den Club Med-Kanal ein, lief auf Grund, trieb quer und blieb hoffnungslos stecken. Die fünf Knoten Geschwindigkeit, die ich beim Kollidieren hatte, zeigten ihre Wirkung, in der Kajüte flog alles durcheinander. Die Windböen, die den Schwell genau in den künstlichen Kanal trieben, setzten mir stark zu. Das Ruder schlug hart gegen den Seitenwall. Ich bangte um mein Schiff, eineinhalb Stunden musste ich ausharren, bis mich die kommende Flut aus der misslichen Lage erlöste. Ich habe nach diesem Rums die Schäden an der SEHNSUCHT größer eingeschätzt als sie tatsächlich sind. Am Ruder sind nur leichte Schrammen und am Kiel vorne ist ein Riss, aber nichts wirklich Gefährliches, die Reparatur kann warten. Nun, es waren bewegte Tage, und es bleibt nur zu hoffen, dass über Weihnachten ein bisschen Frieden ein kehrt.

Lieber Heino!
Weihnachten war eigentlich sehr schön und friedlich. Die Kinder fieberten dem Fest entgegen. Doris hat die Feier organisiert, Lieder und Gedichte vorgetragen. Die Geschenke waren heuer nicht so aufwändig wie voriges Jahr, doch die zwei waren zufrieden und glücklich.
Eine Rüge muss ich dir schon noch erteilen: Rufst mich an, erzählst, dass du fertig zum Auslaufen bist und nur noch auf schöneres Wetter wartest und dann meldest du dich zehn Tage nicht – und das zu Weihnachten. Am 24. bin ich fast ausgeflippt vor lauter Sorge und Angst. Als du dann am 25. angerufen hast, wusste ich nicht, soll ich weinen oder lachen, mich freuen oder böse sein. Sei nur froh, dass man durchs Telefon nicht die Augen auskratzen kann – ich hätt's getan.

Embudhu Finolhu, am 26. Dezember 1991
1. Insel südlich von Male

Lieber Schatz!
Es hat mich sehr mitgenommen, dich abermals am Telfon weinen zu hören. Ich dachte, nach der schönen Zeit zusammen, wärst du in einer besseren seelischen Verfassung. Weihnachten habe ich mit zwei bekannten Yachten verbracht. David und acht Schweden auf einem zwölf Meter Boot. Es war ein großes Besäufnis, doch ich habe mich beizeiten verabschiedet. Am 25. gab es Abendessen im Touristenressort, wie in Australien üblich mit Truthahn und allem drum und dran.
Heute war ich mit David am Außenriff tauchen. In zirka 30 Meter Tiefe gibt es einen spektakulären Überhang am Riff. Es war ein gewaltiger Tauchgang mit faszinierender Unterwasserwelt, bis zu dem Zeitpunkt, als mein Lungeautomat plötzlich undicht wurde und ich mehr Wasser als Luft einsog. Nur mit äußerster Disziplin und Routine gelang es mir, die aufsteigende Panik zu unterdrücken und so einen Notaufstieg zu vermeiden. Ich habe mir vorgenommen, nun endgültig die vergammelte Tauchausrüstung wegzuwerfen, was du ja schon lange tun wolltest.
Das Boot mit dem Diesel ist nicht gekommen und so muss ich selbst sehen, wie ich meine Tanks voll bekomme. Einer der Schweden kennt das Rote

Meer und er berichtete, dass hier die letzte Gelegenheit besteht, US Dollars zu bekommen. So muss ich hier leider noch einmal mein Budget aufstocken, soweit die schlechte Nachricht.

Großes Ehrenwort, ich beeile mich von hier wegzukommen, sobald es wettermäßig einigermaßen vertretbar ist. Als Abfahrtstag habe ich mir den 29. Dezember gesetzt.

Tagebuch 31. Dezember 1991 - Silvester

Flaute! Bin östlich vom Malosmadulu Atoll und fahre die drei Meilen zurück nach Westen, um beim Motu Kari Faro zu ankern, unterlasse dies aber, da erstens keine Einfahrt in die Lagune zu finden und zweitens die Insel bewohnt ist. Bald schickt sich die Sonne an, spektakulär im ewigen Blau des Indischen Ozeans zu versinken. Und während sie sich an diesem Abend von ihrer besten schauspielerischen Seite zeigt, drängt sich in mir die Frage auf: Warum? Warum segelst du? Es ist langsam, eintönig und dennoch kräfteraubend. Nur Schweigen umhüllt mich, während die Sonne ihr Szenario fortsetzt und sie glutrot mit ihrem unteren Rand den Horizont berührt und scheinbar auseinander zu fließen beginnt. Und während ich verzweifelt nach Antwort suche und meine grauen Zellen sich winden, verwandelt sich die Szene da draußen am Horizont in ein Blassrosa bis Dunkelviolett, bis mich die Dunkelheit umfängt. Ich verziehe mich in die Kajüte und mixe mir aus Orangenpulver und Rum einen Sundowner, setze mich ins Cockpit, richte meinen Blick auf den Sternenhimmel und lasse die Gedanken treiben, wie meine SEHNSUCHT. Verbringe die Silvesternacht dahindümpelnd vor dem Leuchtfeuer des Motu Bodu Faro. Blitz – alle zehn Sekunden! Prosit Neujahr! Eine Dhoni kommt ganz knapp zum Schiff und begutachtet die SEHNSUCHT, doch als ich Lichtsignale gebe, dreht sie ab.

Tagebuch 1. Jänner 1992 – Neujahr

Unter Motor fahre ich bis Mittag, dann kommt etwas Wind und ich setze Vollzeug. Mit zwei Knoten dümple ich so dahin. Einige Dhonis kommen vorbei, sie fahren offensichtlich zum Fischen.

Es ist 2 Uhr 30 Ortszeit, ich sitze gerade beim späten Mittagessen, als eine recht große Dhoni ohne Mast von Backbordachtern auf mich zukommt. Die Dhoni verlangsamt ihre Fahrt und dreht an meiner Backbordseite bei. Ich gebe den Leuten mit Handzeichen zu verstehen, dass sie mehr Abstand halten sollen. Als ich ihre Absicht längsseits zu kommen erkenne, ist es bereits zu spät. Die Dhoni kommt mit Steuerbordbug an den Rumpf der SEHNSUCHT und ein Mann am Vordeck versucht auf mein Schiff zu springen. Zum Glück verhakt sich ihr Vorstieven, das Schwert des Islams, unter meiner Genua. Der Mann geht über Bord, das Schwert bricht und mein Segel reißt, die Dhoni treibt zurück und reißt mir die gesamte Backbordreling weg. Die Besatzung fischt ihren Mann und das gebrochene Schwert auf, das gibt mir die Möglichkeit den Motor zu starten und manövrierfähig zu werden. Als ich wieder an Deck komme versucht die Dhoni an meiner Steuerbordseite beizukommen, doch ich drehe ab. Sie versuchen es noch einmal. Ich schreie: „Go away", doch sie lassen sich nicht abschrecken und so hole ich aus der Hundekoje meine Schrotflinte und zeige sie drohend her. Das zeigt Wirkung und ich nutze die Schrecksekunde zum Flüchten. Ich bin aber um einen Knoten zu langsam und die Dhoni holt schnell auf und kommt mit zirka zehn Metern Seitenabstand wieder auf gleiche Höhe. Ich verringere die Geschwindigkeit auf drei Knoten, hake die Selbststeueranlage ein, fixiere somit das Ruder und gehe auf Gefechtsstation. Der Mann am Vordeck der Dhoni macht eine Leine mit einem leichten Anker klar, der wie ein Enterhaken aussieht und schwingt ihn, bereit zum Überwerfen. Auf Englisch rufe ich ihm zu, ich werde schießen, falls er versuchen würde mich zu entern. Da ich offensichtlich nicht verstanden werde, verleihe ich meinen Worten Nachdruck, lade ich das Schrotgewehr demonstrativ durch und lege auf den Mann an. Die Dhoni vergrößert den Abstand bleibt aber auf gleicher Höhe. Die Männer halten eine Beratung ab und der Schiffsführer, ein dicklicher Mann spricht in ein Handfunkgerät. Fünf Minuten vergehen, wo die Männer beraten und ich in Deckung abwarte, dann kommen sie näher und der Mann am Bug setzt zum Wurf an. Da schieße ich, über ihre Köpfe hinweg. Der Funkmast zersplittert. Der mit dem Enterhaken stellt augenblicklich sein Schwingen ein, die anderen gehen in Deckung. Ich nehme den Steuermann ins Visier, jetzt wird es ernst. Meine Entschlossenheit gibt ihnen nun doch zu denken und sie drehen Richtung Insel ab und verschwinden mit großer Geschwindigkeit nach Osten.

„Sie holen Verstärkung", hämmert es in meinem Kopf. Ich drehe den Gashebel bis zum Anschlag und trete die Flucht an. Nachdem die Dhoni hinter dem Horizont verschwunden war, berge ich alle Segel, wechsle den Kurs von 300° auf 270° bis zur Dunkelheit, dann auf 330°. Flüchte die ganze Nacht mit Motor, ohne Licht.

Logbuch 2. Jänner 1992
12 Uhr Ortszeit, 7 Uhr UTC, Position: 06°41'30" N, 071°04'35"E.
Kurs 320°, Wind aus Ost, alle Segel gesetzt, Schmetterlingskurs, 4 bis 5 Knoten Fahrt. Bis jetzt keine anderen Schiffe gesichtet.

Logbuch 3. Jänner 1992
Position: 07°47' N, 069°28' E
Traumhaftes Wetter, leichter Wind aus Nordnordost, 4 bis 5 Knoten Fahrt.

Bin offensichtlich noch einmal davongekommen, segle bereits in Indischen Hoheitsgewässern.

Tagebuch 3. Jänner 1992

Die Erlebnisse und Fakten vom Neujahrstag bedürfen einer Aufarbeitung, denn jetzt, nachdem die Bordroutine wieder eingekehrt ist, beschäftigt mich der Gedanke von „für und wider Waffen an Bord" um so mehr, da mich das ewig still und leise dahinrostende Feuerrohr, sagen wir einmal, vor größeren Schäden bewahrt hat. Denn eines ist sicher: Die Besatzung der Dhoni war fest entschlossen an Bord der SEHNSUCHT zu gelangen. Und ebenso die Kehrseite der Medaille: Ich war wirklich fest entschlossen zu schießen, hätte der Kerl mit dem Enterhaken diesen übergeworfen und ich hätte ihn auf diese Entfernung mit dem Bockschrot glatt enthauptet. Und jetzt im Nachhinein wundere ich mich über meine absolute Kaltblütigkeit. Da war kein Zittern und keine Nervosität. Ich arbeitete ganz präzise, wie tausendmal in Gedanken durchgespielt, wenn der Fall eintreten sollte. Ich registrierte jede kleine Bewegung auf der Dhoni, sah, dass die Männer am Bug mit einer zu beiden Seiten herab hängenden Plane verdeckt waren und ein zirka 14jähriger Junge schützend einen Kistendeckel vor sich hielt und mir die lange Nase drehte und registrierte auch, dass das Funkgerät orangefarben war. Der Typ mit dem Enterhaken, der zwischenzeitlich sein Vorhaben einstellte, da er auf zehn Meter Entfernung genau in den Lauf blickte und seine Lage richtig einschätzte, begann frech zu posieren, als die Flinte auf das nächste Objekt gerichtet war, nämlich den Mann am Steuer. Und das war offensichtlich ausschlaggebend, dass die Dhoni augenblicklich abdrehte. Ein Glück, dass beide Seiten ihre Lage richtig einschätzten und niemand die Nerven verlor.

Die beginnende „Flucht" und die folgenden zwei Tage waren schlimmer als der Vorfall selbst. Da die Dhoni sich mit Höchstgeschwindigkeit dem Land zudrehte, nahm ich an, dass der Kapitän dieser Hobbypiraten Verstärkung holen werde, denn er musste in seinem Stolz verletzt gewesen sein, von einem Einzelnen in die Flucht geschlagen zu werden. So nahm ich alle Segel ab, um ein kleineres, schlechter sichtbares Objekt zu werden und orgelte zunächst bis Sonnenuntergang gegen Westen. Die nächste Nacht tat ich kein Auge zu, in absoluter Finsternis setzte ich dann Segel, denn Wind von Osten begann. So segelte ich mit Motorunterstützung nach Nordwesten und machte bis Sonnenaufgang 60 Meilen gut, wobei ich nicht einmal wagte eine Zigarette zu rauchen. Zwischendurch stellte ich immer wieder den Motor ab und lauschte in die Finsternis. Vor Sonnenaufgang sah ich eine Meute Dhonis auf mich zuhetzten. Einige brechende Wellen weit achtern täuschten meine überreizten Sinne. Und dann beleuchtete plötzlich ein fahler Scheinwerfer die SEHNSUCHT und ließ mir das Blut in den Adern gefrieren. Es sah aus, als wolle ein Trawler die SEHNSUCHT in Grund und Boden rammen, doch es war nur der Mond, der aus dem Dunkel des Meeres auftauchte.

Auch den nächsten Tag sah ich hinter jeder Welle einen Verfolger, obwohl die Vernunft dagegen sprach, denn keine Dhoni würde sich freiwillig so weit vom Land entfernen.

Kapitel 56

Jemen – Ankunft in der Vergangenheit

Tagebuch, 25. Jänner 1992

Nach meiner „Flucht" mit Kurs Richtung Norden habe ich tagelang starken Wind von vorne, bis ich in den Golf von Aden einbiege, dann ist Halbwind, zeitweise kommt er sogar von achtern, und es folgt schönes Segeln. Der Schiffsverkehr ist nur an zwei Tagen stark, als ich die Hauptroute kreuze, aber dann für 24 Stunden so, als ob ich zu Fuß die Autobahn überqueren wollte. 16 Tage für 1.785 Seemeilen, alles in allem ein sportlicher und rascher, aber auch nasser Trip.

Im Golf von Aden, in der Nähe der hohen Berggipfel umfängt mich eine eigenartige Stimmung. Klare Luft macht eine stählerne Atmosphäre, das unsichtbare Land ist zu erahnen. Erst kurz vor Aden tauchen stahlblau die Berge aus der Luft, mit schroffem, schotterartigem Abbruch zum Meer.

Rufe Radio Aden. Muss warten, denn ein Handelsschiff läuft aus, dann darf ich rein. Ich ankere vor der Zollpier zusammen mit einigen anderen Yachten. Die Einklarierung ist begleitet von der „orientalischen Bakschisch-Pest": Erst Schmiergeld, oder ich rühre keinen Finger. Selbst die Auskunft, wo das Büro für die Klarierung ist, kostet eine Dose Bier. Die für mich oft strohdumm anmutenden Beamten verstecken sich hinter faustgroßen Sternen und Distinktionen auf den Schultern. Ich arbeite mich vom Schwager bis zum Vetter und dessen Bruder durch, bis ich eine original Immigrationskarte, ausgestellt vom „Ministry of Interior" der Republik von Jemen, mein eigen nenne. Ein in Plastik eingeschweißter brauner Karton mit der Nummer 067 und arabischen Schriftzeichen wird mir überreicht, und mein Pass sowie die Schiffspapiere verschwinden im Safe, mit einem süffisanten Lächeln, welches vermutlich besagt: „Wenn du sie wieder haben willst, kostet dich das einiges." Mit dieser Karte kann ich mich nun in ganz Südjemen bewegen, sofern ich mich beim Vetter dritten Grades, der rund um die Uhr an der Zollpier Dienst tut, abmelde, sage, wohin ich gehe und wann ich wiederkomme. Soweit die Regeln, und das bei jedem Landgang. Mit sechs Dosen Bier schaffe ich den Durchgang durch das Zollgebäude. Peter, ein Däne, der mit seiner Yacht STORM PETROL hier ankert, und ich machen uns bald einen Sport daraus, unsere „Spitzel" abzuschütteln, denn, immer wenn wir uns beim Zollgebäude abgemeldet haben, folgt uns ganz unauffällig ein Bewacher.

Die Stadt mutet für einen nicht geübten Orientbesucher sehr orientalisch an. Es ist unbeschreiblich schön, dreckig, arm und reich zugleich. Eine wieder ganz andere Gastlichkeit als gewohnt, freundlich und hilfsbereit, aber dennoch fordernd. Das Treiben am Basar versetzt mich geistig um hundert Jahre zurück, die öffentliche Opiumhöhle neben dem Teehaus, der Friseur mitten am Marktplatz, die kleine Bude mit den bunten, reich verzierten, kostbaren Dolchen, die ich bestaune, führt mich in eine andere Welt, einer Welt aus Tausend und einer Nacht. Es sind nur Männer zu sehen, hin und wieder huscht ein schwarz vermummter Schatten von Haus zu Haus, das sind die Frauen, schemenhaft, verleugnet im öffentlichen Straßenbild. Tiefster Islam, bewacht von den Gotteswächtern, welche wie der schreiende Muezzin mit seinen regelmäßigen Gebetsaufrufen die Szene beherrschen. Kein Alkohol, weder im „Supermarkt" noch sonst irgendwo, aber doch will ihn und verlangt ihn jeder.

Aden – ein Schutthaufen mit Anzeichen, dass die Stadt einst große Zeiten gesehen hat. Allein in der Stadt unterwegs zu sein ist nicht möglich, so werde auch ich von einem einheimischen Burschen begleitet, der für einige Drinks seine Dienste anbietet. Er führt mich zu einem fünfstöckigen Gebäude mit reichlichen, teilweise heruntergefallenen Verzierungen, großzügigen Arkadengängen im Erdgeschoss, die alle mit Brettern verschalt sind. Durch ein Loch in der Bretterwand schiebt mich nun mein einheimischer Führer, nachdem wir den offiziellen Bewacher abgeschüttelt haben. Es ist ein ehemaliges Hotel. Die Lobby ist mit einer 30 Watt starken Glühbirne beleuchtet, die den Weg zur Treppe weist, der Rest des Raumes liegt im Dunkeln und lässt die Größe und den einstigen Reichtum nur erahnen. Er führt mich zu einer geisterhaften Prunkstiege, auf der herunter gefallener Verputz und Stuckaturreste liegen. Eine Glühbirne pro Stockwerk, die im dritten Stock ist ausgefallen. Ich will umdrehen, doch mein Fremdenführer ermuntert mich: „Come, come on, it's nice here". Ich überwinde mich und wir kommen in den fünften Stock. Durch eine im Jugendstil gehaltene Glastüre strömt uns Licht entgegen. Er stößt die Flügel auf und ich komme aus dem Staunen nicht heraus: Eine Hotelbar, Ende 19. Jahrhundert, die Kellner, weiße Hemden mit schwarzer Fliege. Die verspiegelte Bar, reich mit Glasätzarbeiten verziert, ist übervoll mit Glaskaraffen, die im Schein der vielen Petroleumlampen in allen möglichen Farbschattierungen schimmern. Ich habe noch nie zuvor eine so gut sortierte Bar gesehen. Als ich meinen Mund wieder zubekomme, meldet sich mein Führer wieder: „Ich sagte doch, es ist schön hier, jetzt will ich mein Bier." Bier, aber nicht in der Dose, nein, Bier vom Fass, eiskalt gezapft in einem Bleikristallglas, getrunken auf ledergepolsterten Barhockern, bar bezahlt mit US Dollar. Leute aus allen möglichen Ländern sind anwesend. Hans, der für eine Ölgesellschaft arbeitet, spricht mich an, er hat mich wohl an meinem Akzent als deutschsprachig erkannt. Er ist es dann auch, der mich in den Englischen Klub einführt. Dieser befindet sich etwas außerhalb der Stadt und besteht aus einer

Bretterbaracke, ist aber wie ein englisches Pub eingerichtet. Das Beste dabei, es gibt Dosenbier zu kaufen, zu minimalen Preisen. Damit ist mein „Landgang-Bagschisch-Problem" gelöst und ich kann, da ich selbst kein Biertrinker bin und nur einen geringen Vorrat an Bord hatte, meine Bierschulden bei den anderen Yachten begleichen. Die vor Anker liegenden Yachten werden bald zur eingeschworenen Yachtgemeinschaft gegen ihre „feindliche" Umwelt und wir treiben so manchen Schabernack mit unseren Bewachern, denn jeder von uns hat seinen eigenen „Schatten", der uns auf Schritt und Tritt verfolgt. Besonders gut verstehe ich mich mit einer holländische Familie, die mit ihrer Yacht TAREMARO von Neuseeland nach Holland segelt. Rob und Marjo haben zwei Kinder, Tanja und Remco, 14 und 10 Jahre alt. Mit der Familie entsteht die Idee eines Landausfluges, nur um zu sehen, wie lange „die" uns folgen werden.

Ein wackeliges Mietauto mit Fahrer bringt uns ins Landesinnere. Bald kümmern wir uns nicht mehr um unsere Verfolger, denn die Welt um uns herum nimmt uns gefangen. Wüste, Oasen, Schottergeröll, feiner Sand, flaches Land und Gebirge wechseln sich ab. Dazwischen immer wieder kleine Orte und Ansiedlungen mit Häusern von ruinenhaftem Aussehen, die Armut ist allgegenwärtig in einem die Sinne berauschenden Land.

Aden, 30. Jänner 1992

Liebe Monika!

Scheiß Aden, Scheiß Rotes Meer und Scheiß zwei Monate, die noch zwischen uns liegen. Ich brauche dich, du fehlst mir. Und dann konnte ich dich nicht einmal telefonisch erreichen. Kein Ton war dem verdammten Hörer zu entlocken. Frustriert habe ich mich aufs Schiff zurückgezogen und einen Roman gelesen, es war ein Liebesroman und er ging noch dazu gut aus, und jetzt fühle ich mich noch schlechter. Der Hauptgrund, warum ich überhaupt noch hier bin, ist das ägyptische Visum, auf das ich noch warten muss. Proviant habe ich mir schon beschafft, ebenso Diesel, davon habe ich jetzt 310 Liter, dafür weniger Wasser, um das Gewicht besser auszubalancieren. Die Visakarte ist absolut nicht zu verwenden. Mir verbleiben jetzt noch 300 US Dollar. Das Schiff ist auf Vordermann, ebenso der Motor. Ölwechsel, Dieselfilter, Ventile neu eingesellt. Vor zwei Tagen ist mir wieder einmal die Elektrik abgebrannt, zur Erheiterung meiner Yachtkollegen. Jetzt höre ich immer wieder den Spruch: „Brauchst du Feuer? Warte, Heinz dreh dein Radio auf." Wir haben Tränen gelacht.

Als ich in Aden ankam, waren zwei Yachten hier, jetzt sind es fünfzehn. Die Stimmung ist eigenartig gespannt. Wir haben alle einen großen Respekt vor dem Roten Meer, machen uns aber lustig darüber. Von den Yachten, die vom Roten Meer herunterkommen, hört man nichts Gutes. Besonders der

Sudan dürfte sich gegen Segler verschrieben haben. So werde ich das Land nur im Notfall anlaufen. Doch mache dir keine Sorgen, denn mein Schiff und ich sind in Topform. Am Samstag geht es los, dann werdet ihr vier bis fünf Wochen nichts von mir hören, denn das nächste Telefon steht erst in Suez.

Tagebuch, 4. Februar 1992
Ausklarierung in Aden mit etwas „Bakschisch", musste auch ein Päckchen Zigaretten opfern, ankern jetzt in der Bucht Ra's Imnan östlich von Aden. Wollten uns hier sammeln, es sind aber nicht alle gekommen. Die Bucht ist schön, das Wasser hat eine eigenartige Färbung, nicht türkis, sondern grünlich-bläulich, guter Sandgrund. Unterwasserschiff gereinigt.

Tagebuch, 10. Februar 1992 – Djibouti
Djibouti, Hafenstadt am afrikanischen Kontinent, die Hauptstadt des gleichnamigen, kleinen Staates, einst französisches Überseeterritorium. Ich bin tatsächlich hierher verblasen worden.
Vier Yachten liefen gemeinsam aus der Bucht Ra's Imnan aus, das Wetter war perfekt, leichter Wind und Motor führten uns gegen Westen. In Höhe von Barim Island brach das Inferno los, der Wind pfiff aus der Meerenge von Bab al Mandab, die Strömung tat das ihre, und die SEHNSUCHT wurde erbarmungslos abgetrieben. Über Funk schlug Rob von der TARE-MARO vor, nach Djibouti abzulaufen. Ich schloss mich an, hatte ich doch die Hoffnung, hier in einem ehemals französischen Staat mittels Kreditkarte Geld zu bekommen. Die anderen blieben vor Ras al Manda vor Anker um auf besseres Wetter zu warten. Wir umrundeten die Iles Moucha im Norden und ankern nun im geschützten Hafen von Djibouti.
Reger Yachtbetrieb, die Schiffe des „Race around the world" sind gerade hier stationiert, der Hafen ist verstopft mit französischer Kriegsmarine, doch das kommt uns zu Gute, denn wir fallen gar nicht auf und ersparen uns somit die Einklarierung. Die verstärkte Militärpräsenz hat ihre Ursache im Bürgerkrieg von Eritrea, der abtrünnigen äthiopischen Provinz. Ich habe einen Typ kennen gelernt, der mit einer chinesischen Dauh unterwegs war, sich vernavigiert hatte und in Eritrea an Land ging. Dort wurde er als Spion verhaftet und ein paar Monate eingesperrt. Jetzt erholt er sich hier von seinem bösen Abenteuer.
Die Banque Nationale de Paris akzeptiert meine Kreditkarte ebenfalls nicht, also wieder kein Bargeld.
Starten morgen den zweiten Versuch, die Straße von Bab al Mandab zu durchfahren und in das Rote Meer einzudringen.

Kapitel 57

Rotes Meer – Inferno unter blauem Himmel

Tagebuch 13. Februar 1992

Djibouti liegt achteraus, ich bin mit TAREMARO gemeinsam ausgelaufen. Der Wind kommt mit 5 bis 6 Beaufort leicht von vorne und ich komme gut unter Segel voran. 4 bis 5 Knoten Fahrt mit einem Reff im Groß. TARE-MARO ist um ein bis zwei Knoten schneller und wir verlieren uns langsam aus den Augen. Gegen Mittag Kurswechsel auf 350°. Die Bedingungen ändern sich schlagartig. Der neue Kurs ist nicht mehr segelbar. Nach Kreuzen steht mir nicht der Sinn, denn mit einem Wendewinkel von 100° ist die SEHNSUCHT kein Meister ihres Faches. Fock weg, Motor an, Groß dicht und ich nehme den Kampf gegen Wind und Wellen auf. Am Nachmittag und in der Nacht bleiben die Bedingungen ziemlich gleich. Kurz nach Sonnenaufgang in der Höhe der Ile Grande kommt von backbord achtern ein Fischerboot ziemlich schnell auf mich zu und verringert auf gleicher Höhe seine Fahrt. Ich erkenne die schwere Bewaffnung am Bug des Bootes. Schlagartig überfällt mich die Angst des Überfalls von den Malediven, nur dass ich diesmal meine Chancen mit Null einschätze. Durch das Fernglas erkenne ich Männer mit schweren Handfeuerwaffen am Laufdeck. Ich winke, keine Reaktion, mein Herz rast. Ich rufe sie über Funk an, keine Antwort. Ich lasse das Boot nicht aus den Augen, die kurzen steilen Wellen hüllen es in dichte Gischtwolken, erst jetzt registriere ich, wie schwer die See über Nacht geworden ist. Nach langen, bangen Minuten dreht das Boot vor den Wind und läuft Richtung Ile Grande ab.

Jetzt, in unmittelbarer Nähe der Düse von Bab al Mandab nehmen Wind und Wellen stündlich an Stärke zu. Zwischen 5 Uhr 30 und 8 Uhr quere ich das Verkehrstrennungsgebiet der aus dem Roten Meer kommenden Schiffe und ich fühle mich wie ein gejagter Hase. Ich verliere eine Menge an Höhe. Gegen 8 Uhr reihe ich mich in den ins Rote Meer einlaufenden Verkehr ein und bekomme die Gewalt der Elemente direkt auf die Nase. Bei Windstärken um 9 Beaufort ziehe ich das kleinstmögliche Reff ins Großsegel und mit Vollgas laufender Maschine und Wendewinkeln von 100° beiße ich mich durch das Nadelöhr durch. Ich fahre mehr unter als über Wasser. Die Gischt spritzt bis zur zweiten Saling und es gibt keinen trockenen Platz mehr auf der SEHNSUCHT. Ich bin klitschnass. „Tor der Tränen", die Straße von Bab al Mandab trägt ihren Namen zu recht. Unser Kanu, an der Steuerbordreling fixiert, hält den Gewalten nicht stand und bricht, hoffentlich kann man es noch reparieren. Eine Welle spült mein Handfunkgerät unter dem Spritzverdeck hervor und es gibt endgültig seinen Geist auf. Die sturmerfahrene RESI tut aber bestens ihren Dienst und ich habe beide Hände frei, um mich ständig dem auf Hochtouren orgelnden Motor zu widmen, der gottlob nicht seinen Geist aufgibt. Gegen Mittag überquere ich abermals das Verkehrstrennungsgebiet, diesmal ohne viel Verkehr, der offensichtlich schubweise auftritt. Zwölf Stunden später überfahre ich den 13. nördlichen Breitengrad und habe wieder mehr Raum zum Kreuzen. Der Wind kommt nach wie vor mit 6 bis 7 Beaufort aus Nordwest, aber die Wellen haben etwas an Wucht und Geschwindigkeit abgenommen, und mühsam kreuzend bewege ich mich Richtung Hanisch Inseln. In der Nacht lässt der Wind etwas nach, ich habe noch 11 Seemeilen freien Raum bis Great Hanish Island und beschließe mich kurz aufs Ohr zu hauen. Der versäumte Schlaf rächt sich und ich verpenne das Weckerrasseln. Die SEHNSUCHT kommt eineinhalb Meilen im Lee der Großen Hanisch Insel von selbst zum Stillstand und wartet mit flappenden Segeln, bis der Kapitän erwacht. Ich erkenne ein kleines Segelboot, das vor einer steil abfallenden Wand vor Anker liegt und schließe mich ihman.

Heute will ich mich auf den Weg zur Insel Zuqar machen, wo in der South Bay ein nahezu gegen alle Winde geschützter Ankerplatz liegt, um wieder einmal richtig auszuschlafen. Ich teile meine Pläne meinen Yachtnachbarn mit und bitte sie, TAREMARO über Funk zu informieren.

Tagebuch, 14. Februar 1992
Traumhafter Ankerplatz – Lobster beinahe mit dem Anker erschlagen!
Um von See aus nicht so leicht entdeckt zu werden, verstecke ich die SEHNSUCHT hinter der kleinen Insel Near. Der Anker fällt auf 6 Meter Tiefe in ein Gewirr aus Korallenblöcken. Der Platz mutet gespenstisch an. Eine Dunstwolke hängt über der Insel, genauso wie das beklemmende Gefühl in mir. In der Bucht herrscht komplette Stille, denn hier im Lee der hohen Insel regt sich kein Lüftchen und das Wasser ist spiegelglatt. Meine normalerweise super funktionierende Alarmglocke läutet Sturm, obwohl ich mich auf einem perfekten und atemberaubend schönen Ankerplatz befinde. Ich kämpfe die aufsteigende Angst nieder und diagnostiziere meinen Zustand als „Piratenparanoia".
„Keine Monster an Bord", sage ich jetzt zu mir selber, so wie ich es einst Doris gesagt habe und verdränge mein schlechtes Gefühl, indem ich eine Kontrollrunde an Deck mache. Der Blick entlang der Ankerkette zum Meeresgrund lässt mich alle Angst vergessen: Lobster! Zu deutsch: Langusten - in Hülle und Fülle, der ganze Grund scheint sich zu bewegen, ich kann es gar nicht glauben, was ich von hier oben sehe. Der Jäger in mir erwacht, mit Taucherbrille und Harpune springe ich ins Wasser. Dicht an dicht drängen

sich Langusten am Grund, in jeder Größe, es müssen Hunderte sein. Die Harpune ist hier nicht gefragt und ich tausche sie gegen einen Arbeitshandschuh und suche das für meinen Kochtopf passende Exemplar aus. Frisches selbst gebackenes Weißbrot, Ketchup-Mayonnaisesoße und gekochte Languste. Herz, was begehrst du mehr. Satt und zufrieden und vor allem todmüde falle ich in die Koje und alle Piraten dieser Welt können mich mal.

Tagebuch 16. Februar 1992
Ich gehe an Land und erkunde die schroffe Insel. Von einer Anhöhe aus sehe ich TAREMARO einlaufen. Freue mich, nicht mehr alleine zu sein. Wir verbringen einen schönen Abend mit gemeinsamem Abendessen, Langusten natürlich. Im Laufe des Abends kommt Wind aus südlicher Richtung und ein unangenehmer Schwell baut sich auf. Zwei Wochen haben wir nun auf Südwind gewartet und jetzt vor Anker, nach der Höllenfahrt durch die Meeresenge kommt der „normale Süd"! Es ist zum Haareraufen!
Wir werden in den Morgenstunden Richtung Sudan aufbrechen und wollen uns in Chor Nawarat wieder treffen.

Tagebuch 21. Februar 1992
Die Überfahrt nach Chor Nawarat verläuft routinemäßig. In der ersten Nacht überquere ich abermals die Hauptschifffahrtsroute, in ausgeschlafenem Zustand, bei genügend Raum zum Manövrieren, mit achterlichem Wind und mit 5 bis 6 Knoten Fahrt, kein Problem. In der Höhe der Insel Djebel Tair schläft der Wind ein und ich motore zwei Stunden und sehe zu, dass ich wieder zurück in internationales Gewässer komme, da ich letzte Nacht auf Grund eines Nickerchens in eritreisches Staatsgebiet geraten bin. Das kurze Gastspiel des Südwindes ist vorbei, der Nordwestwind nimmt wieder zu, steigt auf 4 bis 5 Beaufort. Kreuzen ist wieder angesagt. Meine Kurslinie orientiert sich an der eritreischen Staatsgrenze als Wendemarke im Westen, und im Osten ist es die Hauptschifffahrtsroute. Nach der vorherrschenden Windrichtung von 310° bis 330° ergibt sich ein Kreuzkurs von 270°, auf dem ich mich ausrasten und schlafen kann und dem anderen Schlag um die 20°, wo ich aufmerksam Wache gehe, besonders nahe der Schifffahrtsroute. Ein Balanceakt zwischen einer drohenden Verhaftung als Spion - so geschehen dem Typen aus Djobouti - und der Möglichkeit, von einem Supertanker über den Haufen gefahren zu werden. Aber nichts von alledem geschieht und 25 Wenden und 4 Tage später befinde ich mich vor der Einfahrt von Chor Nawarat. Dank einer guten Detailkarte finde ich den Ankerplatz im Fawn Cove, wo bereits TAREMARO und SHAREWATER vor Anker liegen. Unser Plan gemeinsam zu segeln hat nicht lange geklappt,

ich verlor meine Segelkollegen, als ich dem dringenden Bedürfnis meines Körpers nachgab und ein Nickerchen machte. Das brachte mir den Spitznamen „*Sleepy Heinz*" ein.

Chor Nawarat ist der erste aus politischer Sicht „sichere Anke rplatz" seit dem Tor der Tränen und dementsprechend stark von nordwärts segelnden Yachten frequentiert. Unter den ankernden Schiffen aus aller Herren Länder, die alle mehr oder weniger durch den starken Gegenwind an Treibstoffproblemen leiden, geht das Gerücht um, dass in Suakin über einen Agenten problemlos Diesel erhältlich ist. Also auf nach Suakin!

Tagebuch 22. Februar 1992
Wir laufen gemeinsam aus, es ist wenig Wind und für die knapp 40 Seemeilen bis Trinkitat sind wir von Sonnenaufgang bis Sonnenuntergang unterwegs. Im letzten Tageslicht schummeln wir uns in die Bucht von Trinkitat. Um mit den anderen mithalten zu können, habe ich 20 Liter Diesel verbrannt, die ich mir eigentlich nicht hätte leisten können. Beim Abendessen auf TAREMARO ist die Stimmung sehr gedrückt. Wettervorhersage: Wind mit 45 Knoten aus NW. Über SSB kommen weitere Schauermeldungen. Die Yacht SUSAN ANN verlor in Höhe von Port Sudan den Mast. Graham verkündet lispelnd die Hiobsbotschaft, dass er tags zuvor beim Wechseln des Vorsegels auf die Sturmfock beide Schneidezähne verloren hat, und ein weibliches Crewmitglied einer englischen Yacht wurde von der Fockschot krankenhausreif gepeitscht. Die Liste über zerrissene Segel, gebrochene Winschen, Knochenbrüche und sonstige Verletzungen setzt sich fort.
Trinkitat bietet keinen Schutz bei NW-Wind, also morgen wiiieeeder auslaufen! Wir legen die Taktik für die nächsten 120 Seemeilen fest: Schön hinter dem der Küste vorgelagerten Riffgürtel bleiben um wenigstens der steilen, kurzen See zu entgehen.

Marsa Scheich Ibrahim, 24. Februar 1992
Liebe Monika!
Es ist nicht sicher ob dich diese Zeilen erreichen, dennoch ist es ein Versuch, dir Nachricht zu geben. Morgen läuft O.D.I nach Port Sudan aus und wird den Brief, wenn möglich, aufgeben. Ich selbst kann nicht in Port Sudan einklarieren, denn das Visa ist unglaublich teuer und ich habe nur mehr 200 US-Dollar über.
Wenn es ein Fegefeuer gibt, dann sind wir mitten drin. Zurzeit sind sieben Boote zusammmen, das Wetter ist äußerst schlecht, 40 Knoten Wind aus Norden. Ich fiebere nach Hause, aber bei den herrschenden Wetterverhältnissen kann es noch vier bis fünf Wochen bis Suez dauern, aus diesem Grund hoffe

ich, der Brief erreicht dich, um dich zu beruhigen. Das Schiff ist o.k. und speziell der Motor hält sich gut, ich wüsste nicht, was ich ohne ihn machen würde.

Musste gerade den Anker neu ausbringen, es bläst derzeit mit neun Beaufort, ich mache dann Schluss,

in Liebe Heino

Tagebuch 3. März 1992 - Suakin
Ein Fährhafen mit einem „zeitgemäßen" Transitgebäude, Zoll, Polizei, Immigrationsbüro, alle mit anderen Bürozeiten, so werde ich von einer Stelle zur anderen und wieder zurück geschickt. Es dauert zwei Tage, bis ich alle Formulare zur Zufriedenheit aller Behörden ordnungsgemäß in der richtigen Reihenfolge bestempelt habe. Ich bin nun acht Formulare reicher und rund 60 Dollar ärmer. Und wir bekommen alle einen jungen Officer zur Seite gestellt, ohne den wir nicht an Land dürfen. Der ist hoffnungslos überfordert, da er sechs Yachten zu betreuen hat. Der sudanesische Offizier ist überaus nett und hilfsbereit, er ist uns auch behilflich über sechs Ecken Diesel zu beschaffen und er organisiert zwei Kleinbusse, um uns in geschlossener Gesellschaft bei der Immigrationsbehörde in Port Sudan vorzuführen. Dort erhalten wir dann ein Cruisingpermit, das uns erlaubt, die sudanesischen Gewässer zu befahren. Landgänge jedoch sind ohne Agenten nicht erlaubt. So komme ich doch noch nach Port Sudan und am Postamt wartet ein Brief aus der Heimat auf mich. Ich habe mich sehr gefreut und er hat mich ein bisschen aufgerichtet. Doch Telefonieren ist nicht möglich, so schicke ich ein Telegramm nach Hause. Der Sudan ist ein komplett bankrotter Staat, jedoch landschaftlich und von den Bewohnern her, äußerst interessant und mit den nötigen Visa ausgestattet bestimmte eine Reise wert.
Aber nun zurück nach Suakin. Durchschreitet man das Transitgebäude, wird man ins tiefste Mittelalter katapultiert, in eine tatsächlich bewohnte Ruinenstadt. Dieser Eindruck wurde bestätigt, als plötzlich auf der unbefestigten Straße, die sich zwischen der Stadt und den in der Ferne bläulich schimmemden Bergen verliert, aus dem aufgewühltem Staubdunst wie aus dem Nichts ein Mann erscheint und majestätisch langsam dahinschreitet. In der Hand trägt er einen zirka zwei Meter langen, polierten, knorrigen Stock, auf dem Rücken ein mächtiges Schwert, das mit zwei Händen geführt wird. Eingehüllt in einen staubigen Umhang, der nur einen schmalen Augenschlitz freigibt, schreitet er an uns vorbei, ohne uns wahrzunehmen. Ein Fabelwesen aus einer anderen Welt. Ehrfürchtig erklärt uns unser Agent, dass dies ein Krieger aus der Wüste sei, der jedem hilft, der ihn darum bittet. Ein sudanesischer Ritter, für mich ein Wesen aus einer anderen Zeit.

Tagebuch 6. März 1992
Weiße See, soweit das Auge reicht. Erst ein Ostschlag, um von der Küste freizukommen, Wende, qualvoll wird eine Welle nach der anderen ersegelt. Die SEHNSUCHT kracht und knackt in allen Ritzen, das Rigg stöhnt und windet sich unter dem heranstürmenden NW, die Leewanten hängen beängstigend schlaff in den Terminals, die Luvwanten gespannt wie Gitarreseiten. Abfallen – zwei – drei – vier Knoten Fahrt – Krach: Eine zwei Meter hohe, fast senkrechte Wellenwand stoppt das Schiff abrupt auf null. Ein Beben geht durch die SEHNSUCHT. Abfallen – Fahrt – Krach – Stopp! Immer wieder, Tag für Tag. Das Rote Meer entpuppt sich für mich an diesen Tagen als gigantische Zerhackemaschine. Ein tägliches Inferno - und das unter strahlend blauem Himmel.

Ankerplatz in Mersa Ata. Kurs innerhalb des Torwartit Reefs vorbei an Port Sudan. Unser Ziel ist die Mersa Wi Ai. Treffe mit TAREMARO fast gleichzeitig ein, es ist bereits später Nachmittag, der Kanal in die Mersa scheint sehr flach zu sein, keine Tiefenangaben auf der Seekarte. Da die SEHN-SUCHT weniger Tiefgang hat, fahre ich voraus, um ihn zu erkunden. Rob geht mit seinem Schiff in Warteposition.

Ich habe den schmalen Kanal gerade zur Hälfte passiert, als hinter einer Biegung ein kleines Militärboot hervorzischt und ehe ich mich versehe, ist die SEHNSUCHT geentert und ich habe eine Maschinenpistole an die Brust gerichtet. Scheiße – ich bin in eine militärische Sperrzone geraten, nur cool bleiben und niemanden aufregen. Zwei Soldaten gehen an Bord, der dritte sitzt am Cockpitrand mit seinem Maschinengewehr und lässt mich nicht aus den Augen. Sie durchwühlen meine Sachen, fragen nach Pass und Cruisingpermit. Ich verweise zum Kartentisch und wage es nicht mich zu bewegen. Zu meinem Pech liegen dort auch mein Fotoapparat und zwei Filme. Sie holen den belichteten Film aus der Kamera und nehmen auch die anderen Filme mit. Mein Pass und die Papiere werden genau überprüft und kurzerhand werde ich wieder hinausgeschmissen. Ich drücke den Gashebel durch und flüchte. Bei TAREMARO angelangt ist guter Rat teuer, denn die Sonne steht schon tief und wir wissen nicht, wo wir die Nacht verbringen sollen, befinden wir uns doch inmitten eines Riffgebietes. Wir beschließen, zwei Meilen nach Osten zu fahren und unser Glück hinter einem hufeisenförmigen Korallenriff, einem Teil des Wingate Reefs, zu suchen. Der Ankerplatz erweist sich dann als gar nicht so schlecht, bei Ebbe blinken die Zacken der spitzen Korallenblöcke aus dem Wasser, bei Flut ankern wir mitten im Roten Meer.

Gleich nach Sonnenaufgang laufen wir aus, weiter innerhalb des Schaab Rumi Reefs bis in die Mersa Fidjab. Das Segeln innerhalb der Riffe hat zwar den Vorteil, dass der Seegang nicht so hoch ist, aber wird das Fahrwasser schmäler, werden die Wenden häufiger. Die Gefahr auf einen Korallenkopf aufzulaufen steigt drastisch an. Für mich als Einhandsegler artet das Kreuzen im schmalen Fahrwasser zum akrobatischen Akt aus, der sich zwischen erster Saling im Mast und Pinne bewegt.

Mersa Fidjab, 7. März 1992

Lieber Schatz!

Du wirst überrascht sein, wenn du den Brief bekommst, weil er in Österreich aufgegeben wurde. Aber ich hatte Glück und traf hier ein österreichisches Tauchcharterboot und bat die Leute, den Brief zu Hause aufzugeben.

Es ist eine Wahnsinnsarbeit gegen den Wind, der ständig mit sechs bis sieben Beaufort bläst, aufzukreuzen. Um überhaupt Weg nach Norden gutzumachen muss ich den Motor immer wieder mitlaufen lassen. Gestern ist mir die Fock in tausend Fetzen zerrissen. Zum Glück habe ich eine Reserve und wenn alle Stricke reißen noch das Sturmsegel, welches bei dem Wind genug ist. Gesundheitlich bin ich o.k., nur der ständige Wind und die kurze brechende See zerrt an den Nerven. Aber auch den anderen Schiffen geht es nicht besser, sie machen auch keinen Fortschritt nach Norden, obwohl sie viel größer sind. Im Vergleich zu den Schäden, die sie durch das Gegenansegeln haben, hält sich die SEHNSUCHT recht gut. Rob von TAREMARO versorgt mich immer mit dem Wetterbericht, doch es ist frustrierend, auch heute erwarten wir wieder 35 bis 40 Knoten Wind aus Nord bis Nordost. So werden wir weiter von einer Mersa zur anderen segeln und um weniger Wind beten, denn ab der ägyptischen Grenze werden die Ankerplätze rar. Es sind noch 600 Seemeilen bis Suez.

Aber wie auch immer, du musst dir keine Sorgen machen, bis jetzt habe ich die Sache gut im Griff. Nur mein Bargeld macht mir Sorgen, ich bin bis auf 80 US Dollar abgebrannt und es ist noch keine Garantie, ob ich in Suez mit der Kreditkarte Geld beheben kann, schlimmstenfalls steht dir ein Wochenendflug nach Kairo bevor.

Ich hab dich lieb und brauche dich.

Heino

Nur zwei Briefe und ein mickriges Telegramm als Lebenszeichen erhielt ich von Heino innerhalb dieser zwei Monate, wo er durch das Rote Meer kreuzte. Meine Stimmung war am Tiefpunkt, die Sorge um ihn unerträglich. Dieser letzte Brief veranlasste mich ins Reisebüro zu gehen. Ich wollte unbedingt nach Ägypten, um jeden Preis. Es war mir alles egal, Geld, Arbeit, Kinder. Es war mir egal, dass ich ja gar nicht wusste, wo ich Heino finden würde. Meine Freundin Ruth bewahrte mich vor dieser großen Dummheit.

„Ich muss weg, ich halte es nicht mehr aus", sagte ich verzweifelt aber entschlossen „wenn schon nicht nach Ägypten, dann irgendwohin."
„Dann fahren wir eben ein paar Tage nach Berlin zu unserer Freundin Rose-
marie", beschloss sie. Gesagt, getan. Drei Tage wanderten wir drei durch
das wieder vereinte Berlin, saßen in so manchem Lokal und hielten stunden-
langen Kaffeeklatsch. Die beiden holten mich aus meinem tiefen Loch und
gaben mir die Kraft und den Mut, die letzten 600 Meilen zu Hause wartend
durchzuhalten.

Tagebuch 14. März 1992
Wieder ein Tag nur Kreuzen, Kreuzen, Kreuzen, aufwändiges Segeln hinter
den Schaab Suadi Reefs. Ständiges Motorlaufen um mit den anderen mithalten zu können. Ich mache mir schon lange nicht mehr die Mühe den Die-
seltank nachzufüllen, stelle ganz einfach den Kanister vor den Motorkasten
und stecke die Dieselleitung hinein, so habe ich auch den besseren Über-
blick über den Treibstoffverbrauch, da unser Tank keine Anzeige besitzt.
Und der Verbrauch ist enorm. Mein Vorrat schrumpft allmählich. So kann
es nicht weitergehen, das ewige Kreuzen und die schlechten Etmale zermür-
ben mich allmählich. Der Wind aus Nordwest war im Moment recht gut,
spontan beschließe ich, wieder aufs offene Meer zu fahren. Ich steuere an
TAREMARO heran und teile ihnen meinen Entschluss mit. Winkend verab-
schiede ich mich, und Rob biegt mit seiner Familie in die Mersa Salak ein,
während ich den Kurs auf 40° ändere und zwischen einer Riffausfahrt ins
Rote Meer segle. 40 Meilen ohne den Bug zu wechseln! Die SEHNSUCHT
reitet auf den Wellen dahin, macht aber gute Fahrt voraus. Nach Mitternacht
gehe ich wieder auf Backbordbug und fahre Richtung Land. Gegen Morgen
ist es aus mit dem guten Wind, er dreht auf Nord mit 40 bis 45 Knoten, gleiche Schläge sind wieder angesagt. Hart am Wind, klein gerefft mit Motorhilfe nehme ich wieder den Kampf gegen die Elemente auf. Die Wellen,
nun ungehindert über hundert Meilen offene See auf mich zukommend,
nehmen an Höhe und Kraft zu und poltern erbarmungslos am Rumpf der
SEHNSUCHT, lassen das Schiff erzittern. Sie zerren an unserem ohnedies
schon ramponierten Einbaum. Immer stärker schlägt das Holz auf das Deck,
immer wilder gebärdet sich das Kanu und veranlasst mich, nach vorne zu
gehen. Was ich dort sehe, tut mir in der Seele weh. Es ist komplett zertrüm-
mert, unreparierbar. Schweren Herzens kappe ich die Festmacher und über-
gebe die Reste unseres Salomoneinbaums der See.
Die kommende Nacht ist eine der schlimmsten. Ich mache kaum Fahrt nach
Norden, im Gegenteil, ein Schlag treibt mich wieder zurück nach Süden,
sagt mir mein GPS Navigator. Das veranlasst mich, eine Kurslinie zur Mersa Abu Imama zu zeichnen. Doch die vorgelagerten Riffe, die laut Karten-

warnung ungenau sind, zwingen mich wieder, einen Schlag aufs offene Meer zu machen. Bei Tageslicht, tröste ich mich, bei Tageslicht fahre ich auf einen ruhigen Ankerplatz. Doch die aufgehende Sonne besänftigt den stürmischen Wind und ich ändere meine Pläne, werde belohnt und schaffe in zwei Stunden zehn Meilen Richtung Norden. „Ich habe nicht aufgegeben", schreibe ich auf die bereits eingezeichnete Kurslinie.

Fünf Tage wiederholt sich dieses Spiel, fünf zermürbende Tage auf See, 412 Meilen gesegelt - besser gesagt abgeritten - seit meinem Alleingang und nur 240 Meilen Direktkurs nach Norden, bis in Ras Banas, der ersten Station in Ägypten, der Anker fällt.

Ein Schiff, dem ich schon einmal begegnet war, liegt vor Anker, eine Holzyacht aus Australien, die mir ihrer Schnelligkeit wegen schon einmal aufgefallen war. Der Sturm orgelt sein Konzert und während die SEHNSUCHT träge vor sich hinschwojt und schwer an der Ankerkette zerrt, tänzelt das schlanke Schiff an seiner Ankerleine, als spiele es mit dem Wind. Ich falle in meine Koje und nichts und niemand bringt mich jetzt um meinen wohlverdienten Schlaf. 250 Meilen noch, denke ich zuversichtlich, noch einmal so ein Törn wie der letzte war, dann bin ich in der Gubalstraße, dann habe ich es bald geschafft.

Kapitel 58

Suezkanal – das letzte Hindernis

Tagebuch 21. März 1992

Ich befinde mich in der Einfahrt der Gubalstraße. Vor sechs Tagen verließ ich Ras Banas, begleitet von ständigem, starkem Nordwest- bis Nordwind. Bin übermüdet, Schlafmangel macht sich bemerkbar. Eine Pause ist längst überfällig. Aber jetzt ist Flaute, eine Seltenheit in diesem Gebiet. Bei Windstille könnte ich Suez in 48 Stunden erreichen. Ich starte den Motor und steuere in den Golf von Suez. Es wimmelt nur so von Bohrtürmen und Schiffsverkehr. Weiter, weiter sage ich mir, beachte nicht meine Müdigkeit und begehe einen schweren Fehler.

Die Flaute wehrt nicht lange. Als ich gerade die Ölfelder der Torr Bank passiere bricht das alt bekannte Inferno über mich herein: Wind aus Nordwest, also genau auf die Nase und das mit acht bis neun Windstärken. Mit Maschinenkraft und kleinstem Reff im Groß kämpfe ich gegenan und mache dabei zwei bis drei Knoten Fahrt. Noch 35 Meilen bis Suez. Ich kreuze Richtung saudiarabischer Küste. Bis zum nächsten Wegpunkt, also zur nächsten Wende ist noch eine Stunde Zeit, sagt der GPS Navigator. Zehn Minuten rasten, nur zehn Minuten und ich lege mich in die Koje.

Die SEHNSUCHT wiegt ganz leicht hin und her als ich erwache. Der Wind hat nachgelassen, denke ich. Die Anzeige der GPS sagt: Die Route ist komplett. Position: 29°26'15"N, 32°41'E. Draußen schimmert dunkeltürkises Wasser, leicht gekräuselt im Mondlicht. Langsam steigt es in mein Bewusstsein: Die SEHNSUCHT ist gestrandet! Sie steht auf ihrem breiten Flügelkiel und rührt sich keinen Zentimeter. Es ist nach Mitternacht. Da ich jetzt nichts unternehmen kann, lege ich mich wieder hin.

Mit ohrenbetäubendem Krachen stürzt das Schiff um. Ich werde aus der Koje geschleudert, mit mir alles, was nicht niet- und nagelfest ist. Ich krieche aus dem Niedergang und mache mir in der Morgendämmerung ein Bild von meiner misslichen Lage. Das Wasser ist 300 Meter weit weg, die SEHNSUCHT liegt mitten in der Wüste, in Ras Matama

Keine Panik, sage ich mir, mit der Flut kommt das Wasser wieder. So koche ich auf der Kante des Kartentisches stehend erst einmal Kaffee, überblicke das Chaos am Schiff und überlege mir die nächsten Schritte. Erst bringe ich den Anker mit allen an Bord verfügbaren Leinen aus, damit erreiche ich gerade das Wasser. Dann heißt es warten. Allmählich kommt die Flut. Unsagbar langsam richtet sich die SEHNSUCHT mit dem ankommenden Hochwasser wieder auf. Mit Hilfe der Genuawinde kann ich das Boot Richtung Meer drehen, aber es bewegt sich keinen Zentimeter nach vorne. Die

Ankerleine ist zum Reißen gespannt und ich helfe mit Vollgas laufender Maschine nach. Kein Erfolg. Ich setzte alle Segel und knalle sie dicht. Der 90° einfallende Wind legt die SEHNSUCHT leicht über und sie beginnt sich Zentimeter um Zentimeter zu bewegen. Ich kurble wie ein Verrückter an den Winden und verausgabe mich bis zum Erbrechen. Mit einem plötzlichen Ruck kommt sie frei und schießt wie ein Pfeil voran. „Motor stopp!", durchfährt es mich, da stoppt er von selbst. Die Ankerleine hat sich im Propeller verfangen. Das Boot beginnt seitwärts davon zu driften. Der Kiel rumpelt immer wieder über den Grund. Mit einem Messer gehe ich auf Tauchstation um die Leine von der Schiffsschraube zu schneiden. Zu meiner Verwunderung lässt sie sich ganz leicht herunterdrehen und ich wickle sie über meinen linken Arm. In meiner Euphorie merke ich nicht, dass ich mich in der schlaff über den Grund schleifenden Ankerleine verheddere, die sich mit einem Ruck plötzlich spannt und mich unter dem Boot fesselt. Verzweifelt beginne ich mit dem Messer zu säbeln. Meine Lunge schreit nach Sauerstoff, ich fühle meine Sinne schwinden. Im letzten Augenblick kappe ich die Ankerleine und kann auftauchen. Mit mir ist auch die SEHNSUCHT entfesselt. Sie beginnt davon zu treiben. Ich erwische gerade noch das Ruderblatt der Selbststeueranlage. Wie ein Gekreuzigter hänge ich nun zwischen Schiff und Ankerleine. Woher ich die Kraft nehme an Bord zu kommen, weiß ich nicht, doch wunderbarerweise gelingt es mir und ich kann die Ankerleine belegen. Ich starte wieder den Motor. Die Zeit drängt, die Ebbe stellt sich offensichtlich wieder ein. Die Kraft zum Bergen des Ankers bringe ich nicht mehr auf, ich lasse die Leine einfach fallen. Immer wieder aufsitzend, erreiche ich tiefes Wasser, und erschöpft breche ich im Cockpit zusammen. Ich zittere am ganzen Körper und bin nicht fähig, eine Aktion zu setzten und überlasse die SEHNSUCHT sich selbst. Erst drei Stunden und eine halbe Schachtel Zigaretten später nehme ich den Kurs Richtung Suez wieder auf.

Bei anbrechender Dunkelheit erreiche ich das Ankergebiet der Großschifffahrt und irritiert von den vielen Lichtern der großen Schiffe taste ich mich an den Bojen des Eastern Channel zum Yachtclub von Suez entlang, wo ich mir schon bei völliger Finsternis eine hier ausgelegte Ankerboje angle. Noch in derselben Stunde überfällt mich der „Prince of the Red Sea", der hier allerorts bekannte Schiffsagent und ohne großen Widerstand überlasse ich ihm die Schiffspapiere zum Erledigen der Einklarierung und Durchfahrtsformalitäten. Ich will nur meine Ruhe und endlich schlafen.

Mit aufgehender Sonne kommt der Lebenswille wieder. Ich blicke in die Runde der ankernden Schiffe und zu meinem Erstaunen, bin ich fast einer der ersten unserer Flottille.

Tagebuch 25. März 1992
Geldbeschaffung ist mein vordringlichstes Anliegen, und daher muss ich sogar bis nach Kairo fahren, um mit meiner Kreditkarte Bargeld zu beheben. Mein Taxichauffeur, ein strenggläubiger Moslem, ist den ganzen Tag unleidlich, weil er dank des Ramadams ständig an Hunger leidet. In Kairo sind wir erfolgreich, ich bin in Besitz von 700 US Dollar und kann nun endlich meine Schulden bei den Yachtkollegen begleichen. Vor der Rückfahrt nach Suez bringt mich der Taxichauffeur auf einen Markt, zu einem der kleinen Straßenrestaurants, wo die gläubigen Moslems auf den Untergang der Sonne warten. Wie auf Kommando stürzen sich plötzlich alle auf die heißersehnte Abendmahlzeit.

Tagebuch 31. März 1992
Unsere kleine Segelflottille ist komplett. Die stolzen Bezwinger des Roten Meeres sind im Yachtclub von Suez glücklich vereint, und so beschließt man, einen gemeinsamen Ausflug zu den Pyramiden von Gise zu machen. Die Crews von TAREMARO und SHAREWATER wanken mit den Wüstenschiffen durch den Sand, während ich ein Pferd einem Kamel vorziehe. Nachdem ich den Spott über mich ergehen lassen musste, nicht reiten zu können, gebe ich dem armen Tier die Sporen und jage es auf eine Sanddüne. Aufgeregt schreit unser Kameltreiber hinter mir her, in Sorge, sein klappriger Gaul könne einen Herzinfarkt erleiden. Es ist auf jeden Fall toll, auf dem Rücken des Pferdes am Stadtrand von Kairo den Duft jahrtausendalter ägyptischer Geschichte zu schnuppern.

Tagebuch 4. April 1992
Es ist geschafft, das letzte Hindemis, Suezkanal durchfahren. Zwei Tage quält mich der Bakschisch fordernde, dicke, unsympathische Lotse. Wie eine Matrone sitzt er an der Pinne und gibt willkürliche Anweisungen. Gott sei Dank verläßt er die SEHNSUCHT am Abend, als ich vor dem Ort Ismailia nach dem Great Bitter Lake meinen verbogenen Ersatzanker werfe. Der Suezkanal ist eine schleusenlose Wasserstraße inmitten in der Wüste. Die Fahrt erfolgt ausschließlich mit Motor. Konvois von Frachtschiffen überholen die kleinen Segelkonvois an den vorgesehen Ausweichstellen, die sich hauptsächlich in den drei Seen befinden. Nach nur zehnjähriger Bauzeit wurde der Kanal 1869 eröffnet und seitdem immer wieder erweitert und auch ständig umkämpft. Die gelben Sanddünen, das türkise Fahrwasser und

der blaue Himmel sowie die nahen, rostbefallenen Frachtschiffe ergeben ein buntes Bild.

„Bakschisch – Bakschisch!", das ewige Fordern aller, die in die Nähe des Schiffes kommen, nervt. Ich will mich nicht mehr länger hier aufhalten und halte in Port Said nur, um meinen Lotsen loszuwerden. Als dieser auch für das Lotsen im Hafen Bakschisch verlangt, werde ich zornig und als ich im Begriff bin, meine Schrotflinte zu holen zieht er Leine. Ich mache die Schoten los und setzte Kurs Richtung Larnaca in Zypern. Der mäßige Ostwind ermöglicht Direktkurs. Es ist 19 Uhr und ich bin 59 Meilen nördlich von Port Said.

Wien, Flughafen Schwechat, 11. April 1992, 16Uhr55

„Papa, Papa!" Die Kinder fliegen auf Heino zu, umarmen ihn, springen hoch, hampeln, zappeln, plappern. Heino ist zurück. Ich umarme ihn, halte ihn fest, lasse ihn nie wieder los. Wir sind wieder eine Familie. Die Zeit der Trennung, die Zeit der Sorgen und der Ungewissheit ist vorbei. Heino ist dem Ansturm nicht gewachsen.

„Ich bin ja wieder da", sagt er um Gleichgewicht ringend.

„Und ich lasse dich nie, nie wieder alleine fort", flüstere ich mit tränenerstickter Stimme.

„Was geht's der SEHNSUCHT?", fragt Doris.

„Die SEHNSUCHT steht aufgebockt an Land, sie ist gut versorgt und wartet auf uns, bis wir in den Sommerferien mit ihr weiterfahren."

Kapitel 59

Durchs Mittelmeer und Adria – ein Urlaubstörn schließt den Kreis

„Guten Flug!"
„Tschüß Papa, grüß die SEHNSUCHT von mir!"
Wir verabschiedeten Heino am Flughafen Wien Schwechat auf seinem Flug nach Zypern. Aber diesmal ohne Wehmut und Trauer, denn auch wir hatten unsere Tickets schon in der Tasche, um acht Tage später hinterher zu fliegen.

Unsere SEHNSUCHT lag in der Larnaca Marina und Heino wollte ein paar Tage Vorsprung, um das Schiff auf Vordermann zu bringen. So einiges war nach der harten Zeit im Roten Meer zu reparieren. Vor allem war da die defekte Reling, und mit Kindern an Bord stand sie auf der Reparaturliste an erster Stelle. Dann musste das Unterwasserschiff wieder neu gestrichen werden, die Segel lechzten nach einer Nähmaschine und, und, und.

Wir saßen im Flugzeug. Aufregung und Freude waren groß, vor allem Petra nahm sich die Reise so zu Herzen, dass sie, noch bevor sich das Flugzeug in den Himmel hob, das Kotzsackerl füllte. Doch einmal gestartet, beruhigte sie sich allmählich und einige Stunden später holte uns Heino vom Flughafen Larnaca ab.
Wieder zu Hause! Unser Schiff stand noch auf dem Trockenen, und eine hohe Leiter führte ins Cockpit, doch wir sahen das Meer hinter der Molenmauer, und die Skyline von Larnaca leuchtete hinter dem mit vereinzelten Palmen geschmückten schmalen Strand. Wir richteten uns häuslich ein. Doris bezog wieder ihr Vorschiff, und Petra durfte bei ihr wohnen, da das Kojennetz im Salon nicht mehr existierte. So hatten wir viel mehr Platz.

„Schau, wer da neben uns ist", sagte Heino. Ich sah zum Nachbarschiff, das ebenfalls am Trockendock war. MR. GEORGE stand mit großen Lettern am Rumpf.
„George und Ni", rief ich erfreut, „das gibt es nicht." Und bald begrüßte ich stürmisch unsere Freunde von den Malediven. Doris schloss rasch Freundschaft und Ni eroberte auch nach kurzer Zeit Petras Herz. Sie entpuppte sich als hilfreiche Ersatzgroßmutter, und so konnte ich tatkräftig bei den Vorbereitungen für den letzten Abschnitt unserer Reise helfen. Während Heino das Unterwasserschiff strich, baute ich mir meine Nähwerkstätte im Schat-

ten von MR. GEORGE auf. Der Starkwind vom Roten Meer hatte ganze Arbeit geleistet, und dementsprechend viel gab es zu flicken.

Es dauerte natürlich länger als geplant, aber irgendwie schafften wir das Arbeitspensum doch in akzeptabler Zeit und konnten den Termin zum Kranen einhalten. Der fahrbare, riesige, gelbe Kran kam die Werft entlang. Ich wollte noch einiges an Bord heben, damit wir es später nicht den weiten Weg zu den Schwimmstegen schleppen mussten, und dementsprechend hektisch kletterte ich die Leiter auf und ab. Ich forderte Heinos Hilfe.

„Der Kran kommt ja schon", rief ich ihm aufgeregt zu, weil er mein Tun nicht unterstützte. Petra bekam den Sinn der Aufregung nicht mit, sah nur das knallgelbe Monster auf uns zukommen und bekam alleine im Cockpit stehend einen hysterischen Schreikrampf. Ich holte sie vom Schiff und versuchte sie vergebens zu beruhigen.

Betroffen blieb der Kranfahrer stehen. Er kletterte aus seinem Führersitz und ging ganz vorsichtig auf das Kind zu. Doch Petra klammerte sich noch fester an mich, und das Schreien wurde eine Nuance hysterischer. Verlegen nahm der Fahrer seine rote Mütze vom Kopf und stand schüchtern vor unserer Tochter.

„I am a human being", sagte er ganz traurig und wiederholte diesen Satz einige Male. Doch Petra beruhigte sich erst wieder als wir im Salon von MR. GEORGE saßen, erst dann fühlte sie sich vor dem Ungeheuer sicher.

Die SEHNSUCHT wackelte wieder. Am Schwimmsteg der Larnaca Marina befestigt wartete sie auf ihre letzten 1.600 Meilen, für die wir jetzt nur mehr vier Wochen Zeit hatten, denn mein gesamter Jahresurlaub betrug fünf Wochen, den ich mir in einem Stück nehmen konnte.

Proviant vom nahen Supermarkt wurde gebunkert, die Packkisten in gewohnter Weise gefüllt. Die Rechnung von der Supermarktkassa war einen halben Meter lang.

„Wir starten ja keine neue Atlantiküberquerung", meinte der Kapitän, aber als Bordfrau und Mutter zweier immer hungriger Mäuler fühlte ich mich erst wohl, wenn alle Kisten voll, die Wassertanks gefüllt und genügend Reservekanister in der Vorschiffpackkiste stauten.

„Jetzt kann's losgehen", sagte ich zufrieden als ich den letzten Deckel schloss.

Doch George und Ni hatten noch eine gute Idee: Einen Ausflug ins Landesinnere von Zypern zu unternehmen. Erfreut stimmten wir zu, hatten wir doch von den Schönheiten der Berge und von einsamen Klöstern gehört. George kam mit einem Leihwagen, einem offenen Jeep, der zwei, der Länge nach angeordnete, harte Bänke auf der Plattform hatte. Etwas unbequem, aber mit idealer Aussicht startete der Ausflug, und bald ließen wir uns den

Fahrtwind ins Gesicht wehen. Außerhalb der Stadt Larnaca begann kargeres Land, wir fuhren auf der Hauptstraße in Richtung Limassol und bogen nach 40 Kilometer nach Norden in die Berge ab. Die karge Landschaft wurde immer grüner, Wälder breiteten sich aus, doch je höher wir kamen, desto kahler wurde es wieder und desto holpriger war die Schotterstraße. Auf einmal rumpelte es noch mehr, wir wurden auf unseren unbequemen Bänken herumgeschüttelt. George blieb stehen, im Schatten des einzigen Baumes weit und breit.

„A flat!", diagnostizierte er mit runzelnder Stirn, und sein *„fläääät"* war so langgezogen, wie der Reifen platt. Eine Reifenpanne und das mitten im Nirgendwo. Zum Glück hatte der Jeep hinten einen Ersatzreifen und die zwei Männer machten sich daran, diesen zu wechseln, während wir Frauen es uns im Schatten gemütlich machten und die Aussicht auf das Bergland von Zypern genossen. Etwas vorsichtiger fuhr George die holprige Bergstraße weiter, bis wir unser Ziel, das Kloster Makheras am Fuße des Kionia Gipfels, erreichten. Schattige Klostergärten und Arkadengänge luden zum Bleiben ein, doch wir wagten uns nicht weit ins Klosterinnere, denn wir waren alle nicht standesgemäß gekleidet. Und die Mönche mit ihren schwarzen Kutten, der charakteristischen Kopfbedeckung und den ernst dreinblickenden Gesichtern, die alle von einem langen Rauschebart bedeckt waren, gaben uns das Gefühl, dass sie nicht gestört werden wollten. Außerdem hatten wir noch eine weite Heimreise vor uns, so genossen wir noch einen Rundblick ins Land und schaukelten und holperten wieder zurück nach Larnaca. Ein Abendessen mit der Crew von MR. GEORGE, wo wir mit Blick auf die Strandpromenade heimisches Lammfleisch genossen, beendete den Tag. Wir nahmen Abschied von Zypern und starteten unseren letzten großen Törn.

Es wurde später Nachmittag des nächsten Tages, bis wir die Landleinen lösten. Ein gigantischer Sonnenuntergang beleuchtete die Insel und ließ die schwarzen Silhouetten der startenden und landenden Flugzeuge wie Spielzeug aussehen. Die erste Nacht auf See verlief recht ruhig, leichter Wind blähte gerade die Segel der SEHNSUCHT. Gegen Mittag des nächsten Tages stellte sich Meltemi vor, der vorherrschende Sommerwind aus Nordwest bis Nordost. Uns begrüßte er natürlich aus Nordwest, wehte also genau auf die Nase. Normalerweise sollte er nur von Mittag bis Abend wehen, doch uns beglückte er die nächsten Tage rund um die Uhr und das mit enormer Stärke von fünf bis sieben Beaufort. Klein gerefft bolzte die SEHNSUCHT auf Backbordbug gegenan, und ein bekanntes Gefühl überkam mich wieder, die Seekrankheit. Beinahe hatte ich vergessen, wie es war. Der schwere Magen, der sich zusammenkrampft, der ständige Zwang zu rülpsen und das undefinierbare Hungergefühl, das, nimmt man einen Bissen zu sich, sich in grässliche Übelkeit wandelt und im Erbrechen gipfelt. Dazu die Unfähigkeit sich zu bewegen, zu handeln. Denn obwohl das Gehirn den Befehl zu dieser oder jenen Tätigkeit gibt, ist der Körper nicht imstande ihn auszuführen. Zum Glück konnten wir wenigstens den Kurs halten ohne zu kreuzen, kamen aber nicht wesentlich unserem Ziel, der Insel Kreta, näher.

„Siehst du, so war es die ganze Zeit im Roten Meer und noch viel ärger", sagte mein mitfühlender Ehemann voller Schadenfreude des Öfteren zu mir, hatte ich ihm doch einst vorgeworfen, er habe im Roten Meer zu lange getrödelt. Heino übernahm wie gewohnt die Arbeit an Bord. Segelte, kochte und beschäftigte die Kinder. Des Öfteren starteten wir den Bootsmotor, wann auch immer wir wollten und so lange wir wollten, ein Luxus gegenüber dem alten, ständig defekten Automotor. Der neue Motor unterstützte die SEHNSUCHT auf ihrem Weg gegen Wind und Wellen. Die Gischt spritzte hoch über das Vorschiff, und die Wassertropfen spalteten die Sonnenstrahlen in Regenbogenfarben.

Fünf Tage waren wir schon unterwegs, fünf Tage und zirka 300 Meilen Achterbahn. Die Insel Karpathos lag nördlich unserer Kurslinie. Blausilbern glänzten ihre Berge, die helle Küstenlinie ließ Strände erahnen.

„Ich will an einen Strand", mit dieser Forderung trat Doris an den Kapitän. Petra artikulierte jetzt mit ihren fünf Jahren ebenfalls klar und deutlich denselben Wunsch.

„Es sind ja nur mehr 100 Meilen!"

„Das ist viel zu weit", war die einheitliche Meinung unserer Töchter. Stöhnen und Rülpsen meinerseits veranlassten ihn schlussendlich zu einer Kursänderung, und bald lag die SEHNSUCHT im ruhigen Wasser nahe der Südspitze der Insel und grub ihren in Larnaca neu erstandenen Anker in den weichen Sand. Obwohl die weitläufige Bucht im Lee der Insel ungeschützt wirkte und der Meltemi mit unveränderter Stärke durch die Wanten pfiff, die Wellen am Ankerplatz Schaumkronen hatten, gab es keinen Schwell und ich konnte mich von der Strapaze des Törns erholen. Nun hatten die Kinder also „ihren Strand", wo sie nach Herzenslust im seichten, warmen Wasser planschten. Petra mit Flossen, Taucherbrille und Schnorchel tat, am Bauch im Wasser liegend, als könne sie bereits schwimmen. Diesen Umstand wollte ich ausnützen und zog sie in tieferes Wasser. Doch hatte sie erst einmal bemerkt, dass sie den Boden unter den Füßen verloren hatte, bekam sie Panik und klammerte sie sich wie ein Ertrinkender an mich. Die Hoffnung, unser Schiffskind würde endlich schwimmen lernen, konnte ich fürs Erste wieder vergessen.

Nur wenige Menschen tummelten sich auf diesem weitläufigen Strand, nur wenige Häuser standen in näherer Umgebung.

„Vielleicht gibt es irgendwo ein Restaurant?", fragten wir uns, um der Bordküche zu entgehen. Wir erkundeten die Umgebung. Die wenigen verstreuten Gebäude gehörten zu einer Hotelanlage. Wir fragten in der Rezeption nach einer Möglichkeit für ein Dinner.

„Kein Problem", antwortete die freundliche Dame und nannte uns den Zeitpunkt des Abendessens.

Wir kehrten zum Schiff zurück und machten uns landfein. Im Hotel angekommen führte man uns in einen Speisesaal. Kleine Tische, fein gedeckt, gedämpftes Licht, murmelnde Gespräche, Kellner in Livree. Und wir mittendrin, eine Fahrtenseglerfamilie im Yachtoutfit mit zwei lebendigen Kindern und kleinem Budget. Das Essen war herrlich, der Preis akzeptabel, doch die Entspannung nicht auf meiner Seite, denn es passierte das, was passieren musste, so sicher wie das Amen im Gebet. Ein Glas Cola ergoss sich über die blütenweiße Tischdecke, und das Hampeln und Zappeln und Geschnatter meiner Kinder ließ so manch missbilligenden Blick in unsere Richtung wandern.

Trotz allem, die Insel Karpathos mit ihrer Weitläufigkeit und Einsamkeit blieb uns in guter Erinnerung, und nur der wohlklingende Name unseres nächsten Zieles ließ uns leichten Herzens Abschied nehmen: Kreta.

Eine Nacht und ein Tag dauerte die Überfahrt nach Herakleion, der Hauptstadt Kretas, wo uns Meltemi wieder die Stirn bot. Durch das Sitzen am Ruder versuchte ich der Seekrankheit ein Schnippchen zu schlagen, was mir auch fast gelang, trotzdem war ich froh, als wir hinter dem zwei Kilometer langen Wellenbrecher der rauen See entflohen. Durch den gut geschützten Handelshafen fuhren wir in den noch ruhigeren Innenhafen, wo Yachten anlegen durften und wo wir für Griechenland einklarierten.

Mit Heckanker und Bugleine waren wir im hintersten Becken des venezianischen Hafens vertäut, über uns das imposante, wuchtige Kastell, das dem starken Meltemi trotzte und uns endlich das Gefühl von Windstille vermittelte. Bunt gestrichene Fischerboote in allen Größen und Formen gaben dem Hafen ein lebendiges Bild. Die zum Teil moderne, zum Teil alte Stadt ist für den Tourismus ausgerüstet, überall versuchten Kellner Gäste in ihr Lokal zu locken, Geschäfte, Verkehr, Müll prägten das Bild - Großstadtflair.

Ein Besuch des Archäologischen Museums ist Pflicht, stand in unserem Hafenhandbuch. So besuchten auch wir dieses Museum, doch unsere Kinder zeigten wenig Begeisterung für die Unzahl von toten Steinen und brachten nicht die Geduld und Ausdauer mit, alles zu besichtigen. Ihr Lieblingsplatz war das mächtige Kastell am Hafen, wo sie von Scharte zu Scharte liefen, um nach Piratenschiffen Ausschau zu halten und sich einen Spaß daraus machten, sich in die Winddüse dieser Mauerdurchlässe zu stellen um die Röcke fliegen und die Haare zerzausen zu lassen.

Doch ein Problem drückte unsere Stimmung. Mein Urlaub war bald zu Ende und wir hatten noch nicht einmal die Hälfte der Strecke bewältigt.

„Das schaffen wir nie in den zwei Wochen, selbst wenn wir von jetzt an durchsegeln", sagte Heino, stirnrunzelnd über die Seekarte gebeugt. Was tun? Guter Rat war teuer. Schweren Herzens begaben wir uns in ein Reisebüro und erkundigten uns um einen Flug von Athen nach Wien. Es war kein Problem einen zu bekommen, nur war dieser unheimlich teuer. So buchten wir nur ein Ticket für mich, Heino wollte mit den Mädchen alleine bis zum Ende der Schulferien weitersegeln. Jetzt musste natürlich unsere Segelroute, die südlich der Finger des Peloponnes geplant war, geändert werden, um mich in Athen abzuliefern.

Der Kurs Nord brachte kaum Vorteile. Lagen wir erst auf Backbordbug gegenan, segelten wir jetzt auf Steuerbordbug. Windrichtung und Stärke blieben unverändert und so stoppten wir bereits wieder auf der nächsten Insel: Thira oder Santorini. Und es wäre unverzeihlich gewesen an diesem Platz vorbeizusegeln. Schon von weitem war der Vulkankegel zu sehen und erst dachten wir, der Krater sei mit Schnee bedeckt. Doch beim Näherkommen erkannten wir, dass die weiße Krone leuchtende weiße Häuser der hohen Stadt waren. Aber erst warfen wir den Anker an der Südküste der Insel, wo wir spektakuläre Felsformationen aus erstarrter Lava vorfanden. Der Ankerplatz eine Meile östlich vom Kap Akrotiri war ruhig, und die steil abfallenden Klippen mit ihren Furchen und Höhlen luden zum Klettern und Entdecken ein. Während Petra und ich im Dingi an der Küste entlang ruderten, kletterten Heino und Doris die Felswände entlang und sprangen an den Überhängen ins tiefe Wasser.

Zur Mittagszeit des nächsten Tages wechselten wir in das Kraterinnere, vorbei an hohen, schroffen Felswänden, die graurot oder hellgrau bis schwarz gewellt waren und imposant aussahen, nach Skala Thira, dem Hafen des Ortes. Wir hatten Glück, am kleinen Kai war noch Platz zum Festmachen der SEHNSUCHT. Zwei bis drei Meter tief sollte das Wasser laut Hafenhandbuch vor dem Kai sein. Doch unser Anker versank in unergründliche Tiefe. Wir hatten ihn zu früh geworfen, denn der Meeresgrund fällt dann sehr steil ab. Aber er hielt und wir machten uns keine Gedanken mehr.

Über uns am Berghang und Kraterrand klebten die weißgetünchten Häuser, die Kirchen mit ihren leuchtend blauen Kuppeln, das typische Bild Griechenlands. Ein steiler Treppenpfad mit engen Serpentinen führte zum Ort. Eigentlich hatten wir vor, diesen mit eigener Muskelkraft zu bezwingen, doch die vielen Maultiere und ihre Treiber erregten das Aufsehen unserer Kinder.

„Bitte, bitte reiten wir mit dem Esel hinauf." Voll Vorfreude zappelte Doris vor den Tieren, und der Maultiertreiber begann bereits mit den Preisverhandlungen. Ich bekam ein mulmiges Gefühl, als ich den steilen Pfad hinaufblickte, doch der Vater ließ sich überreden. Drei Esel standen bereit um vier Esel zu tragen, der Maultiertreiber ging zu Fuß. Es war ein wackeliger Aufstieg, zur einen Seite steile, blanke Felswände, zur anderen das tiefe blaue Meer. Verkrampft saß ich im Sattel. Auf meinen eigenen zwei Beinen hätte ich mich wohler gefühlt als auf den bockigen vier. Immer wieder versuchten die Tiere stehen zu bleiben oder aus der Reihe zu gehen und wurden mit der Peitsche des alten Mannes zurechtgewiesen.

Endlich waren wir am Ziel. Mit verkrampften Gliedern, aber erleichtert half mir der Mann abzusteigen.

„Der hat die armen Tiere geschlagen", sagte Doris vorwurfsvoll in Richtung unseres Treibers, der sie aber nicht beachtete.

„Nie wieder reite ich mit Ihnen", stellte sie entrüstet fest. Ich war erleichtert, der Abstieg blieb mir erspart.

Der langgezogene Ort am Kraterrand überbot sich an Fotomotiven. Ständig blieb ich zurück um den Schönheiten eine Perspektive zu geben. Ich war begeistert. Die Faszination lag im Detail. Hier zwei rote Amphoren, dort ein kunstvolles Tor, ein Türmchen mit Glocke, da eine Blütenpracht im Hinterhof. Zwar bevölkerten viele Touristen den Ort und viele Gebäude waren als Souvenirstand umfunktioniert, aber dies war nicht aufdringlich und fügte sich in das Gesamtbild.

„Jetzt komm endlich weiter", drängte mein Ehemann bereits ungeduldig, weil mein Fotoapparat andauernd in Aktion war. Endlich hatte ich genug Filme um nach Herzenslust zu knipsen, wo doch während unserer gesamten Reise das Filmmaterial so wie alles an Bord Mangelware war und jedes Foto wohl überlegt geschossen werden musste.

Zum Abschluss des Tages suchten wir uns ein Restaurant mit Blick in den Krater. Die Aussicht war fantastisch, das Essen schlecht. Doch der Sonnenuntergang, der die gegenüberliegenden Inseln des in drei Teile zerrissenen Vulkans beleuchtete, ließ in unserer Phantasie Atlantis, das versunkene Paradies, aus den Tiefen des Meeres emporsteigen.

Wenige Meilen weiter nördlich ankerten wir in der einsamen Südbucht der kleinen Insel Despotiko. Durch hohe Berge etwas windgeschützt, war die hufeisenförmige Bucht, deren Krümmung einen feinen Sandstrand verbarg, nicht nur das ideale Winterlager der Piraten des 16. und 17. Jahrhunderts, sondern auch der perfekte Ankerplatz für die SEHNSUCHT und ihre Crew.

Wir waren fast alleine. Nur ab und zu verirrte sich ein kleines Motorboot für ein paar Stunden am Tag oder ein Fischerboot für die Nacht hierher. Die meiste Zeit waren wir mutterseelenallein und der Strand war unser. Hier hielten wir die erste Familienolympiade in den verschiedensten Leichtathletikdisziplinen ab, und es galt den Kapitän zu schlagen, was Doris zu Höchstleistungen veranlasste. Die Bucht ging in der Mitte in eine weite Ebene über, und an den Seiten stiegen steil die Berge aus dem Meer. Immer wieder wanderten wir einen Berghang hinauf und genossen nicht nur die Aussicht auf ein türkisfarbenes Meer, sondern auch den Duft von Rosmarin, Thymian und anderen wild wachsenden Kräutern. Am Gipfel des Berges war Meltemi der unumstrittene Sieger. Mit geballter Kraft fegte er über den Kamm und ließ uns nur mit Mühe Aufrecht stehen.

„Da ist eine Höhle!" Mit Begeisterung krochen die Kinder in die Aushöhlung im Felsen. Und diese Höhle wurde für die nächsten Tage unser Domizil. Wir renovierten die Feuerstätte davor und veranstalteten Picknicks.

„Wir möchten eine Nacht hier schlafen", bettelten die Kinder.

„Das geht doch nicht", antwortete ich.

„Lass sie doch, wenn sie wollen", sagte ihr Vater, „was soll denn schon passieren, kein Mensch lebt hier, es gibt keine wilden Tiere, es kommen vielleicht bloß ein paar Schafe oder Ziegen zu Besuch."

So übersiedelten die beiden Mädchen mit Polster und Decken, Taschenlampe und Proviant in die Höhle. Der weiche Sand war ihr Lager.

„Wenn ihr Angst habt, dann ruft uns, und wir holen euch", mit diesen Worten verabschiedete ich mich von den beiden nach Sonnenuntergang. Heino und ich ruderten zum Schiff und legten uns zu Bett. Doch wir fanden beide keinen Schlaf. Abwechselnd stiegen wir immer wieder ins Cockpit und horchten in die Nacht. Jetzt, in der totalen Dunkelheit war von der Höhle und unseren Mädchen keine Spur zu erkennen, der Wind der durch die Wanten strich, täuschte immer wieder das Rufen der Kinder vor. Des Öfteren war ein kurzes Aufblinken der Taschenlampe an Land zu erkennen, oder war es nur das Blinken eines Sternes auf der Wasseroberfläche? Die Ankunft eines Fischerbootes mitten in der Nacht ließ mich misstrauisch im Cockpit sitzen bleiben. Ich ging erst wieder in die Koje, als das Licht im Nachbarboot erlosch und ich sicher war, dass niemand von Bord ging. Es war eine endlose Nacht, wir fanden kaum Schlaf. Endlich wurde es hell. In der Höhle regte sich etwas, die zwei Bündel waren durch das Fernglas eindeutig als unsere Kinder zu erkennen. Sie lebten noch. Erleichtert schlief ich noch einmal tief und fest ein. Am Morgen ruderten wir mit dem Frühstück an Land.

„Es war ganz toll", erzählte uns Doris, „ich habe mich gar nicht gefürchtet." Doch ihre Müdigkeit verriet, dass es für sie keine ruhige Nacht war. Nur

Petra hatte seelenruhig durchgeschlafen. Die nächste Nacht schlummerten sie wieder selig in ihren Kojen.

Unser nächstes Ziel, Seriphos, war eine bergige, kahle Insel mit einer geschützten Bucht an der Südküste. Viele Yachten lagen bereits nahe des Strandes, weil das Wasser bis zum Land hin sehr tief war. Leivadion, der Hafen dieser Insel ist von einer langen Molenmauer begrenzt, der anschließende Strand, mit Bäumen gesäumt, lud zum Bleiben ein. Es war bereits der 29. Juli und am 3. August ging mein Flug von Athen weg. Schon zum zweiten Mal beobachteten wir das Anlegemanöver der großen Fähre am gegenüberliegenden Steg. Da kam uns die Idee, dass ich die letzten Meilen nach Athen mit diesem Gefährt zurücklegen könnte, so hätten wir die Möglichkeit, den Urlaub ohne Stress ausklingen zu lassen und Heino bliebe es erspart, den Umweg nach Athen zu machen, wo laut Hafenführer kaum ein Liegeplatz zu finden sei. Gesagt, getan, wir kauften ein Ticket und genossen die letzten Tage an Bord.
Nur Mr. Meltemi vereitelte oft unseren Aufenthalt am Strand. Seine Sturmböen waren manchmal so stark, dass die Sandkörner waagrecht durch die Luft flogen und wie kleine Nadelstiche auf der Haut brannten.
„Hey, das gibt es nicht, das sind Graeme und Gillian", sagte Heino ganz erfreut und stellte mich dem Ehepaar vor, „Wir sind gemeinsam durch das Rote Meer."
Heino begrüßte die zwei und sie tauschten Erinnerungen aus. Als unsere zwei Mädchen angelaufen kamen sagte Heino stolz: „Und das sind Petra und Doris, meine Töchter."
„Heinz erzählte so viel von den Kindern und dir, das ich bereits Zweifel hatte, ob ihr überhaupt existiert", sagte Graeme.
„Tja ich war nicht nur der *sleepy* Heinz, sondern offensichtlich auch der *crazy* Heinz." Leider mussten wir uns von den beiden gleich wieder verabschieden, denn sie liefen noch am selben Tag aus und setzten ihre Reise durchs Mittelmeer fort.

Hoch über dem Hafen lag der Ort Seriphos. Seine blendend weißen Häuser hoben sich scharf gegen den kahlen Berghang ab. Der Aufstieg über einen schmalen Maultierpfad lockte, und so machten wir uns auf den Weg. Doch die Entfernung täuschte. Eine Stunde marschierten wir in der heißen Sonne den steilen Weg bergauf, immer wieder die müde Petra schleppend und die jammernde Doris aufmunternd. Keine Maultiere, keine Touristen begegneten uns. Oben angelangt wollten wir unseren Durst stillen, doch wir fanden kein Lokal. Wir fragen eine alte Frau nach einem Restaurant. Doch sie verneinte, zeigte nur auf die unbarmherzige Sonne und meinte, es sei die falsche Zeit für einen Aufstieg gewesen. So mussten wir durstig wieder zurückmarschieren, doch erst nachdem wir die grandiose Aussicht bewundert hatten. Die Lokale am Hafen hatten geöffnet und hatten alle eine inselspezifische Besonderheit, sie boten nicht irgendwelche Spezialitäten an, sondern warben mit windgeschützten Plätzen.

Meine Abfahrt nahte. Ich packte ein paar Sachen und wir gingen zum Fähranleger. Doris wollte plötzlich mit. Alle Erklärungen halfen nichts, sie bestand darauf mit mir mitzufahren, die Diskussion gipfelte in einem Weinkrampf. Petra wollte nun ebenfalls mit. Heino hatte Mühe die Kinder festzuhalten, als ich an Bord ging.

„Ich winke von ganz oben", versprach ich ihnen. So kletterte ich alle Stufen hoch, ging zum Heck der Fähre und sah hinunter. Wie Zwerge sahen meine Lieben am Steg stehend aus, doch das Gebrüll von Doris drang in unveränderter Stärke zu mir hoch. Ich fühlte mich elend.

Die Fahrt nach Athen war kurz. Ich registrierte kaum, dass ich jetzt ganz alleine war, und bis ich ein vertrocknetes Sandwich im überfüllten Buffet erstanden hatte und dieses verzehrt, war die Fähre schon in Piräus gelandet.

Es war bereits dunkel geworden. Menschenmassen strömten von Bord auf das hell erleuchtete Hafengelände. Fasziniert beobachtete ich das Schauspiel. Reisende stiegen in die unzähligen wartenden Taxis, und vor lauter Schauen war ich eine der letzten, die das Schiff verließ.

„Ich habe Zeit", dachte ich und wollte in eines der Taxis steigen und mich zu einem Hotel chauffieren lassen. Doch ich war zu langsam. Plötzlich waren alle Autos weg, der Kai beinahe menschenleer. Die Flutlichter erloschen, die Fähre stoppte die Maschine, es war nicht nur plötzlich dunkel, sondern abrupt still. Ich stand hilflos im finsteren Hafengelände, nur in Gesellschaft einiger arbeitender Matrosen und einiger dubioser Typen. Jetzt kam Bewegung in meine müden Glieder und ich marschierte rasch in Richtung Stadt, dort wo Licht zu vermuten war. Die Angst verlieh mir Flügel und es wurde immer später. Nachdem ich einige finstere Straßen durchschritten hatte und an vielen mir dubios erscheinenden Etablissements vorbei gegangen war, fand ich ein erleuchtetes Gebäude, das die Aufschrift HOTEL trug. Ich ging hinein, doch die Außenfassade täuschte. Eine schmuddelige Empfangstheke erwartete mich, dahinter eine kleine Bar, wo einige bärtige Typen kauerten. Wäre der freundliche Gruß des schwarzen Portiers nicht gewesen, hätte ich auf der Stelle wieder umgedreht. Er hatte ein Zimmer für mich, nahm meinen Pass und führte mich in ein großes Vierbettzimmer. Ich drehte den Schlüssel um, so oft es ging und inspizierte alle Ecken des Raumes. Ich war allein, und die vier Betten unterstrichen noch meine Einsamkeit.

Eine halbe Stunde später klopfte es an der Tür. Ich rührte mich nicht. „Madame!", rief eine Stimme mehrmals. Doch erst als er sagte, er wolle mir meinen Pass wiedergeben, wagte ich aufzusperren. Ich bezahlte das Zimmer, nahm den Pass, und er wünschte eine gute Nacht. Erst langsam beruhigte sich mein angstvoll klopfendes Herz und ich fand etwas Schlaf.

Bei Tageslicht sah alles ganz harmlos aus. Trotzdem verließ ich ohne Frühstück das Hotel und machte mich auf den Weg. Einen ganzen Tag hatte ich totzuschlagen, denn mein Flug ging erst am späten Abend. In einem Café füllte ich meinen knurrenden Magen, dann wurde ich unternehmungslustiger: „Ich bin in Athen! Die Akropolis muss ich unbedingt sehen."

Einfach eines der vielen vorbeiflitzenden Taxis anhalten und hinfahren! Leichter gesagt als getan. Die gelben Flitzer machten keine Anstalten stehen zu bleiben. So sehr ich auch winkte und mich gebärdete, sie schienen mich nicht zu beachten. Endlich hielt ein Fahrer und fragte nach dem Ziel, doch ohne Antwort fuhr er einfach ohne mich weiter. Jetzt nahm ich es persönlich. Was hatten hier alle gegen mich? Ich sehnte plötzlich meine Familie herbei, in Gesellschaft wäre die Enttäuschung leichter zu ertragen. So blieb mir nichts übrig, als mich zu Fuß weiterzubewegen. Ich hatte mein Vorhaben schon aufgegeben und machte mir bereits Gedanken, wie ich wohl den Flughafen erreichen könnte, als sich einer meiner erbarmte und mich zur Akropolis chauffierte.

Der Eindruck, den dieser Haufen Steine machte, war nicht umwerfend, denn zur Hitze und dem Durst kam auch die Erschöpfung, und unter diesen Umständen, sind die schönsten Denkmäler nicht mehr beeindruckend.

Vor der Akropolis warteten wenigstens viele Taxis und der dritte Fahrer, den ich fragte, brachte mich zum Flughafen, wo ich viel zu früh eintraf.

Unvergesslich war der Start. Die Sonne färbte die Stadt, das umgebende Meer und die Inseln in ein romantisches Rotgold. Der Pilot flog scheinbar eine Ehrenrunde über Athen, und so verabschiedete ich mich mit einem positiven Eindruck von dieser Stadt.

„Schauen Sie wie schön, ist das nicht toll", versuchte ich meinen Sitznachbarn zu begeistern. Doch dieser hielt sich nur verkrampft an seiner Lehne fest und brachte vor lauter Flugangst keinen Satz heraus, was die ganze Reise über anhielt.

In drei Stunden war ich zu Hause, doch die SEHNSUCHT brauchte noch drei Wochen für die Strecke. Heino segelte mit seinen zwei Seebären von Seriphos nach Methana, dann durch den Kanal von Korinth, wo die beeindruckenden steilen Felswände Doris zu einer Flut von Fotos veranlassten. Ich gab meiner großen Tochter den Auftrag, die Reise zu dokumentieren, doch hier endete das Fotomaterial, die restlichen Bilder zeigten nur

Wasser und in weiter Ferne irgendwelches, nicht mehr zu identifizierendes Land. In Tagesetappen segelten die drei durch den Golf von Korinth und den Golf von Patras nach Ithaka und dann durch den ebenen, engen Kanal von Levkas, der enttäuschend für Doris war, die sich wieder steile Felswände erwartet hatte. In Korfu lag die SEHNSUCHT vor der alten Zitadelle und dann querten sie die Strasse von Otranto nach Italien, um dem unsicheren Albanien und dem kriegsgeschüttelten Süden von Jugoslawien auszuweichen. Brindisi, Bari und Vieste waren ihre Stationen. Dann fuhr die SEHNSUCHT wegen Flaute meist mit Motor direkt nach Istrien.

„Wir sind nicht in Rovinj", sagte Heino am Telefon, „dort war kein Liegeplatz mehr frei, wir fahren jetzt los in die Marina Veruda, südlich von Pula." Der Anruf hatte uns noch rechtzeitig erreicht, ein Begrüßungskomitee, bestehend aus Großeltern und Bruder Franky samt Familie, war auf dem Weg, die erfolgreichen Weltumsegler willkommen zu heißen.
In der tiefen, sich ins Land windenden Bucht von Veruda auf Steg 15, Platz 29 lag die SEHNSUCHT nun gut geschützt, wie auf einem Teich. Hier konnte das stürmische Meer sie nicht erreichen. Als ich aus dem Auto stieg und unser Schiff so friedlich am Steg liegen sah, überkam mich ein unsagbares Gefühl: WIR hatten es GESCHAFFT! Es war ein Gefühl von Freude, Enthusiasmus, gepaart mit etwas Trauer und Erleichterung. Wir hatten es geschafft, ohne Schaden, Schiff und Mannschaft waren wohlauf. Meine verdrängten Urängste fielen von mir ab. Doch wo waren meine drei Lieben? Die SEHNSUCHT lag verlassen da. Und das Begrüßungskomitee stand ratlos um mich herum.
„Na ja, dann suchen wir uns eben mal ein Zimmer", sagte mein Bruder.
„Ja gut", antwortete meine Mutter, „wir kommen später wieder."
Nach einiger Zeit kam Heino in einem fremden Auto, mit fremden Leuten.
„Ach ihr seid schon da", sagte er nebenbei, „ich habe euch noch nicht erwartet." Ich war sauer und enttäuscht, hatte ich doch extra Überstunden gemacht und die Zeit eingearbeitet, damit ich die Möglichkeit bekam sie abzuholen.
„Wo sind die Kinder?", fragte ich forsch. Heino zuckte mit den Achseln.
„In der Dusche, glaub ich."
Unverantwortlicher Vater! Ich ließ ihn und die fremden Leute stehen und lief in die mir angegebene Richtung. Dort fand ich meine zwei Mädchen, friedlich ihre Haare föhnend.
„Mama, du bist schon da?", fragten sie eine Spur erfreuter als ihr Vater.
„Wir wollten uns noch vorher schön machen." Offensichtlich waren wir zu früh gekommen.

Wir marschierten zurück zum Schiff, die Mädchen plauderten fröhlich durcheinander. Meine Enttäuschung verrauchte allmählich.

„Ich war doch nur mit der deutschen Familie ein Bier trinken", verteidigte sich Heino, „es war nicht sehr nett von dir, sie einfach zu ignorieren."

Es gab keine Fanfaren bei unserem Start um die Welt, also warum sollte es diese bei unserer Ankunft geben? Unsere Familienharmonie stellte sich wieder ein und Heino und die Kinder begannen von den letzten drei Wochen zu erzählen.

„Der Papa hat den Frauen unter den Rock geschaut", erzählte mir Doris im Vertrauen. Das Schiff lag einst an einem hohen Kai, und Heino hatte sich einen Spaß daraus gemacht, aus dem Salonfenster schauend den vorbei flanierenden Touristinnen nachzuschauen.

„Das erzähl ich der Mama, wenn du nicht aufhörst", drohte unsere Tochter und machte diese Drohung nun war. Sie hatte ihre Aufgabe als Anstandsdame ernst genommen.

Die nächsten Tage galt es das Schiff winterfest zu machen, Dinge auszusortieren, einzupacken, sauber zu machen. Heino und ich waren den ganzen Tag beschäftigt, die Kinder konnten mit Cousin und Cousine am Strand spielen.

Das deutsche Ehepaar, mit dem Heino Freundschaft geschlossen hatte, kam öfters vorbei. So plauderten wir gerade mit ihnen, als uns meine Familie für das Abendessen ins Restaurant abholte.

„Kannst du mir eure Adresse geben?", fragten unsere Bekannten. Ich öffnete mein Portemonnaie, um einen Zettel zum Schreiben herauszuholen. Ich hatte unser gesamtes Geld für den Jahresliegeplatz darin. Dann machte ich einen fatalen Fehler. Die anderen drängten zur Abfahrt und ich ließ, weil ich noch etwas von Bord holen wollte, die Handtasche am Steg liegen. Da war es geschehen. Alle blauen Tausend-Schilling-Scheine waren weg. Alles andere verblieb in der Geldbörse. Ich glaubte genau zu wissen, wer sie genommen hatte, doch diese beschuldigten die italienische Crew, die mehrmals ohne Gruß während unseres Plauderstündchens vorbeigegangen war. Ich war wütend, enttäuscht, zornig und ließ den Tränen freien Lauf. Doch ich hatte keine Beweise, und meine Beschuldigungen gingen ins Leere.

„Da segelt man um die ganze Welt, ohne das irgendetwas gestohlen wird, und jetzt?", schluchzte ich, „Das ist so ungerecht!" Doch alles Jammern half nichts, und alle guten Ratschläge und Heinos Suchen an Bord, vielleicht habe ich das Geld ja wo anders versteckt, waren fruchtlos. Das Geld war weg! Zehntausend Schilling, ein kleines Vermögen für uns!

„Eine Abschiedsrunde müssen wir schon noch segeln", meinte Franky beim Abendessen, um uns aufzumuntern. Meine Eltern zogen das feste Land vor und so waren vier Erwachsene und vier Kinder auf dem Schiff und wir fuhren die eine halbe Seemeile lange Bucht hinaus aufs offene Meer. Dort setzten wir Segel und Franky saß stolz am Ruder. Kurs Richtung Süden zu der kleinen Insel zwischen dem Leuchtturm Porrer und der Südspitze von Istrien, dort wollten wir ankern und baden. Mit sanftem Nordwestwind glitt die SEHNSUCHT durch das leicht gekräuselte Wasser. Die Stimmung an Bord war ausgelassen. Die Kinder kletterten ins Dingi, das am Heck nachgezogen wurde.

„Wo soll ich hin?", fragte der Rudermann und verwies auf das Seezeichen.

„Na einfach da durch", antwortete der Kapitän und zeigte auf die Durchfahrt. Plötzlich erfasste eine starke Strömung die SEHNSUCHT, entsetzt sah ich braunes Gestein statt blauem Wasser an Backbord. Heino reagierte blitzschnell. Er riss Franky das Ruder aus der Hand, drehte nach Steuerbord, startete den Motor und mit Vollgas entkamen wir in letzter Minute der Untiefe und einem Auflaufen. Die achterliche Leine mit dem Dingi spannte sich, das Beiboot riss herum und schleuderte beinahe die Kinder über Bord. Diese lachten und schrieen, sie dachten das wäre Spaß gewesen, doch mir zitterten die Knie. Wir hatten das Seezeichen einfach nicht beachtet, solche Dinge passierten immer dann, wenn man sich besonders in Sicherheit wog.

Wir lagen vor Anker, die Kinder sprangen von Bord ins klare Wasser. Petra wollte mit und forderte ihre Schwimmflügel. Doch diese waren nicht zu finden. Sie lagen vermutlich im Auto der Großeltern.

„Die Schwimmflügel tragen dich sowieso nicht, sie sind nur dazu da, damit die Kinder keine Angst haben", sagte ich zu Petra, stieg ins Wasser und forderte sie auf nachzukommen. Sie zögerte kurz und kletterte die Badeleiter hinunter und – sie konnte schwimmen! Ich traute meinen Augen nicht. Unser Schiffskind schwamm. Petra, die immer Angst vor dem tiefen Wasser hatte und wurde sie nicht gehalten, wie ein Stein unterging, sie konnte plötzlich schwimmen, einfach so. Wie oft hatte ich das herbeigesehnt. Es war wie ein Hohn - am letzten Tag unserer großen Reise erfüllte sich mein Wunschtraum.

Wir saßen im Auto, demselben Kleinbus, der uns vor fünf Jahren nach Genua gebracht hatte. Pula lag hinter uns, die Anhöhe nach der Stadt gab einen letzten Blick auf das in der Sonne silbern glitzernde Meer frei. In Gedanken segelte ich noch einmal durch die Ozeane und Meere, fast 30.000 Seemeilen durchpflügte der Bug unserer SEHNUCHT das Wasser, das jetzt silbern-weiß leuchtete, in der Erinnerung aber golden, hellblau und türkis in der Sonne schimmerte, stahlblau die Tiefe signalisierte oder sich in Stürmen grau-schwarz färbte. Bilder von schroffen Felsenklippen, sanften Sandstränden, kargen Inseln, saftigen Dschungeln traten in mein Gedächtnis und über alledem die Palmenkronen und weißen Passatwolken im blauen Himmel.

„Hey, wir haben die Welt nicht ganz umrundet", durchfuhr es mich plötzlich, „es liegt noch der Stiefel von Italien dazwischen."

„Die paar Meilen", sagte Heino mit einer abwertenden Handbewegung.

„Na immerhin, es sind zirka 180 Seemeilen."

„Was ist das schon, ein Nadelöhr im Vergleich zur Weltkugel."

Er legte den Arm um mich und flüsterte mir ins Ohr:

„Und das ist unser Tor, das halten wir uns offen, denn irgendwann, da kehren wir zurück und suchen unsere Spuren im Sand." Ein wissendes Lächeln überzog seinen Mund und sein Blick verlor sich am Horizont.

Kapitel 60

SEHNSUCHT – erlebter Traum?

TRAUM – Unsere Reise ist kein Traum. Sie ist Leben!
LEBEN – phantastisch, berauschendes Erleben paart sich mit bodenlosen
Niederlagen. Leben mit all seinen Höhen und Tiefen, Depression und
Euphorie geben sich die Hand. Ein Leben, voll von neuen Eindrücken,
guten und schlechten Erfahrungen, versüßt mit seligem Nichtstun, ge-
peitscht von harter Arbeit. Friedliche und geschundene Seelen und Körper
vereinigen sich zu einem – zu Leben.
Die Träume bleiben bestehen, sie werden nicht Wirklichkeit. Träume müs-
sen geträumt werden, das Leben muss gelebt werden.

Tagebuch, letzte Seite

Ich schließe nun das Buch der Erinnerungen. Zwölf Jahre ist es her, seit wir
unsere Reise beendet haben, zwölf Jahre in denen du Doris erwachsen
wurdest und auch du Petra mir schon über den Kopf gewachsen bist und es
für dich nur noch ein kleiner Schritt zum eigenen Leben ist.

Kurz nach unserer Rückkehr versuchten wir mit Diavorträgen unser Abenteuer zu vermarkten, anfangs, in der Nähe unserer Heimatstadt, sehr erfolgreich, doch je weiter wir von zu Hause weg waren, desto weniger
wurden die Zuschauer. Fünf Minuten sendete ein Lokalradio über unsere
Reise, doch dem Reporter war das Thema Segeln fremd und so schnitt er
das mehrstündige Interview so zusammen, dass Heino zwei Minuten über
unser Schiff und ich drei Minuten über das Unterrichten an Bord erzählte.
Es war nicht die richtige Zeit, die Menschen hatten keine Vorstellung und
brachten kein Verständnis für unsere Art des Lebens auf. Einerseits wurden
wir mit dem Vorwurf der verantwortungslosen Elternschaft konfrontiert,
oder von den blauberockten und goldbesetzten Möchtegernkapitänen der
schlechten Seemannschaft beschuldigt, und andererseits stellte man uns wie
exotische Wesen in eine andere Welt. Mit beiden Reaktionen kamen wir
immer schlechter zurecht. Doch wir lernten auch viele nette Menschen kennen, darunter unter anderem die Eigner des Selbstbaukatamarans ALNOR,
wo mir die Ehre zuteil wurde Taufpatin zu sein und der jahrelang in den
Gewässern der Karibik kreuzte. Doch nur wenige sahen unsere Reise als
das, was es wirklich war, ein Stück Weg unseres Lebens den wir einschlu-
gen und der über stürmische und sanfte Ozeane führte, gespickt mit steilen,
steinigen Klippen oder weichem, goldenem Sand, ein Weg, der sich durch
Wüsten und Paradiese schlang.

Diese Reise ist ein Wechselpfad, den man einmal zum Himmel und einmal zur Hölle beschreitet. Diese Zeile finde ich am Umschlag meines letzten Tagebuchs.

Es kam eine Zeit, da verdrängte ich unsere Vergangenheit, ich wollte und konnte nicht mehr darüber reden, es war mir unangenehm, ich war es leid, unseren Weg zu verteidigen und hüllte mich in Schweigen bei Fragen und Kritik.
Auch Heino kam nicht gut damit zurecht. Er sehnte Anerkennung und Erfolg herbei, fand aber keinen idealen Weg dies umzusetzen. Projektoren und Dias wurden weggeräumt.
Heino hielt sein Versprechen und wir stürzten uns in ein anderes Abenteuer den Hausbau und jeder, der dies durchlebt hat weiß, dass auch dies ein unberechenbares Unterfangen sein kann. Unser Denken, unsere Energie und Finanzen flossen in das Projekt, und es grub tiefe Wurzeln in die Heimat. Dort, wo einst das Schiff gebaut wurde, wuchsen nun Maueren aus dem Boden, formte sich ein Dach und glänzten Fenster, und eines Tages leuchtete Licht daraus.
Die SEHNSUCHT lag die ganzen Jahre über in der Marina Veruda und wartete geduldig auf uns, und wir fanden jedes Jahr den Weg zu ihr und verbrachten erholsame Urlaubswochen auf unseren zehn Quadratmetern Österreich. Heino wollte sein Schiff nie verkaufen, und das war gut so. „Ein Schiff hat eine Seele", pflegt er zu sagen und die SEHNSUCHT dankt es uns. Sie, jetzt schon alt und die ganzen Jahre des Hausbaus über vernachlässigt, durchpflügt unermüdlich mit ihren vergilbten Segeln die blaue Adria und bringt uns, zwar langsam, aber sicher an die wunderschönsten Ankerplätze Kroatiens zwischen Rovinj und Dubrovnik.

Diese Urlaubsreisen weckten Erinnerungen, und ich begann langsam an den ersten euphorisch geschriebenen Seiten meines Buches weiterzuarbeiten. Das neue Medium Computer war sehr hilfreich, und allmählich wurde das Schreiben ein Hobby für mich und das Graben in Andenken und Lesen von Briefen zu einer liebgewonnen Tätigkeit. Und es war wie eine Therapie. Ich sah diese Jahre aus einer anderen Perspektive, erkannte die guten und schlechten Zeiten und entdeckte, dass wir viel aus dieser Zeit gelernt haben, an Erfahrung, Weitblick und Weltoffenheit. Eine Zeit, die unsere Familie mit einem unzertrennlichen Band festigt, aus der zwei glückliche Menschen entsteigen. Doris und Petra – wir sind mächtig stolz auf euch. Die Zukunft liegt vor euren Füßen.

Zukunft – Heinos Pläne nehmen bereits wieder konkrete Formen an. Beim Hausbau einen Raum von zwölf Meter Länge und sechs Meter Breite mit eingeplant, so steht dem Neubau der SEHNSUCHT II nichts mehr im Wege. Diesmal ein Epoxy -Holz-Komposit-Rumpf, diesmal mit Plan, der in seinem Kopf schon Jahre schlummert und seit geraumer Zeit auf Papier gebannt ist. Die perfekte Fahrtenyacht mit schlanken Linien und nach modernsten Erkenntnissen konstruiert. Die Spanten ragen bereits wie bleiche Walknochen aus dem Boden, und das Schleifen, Hämmern und Sägen klingt durch den grauen Alltag.

Glossar

Meine Verlegerin bat mich, am Ende des Buches eine Erklärung aller unverständlichen Wörter und seemännischer Fachausdrücke zu stellen. Für die Fachausdrücke sah ich kein Problem aber unverständliche Wörter? „Na ja, hampeln zum Beispiel", meinte sie „das Wort habe ich noch nicht gehört." Und in der Tat: Es gibt viele Worte in dem Buch, die im Österreichischen Wörterbuch nicht zu finden sind. Vermutlich ist meine Geschichte voll von solchen Ausdrücken, seien sie aus dem Dialekt oder aus dem familienspezifischen Wortschatz entnommen; für mich selbstverständlich für den Leser vielleicht unverständlich. Auch fällt mir auf, je weiter wir uns von der Heimat entfernten, desto mehr englische Wörter mischten sich in unserem Familienwortschatz, die sich auch in der Geschichte niederschlagen. Spreche ich am Anfang von Kajüte und Plicht, heißt es am Schluss Salon und Cockpit. Der Leser möge mir das verzeihen.

Seemännische Ausdrücke an Bord der Sehnsucht
(erheben keinen Anspruch auf Vollständigkeit und Richtigkeit)

Abdrift	durch Wind oder Strömung verursachte seitliche Verschiebung von der Kurslinie
abfallen	leichte Kursänderung mit dem Wind
ablandig	der Wind weht vom Land zur See hin
achterlicher Wind	der Wind kommt von hinten
am Wind	der Wind kommt schräg von vorne
anluven	leichte Kursänderung gegen den Wind
aufklarieren	Leinen zusammenlegen, aufräumen
auflandig	der Wind weht vom Meer zum Land
aufschießen	das Schiff in den Wind drehen oder Leinen zusammenlegen
ausbaumen	das Vorsegel mit dem Spibaum fixieren
Babystag	siehe Stag: kleines Vorstag

Backbord	linke Schiffsseite
Bändsel	dünnes, kurzes Seil
Beaufort	Gradabstufung der verschiedenen Windstärken und der See (Skala 1 – 12)
beidrehen	das Segelschiff zum Stehen bringen
Bilge	die tiefste Stelle im Schiffsrumpf
Boje	Schwimmkörper, meist kugelförmig
Bug	Vorderteil des Schiffs
den Anker kurzstag holen	die Ankerkette soweit aufholen, bis der Anker senkrecht unter dem Boot zu liegen kommt
dicht holen	Segel oder Seil anziehen
Dingi	kleines Beiboot
dümpeln	unregelmäßige Bewegung des Schiffes ohne Fahrt voraus
Dünung	langgezogenen Wellen, vor oder nach einem Sturm
Düse von Bab al Mandab	Winddüse (Düsenwirkung der Meeresenge)
Echolot	Tiefenmessgerät
Einklarierung	Einreiseformalitäten
Etmal	gesegelte Strecke
Fallen	Leinen zum Setzten der Segel
Fender	luftgefüllte Kunststoffballen zum Schutz der Schiffswände
Festmacher	starke Leinen zum Befestigen des Bootes
fieren	Segel oder Seil lockern
Fock	Vorsegel

Genua	großgeschnittenes Vorsegel
Großbaum	steht im rechten Winkel zum Mast, zum Fixieren des Großsegels
Großfall	siehe Fallen: Leine zum Aufziehen des Großsegels
halber Wind	Wind kommt von der Seite
Halse	Kursänderung, das Heck durch den Wind drehen
Heck	Hinterteil des Schiffes
Impeller	Gummiteil der Wasserpumpe des Motors
Kabbelsee	unruhiges Wasser bei Wind gegen Strömung
Kajüte	großer Innenraum eines Schiffes = Salon
Knoten	Geschwindigkeitsmaß für Schiffe (1 Knoten = 1 Seemeile / Stunde)
Koje	Schlafplatz am Schiff
Koppelort	Ortsbestimmung auf Grund von Kompasskurs und gesegelter Strecke
Krängung	seitliche Neigung des Schiffes
kreuzen	Zickzackkurs gegen den Wind
Landfall	Erreichen des Landes nach einer Überfahrt
längsseits	Seite an Seite liegen
Lee	vom Wind abgekehrte Seite
Lenzrohr – lenzen	eingedrungenes Wasser aus dem Boot pumpen, durch die Lenzrohre fließt ein ins Cockpit eingedrungenes Wasser selbständig ab
Log	Messgerät für Geschwindigkeit
Luv	dem Wind zugekehrte Seite

Meile	Längemaß in der Seefahrt (1 Seemeile = 1,852 Kilometer)
Muring	auf dem Meeresboden fixiertes Seil
Opferanode	zum Schutz gegen Korrosion von Materialien
Packkiste	großer Stauraum an Bord
Palstek	leicht zu lösender Seemannsknoten
Passatwind	gleichmäßiger Wind in eine Richtung
Pinne	Stange am Heck zum Steuern des Schiffes
Plicht	Vertiefung an Deck des Schiffes mit Steuerstand = Cockpit
querab	im rechten Winkel zur Schiffslänge
raumer Wind	Windeinfall schräg von hinten
reffen	verkleinern der Segelfläche
Reling	Geländer rund um das Schiff
Rigg	Takelage eines Segelschiffs
rollen	immer wiederkehrende seitliche Bewegungen
Ruderblatt	Vorrichtung zum Steuern des Schiffes
Saling	Querstangen am Mast
Sextant	Winkelmessgerät für Astronavigation
Schapp	kleiner Stauraum an Bord
Schmetterlingskurs	Segeln vor dem Wind mit ausgebaumten Vorsegeln
Schothorn	Segelecke unten, zum Befestigen der Leinen
Schwell	bewegtes Wasser ohne Wind, tote Wellen
Schot	Leine zum Bedienen der Segel

schwojen	schwingende Bewegung eines vor Anker liegenden Schiffes im Wind
Slip	Vorrichtung um Schiffe an Land zu ziehen
Spibaum	zum Fixieren der Genua
Spring	Vor- oder Achterspring = zweite Festmacherleine
Stag	Vor- oder Achterstag: Stahlseil zum Abstützen des Mastes nach vorne oder achtern
Steuerbord	rechte Seite des Schiffes
Stil	Ankerschaft
Squall	Wolkenformationen mit starken Windböen
Tagesetmal	die von Mittag bis Mittag (24 Stunden) gesegelte Strecke
Tide	Wechsel zwischen Ebbe und Flut
Topp	obere Ende des Mastes
verholen	den Liegeplatz eines Schiffes mittels Leinen verändern
Vorliek, Unterliek, Achterliek	die drei Schenkeln des Segels
vor Top und Takel	Fahren ohne Besegelung
Vorschiff	Schlafplätze im vorderen Teil des Schiffes
Wanten	Stahlseile, die den Mast nach den Seiten hin abstützen
Wenden	Kursänderung, den Bug durch den Wind drehen
Winsch	Windentrommel mit Kurbel zum Dichtholen der Schoten

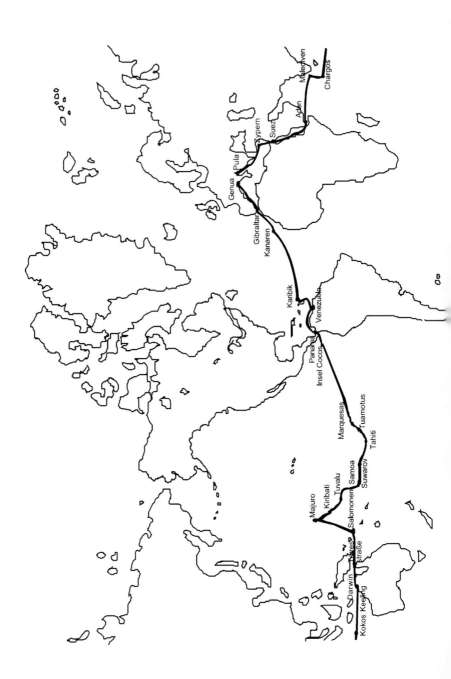

492

Alles was wir
in einerNacht und
Nebelaktion retten
konnten, war eine
überdimensionale
Eischale

Unsere Crew:
Zwei Schiffspumukel,
Doris sechs Jahre alt
und Petra, zweieinhalb
Monate

In Alicante in Spanien treffen wir das erste Mal auf Fahrtensegler,
die wegen Geldmangel liegengeblieben sind

Unsere RESI, eine in Gibraltar
neu erworbene Windfahnen-
Selbststeueranlage

Auf hoher See - erste Mess-
versuche mit dem Sextanten

Lanzarote - grandiose, unvergessliche Vulkanlandschaften

Atlantiküberquerung: Man fährt wie auf einer Autobahn - mit verdammt vielen Schlaglöchern

Und im Schiffsinneren fühlt man sich wie in einer Waschmaschine

Unsere Standardbesegelung vor dem Wind: Zwei gleich groß geschnittene Genuas auf einer Rollreffanlage

Schon von weitem leuchtet uns der Diamantfelsen vor Martinique

Im Naturhafen von Union Island in den Grenadines
finden wir eine neue Heimat

Vor den Pitons auf St. Lucia begrüßt uns ein Elefant,
übriggeblieben von einem gescheiterten Hotelprojekt

Insel Cocos: Die Steine am Bach sind das inoffizielle Einklarierungsbüro. Wir missbrauchen sie zum Wäschewaschen

Mitten am Pazifik feiern
wir Petras 2. Geburtstag

Fatu Hiva - ein Landschaft aus dem
Märchenland

Jede Menge Früchte als
Gastgeschenk

An der Koprapier von Takaroa finden sich immer wieder viele Kinder ein.

Blumenbekränzt verabschieden wir uns von den Tuamotus und Freundin Shelly

Bora-Bora - eine Insel aus Träumen geboren

Herrliche, einsame Ankerplätze in Tuvalu

Die besten Nüsse sind immer
auf den höchsten Palmen

Nanumea in Tuvalu -
wir werden in die Dorf-
gemeinschaft aufgenommen

Mit lokalen Speisen werden
Feste gefeiert wie sie fallen

Mama Fakaluta webt für Doris
eine Schlafmatte

Blühender Unterwassergarten in Mili - Atoll

In Vanga Point rudern die Kinder
mit dem Einbaum

"Eyeball-Navigation" in den
Salomonen

Santorini im Mittelmeer - der Kreis schließt sich